2016年第1辑

（总第4辑）

法大研究生

Journal of Postgraduate.CUPL

李曙光 / 主编

中国政法大学出版社

2016 · 北京

图书在版编目（ＣＩＰ）数据

法大研究生.2016年.第1辑/李曙光主编.—北京：中国政法大学出版社，2016.7
ISBN 978-7-5620-6880-8

Ⅰ.①法…　Ⅱ.①李…　Ⅲ.①社会科学－文集　Ⅳ.①C53

中国版本图书馆CIP数据核字(2016)第163146号

出　版　者　　中国政法大学出版社

地　　　址　　北京市海淀区西土城路 25 号

邮寄地址　　北京 100088 信箱 8034 分箱　邮编 100088

网　　　址　　http://www.cuplpress.com（网络实名：中国政法大学出版社）

电　　　话　　010-58908524(编辑部)　58908334(邮购部)

承　　　印　　固安华明印业有限公司

开　　　本　　720mm×960mm　　1/16

印　　　张　　31.5

字　　　数　　510 千字

版　　　次　　2016 年 7 月第 1 版

印　　　次　　2016 年 7 月第 1 次印刷

定　　　价　　76.00 元

解放思想
质量第一
根除劣动

江

公正为人类之共
同价值追求；
法治为当代之共
同生活方式。

陈光中

業精於勤

積學待用

張晉藩

法治是法大人的"中国梦"。

李志敏

宝剑锋从磨砺出，
梅花香自苦寒来！

博观而约取，
厚积而薄发！

启松军

前　言

　　发展是个体与社会的永恒命题。无论是个体的成长还是社会的进步都有赖于良好平台的搭建。而《法大研究生》则旨在为青年学子和青年学者搭建一个施展才华的学术平台。创立《法大研究生》具有非常重要的意义。

　　第一，创新研究生培养方式，提升研究生培养质量。研究生是国家的高端人才，研究生培养质量的好坏关系到人才强国战略的成败。提升研究生的培养水平应当创新研究生培养方式。对广大研究生来说，课堂的"输入"固然重要，但是学术的"输出"也不可忽视。《法大研究生》为其提供了进行学术争鸣，展现学术成果的机会，有利于提升其科研能力。《法大研究生》是由我校在校研究生组织运行的刊物。对编辑部的同学们来说，参与组织和编辑工作对于提高学术品味和水平、锻炼领导才能和团结协作的能力具有重要作用。

　　第二，提供交流平台，繁荣学术发展。真理越辩越明，学术需要交流方能繁荣发展。《法大研究生》重点面向硕博研究生和青年学者在全国公开征稿并且公开发行，为其提供了一个"指点江山，激扬文字"的学术阵地。青年学子和青年学者通过在《法大研究生》发表研究成果，展现学术思想，进行学术切磋，不仅有利于个人的成长发展，丰富理论研究，甚至对解决社会现实问题，推定社会进步也有助益。

《法大研究生》是由中国政法大学主办，研究生院承办，在校研究生组织运行的公开出版刊物，代表了中国政法大学硕博研究生的最高学术水平和组织领导能力。同时，为了充分发挥《法大研究生》培养研究生和推动学术进步的重要作用，有必要以超高的标准严格要求自身。

首先，扎实学术功底，开阔学术视野。无论是对于编辑还是作者，扎实的学术基础和开阔的学术视野都不可或缺。否则，编辑无法鉴别出好的作品，作者也不能贡献学术精品，因而无益于推动学术的进步和问题的解决。在对待学术这个问题上，一定要脚踏实地，一步一个脚印，通过广泛阅读文献资料将学术功底夯实；而不能心浮气躁，浅尝辄止，企图走捷径建立学术的摩天大厦，否则，结果只能是空中楼阁而已。我们既要自接地气，又要互开眼界。互开眼界，是指相互交流以开阔学术视野。既要汇通中西，又能贯透古今。这样就不会坐井观天，思路狭隘，而是将古今中外先进的经验、方法、思路为我所用，进而勇于开拓，不断创新。

其次，关注重大问题，研究前沿理论。中国现今正处于全面深化改革的重要时期，经济社会发展取得显著成就的同时也面临一系列挑战和问题。真问题是一切研究的逻辑起点。只有针对真问题展开研究才具有现实意义和学术生命力。我们应当围绕我国改革和经济社会发展中存在的重大前沿问题进行深入而全面的研究，以为国家发展和社会进步建言献策，提供智力支持。十八大以来，中央相继做出依法治国的重要战略决定和发布"十三五"规划纲要。如何全面推进依法治国，如何全面推进创新发展、协调发展、绿色发展、开放发展、共享发展是值得深入探讨和开拓创新的重大课题。青年一代作为国家之希望，未来之栋梁决不能局限于书本堆砌的象牙塔而两耳不闻窗外事，应当持续关注社会热点和现实问题，理论结合实践，分析问题，解决问题，担负起青年学子应尽的社会责任。

最后，坚守学术规范，严把学术质量。学术是一件神圣的事情，我们对此应当怀有敬畏之心，应当严格遵守学术规范，保障学术质量，绝不允许弄虚作假和粗制滥造。《法大研究生》在创立之初便立下比肩国内外顶级学生自办刊物的远大目标。编辑部也已经建立了初审和外审双重匿名审稿制度和学术打假制度以确保刊物的学术质量。编辑部的同学们应当严格遵守审稿程序，以学术水平和学术价值为衡量标准，剔除不符合学术规范和未达学术质量的稿件，甄别出优秀的作品以供刊发。唯有如此，我们才能实现创刊的远大目标，才能为推动学术的发展贡献一己之力。

希望同学们以真知为目标，以本刊为阵地，以敬畏学术为态度，以创新发展为动力，不懈努力，实现思想的成长和学术的繁荣！

李曙光

2016 年 4 月 20 日

目　录

主题征文：网络约租车

政治经管

人文社哲

书　评

主题征文：网络约租车

回归市场：私家车接入专车平台的可行性分析

——兼论《网络预约出租汽车经营服务管理暂行办法（征求意见稿）》

Return to the Market：The Feasibility Analysis of the Private Cars to the Car Platform

——The Criticism *Interim Measures for the Administration of Online Booking Taxi Operation Services*（*Draft*）

韩昌贵 *

　　摘　要： 互联网时代，市场对于私家车接入专车平台具有较高的需求。实践证明，私家车接入专车平台能够有效缓解交通压力，提高出行效率，打破行业垄断，改善服务质量。虽然这一过程会引发一些潜在问题，但其风险具有一定可控性。针对目前的管控办法，政府应综合考虑专车服务的发展，在有效管控的前提下，充分发挥市场作用，让更多有条件的私家车接入专车平台。

　　关键词： 私家车　专车　可行性　暂行办法

　　2014 年 8 月，滴滴、快的等打车软件几乎在同一时间推出专车服务，私家车只要在打车软件平台注册，便可

　　* 韩昌贵，中国政法大学政治与公共管理学院行政管理专业 2014 级硕士研究生（100088）。

以从事专车服务。此项服务的开启，彻底改变了人们的出行观，人们在被知识经济惊艳的同时，也感受到了更高的出行效率、更低的出行成本以及更好的服务质量。一时间，各大城市私家车主纷纷接入专车平台。然而，就在私家车接入专车平台一片欣欣向荣的景象的同时，2015 年 10 月 10 日，交通运输部出台《网络预约出租汽车经营服务管理暂行办法（征求意见稿）》（以下简称《暂行办法》）规定：任何企业和个人不得为乘客和未取得合法资质的车辆、驾驶员提供信息对接开展运营服务。不得以私人小客车合乘或拼车名义提供运营服务。此《暂行办法》的出台，在一定程度上宣告了私家车接入专车平台几乎不可能。正如中国政法大学王军教授所言，"将网约车装入原有出租车管理体制的做法是不可行的，是削足适履。这个规定的制定者好像完全无视网络预约出租车发展的现状，而网络预约出租车目前需要通过监管来解决的问题一个也没有解决"。[1]本文认为，从理论上来讲，开放竞争以市场作决定，是资源优化配置的最佳方式；而从现实上看，目前，自上而下的改革意愿、自下而上的社会需求以及可选择的打破垄断模式都要求着出租车行业必须进行改革。虽然私家车接入专车平台具有一定的风险，但其风险具有可控性。互联网时代，私家车可以在有效管控的前提下接入专车平台，让市场在汽车资源配置中发挥更大作用。

一、潮流：市场对私家车接入专车平台的三方需求

无论是消费者、私家车主还是专车运营公司，对于私家车接入专车平台都具有较高的需求。以滴滴专车为例，自 2014 年 8 月推出专车服务以来，业务现已覆盖全国近 300 个城市，日峰订单在 3000 万人次，平均每天订单在 400 万人次。[2]惊人的订单数量显示出人们对专车市场的巨大需求。

（一）消费者需要更高的出行效率

在私家车可以接入专车平台之前，出租车行业一直处在交通部门和出租车专营公司的垄断之下，其牌照和数量受到严格管控。随着社会经济的发展，我国人口数量，尤其是城市人口数量出现激增，出租车和人们的需求之间开始出现巨大的供需不平衡。按照统计数据显示，目前全国每天有 6000 万量级的出行需求，出租车和黑车分别能够满足 3000 万次左右。而全国 35 万租赁

---

〔1〕 邓琦、郭超："约租车新政"，载《新京报》2015 年 10 月 11 日，第 A08 版。

〔2〕 李铎、王运："滴滴每日运营数据"，载《北京商报》2015 年 8 月 10 日，第 3 版。

车牌，其中只有一部分是营运车牌，每天能承载的运输量最多 400 万单，每天有 2600 万需求只能依靠黑车来满足。[1]以义乌市为例，义乌市的出租车数量已经 7 年没有增容，不到 1400 辆的出租车根本无法满足 200 多万人的出行需求，城市内黑车猖獗，司机甚至称"再不改革就去开黑车"，[2]"打不到车"成为日益严重的社会问题。面对如此突出的供需矛盾，也就容易理解为什么当长期被限制的出行需求与移动互联网结合时，移动出行的力量会在瞬间被激发出来。

（二）私家车愿意接入专车平台

私家车的使用往往集中于城市区域，更多的是城市居民为方便出行而使用的交通工具。私家车一般有 5—8 个座位，虽然座位较少，但因为一般为家庭个人使用，所以存在着较高的空座率，这也是各大打车软件推出"顺风车"服务的重要原因。毕竟，空座出行终究也是对汽车资源的一种浪费。此外，随着社会生活水平的提高，消费者对于出租车的选择有了更高的要求，部分消费者愿意花费合理的金钱以满足其不同层次的需要。所以，自 2014 年 8 月各租车软件推出大量补贴开发专车服务以来，私家车不出意外的纷纷接入专车平台。究其原因，一是现行的出租车数量根本无法满足当前的出行需求；二是消费者与私家车均可以减少出行成本，两者出行存在着一种利益互补关系。消费需求和利益的双向驱使，使得私家车接入专车平台有着较高的意愿。

（三）专车运营公司愿意搭建专车平台

私家车接入专车平台有着巨大的潜力和广阔的市场。在打车软件进军此领域前，私家车专车服务领域一直处于空白地带。但随着手机应用的迅猛发展和前期各大移动运营商的铺垫，出租车运营公司慢慢从中发现这一巨大商机。正如滴滴总裁柳青所言，我国出租车和专车市场还有潜力实现 10 到 15 倍的增长。[3]除此之外，专车服务的融资能力也是众多运营公司投入到该领域的重要原因。2014 年 7 月 6 日，滴滴快的宣布与国际私募基金、平安创新投资基金、腾讯、阿里巴巴等公司进行合作，完成 20 亿美元融资，进军专车

---

〔1〕 王长胜："黑车、专车与出租车"，载《IT 时代周刊》2015 年第 5 期，第 62 页。

〔2〕 南都社论："互联网＋出租车，回归市场才有未来"，载《南方都市报》2015 年 5 月 20 日，第 A02 版。

〔3〕 吴琼："专车掀起融资浪"，载《上海证券报》2015 年 7 月 9 日，第 4 版。

领域；[1]2015年1月，易到用车凭借其出租车租赁和专车服务项目与海尔融资租赁公司达成合作，融资13亿美元；[2]2016年4月1日，神州专车与光大银行签署战略合作协议，光大金融租赁将向神州专车提供总额200亿元人民币的融资，用于支持神州专车车队的扩展。[3]截至2015年7月，滴滴以110个城市位列专车服务覆盖城市榜首；易到用车覆盖88个城市；神州专车也覆盖66个城市。无论移动运营商的经营模式是否符合市场规律的发展，但无疑专车服务这一空白领域一定是掷金点，各大运营公司愿意投入到这场"战争"中来也在情理之中。

综合消费者、私家车主、专车运营公司三大市场主体的需求与实际发展可以发现，人们对于私家车接入专车平台有着强烈的需求，而各大租车公司专车服务的迅猛发展则更昭示着私家车接入专车平台已成时代之潮流，如何看待其中的优势与风险成为专车服务发展的关键之处。

二、优势：激活交通市场活力

专车服务为什么会有如此大的需求？在互联网、智能手机迅速发展的背后，研究发现私家车接入专车平台其实有着强大的优势，能够瞬间且持续激活交通市场活力。

（一）高效利用汽车资源，缓解交通压力

传统的出租车服务在新形势下面临着更多的问题与挑战。首先是消费者和出租车司机之间信息沟通不顺畅。传统的出租车是巡游式的路面服务，司机不能时时把握何人何时在何地用车。同样，消费者也不知出租车何时会出现在何地，双方之间的需求满足只能靠运气。其次，出租车供给数量严重不足。随着城市人口的几何数增长，出租车并没有随人口的增长而匹配增长，供给与需求之间矛盾突出。以北京市为例，截至2014年年底，北京市常住人口为2151.6万，其中常住外来人口818.7万。从2003年开始的10年间，常住人口增加了700多万，[4]而北京市2003年年底出租车总量为6.5万辆，到2012年年底仍然维持在6.6万辆，直到今年，北京市出租车

---

〔1〕　章柯："融资了20亿美元，滴滴打算怎么花？"，载《第一财经日报》2015年7月9日，第3版。

〔2〕　王丽娇："2015年上半年汽车后市场融资项目汇总"，载《中国汽车报》2015年7月27日，第B03版。

〔3〕　曹婧逸："神州专车新获200亿元授信"，载《中华工商时报》2016年3月31日，第6版。

〔4〕　国家统计局、北京市统计局："2014年北京市人口统计"，载《北京市2014年国民经济和社会发展统计公报》2015年2月12日，第61页。

也没有出现大规模"扩编",[1]远没有达到全国城市出租车平均每年3%的增长率。不仅如此，江苏省南通市更是10年没有增加一辆出租车，而市区人口却在10年间翻了近一倍，从48万增长到86万。[2]与此同时，全国范围内私家车数量却在几年之内出现激增（如图1所示），交通拥堵现象日益严重。

图1 我国近十年私家车拥有量[3]

时间（年）	私家车拥有量（万辆）	增长率（%）
2014	12339.36	17.5
2013	10501.68	18.82
2012	8838.60	20.63
2011	7326.79	23.37
2010	5938.71	29.81
2009	4574.91	30.66
2008	3501.39	21.74
2007	2876.22	23.27
2006	2333.32	26.26
2005	1848.07	24.73

而私家车接入专车平台的实现，却可以充分利用汽车资源，有效缓解交通压力。一方面，消费者和接入专车平台的私家车可以有效解决信息对接问题。双方通过手机打车软件，可以将出行的时间、地点进行时时共享。另一方面，在私家车接入专车平台后，可以在很大程度上弥补传统出租车数量的不足，促进出租车供给侧结构改革，缓解居民出行需求与出租车供给之间的矛盾。所以，借助租车运营公司专车服务功能，出租车与私家车均可实现高

---

〔1〕 崔婧芳："出租车特许授权应放开"，载《民生周刊》2015年第5期，第30页。
〔2〕 客家人："百姓民生：南通市出租车数量统计"，载《南通市民论坛》2015年4月12日，第3页。
〔3〕 王捷辉："我国私人汽车拥有量的计量经济学分析"，载《现代商业》2015年第32期，第189页。

效率利用汽车资源，而随着汽车资源的高效利用，城市交通压力也就随之得到有效缓解。

（二）打破行业垄断，降低出行成本

行业垄断严重影响市场经济的正常运行。虽然在历次出租车改革中，国务院主管部门都试图打破行业垄断，但收效甚微，"想拉就拉，不拉回家"已成为出租车司机固有观念。不仅如此，由于行业处于垄断地位，出租车在服务收费、服务质量等方面也存在较大问题。打破出租车行业牌照垄断，放开数量管制，降低出行费用，已成为国内外出租车改革的必然趋势。[1]

就在出租车改革没有取得实质性突破的时候，打车软件与专车应用所带来的出行体验与服务理念，却以迅雷不及掩耳之势冲破了出租车行业垄断的最后一道防线。因为私家车一旦接入专车平台，就可以以"出租车"的身份为消费者服务，这实质上打破了出租车牌照和数量的管控，使私家车直接成为出租车的竞争者，从而一举打破出租车行业垄断。而对于出行成本而言，垄断的打破、竞争者的增多也将意味着打车成本的直线下降。一方面原因在于打车运营公司为占得专车市场一席之地疯狂进行补贴，如"双享补贴"、"免费服务"、"一分钱打车"等。另一方面，由于私家车出行本身存在空置率，无论车辆满员还是空缺，只要启动车辆就会存在较大的燃油费，而收取一定的专车费可以补偿一部分燃油费，何乐而不为？

（三）提高监管水平，改善服务质量

传统的出租车服务存在着拒载、绕道、议价等问题，虽然消费者可以向出租车公司进行投诉，但由于打车服务只是一次性服务，且难以找到有效投诉渠道，消费者往往对于此类问题采取容忍态度，而出租车公司对于出租车的监督也几乎仅依赖投诉这一方式，且效果不明显。此外，对于物品丢失、找回等安全问题也存在着较大的隐患，因为大多数的消费者并不能及时知道出租车司机的姓名、车牌以及公司信息。如何提高出租车服务的监管水平，如何更好地改善出租车服务质量成为人们日益关心却又无可奈何的问题。

私家车专车服务的问世却可以倒逼专车服务不断提高监管水平，改善服务质量。首先，随着大数据、云计算的发展，每个消费者的基本信息及消费行为都将能够被记录，每辆车和每位驾驶员的基本信息及服务行为都将可以

---

〔1〕　2015 年 5 月 5 日，美国旧金山宣布不再向出租车司机收取 2015 年牌照续期费，其交通局管理出租车主任表示这是为了"创造公平的竞争环境"。

被采集。所以，借助打车软件，消费者与出租车、私家车之间就可以处于信息透明的状态，当消费者不满意此次服务抑或出现物品丢失时，就可以借助打车软件，随时找到专车的信息，进行时时联系，而这同时也为政府监管提供了有效的信息获取渠道，便于执法部门有针对性的对违规行为进行监管。其次，对于专车的服务质量，消费者可以以打分的形式对专车服务进行评价和监督。对于评价和信誉较低的专车，一方面，出租车运营公司会进行惩罚。以优步专车为例，优步会对评分低于4.3分的专车司机进行处罚，取消其加成奖励。而另一方面，专车车主也会因评分低损失较多的用户，导致利润减少。评分的高低直接关系到收入的多少，从而促使车主不断提高服务质量。

三、可控性风险：私家车接入专车平台可能引发的问题

任何新生事物的发展都是从不完善到完善的过程。私家车接入专车平台虽具有较多的优势，但如果监管不力、法规不明，就将会引发诸如黑车、人身危险、责任不清等一系列问题。如何看待这些风险，这些风险是否具有可控性将是接下来研究的重点。

（一）黑车及人身安全问题

黑车是指没有在交通部门办理任何手续，没有领取营运牌证而以有偿服务实施非法运营的车辆。[1] 由于黑车人员构成复杂、车辆安全系数低，且主要以营利为动机，所以对社会危害极大。从该定义来看，如果私家车没有接入专车平台，而有偿为消费者提供服务就将会违法变为黑车。更为严重或可能的是，如果私家车准入专车机制不健全，私家车就会有更强的隐蔽性，对消费者、对社会造成更严重的后果。防止私家车变为黑车是私家车接入专车平台的关键。本文认为，黑车问题在我国历来已久，多年来政府部门多措并举，但直到现在也没有根治黑车问题。究其原因无外乎出租车数量有限以及租车成本过于高昂。虽然私家车接入专车平台可能会引发一些黑车问题，但这也可能会成为解决黑车问题的关键。因为私家车的介入，会使得租车数量上升和租车成本直线下降，从而让黑车从根本上失去活动的对象。当然，我们应当承认，对于如何保证私家车不变为黑车，其实很难做到万无一失。但如果监管部门设置合理的准入门槛，比如在驾龄、车型、行车记录、身份信息等方面做简单而严格的管理，同时要求私家车到公安部门作申请、报备，

---

〔1〕 张芸珠、张云："我国出租车行业管理模式与黑车问题——基于博弈视角的研究"，载《生产力研究》2009年第9期，第157页。

并对违法者进行严厉惩罚，那么随着私家车的引入，黑车问题就可以在很大程度上得到解决。当黑车问题有所改善，那么顾客的人身安全就会得到进一步强化。所以，私家车接入专车平台，消费者的人身安全也许非但不会受到威胁，反而会得到进一步保障。

（二）责任边界问题

私家车接入专车服务的过程中，涉及政府、打车运营平台、司机以及消费者四个主体，如何理顺四方主体的责任成为主管部门目前无法妥善解决而又不得不面对的问题。然而责任不清并不能成为私家车不能发展为专车的理由，因为私家车专车服务是新近出现的出行方式，它的规范管理还处于起步阶段，责任不清问题会随着后续规章制度的补充完善而不断得到解决，它是一个可以调和的问题。对于政府部门来讲，应尽快制定科学合理的应对政策，在监管、审批、程序、条件、惩罚等方面作出详尽的规定；打车运营平台应进一步规范准入机制，操作更加明了，信息更加透明；专车车主应严格遵守主管部门、交易平台制定的服务章程，严格按程序办事，努力提高服务质量；消费者应遵守租车规范，文明乘车、杜绝黑车，在行使公民权利的同时加强社会监督，进一步规范专车市场。如果租车过程中的哪一个环节出现问题，相对应的主体就应该在多方查证后负主要责任。事物的发展总有一个过程，我们不可能一下子预见所有的问题，明晰所有的责任，但随着各项制度的不断修正，相信私家车专车服务会一步步规范起来。

（三）法律规范问题

私家车专车服务作为互联网时代的产物，还处于初步发展阶段，在《暂行办法》出台之前，该领域的法律规范一直处于空白状态，唯一可以参照的是打车交易平台的规范说明，如滴滴《互联网专车服务管理及乘客安全保障标准》，[1]但其并没有太强的约束性，网约车问题不断显现，且愈演愈烈。2016 年 3 月，深圳市交委管理局经初步排查，发现深圳市网约车驾驶员群体中吸毒前科人员 1425 名、肇事肇祸精神病人 1 名、重大刑事犯罪前科人员 1661 名。[2]网约车驾驶员身份信息的监管一时之间被舆论推到了风口浪尖。

---

〔1〕　2015 年 3 月 16 日，合并后的滴滴快的发布《互联网专车服务管理及乘客安全保障标准》，旨在填补互联网专车行业安全管理标准空白。

〔2〕　黄楠："深圳网约车司机中重大刑事犯罪前科人员竟有 1661 名"，载《深圳晚报》2016 年 3 月 30 日，第 3 版。

所以，在新形势下，科学、健全、及时地出台规范专车服务的法律法规成为主管部门迫在眉睫的事情。交通运输部出台的《暂行办法》就是迈出的第一步。在出台的《暂行办法》中，已将专车服务定位为"以互联网技术为依托构建服务平台，接入符合条件的车辆和驾驶员，通过整合供需信息，提供非巡游的预约出租汽车服务"。同时，对专车服务的其他方面也做了进一步的说明。虽然只有此《暂行办法》远远不能指导专车服务领域的发展，但随着征求意见的逐步汇总收集，问题的进一步显现，网约车领域的法律法规会得到不断修正与完善。

四、保守：目前的管控办法

2015年两会期间，李克强总理强调，"鼓励市场创新以及简政放权的改革思路"；在《关于深化改革进一步推进出租汽车行业健康发展的指导意见（征求意见稿）》中也指出，"深化出租车改革的思路是积极推动互联网技术的发展，通过'互联网＋出租车'实现传统出租汽车转型升级，改革传统出租汽车行业体制机制的弊端，促进互联网与出租车的融合发展"。[1]在种种政策和指导意见中可以看出，国家鼓励互联网与出租车的结合，支持该领域的创新发展。我们应该从中认清，让属于市场的回归市场，让属于政府的回归政府，这才是市场经济的应有之义，专车服务领域也不应例外。

然而，方向和原则上的支持却没有在实际政策中体现出来。《暂行办法》于2015年10月10日与《关于深化改革进一步推进出租汽车行业健康发展的指导意见（征求意见稿）》一起出台，该办法虽在一定程度上规范了专车市场的发展，但却在更大程度上违背了互联网思维和法治思维，管控办法过于保守。具体表现为：一是将专车新业态纳入出租车管理范畴，同时禁止未取得资质的私车接入专车平台，违者最高处罚三万元；二是要求出租汽车经营者不得为了排挤竞争对手或者独占市场，以低于成本的价格倾销，扰乱正常市场秩序。经营者在实行市场推广和促销奖励时，必须提前10日将奖励和促销方案向社会公告，否则最严重将停业整顿或吊销营业执照；三是网约车经营者服务器必须设置在大陆；四是专车必须具有企业法人资格；五是专车只能在一个平台提供运营服务；六是必须签订劳动合同。

---

〔1〕 2015年10月10日，交通运输部运输服务司发布《关于深化改革进一步推进出租汽车行业健康发展的指导意见（征求意见稿）》和《网络预约出租汽车经营服务管理暂行办法（征求意见稿）》，自10月10日起向社会公开征求意见，至11月9日24时结束。

可以看出，该《暂行办法》是将传统出租车的管理运用于目前这种新型交通网络信息服务中，但这种"强制性地域分割"、"劳动合同关系"、"企业法人资格"、"补贴需提前审批"以及"数量管控"的办法其实是对网约车的进一步限制。因为这些管控措施基本上宣告了私家车不能再接入专车平台，否则后果将是触犯法律，成为一种违法行为。这对于主要利用私家车运行网约车的租车公司而言，无疑是一个难以接受的管控办法。在 2015 年 10 月 22日，清华大学经管学院副教授金勇军、中国政法大学法学院教授刘莘、国家行政学院法学部副教授王静、中国政法大学民商经济法学院副教授王军、工信部电信研究院政策经济所副总工程师何霞、国家发改委城市中心交通规划研究院院长张国华、浙江大学光华法学院副教授钟瑞庆等 12 名专家联名指出，"该《暂行办法》存在缺陷，将会影响网约车这种新兴业态的发展，希望交通部暂缓制定专车新规，网约车不是简单的传统出租车加上网络预约，而是新型交通网络信息服务，不能用监管传统出租车的思维对待这种新业态"[1]。

从以上论述中可以看出，《暂行办法》的出台实际上在一定程度上阻碍了私家车专车服务的发展。虽然该《暂行办法》是临时的，现在还在征求意见当中，但从出台到目前来看，它并没有取得大众的赞同。判断私家车能否进行专车服务，本文认为，取决于人们的出行是否更方便、交通是否更顺畅、服务是否有改善、出行成本是否变得更低、人身是否更安全，而不是行业公司不可摧毁的垄断或其他原因。一味逃避并不能解决问题，既然私家车接入专车平台是符合历史发展潮流，符合消费者、私家车主、专车交易平台经营者三方的需求，并且能够激活交通市场活力，有效控制风险，那么私家车就可以有管控的，甚至是有试点的接入专车平台，顺应市场自身的发展，而不是现在政府强有力的"一刀切"。

---

〔1〕 宁迪："12 位专家联名给专车新规提建议"，载《中国青年报》2015 年 10 月 22 日，第 6 版。

美国约租车合法化历程

The Legalization Experience of Personal Vehicle for Hire in the United States

冯　燕 *

　　摘　要：风靡全球的 Uber 成立于美国，其合法化之路曲曲折折，在美国各州引发了多起诉讼，争议焦点主要为司机的劳动关系认定以及保险问题。为应对新出现的 Uber 模式私家车出租服务，解决现实中出现的争议，加利福尼亚州第一个承认其合法化并做出相关规定。科罗拉多州引领潮流，成为世界上第一个立法规范约租车的地区。哥伦比亚特区则是规定最为保守、详尽的地区。研究美国约租车合法化的历程，可为我国规范约租车提供有益经验。

　　关键词：Uber　约租车　交通网络公司

　　2016 年，Uber 已有 400 多个城市和地区的用户；2015 年 8 月，Uber 估值 510 亿美元。拥有如此庞大的客户及天价市值的 Uber，自诞生之日起就带来了对传统出租汽车行业的冲击，即使是在美国本土，Uber 的合法化之路也并非一帆风顺。2011 年，加利福尼亚州以"无执

　　* 冯燕，北京邮电大学人文学院民商法专业 2014 级硕士研究生（100876）。

照提供服务"为由叫停 Uber，并处以 2 万美元的罚款，甚至提出了刑事指控。但在广泛讨论调研之后，公共事业委员会作出了相反的举动：取消处罚，并且首次称此类出租服务商为"交通网络公司"（transportation net-work companies），将其规范到法律中去。

一、背景：Uber 是什么

2009 年 3 月在美国加利福尼亚州旧金山成立的 Uber，依靠手机上的 APP 连接乘客和私家车司机，司机通过运送乘客获得报酬，实现了传统的出租车服务。在美国，用户可以通过走优质服务路线的 Uber black 服务订到像加长林肯、凯迪拉克等豪华私家车或汽车租赁公司车辆，司机会带着白手套彬彬有礼地提供服务。Uber 在 2012 年年底推出了相对廉价的 Uber X 和 Uber Taxi。[1] Uber X 允许普通的私家车主注册成为 Uber 司机，而 Uber Taxi 是利用技术把传统的出租车资源整合，与中国用户所熟知的滴滴、快的等打车平台公司类似。

相比较传统的出租车运营模式，Uber 的特点主要表现在四个方面：①Uber 与出租车公司不同，对车辆没有所有权，这些车辆或来自汽车租赁公司，或是私家车。②Uber 与司机并无直接雇佣关系，司机需要与劳务公司签订合同，通过劳务派遣的方式与 Uber 产生联系。③Uber 的支付结算方式与传统不同，乘客不与司机进行现金结算，而是通过网络将费用支付给 Uber 公司，然后公司再与司机进行结算。Uber 给司机的费用有可能高于乘客所支付的费用。④Uber 预约车辆方式与传统出租车电话预约及街边打车的方式不同，乘客需要通过手机客户端在 APP 上发出要约邀请，司机通过"抢单"的方式向乘客发出要约，乘客确认乘车信息为承诺。至此，一个完整的运输合同成立并生效。如果乘客违反约定，司机可以投诉，平台公司会记录乘客的信用，以后该名乘客的订单可能会受到影响。但是目前来看，对乘客违反约定的惩罚力度并不大，而且也没有司机将乘客告上法庭的案例。如果司机违反约定，乘客可以投诉司机，平台公司不仅会记录司机的信用，还会在结算时扣除一定的罚金。Uber 的这种模式被一些学者称作"交通共享"（Ride-sharing or car-sharing），是共享经济的一部分。[2]

〔1〕 李海涛："优步：夹缝中成长的互联网企业"，载《学习时报》2015 年 2 月 2 日。
〔2〕 Catherine Lee Rassman, "Regulating Rideshare Without Stifling Innovation: Examining the Drivers, the Insurance 'Gap', and Why Pennsylvania Should Get on Board", *Pittsburgh Journal of Technology Law and Policy*, 15 (2014), 81.

以滴滴为代表的中国平台公司为了规避法律风险，对现有出租车资源进行整合，利用互联网技术进行快速分配，使乘客能够更加方便快捷地打车，对于出租车来说也能够提高其利用率。究其本质，这是利用互联网技术完善传统的约车方式。但后期平台公司通过"四方协议"〔1〕的合法形式与私家车合作，将私家车纳入到传统出租车运营范围，引起了一波又一波的争议，国内各地方政府对待此类专车的态度也不一致。

二、实践与法律的碰撞

（一）主要争议

在美国，与 Uber 能够抗衡的还有一家公司 Lyft，这些平台公司在美国本地的发展并非一帆风顺。在发展之初，反对者认为这类交通共享公司的本质是向乘客提供出租服务，因此应该与传统出租车司机缴纳同样的费用、授予相同的许可、遵守同样的保险规则。〔2〕但是 Uber 和 Lyft 宣称，他们仅仅是向有需要的乘客和司机提供数字平台，而乘客和司机是独立的合同订立者，交通运输合同的订立与平台公司无关。〔3〕

随着 Uber 和 Lyft 在全国的扩张，许多州都尝试通过立法将其纳入传统出租车系统规制，但是很快就意识到将此种新方式归纳到传统模式中并不合适。Uber 和 Lyft 在弗吉尼亚、西雅图、波士顿、匹兹堡、加利福尼亚、芝加哥、休斯敦及纽约纷纷被诉至法院。

诉讼争议焦点主要有二：一为平台公司与司机的契约关系是否为雇佣关系，二为保险问题。其他诉讼理由有 Uber 未将小费足额支付给司机、与传统出租车公司进行不正当竞争〔4〕、Uber 向乘客收取机场服务费等不存在

〔1〕 平台公司和劳务派遣机构签订劳务派遣协议，由劳务派遣机构提供司机并审核司机的准入资质；平台公司与汽车租赁公司签订汽车租赁协议，约定由具备相应资质的汽车租赁公司提供租赁车辆，专车司机直接支付租金。在此模式下，司机与车辆并没有实质联系。但是实践中往往是平台公司先将私家车挂靠在汽车租赁公司名下，再通过一家劳务派遣公司聘用车主，由平台公司、汽车租赁公司、劳务派遣公司、司机共同签订一份"四方协议"。

〔2〕 关于 Uber 司机所遵守的安全规则见 http：//newsroom. uber. com/2015/07/details-on-safety/，最后访问时间：2015 年 12 月 11 日。关于 Lyft 司机所遵守的安全规则见 https：//www. lyft. com/safety，最后访问时间：2015 年 12 月 11 日。

〔3〕 引自 Stephanie Francis Ward，"'App' Me a Ride"，100 JAN - A. B. A. J. 13（2014）. 转引自 Catherine Lee Rassman，pp. 81 - 100.

〔4〕 比如 Greater Houston Transportation Company, et al., Plaintiffs, vs. UBER Technologies, INC. And LYFT INC., Defendants. CIVIL ACTION NO. 4：14 - 0941.（field in March 10, 2015）.

的费用[1]等。

（二）劳动关系争议

平台公司与司机的契约关系是否为雇佣关系之所以重要，是因为平台公司的承担责任方式不同。如果承认其为雇佣关系（employee-employer relationship），则平台公司为雇主，司机为雇员（employee），雇员在正常工作中过失导致的人身财产损失由雇主来承担责任。如果不承认其为雇佣关系，司机为独立合同人（independent contractor），司机与乘客之间形成的劳务关系与平台公司无关，司机独立承担工作过程中所造成的损失。[2]

平台公司声称司机为独立合同人，因为平台公司无法控制司机以及司机驾驶的车辆。[3]英美法系在认定雇佣关系或独立合同人时最为看重雇主的控制能力。[4]因此，平台公司以不具有控制力为由进行抗辩，是十分有利的理由。

2013 年，Uber 司机奥康纳等代表近 16 万名司机（自 2009 年 9 月 16 日以来加利福尼亚州的所有司机）将平台公司 Uber 诉至加利福尼亚州法院（Douglas O'CONNOR and Thomas Colopy, individually and on behalf of all others similarly situated, Plaintiffs, v. UBER TECHNOLOGIES, INC. , Travis Kalanick, and Ryan Graves, Defendants.[5]），认为平台公司错误地认定他们为独立合同人，声称自己是平台公司的员工，理由有二：其一，司机必须要遵守平台公司列举出的一系列要求；其二，司机的服务完全可以视作 Uber 公司业务之

---

〔1〕 VAMSI TADEPALLI, Plaintiff, v. UBER TECHNOLOGIES, INC. , Defendant. Case No. 15-cv-04348-MEJ. (field in December 17, 2015).

〔2〕 英文中对认定司机为 "employees or independent contractors" 有争议。有的文章翻译为员工或个人承包商，见交通运输部新闻：〔出租车网约车〕契约关系如何建立劳动权益如何保障——聚焦出租汽车行业劳动关系，http：//www. moc. gov. cn/zhuzhan/jiaotongxinwen/xinwenredian/201510xinwen/201510/t20151022_1915743. html，访问时间：2015 年 12 月 12 日。有的文章翻译为雇员或独立合同人，见李海明："论劳动法上的劳动者"，载《清华法学》2011 年第 2 期。笔者经过分析，认为此处的 independent contractor 翻译为独立合同人更为妥当。因为在本争议中，平台公司所称的司机与乘客订立的合同与我国《合同法》第 288 条规定的运输合同更为接近，而司机——即承运人所承担的责任与《侵权责任法》第 35 条规定的个人劳务关系中的责任更为接近。

〔3〕 Chrystal Tomblyn, "The Hidden Cost of Ridesharing", *Journal of Law & Technology*, North Carolina, 30 September 2014.

〔4〕 IRS. Gov：Independent Contractor (Self-Employed) or Employee. https：//www. irs. gov/Businesses/Small-Businesses-&-Self-Employed/Independent-Contractor-Self-Employed-or-Employee，访问时间：2015 年 12 月 12 日。

〔5〕 2013WL4742878 (N. D. Cal.) Compl. 22 – 24. No. 4：13CV03826. (filed in August 16, 2013).

———向乘客提供乘车服务。其中，平台公司的要求包括适格背景、犯罪记录、酒精测验、车辆检修、保险要求，还有必须要遵守车内行为规范。[1]

此案于 2015 年 9 月 1 日审结，法院认为此处的事实和法律认定重点为：（a）公司对司机日程安排的控制度；（b）公司对司机行程或工作地域的控制度；（c）公司单方面的结算制度；（d）第三方软件的应用；（e）评分制度，监测司机的行为及合规性；（f）公司无故终止合同的权利；（g）司机所进行的工作———向乘客提供乘车服务———是否在 Uber 的公司业务范围之内，是否完全属于公司的业务等。此外还有一些其他的考虑因素，比如 Uber 是否要求司机在工作时都要遵循统一的程序和政策；工作中的费用，如汽油费等（expenses for their vehicles, gas, and other expenses）是否都由司机自己承担。当然，经过举证等程序，法院对上述问题进行了肯定，认可了原告的理由，认为 Uber 错误地将司机当作独立合同人，应当以员工身份对待司机，负责员工向乘客提供乘车服务时的正常开支，包括汽油费、停车费等费用。相应的，员工受到《加利福尼亚劳动法》的保护。[2]

（三）保险问题

起诉平台公司的案件中，保险问题主要是由于个人机动车保险中的承运免责政策（livery exclusions in personal auto insurance policies）引发的。美国法律一般规定当车辆被用于商业用途时，比如载客出租或其他收费业务时造成损害的，个人机动车保险不承担赔偿责任[3]，而需要个人承担事故责任。保险公司的保险范围为个人使用或者其他与此有关的维护等，进行收费的使用行为是排除在外的。

所以在 Uber 模式下，司机对乘客进行运送，保险公司认为其性质属于收费载客行为，保险公司不承担事故赔偿责任。最具有争议的是"间隔期间"（gap period）的保险由谁负责。所谓"间隔期间"，就是司机已经登入 APP 随时准备接单，但是尚未收到订单的状态。因为司机不可能随时都有乘客，所以规定间隔期间的责任非常有必要，而且在司机运送完一位乘客到接收到下一笔订单的空档期，也被视为间隔期间。

---

〔1〕 2013WL4742878（N. D. Cal.）Compl. 22 – 24. No. 4：13CV03826.（filed in August 16, 2013）.

〔2〕 判决详情见 2015WL5138097（N. D. Cal.）. No. C – 13 – 3826. EMC.（signed in 09/01/2015）

〔3〕 Burke Coleman, "The New Importance of 'For Hire' Exclusions in Personal Auto", *CLAIMS JOURNAL*（June 30, 2014）.

保险公司认为既然司机已经登入 APP，那就意味着司机已经进入工作状态，属于商业使用范围，应当由平台公司负责司机车辆的保险责任。但是平台公司称他们只负责运送乘客期间的保险责任，由于间隔期间司机没有进行业务，所以应当由保险公司负责。[1]保险公司和平台公司的相互推诿使司机和第三方受害者处于无人支付医药费的不利状态。

在一起交通事故中，Uber X 司机正在进行抢单，但就在分心的那一刻撞到了一个六岁的小女孩。然而 Uber 否认平台公司在此事故中应承担责任，认为司机一直没有接受到任何订单，而且事故并不是在运送乘客的过程中发生的。但是此事故之后，Uber 宣布其 2014 年 3 月生效的新的保险政策覆盖了间隔期间的保险。[2]但是间隔期间的保险金额仅为运送期间保险金额的一半，而且前提是以司机的个人机动车保险先行支付。具体保险规则见下图：

未登入APP	登入APP	接受订单	乘客上车	运送结束
离线	可接单 （第一阶段）	在途中 （第二阶段）		运送中 （第三阶段）
司机自行投保： 选择保险公司及类别	公司提供保险： 责任险（必要时） 人身伤害：5万美元； 财产损失：2.5万美元； 总额：10万美元。	公司提供保险： 责任险：100万美元。		

注：全美境内实施的最低保险要求。如果当地法律要求，公司将提供超额保险。

注：图片来自 *https：//2q72xc49mze8bkcog2f01nlh-wpengine. netdna-ssl. com/wp-content/up-loads/2014/02/uber_insurance-graphics_700x560_r10_General-Insurance-Graphic. jpg.*

第五巡回法院在一次案件中发表了对于保险问题的看法。该案中志愿司机在运送一名非紧急医疗病患的过程中伤到了一名乘客，之后司机仅收到一点报酬。保险公司否认其应承担责任，因为司机在进行收费的私人运输，其使用车辆的行为超出了保险范围。法院站在了保险公司一边，认为该名志愿司机收到的津贴多于付出的费用，属于商业使用的范围，不应当由保险公司

---

〔1〕 Don Jurgler, Uber, Lyft, Sidecar, Toe-to-Toe With Insurers State by State. INSURANCE JOURNAL (June 27，2014)，http：//www. insurancejournal. com/magazines/features/2014/07/07/333461. htm，最后访问时间：2016 年 1 月 6 日。

〔2〕 Insurance for Rideshare Drivers with Uber. Available at https：//newsroom. uber. com/insurance-for-uberx-with-ridesharing/. 2016. 1. 6.

承担赔偿责任。法院在判决书中指出，司机收到的实际报酬是衡量其行为是否为商业行为的重要依据。

如此看来，在这场保险公司和平台公司的斗争中，仿佛法院会站在保险公司一边。司机通过平台公司运送乘客收取报酬，属于商业使用的范围，保险公司可以免除赔偿责任。

（四）其他诉讼焦点

如上文所述，其他诉讼理由基本为所有合同关系都可能产生的争议，比如多收取费用、与原有出租汽车公司进行不正当竞争等。

2013 年，在加利福尼亚州的一起集团诉讼[1]中，Uber 宣称向乘客收取的费用中已经包含司机的小费，乘客无须另行向司机支付小费，但是司机收到的报酬中却没有小费。司机不满 Uber 的行为，将其诉至法庭。最终，法院同意了原告的诉讼请求，将 Uber 向乘客收的小费如数奉还给司机，并要求 Uber 保证以后不再扣留小费，让司机能够得到更好的回报。

2014 年，Uber 向旧金山国际机场乘客收取机场出入费，称 Uber 仅是代机场收取该费用。[2]在加利福尼亚州范围内，Uber 收取该费用的还有洛杉矶国际机场、萨克拉门托国际机场。但实际上，这些机场并没有收取这笔费用。乘客不满 Uber 的行为，将其诉至法庭，称其行为构成欺骗性隐瞒。最后 Uber 同意退还全部多收费用，并保证以后不再收取此费用。[3]

在德克萨斯州，因为 Uber 和 Lyft 的大规模渗透，传统出租车公司业务深受其扰，遂诉至法院，称平台公司构成不正当竞争，向乘客进行虚假陈述，破坏了出租车公司和乘客的合同关系。但是法院经过推理认为平台公司的行为不构成虚假陈述，但是构成不正当竞争。[4]

三、美国各州立法

（一）加利福尼亚州规定

加利福尼亚州虽然不是第一个对约租车进行明确立法的州，但却是美国

---

〔1〕 2013WL4742878（N. D. Cal.）Compl. 22 – 24. No. 4：13CV03826.（filed in August 16, 2013）.

〔2〕 Uber were "supposedly being assessed by San Francisco International Airport（SFO）and Uber was simply acting as a pass through for SFO".

〔3〕 VAMSI TADEPALLI, Plaintiff, v. UBER TECHNOLOGIES, INC., Defendant. Case No. 15-cv-04348-MEJ.（field in December 17, 2015）.

〔4〕 Greater Houston Transportation Company, et al., Plaintiffs, vs. UBER Technologies, INC. And LYFT INC., Defendants. CIVIL ACTION NO. 4：14 – 0941.（field in March 10, 2015）.

第一个对 Uber 这类平台公司进行大规模讨论，尝试进行规范的州。正是加利福尼亚州将这种新型公司规定为"交通网络公司"，并得到了其他州的认可和学习。加利福尼亚州也是美国第一个认可网络约租车合法化的州，其将交通网络公司规定在《交通网络公司条款》，该立法文件于 2015 年 1 月 1 日起生效。[1]

1. 定义条款

同科罗拉多州的法案相似，加州的法律对交通网络公司、交通网络公司司机进行了定义（详见科罗拉多州介绍），但增加了 TNC 保险（Transportation Network Company Insurance，本文简称 TNC 保险）的定义。TNC 保险，是一种责任保险政策，涵盖了由司机通过 TNC 所有的 APP 或平台使用私家车所引起的事故责任。

2. 保险条款

加利福尼亚州是交通网络公司司机发生事故，进而引发保险争议的第一州，自然对此问题非常重视。由于保险条款对以往的制度有所改动，生效时间相对延后，于 2015 年 6 月 1 日起正式实施。相比科罗拉多州，加州的规定更为细致详尽。

TNC 应当书面告知司机如下事项：TNC 保险生效的时间为司机登入 TNC 的 APP 或其他数字平台之后；在登入 APP 或数字平台之后到注销期间，司机个人机动车险不会对任何碰撞、损害等承担赔偿责任。

本条款按照时间分为司机登入 APP 到接单（from the moment a participating driver logs on the transportation network company's online-enabled application or platform until the driver accepts a request to transport a passenger）、接受订单到完成运输服务（from the moment a participating driver accepts a request on the transportation network company's online-enabled application or platform until the driver completes the transaction on the online-enabled application or platform or until the ride is complete, whichever is later）、完成上一个订单到接到下一个订单或者完成订单到注销使用 APP（from the moment a participating driver completes the transaction on the online-enabled application or platform or the ride is complete, whichever is later, until the driver either accepts another ride request on the online-

---

〔1〕 Public Utilities Code Division 2. Regula-tion of Related Business by the Public Utilities Commission Chapter 8. Charter-Party Carriers of Passengers Article 7. Transportation Network Companies，本文简称本条款为《交通网络公司条款》。Cal Pub Util Code §5430 – §5444，本法案用 15 条进行了详细规定。

enabled application or platform or logs off the online-enabled application or platform)
共三个区间对保险进行了详细规定。

从司机接受订单到完成运输服务期间,对造成的死亡、人身伤害及财产伤害由 TNC 或司机投保,保险金额至少 100 万美元。

司机登入 APP 到接单以及司机完成上一个订单到接到下一个订单或者完成订单到注销使用 APP 期间为间隔期间,本条款着重规定了间隔期间各方的责任分配。在此期间,对造成的死亡及人身伤害,保险金额至少每人 5 万美元;一次事故中所有人的人身险不低于 10 万美元;一次事故中的财产险 3 万美元。

除此之外,加州对 TNC 增加了超额保险要求,TNC 应当对 TNC 及司机投保一次事故至少 20 万美元。而且,5434 条款明确了个人机动车保险的责任范围。从司机登入 APP 到注销 APP 期间,保险公司没有义务对任何事故承担赔偿责任。

3. 其他规定

加利福尼亚州对于车辆、司机的资质要求、保密规定同科罗拉多州的规定相差无几,后文详述。

(二)科罗拉多州规定

科罗拉多州是美国第一个对 Uber 这种平台公司进行法律上规范的州,参考加利福尼亚州对这种新型公司的规定,称其为"交通网络公司"(Transportation Network Company,简称 TNC),《交通网络公司法案》[1] 于 2014 年 6 月 5 日起生效。这部法案承认了网络约租车的合法性,并授权州公共事业委员会对网络约租车进行监管。

1. 定义条款

该法案对私家车、预约租车、交通网络公司、交通网络公司司机、乘客等进行了定义,认为交通网络公司是以运输为目的,利用数字网络连接乘客和司机的公司、合伙企业、独资企业或者其他法律实体。TNC 与传统的出租车公司不同,它既不提供出租车服务,也不提供运输服务。TNC 对进行服务所需要的私家车没有占有、使用、收益、处分的任何权利。本法案贯彻了 TNC 的平台公司实质,认为 TNC 仅是为司机和乘客提供撮合业务的平台,自

---

[1] Colorado Revised Statutes Annotated. Title 40. Utilities. Public Utilities. Motor Carriers and Intrastate Telecommunications Services. Article 10. 1 Motor Carriers. Part 6. Transportation Network Companies. et C. R. S. A. § 40 – 10. 1 – 601: This article shall be known and may be cited as the "Transportation Network Company Act."

身并不提供司机或者车辆。相应的，提供运输服务的司机并不是 TNC 的员工。

2. 保险条款

正如上文所述，由于保险问题一度引发争议，所以在立法过程中，科罗拉多州对保险问题给予了足够的重视，本法案 C. R. S. A. §40 – 10.1 – 604 用 9 款对约租车保险进行了详细的规定。TNC 必须向委员会提供文件证明公司或司机已经投保责任保险，且保险金额不低于 100 万美元，保险期间包含整个运输服务过程。

法案对间隔期间的保险规定细致，要求在 2015 年 1 月 15 日前，TNC 必须向委员会提供文件证明：司机自己或 TNC 为司机已经投保了覆盖间隔期间的基本机动车保险。(a) TNC 必须认可已经登入 APP（不论其是否接收到订单）的司机的"司机"身份；认可司机正在为其公司进行服务。(b) 一次事故中每人的人身险不低于 5 万美元，一次事故中所有人的人身险不低于 10 万美元；一次事故中的财产险最多 3 万美元。 (c) 必须是下列其中之一：C. R. S. A. §40 – 10.1 – 107 (1) 规定的全时间段保险；C. R. S. A. §47 – 7 – 101 规定的在保险单的附加条款中约定司机的个人机动车险；TNC 必须为登入 APP 的每位司机投保公司责任险。

法案认为司机个人机动车保险已经满足强制险要求，无须赘述。而且，也没有要求个人机动车保险覆盖间隔期间。

3. 运营要求

法案对 TNC 运营管理、司机资质、车辆资质进行了详尽的规范，以期保证乘客的安全，回应社会上频发的约租车不安全事件。

(1) TNC 的管理要求。TNC 需向乘客及司机明示计价方法或预估价格。TNC 需通过电子邮件或短信向乘客发送电子收据，包括：起止点、里程、路线、费用及组成、司机姓名及电话。

TNC 需审核提供服务的司机满 21 岁、有驾驶执照、投保个人机动车险、有本州的登记车辆、身体适合驾驶。非经平台公司匹配，司机不得提供服务。司机不得在道路巡游提供运输服务[1]。每个司机每天累计工作时长不得超过 12 小时。TNC 需向司机宣布提供服务期间禁止服用毒品、酒精等物质。

(2) 车辆的资质要求。TNC 必须对接入平台的私家车进行安全检查，并且要求每年至少安检一次。私家车必须至少有四门，最多八座（包括司机），

---

[1] 提供道路巡游服务的为传统出租车业务，即 "street hail"。

而且要定期检查制动、喇叭、车窗等 19 个部位[1]。TNC 或第三方对车辆的安检记录至少保存 14 个月。

（3）司机的资质要求。司机必须每 5 年一次提供自己的犯罪记录，包括性侵记录；申请成为司机的申请人前 7 年内没有因醉酒驾驶被起诉过或裁判过；无欺诈（fraud）、性侵行为（unlaw sexual behavior）、侵害财产（an offense against property）、暴力犯罪（a crime of violence）等违法违规行为。如果申请人在 5 年内被起诉或者判定有罪，不得成为司机。TNC 或第三方对司机的犯罪记录至少保存 5 年。

TNC 必须要审查申请人的驾驶记录。有下列违章驾驶行为的申请人不得成为司机：3 年内有 3 次以上违章行为的；3 年内在美国联邦境内有一次严重违章行为的。TNC 或第三方对司机的驾驶记录至少保存 3 年。

（4）服务规定。TNC 需向公众提供无歧视服务，一旦司机接单或者乘客上车，不得因为起点或终点位置而拒绝服务；不能因种族、宗教、性别、性取向、性别特征、残疾等原因拒绝服务。以下情况除外：乘客正在进行违法或危险行为；乘客不能自理且无监护人；本司机已经接受其他乘客预订。

TNC 不得向心理或身体残疾的乘客收取额外费用。司机应当允许服务性动物（如导盲犬）陪伴乘客。如果乘客有残疾需要使用移动设备（如轮椅），司机应当为其储存至车上；如果车内已无空间存放，该司机应当为其呼叫其他司机搭乘。

（5）保密规定。TNC 不得随意向第三方披露用户个人隐私信息。以下情况除外：经用户同意；法定义务要求；为维护本服务使用所必需的情况。

如果有人向委员会提交了 TNC 或司机的控告书，委员会有权查看各项记录，包括司机的犯罪记录、驾驶记录，车辆记录等。

（6）报告义务。司机应当立即向 TNC 报告任何拒绝乘客服务的行为；TNC 需每年向委员会报告所有拒绝乘客服务的行为。报告形式及方式由委员

---

[1] including: (A) Foot brakes; (B) Emergency brakes; (C) Steering mechanism; (D) Windshield; (E) Rear window and other glass; (F) Windshield wipers; (G) Headlights; (H) Tail lights; (I) Turn indicator lights; (J) Stop lights; (K) Front seat adjustment mechanism; (L) The opening, closing, and locking capability of the doors; (M) Horn; (N) Speedometer; (O) Bumpers; (P) Muffler and exhaust system; (Q) Tire conditions, including tread depth; (R) Interior and exterior rear-view mirrors; and (S) Safety belts.

会决定。

（7）其他规定。科罗拉多州对于其他的诸如定价、罚金等问题只有概括性规定，且罚金主要取决于立法机构规定，没有太大争议。

（三）哥伦比亚特区规定

继加利福尼亚州、科罗拉多州之后，哥伦比亚特区也进行了立法，将平台公司及约租车规定在《2012 年公共出租车创新法案》[1]，大部分条款于2015 年 3 月 10 日起生效，少量条款于 2015 年 6 月 1 日起生效。

1. 定义条款

虽然没有像科罗拉多州、加利福尼亚州定义新型的平台公司为 TNC，但是也为此创设了新的运送服务种类：私家租车服务（Private Vehicle-for-Hire Services）。而且将租车服务重新进行了分类，分为新的私家车租车服务与原有的公共出租车服务（Public Vehicle-for-Hire Services）。将此类运用互联网和APP 进行的运送服务称为"数字化派遣"（digital dispatch）。

2. 残疾人便利条款

本法案相较于上述两州的规定，更为人性化，将关注点更多地放在对残疾人的便利及尊重上。法案 §50 – 301.25a 规定平台公司必须在 2016 年 1 月 1日之前保证视觉、听觉有障碍的人也可以使用公司的网站以及移动端 APP。而且公司要将其操作过程制成报告，提交给交通委员会和环境委员会。当然，法案规定了司机要尊重残疾人，不得多收费用、不得歧视等。对此，Uber 在其官网上发布了《无障碍声明》、《非歧视政策》等。

3. 零容忍政策

本法案 §50 – 301.29a 详细规定了零容忍政策，如果司机有下列行为，公司调查属实后应当立即解聘司机：（a）使用酒精或毒品；（b）有歧视或有歧视意义的行为，比如因服务性动物拒绝载客、语言粗暴等。法律规定平台公司必须在网站中公布客户投诉流程以及零容忍政策。

4. 其他规定

其他规定，诸如保险政策、对司机的要求、私家车的要求等，法案规定详尽，但大体如上文所述，在此不再赘述。值得一提的是该法案对私家车出租公司规定了严格的商业外观，比如颜色、标识等，要求不论白天还是黑夜

---

〔1〕 West's District of Columbia Code Annotated. Title 50. Motor and Non-Motor Vehicles and Traffic. （DC Code Ann. §50 – 301）

都要在至少 50 英尺[1]之内轻松辨认。该法案还专门规定了打车逃避执法人员的情况。

四、总　结

美国其他一些州，如宾夕法尼亚州等，也已经对 Uber 等公司的模式进行调查研究，准备着手立法。

从美国的实践、立法、司法中可以看到，合理的规范这种新型的租车服务可以带来无数的好处——尤其是在夜晚公共交通工具减少、拥有大量人口的城市，共享式的交通可以大量减少醉酒驾驶。[2]传统的出租车公司也可以通过互联网技术进行改良，吸引更多的乘客，我国一些传统出租车公司已经接入一些平台公司进行载客。保险公司也可以针对约租车服务开发新的保险产品，完善各方赔偿责任，保护乘客乘车安全。加利福尼亚州等地区通过立法和监管相融合的方式对约租车进行规范监督，力求达到技术创新和公众安全的平衡。哥伦比亚特区规定了打车逃避执法人员的情况，其灵感就来自实践，将这种投机行为禁止在法律上，给更多的人警醒。哥伦比亚特区对于残疾人的便利政策、非歧视原则等的详尽规定体现的人文情怀正是我们所向往的境界。通过美国约租车合法化的历程及规定，可以看到一国对于新生事物的态度及对原有事物的人文情怀。

相比之下，因为新产生的约租车不符合现行法律规定而判定其违法，则遏止了创新和服务质量的提高。新事物的产生必然会对传统行业及政府监管等带来冲击和挑战。但是一个开放的、发展的社会应当允许创新，并且法律也应当给予一定的空间让更多的事物得以发展。我国出现互联网专车已经有三年多时间，各地政府部门态度不一。但从乘客们的选择及平台公司的扩张中可以看到，更多的是便利与发展。虽然法律的本质决定了其滞后性，但是法律也可以是创新者的保护伞，其包容性允许我们对这个社会做出改变。

---

〔1〕　50 英尺等于 15. 24 米。

〔2〕　Catherine, Making Pennsylvania Safer: As Uber Use Goes Up, DUI Rates Go Down, https：//newsroom. uber. com/philly/making-pennsylvania-safer-as-uber-use-goes-up-dui-rates-go-down-2/. 最后访问时间：2016 年 1 月 11 日。

论互联网预约车辆服务的正当性及监管模式

The Discussion on the Legitimacy and the Supervision Pattern of the Internet Taxi-hailing Service

赵振杰 *

摘　要：随着互联网技术的日益普及以及共享型经济的迅猛发展，失望于传统出租车行业裹足不前状况的人们逐渐倾向于选择互联网预约车辆服务作为自己出行的方式，与此同时，有关这种新模式的正当性争论和监管模式探究以及对在共享经济浪潮下政府简政放权的呼声也日渐升温。在这种形势下，政府应当积极顺应社会和经济的发展趋势，承认私家车从事这一行业的正当性，并且按照比例原则的要求开展对其的监管工作，充分发挥市场主体的自主性与能动性。

关键词：互联网专车　正当性　行政许可　比例原则

近年来，传统出租车行业的弊端越来越凸显，其逐渐臃肿和僵化的体系已经难以满足消费者不断增长和多样化的需求。"打车贵、打车难"由此成为民众极为关注

---

* 赵振杰，中国政法大学法学院宪法学与行政法学专业 2014 级硕士研究生（100088）。

的民生话题之一且日益受到关注、重视和讨论。就在人们对出行问题解决方案的构建一筹莫展之际，互联网线上预约车辆这一商业模式的出现，犹如一阵春风，吹皱了传统出租车行业这一池"暮气沉沉"。在近几年，以"滴滴"、"快滴"等为代表的互联网预约车辆服务提供商发展迅猛，一方面舒缓了人们"出行难"的问题，另一方面也不可避免地触动了传统出租车行业敏感的神经。一面是发展情况日新月异的良好势头，一面是屡屡出台的禁令和频频曝光的新旧"出租车"行业之争，"冰火两重天"的极大反差展现出如今互联网预约车辆服务行业的尴尬处境。

一、法律与现实的龃龉所导致的困境

当下市场上从事互联网专车服务的车辆构成是多元化的：一类是由网络运营商直接使用汽车租赁公司的车辆开展运营；另一类是所谓的"四方协议"运营模式。"四方协议"运营模式的参与者包括互联网经营者、汽车租赁公司、劳务派遣公司以及接受服务的消费者。互联网运营商提供交易的信息平台，消费者在这一平台下订单，汽车租赁公司依据消费者的订单需求配置相应规格的车辆，劳务派遣公司向消费者提供驾驶人员，平台、车辆租赁公司和劳务派遣公司三方合作完成运输服务合同的履行。由于互联网预约车辆的市场巨大，尤其是在目前车辆牌照受到严格管控的情况下，仅仅依靠上述经营措施难以满足市场的需求，因此，大量的私家车通过挂靠互联网运营商的途径而得以进入这一行业。社会大众对于互联网专车的分歧和质疑也集中在这一类车辆的合法性与正当性方面。

从我国现有的法律法规来看，私家车从事网络预约服务是一种不合法的行为。根据我国《行政许可法》以及 2004 年 7 月 1 日起开始实施的《国务院对确需保留的行政审批项目设定行政许可的决定》的规定："出租汽车经营资格证、车辆运营证和驾驶员客运资格证的核发由县级以上地方人民政府出租汽车行政主管部门依法实施行政许可。"由国务院颁布的《中华人民共和国道路运输条例》第 64 条规定：没有取得道路运输许可而擅自从事道路运输业务的，将会面临来自县级以上道路运输管理机构的行政处罚决定，甚至被追究刑事责任。为了规范专车市场发展、保障消费者的合法权益以及稳定市场秩序，交通部于 2015 年 10 月公布了《网络预约出租汽车经营服务管理办法暂行规定（征求意见稿）》并面向社会征求意见。在该意见稿中明确规定了如下内容：意欲从事互联网预约车辆服务的人员，在符合一定资质的前提下，需要通过一定的考核并且取得相应的许可之后才可以进入该领域。也就是说，政府的管控和许可是私家车主进入这一领域的唯一合法方式。但如果我们结合交通部《出租汽车驾驶员从业资格管理规定》不难看出，《网络预约出租汽车经营服务管理暂行办法》的规定某种程度上其实是对传统出租车管理模式的一种回归，笔者认为这样一种管理模式对于互联网预约车辆服务的发展将会产生消极的影响，与目前的市场需求和出租车行业改革的初衷是相违背的。

与官方消极态度形成鲜明对比的是，互联网预约车辆服务在我国呈现如火如荼的良好发展态势。截至 2014 年年底，仅滴滴公司的注册用户便超过了1 亿，每日订单量超过 30 万，消费者在全国 19 个城市可以享受到互联网预约车辆服务。[1]根据第三方统计公司——易观数据的统计报告，在 2015 年中国互联网专车的市场交易规模有望达到 260.7 亿元人民币，而到 2018 年，我国互联网专车的市场交易规模将达到 520 亿元人民币，为 2015 年时的两倍左右。当蓬勃发展的互联网预约车辆服务行业与当下的法律体系与监管制度出现分歧甚至抵触时，所造成的后果便是政府监管的不合理与不到位。由于法律法规对于互联网预约车辆服务缺乏准确的定性以及详尽的依据，再加上政府对于互联网预约车辆服务缺乏详实的调查研究工作，政府的监管态度与措施往往在"严打"与"有心无力、无从下手"两个极端之间摇摆不定。政府的"严打"态度主要体现在其对于互联网预约车辆服务"一刀切"式的否定态度上，例如北京市政府曾经声明：依据《北京市出租汽车管理条例》的规定，凡是不具备出租汽车运营资质的车辆，均不得被用于从事出租汽车服务。也就是说，滴滴、神州租车等平台的经营活动在北京将被全面禁止。"有心无力、无从下手"主要体现在政府的监管措施不到位这一方面。由于缺乏足够的资源以及相关的制度保障，政府在面对互联网预约车辆服务这一新兴事物时缺乏相应的监管措施与手段，使得在一些本来事关行业健康发展、行政权应当大显身手的领域政府的存在感却十分微弱。监管措施不到位的后果便是政府没有发挥其本身所肩负的、防止市场失灵的作用，例如由于目前缺乏统一、合理的准入标准，专车司机素质以及业务能力的参差不齐便成为了消费者十分担忧的问题；同时，由于法律缺乏对于互联网预约车辆服务的准确定性以及相关的标准，使得执法者在执法过程中难免陷入"雾里看花"的迷局之中：被监管者在"专车"与"私家车"之间的随意转换，使得政府即使采取最为严厉的政策也未能将互联网预约车辆服务有效地纳入到行政监管的范

---

[1] 王硕："破垄断，'专车'是条好鲶鱼"，载《中国消费者报》2015 年 1 月 16 日，第 A01 版。

畴中，这造成了行政权行使的效果被稀释和消减。市场经济的正常运转离不开政府的适当参与，而互联网预约车辆服务领域行政权的不适当介入势必会对这一行业本身的发展造成消极影响。笔者认为：互联网预约车辆服务具有其正当性基础。对于这一新兴领域，政府应当正视社会发展的新趋势，摆脱"严字当头"的传统监管模式，以开放的姿态探求更为适当的监管办法。

二、互联网预约车辆服务产生的社会背景

在现实生活中，网络预约出租车这一新的经营模式的出现有着深刻的社会背景。笔者认为可以总结归纳为以下三个方面：

1. 出租车行业积重难返的困境使得其无法满足民众日益增长的需求

目前我国出租车行业存在三种经营模式，分别为公司型经营模式、承包型经营模式以及挂靠型经营模式。[1]挂靠型模式最为常见，也是出现问题最多的一种经营模式。在我国，政府通过对出租汽车牌照的严格管控和对出租汽车公司与出租车司机实施双重许可的管理模式，使其自身拥有了在出租汽车行业的绝对控制权。出租汽车企业由于处于垄断地位并且与政府存在千丝万缕的利益关系，因而可以通过向司机盘剥高额的"份儿钱"获得暴利。司机是这一体系的直接受害者，提价和有组织停运是司机在重压之下增加收入的少数可行办法。政府和出租汽车公司利益的交织以及出租汽车公司垄断地位的不断巩固，使得有关出租车改革的种种尝试最终收效甚微。最后，这一切的不利后果被转嫁到消费者身上，"打车难、打车贵"的现象因而也就层出不穷。[2]

2. 社会的多元化造成了消费需求的多元化，当下出租车行业的单一模式已经无法满足这一趋势

社会经济的发展使得社会结构更加复杂，物质资源的极大充裕使得社会整齐划一式的面貌分崩离析，多元社会的样态日渐明朗。可选择条件的增多使得人们能够摆脱单一可选择项的束缚，自主地根据自身的经济实力、个人

---

〔1〕 公司型经营模式是指出租汽车公司按照现代企业的管理模式实施经营，车辆的所有权和经营权属于公司。司机通过与出租汽车公司签订劳动合同而成为该公司的正式员工，领取工资和福利。挂靠型是指司机个人拥有车辆的所有权和经营权，其仅仅以某一个公司的名义开展自己的经营活动。公司仅仅承担代缴税费等服务并且收取一定的服务费用。而最为常见的还是承包型经营模式，也就是公司保留车辆的所有权和经营权，司机通过与公司签订承包经营合同来开展业务并且每月向出租汽车公司缴纳一定的费用，也就是"份儿钱"。参见姜爱林："论出租车行业的管理体制、运营模式与改革方向"，载《攀登》2009年第2期，第77—80页。

〔2〕 于左、高玥："出租车行业的困境摆脱及其走势判断"，载《改革》2015年第6期，第119—129页。

喜好以及客观环境来选择最适合自己的消费方式。互联网专车的出现无疑迎合了这一变化，其多样化的服务模式极大地满足了消费者的需求。不同经济基础、不同文化背景的人都可以在其中找到最适合自己的消费方案，这无疑是互联网预约车辆服务在社会中广受欢迎的原因之一。

3. 互联网的迅速普及使得服务可及性和交易成本大大降低

在市场经济环境下，对于经营者而言，信息代表着商机，获取信息的能力往往决定了一个市场主体经营获利的能力；对于消费者来说，信息是自我需求满足的关键因素，也是展开交易的必要前提。信息的流通需要良好的平台，而互联网的出现恰恰扮演了这样一个角色。随着互联网技术的不断普及，互联网的可及性日益提高，信息在各个市场主体之间的流动更加迅速和便捷，这无疑极大地促进了交易的开展。不仅仅是与互联网结缘的专车服务因此获利，整个电商行业的繁荣也证明了这一点。

三、私家车从事网络预约服务的正当性论证

关于互联网预约车辆的正当性理由，笔者认为可以归结为以下三个方面：

（一）私家车不宜被认定为黑车

2015 年 4 月发生在济南的"专车第一案"引起了人们的巨大关注。在这一案件中，当事人陈超在济南西站接送客人时被济南市城市公共客运管理中心的工作人员认定为非法经营并对其罚款 2 万元。陈超不服该处罚决定于是向济南市市中区人民法院提起撤销之诉。这起案件的争议焦点之一便是陈超当时所开展的经营活动是否为非法，即陈超是否为我们常说的"黑车司机"。笔者认为，从互联网预约车辆本身的性质来看，其不具有对社会正常交易秩序与消费者合法权益造成损害的情节，这一点与"黑车"形成了鲜明的对比。笔者认为，尽管目前私家车直接经营互联网预约车辆服务不为法律所认可，但是将私家车笼统归类为"黑车"也是不足取的做法。在私家车"网络专车"和我们所惯常认定的"黑车"之间，存在着巨大而显著的差别。

第一，黑车没有相应的信息登记机制，消费者无法获知黑车的相关信息和背景，也就是说消费者是在一种信息不透明的情况下订立交通客运契约的，因而其面临着比较大的风险。但是私家车在从事互联网预约车辆服务之前，专车网络预约平台详细登记了司机的相关个人信息并且开展了必要的业务培训，消费者可以在相关平台检索到上述这些信息，因为信息不透明而产生的法律风险较黑车更少。

第二，黑车由于难以获得其相关信息、流动性大、隐蔽性强等特点而难以对其实施监管，监管的缺失也是消费者选择黑车可能会面临巨大风险的原因之一。但是专车则不然。由于私家车在进入这一领域之前已经由网络运营商进行了详细的信息登记和保存，因而有关部门可以借此实现对专车的监督管理。

第三，黑车往往没有固定的价格机制，消费者有时不得不面临黑车司机极不合理的价格要求而使得自身合法权益受到损害。由于互联网平台经营商的参与，挂靠该平台的私家车必须服从互联网经营商的价格标准来开展经营活动，消费者的合法权益受到损害的危险性更小。

（二）互联网预约车辆服务的兴起与法的社会适应性

尽管法律对于私家车从事互联网专车预约服务一直持有消极的态度，但是我们依然可以在这一领域看到大量私家车的身影。这种现象一方面反映了市场力量的强大，另一方面也不禁引起我们的反思：面对这种屡禁不止的现象，我们是否应当重新审视我们的法律理念和体系、重新定位我们的法律究竟应当在社会巨大变革面前充当怎样的角色。

1. 法律是人造的产物，因而人类可以按照自己的需要对其进行修改

这一观点是由实证主义法学家所提出来的，目的是反对自然法学家将法律神秘化的倾向。按照后者的观点，一个国家的法律体系是两元甚至多元存在的，一种先验的、具有永恒理性的自然法凌驾于实体法之上，是一切实体法律的准则。这样一种先验的、具有永恒理性的"自然法"虽然无形，但是无处不在。它代表着人类的终极正义，某种意义上带有一种神秘主义色彩。[1]但这些在实证主义法学家眼里是无法理解的，因为在他们看来，法律并不是冥冥之中颠扑不破的真理，所谓的"自然权利"、"社会契约"，仅仅是自然法学派的学者们所虚构出来的政治幻想。例如实证法学派的代表人物边沁（Jeremy Bentham）曾经指出，"自然法"、"契约论"等词汇尽管庄重大气，但是在论证法律正当性方面显得过于空洞无力，他主张应当用"功利"的思想来取代诸如"自然法"、"契约论"等这类"不着边际"的字眼。[2]边沁坚持认为，法律是人类社会的产物，是人类为了自我保护而创造的一种防御机制，目的是为了消除来自内心深处的恐惧与不安。[3]既然法律的诞生是为了满足人类的需要，那么法律的神秘性便无从谈起，人类完全可以依照自

〔1〕 潘新光："论古典自然法学派"，载《法学研究》2003年第15期，第125—127页。
〔2〕 ［英］边沁：《道德与立法原理导论》，时殷弘译，商务印书馆2000年版，第74页。
〔3〕 胡玉鸿："边沁法律思想之研究"，载《政法论坛》2005年第5期，第5—13页。

己的需求对法律进行必要的修改。[1]

2. 法律来自社会并且根植于社会，这个事实决定了法律必须与社会现实相适应

英国学者科特威尔（Roger Cotterrell）就曾经指出，法律是根植于社会之中的。如果我们强行将法律与社会相剥离，那么我们就无法理解"法律的特征、法律与其他社会现象的关系、法律的复杂性以及法律不仅仅是专业性业务的一部分，更是社会生活的一部分"。[2]在分析法学派的凯尔森（Kelsen）看来，法律与社会是无法分离的，因为法律从本质上来讲就是一种特殊的社会技术、一种强制规范、一种社会共同体对武力的垄断。依据凯尔森的观点，社会共同体都在促使人完成一种"互惠行为"，即促使人进行对社会有利的行为，制止人们做出有害于共同体的行为。这样一种互惠行为是依赖社会共同体的赏罚（reward and punishment）机制来实现的，也就是共同体对实施于社会有利行为的人给予认可，对做出危害社会的那部分人施以惩罚。[3]如果这样一种惩罚或者制裁被共同体组织起来，并且这样一种惩罚通常是在违背当事人意志的情况下剥夺其所有物的方式来实施的，那么这种有组织的、具有强制性的制裁就是法律。法律从本质上来讲，"是这样一种社会技术，在相反行为时通过强制措施的威胁来促使人们实现社会所希望的行为。"[4]马克思（Karl Heinrich Marx）也坚持法律与社会密不可分的观点，他认为法律作为上层建筑的一部分，"是社会共同的、由一定的物质生产方式所产生的利益和需求的体现，而不是个人的恣意横行。"[5]

3. "回应型"法的发展趋势要求法律更为机动灵活，与社会现实积极地呼应

根据诺内特（P. Nonet）和赛尔兹尼克（P. Selznick）的观点，法律应当是一种多维度的、不断变化的事物。如果我们忽视了法律具有可变性这一事实，那么我们对于法律本质的认识就会陷入盲人摸象的境地。[6]作者以此为

---

〔1〕 ［英］P. S. 阿蒂亚：《法律与现代社会》，范悦、全兆一、白厚洪、康振家译，全兆一校，辽宁教育出版社 1998 年版，第 159 页。

〔2〕 ［英］罗杰·科特威尔：《法律社会学导论》，潘大松、刘丽君、林燕萍、刘海善译，华夏出版社 1989 年版，第 2 页。

〔3〕 ［奥］凯尔森：《法与国家的一般理论》，沈宗灵译，商务印书馆 2013 年版，第 44—46 页。

〔4〕 ［奥］凯尔森：《法与国家的一般理论》，沈宗灵译，商务印书馆 2013 年版，第 49—51 页。

〔5〕 《马克思恩格斯全集》第 6 卷，人民出版社 1961 年版，第 291—292 页。

〔6〕 ［美］P. 诺内特、P. 赛尔兹尼克：《转变中的法律与社会：迈向回应型法》，张志铭译，中国政法大学出版社 2002 年版，第 10—11 页。

论证原点，将法律划分为了压制型法、自治型法和回应型法这三种类别。在压制型法阶段，法律与政治尚未分离，其是作为国家维持秩序的一种具有强制力的工具而存在的。此类型的法律具有强烈的道德色彩，官方具有绝对的、不受控制的自由裁量权。[1]在自治法阶段，法律实现了与政治的分立，具有了强大的独立权威来对政府进行约束和规范；司法机构告别了从属于政治机构的时代，实现了自身的独立和自治；以尊重规则为核心的法治观念得到普及，程序正义成为了这一阶段具有代表性的原则。[2]在回应型法阶段，法律的重心从保护规则的权威转变为了实现正当目的，法律的开放性和能动性得到强化，法律按照社会的现实需要自我矫正的能力显著增强。由于民众越来越多地参与到法律的制定和修改中来，法律与政治之间的界限渐渐模糊，当局的自由裁量权也逐步得到扩大，但是这种扩大的自由裁量权并不是要求民众无条件服从，而是作为在正当目的的指导下通过协商等政治程序更好地解决共同体中问题的一种必须。[3]这样一种划分，依据作者的观点，并不是为了将这三种类型的法律做一个价值观的优劣判断，而只是为了说明一个道理，即法律是在变动发展的。自治型法是为了弥补压制型法的粗劣蛮横而发展起来的，而回应型法则是对自治型法教条主义倾向的一种矫正，这三种类型的法杂糅地存在于古往今来、世界各国的法律体系中。与此同时作者也指出，只有兼顾自治型法和回应型法的法律体系才是最适合当下的一种模式。[4]同理，面对专车市场的蓬勃发展，尽管法律的稳定性是法律的内在需求，但是在社会变革已经严重腐蚀法律权威的时候，我们的确应当采取更为灵活的观

---

〔1〕 〔美〕P. 诺内特、P. 赛尔兹尼克：《转变中的法律与社会：迈向回应型法》，张志铭译，中国政法大学出版社 2002 年版，第 57—58 页。

〔2〕 〔美〕P. 诺内特、P. 赛尔兹尼克：《转变中的法律与社会：迈向回应型法》，张志铭译，中国政法大学出版社 2002 年版，第 59—61 页。

〔3〕 〔美〕P. 诺内特、P. 赛尔兹尼克：《转变中的法律与社会：迈向回应型法》，张志铭译，中国政法大学出版社 2002 年版，第 86 页。

〔4〕 作者认为压制型法不具有社会认同的坚实基础，并且其往往代表着统治者政治资源的匮乏，因而是不文明且不稳定的。〔美〕P. 诺内特、P. 赛尔兹尼克：《转变中的法律与社会：迈向回应型法》，张志铭译，中国政法大学出版社 2002 年版，第 36、40—43、58 页。自治型法在着重保护法律的独立和完整的同时失去了应对社会变化的灵活性，容易滋生教条主义和形式主义。而在回应型法体系中开放性的泛滥可能导致法律规制权力权威的丧失，造成法律的名存实亡，因而其并不稳定，容易退回到压制型法的模式中。〔美〕P. 诺内特、P. 赛尔兹尼克：《转变中的法律与社会：迈向回应型法》，张志铭译，中国政法大学出版社 2002 年版，第 84—85 页。因而作者认为在自治型法的框架下运用回应型法的理论，不断消减自治型法的僵硬性是当下最为理想的模式。

念和态度，采取以问题为中心的指导思想，探究使法律更好发挥功效的方法，而不是被我们自己精心编织的规范体系所囚禁。

网络预约出租车的出现，从表面上看，是一种极具创新意识的偶然现象，但其实质确是社会发展的一种必然结果。当陈旧冗杂的管理体制成为行业发展的瓶颈，当愈加成熟的现代科技逐渐成为我们生活中不可或缺的一部分时，突破旧式的藩篱、开辟全新的领域，某种程度上来说已经迫在眉睫。笔者认为，尽管稳定性是法律所应当追求的价值目标，但是这一点不应当被绝对化。如果法律过于刚性，那么法律将有可能从社会秩序的维护者蜕变为社会进步的阻碍者。

（三）共享经济理念与模式的崛起与互联网预约车辆服务的诞生

普罗大众观念的转变也是法律必须修订的原因。尽管凯尔森致力于剥离法律体系中的价值色彩，使法学成为一门纯粹的科学，但是，法律与正义的纠葛并不是诉诸人类的一厢情愿就可以轻易实现的，这一点凯尔森自己也不得不承认。[1]依据凯尔森的观点，一个合乎公正的社会，就是每一个人都能够在这个社会中找到属于自己的幸福，而人们对于公正的渴望本身就是人类对于幸福的永恒追求。[2]公正某种意义上就是人类对幸福渴望的代名词，而幸福是一个内涵十分不确定的概念，其会随着时代的发展、社会的变迁而不断变化，因而，人们对于公正的理解也会因为时代与社会大背景的不同而千差万别，这会深刻影响到法律的制定和修改过程。例如，历史上平均主义思想的兴起，推动了妇女的解放和种族歧视政策的废止，使得公民的选举权得到了普及。再比如，关于婚姻家庭观念的转变使得离婚的限制越来越宽松，人们已经不再将离婚视为人生的巨大过错。思想观念的变迁对法律修订的影响意义是深远的，具有持久而广泛的作用力。[3]专车浪潮兴起的背后，是共享型经济的蓬勃发展以及相关理念的深入人心。"共享型经济"（sharing econ-omy）或"协同式消费"（collaborative consumption）是近年来兴起的一种全新的经济模式。这种经济模式不同于传统的集中生产和消费式的经济模式，它将市场中的个体或者团体直接联系起来，使我们从一个个被动的消费者转化

---

〔1〕 ［奥〕凯尔森：《法与国家的一般理论》，沈宗灵译，商务印书馆 2013 年版，第 33 页。
〔2〕 ［奥〕凯尔森：《法与国家的一般理论》，沈宗灵译，商务印书馆 2013 年版，第 33 页。
〔3〕 ［英］P. S. 阿蒂亚：《法律与现代社会》，范悦、全兆一、白厚洪、康振家译，全兆一校，辽宁教育出版社 1998 年版，第 182 页。

为积极的、相互紧密联系的货物或者服务提供者。互联网技术推动下的共享经济的兴盛，某种意义上看也是全新共享观念兴起的外在表现。在数字时代中，人们开始重新思考所有权和"资源分享"的含义，并且开始反思究竟怎样的经济增长模式是合理的。尤其是近年来随着环境保护逐渐成为全球共识，人们开始越来越热心探求更加高效的资源利用方法。共享型经济的诞生正好填补了人们在这一方面的迫切需求。面对民众这一思潮的转变，法律不可能超然地置身事外。如果法律因为与民众的主流价值观发生冲突而失去民众认同这一坚实的基础，其权威性将会受到质疑，法律本身的价值将会被折损。由此可见，官方应当放弃对于垄断利益者的偏袒以及"懒政"思想的束缚，积极回应市场和时代发展的潮流。

四、私家车从事互联网预约服务的监管模式探究

（一）关于现有监管模式的分析

尽管互联网预约车辆的出现具有其正当性理由，但是在实际的市场运作中由于行政权的不适当介入，一些领域因缺乏监管而出现了一定程度的无序和混乱现象。例如，众所周知，参与互联网预约车辆服务的私家车主具有复杂多样的背景，而目前互联网预约车辆服务商普遍缺乏对司机有效的资质审核与岗前培训，这就使得司机的专业素质难免出现参差不齐的现象，并且运营车辆的安全状况也难以得到保障。同时，监管的缺失也使得一些司机利用自己的职务之便开展违法甚至犯罪活动，比如一些司机依靠虚假刷单行为来骗取运营服务平台的补贴，一些司机甚至对乘客实施抢劫等暴力犯罪，这些对消费者和运营商的合法权益与安全都造成了威胁。

互联网预约车辆服务的良好运转离不开行政权的参与，并且政府行使行政权进行监管的方式至关重要。目前对于如何监管私家车主参与网络预约出租车市场，实践中采取了以下做法：

第一，全面监管式，即完全参照现行出租车监管模式进行监管，政府既有权对预约车辆运营服务商和服务平台实施监管，还有权对从事网络预约服务的车辆和司机进行监管。交通部 2011 年颁布的《出租汽车驾驶员从业资格管理规定》中规定，有意从事出租汽车驾驶活动的申请人在符合一定报名条件的前提下首先需要参加全国统一的资格考试，在考试通过后经过道路运输管理机构注册，方可以开展出租汽车经营活动。交通部《出租汽车经营服务管理规定》中规定，有意从事出租汽车经营服务的申请人，如果符合一定的条件，可以向交通运输管理部门提出申请，经过交通管理运输部门审核通过

后颁发道路运输经营许可证和决定书，同时也要求申请人车辆必须具备车辆经营权。综合上述论述我们可以看出，传统出租车行业实行的是经营者和出租车司机双重许可的监管模式，政府在这一过程中拥有绝对的影响力。而通过分析交通部发布的《网络预约出租汽车经营服务管理暂行办法（征求意见稿）》可知，这种双重许可的管理模式被移植到了网络预约车辆这一领域中。根据该文件的规定，有意从事互联网预约车辆服务的申请者，首先应当符合文件第 5 条规定的一些条件，同时必须取得由交管部门颁发的道路运输经营许可证，并且其车辆的性质须登记为出租运营。意欲从事互联网预约车辆服务的个人必须在符合一定条件的情况下取得道路运输管理机构的许可。如此相似的规定难免使人产生"新瓶装旧酒"的印象。

第二，上海模式或"阿里巴巴"模式。在这种模式下，政府对相关运营商和平台发放运营许可，同时将对车辆和司机的审查权下放到服务运营平台，政府仅仅作为最后的监管者存在。由于将审查权赋予了运营平台，因而政府在对网络预约平台进行许可的时候，不仅要审查其是否具备互联网运营资质、电信业运营资质以及相关的硬件设施条件，还要重点考察该企业是否具备一定的服务能力和经营能力。参与互联网运营的车辆标准由运营平台规定，具体审核工作也由平台来开展，并且车辆的性质不必强制变更为经营性质。

通过对上述两种方案的分析，我们可知有关互联网预约车辆服务监管模式的探讨实质上是有关政府简政放权问题的争论。从事互联网运营服务的车辆和司机的管理权力的归属问题——究竟应当按照传统惯例由政府把握，还是遵从市场的发展要求由运营者所有——是这一争论的焦点所在。对这一问题笔者认为可以借助行政法中的比例原则来开展论证。

（二）比例原则的内涵及其作为论证工具的合理性

比例原则最初诞生于德国，但是比例原则中所蕴含的"权力的行使必须合乎比例"的思想早在 1215 年英国的《大宪章》中就有所体现。[1]传统意义上的比例原则包含三部分内容，即适当性、必要性和狭义比例原则。其中狭义比例原则也称"法益相称性原则"。尽管也有学者指出，由于传统的比例原

---

〔1〕 "权力必须合乎比例行使"的思想在《大宪章》中主要体现在其对犯罪和刑罚应当具有相平衡性这一点上。也就是说，罪刑应当相适应，人民不应当因为自己的轻罪而受到严重的处罚。参见蔡宗珍："公法上之比例原则初论——以德国法的发展为中心"，载《政大法学评论》1999 年第 62 期，第 75—104 页；转引自余凌云：《行政法讲义（第 2 版）》，清华大学出版社 2014 年版，第 83 页。

则"三阶论"仅仅评估了手段和目的的关系以及不同目的之间的关系，难以评估行政措施的目的是否正当，因而比例原则应当在"三阶论"的基础上增加"目的正当性论证"这一环节，以弥补传统理论自身先天的不足。[1] 但一般而言，传统的"三阶论"依旧是学术和理论界的主流观点。

所谓适应性原则，就是指行政行为所采取的措施必须有助于目的的达成。如果一项措施对于行政目的的实现无益甚至产生阻碍效果，那么我们就可以认定此种情况下行政权的行使是违背比例原则的。值得注意的一点是，适当性原则并不要求所采取的措施是唯一有助于目的达成的措施，只要行政机关所采取的措施对于目的的实现有帮助即可。[2] 所谓必要性原则，是指行政机关在实施行政行为时要采取审慎的态度，在存在多种可选择方案时，应当选取对相对人权益影响最小的方案。在多种方案均具有相似适应性的情况之下，行政机关应当依据自身的经验和知识，努力将行政权的行使对相对人的影响降到最低。所谓"法益相称性原则"，也就是狭义的比例原则，是指行政机关所采取的行政措施对相对人造成的不良影响应当小于因公权力行使所获得的益处，也就是说公权力的行使没有超越民众承受能力的范围。这一点的出现是因为公权力行使往往涉及多方的利益，仅仅通过考虑目的与手段的关系以及提醒行政主体秉持审慎态度是不足以保障相对人合法权益的。

笔者认为通过比例原则来分析对互联网预约车辆监管模式的选择这一问题是适当的：

第一，尽管对相对人实施许可是一种行政授益行为，但是比例原则已经突破了传统观念的束缚，将授益性行政行为纳入到其规范的范围之内。比例原则之所以被人们认为仅仅在负担性行政行为领域发生作用，与其诞生的历史背景以及人们对授益性行政行为的片面解读不无关系。比例原则诞生于自由法治国家时代，这一时代的欧洲大陆沉浸在法国大革命"自由、平等、博爱"的热情之中，民主化运动风起云涌，欧陆国家纷纷从传统的专制国家向近代民主国家转变。在自由法治国家时代，由于刚刚经历过严酷的"警察国家"时期，因而控制公权力、防止公权力的滥用成为了法律的首要目的，而行政权被有效控制的标志便是行政机关对法律机械地、严格地执行。在这种

---

〔1〕 刘权："目的正当性与比例原则的重构"，载《中国法学》2014年第4期，第133—150页。

〔2〕 陈运生："论比例原则在基本权利保障中的适用"，载《广州大学学报（社会科学版）》2011年第5期，第19—24页。

氛围中成长起来的比例原则不可避免地打上了"控权"的烙印，即其核心目的是防止公权力对民众合法权益的侵害，而不是去限制行政主体对于民众福祉的增加和赋予。但是在实践中，我们仅仅从比例原则的文字含义中很难发现其只适用于负担性行政行为的证据；而且即使在授益性行政行为中，相对人仍然处于弱势地位。行政机关的公权力，尤其是自由裁量权，如果不受到制约，那么可能会对公民的自由和合法权利造成不利影响。[1] 此外，随着国家的性质从自由法治国家向"福利国家"转变，授权性质的行政行为逐渐成为政府日常行政活动的主要内容，如果我们仍然恪守比例原则不得规范授权性行政行为这一信条，那么比例原则的适用范围将会越来越小，政府的行政行为也将得不到有效的制约。[2]

　　第二，虽然对于网络预约出租车服务平台和司机的许可是一种授权性质的行政行为，但是其实质上却有可能造成对公民自由的干涉。个人自由和国家权威一直是政治哲学中备受争论的话题。从古至今，有关二者之间关系的论述汗牛充栋。但是，在当代人们所达成的共识是：个人自由是与生俱来的、不可剥夺的基本人权，而国家仅仅是特定历史阶段的产物，是人造的法律集合体的物化表现。从这一论断出发，国家权威是不可以任意干涉和践踏个人自由的。但是我们同样也知道，行政许可本质上是一种个别解禁的行为，即某一类行为是被一般禁止的，而法律仅仅为一少部分符合一定标准的人敞开大门。这种个别禁止行为与个人自由先验的论断似乎存在着难以调和的巨大矛盾，但是它们实质上是对立统一的关系，这个将二者弥合在一起的连接点就是"公共利益"。人人生而自由，但是又无往不在枷锁之中；如果我们自由的行使超越了一定的范围，就会对他人自由的行使造成妨害。我们每一个人都无法与共同体彻底隔绝、逍遥于尘世之外，而我们每一个人又有着自由的禀赋和渴望，在这种情况之下，将自身自由的行使控制在一定范围之内便是

---

　　〔1〕　例如在决定是否设立行政许可时，如果是对《中华人民共和国行政许可法（2003）》第 13 条所规定的情形设立了行政许可，即对公民、法人或者其他组织能够自主决定的、市场竞争机制能够有效调节的、行业组织或者中介机构能够自律管理的和行政机关采用事后监督等其他行政管理方式能够解决的事项实施许可，那么政府就构成了对公民自由的侵犯。

　　〔2〕　比例原则可以多种方式在规范授权性行政行为领域发挥作用。除了作为设立许可的一种评估标准外，其还可以要求政府在有多种可选择的方案时，选择对相对人益处大的那一个，也就是两利相较取其大。参见黄学贤："行政法中的比例原则研究"，载《法律科学》2001 年第 1 期，第 72—78 页。

平衡"维持共同体"与"满足个人自由天性"最好的办法。这一限制自由范围的标准便是公共利益。公共利益的内涵具有极大的流动性，其会随着时代的发展以及社会价值观念的变迁而呈现不同的面貌。尽管我们难以准确描绘公共利益的外形，但是公共利益关涉不特定多数社会成员利益这一点是毋庸置疑的。[1]正因为如此，公共利益判断定者理论上应当为全体共同体成员，而实际上由于全民公决的模式成本高昂且不具有可操作性，所以往往是由代议机关或者具有主动性、专业性和相对灵活性的行政机关（我们将二者统称为"政府"）充当了这一角色。在现实生活中，政府不仅仅是代表民意、维护公意的"道德人"，同时它也是一个具有自身利益诉求的主体。这种追求自身私利、谋求私利最大化的冲动成为了政府侵犯公共利益与社会公众个人权益的最大动机，而由政府判别内涵极其不确定的公共利益某种程度上为政府自身实施违法之举提供了机会。由于公共利益的不确定性，行政机关出于追求自身私利的考虑，往往会将公共利益"羊皮化"，即或者将其视为没有实际价值的措辞装饰，或者借公共利益的外壳行假公济私之举。[2]具体到行政许可领域，政府之所以对某一类事项设置许可，是因为这一类事项具有一定的危险性或者对于共同体的存续极端重要，即是为了维护公共利益而为之。然而，如果行政机关出于一己私利随意伸缩公共利益的边界，将本可以通过主体自律、市场调节或者其他更为经济的方式实现监管的、不宜通过许可形式实施监管的事项设立了许可，便是假借公共利益之名行干涉公众自由之实，因为一方面行政许可的设立意味着原先普遍可以自由为之的事情被一般地禁止，另一方面即使部分人被个别解禁，他们也需要为申请行政许可花费一定的时间、精力以及成本，而这些在相关许可被设立之前是不存在的。对于互联网预约车辆服务是否应当被纳入到行政许可范畴这一问题，行政许可对自由的干涉效应表现得十分明显与突出。

（三）互联网预约车辆服务不宜纳入传统许可监管模式的分析

依据我国《行政许可法》第 12 条的规定，对于有限自然资源开发利用、公共资源配置以及直接关系公共利益的特定行业的市场准入等，以及需要赋予特定权利的事项，应当对其设置行政许可。对于提供公众服务并且直接关

---

〔1〕 胡鸿高："论公共利益的法律界定——从要素解释的路径"，载《中国法学》2008 年第 4 期，第 56—67 页。

〔2〕 陈端洪："行政许可与个人自由"，载《法学研究》2004 年第 5 期，第 25—35 页。

系公共利益的职业、行业，需要确定具备特殊信誉、特殊条件或者特殊技能等资格、资质的事项，应当设置行政许可。这些法律条文都将"直接关系公共利益"作为设立行政许可的法定事由，而将互联网预约车辆服务纳入到传统行政特许制度的原因，就是有观点将互联网预约车辆服务表述为一项直接关涉公共利益的"公共服务"。但是笔者却认为，这一界定是漠视互联网预约车辆服务行业本身特质的略带牵强的解释。

互联网预约车辆服务不宜被认定为公共服务，其并不直接关涉公共利益。尽管公共利益是一个高度抽象和概括的概念，但是其本质是体现社会整体的利益以及为了不特定多数的利益，这一点是不容置疑的。互联网预约车辆服务的出现在客观上确实解决了社会不特定多数人的出行问题，增进了社会大众的福祉，但是仅仅因此而将其归类为"公共服务"的范畴难免有失偏颇。所谓"公共服务"，是指公共部门基于社会公共设施或者公共资源，为特定群体提供的服务。[1]诸如保障性住房、义务教育以及公共卫生和基本医疗服务等，都属于公共服务的范畴。根据这一概念，结合互联网预约车辆服务行业本身的特质，我们可以总结出不宜将互联网预约车辆服务认定为公共服务的理由：

1. 服务提供者不具备公共性

公共服务的提供者要求为公共部门，即提供公共服务是政府部门的职责。反观互联网预约车辆服务，无论是"四方协议模式"还是"私家车挂靠模式"，该服务的提供者均为非政府主体，主要为互联网预约车辆平台运营商、车辆租赁公司、劳务派遣公司以及为数众多的司机个人。

2. 互联网预约车辆服务并不能被认定为是公共设施或者公共资源

无论是公共实施还是公共资源，其本质特征在于具有"公共性"。从经济学的角度看，这一性质所指代的是"存在消费的非排他性但是不存在消费的非竞争性"，[2]也就是说，这一类设施或者资源的特征在于：人们普遍具有消费这些资源和设施的资格与机会，但是由于这些资源与设施存量有限，所以当人们对其的消费超过了该资源或者设施所能够承载的最大程度时，就会造

---

〔1〕 郭小聪、刘述良："中国基本公共服务均等化：困境与出路"，载《中山大学学报（社会科学版）》2010年第5期，第150—158页。

〔2〕 唐兵："公共资源的特性以及治理模式分析"，载《重庆邮电大学学报（社会科学版）》2009年第1期，第111—116页。

成消费者之间的竞争，即当每增加一个消费者时其他消费者使用这些资源和设施的效果就会受到影响。以城市道路拥堵为例，城市道路是典型的公共设施，如果私家车数量超过了城市道路所能够承载的最大范围，城市交通拥堵的情况便会经常发生，人们的出行便利就会受到影响。从法学的角度看，这种"公共性"体现在这些财产本身是为公共利益服务的，它们是为了公益目的而存在的。同时，这一类财产的所有权并不归属于某一个个体，而是归属于一定的组织或者是全体国民。由于这类财产对于社会公共生活的极端重要性，所以这一类财产不可以用于交易，其不受民法的调整而受到公法的支配，这一点与国家或者某一组织所拥有的私产形成了鲜明的对比。在实践中，国家或者组织会拥有一定的并非用于维护公共利益、增进公共福祉的财产。国家或者组织对这些财产所享有的所有权是典型意义上由民法来规范的所有权，即他们享有对这些财产占有、使用、收益和处分的权利，可以通过市场交易行为转移所有权。[1]反观互联网预约车辆服务行业我们可知，从事这一行业的车辆并不具备数量的有限性，相关主体可以通过市场交易行为随时补充和增加自身所拥有的车辆的数目。并且在互联网预约车辆服务领域，消费者数目的增加也不会造成先前消费者使用效果的减损，因为相关主体增加汽车数目这一行为可以有效稀释消费者之间的竞争性，使得每一位消费者均有机会享受到优质的服务。同时，参与运营的车辆并不是不可用于交易的、对于公共利益具有关键价值的物品，而是完全属于司机个人或者车辆租赁公司所有的私产。上述主体对这些车辆具有完全的所有权，可以通过市场交易行为转让其所有权并且受到民法的规范、调整和保护。由此我们可知，从事互联网预约车辆服务的车辆并不属于公产的范畴。这也就再一次证明了用于互联网预约车辆服务的汽车不属于公共资源或者公共设施。

3. 互联网预约车辆服务本质上为具有"私人性质"的服务

所谓"私人服务"，就是指相关的个人或者企业以追逐经济利益为目标向市场输出个性化服务的一种经营模式。[2]私人服务最大的特点便是"私人性"，从参与主体的角度而言，私人服务的提供者不是政府部门或者具有公共管理职能的社会组织，而是追逐利润的个人或者企业等市场主体。从服务模

---

〔1〕　高富平：《物权法原论（第2版）》，法律出版社2014年版，第490—494页。

〔2〕　江光友、司汉武："市场演进与有偿私人服务发展"，载《成都理工大学学报（社会科学版）》2015年第4期，第42—45页。

式的角度来看，私人服务具有"一对一"服务的特征：对于消费者而言，在整个服务阶段中其为接受经营者服务的唯一对象，对于服务提供者而言，虽然会接受诸多消费者的服务要约，但是其提供服务时是根据消费者的个性化需求来提供专门性服务的。私人服务的整个服务过程是由市场规律来调控的，政府在这一领域的干预十分有限。由此我们可以得出如下分析意见：其一，结合上文论述可知，从事互联网预约车辆服务的车辆为相关主体的私人财产，司机或者相关主体在从事网络预约车辆服务行业时是以个体身份从事城市公共交通服务的。其二，网络预约车辆服务并没有采取类似水、电、供暖等行业所采取的大型集中经营模式，而是由包括互联网预约车辆服务平台、车辆租赁公司以及众多司机个人等不同主体构成的相对分散化的经营模式。其三，互联网预约车辆服务具有一定的消费排他性，经营主体每一个订单的经营活动只能针对特定的消费者展开，不可以在此期间接受其他消费者的要约，除非征得正在接受服务的消费者的同意。其四，经营主体具备多样化的可选模式，以符合特定消费者个性化的消费需求，即经营者是依据每一位消费者的特殊要求为其量身定制服务方案的，而不是采取单一化、统一化的服务模式，最突出的表现便是消费者可以根据自身经济实力、个人喜好以及客观条件需要等因素选择经营者所提供的不同款式、不同档次的车辆以及配套的服务。其五，互联网预约车辆服务的价格由市场规律所支配，具体数额会随着市场供需关系的变化而改变，这并不完全是政府调控的结果。综上我们可以认定互联网预约车辆服务属于"私人服务"的范畴。[1]值得强调的一点是：互联网预约车辆服务对公共利益的促进作用是通过这种私人服务的形式间接发挥作用的，即互联网预约车辆服务行业通过提供私人服务的方式为民众的出行提供了便利，舒缓了他们"出行难"的困境，其并不是通过直接向不特定公众提供服务这种方式增进了公共利益，因而也就不可以认定为其与公共利益具有直接的关系。

综上可知，互联网预约车辆服务归类为"公共服务"是不恰当的，也就是说该行业不宜被认定为是具有"公共性"的行业，不应当以类似监管出租车行业的传统行政特许制度监管之。但是同时我们不可忽视的一点是，互联网预约车辆服务确实具有服务公众的性质，这一点与公共服务具有很大的相

---

〔1〕 刘欣然："城市出租车行业的竞争与规制研究"，载《安徽广播大学学报》2010 年第 1 期，第 45—49 页。

似性，同时也是人们将互联网预约车辆服务与公共服务相混淆、坚持将其纳入传统监管模式的主要原因。笔者认为，互联网预约车辆服务因其本身所含的服务公众的特质，适宜被归类为"公共事业"的范畴。而所谓"公共事业"，是指具有为社会公众共享的特质、为社会生产、流通以及居民生活等方面提供服务的各项事业的总称，例如私人美术馆、私人图书馆等。[1]"公共事业"仅仅强调某一事业本身有助于公益目标的达成，而不强调主体的资格以及设备、资质等的性质，上文所描述与论证的公共服务与互联网预约车辆服务均是公共事业的下位概念。

（四）结合比例原则探讨更为合理的监管模式

结合上述分析，并且从比例原则的角度来看，将审查权赋予互联网车辆预约服务平台的上海模式更为合理，理由如下：

第一，从适应性的角度来看，无论是双重许可模式还是上海模式，其出发点都是为了矫正当下专车行业的缺陷、规范互联网专车市场，只不过前者着重强调政府的作用，认为通过加强行政权力在这一领域内的作用便可以达到前述目的，而后者则是强调发挥市场主体的能动性，认为对车辆和人员资质的审查完全可以由市场主体根据自身的经营情况自行完成。但是，加强行政权力这一手段是否真的有助于达到规范市场的目的是存疑的。这一点我们可以通过比照当下出租车行业的现状便可得出结论。在20世纪80年代，由于出租车行业在我国尚处于起步阶段，各城市对于出租车行业的发展普遍采取了鼓励政策，对私人经营出租车也不设过多的限制。但是随着出租车数量的增加，政府为了更好地实施管理，一方面严格控制出租车牌照的数量，另一方面对出租车行业实行双重准入制度，严禁私家车涉足这一领域。行政权力对出租车牌照的严格控制使得其日益稀缺，再加上双重准入制度这一壁垒，使得出租车行业的垄断现象日趋严重。既得利益者一方面强化对出租汽车从业人员的盘剥，另一方面阻挠出租车行业改革。最终，消费者为此付出了高昂的代价。由此可见，通过加强这一领域的行政权力，完全按照传统出租车行业的监管模式来管理新兴的网络预约车辆市场是无益于实现行政管理目的的。

第二，从必要性的角度来看，政府全权包揽互联网预约车辆服务的监管

---

[1]　陈宪："中国大城市出租车服务业改革的目标与策略"，载《科学发展》2013年第9期，第93—97页。

并不是合理之举。如上文所述，政府开展对互联网预约车辆服务相对人的许可本身就不甚合理，并且相关主体即使没有政府的参与也可以实现良好的运营，政府对该领域的许可某种意义上不但限制了公民的自由，而且大大增加了行政的成本。对于有意从事互联网预约车辆服务的申请者，由服务平台开展对其审查的工作相较于政府亲力亲为对申请者的不利影响要小得多。

第三，从法益相适应的角度来看，政府推行双重许可制亦是不明智的。网络专车之所以如此流行，众多私家车的车主之所以愿意从事这一行业，正是因为在共享型经济模式下不管是经营者还是消费者都获得了自身满意的结果。对于私家车车主而言，其通过参与互联网专车的经营，不但享有经营时间自由的便利，而且可以利用自身的零碎时间取得可观的劳动收益；对于消费者而言，互联网专车意味着实惠和便捷，是舒缓"打车难"、"打车贵"的良方。按照征求意见稿中的规定，私家车车主如果希望进入这一行业，就必须将自己车辆的性质变更为经营性质，而且车主必须为全职。这必然会极大地伤害民众参与这一行业的热情，有悖于共享经济的发展趋势，或者讲，其负面效应超出了民众的合理预期。而这些限制在上海模式的操作中都是不存在的。

由此可见，上海模式相较于传统监管模式更加具有优势，其突破了传统观念和体制的束缚，顺应了市场的需求和发展。然而我们也应当注意到上海模式也存在着一定的不足和缺憾。比如，首先，上海模式缺乏法律依据，这使得其合法性和在全国推广的可能性广受质疑。其次，如果将审查标准制定权下放到各个平台而各平台自身推出的标准之间未能实现一定程度的统一，很可能使得当下的市场乱象继续存在下去。因为各个平台在资金实力、市场定位和经营模式方面存在一定的差异，而这些因素都将必然体现在其对专车准入标准的规定上；同时，激烈的市场竞争很可能促使互联网专车运营平台制定更为有利于自身的标准，甚至可能会导致市场恶性竞争的出现，使得专车市场资质参差不齐的现象进一步加剧。

综上所述，笔者认为，理想的监管模式应当是政府作为最后的监管者存在，其对平台的设立实施许可，并且对专车准入的标准进行统一的规定。依照标准对申请者的审查应当由运营平台来操作，政府通过备案登记的方式对运营平台实施监督管理。最为重要的是，互联网预约车辆的性质不应当强制变更为经营性质，以维持民众参与的积极性，顺应共享经济模式发展的趋势。这一方案是在上海模式的基础上改良的结果。从适当性的角度看，政府将审查的权力下放到平台，使得市场主体的能动性和自主性得到发挥、促进了行业的发展；而同时政府又通过行业规则的制定，统一了交易标准，降低了交易成本，维护了消费者的合法权益。从必要性的角度看，采取备案登记制度是对相对人消极影响最小的做法。一般许可的模式需要对相对人申请事项开展周密的实质性审查，而备案登记制度中行政机关往往仅需要对相对人提交的材料开展形式审查便可，无需仔细探究实质内容，这就为相对人节约了大量宝贵的时间。[1]从法益相称性的角度来看，政府将权力下放到平台，一方面可以用最小的成本促进社会就业率的提高，另一方面政府此举也以最小的投入促进城市交通运输业的发展，满足了社会对交通出行日益增长的需求。

　　总之，面对互联网预约车辆服务这一滚滚而来的洪流，政府的态度与监管宜疏不宜堵：疏浚之，则其性善，能够滋润我国市场经济的发展，盘活剩余资源，实现互利共赢；围堵之，则其性恶，由法律法规依据的阙如与政府监管的缺失与不到位所引发的市场失灵将会对社会经济的健康成长造成消极的影响。顺势而变、更新观念，完善法律框架、变革监管手段，才是当下摆脱互联网预约车辆服务监管困境的适当做法。

---

〔1〕　姜明安主编：《行政法与行政诉讼法》，北京大学出版社2011年版，第229—230页。

专车服务的困境与出路

The Predicament and Outlet the Limousine Service

梁红继 *

摘　要：十八届三中全会深化改革决定将市场在资源配置过程中的作用从"基础性"改为"决定性"，意味着我国市场经济将迎来由"政府主导"向"市场主导"的经济转型。然而，在出租车服务市场，专车服务在各地却遭遇了被叫停、限制、禁止等"围剿"。尤其是"专车第一案"的发生，如导火索一般引燃了社会关于专车法律问题的巨大反响。如何认定专车的性质，如何完善专车市场的规制，如何定位政府对专车的监管职能，是理论与实践亟待厘清与解决的问题。事实上，专车服务这个新事物的出现为我国出租车管理体制改革提供了良好契机。政府应借此机会，提高出租车行业经营的透明度，通过市场竞争来实现城市出租车资源的合理配置。

关键词：专车　管理模式　政府监管　市场

自 2012 年下半年以来，以"快的打车"和"滴滴打车"为代表的手机打车软件依靠先进的科技支撑，快捷的网络支付方式，以减少出租车空载率以及降低乘客打车

---

　　* 梁红继，中国政法大学民商法学院知识产权专业 2013 级博士研究生（100088）。

时间的方便打车理念而迅速在全国走俏。在手机打车软件已积累了足够用户的基础上，基于手机打车软件平台的专车服务应运而生，专车服务在传统手机打车服务的基础上更进一步，主要面向中高端商务约租车群体。这种"点对点"的精确化服务为乘客提供了更加便捷、优质的出行服务，备受青睐。然而就在专车这种新的交通服务形态迅速崛起的同时，传统出租车司机为抵制专车的同业竞争罢工事件频发。一些地区政府宣布专车运营的非法性，部分出租车司机通过"钓鱼执法"来威胁专车司机，在杭州、武汉等地陆续发生专车司机集体抗议事件，专车与出租车之间的矛盾不断深化。全国"专车第一案"[1]的发生更是将本来就处于是非之争中的专车推向风口浪尖，由此引发了社会对专车合法性以及发展前景的高度关注和热烈讨论。

一、专车服务的优势与问题

1. 专车服务的优势

专车服务的实现方式与出租车电召服务基本相同，都是乘客通过手机打车软件发布用车信息，驾驶员通过移动网络终端"接单"，双方同意后实现预约用车并通过线上交易支付费用。专车服务作为一种市场自发形成的新事物，它的存在弥补了非定线客运服务市场的缺陷，较传统出租车具有以下优势：一是乘客不用站在马路上等车，节省了候车的时间；二是乘客可实现有计划的出行，任何时间都可以提前预约用车；三是专车收费公开、透明，特别是通过收费预估系统可以提前测算专车费用，供乘客选择不同档次的专车服务，还可以随时取消专车服务；四是专车服务评价体系、考核体系、责任追究和奖惩体系完备，通过给乘客奖券、积分等措施调动乘客参与专车服务评价打分的积极性，建立专车服务的考核和末位淘汰机制；五是专车车型比较丰富，有轿车、商务车，车辆档次多，可供乘客自愿选择空间较大；六是通过市场化运作，采取优惠券等奖励措施，加大了宣传力度，扩大了社会影响力，使愿意选择使用专车出行的乘客群体逐步扩大。对于许多乘客顾虑的乘车安全问题，相关公司也特意提供了相关的保险服务，化解了这部分乘客的一些顾虑。

2. 专车服务存在的问题

其一，现行法规尚难对专车服务提供支持。由于无法取得出租车运营资

---

[1] 2015年3月19日，济南滴滴专车司机陈超因为被认定为非法营运，接到罚款2万元的处罚，因不服向济南市市中区人民法院起诉济南市城市公共客运管理服务中心。

质，滴滴、快的、Uber 等平台主要利用租赁公司的营运车辆来提供网络约租车服务。但根据我国关于汽车租赁业务的相关法规，租赁公司不得擅自从事道路客货运输经营活动，不得提供驾驶劳务服务。为此，滴滴、快的等平台通过与租赁公司、劳务公司、私家车主签订"四方协议"的方式，来满足现行法规的要求。但根据我国出租车管理的相关规定，从事按照乘客意愿提供运输服务，并按里程和时间收费的出租汽车经营须取得资质许可。因此，这种以"汽车租赁"之名行"出租车运营"之实的方式，仍然是不合法的。其二，专车的安全性备受质疑。除了合法性之外，对专车的批评主要集中在安全性问题上。经过长期的实践，我国出租车行业已经形成了完善的针对运营主体、出租车辆、出租司机、出租服务、权益保障等的管理制度。与出租车相比，挂靠车辆缺乏监管，没有严格的车辆更替、维修、保养制度，没有完善的投诉纠纷及事故索赔制度。大量私家车通过挂靠租赁公司或者直接进入等方式参与营运，同时也有众多的"黑车"混入了专车服务的行列，这些车辆安全性也不能确定，在乘客权益保障等诸多方面存在着较大的安全隐患。尽管专车公司纷纷出台政策保障乘客的安全，但效果仍需观察。[1]

二、国内外监管实践

1. 国外对网约车（专车）的监管模式

当前，全球对网约车的监管模式有三种：一是新加坡等国家承认 Uber 等网约车的合法性，但对此进行严格监管，如规定价格不得超过本地出租车现行价格，只能雇佣或者派遣拥有本地出租车牌照的汽车和司机，平台服务商必须在新加坡陆路交通管理局备案等；二是法国等国家和地区执法部门将网约车服务作为非法营业进行查处；三是美国加利福尼亚州、科罗拉多州和华盛顿哥伦比亚特区三个州相继通过监管决定或立法实现了网约车服务的合法化，使网约车平台可申请许可和合法运营，不设车辆数量和运价管制，同时监管机构与网络平台共同实施监管。综观国外政府对 Uber 等网约车监管态度的变化过程看，起初大多是制止，之后是对其观察评估并研究监管对策。他们对网约车的态度与出租车的占有率和公共交通的便捷率相关，出租车占有

---

〔1〕 专车公司出台的政策，比如：选择与保险合作的方式成立赔付基金，或者为客户提供免费出险产品等，即用户在下单成功之后，手机会收到专车发来的短信，称"专车保障意外险为乘客提供用车全程的保险"，短信里还有保单号。但是，一些乘客提出质疑，用户仅有一条短信订单作为凭证，而车子行驶的路线和时间记录大多保存在专车公司的系统里，如遇交通意外，需要高额赔付，付诸法律程序时，乘客仍会处于绝对弱势地位。

率高则对网约车的准入比较慎重，反之则允许网约车进入以弥补公共交通的不足，方便消费者出行。

2. 我国各地对专车的监管实践

由于针对专车的出租车罢运事件在各地时有发生，在我国大部分地区，包括北京、南京、上海、沈阳、广东等地，起初对专车的态度都是禁止的，专车在各地遭遇了强度不一的执法处理。2014 年 8 月，北京市交通委员会下发通知，私家车加盟租赁的经营模式被明确叫停。同年 10 月底，沈阳市交通局表示，滴滴专车、快的打车等专车服务属于非法运营，一旦查处将按黑车处理。11 月 19 日，南京市管理部门表示，私人小汽车、挂靠车辆等非汽车租赁企业所属车辆不得提供有偿汽车租赁经营；12 月底，上海市交通委员会查扣了 12 辆专车，其中 5 辆专车驾驶员被分别处以 1 万元行政罚款；2015 年 1 月 6 日，北京市相关部门正式宣布，所有通过滴滴打车、易到用车以及快的打车等打车软件提供专车服务的均属黑车运营。专车的处境可谓四面楚歌。就在此时，交通运输部于 2015 年 3 月 4 日表明态度，对专车服务的基本态度是坚持"以人为本、鼓励创新、趋利避害、规范管理"的原则，鼓励移动互联网与运输行业的融合创新，但同时也强调"要遵循市场规则，维护竞争的市场秩序，在法制化轨道上健康有序发展"，明确了国家对于专车的基本态度。2015 年 10 月 10 日，由交通运输部联合多部委拟定的《网络预约出租汽车经营服务管理暂行办法》下发征求意见，其中肯定了网约车的合法性问题。在一味的制止、打压之后，一些城市开始承认专车的合法地位，并探索专车的管理模式。上海向滴滴快的颁发了网络约租车平台经营资格许可，这是国内第一张专车平台的许可资质。滴滴快的也成为第一家获得网络约租车平台资质的公司。此外义乌和杭州也都有类似的尝试。

其中，上海对专车的管理模式呈现出许多亮点，值得借鉴和推广。上海市交通委关于专车的试点方案，涉及专车资质、保险、市场规制等各个方面，从传统出租车管理的政府"管人、管车、管公司"，转变为政府管平台，平台管司机和车辆，而且将专车定价和数量交由市场，体现出完全的市场公平。其一，上海模式创造性地解决了专车与传统出租车的产业矛盾。首先，上海市交通委建立起传统出租车公司与滴滴出行的信息服务平台，减少了传统出租车的空载率。其次，上海市总工会联合滴滴出行推出了海鸥服务社，开始探索借助"互联网＋"的新型出租车模式，提高了个体出租车司机收入和服务质量。最后，专车合法化后，将与传统巡游式出租车"优势互补"、"错位经营"，这种产业管理思路基本解决了新老市场的交叉利益问题。其二，上海专车模式正视了私家车挂靠运营的社会实践，没有将是否符合"运营车辆"性质作为专车入门门槛。这样做的好处，一方面，可以让社会闲置车辆充分进入到城市交通运输环节，发挥"互联网＋"所特有的"分享经济"形态，以社会自身之力解决交通拥堵问题；另一方面，也是将交通运输市场公平开放给社会每一个成员，给更多人一个就业选择机会。这种不设行政门槛的做法，符合"大道至简"的简政放权行政改革方向，值得称赞。其三，专车保险保障了用户权益。上海模式则通过试点立法，将专车服务、保险、投诉和司机资质审核等方面上升到比出租车服务更高的层面。作为消费者的专车用户，将受到与传统出租车相同，甚至更高更好的待遇。上海模式创新了专车保险形式，不仅乘客和司机都受到保险保护，而且连专车车辆损坏等其他特殊情况也都在保险涵盖范围。这就使得保险真正成为新兴产业风险的"减震器"。从这个意义上讲，上海模式将充分的商业保险变为用户享受公平的最大保障。

三、专车存废之争的本质

关于专车服务合法性的争议，其中隐含了更为本质的问题，即新模式对出租车行业现行的以"资质准入、总量控制、价格管制、服务管理"为核心的监管体系发起的全面挑战。各地的罢工表面上看是传统出租车行业对所谓专车服务的抗议，实质上则是对出租车行业现行监管体制的抗争。

1. 出租车现行管理模式评判

出租车行业一般为政府规制行业，政府规制是由行政机构依据有关法律、法规制定并执行的直接干预市场配置机制或间接改变企业或消费者的供需决策的一般规则或特殊行为。[1]国外一些发达国家从 20 世纪 20 年代就开始对出租车产业实行规制管理，规制的类型开始主要是控制发放牌照数量，到 20 世纪 70 年代逐步发展到运价规制和行业服务水平的规制。出租车市场规制发展了几十年后，在 20 世纪 80 年代初以美国为首的一些西方国家出现了一场规制解除运动，但这场运动并未收到预期的效果。支持解除规制的学者曾经预言，规制解除后，出租车行业规模趋于扩大，价格趋于下降，而服务质量与安全水平则会有所提高。但一些学者在对解除规制后的研究中发现，许多

---

〔1〕 余晖：《政府与企业：从宏观管理到微观管制》，福建人民出版社 1997 年版，第 23 页。

城市出现了相反的现象。[1]因此在 20 世纪 80 年代中期以后，国外一些解除出租车市场规制的城市又陆续重新实施规制。

支持出租车市场规制的一个传统观点是自然垄断导致的市场失灵。现代市场经济生活中，某些产业直接关系人民大众的生产与生活秩序，会对社会公共利益产生深远影响。这些产业因具备这种特殊属性而存在市场失灵现象，这时需要政府这只"特殊的手"对其进行调节规制。政府对这些产业进行规制，目的是要克服市场本身的自发性、盲目性、滞后性等缺陷，从维护社会公共利益、保障公平秩序的角度出发，通过采取数量控制、价格控制以及质量控制等措施，对相关的经济活动进行引导与规范。具体到出租汽车行业，因其事关人民的生活与工作，故存在市场的弱竞争性、资源的约束性、消费的约束性、交易的一次性、服务的非后效性等特点。这些特性共同决定了完全竞争条件下的优胜劣汰机制难以在出租汽车行业充分发挥作用，更无法达到资源配置的"帕累托改善"效应，因此需要外力介入。[2]支持规制的第二个观点是出租车市场信息不对称导致的竞争不完全性。[3]道格拉斯指出，出租车行业巡游式服务特征导致消费者不能有效地表达减少等车时间以提高服务质量的意愿，结果竞争形成的市场价格会剥夺消费者剩余，并趋向于无效率；与此相关的另一个问题是这种服务特征使得任何一位司机难以向消费者传递"自己的价格低于其他司机"的信息，因此司机无法有效地提高其业务收入，所以无价格规制的出租车市场效率较低。[4]我国的出租车行业是一个严重的信息不对称、企业行为不占主导的市场。尽管各地出租车行业多实行公司制的做法，但司机和公司之间大多是承包关系。限于信息不对称，公司缺乏对司机的实时有效监督，公司也无法掌握现金流。公司和消费者与司机之间的信息不对称，使得出租车司机更像是个体户，出租车的服务品质主要靠事后投诉，出租车企业无法完全掌控其提供产品的质量，因此需要政府规

〔1〕 Teal R. F. , Berglund M. , "The Impacts of Taxicab Deregulation in the USA", *Journal of Transport Economics and Policy*, 21（1987），37 – 56.

〔2〕 参见劳潮惠、吴群琪："城市出租客运行业特性与政府规制分析"，载《公路交通科技》2013 年第 6 期，第 131—135 页。

〔3〕 陈明艺："国外出租车市场规制研究综述及其启示"，载《外国经济与管理》2006 年第 8 期，第 41—48 页。

〔4〕 Douglas G. W. , "Price Regulation and Optimal Service Standards: The Taxicab Industry", *Journal of Transport Economics and Policy*, 6（1972），116 – 127.

制。支持规制的第三个观点是出租车具有负外部性效应。郭锐欣和毛亮提出，对于道路资源紧张、居民时间成本较高的特大城市来说，出租车引起的交通拥挤负外部性是其行业规制的考虑重点。[1] 在"专车"出现之前中国多数大型城市的出租车均为巡游式服务。这种服务方式依赖司机的经验和运气，用出租车"扫"大街，车辆实载率低，浪费人力、物力和路面公共资源。为了减少这种负面效应，也是政府规制的重要因素。理论和事实均证明，对出租车市场规制存在合理性与必要性。

当前出租车市场规制手段主要包括准入规制、价格规制和服务质量规制，其中准入规制又可以看成是一种数量或规模规制。全世界各大城市对出租汽车运营实施准入制度并严加管理是通行做法。但我国出租车行业的传统管理方式，大多数是通过出租车公司对司机进行组织、调度和其他日常管理，交通管理部门并不直接面对分散的司机和车辆。同时，出于准入和管理回报的考虑，政府给出租车公司发放运营执照，让其在承担协助管理司机和车辆的同时，获取相应的垄断租金。这就是我们通常说的"份子钱"，一线城市的份子钱基本由出租车折旧与维护成本、出租车企业成本、燃油补贴、各种税费、车辆保险及出租司机的"五金"构成，按照北京曾经公布的数据，出租车公司净利润率只有 3%，但一辆车一个月却要交纳差不多五千元的份子钱。这个数据广受质疑，不管是"钱袋子说"还是"垄断论"，出租车司机对此怨声载道，民众也极不满意。这种规制方式，在一定的历史阶段有其合理性，但随着社会的日益发展，这种相对封闭、缺乏竞争的规制方式弊端日益显现，成为影响整个行业发展的瓶颈因素。现行出租车市场日益暴露出许多问题：运力资源不足，难以有效满足社会公众的日常出行需要；服务质量不高，不规范运营行为屡见不鲜；管理保障能力差，出租车经营企业对于出租车的车况、服务质量督促以及保险保障措施的管控力度整体偏弱；开拓创新动力不足，难以满足消费者多元化需求等等。为达到对出租车实行严格监管的目的，政府通过规定特许经营权、限定出租车数量、司机准入等方式，使得进入出租车市场的渠道变得异常狭窄。这样严格的特许经营模式所带来的结果除了出租车的运营行为确实得到严格管控之外，也使得出租车行业因为缺少竞争而具有一定的垄断性，这些问题靠出租车行业自身解决是十分困难的，必须

---

[1] 郭锐欣、毛亮："特大城市出租车行业管制效应分析：以北京市为例"，载《世界经济》2007 年第 2 期，第 75—83 页。

有新的力量改变出租车市场目前的生态环境。

2. 专车服务的合理定位

专车服务饱受争议的根源在于中国现阶段出租汽车市场管理不符合时代发展要求。就中国目前客运服务业的现状来看，专车被贴上所谓"不规范"、"不合法"、"抢占出租车市场嫌疑"的标签，最直接、最根本的原因在于在目前只有出租车才允许拥有合法的不定线运营服务资格的监管体系下，其他任何运营行为或者产生与运营行为一样效果的服务行为都将是不合法的行为。加之，新进入的"专车"赢得了多数消费者的选择，侵占了原行业的利益。政府作为公共管理者，需要权衡社会总体福利的大小，包括民众福利、企业利益、就业数量、环境成本等各方面因素，对专车持审慎的态度也在情理之中。

专车服务的出现拓宽了乘客的出行选择，一定程度上缓解了打车难问题。另外，互联网技术的应用使得专车服务给出租汽车行业带来了不可逆转的变革，且随着市民收入水平的提高，大众化、同质化的出租车服务已不能满足中高收入群体的出行需求，越来越多的乘客追求高品质、个性化的出行服务体验，而专车服务正迎合了这样的需求。对于驾驶员而言，专车服务不但可以使其回避传统运营模式的弊端、收入更有保障，还能大大减少搜寻乘客的成本，并有可能选择符合自己偏好的乘客，有助于提升有效运营里程并为确定优化配置路线提供信息。[1]对于专车服务相关企业，专车服务为其提供了新的商机，带动周边相关产业的创新与发展，可以为企业创造更多的利益。因此，可以肯定专车服务在中国存在着巨大的发展潜力与广阔的市场前景。从社会接受程度看，专车具有广泛的影响力和支持率。人民网对720名网民的民意调查显示：36.8%的网民表示支持专车，理由是用车方便，打车成功率高；51.1%的网民表示支持专车，并认为这是市场自然发展的产物，存在即合理；而仅仅有12.1%的网友表示反对专车，认为其本质依旧是黑车，扰乱了市场秩序。[2]专车作为新的出行方式逐渐融入了人们的生活，其存在具有广泛的社会基础。生活塑造了行为的模子，而后者在某一天又会变得如同

---

〔1〕 赵正松、潘登登："引入约租车服务的阻隔应对与发展策略"，载《交通标准化》2013年第18期，第102—105页。

〔2〕 "四大媒体调研显示：逾八成网民支持专车创新，超半数青睐滴滴专车"，载光明网，http://auto.gmw.cn/2015－01/14/content_14512123.htm，2015年1月14日。

法律那样固定起来。从社会效果来看，其对缓解出行不便、提高交通效率和节约资源等方面的社会效益是不言而喻的。更为关键的是，专车对传统出租车行业的冲击很大程度上有利于推进出租车行业的市场化从而迫使其转型升级。传统的出租车行业广泛地实行"份子钱"的管理办法，出租车司机上缴出租车公司承包费用，由出租车司机自负盈亏。而在"共享经济"背景下发展壮大的专车业务借助移动互联网技术的发展，降低了信息成本，在提升服务质量、保护消费者权益方面又已经远远领先于传统的出租车服务。便利的预约服务很好地解决了出租车的供需矛盾，全程的追踪及评价功能也使得服务更加透明化、公开化，这些都为更大程度地保护乘客利益起到了重要作用。无论从其接受程度还是社会效果分析，专车都有其存在的充分合理性。一味打击、限制专车服务的发展不符合现实需要。我们应迎合网络信息化社会的时代浪潮，及早对专车进行甄别和管理，使其合法部分早日得到保护并为社会创造价值。"法律所创造的规则对不同种类的行为产生隐含的费用"[1]比例适当原则强调，行为的损害小于其所能带来的社会效益，否则便并非解决问题的良方。经济分析法学派则将立法的产出与投入作为衡量的重要标准。在禁止专车这一问题上，专车的存在与出租车行业的低迷和乘客安全事件的发生并无必然联系，对于禁止专车的立法投入势必不会得到预期的产出，并且与加强监管相比，全面禁止专车所造成的损害显然更大，损害与效益亦不成比例，故无论从比例原则抑或是经济分析角度出发，都不应禁止专车的经营。

虽然专车服务和出租车服务的类型和市场范围基本一致，但其服务并非完全同质。专车是一种由支付手段创新引起的行业变革，专车的支付手段创新不能仅仅简单理解为购买与结算的便利，其引起的信息结构变化会从根本上改变出租车行业，承认专车服务的合法性有利于弥补市场缺陷，能够产生在一定程度上打破出租车行业垄断的可能，倒逼传统出租车行业改革创新。正确对待专车的态度应该是将其纳入合法的轨道内进行合理规制。

四、专车监管模式探析

多年形成的传统出租车行业的垄断局面和现行监管模式不是短时间内能够改变的。但专车服务的介入，却可以在一定程度上转变政府监管的思路、理念和监管的模式。出租车行业改革可以先从专车服务的规制入手，对此笔者有以下几个方面的建议。

---

〔1〕 ［美］罗伯特·考特等：《法和经济学》，上海三联出版社 1994 年版，第 14 页。

第一，行业监管由"政府管理"向"政府治理"理念的转变。专车问题向更深层次看，实际上是一个经济大变革时期思想观念变与不变的问题。未来社会是一个治理的社会，而不是一个管制的社会。就专车领域，完全可以由政府管理平台，平台管理车辆和驾驶员，这也是上海模式采取的做法。这样，行政部门一方面放开了专营市场，对专车服务加强引导与规范，另一方面破除了行政垄断造成的封闭与低效。从目前的专车发展情况来看，专车平台本身有足够的能力运用自己平台上的私权力，来制定专车的运营规则，管理好车辆驾驶员。这完全是可以用市场机制来解决的问题，更好地发挥专车的平台作用比单纯地依赖行政许可进行事前监管会更加有效。在这方面，以滴滴快的为代表的行业龙头企业已经进行了非常多的有益的探索，包括推动大数据治理、制定《互联网专车服务管理及乘客安全保障标准》、引入市场化手段解决事故赔付等。比如，2015 年 3 月，滴滴、快的联合发布《互联网专车服务管理及乘客安全保障标准》，规范专车安全管理标准。一是提出明确的车辆准入和管理标准，以及司机准入和服务标准；二是设立理赔基金，实行先行赔付制度，保障乘客和司机权益；三是通过技术手段，对车辆的位置、状态，司机的态度、工作时间等进行实时监控，力求对专车服务做到事前严格准入，事中实时监控，事后全程可追溯。当然效果还有待观察。

第二，重视市场"无形之手"作用，通过市场机制调节资源配置。将专车数量、价格、服务质量均交由市场调节。从国际经验来看，约租车一般都是没有数量和运价管制的，在国外一些大城市，约租车已经十分普遍：如美国纽约有约租车 3.98 万辆，是巡租车的 3 倍；英国伦敦有约租车 4.9 万辆，是巡租车的 2.3 倍。[1]政府只是对车辆调度平台实施监管，通过监管平台提升专车服务水准，而不是对经营者和车辆进行数量管控。传统的出租车行业是一种垄断的体制，垄断的体制结构一定会导致服务价格的上升和服务质量的下降，因此要监管价格和服务质量。在市场自身可以对专车数量、价格和服务质量进行调节的情况下，政府"有形的手"就应当放开。现行法规对平台经营者、车辆、驾驶员均规定了行政许可，从客观上来说，并不是必要的。根据《行政法许可法》第 13 条规定，公民、法人或者其他组织能够自主决定的，市场竞争机制能够有效调节的，行业组织或者中介机构能够自律管理的，行政机关采用事后监督等其他行政管理模式能够解决的问题，可以不设行政

---

[1] 王地："尽快让'专车'在法治轨道上行驶"，载《检察日报》2015 年 1 月 6 日，第 4 版。

许可。

第三，鼓励各地差异性发展，规避市场混乱。各地区因经济能力、社会风俗、社会消费观等的差异，专车市场发展也存在着差异，与之相适应的规范标准也会不尽相同，若单纯地以通用规范标准去规制，是脱离了实践的墨守成规。尤其我国城市发展水平尚不平均，很多三四线城市尚未完全普及移动客户端，市民出行也不存在较大的压力，所以在面对参差不齐的城市出行矛盾时，就不宜作出"一刀切"的规定。只有在坚守全国统一规范原则与精神的基础上，不同地区充分调研本地区市场现状、社会民意、专家意见等形成地方性的规范制度，才能更符合交通部对专车问题提出的"以人为本、鼓励创新、趋利避害、规范管理"十六字方针。在尚不具备条件出台成熟的全国性规范意见时，可以在部分城市先进行试点，根据评估结果再出台相关政策。

无论是城市交通，还是其他领域的改革，都鲜有一步到位的先例。即便朝着正确的大方向迈出了步子，也需要不断修正姿势、调整步幅。更何况面对专车这样的新生事物，市场和政府必须各司其职、携手谋求突破阻碍创新发展的"盲点"，才能使得出租车行业的改革行之更远，才能最大化满足人民群众的出行利益，实现人民群众的福祉。

行政许可规制的转变与创新

——以网约车为例 *

The Transition and Innovation of Administrative Licensing Regulation

—An Analysis Based on Online Taxi Hailing

修青华 **

摘　要：在出租车行业乱象丛生之际，网约车应运而生，它在打破市场垄断和缓解供需矛盾的同时，也带来了诸多问题。出租车行业特许经营制度饱受争议，在建设法治政府和转变政府职能的背景下，网约车行政许可需要进行理念转变与规制创新。借鉴"反思性法"与"回应型法"理论，行政许可规制亟待增强反思性和回应性，注重替代性规制、社会自我规制与合作规制。既要推动行政许可的"软化"，逐步放开数量控制，放松价格管制；又要吸纳网络平台参与规制，提高服务质量，承担社会责任。

关键词：网约车　行政许可　特许经营　反思性和回应性　理念转变　规制创新

---

　　* 基金项目：中国政法大学硕士创新实践项目"对网络预约出租车实施行政许可规制的路径选择与制度创新"（2015SSCX175）。

　　** 修青华，中国政法大学法学院法律（法学）专业 2015 级硕士研究生（100088）。

自 2012 年开始，易到、滴滴打车、Uber、神州专车等软件闯入国人生活，网约车[1]应运而生。伴随网约车在中国的迅速发展，普通民众的青睐与政府部门的限制打压形成鲜明对比。2015 年 10 月，交通运输部起草两份征求意见稿——《网络预约出租汽车经营服务管理暂行办法》（征求意见稿）和《关于深化改革进一步推进出租汽车行业健康发展的指导意见》（征求意见稿），[2]欲将网约车纳入传统的行政许可规制，由此引发激烈争论。

一、网约车服务市场的现状分析

新兴的网约车以全新的营运模式、服务理念和用户体验强烈冲击传统出租车服务市场，它在重塑原有行业的同时，缺乏明晰的性质定位，也带来安全威胁、道路资源紧张和不公平竞争等隐患。

（一）网约车缺乏明晰的性质定位

网约车的性质定位在不同语境中存在差异，一个是域内域外政府规制态度的差异，一个是我国法律文本与社会实践的差异，差异聚焦于非营运车辆（私家车）能否从事网约车服务。

1. 中美政府规制态度的差异

网约车最早出现并被认可是在 Uber 公司的诞生地——美国加利福尼亚州，最早通过州立法承认网约车合法性的是科罗拉多州（2014 年 6 月），随后华盛顿哥伦比亚特区立法机构也将网约车合法化（2014 年 11 月）。加州法律将网约车定义为一种基于移动互联网、GPS 等技术实现的新型约租车，不同于巡游出租车和电召车，也有别于非营利性合乘（或称拼车、顺风车、搭便车）。而且，美国三地均允许非营运车辆从事网约车服务。[3]

我国交通运输部发布的《暂行办法》（征求意见稿）第 2 条将"网络预约出租汽车经营服务"定义为"以互联网技术为依托构建服务平台，接入符合条件的车辆和驾驶员，通过整合供需信息，提供非巡游的预约出租汽车服务的经营活动"。但是，《暂行办法》（征求意见稿）第 17 条明确规定，"不得接入其他营运车辆或非营运车辆"。[4]

---

〔1〕 网络预约出租汽车，包括专车、快车等，不包括拼车、顺风车（合乘）。

〔2〕 以下简称为《暂行办法》（征求意见稿）和《指导意见》（征求意见稿）。

〔3〕 参见王军："网络约租车的美式监管"，载《中国交通报》2015 年 7 月 29 日，第 6 版。

〔4〕 两份征求意见稿虽然并未正式出台，但一定程度上代表了我国政府对于网约车的规制态度。

2. 我国法律文本与社会实践的差异

在我国的法律文本中，网约车属于出租车的下位概念。《城市出租汽车管理办法》（1998 年）[1]规定："本办法所称的出租汽车，是指经主管部门批准的按照乘客和用户意愿提供客运服务，并且按照行驶里程和时间收费的客车"（第 3 条），"出租汽车实行扬手招车、预约订车和站点租乘等客运服务方式"（第 19 条第 1 款）。《指导意见》（征求意见稿）也指出，出租汽车包括巡游出租汽车和预约出租汽车，预约出租汽车包括网络预约出租汽车和电话预约出租汽车等形式。

在我国客运市场，根据车辆的来源不同，网约车主要有四种服务形式（参见图 1）。第一种是传统出租车直接接入网络平台，[2]既巡游揽客又接受网约订单，出租车和司机具备营运资质。第二种是网络平台公司与汽车租赁公司和劳务公司合作，租赁公司提供车辆，劳务公司雇佣司机，网络平台撮合交易。[3]第三种是网络平台公司利用自有车辆并雇佣司机开展服务，该形式与"轻资产化"趋势不符，在市场上占比很小。第四种形式是当前普遍存在且争议最大的，即私家车直接接入网络平台，车主兼职开展服务。从以上四种服务形式来看，除第一种未改变传统出租车营运性质外，其余三种网约车形式均与现行法律法规和特许经营制度存在冲突，难以被划入出租车的范畴。

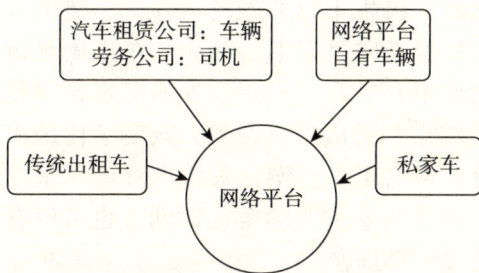

图 1　我国客运市场中四种网约车服务形式

---

〔1〕　该部门规章已于 2016 年 3 月 16 日废止，但鉴于新规未出台，本文仍以其为参考。

〔2〕　此处的网络平台指 Uber 和滴滴出行等网络平台公司提供的缔约交易平台，此类公司在美国被称为"交通网络公司"或"私车服务公司"。参见王军："网络约租车的美式监管"，载《中国交通报》2015 年 7 月 29 日，第 6 版。

〔3〕　该形式即俗称的"四方协议"，是滴滴出行公司为规避非法经营而大力宣传的服务形式，其合法性存在较大争议。

当前对于网约车性质定位的争议焦点：网约车是否属于出租车。其中隐含的逻辑是，出租车登记为"出租客运"，应当具备营运资质，如果网约车属于出租车，则非营运车辆（私家车）不能从事网约车服务。该逻辑存在的问题是，出租车行业的营运资质规定源于特许经营制度，而该制度"是出租车管制和垄断思维的产物，严重背离市场规律，与市场经济格格不入"。[1]网约车作为新兴业态与传统巡游出租车差异明显，特许经营并不适合其发展。

（二）网约车服务改变传统出租车行业

传统出租车行业由于信息不对称、过度竞争以及经济活动的负外部性等原因，出现市场失灵的状况，政府采用特许经营制度予以规制。经过长期发展，出租车行业已经形成特许经营权的利益垄断，市场供不应求的矛盾日益突出。对此，网约车服务带来以下两大改变：

第一，网络平台改变出租车行业的组织方式，打破特许经营权垄断。传统出租车行业想增加供给就"意味着需要更多资金和劳动力资源的组合投入"。[2]而在网络运营模式下，只要网络平台开放注册，任何拥有合格车辆和驾驶资格的人都可以经审查注册成为服务供给者，避免前期大量资产的投入和绑定。经过网络平台审查通过的私家车进入出租客运服务领域，释放出巨大的服务能量和活力。同时，网约车服务的"轻资产化"推动客运服务资产的"非专用化"趋势，有效利用闲置资源。

第二，服务理念改变出租车行业的营运模式，缓解市场供需不匹配的尖锐矛盾。传统出租车数量有限且以巡游为主，难以满足市场需求却造成车辆空驶。而所有接入网络平台的车辆都是潜在服务者，网约车车主根据不同时段、不同地点的乘车需求，灵活提供服务，改变了传统出租车行业因供给刚性而导致的市场失灵。网约车不巡游，采取点对点（车库到车库）的营运模式，针对性强，既有利于缩短乘客的等候时间，也可以有效避免因空驶造成的道路资源浪费和环境污染加剧。

（三）网约车服务市场带来三大隐患

网约车服务市场在快速增长和深刻改变传统出租车行业的同时，也带来了一些隐患。

---

〔1〕 王建勋："为专车正名——顺应市场规律的产物"，载《财经评论》2015 年 6 月 13 日。

〔2〕 黄少卿："专车兴起背景下出租车监管改革的思路和建议"，载《东方早报》2015 年 6 月 23 日，第 4 版。

1. 安全问题

这里既涉及乘客的人身财产安全、信息安全，也包括道路交通安全。突出反映为有效利用社会闲置资源、增加市场供给与政府交通运输部门安全监管能力的矛盾，矛盾聚焦于车辆属性与司机是否专职。网络平台公司以互联网等信息技术为手段搭建服务平台，利用社会闲置车辆（大多为私家车）提供客运服务，这是一种提高效率的商业模式创新，也符合当今"互联网＋"的政策大势。然而，对于政府交通运输部门而言，交通安全监管是其首要目标，网约车服务所带来的安全监管压力难以为政府交通运输部门所承受。

2. 加剧道路资源的紧张

网约车作为"共享经济"[1]的代表，在最大化利用社会闲置资源的同时，会加剧与城市道路资源有限性的固有矛盾。网约车的优势在于能够最大限度地把社会闲置的车辆动员起来，缓解出租车市场的供需矛盾，并改善乘客的出行体验。但是，现代城市交通中的最大瓶颈是有限的道路资源。政府担心大量过去使用率不高的私家车突然进入出租车领域，即便不提供巡游服务，也极有可能造成车流量猛然增加，令城市交通陷入瘫痪。

3. 不公平竞争

网约车的迅速发展给传统出租车行业带来"成长阵痛"。大量私家车接入网络平台开展客运服务，既无税费负担又无高额"份子钱"的压力，同时各大网络平台公司还对网约车司机和乘客给予高额优惠补贴。网约车不缴纳各种税费和获得优惠补贴的行为构成对传统出租车的不公平竞争，导致巡游车司机收入下降、工作时间延长、心理压力加大等负面影响。由此引发的出租车市场矛盾正在激化，长春、济南、成都、南京、南昌等多地出现的哥的姐的抗议和罢运事件。[2]

---

〔1〕 "共享经济"又称"合作式消费"，该词最早出现在 1978 年的《美国行为科学家》杂志上，2010 年雷切尔·布茨曼在其专著《我的就是你的："合作式消费"的兴起》中论述了这种经济模式。"共享经济"允许人们在不影响自身生活的同时分享资源，其逻辑是我们不需要占有产品，只需要享受它的使用价值。参见管克江："'共享经济'悄然改变消费模式"，载《人民日报》2013 年 3 月 28 日，第 21 版。

〔2〕 2015 年 5 月 18 日，上海大众交通（集团）股份有限公司董事长杨国平在"上海出租汽车信息服务平台"发布会上称，"目前已有 15 个城市发生大规模的不稳定事件"。参见薛应军："传统出租车遭遇'成长阵痛'"，载《民主与法制时报》2015 年 6 月 21 日，第 6 版。

二、特许经营的制度反思与法律文本分析

传统出租车行业的乱象与网约车服务的勃发形成鲜明对照，引发对特许经营制度的反思；两份征求意见稿的旧式思维与新兴业态的创新观念形成巨大反差，引发对法律文本的回顾分析。网约车仍需要行政许可规制，但特许经营已力不从心。

（一）特许经营的制度反思

出租车特许经营制度面临严重的理论质疑与现实困境，改革呼声日趋强烈。

1. 出租车行业特许经营的理论质疑

纵观世界各国，对出租车行业实施特许经营曾是普遍选择。[1]出租车行业的特许经营和严格管制源于对其公共交通属性和自然垄断特性的认识和理解。但是随着市场经济的发展与理论研究的深入，这两个规制前提日益受到质疑。

政府特许经营对象是有限公共资源，出租车客运使用的道路由于没有被特定化（与公共汽车客运对比）而不是有限公共资源。城市出租车客运不应是特许经营对象，仅适用于一般行政许可。[2]有学者从公共资源的含义不确定、作为有限公共资源的道路非出租车专用等角度反驳出租车行业属于"公共资源配置"范畴，又从出租车客运公益程度低、只能流动分散经营和对基础设施使用权不具有排他性等角度反驳出组成行业属于"直接关系公共利益的特定行业"。[3]还有学者分析论证出租车行业并非自然垄断行业，出租车运营所依赖的城市交通网络才属于自然垄断业务的范畴，而行驶其中的出租车、公交车、地铁等交通工具的选择是可以竞争的。[4]

应当承认，出租车行业公共交通属性的降低与市场竞争的增强是不可逆转的趋势，而网约车的兴起更是将该行业的私人属性和竞争优势显现出来。出租车行业特许经营的理论基础已经动摇。

---

〔1〕　主要包括准入控制、数量限制、价格管制和服务质量控制等。

〔2〕　参见王成钢："城市出租车客运不是特许经营对象"，载《城市公用事业》2005 年第 6 期，第1—4 页。

〔3〕　参见章亮亮："对出租车行业特许模式的经济学和行政法学分析"，载《上海经济研究》2012年第 2 期，第 70—73 页。

〔4〕　参见庄序莹："出租车特许经营权管制评析"，载《城市问题》2011 年第 1 期，第 70—72 页。

2. 出租车行业特许经营的现实困境

我国传统出租车行业饱受诟病，问题集中表现在：

第一，出租车公司通过垄断特许经营权获得高额利润，侵害出租车司机和乘客的权益。为方便监管，政府部门鼓励出租车行业规模化经营[1]，导致出租车市场由少数大公司控制。[2]垄断特许经营权的方式就是控制政府限量发放的出租车牌照，带来的高额利润被没有价值创造的中间层——出租车公司所攫取，攫取的方式就是公司向司机收取高额的"份子钱"。[3]此时，乘客被迫支付高昂的车费。

第二，行业管制僵化滞后，造成市场供需不匹配的尖锐矛盾。随着城市规模的不断扩大和居民生活水平的提高，市民出行需求增长与出租车数量限制冲突加剧，"打车难"问题突出。[4]矛盾的结果就是非法营运屡禁不止——"黑车"盛行。

出租车行业乱象丛生的原因可以归结为：特许经营权分配失当形成高度垄断，进而导致市场供需矛盾尖锐，根源就在于严苛僵化的特许经营制度。

特许经营制度以出租车牌照的发放为控制手段，造成出租车市场的高度垄断。对于出租车数量和定价的严格控制又将出租车牌照（实质上是特许经营权）价格推向令人咋舌的高位。僵化的数量控制手段缺乏合理的动态调整机制，而政府由于被出租车公司游说乃至与其勾结，[5]过度干预市场的惯性

---

〔1〕 《出租汽车经营服务管理规定》第5条、《关于深化改革进一步推进出租汽车行业健康发展的指导意见》（征求意见稿）第9条等均有此规定。

〔2〕 以上海市为例，自2010年强生控股收购巴士出租之后，出租车市场呈现寡头垄断的格局，65%左右的份额由四家上市公司占据——强生控股（26%）、大众交通（16%）、海博股份（15%）和锦江投资（10%）。参见每日经济新闻2016年3月21日报道，http：//mini. eastday. com/a/160321171510653 – 2. html.

〔3〕 北京出租车司机每月需向公司缴纳"份子钱"5700元（双班7000多元），武汉约7000元，南京8000元，上海8200元左右。参见陈宪、殷凤、程大中主编：《中国服务经济发展报告2012》，上海交通大学出版社2012年版，第202—207页。

〔4〕 从2005年至2014年的10年间，全国出租汽车数量由约93.7万辆增加到107.4万辆，增加不足14万辆。其中，北京仅增加1546辆（从6.60万辆到6.75万辆），上海增加不足3000辆（从4.78万辆到5.07万辆）。详细数据参见《中国统计年鉴》（2006年—2015年）"各地区城市公共交通情况"，中国统计出版社。

〔5〕 详见乔治·施蒂格勒在1971年发表的《经济管制理论》中提出的"政府管制俘虏理论"。参见卢现祥："西方国家经济管制的理论与实践述评——兼论我国的行业垄断问题"，载《经济评论》2000年第1期，第32—34页。

和利益垄断集团的阻碍完全无视被严重压制的庞大市场需求。与此同时，围绕特许经营权所产生的政府部门与出租车公司之间的利益同盟、权力寻租及腐败滋生蔓延。

（二）特许经营的法律文本分析

《暂行办法》（征求意见稿）试图将网约车纳入原有的特许经营制度，具体体现在：进行主体资格控制，明确价格控制（第 2—3 条）；采用登记方式对经营者进行资质审查（第 5 条），道路运输管理部门等对经营申请进行审核并决定是否许可（第 7 条），发放"道路运输经营许可证"作为行政许可的证明（第 8—11 条）；审查网约车车辆的特别条件和驾驶员的从业资格，并对网约车进行数量控制（第 12—15 条）。

那么，从中央层面对网约车实施特许经营是否符合法律规定？更进一步，出租车行业的特许经营制度有没有充分的法律依据？（参见表 1）

表 1　对网约车设定行政许可的法律依据分析

位　阶	名　称	颁发部门	施行日期	备　注
行政法规	中华人民共和国道路运输条例	国务院	2004.7.1 施行 2012.11.9 修订	不规范出租车客运
	国务院对确需保留的行政审批项目设定行政许可的决定	国务院	2004.7.1 施行 2009.1.29 修订	未及时提请立法或制定行政法规
部门规章	城市出租汽车管理办法	原建设部、公安部	1998.2.1 施行	无明确规定
	出租汽车经营服务管理规定	交通运输部	2015.1.1 施行	将预约出租车纳入行政许可规制
地方性法规	北京市出租汽车管理条例	北京市人大常委会	1998.1.1 施行 2001.5.18 修订 2002.3.29 修订	有详细规定
	济南市城市客运出租汽车管理条例	济南市人大常委会	2006.3.30 施行	有详细规定
等　等				

1. 法律和行政法规层面

我国《行政许可法》规定，行政许可的设定权由法律、行政法规、国务院决定、地方性法规和省级政府规章（限于临时性行政许可）所享有，国务院部门规章、除省级政府规章以外的其他地方政府规章及其他规范性文件都无权设定行政许可。

从征求意见稿的条文规定来看，其行政许可的规制依据是2004年国务院颁布，并在2012年修订的《中华人民共和国道路运输条例》（以下简称《道路运输条例》），其中规定了"道路运输经营许可证"的颁发。但其第82条明确规定"出租车客运和城市公共汽车客运的管理办法由国务院另行规定"。

2004年国务院第412号令《国务院对确需保留的行政审批项目设定行政许可的决定》（2009年修改）对"出租汽车经营资格证、车辆运营证和驾驶员客运资格证核发"（目录第112项）保留了设定行政许可的权力。《行政许可法》第14条第2款规定，"必要时，国务院可以采用发布决定的方式设定行政许可"，据此2004年国务院第412号令设定行政许可于法有据。但是《行政许可法》第14条第2款又规定："实施后，除临时性行政许可事项外，国务院应当及时提请全国人民代表大会及其常务委员会制定法律，或者自行制定行政法规。"出租车行业的行政许可延续至今，显然不是临时性行政许可事项，而从2004年到现在过去了十多年的时间，国务院并没有提请全国人大及其常委会立法或自行制定行政法规。

因此，出租车行业的特许经营并无法律层面的依据，而对于国务院第412号令，只有尽快提请全国人大及其常委会立法或自行制定行政法规，否则其存在效力性缺陷。

2. 部门规章层面

最早对出租车进行规定的是经原建设部和公安部批准并发布的《城市出租汽车管理办法》（1998年），其第3条对出租汽车进行界定："本办法所称的出租汽车，是指经主管部门批准的按照乘客和用户意愿提供客运服务，并且按照行驶里程和时间收费的客车。"虽然第5条涉及出租汽车经营权，但通篇并无对出租车行政许可的明确规定。

后经历2008年的"大部制"改革，城市出租车、公交车行业等由建设部划归交通运输部管理。《出租汽车经营服务管理规定》（2014年）在第二章"经营许可"中对出租车的行政许可进行了明确的规定，尤其是第20条第2款"预约出租汽车的许可，按照本章的有关规定执行，并在《出租汽车经营行政许可决定书》、《道路运输经营许可证》、《道路运输证》中注明，预约出租汽车的车身颜色和标识应当有所区别"。该款明确将预约出租车纳入行政许可规制。

因此，在部门规章层面，出租车（包括预约出租车）的特许经营有相应依据。

3. 地方性法规

我国多个地方对出租车的特许经营作出规定。[1]如《北京市出租汽车管理条例》（1997 年通过，2001 年和 2002 年修改）在第二章"经营资质管理"中详细规定相关行政许可要求，《济南市城市客运出租汽车管理条例》（2006年批准并实施）在第二章"资质管理"中亦有规定，等等。

在地方性法规层面，出租车行业的特许经营有着充分依据，在此不予赘述。

结合上述分析，对于出租车行业的特许经营制度，中央层面的行政法规存在效力性缺陷，其他依据只有层级较低的部门规章。因此，《暂行办法》（征求意见稿）从中央层面对网约车进行规制缺乏有效的上位法依据。而在地方层面，出租车的特许经营有着较为充分的法律依据。[2]这反映出我国当前中央和地方立法衔接不畅的矛盾，亟须中央层面对出租车行业的行政许可进行统一立法。考虑到传统出租车行业乱象丛生的现状，旧有的特许经营制度面临困境，是否改革和如何改革有待统筹决策。而网约车的出现为统一立法和制度改革提供契机。

（三）网约车呼唤特许经营制度的转变

在社会转型和行业改革的探索阶段，完全放开行政许可规制和实施严苛僵化的特许经营同样不合理。在相当长的时间内，出租车对城市公共交通仍将发挥必要的补充作用。放任其自由发展可能带来交通拥堵、环境污染和道路公共安全隐患等问题，不允许政府采取撒手不管的轻率态度。网约车服务现存的三大矛盾仍离不开行政许可的合理规制：一是社会闲置资源的最大化利用与城市道路有限性的矛盾，二是非营运车辆进入市场的低门槛与政府安

---

〔1〕 相关法律文件很多，笔者在北大法宝检索结果显示，涉及出租汽车行政许可规定的地方性法规和地方政府规章均不少于 100 个。

〔2〕 在我国法律文本一直将网约车划入出租车管理范畴的语境下，对出租车的经营许可规定适用于网约车。

全监管高压力的矛盾，三是网络平台的责任模糊与司机乘客权益维护的矛盾[1]。在保守与激进之间，我们更应当秉持兼顾公共利益和市场效率的稳健态度。

当今，随着市场经济的日益发展和政治体制改革的逐步深入，国家治理体系和治理能力现代化的推进成为社会共识，在政府层面突出表现为法治政府的建设与政府职能的转变。法治政府的第一要义是保障人民的自由，约束和规范政府的权力，明确政府规制的范围，建设"有限政府"。转变政府职能，关键在于切实把政府经济管理职能转变为主要为市场主体服务和创造良好发展环境上来。[2]在由计划经济向市场经济转变的过程中，《行政许可法》选择采用"行政许可"而非"行政审批"概念，一词之差，反映出政府在管理理念上的变化和突破。这意味着从管制型政府向服务型政府的转变，在当时"是一场深层次的观念和体制的变革"。[3]可以说，自《行政许可法》制定和实施以来，行政许可制度便承继了经济体制改革和政府转型的进取基因。

面对当前传统出租车行业特许经营制度的严苛僵化和网约车服务市场的勃兴，行政许可制度期待进行新的转变和突破，这也是"互联网＋"创新驱动的外部需求。政府应当结合网约车服务市场带来的新变化和产生的新问题，创新规制理念，增强行政许可规制的反思性和回应性，注重替代性规制与社会自我规制、合作规制的运用。从特许经营转向低强度的许可方式，推动行政许可的"软化"。对网约车服务中的网络平台、车辆和司机应当采取分层许可，针对它们施加不同强度的行政许可。同时，网络平台管理成为规制创新的重要方向，"政府管平台——平台管车辆和司机"的模式有望成为破局之策。

三、行政许可规制的理念转变与规制创新

传统出租车行业的弊端暴露无遗，特许经营制度亟待改革。网约车在冲

---

〔1〕 在当前规制缺位的情况下，网络平台公司的地位与应负担的责任都非常模糊，网络平台倾向于只提供信息连接和交易撮合平台，在逐利驱动下怠于主动承担社会责任，这也是很多学者呼吁由网络平台承担承运人责任的原因所在。笔者调研了解到，目前有的网络平台公司将相当一部分车辆挂靠在租赁公司的同时，通过转让少量利润的方式把管理责任甩给租赁公司，进而造成管理混乱甚至无人管理的乱象。

〔2〕 参见姜明安主编：《行政法与行政诉讼法》，北京大学出版社2015年版，第227—229页。

〔3〕 杨海坤、章志远：《中国行政法基本理论研究》，北京大学出版社2004年版，第315页。

击和重塑传统出租车行业的过程中，能否成为制度改革的"活水"和唤醒市场的"鲶鱼"？这需要我们在参考国外实践的基础上，转变规制理念，推动规制创新。

（一）国外出租车的规制实践

国外出租车的规制实践比我国丰富，出租车行业的规制变革为我国特许经营制度改革提供借鉴，网约车的规制选择也为我国管理网约车提供参考。

1. 国外出租车的规制变革

国外出租车行业的规制经历了一个曲折反复的过程。总体看来，没有国家完全解除对出租车行业的规制，但规制趋势由严格走向宽松。

对出租车行业实施规制的历史可以追溯到 17 世纪英国的伦敦和威斯敏斯特，当时是为了缓解出租马车阻塞交通的问题。此后，欧洲各国和亚洲的日、韩等国陆续对出租车行业进行规制，美国的规制始于 20 世纪二三十年代的经济大萧条时期。直至 20 世纪 70 年代，通常认为对出租车市场实施规制是维护公共利益的需要，具有合理性。从 20 世纪 70 年代开始，经济学家逐渐对政府规制提出质疑。到了 20 世纪 80 年代，以美国的规制解除运动为代表，各国政府表现出放松规制的趋向。但由于解除规制并没有收到预期的效果，20 世纪 90 年代美国一些解除规制的城市又陆续重新实施规制，其主要措施是限制市场准入与设定价格上限。[1]

21 世纪以来，随着网络信息技术的应用，出租车行业市场失灵问题（如信息不对称、过度竞争等）得到缓解。发达国家政府规制的变革趋势是：解除进入限制，放松数量控制；放松价格管制，仅设定统一的价格上限；严格司机执业标准，强化车辆质量和安全规制，保证服务质量与安全水平。[2]

2. 国外网约车的规制选择

外国政府对网约车的规制有两种选择：一是将网约车合法化，与传统出租车分类管理；二是不同程度禁止网约车服务，严格市场准入。

以美国和澳大利亚为代表，网约车取得合法地位。在美国，加利福尼亚

---

〔1〕 参见陈明艺："国外出租车市场规制研究综述及其启示"，载《外国经济与管理》2006 年第 8 期，第 41—47 页。

〔2〕 国外有代表性的出租车管制模式大体可以归纳为三种：以英国、爱尔兰和日本为代表的取消数量管制、保留价格管制和质量管制，以新西兰和新加坡为代表的取消数量和价格管制、保留质量管制，以挪威为代表的取消价格管制、保留数量管制和质量管制。参见袁长伟、吴群琪："国际出租车管制模式与改革启示"，载《经济体制改革》2013 年第 6 期，第 151—155 页。

州、科多拉多州、华盛顿特区等陆续批准规范网约车的法律，私家车通过网络平台提供服务没有法律障碍。澳大利业出租车管理制度较完善，但民众对出租车服务不满意，青睐网约车服务。澳首都堪培拉率风气之先，2015 年 10 月修法将网约车运营合法化。[1]

以日本和法国为代表，网约车受到严厉限制。日本具有完善的公共交通网络，打车费用高昂。2015 年 3 月，日本国土交通省通知 Uber 停止在福冈市的业务试点，理由是，在福冈提供服务的司机没有像东京一样申请商业运输许可证。在法国，2015 年 6 月，巴黎出租车司机联合对抗拦截 UberPOP 车辆，随后法国内政部以不合法竞争为由判令 10 万欧元罚款，法国最高法院维持该禁令。[2]

参考国外出租车的规制变革，从特许经营转向低强度的行政许可是大的趋势。而面对国外规制网约车的不同选择，需要我国根据本土经验走出适合自己的规制之路。

（二）网约车行政许可的理念转变

为迎合单中心、单向度的国家高权管理模式，传统行政法存在过分夸大公私益的紧张关系、过于重视命令——服从型的压制手段、过分强调行政优益性而忽视公民自主性等弊病，导致行政法理念价值的扭曲和行政规制正当性的削弱。"历史经验反复表明，如果法律调整过分依赖国家强制力，那么蕴含着道义的法治化就容易被偷换成拒绝道德检讨的工具性的法制化。"[3]伴随公私交融的法治发展进程，新行政法呼唤确立一种具有反思性与回应性的治理逻辑，从公民对国家权力的单向接受和被动服从，转向因参与而认同、因回应而理解的双向互动与主动遵守。

1."反思性法"与"回应型法"

传统行政规制以命令和控制为主，通过威慑型规制实现社会管理，经常导致规制者与被规制者抗拒对立的僵局。在现代国家行政扩张却应对乏力的情况下，行政规制领域纷纷出现"规制失灵"现象，出租车行业中屡禁不止的"黑车"即是典型例子。对此，不同法系的学者们开始对法律、法律与社

---

〔1〕 参见山西新闻网 2015 年 11 月 8 日报道，http://ll. sxrb. com/sxxww/xwpd/gjxw/5729031. shtml.

〔2〕 参见中国交通新闻网 2015 年 10 月 14 日报道，http://www. zgjtb. com/2015 - 10/14/content_53703. htm.

〔3〕 罗豪才、宋功德："行政法的治理逻辑"，载《中国法学》2011 年第 2 期，第 5 页。

会等核心问题进行反思和重新建构，"反思性法"应运而生。[1]托依布纳提出法律对社会调控的矛盾需要法律对自身进行调整来解决，即法律的反思性要求。法律大多要通过自身的调控来改善其与社会系统的衔接问题，法律对其他社会系统的干预方式由直接变为间接，强调法律与社会结合、整体与部分结合、自治与规制结合、经验分析与规范研究结合、公法私法结合，注重利用私法手段和自治管理实现有效规制。

在理念转变过程中，注重"反思性"的同时应当增强"回应性"。在近来网约车规制的争议中，政府的回应性明显不足，在征求意见稿和规制措施的制定与实施过程中，公民参与和社会互动显著缺位。"回应型法"理论认为，法学理论从来都不是脱离社会影响而存在的，它反对单一性地理解法律，相信法律是多维的，可以回应社会的可变性。在"回应型法"中，主张把维护和发展公民参与、公民意识作为核心价值和维护公共秩序的标准，法律更多起到补充和辅助性的功能，为公民和其他社会组织参与政策制定提供制度保障。[2]行政法的"回应性"确认了规制者负有积极回应社会各种需求的责任，要求行政规制在强制性之外，更加注重规制措施的可接受性和被规制者的认同度。

需要注意的是，"反思性法"和"回应型法"并非仅是抽象的法学理论，也是内化于《行政许可法》中的制度精神和规范机理。该法第 6 条和第 11 条规定了行政许可的设定理念——效率和民主——"遵循便民的原则"，"遵循经济和社会发展规律，有利于发挥公民、法人或者其他组织的积极性、主动性，维护公共利益和社会秩序，促进经济、社会和生态环境协调发展"。第 13 条突出体现行政许可设定的慎重性和回应性，只有公民无法自主决定、市场难以有效调节、行业组织不能自律管理且事后监督无法解决的事项，才必须设定行政许可。第 20 条更是该法反思性的集中体现——设定机关针对第 13 条的定期反思、实施机关对实施情况及必要性的适时评价以及公民、法人或其他组织的意见和建议。

---

〔1〕 参见［德］贡塔·托依布纳："反思性的法——比较视角中法律的发展模式"，载［德］贡塔·托依布纳：《魔阵·剥削·异化——托依布纳法律社会学文集》，泮伟江、高鸿钧等译，清华大学出版社 2012 年版，第 265—270 页。

〔2〕 参见［美］P. 诺内特、P. 塞尔兹尼克：《转变中的法律与社会：迈向回应型法》，张志铭译，中国政法大学出版社 2004 年版，第 73—128 页。

2. 反思性理念与回应型规制

网约车在市场上的流行与法律法规禁止私家车从事客运服务的矛盾，属于整个社会科学都高度关注的共同话题——如何消解"事实"与"规范"之间的张力，[1]其暴露出国家与社会、法的实证性与道德性、公共政策与公民自主等多方面的紧张关系。这种行政法上"事实"与"规范"之间的紧张关系，通常体现为法与理的相互龃龉，陷入合法不合理或合理不合法的尴尬处境。

在市场经济语境中，一项规制制度的正当性离不开两点：具有能够被证成的政策目标，以及规制手段能够合理地实现此目标。[2]为缓解上述紧张关系，避免行政法治的错位，行政法制定与实施应当秉承反思性与回应性的精神特质，以民主和效率为念，重新审视现有规制框架的政策目标，并以此确定适当的制度安排。规制机构需要警惕法律相比于经济发展的滞后性和法律形式主义思维模式的规制惯性，[3]避免囿于自身利益和落后方式，应当以反思性理念和回应型规制应对市场创新。

第一，推动行政许可的"软化"，降低规制强度，寻求替代性规制。行政许可背后有着国家垄断性的合法强制力支持，其中的特许经营制度更是一种非常严厉且具有公法上强规制性的模式。不可否认，在有限自然资源开发利用、公共资源配置以及直接关系公共利益的特定行业等领域，特许经营制度发挥了重要作用。"尽管许可制度具有筛选市场主体并对它们进行识别和规制等积极作用，但同时也存在巨大的负面影响，如限制和阻碍竞争、可能导致权力滥用，而且许可制度是有成本的。"[4]"如果许可在一个经济体制中被认为既耗费成本又具有市场干预性，那么政府在运用许可制度之前，有必要考虑其他能够达到相同制度目标的替代性工具。"[5]

---

〔1〕 参见［德］哈贝马斯：《在事实与规范之间：关于法律和民主法治国的商谈理论》，童世骏译，生活·读书·新知三联书店 2003 年版，第 12—50 页。

〔2〕 参见［美］史蒂芬·布雷耶：《规制及其改革》，李洪雷等译，北京大学出版社 2008 年版，第 8—9 页。

〔3〕 参见彭岳："共享经济的法律规制问题——以互联网专车为例"，载《行政法学研究》2016 年第 1 期，第 120 页。

〔4〕 ［爱尔兰］Colin Scott："作为规制与治理工具的行政许可"，石肖雪译，载《法学研究》2014 年第 2 期，第 35 页。

〔5〕 Donald Dewees, "The Regulation of Quality: Products, Services, Workplaces, and the Environment", *Butterworths*, 2 (1983).

伴随着出租车行业公共交通属性的降低与市场开放竞争的增强，强规制性的特许经营制度已经无法适应该行业的发展，行政许可"软化"是大势所趋。以出租车行业的惯用规制措施为例，严苛的准入机制所带来的巨大规制成本难以为政府部门所承受，简政放权的法治要求呼唤降低规制强度；严格的数量控制难以满足市场需求，民众"打车难"问题呼唤降低规制强度；僵化的价格管制不再适应网络技术发展下信息隔膜被打破的现实，公平竞争的市场呼唤降低规制强度并寻求能够达到相同制度目的的替代性规制。在此过程中，特许经营制度可以向普通许可和信息登记、备案制度转变，也可以借鉴国外先进的规制形式，如消极许可和类别执照[1]等。

第二，重视社会自我规制与合作规制，吸纳非政府主体参与，探索多元合作的规制模式，在强化社会责任的基础上凸显服务职能。相对于法定规制或政府直接规制，社会自我规制的优势在于因接近市场而利于有效调动相应资源和知识，比较柔和且具有可调适性；对国家而言，先由社会部门自行规制，强调政府行为的补充性，公私合作原则能够节省成本。[2]当行政许可受制于单一化政府规制造成的规制落后、低效僵化和高成本压力时，"平台经济"[3]的兴起为行政许可探索多元合作的规制模式提供启发。网约车是"平台经济"的典型代表，网络平台利用互联网技术为接入其中的出租车司机和乘客搭建方便快捷的交易平台。行政许可机关可以探索与网络平台公司进行合作规制，由政府主导制定或监督制定各方面的服务质量和安全标准，平台负责具体执行和落实标准并承担相应的法律责任，再由政府定期检查和适时纠正。网络平台公司必须向政府监管部门申请行政许可，而接入平台的车辆和司机只需通过平台的审核即可，政府通过直接监管平台就能达到监管网约

---

[1] 消极许可是指，任何人都能从事特定范围的活动，无需通过提出申请或颁发许可证的方式，而政府通过事后监管，以"吊销许可证"的方式将经营主体从市场中剔除。类别执照是指，被许可人只需满足特定的前置性条件（如具备特定技能或接受培训）和附随的报告义务，通过登记而非审批的方式获得许可。参见［爱尔兰］Colin Scott："作为规制与治理工具的行政许可"，石肖雪译，载《法学研究》2014 年第 2 期，第 38—39 页。

[2] See Robert Baldwin, Martin Cave & Martin Lodge, *Understanding Regulation: Theory, Strategy, and Practice*, Oxford: Oxford University Press, 2012, p. 139.

[3] 平台经济（Platform Economics）最早由上海交通大学经管学院的徐晋博士提出，所称平台是指一种虚拟或真实的交易场所，其本身不生产产品，但可以促成双方或多方供求之间的交易，收取恰当的费用或赚取差价而获得利益。最著名的平台是苹果的 APP Store，中国知名的平台型企业有淘宝、阿里巴巴、携程和滴滴出行等。

车的目标。通过吸纳非政府主体参与规制的方式，解决自身单一化规制带来的弊端。政府在督促非政府主体谋求利益的同时承担更多的社会责任，也推动自身服务职能的凸显。

实践中，许多大企业内部、行业协会自我规制的规范并不比政府规制的数量少，如中国企业的环境监督员制度、食品企业的资源认证体系、互联网协会产业自律规范等。[1] 行政机关与网络平台合作规制的模式亦非空想，以阿里巴巴集团为代表的网络交易平台就接受"平台—政府"双元管理范式，政府管理与平台管理合作并行、优势互补。[2]

（三）网约车行政许可的规制创新

1. 需要结合网约车带来的新变化和新问题改变原有的行政许可规制措施

第一，逐步放开网约车的数量控制，允许非营运车辆与非专职司机从事客运服务。"对出租车数量和牌照的管制，反映出来的是一种'理性的狂妄'"，决策者假定他们可以计算出一个城市需要多少辆出租车，然而这种假定是错误的，因为这里存在很多难以确定的因素，任何决策者都没有能力完全掌握。[3] 网约车不同于巡游出租车，其通过网络平台和打车软件实现点对点的服务，对道路资源的占用大大减少。目前出租车市场存在严重的供求不平衡，在传统出租车行业难以改革之际，逐步放开网约车的数量控制既可以有效缓解供需矛盾，也有望成为改革传统出租车行业管制的突破口，制度意义不容小觑。

那么非营运车辆与非专职司机可否从事网约车服务？上文提及的美国三地都允许私家车在满足法定条件时，可以通过网络平台为社会公众提供预约服务。对此有人担心放开私家车进入网约车服务市场会猛然加剧城市道路资源紧张的问题。在网约车规制的语境下，限制滥用有限的公共道路与最大化利用闲置车辆是两个矛盾冲突的公共资源配置目标，到底哪个优先，规制机构不能无理由地推定。对于创新业态，规制机构惯常采取的具有自我指涉性的法律推定或法律类比，有违反思性和回应性要求，应当让位于对规制目标的深刻分析和多方主体的参与论证。除非规制机构能够证明，放开网约车的

---

〔1〕 参见高秦伟："社会自我规制与行政法的任务"，载《中国法学》2015年第5期，第74页。

〔2〕 参见汪旭辉、张其林："平台型网络市场'平台—政府'双元管理范式研究——基于阿里巴巴集团的案例分析"，载《中国工业经济》2015年第3期，第135—136页。

〔3〕 参见王建勋："为专车正名——顺应市场规律的产物"，载《财经评论》2015年6月13日。

数量控制确实会形成对道路资源的过度利用，进而损害公共利益，否则其提出的规制理由不足采信。政府承认私家车和非专职司机从事网约车的合法性是对其实施有效监管的前提条件，否则网约车将会以类似于"黑车"的方式继续存在。

第二，改变严格的价格管制，尝试设定最高价格限制，创造较为宽松的市场竞争环境。政府对出租车实施价格管制的主要原因是担心信息不对称导致价格不合理和恶性竞争。与传统出租车行业不同，网约车具有独特的价格形成机制，"前者采取先确定交易主体再确定交易价格的主观交易法，后者则采取先确定价格再确定具体交易主体的客观交易法，此类价格在一个'脱域'的抽象系统内达成，很少受到交易主体特征和交易环境的影响"，[1]因而政府介入的必要性不强。在网约车服务市场上，乘客能够通过网络获取较充分的信息，可以对不同平台提供的运营价位、车辆状况和司机服务评价进行比较和选择。网约车改变了司机和乘客的随机匹配关系，信息不对称的问题可以忽略不计，传统巡游出租车所具有的信息隔膜消除。

另外，网络平台公司和网约车司机完全可以利用价格机制展开市场竞争，并基于信息技术和大数据分析反映特定时空的供需状况，进而利用价格调整来实现供需平衡。为了防止出现网络平台公司利用出租车行业特性而联合抬高价格的情况，政府监管部门可以设定一个最高限价，限价之下由网约车进行自由竞争。世界上，新西兰、新加坡、挪威等国的出租车改革中都采取了取消价格管制的措施，其他各国也主要以价格上限为核心进行价格控制。[2]这样的规制创新不仅符合发展市场经济和建设服务型政府的要求，而且能够以放松网约车价格管制为契机引发传统出租车行业的管制松动，推动整个出租车行业的改革。

2. 政府与网络平台公司合作进行监管，实施严格的安全标准和服务质量控制

如果政府允许私家车和司机进入网约车服务市场，并逐步放开数量控制和放松价格管制，网约车的安全性就成为监管的重要问题（没有营运许可、

---

〔1〕 彭岳："共享经济的法律规制问题——以互联网专车为例"，载《行政法学研究》2016年第1期，第129页。

〔2〕 参见袁长伟、吴群琪："国际出租车管制模式与改革启示"，载《经济体制改革》2013年第6期，第151—155页。

司机没有驾驶资质认证、保险不健全等）。决定网约车安全性的关键不在于车辆是否为营运车辆和司机是否为专职司机，而在于车辆状况是否符合安全标准、司机是否具备驾驶资质和良好的品行记录。在放开数量控制的情况下，实施相同甚至高于传统出租车行业的服务质量和安全标准，可以解决目前社会上担心的安全问题。借鉴"社会许可证"理论，允许企业在特定领域从事特定经营活动，隐含着其需要承担与此类活动相关的社会责任，该理论解释了为什么特定行业和企业不能仅停留于遵守法律的最低要求，还应追求更高的规制标准和社会责任。[1]

这就需要政府和网络平台公司进行合作监管。一方面，政府监管机构难以承受巨大的监管成本。网约车的优势在于有效地调动和整合闲置的私家车资源，但在放开数量控制的情况下，接入平台的私家车数量较多且时刻处于变动之中。另一方面，由网络平台监管车辆和司机的准入标准和服务质量是可行的。当前网络平台公司基于网络技术和信息化手段完全可以实现对网约车事前、事中和事后的全方位监管。[2]同时，在设置法律责任的压力下，相信网络平台公司有动力不断完善自己的监管技术。虽然网络平台公司可以自行建立安全管理体系，并可以覆盖网约车准入和服务的全程（车辆、司机、日常营运、责任保险和赔付机制等），这个体系仍缺少来自外部的权威监管和约束。在网络平台开展自律管理的基础上，政府进行标准制定和外部监管就是必要的。

3. 通过中央层面的立法，将网约车纳入统一的行政许可规制，并与传统出租车实施差异化监管

统一规制是指网约车和传统出租车都属于行政许可规制的领域，受到政府的统一管理，而差异化规制就是对网约车和传统出租车采取不同种类、不同强度的规制方式。对于传统巡游出租车，可以继续采取目前的行政特许规制，同时实施数量控制、价格管制和服务质量控制；而对于网约车，由政府和网络平台公司合作监管，从行政特许转为普通许可和核准登记等低强度许可替代性手段，具体就是逐步放开数量控制，放松价格管制（只设定最高限

---

〔1〕 See Neil Gunningham, Robert A. Kagan, Dorothy Thornton, "Social License and Environmental Protection: Why Business Go Beyond Compliance", *Law and Social Inquiry*, 29（2004），307 - 341.

〔2〕 例如，2015 年 3 月 16 日，滴滴和快的联合发布《互联网专车服务管理及乘客安全保障标准》。其规定从事前、事中和事后三个方面加强监管，保障用户乘车安全。

价），实施相同甚至更为严格的服务质量和安全标准。此外，为保障网约车与传统出租车的公平竞争，还可以采取以下规制措施：其一，明确网约车不得进行巡游，只能提供点对点服务，并与传统出租车作适当区分；其二，网约车经营者应当依法纳税，由网络平台承担代扣代缴的义务；其三，严格管理网约车的优惠补贴，明确补贴的范围和方式，制裁不正当竞争；其四，结合城市交通的时空分布特点，有针对性地通过网络平台引导和配置网约车的服务时间、时长和服务地段，既缓解交通拥堵，又满足不同的市场需求。

专车平台与驾驶员间的法律关系研究 *

Research on the Legal Relationship between the Tailored Taxi Platform and the Driver

薛志远 **

摘　要：《网络预约出租汽车经营服务管理暂行办法（征求意见稿）》规定专车平台应与驾驶员签订劳动合同，旋即引发争议。二者究竟应属何种法律关系，既涉及对专车平台进行性质界定的问题，也与采取何种认定标准有关。比较分析美国加州"博雷洛测试"标准、洛杉矶"奥康诺案"审查标准及我国劳动关系认定标准，以专车平台对驾驶员的实际控制程度为主要判定标准，结合对其他相关因素的综合考量，将助益于解决实践中二者法律关系的认定难题。

关键词：专车平台　驾驶员　法律关系　劳动合同　行政规制

2015 年 10 月 10 日，交通运输部对外发布了《关于深

---

* 本文为中国政法大学 2015 年博士研究生创新实践项目《共享经济规制研究——以互联网约租车监管为例》（课题号 2015BSCX08）的阶段性成果之一。

** 薛志远，中国政法大学法学院宪法学与行政法学专业 2015 级博士研究生（100088）。

化改革进一步推进出租汽车行业健康发展的指导意见（征求意见稿）》（以下简称《指导意见》）与《网络预约出租汽车经营服务管理暂行办法（征求意见稿）》（以下简称《管理办法》）。《指导意见》将出租汽车分为巡游出租汽车和预约出租汽车两种。《管理办法》在起草说明中指出"网络预约出租汽车"（俗称"专车"），是"以互联网技术为依托构建服务平台，接入符合条件的车辆和驾驶员，通过整合供需信息，提供非巡游的预约出租汽车服务"。在第 18 条中规定，"网络预约出租汽车经营者应与接入的驾驶员签订劳动合同"。上述规定一经推出即引发热议。反对者强调此举违反共享经济[1]的发展理念，而支持者坚称如此方能有效保护驾驶员的合法权益，一时难分高下。

一、专车平台之性质界定

专车自诞生之初便争议不断，实践中"专车"、"网络租约车"、"网络约租车"等称谓并存，在诸种称谓中，专车一词使用范围最广。2015 年 1 月 8 日，交通运输部明确表态："专车"服务对满足运输市场高品质、多样化、差异性需求具有积极作用。[2]这是官方首次使用"专车"一词。专车相较于传统出租车运营模式而言，能极大地"满足社会公众日常出行的需要"。[3]据《2015 年第一季度中国专车服务市场季度监测报告》显示，专车服务订单量占比前三名分别为滴滴专车（含一号专车）、优步（Uber）和易到用车，占比分别为 78.3%、10.9%、8.4%。全国每天专车出行订单总量或已接近 200 万次。[4]尽管专车的发展势头强劲，但专车运营在现行法律框架范围内是否合法尚存争议。专车平台与驾驶员间的关系界定及二者间的责任划分等问题依靠现有法律规范尚难准确认定。将专车纳入法律渠道予以规定，对于科学合理地对专车市场进行行政规制，弥补"市场相对政府所缺乏的强制、自由和

---

〔1〕　"共享经济"一词由美国德克萨斯州立大学社会学教授马科斯·费尔逊（Marcus Felson）和伊利诺伊大学社会学教授琼·斯潘思（Joe L. Spaeth）于 1978 年发表的论文（Community Structure and Collaborative Consumption: A Routine Activity Approach）中提出。其主要理念是一种"合作消费"的生活方式。其主要特点是由第三方创建网络平台，个体借助这些平台，交换闲置物品，分享经验知识，或向企业、某个创新项目筹集资金。参见王喜文："万众创新何以可能——互联网时代的信息物理共享经济"，载《人民论坛·学术前沿》2015 年第 12 期，第 28—29 页。

〔2〕　闻欣："交通运输部：鼓励创新但禁止私家车接入平台参与'专车'经营"，载《中国交通新闻网》2015 年 1 月 9 日。

〔3〕　汪亚军："出租车市场相关主体利益及其最优运营模式"，载《探索》2009 年第 1 期，第 137 页。

〔4〕　王映："专车的烦恼"，载《法人》2015 年第 6 期，第 23 页。

独立决策能力"的缺陷，意义重大。[1]

交通运输部发布的《指导意见》与《管理办法》便是期望从顶层设计着手，将专车纳入出租车领域，实现专车运营合法化的一次尝试。结合对两个文件的分析可知，交通运输部拟将"专车"的性质界定为"网络预约出租汽车"，将"专车平台"定性为"网络预约出租汽车经营者"。按照这一性质界定，专车平台作为运输服务的提供者，应当承担承运人的责任。对于上述规定，目前亦有较大争议。据交通运输部 2015 年 11 月 28 日发布的《深化出租汽车行业改革两个文件征求意见总体情况分析报告》（以下简称《文件分析报告》）显示，认为应将专车平台纳入出租车领域进行管理的意见为 497 条，占比约为 60%，认为不应该纳入管理的为 326 条，占比约为40%。[2]

专车平台究竟扮演着怎样的角色，其与普通的出租车公司又有何不同之处，事关是否应套用传统的监管模式来厘定专车平台与驾驶员间关系之重大立法问题。笔者倾向于支持将专车平台纳入出租车领域进行监管的意见，将专车平台定位为一种特殊的网络约租车经营者。同时认为应结合专车平台不同于传统出租车经营者的特点，进行有针对性的制度设计。我国当下正处于社会经济的转型期，社会保障体系尚不完善，各类利益主体间的矛盾争议频发。如 2015 年初，沈阳、南京发生出租车集体罢运，原因之一即专车影响出租车司机收入。2014 年内蒙古、陕西、安徽及广东也都发生过类似事件。[3] 为了更好地保障驾驶员及消费者的合法权益，保持交通运输业正常有序的竞争环境，有必要将专车平台纳入法律规范中加以调整。但为防止因政府有关部门不当甚至是错误的管理措施致使专车这一新业态的发展活力下降乃至受到重创，在对专车平台进行性质界定时，应着重考虑以下因素：

第一，现阶段在我国所呈现出的专车运营模式，与传统的出租车所提供的运输服务确有较大不同。其最大的特点是，充分运用了互联网思维模式，有效地将大量被闲置与尚未得到充分利用的小汽车资源加以集中，在乘客与专车司机之间架起了一座信息资源共享的桥梁，起到了优化配置资

---

〔1〕 ［美］乔·B. 史蒂文斯：《集体选择经济学》，杨晓维等译，上海三联书店、上海人民出版社 1999 年版，第 68 页。

〔2〕 "交通运输部公布深化出租汽车行业改革两个文件征求意见情况"，载《中国交通新闻网》2015 年 11 月 10 日。

〔3〕 许一航、傅丽："争议中的互联网专车"，载《浙江人大》2015 年第 7 期，第 67 页。

源之效。此外，专车平台仍是一种以营利为目的的企业，针对专车运营过程中暴露的诸如平台与驾驶员责任划分不清，专车平台间及专车与传统出租车间的不公平竞争，乘客信息安全、人身安全存在的风险等问题，仍需加快行政规制步伐，出台相应的法律法规。在对专车平台进行监管时，不应该套用传统的监管出租车行业的方式方法来对专车进行"死板"地监管。如《管理办法》起草原则第 2 条关于对网络预约出租汽车经营者、车辆和驾驶员必须取得"出租汽车经营资格证、车辆运营证和驾驶员客运资格证"的规定即是典型的例证。特别是其中的驾驶员客运资格证，一般的专车驾驶员基本都不具备此证，强行要求驾驶员取得该证，可行性上本身就存在很大的障碍。

第二，专车这一新业态的出现及发展，对传统出租车行业造成了较大的冲击，在一定程度上也给交通运输的监管工作带来了新的、巨大的挑战。在对专车平台进行性质定位时，应该以切实维护广大消费者的合法权益为根本宗旨。同时，充分考虑与合理权衡乘客、驾驶员、专车平台、传统出租车经营者及司机、政府交通运输监管部门、信息网络管理部门等不同主体的现实利益诉求，力争将维护公共利益与保护私人利益相结合，促进"互联网＋交通"健康有序地发展。

第三，要正确区分"拼车"、"顺风车"与专车。实践中，前两者主要是在共享经济的理念下，兴起的一种旨在分享同一辆车，在基本相同的行车路线上，搭载有乘车需要的其他人的用车模式。但这种私人小客车合乘的现象，本身也伴随着一定的风险，对之进行监管尚有诸多盲点。其与专车这种主要以营利为目的的运营模式尚有较大不同。

二、专车平台与驾驶员是否构成劳动法律关系的意见及理由

上文提到，《管理办法》第 18 条认为专车平台与驾驶员应签订劳动合同，即认为二者构成劳动法律关系。另据交通运输部发布的《文件分析报告》可知，在 65 条涉及专车平台是否应与驾驶员签订劳动合同的意见中，反对的有 45 条，占总意见数的 69.23%。而赞成这个改革主张的有30.77%。[1]结合此报告及笔者所搜集整理与分析的社会各界意见，支持与反对专车平台与驾驶员间构成劳动法律关系的理由大致有如下几点。

----

〔1〕 "交通运输部公布深化出租汽车行业改革两个文件征求意见情况"，载《中国交通新闻网》2015 年 11 月 10 日。

（一）支持专车平台与驾驶员间构成劳动法律关系的理由

1. 有利于保障驾驶员的合法权益

此为主张专车平台与驾驶员间构成劳动法律关系，二者应签订劳动合同的首要原因。支持这一观点的人认为，面对以企业形态存在的专车平台，驾驶员个人或整个驾驶员群体其实与传统出租车驾驶员类似都属于弱势群体。传统出租汽车经营模式下，驾驶员因未签订劳动合同常常在权益受到侵犯后维权困难。"出租车运营企业对出租车个体车主多采取强势管理政策，将市场风险大部分转嫁给出租车个体车主。"[1]诸如此类传统出租车行业的流弊自然不应再让其在专车领域继续蔓延。为避免接入专车平台的驾驶员重蹈传统出租车司机的覆辙，有必要在立法时从顶层设计的高度规定专车平台应与驾驶员签订劳动合同，认定二者构成劳动法律关系，以切实维护劳动者的合法权益。目前实践中已出现驾驶员与专车平台因未签订劳动合同，在因劳动报酬、享受社会保险和福利、交通事故责任分配等问题发生纠纷时难以维权的案例。如2015年4月28日，近百名某品牌专车司机，因对劳动关系及薪酬制度不满，以罢工形式聚集在上海公司总部楼下进行对抗。[2]专车平台与驾驶员间的权利义务关系在缺乏专门性法律法规予以规范的情况下，存在重大隐患。

2. 有利于认定专车平台应承担的责任

有观点认为，专车平台作为整个运输过程的组织者，并非仅提供信息服务，其他诸如驾驶员接入平台的准入条件、专车服务价格、平台与驾驶员的收益分配规则及提供服务时应遵守的基本规则等都由其主导制定。在专车服务过程中，使用约车软件的消费者将费用直接支付到专车平台，与平台发生合同关系。专车平台从专车运营中获取利益，理应承担承运人的责任。当下存在着大量的专车平台不与驾驶员签订劳动合同，转而采取与驾驶员、劳务派遣公司、汽车租赁公司等主体以签订"四方协议"等方式来规避法律责任的现象。当驾驶员或乘客的合法权益被侵害后，专车平台作为承运人的责任往往难以认定。在发生纠纷事故时，此类案件常常旷日持久，矛盾难以尽快解决。如号称"专车第一案"的陈超诉济南市公共客运管理服务中心行政处罚案，自2015年4月15日在济南市市中区法院开庭审理以来，已分别于

---

〔1〕 王克勤："北京出租车业垄断黑幕"，载《中国经济时报》2002年12月6日，第5版。

〔2〕 王涛、杨红岩等："契约关系如何建立劳动权益如何保障——聚焦出租汽车行业劳动关系"，载《中国交通新闻网》2015年10月22日。

2015 年 6 月、9 月、12 月连续三次申请延期，至今尚未宣判。第三次延期的理由为"案件涉及相关法律适用问题需送请有关机关作出解释"。[1]

3. 有助于优化配置劳动力资源

支持专车平台与驾驶员间应构成劳动法律关系的第三个理由是，签订劳动合同后，用人单位不能无故与劳动者解除劳动关系，这有助于专车市场优化配置劳动力资源。但作为用人单位，专车平台享有依法订立、变更、解除、终止劳动合同的自主权。驾驶员应遵守专车平台内部的规章制度，当发生严重违反专车平台所制定的规章制度等情形时，专车平台有权对驾驶员的行为进行管理。专车平台内部的奖惩规定有助于促使驾驶员这一重要的人力资源进行合理流动，以收优化配置劳动力资源之效。

（二）反对专车平台与驾驶员间构成劳动法律关系的理由

1. 不利于轻资产模式下专车平台的发展

反对者认为，专车平台是在共享经济思维下应运而生的，其属于"互联网＋交通"的轻资产型企业。强行从法律上认定其与驾驶员构成劳动法律关系，应签订劳动合同，将极大地增加其经营管理成本，甚至会严重限缩专车平台的生存空间。如据《最高人民法院关于审理人身损害赔偿案件适用法律若干问题的解释》第 9 条的规定，当雇员在从事雇佣活动中致人损害的，雇主应当承担赔偿责任；雇员因故意或重大过失致人损害的，应与雇主承担连带赔偿责任。诸如此类赔偿责任的承担，将导致专车平台背负沉重包袱。2014 年尼尔森公司针对"公众对共享产品和服务的接受度"这一问题对 60 个国家 3 万名网民进行了调查，结果显示，中国网民接受比例高达 94%，排名世界第一，由此反映出中国人对协同共享经济的渴望。[2]此外，据人民网、腾讯网、搜狐网、新京报四家影响力媒体在全网开展专项民意调查的结果显示，网民对专车的支持率分别为 87.9%、66%、73% 和 75%。[3]在专车模式尚未充分发展的情况下，对提供专车服务的各方主体的行为进行行政规制，虽有其必要性，但不能一味地以传统的监管思路来对之进行过于苛刻的管控，应注意回应民众对共享经济的期盼，促进专车这一共享经济新业态的发展。

---

〔1〕 王志、滕军伟："全国'专车第一案'第三次延期宣判"，载《新华网》2015 年 12 月 19 日。

〔2〕 ［美］杰里米·里夫金："走向物联网和共享经济"，载《企业研究》2015 年第 2 期，第 18 页。

〔3〕 沈邱瑜："浅析政府对'专车'管制的合理性"，载《经营管理者》2015 年第 23 期，第 279 页。

2. 不符合劳动合同法的基本精神

劳动法律关系的成立应至少符合三项基本条件：一是需满足双方自愿的原则；二是签订合同的双方存在直接的人身隶属关系；三是存在劳动报酬关系。在自愿问题上，对于兼职专车驾驶员而言，大部分并不愿意与专车平台建立劳动法律关系，签订正式的劳动合同。兼职的驾驶员往往有一份全职的工作，只是利用节假日或业余时间来从事专车驾驶工作，为的是赚取外快，补贴家用或体验一种新的生活方式等。强制要求这部分人与专车平台签订合同，可能会影响其与原单位的劳动合同。实践中一些用人单位对员工兼职是持不鼓励乃至禁止态度的。一旦员工背着单位私自与专车平台签订劳动合同，可能面临被单位获知情况后受到处分等不利后果。在双方是否存在直接的人身隶属关系上，实践中大量的兼职驾驶员工作时间自由，有空有意愿便打开约车软件进行接单工作，没空或想休息直接关掉软件即可。在这种情况下若认定其与专车平台存在直接的人身隶属关系未免有些牵强。在双方是否存在劳动报酬关系问题上，专车平台与驾驶员通常是按乘客的消费金额按比例分成，并非由专车平台直接发放固定工资给驾驶员。

在对支持与反对意见及其理由进行分析后，以笔者之见，要确定专车平台与驾驶员间是否构成劳动法律关系，或者说二者间究竟构成何种法律关系，除了对专车平台的性质进行准确定位之外，还需要厘清认定二者间构成何种法律关系的认定标准。

三、专车平台与驾驶员间法律关系的认定标准

专车模式不仅在我国得到了较大的发展，在其他国家和地区亦取得了不俗的表现。以美国纽约与英国伦敦为例，两市拥有的约租车数量分别为3.98万辆、4.9万辆，分别是当地巡租车数量的3倍、2.3倍。[1]由于专车模式具有特殊的经营服务特点，对于专车平台与驾驶员间的法律关系问题，世界其他国家也尚在探索中。如德国对专车平台与和驾驶员间的劳动关系未予以明确界定，在英国、法国、西班牙，因劳动关系问题所引发的劳动仲裁及诉讼案件也不在少数。[2]考虑到专车模式在我国的发展尚处于起步阶段，对专车平台与驾驶员间法律关系的认定可适当参考国外的做法。同时，应认识到不

---

〔1〕 王地："尽快让'专车'在法治轨道上行驶"，载《检察日报》2015年1月6日，第4版。

〔2〕 王涛、杨红岩等："契约关系如何建立　劳动权益如何保障——聚焦出租汽车行业劳动关系"，载《中国交通新闻网》2015年10月22日。

同国家间法律制度上存在的差异，立足国情，不可盲目移植。

（一）美国加州"博雷洛测试"标准

国际范围内影响力较大的专车平台首推 Uber。从 2012 年开始，Uber 大举推动全球化布局，先后在北美、欧洲、亚太和非洲提供叫车服务，于 2013 年 8 月进入中国市场。截至目前，凭借先进的商业模式和优质的服务理念，Uber 已成功进入全球 58 个国家、311 座城市，在全球拥有超过 100 万名司机。[1] 美国加州旧金山是 Uber 总部所在地，其合法性最早便是在加州获得官方承认。加州对 Uber 等专车平台的监管，主要是通过将这类主体纳入"交通网络公司"（Transportation Network Company，TNC）进行监管，该监管方式也被称为"加州模式"。实践中专车平台与驾驶员间法律关系的界定主要由法庭在不同案件中分别加以认定。此类案件的举证责任主要由被告负担，其要为反驳原告所主张的双方间存在雇佣关系（disprove an employment relationship）负举证责任。[2] 而与之相关的判例遂成为法院认定二者构成何种法律关系的主要依据。

1989 年，加州高等法院在博雷洛（Borello）案中对上述问题所进行的判断规则得到加州各级法院的广泛认可，此即"加州博雷洛测试"（California's Borello Test）。该标准在判断专车平台与驾驶员间的法律关系时，主要是审查专车平台在专车服务过程中，是否对驾驶员工作的各项细节进行了控制。[3] 在运用"博雷洛测试"标准推定雇主控制工作细节的权利有多大时，不同因素的权重亦不同。在测试时，不仅要考虑各类相关因素，同时应注意防范出现测试被严格与孤立地进行的情况。美国最高法院为此还采纳了 8 项可能与雇员/独立合同工的测定有关的"辅助因素"。[4] 为了保障测试的科学性与严谨性，"博雷洛测试"标准还认可引用了 5 个额外的因素。这些因素来自于根据公平劳动标准法（the Fair Labor Standards Act）所制定的联邦就业测试标准，其或将有助于对假定的员工属于的正确的工作分类进行揭示。[5] 删除上

---

〔1〕 李强治："用'互联网＋'时代新思维破解网络约租车发展困局"，载《世界电信》2015 年第 9 期，第 25 页。

〔2〕 See O'Connor v. Uber Techs., Inc., – F. Supp. 3d –, 2015 WL 1069092. 10（N. D. Cal. 2015）.

〔3〕 郑旭江："面临集体诉讼　优步能走几步"，载《法制日报·环球法治》2015 年 9 月 23 日，第 10 版。

〔4〕 See S. G. Borello & Sons, Inc. v. Dep't of Indus. Relations（Borello），48 Cal. 3d 350, 351（1989）.

〔5〕 See Narayan v. EGL, Inc., 616 F. 3d 900（9th Cir. 2010）.

述两套考量因素中的三项重复内容，故共有 10 项考量因素。（见表 1）

表 1　"博雷洛测试"标准的 10 项考量因素

序号	考量因素
1	是否从事与用工方有差异的职业或业务
2	服务工作是否需用工方或专家进行指导
3	服务工作是否需具备特殊的技能
4	是否要求用工方为员工提供与工作相关的设施、材料或场地
5	员工工作时间的长度
6	报酬的计算方式是按照工作时间，还是工作内容
7	这项工作是否是用工方常规业务的一部分
8	缔约方是否认为他们正在创造雇主、雇员之间的关系
9	用工方的管理技能，对员工所获取的利润或遭致的损失的影响程度
10	员工为完成工作所需而进行的设备或材料的投资，或为其助手支付的费用

加州法院在审理专车平台与驾驶员间法律关系的纠纷时，除综合运用"博雷洛测试"标准的上述考量因素对案情进行考察外，还在之后的判例中提出了一些新的考量因素。如洛杉矶地区法院在对奥康诺诉 Uber 案（Douglas O'Connor et al v. Uber Technologies, Inc. et al）的审理过程中，增加了 6 项审查标准。[1]（见表 2）

表 2　奥康诺案增加的 6 项审查标准

序号	增加的审查标准
1	驾驶员的日程安排受专车平台经营者的控制程度
2	驾驶员的工作路线及工作区域受专车平台经营者的控制程度
3	专车平台经营者是否对驾驶员单方面进行报酬支付
4	驾驶员在工作时是否使用了除专车平台经营者之外的第三方主体提供的应用

---

〔1〕　See O'Connor et al v. Uber Technologies, Inc. et al. , C. A. No. 13 – 03826 – EMC, 32, 40 (N. D. Cal.) .

续表

序号	增加的审查标准
5	专车平台经营者对驾驶员的表现是否提出必须遵守的要求或建议
6	专车平台经营者是否有权无理由终止驾驶员提供的服务

不论是"博雷洛测试"标准所涵盖的 10 项考量因素，还是奥康诺案增加的 6 项审查标准，推定雇主对工作细节的控制权（the putative employer's "right to control work details"）是美国法院在审理具体案件中所采用的公认的"最重要的考虑因素"。[1]法院在具体案件中一般都采用了较为宽松的认定方式。法官对于在以往类似的判例中所确定的"只要雇主有权行使控制权，不管这种权利的行使是否关乎所有细节，一般都会认定为劳资关系（雇佣关系）存在"的规则，仍给予了重视。[2]此外，美国加州北部地区法院在审理奥康诺案时强调"事实上，正如本院先前所解释的，判例法清楚地表明，分类调查的最终结果取决于对服务关系的具体细节进行考量，而非机械性的对各种因素进行检查。"[3]一方面，其主要通过对上述各项因素进行分析，以判断在理论上专车平台对驾驶员的控制程度究竟如何；另一方面，在分析各项考察因素时，并非强制要求专车平台与驾驶员的法律关系与各项判定因素都能够完全吻合，而只是以"优势证据原则"作为衡量标准。由美国加州的经验不难看出，其认定专车平台与驾驶员间究竟属于何种法律关系时，考量的因素较多，分类较为细致，具有一定的可操作性。且诸多考虑因素都围绕着主要认定标准即专车平台对驾驶员的控制程度的大小展开，有一定的合理性与科学性。值得注意的是，来自新华社的消息显示，2015 年 9 月 1 日美国加州旧金山地区法院对 3 名 Uber 车主诉 Uber 案作出裁定，原告方被法院获准以集体诉讼的形式起诉Uber。[4]该案件不同于以往案件之处在于，此案标志着 Uber 首次遭到集体诉讼。一旦法院最终认定 3 名 Uber 车主与 Uber 构成雇佣关系，将可能对 Uber 的正常运营造成巨大冲击，甚至发生重塑共享经济模式的连锁

---

〔1〕 See S. G. Borello & Sons, Inc. v. Dep't of Indus. Relations（Borello）, 48 Cal. 3d 341, 350（1989）.

〔2〕 See Empire Star Mines Co. v. Cal. Emp't Comm'n, 28 Cal. 2d 33, 43（1946）.

〔3〕 See O'Connor, 2015 WL 1069092, at ∗5 – 6. See also Alexander v. FedEx Ground Package Sys., Inc., 765 F. 3d 989（9th Cir. 2014）.

〔4〕 "优步在美遭司机集体诉讼"，载《北京晨报》2015 年 9 月 3 日，第 A12 版。

效应。

（二）我国对劳动法律关系的认定标准

由于国内尚未出台针对专车平台规制的专项法规，不得不仍借助于现有的法律规范对《管理办法》第 18 条的规定进行审视。对于劳动关系的认定目前主要有《劳动法》、《劳动合同法》及《关于确立劳动关系有关事项的通知》等文本。《劳动法》第 16 条规定，建立劳动关系应当订立劳动合同。《劳动合同法》第 69 条规定，非全日制用工双方当事人可以订立口头协议。后订立的劳动合同不得影响先订立的劳动合同的履行。可见判断是否存在劳动关系主要是以是否签订劳动合同或订立口头协议为认定标准。此外，《关于确立劳动关系有关事项的通知》规定了在未订立书面劳动合同的情况下，判断劳动关系是否成立的 3 条标准与 5 项可参照的凭证。（见表 3）

表 3　我国认定劳动关系成立与否的标准

序号	三条认定标准	五项可参照的凭证
1	用人单位与劳动者是否符合法律、法规规定的主体资格	工资支付凭证或记录（职工工资发放花名册）、缴纳各项社会保险费的记录
2	用人单位依法制定的各项劳动规章制度是否适用于劳动者，劳动者是否受用人单位的劳动管理，从事用人单位安排的有报酬的劳动	用人单位向劳动者发放的"工作证"、"服务证"等能够证明身份的证件
3	劳动者提供的劳动是否为用人单位业务的组成部分	劳动者填写的用人单位招工招聘"登记表"、"报名表"等招用记录
4		考勤记录
5		其他劳动者的证言等

通过将我国对劳动关系的认定标准与加州及洛杉矶的标准进行对比，可以发现目前我国尚缺乏专业性的、系统性的认定标准。以是否已经签订劳动合同为标准对专车平台与驾驶员的法律关系进行认定虽然看似一目了然，容易操作，实则囿于现实中往往平台经营者为规避风险不愿主动与驾驶员签订劳动合同，而驾驶员基本上都同时接入两个以上的约车软件进行作业，自身是否归属于某专车平台尚存疑问，使得劳动合同的强制签订变得难于实现。

而上表所列的三条标准与五项可参照的凭证，由于立法的滞后性，其对劳动关系的认定尚停留在传统雇用关系模式阶段，明显滞后于共享经济与"互联网＋"的发展步伐，难以有效地将专车这一新兴业态纳入其中。在对专车平台与驾驶员间法律关系进行认定时，不应一刀切式地笼统地进行强制性规定。在判断二者构成何种法律关系时，至少应考虑以下三点。

第一，在具体案件的认定过程中，应立足我国实际情况，适度参鉴加州及洛杉矶的经验，综合考虑各类相关因素，细化此类案件中的认定标准，增加可操作性。例如在判断专车平台对驾驶员工作的控制程度时，"博雷洛测试"标准所强调的不是考察专车平台对驾驶员的实际控制程度，而是要看专车平台所保留的对驾驶员行为的控制程度有多高。[1]

第二，若按照《管理办法》的要求，专车平台与驾驶员都必须签订劳动合同，成立劳动法律关系，将导致专车平台必须承担劳动法上的义务。这或将倒逼专车平台为避免承受过重的责任而限制驾驶员数量。这固然有助于发生纠纷时认定责任，但也可能会严重限制共享经济的规模效应。立法机关或政府相关部门在进行立法或决策时，应在充分征求各相关主体的意见后，对立法或决策的科学性、合理性等进行评估，而不应盲目套用传统管制模式，对新兴事物动辄强行加戴"紧箍"。此次交通运输部公开向全社会就《指导意见》与《管理办法》征求意见，是一次较好的开门立法的尝试，但其对所征求上的意见如何最大限度地回应，尚待观察。

第三，应看到专车平台不同于传统出租车经营者的独特之处，在责任分配与承担等问题上，应注意考虑法律法规条文的现实可行性。专车驾驶员往往在手机中装有多家专车平台开发的约车软件，这与传统的以一对一为特点签订劳动合同的出租车行业颇为不同。同时，大量的专车驾驶员实质上都是兼职司机，此时强制要求其与多家专车平台签订劳动合同，是否可行以及如何实操也需重点考量。

四、实践中对二者间法律关系进行认定的对策建议

如上所述，由于目前我国尚缺乏对专车领域进行专项规定的配套法规，而专车平台与驾驶员及乘客等之间又经常会存在发生法律纠纷的现实可能性，如何正确认定专车平台与驾驶员间的法律关系，对于解决此类纠纷具有极其重要的作用。如今使用约车软件提供专车服务的驾驶员有多种类型，有专职

---

[1] See Ayala v. Antelope Valley Newspapers, Inc., 59 Cal. 4th 533 (2014).

司机，也有兼职司机，有驾驶自有车辆的，也有驾驶汽车租赁公司的车辆的。"在当下实行管制创新与部分放松管制应成为政府管制的发展方向"〔1〕政府不应该笼统地将专车平台与驾驶员的法律关系一律规定为劳动关系，而应区别不同情形，在我国现有法律制度框架下，借鉴加州及洛杉矶经验，细化认定标准，以"专车平台对驾驶员的控制程度的大小"为判定标准，对二者间究竟存在何种法律关系在个案中分别加以认定。以实现"利于经营、益于消费、维护提升城市形象和突显管理者驾驭市场的能力水平等四方面的统一与共赢"。〔2〕

（一）兼职驾驶员与专车平台法律关系的认定

在认定兼职驾驶员与专车平台是否构成劳动关系时，应考察专车平台是否对兼职驾驶员进行管理，管理的程度如何。不能不经思考与分析即断然认为兼职驾驶员与专车平台都不可能构成劳动法律关系。实践中大量的兼职专车驾驶员，往往除了在业余时间提供专车服务外，同时有固定的工作。这类驾驶员多是在做好本职工作之余，看到了专车软件兴起所带来的商机。在不耽误正常工作的情况下，按专车平台对驾驶员资格的要求，将本人的驾驶证、行驶证、身份证等证件通过网络上传至专车平台上，通过审核后开始接单工作。在这种情形下，专车平台并未对驾驶员强制其工作时间、工作地点。相反，驾驶员工作自由度极高，其与专车平台之间只存在一种松散的合作关系——兼职劳务关系。专车平台在此种情形下，并未满足"有权控制实现结果所需要的方式和手段"的基本条件。〔3〕专车平台不对驾驶员进行强制性管理，也不向驾驶员支付固定的劳动报酬，双方按约定的比例分成，因此不宜认定双方构成劳动法律关系。

（二）专职驾驶员与专车平台法律关系的认定

一些专车平台为提高其市场占有率，除了通过与兼职专车驾驶员建立合作关系的方式来增加专车司机数量外，也会发布一些招聘专职专车驾驶员的广告。此类广告通常有明确的薪资待遇，诸如底薪、提成、奖金、加班津贴

〔1〕 雷晓康、贾明德："市场经济中的政府管制及其创新"，载《北京大学学报（哲学社会科学版）》2013 年第 1 期，第 52 页。

〔2〕 严云鸿、谷清水："论城市出租车市场管理的理想目标"，载《特区经济》2007 年第 5 期，第 149 页。

〔3〕 See Alexander v. FedEx Ground Package Sys. , Inc. , 765 F. 3d 981, 988 (9th Cir. 2014) (quoting Borello, 48 Cal. 3d at 350).

等一般都会在招聘广告中列明。专车平台在与前来应聘者所签订的劳动合同或口头协议中，对上班时间、使用专车平台指定的专车软件的在线时间等都有最低限度的要求。专车平台对专职专车驾驶员的工作通过日常考勤、定期考核等方式进行管理。对驾驶员为专车平台提供的服务支付工资，以及为其缴纳社会保险等。此类情形下，专车平台与驾驶员间的法律关系符合劳动关系或雇佣关系的基本特征，属于管理者与被管理者，雇主与雇员，用人单位与劳动者之间的关系。

（三）驾驶员、专车平台、汽车租赁公司间的法律关系认定

不论是专职或兼职驾驶员，实践中都不同程度地存在着专车平台一方面与汽车租赁公司签订租车合同，以解决专车的来源问题，另一方面再通过招聘的方式，雇用驾驶员作为专车司机为消费者提供专车服务的情形。而专车运营所获得的收益，再拿出一部分用来支付车辆租金与驾驶员的工资。某些专车平台为规避作为用工单位所应承担的一系列风险与义务，强制要求驾驶员与汽车租赁公司签订承包运营合同。驾驶员、专车平台及汽车租赁公司往往还会签订所谓的"三方协议"。根据这个"三方协议"的条款，作为承包运营合同的主要义务条款，即由承租方（即专车驾驶员）向出租方（即汽车租赁公司）按时缴纳车辆租金、风险抵押金等，实际上是由专车平台负责代为承担。显然，签订承包运营合同与"三方协议"是"醉翁之意不在酒"，专车平台只不过试图借这两个合同的签订，以达到混淆视听之目的，借此宣称其与驾驶员间不存在雇佣劳动关系。但此种情形下，驾驶员如果确是在专车平台的管理下进行日常工作，既要遵守专车平台所制定的规章制度，同时获取相应的工资，则显然应构成劳动法律关系。而驾驶员与汽车租赁公司间并不存在真实的承包运营合同关系，该合同的真正主体为专车平台与汽车租赁公司。

（四）驾驶员、专车平台、汽车租赁公司、劳务派遣公司间的法律关系认定

目前对专车运营的监管尚缺乏专门性的立法加以规范，交通运输部曾公开表示：严格禁止私家车接入专车平台提供服务。[1]尽管如此，现实中仍有大量的私家车车主加入了专车驾驶员的行列。是否应允许私家车进入专车领

---

〔1〕 郭超、贾世煜、侯润芳："交通运输部：禁止私家车'接单'参与经营"，载《新京报》2015年1月9日，第 A07 版。

域，目前争议颇大。但受利益驱使，大多专车平台为了抢占市场资源，增加专车数量，采用多种方式规避现行法律的相关规定。其中最常见即为要求驾驶员与正规出租车公司签订车辆挂靠协议，将私家车挂靠到出租车公司名下，以实现名义上的合法化。如上文提及的第三种情形，为避免与驾驶员形成劳动法律关系，承担一系列用人单位应承担的义务，专车平台往往要求驾驶员与劳务派遣公司签订劳务派遣协议。从名义上表现出驾驶员是由劳务派遣公司派遣到出租车公司进行工作的表象。在这一表象中，劳务派遣公司为用人单位，而出租车公司为用工单位。但实际上是由专车平台对驾驶员的工作进行日常管理，以比例分成等方式为驾驶员给付工资报酬。这种情况下的劳动法律关系认定，应透过现象看本质，综合运用劳动法律关系判定标准加以认定，而不应拘泥于现行法律存在的空白与漏洞，以法无明文规定为由，不予认定。

结　语

专车平台与驾驶员间的法律关系，是一个亟待研究的问题。在共享经济理念风靡全球的当下，如何在法律层面上制定切实可行又适应时代发展需求的判定标准，对立法者而言确是一项重大的挑战。"互联网＋交通"模式的良性运行，离不开专项立法的强力护航。若固守传统监管思维，试图僵化套用旧范式解决新问题，无异于自欺欺人。强制要求专车平台与驾驶员签订劳动合同，固然可能有助于对驾驶员权益之保护，然而也有无视平台经济新特点，或将过分加重平台运营负担之弊。由于专车这一轻资产型经济新业态尚在初期发展阶段，各国大多仍在探索对其加以规制之策略。参鉴美国加州"博雷洛测试"标准及之后新增的一些考量因素，结合我国专车发展的实践，以专车平台对驾驶员的控制程度为标准来判定二者间的法律关系，将助益于此类纠纷的解决。如今平台经济正在强力地改变着传统的劳动雇佣关系，实践中出现的大量劳动力以非劳动关系的形式与平台发生联系的情形似乎已成趋势。如何应对此类新情况，是社会各界都应认真加以思考之问题。在制定行政规制策略时，应将能否实现最大限度地保障共享经济新业态健康发展，让共享经济发展成果惠及广大民众作为考量策略是否正确可行的一条重要标准。

"滴滴打车"案背景下在先使用商标的法律保护 *

On the Legal Protection for the Prior Use of Trademark under the Background of "Didi Taxi" Case

李 捷**

　　摘　要：随着我国法治进程的加快，国民的法律维权意识不断加强，对知识产权的保护意识也不断增强。近年来，社会上出现了不少商标侵权的案例，"滴滴打车"商标侵权案就是在日益盛行的互联网预约租车业务背景下的一起案例。在《商标法（2013年修正）》之前，国内学者有不同的看法，对在先使用商标是否应该加以保护，司法实践也有不同的判决，我国在此类问题上立法还不够完善。但是我们应当明确，对商标的保护是市场正常秩序的重要保障，我们不应僵化地固守"注册在先"原则，应对在先使用商标的所有人付出的智力劳动进行相应法律保护。本论文以《商标法（2013年修正）》为切入点，以"滴滴打车"商标侵权案为背景，剖析当前关于在先使用商标保护的相关法律及制度建设。结合我

　　* 基金项目：2015年河南省软科学"基于粮食安全的知识产权公共政策选择"（152400410074）。
　　** 李捷，中国政法大学国际法学院国际法学专业2014级博士研究生（100088）。

国现行法律规定，从完善立法的角度探讨我国对在先使用商标保护的必要性，并提出合理化建议，以保证我国对商标知识产权的重视，从而推动我国市场经济健康有序运行。

关键词：商标侵权　互联网预约租车　滴滴打车　商标保护　在先使用商标

"商标是指能够将不同的经营者所提供的商品或者服务区别开来并为视觉所感知的显著标记。"[1]它作为一种标记运用到经济活动和市场交易过程中，起到了使消费者或经营者区别商品或服务来源的作用。美国《兰哈姆法》规定，"已经投入市场使用的商标才能获得联邦注册，而且只要商标使用在先，即使未经注册，也可以继续使用商标并对抗第三人对相同商标的使用。"[2]由此可见，在英美法系中，对先使用商标的保护不存在法律上的阻力。但是我国相关法律则侧重于对注册商标的保护，而对于没有进行注册的商标保护并没有那么完善，由此导致在先使用商标所有人本应享有的权利得不到保护。其实，在先使用商标起到了商标应有的作用；在先使用商标是商标持有人智力劳动的成果，是人类一般劳动的体现；在先使用商标是商誉的指代工具，体现着相关的经济利益。我们应当完善立法以保护在先使用商标所有人的正当权利。

一、在先使用商标保护问题的提出

作为国内一款知名的便民出行的互联网租车软件，被称为"打车神器"的广受百姓喜爱的一站式出行平台，倡导"嘀嘀一下，美好出行"的"滴滴打车"红极一时却也有"幸福的烦恼"，广州睿驰计算机科技有限公司（以下简称"睿驰公司"）于2014年3月在北京市海淀区法院对提供"滴滴打车"软件的服务运营方（即借助移动互联网以及手机软件客户端服务于乘客与司机）注册成立于2012年6月的北京小桔科技有限公司（以下简称"小桔公司"）提起商标侵权的诉讼。

（一）"滴滴打车"被诉商标侵权案情回顾

睿驰公司对于"嘀嘀"文字商标于2012年6月申请注册（申请注册第11122098号和第11122065号"嘀嘀"文字商标），并于2013年11月14日获

---

〔1〕　吴汉东：《知识产权法学（第5版）》，北京大学出版社2001年版，第203页。

〔2〕　王迁：《知识产权法教程》，中国人民大学出版社2009年版，第397页。

得批准；另外，睿驰于 2012 年 7 月 31 日对"滴滴"文字商标的注册（申请注册第 11282313 号"滴滴"文字商标）也于 2014 年 2 月 28 日获得批准。睿驰公司认为小桔公司提供的打车服务，在提供服务的软件多处均显著地标注了"嘀嘀/滴滴"字样，侵犯其注册商标专用权，睿驰公司要求小桔公司停止侵权，将其网站和打车软件中的"滴滴"字样删除，并通过公开媒体消除影响。

根据我国《商标法》的规定，通常情形下，关于确认侵犯注册商标专用权与否，应参考被控侵权行为使用的商标或标识与注册商标的相似度，二者使用商品或服务的相似度，以及二者共存是否容易引起相关公众主观上对来源的混淆误认。在商标侵权案件中，"判断两商标是否构成商标法意义上的近似商标，除比较两商标标识本身是否近似，还应当综合考虑商标的显著性、商品或服务的类别性质、商标的实际使用情况等诸多因素。"[1] 经法院审理，除综合考量原告、被告双方争议商标的联系与区别、服务类别等因素，法官慎重考虑了小桔公司提出的关于商标在先使用的抗辩，依照《中华人民共和国商标法》第 57 条第（2）项、《最高人民法院关于审理商标民事纠纷案件适用法律若干问题的解释》第 9 条和第 10 条之规定，北京市海淀区人民法院判决驳回原告睿驰公司的诉讼请求。

（二）问题思考与分析

不置可否，许多法院在审理案件时奉行严格的注册在先原则。由于"我国《商标法》的立法精神是维护市场统一秩序"，[2] 由此法官们普遍认为，在先使用商标人的权利极为有限，若一个商标被他人在后取得注册，那么在先使用人就应当立即停止使用该商标，而不再享有使用该商标的权利。在我国《商标法》于 2013 年修正之前，对于未注册商标的保护仅在《商标法》第 31 条"有关制止抢注行为"的描述中有所体现，但对一旦抢注成功后，抢注人能否要求商标在先使用人停止使用或者损害赔偿未置可否。从程序层面上来讲，在先使用商标要想得到保护必须是通过注册程序和注册后的争议程序请求宣告注册商标无效来实现。不难看出，在先使用商标的权利保全在我国《商标法》颁布实施以来很长一段时间内缺乏切实的法律保护。

---

〔1〕 "滴滴打车被诉商标侵权"，载《人民法院报》2015 年 4 月 3 日，第 3 版。
〔2〕 王莲峰："论对善意在先使用商标的保护——以杜家鸡商标侵权案为视角"，载《法学》2011 年第 12 期，第 132 页。

由于我国《商标法》赋予注册商标以排他性的权利，故而在"滴滴打车"案中争议点除了关于服务性质所属类别是否相同之外，被告小桔公司对于"嘀嘀/滴滴打车"字样并配以汽车卡通图案的这一商标的善意在先使用，是否可以作为未侵犯他人注册商标专用权的抗辩事由，同时在先使用商标可否得到法律保护等问题显得尤为关键。

"商标是商标所有人智力劳动的成果，是其经营活动的重要财富，是商誉的载体。"[1]商标的辨识作用只有通过经济活动和市场交易才能显现，其在维护正常经营秩序方面功能显著。笔者认为，在先使用商标不仅合法，而且不违反禁止性规定，立法保护十分必要。本文试图通过对"滴滴打车"商标侵权案件的分析，从在先使用商标保护的正当性入手，探讨我国在先使用商标保护方面的法律完善。

二、关于在先使用商标基本概念的界定

从1982年我国颁布了第一部《商标法》至今，《商标法》已经进行了四次修改。现行《商标法（2013年修正）》中第59条第3款规定："商标注册人申请商标注册前，他人已经在同一种商品或者类似商品上先于商标注册人使用与注册商标相同或者近似并有一定影响的商标的，注册商标专用权人无权禁止该使用人在原使用范围内继续使用该商标，但可以要求其附加适当区别标识。"[2]由此可见，商标在先使用权是指对于相同或类似商品或服务上的相同或近似商标，在先善意使用人对他人获准注册的该商标继续使用的权利。此在先善意使用人就是商标先使用人；继续使用的权利就是商标先用权。在先使用商标用于商品的生产销售之中，在先使用人经过其生产营销逐渐将其商标与产品取得关联，成为识别其商品与他人商品的重要区别标记。在先使用商标不仅满足了商标本身的要求，而且作为维护正常经营秩序的重要符号，蕴含着深刻的经济与法律意义，应当加以保护。

（一）商标先用权的构成要件

商标"指能够将不同的经营者所提供的商品或者服务区别开来并为视觉所感知的显著标记"[3]。为了平衡商标在先使用人与商标所有权人之间的利益关系，法律也规定了商标在先使用权的构成要件：一是未注册商标使用在

---

〔1〕 刘佩："浅析商誉视角下的商标权保护"，载《法制与社会》2011年第13期，第99页。
〔2〕 《商标法（2013年修正）》第59条第3款。
〔3〕 张峣："商标先用权保护探讨"，载《知识产权》2014年第2期，第63页。

先，即先用权人在他人注册该商标申请之日前就已形成对该商标使用的既存事实，如果仅仅拥有而没有进行商业应用，则难以受到法律保护；二是在先使用的商标与注册商标相同或者近似，且使用在相同或类似的商品或服务上，否则，将不构成商标侵权；三是在先使用具有合法性，完全属于善意，既不侵犯在先权利，又没有采取不正当手段；四是在先商标的使用必须具有连续性，综观世界各国商标法，无论是遵循何种商标原则，大都有"商标连续几年不应用于商业领域将不再受到法律保护"的规定。

（二）商标先用权与专利先用权的比较

我国的先用权制度最早出现于专利领域。我国《专利法》第 69 条规定："有下列情形之一的，不视为侵犯专利权：……（二）在专利申请日前已经制造相同产品、使用相同方法或者已经作好制造、使用的必要准备，并且仅在原有范围内继续制造、使用的。"这一规定，虽然没有将专利先用权作为一项独立权利进行保护，但作为一种专利侵权的抗辩是十分明确的。我国《商标法（2013 年修正）》借鉴专利先用权制度的规定，于第 59 条第 3 款明确规定了我国商标在先使用权制度。商标在先使用人因为没有及时注册，而失去继续使用的机会，显然有失公允。由此推彼，既然专利先用权得到了法律保护，商标先用权也应该受到法律保护。

（三）商标先用权的性质

在知识产权学界对商标先用权的定性有着不同的见解。一些学者认为商标先用权作为一种民事权利是单独存在的。他们认为商标先用权制度就是为了弥补商标注册主义下在先使用商标保护的不足，而赋予商标先用人的一种单独民事权利。另外一些学者则认为，就像专利先用权一样，商标先用权应当被认为是一种抗辩权。当商标权人对在先使用人提起侵权之诉时，在先使用人可以以使用在先为由进行抗辩。笔者同意第二种观点。

结合"滴滴打车"案来看，小桔公司对于"嘀嘀/滴滴"文字字样结合卡通图案在其服务软件等多处的商业使用，始于 2012 年 9 月 9 日，确实早于睿驰公司获得批准注册的 2013 年 11 月和 2014 年 7 月。虽然"嘀嘀/滴滴"文字字样与睿驰公司所注册的"嘀嘀"文字商标相同，但是，小桔公司将"嘀嘀/滴滴"商标应用于机动车出行服务平台并不违反国家法律及其禁止性规定，且自 2012 年 9 月起至今仍连续应用于其打车软件，足见小桔公司对于"嘀嘀/滴滴"商标的使用符合我国《商标法（2013 年修正案）》中所界定的商标在先使用权的构成要件。因此，小桔公司对睿驰公司所提起的商标侵权之诉具有抗辩权。

三、商标先用权保护的必要性

商标先用权，即商标的在先使用权制度的确立对于弥补我国《商标法》颁布以及前三次修改以来申请在先以及注册原则之不足具有积极意义，这是一种顺应市场经济发展的大势所趋。具体来讲，这将有助于保护公平竞争，权衡商标在先使用人和商标注册人之间的利益，同时为了防止类似于欧美专利市场上抢注专利的"专利蟑螂"，抢注人的注册商标也会受到限制同时不再影响善意在先使用人继续使用该商标的权利，在程序上也为商标在先使用启动撤销注册不当商标赢得宝贵时间。

（一）商标先用权具有正当性

从世界范围看，使用和注册都是取得商标权的方式。由于我国采用申请注册取得商标专用权的原则，因此，商标先用权的保护长期以来缺乏法律保护的支撑。但是，英美法系国家实行使用保护主义，因此法律明确规定了对商标先用权的保护。虽然我国对商标先用权保护上法律依据不足，但是商标在先使用人与在后注册人或商标权人之间的利益冲突是客观存在的。面对这一难以避免的冲突，笔者认为，先用权比商标权更具有道德上的正当性，只要商标先用人的使用正当合法，没有违反诚信原则，就不应该确认在先使用是一种侵权行为，尤其在先使用人通过实际使用已经形成一定的商誉，强令其停止使用也是不公平的。

（二）商标先用权保护的现实依据

在先使用商标是民事主体在法律规定的要素之内，依据自己意愿创造的有辨识度的标志。商业经营者将单纯的符号标记转变为商标并将该标志运用于其生产的产品或服务之上，是一种法律行为，应当享有该商标所带来的利益。单一的商标注册制度，会使得商标寻租行为扩大，增大商标投资转向抢注商标的风险；甚至滋生"商标囤积的现象，使得商品与商标、商标所有人与商标使用人相分离"。[1]这样不仅不利于商品经济的发展，同时也是对市场经济正常秩序的破坏。

"商标只有运用到商业活动中，才能发挥其区分各个经营者提供的商品或服务的作用，才能达到保护经营者正当利益、便利消费者、维护经济秩序的

---

[1] 韩俊英："论未注册商标的法律保护——兼评《商标法（修订草案征求意见稿）》"，载《科技与法律》2012年第1期，第78页。

目的。商标只有应用于商业活动中，才能被广大消费者所认知，建立起商誉发挥其区分作用。"[1]小桔公司结合"嘀嘀/滴滴打车"文字与卡通色彩形象图案组合使用，该组合商标与其公司所提供的服务内容紧密联系，商标的功能性显著，在当今社会交通出行领域产生了一定的影响，该在先使用商标不仅是商标使用者小桔公司智力劳动的产物，更是其经营心血与成果的凝聚物，是其重要的无形资产。在《商标法》发展的历史中，我国曾一味地完善对注册商标进行保护，而忽略了对在先使用商标人权利的保护，这是对商标注册自愿原则的忽视，也有违民法中权利义务相统一原则。在我国现今的经济领域中，存在着不少类似于小桔公司的"嘀嘀/滴滴"此类未注册的在先使用商标，法律应当正视这一情况，给予其法律保护。

四、我国对在先使用商标保护的现状

我国《商标法》对在先使用商标的保护，我们可以通过现有保护规定的梳理和存在问题进行分析。

（一）我国《商标法》对在先使用商标保护的规定

1. 通过禁止注册程序对在先使用商标进行保护

根据《商标法（2013 年修正）》第 13 条第 2 款的规定，他人在先使用的未注册驰名商标被后来者通过复制模仿或者翻译等手段进行微变形，用于相同或者类似商品上，可能导致消费者混淆的，此类商标不能获得注册，使用也应当被禁止。也就是说在先使用的未注册但在公众中具有一定知名度、具有相当影响力的商标，可以通过请求驰名商标保护，对与其相似的商标进行注册限制来保护在先使用商标。

根据《商标法（2013 年修正）》第 15 条第 2 款的规定，若一人与商标在先使用人订立的有商标代理或者是其他种类型的合同，则他不能在相同或相似商品上注册与合同相对方相同或近似的商标。此条文是对善意商标在先使用人的保护。本条文旨在通过禁止与在先使用商标人签订合同的合同相对方抢注商标，来保护善意在先使用商标人的合法权益。

根据《商标法（2013 年修正）》第 32 条的规定，他人现已享有的在先权利，商标注册申请人不得侵犯；"如果未注册商标在投入市场使用的过程获得了一定商誉，得到了市场上其他主体对此商标的广泛认知，那么他人不得对

---

[1] 冯晓青："商标权的限制研究"，载《学海》2006 年第 4 期，第 137 页。

此商标进行恶意抢先注册。"[1]此条文结合《商标法（2013 年修正)》第 33条和 35 条的规定，构建出在先使用商标若遭抢注，在先使用商标人可以在进行申请注册商标初步审定的公告期期间内进行救济的法律框架。也就是在申请注册的商标初步审定的公告发布之日起，三个月之内，在先权利人、利害关系人认为该商标违反了《商标法（2013 年修正)》相关规定的，可以向商标局提出异议。"若商标局最终通过了商标的注册申请，异议人对此不服的，可以在其获得注册后依照相关规定向商标评审委员会请求宣告该注册商标无效"。[2]

2. 通过商标争议程序对在先使用商标进行保护

根据《商标法（2013 年修正)》第 44 条第 2 款的规定，任何单位或个人，可以以自己的名义请求商评委对注册商标宣告无效。如果不服商评委作出的裁定，可以向人民法院起诉。换句话讲，在先使用商标若是被他人以欺骗等不正当手段获得注册的，在先使用人可以先通过商标评审委员会宣告无效程序得到行政救济。在此救济无效的情况下，可以通过提起行政诉讼获得司法救济。

《商标法（2013 年修正)》第 45 条，是针对在先使用商标人在法定的异议期未进行异议，商标注册已经被核准的情形下，在先使用商标人如何进行权利救济所做的规定。根据法条规定，在商标被注册后的五年之内，如果商标的在先使用人或者相关的有利害关系的人存有异议，其可以向商标评审委员会申请宣告该注册商标无效。如果在先使用商标所有者不服商标评审委员会不予宣告注册商标无效的，法律允许其就此向人民法院提起告诉。

《商标法（2013 年修正)》除通过以上法条对在先使用商标进行保护，还新增 59 条对在先使用商标进行保护：注册商标专用人无权要求有一定影响的在先使用商标所有人在原范围内停止使用该商标，但可以要求其附加其他标识进行区别。这表明我国对在先使用商标有了立法性保护，使得在先使用商标人有了更为坚实的法律保护后盾。

综上所述，我国《商标法（2013 年修正)》对在先使用商标的保护，从性质上来说，主要分为行政救济与司法救济。从程序上来讲，分为注册程序

---

[1] 张超超："论未注册商标的法律保护之比较研究"，载《济南职业学院学报》2011 年第 1 期，第 30 页。

[2] 李扬："我国商标抢注法律界限之重新界定"，载《法商研究》2012 年第 3 期，第 75 页。

的救济和商标已被注册的商标争议程序救济。在登记注册程序的保护中，有一个重要的行政性辅助救济手段就是申请评定为"驰名商标"。在《商标法（2013 年修正）》颁布实施之后，小桔公司的"嘀嘀/滴滴"打车商标应该凭借其植根于民众、在交通运输市场的高度认可与使用率，完全可以通过向国家商评委申请争取被认定为驰名商标，从而为今后还可能会出现不可避免的、新的商标侵权纠纷而未雨绸缪。商标法对在先使用商标的保护主要体现在防止他人抢注，若第三人在后进行抢先注册并获得商标专用权，先使用人可以通过申请商标评审委员会宣告注册商标无效来保护自己的权利。

（二）我国对在先使用商标保护中存在的问题

虽然我国商标法在不断完善，但是仔细研读我国《商标法（2013 年修正）》，不难看出，关于在先使用商标的保护依然存在一些问题：

我国《商标法》第 13、14 条以及《驰名商标认定和保护规定》（2014 年修订）对驰名商标的认定及保护作出了规定。审视"嘀嘀/滴滴打车商标侵权案"的最终判决结果，考察小桔公司商标在先使用所进行的抗辩，充分说明了我国在先使用的未注册商标可以通过申请认定为"驰名商标"来加以保护。"在先使用人甚至可以因'驰名商标'的认定，突破商标争议程序中申请宣告恶意注册商标无效的'五年'的期限限制。"[1]然而在实践中我们不难发现这一保护的纰漏，即在先使用的驰名商标一般需要较高的知名度，因此任何的商品和服务都有仿冒的可能，但是法律给予的保护仅限于"相同或类似商品"，显然此保护范围需要扩大。

诚然，第 32 条的规定是针对恶意抢注行为的。反观可知，若他人是善意注册，并不知道其注册的商标已被在先权利人实际应用，那么在先权利人的权利就失去了法律支持。此时在先权利人的权利如何进行保障？尤其是已经建立起一定商誉的在先权利人只能将之前的投入和积累起来的无形财产拱手让人？不可否认，本法条对于那些已经达到"一定影响"但是还未达到驰名标准的商标意义重大。然而此法条规定过于笼统，"有一定影响力"如何去认定，谁去认定，怎样认定？难以找到一个准确的标准加以衡量。

笔者认为，小桔公司的"嘀嘀/滴滴"打车商标应用于受众颇为广泛的交通运输行业，尤其在人口密集的大中型城市方便百姓出行，在公众中无形地

---

〔1〕 冯晓青、罗晓霞："在先使用有一定影响的未注册商标的保护研究"，载《学海》2012 年第 5 期，第 140 页。

形成了一定的知名度、具有一定的社会影响力，小桔公司并没有充分利用此便利请求驰名商标保护，进一步去申请对类似于睿驰公司进行商标注册限制来保护其商标在先使用。对于那些在民众中有一定群众基础的高识别率和市场影响度的商标，在先使用人可以通过申请驰名商标来预防将来陷入与注册商标不期而遇的纠纷之中。但是，我国商标法也仅对驰名商标和在先使用的有一定影响力的商标给予了法律保护，除此之外的其他在先使用商标，仍处于相关法律保护的真空地带。这就使得部分在先使用商标得不到法律保护，部分在先使用商标人的合法权利难以得到保障，是今后我国《商标法》不断完善和修改的方向。

五、对于我国在先使用商标保护的立法建议

（一）立法模式选择

关于在先使用商标的立法保护，可资借鉴的有两种模式：德国模式和日本模式。德国的商标法规定商标权的取得既可以注册取得，又可以通过使用取得。而我国采取注册主义立法，强调只有注册才能获得商标权。日本和我国一样，规定注册是取得商标权的主要方式，在此基础上又规定对在先使用商标给予法律保护。如此规定一方面，在立法中贯彻了商标注册原则，避免了社会资源浪费和商标纠纷；另一方面，又适度保护了在先使用商标人的权益，体现商标法崇尚诚实、信用和公平的立法精神。[1]可见，日本在先使用商标的保护模式值得我国借鉴。

（二）具体立法建议

1. 科学确定商标先用权的构成要件

鉴于我国实施商标注册保护原则，确定商标在先使用权时应当明确构成要件，笔者认为：一是时间要件，即规定在商标权人申请注册之前已经使用；二是实质要件，即必须是在申请之前已经使用，且连续使用没有中断，这是判断是否形成一定商誉的关键，因为只有使用才可能形成商誉，而且此使用必须是实质使用，仅仅在广告和合同中使用不应视为实质使用；三是使用方式，即必须是善意使用，不存在不正当竞争。

2. 对商标先用权的限制

为了保护商标权人利益，我国《商标法》在承认商标先用权存在的前提

---

〔1〕 汪泽、徐琳："商标注册制度下对在先使用商标的保护"，载《中华商标》2010年第12期，第45页。

下，对商标先用权的实施进行了限制，即规定只能在已经使用的商品和服务上继续使用，且应商标权人的要求或为了防止混淆，商标先用权人应该在在先使用的商标上附加区别性标志。笔者认为，此限制规定过分强调了商标权人的利益，忽视了商标先用权人的利益。规定在原有商品和服务上继续使用无可厚非，但强行让在先使用人在商标上附加区别性标志显然不妥，因为先用权人使用在先，即使要附加区别性标志，也应该由在后使用的商标权人进行附加。

3. 对在先使用商标的驰名商标保护

对未注册商标可以实行驰名商标保护，即对达到一定影响、一定知名度的未注册商标可以申请驰名商标保护。但是实践中却存在以下难处：一方面，驰名商标的确定一直存在争议，标准的缺失导致了地方保护主义的存在，引起了驰名商标确定的乱象；另一方面，在先使用商标未必达到驰名商标的标准。因此，通过确定驰名商标以实现对先使用商标的保护难度较大。面对商标侵权的控告，商标先用权人如何申请驰名商标保护，笔者提出以下两点建议：一是鉴于在先使用商标已经投入使用，司法认定应该开辟绿色通道，在接受先用权人申请后限时予以认定；二是鉴于在先使用商标已经被起诉，在先使用人既可以选择先用权抗辩，又可以申请认定驰名商标。

公法论坛

多重交叉：分析性别不平等的新方法 *
Intersectionality：A New method to Analyze Gender Inequality

叶　强**

　　摘　要：多重交叉已经成为欧美女性主义学者探讨性别不平等时的重要方法。这一概念最开始由美国黑人女性主义法学家金柏莉·克伦肖提出来分析美国黑人妇女的问题，但是经过 20 多年的发展，其已经生发出了许多观点。通过梳理这方面的文献，重点介绍了复杂不平等、系统理论、动态的和话语的多重交叉以及多层次的多重交叉等理论，希望引起中国学者对这一理论的关注，并最终将这一理论本土化。

　　关键词：多重交叉　性别不平等　方法

　　多重交叉（Intersectionality）是继社会性别分析方法之后，最近 20 年来欧美女性主义学界极力研讨的一种重要方法。以欧美的主流妇女研究期刊为例，就可以发现探讨这种方法的流行程度：《欧洲妇女研究杂志》（*European Journal of Women's Studies*）、《性角色》（*Sex Roles*）、

　　* 本文受国家留学基金委——德国赛德尔基金会联合培养博士研究生项目（留金欧［2015］6041 号）资助。
　　** 叶强，中国政法大学法学院宪法与行政法学专业 2012 级博士研究生（100088）。

《国际女性主义政治杂志》（*International Feminist Journal of Politics*）、《政治研究季刊》（*Political Research Quarterly*）都先后组织了关于这一方法的专题论文。《符号》（*Signs*）在 2013 年第 38 卷第 4 期再次组织了"多重交叉：权力理论化和理论赋权化"（"Intersectionality：Theorizing Power，Empowering Theory"）的研讨。诚如凯茜·戴维丝（Kathy Davis）所言，目前"多重交叉"已成为了一个流行词，如果在妇女研究中不加入这种词汇的内容，发表论文将会变得非常困难。[1]可是国内对这一方法还缺乏清晰的了解，因此有必要在引介的基础上吸收和创造。

一、"多重交叉"概念的提出

在理论上，一般将"多重交叉"的首次使用归之于美国黑人女性主义法学家金柏莉·克伦肖（Kimberle Crenshaw），她在 1989 年发表了后来被广泛引证的论文《种族和性别交叉的去边缘化：对反歧视原则、女性主义理论和反种族政治的黑人女性主义批评》。[2]在 1991 年，她发表的另外一篇论文《定位边缘：多重交叉、身份政治和针对有色人种妇女的暴力》[3]深化了这一主题，将讨论主体从黑人妇女扩大到了有色人种妇女。这两篇论文奠定了金柏莉·克伦肖在这一研究领域中的创始人地位，即使她的论文后来广受批评，也无法磨灭她的贡献。

我们以她的前一篇论文为例进行分析，作为黑人妇女的金柏莉·克伦肖注意到了一个双重困境，这种困境就好比一本书名反映的那样：《所有的妇女都是白人，所有的黑人都是男人，而黑人妇女都是勇士》（*All the Women Are White；All the Blacks Are Men，But Some of Us are Brave*）。黑人妇女的经验，不是像白人妇女或者黑人男人那样仅仅只是具有单一轴线的特征，而是具有性别和种族的双重特征，她把这种现象称之为"压迫轴线"（axes of oppression），性别和种族作为两轴加重了黑人妇女的负担，而这种边缘化的处境竟然被白人妇女主导的女性主义法学界和男性主导的公共政策制定机关视而不

---

〔1〕 Kathy Davis, "Intersectionality as Buzzword：A Sociology of Science Perspective on What Makes a Feminist Theory Successful", 9 *Feminist Theory* 67，70（2008）.

〔2〕 Kimberle Crenshaw, "Demarginalizing the Intersection of Race and Sex：A Black Feminist Critique of Antidiscrimination Doctrine, in Feminist Theory and Antiracist Politics", 5 *University of Chicago Legal Forum* 139，139 – 167（1989）.

〔3〕 Kimberle Crenshaw, "Mapping the Margins：Intersectionality, Identity Politics, and Violence against Women of Color", 43 *Stanford Law Review* 1241，1245 – 126（Jul.，1991）.

见，因而迫切需要引入"多重交叉"的观念打破黑人妇女的边缘化的地位。

她经常举的一个例子是德格拉芬瑞德诉通用汽车公司案（DeGraffenreid v. General Motors）。[1]该案的事实是：德格拉芬瑞德等 5 名黑人妇女曾经是通用汽车公司圣路易斯地区生产车间的工人，但是在起诉前已遭到该公司解雇。德格拉芬瑞德 1968 年向该生产车间申请工作，但是出于种种原因一直未通过，她于 1973 年 6 月 5 日又再次申请，在当月 12 日受到聘用。由于经济萧条，她和其他很多人，其中大部分是黑人妇女很快地就在 1974 年 1 月被解聘了，而且不享有基于集体劳动合同规定的召回权利，其他 4 名黑人妇女的情况类似。法庭调查时发现，通用汽车公司在 1964 年民权法案生效之前的几年里开始雇佣妇女，不过都是白人妇女。在 1970 年之前只雇用了一名黑人妇女做看门员的工作，在 1970 年雇用了 6 名、在 1971 年雇用了 11 名，在 1972 年雇用了 0 名，在 1973 年雇用了 137 名黑人妇女做计时的生产工人。截至 1973 年年底，在全部的 8500 名雇员中只有 155 名黑人妇女，可是在 1974 年 1 月的解聘浪潮中，在其全部的 8561 名员工中，只留下了 6378 名。这次解雇影响了 1986 年 3 月以后上班的人，包括全部的黑人妇女。结果差不多所有的黑人妇女雇员都被解聘了，只留下了一个黑人妇女看门员，其中两个黑人妇女享有召回的权利。另外一个值得注意的数据是，在圣路易斯地区，黑人妇女占人口比重的 22%。

德格拉芬瑞德等 5 名黑人妇女以受到歧视的全体黑人妇女的名义向联邦地区法院提起集团诉讼，认为通用汽车公司的年资制度和"最后雇佣最先解聘"的政策违反了 1964 年《民权法案》第 7 条。但是地区法院的意见认为，黑人妇女并不构成一个依据第 7 条要受到保护的特别阶级，她们并不能合并法律提供的救济措施去创造一种新的"超救济"，否则就违背了立法者的意图。《民权法案》第 7 条关于诉由（cause of action）的规定仅仅是种族歧视、性别歧视或者是二者中的一种，而不是两种诉由的结合。在上诉审理中，法院驳回了德格拉芬瑞德等人的申请，建议下级法院从种族歧视的诉由进行审理。

这个案件饶有趣味的地方在于：如果单从性别歧视的诉由出发，因为被告公司雇用了白人妇女，就不存在性别歧视的问题；如果单从种族歧视的诉由出发，因为被告公司雇用了黑人男性，也就不存在种族歧视问题。由于

---

〔1〕　DeGraffenreid v. General Motors, 558 F. 2d 480, 483 – 485 (8th Cir. 1977).

《民权法案》第 7 条并没有注意到黑人妇女的这种双重不利的身份，所以单从字面解释，很难提供黑人妇女相应的救济。基于此，克伦肖提出"多重交叉"的概念来定义种族和性别的相互作用的不同方式，形成了黑人妇女在就业实践中的不同维度。

事实上，早于"多重交叉"的概念，类似的想法在 20 世纪 80 年代初就提出来了，安·丹尼斯在一篇文章中用"交叉分析：存在于实践中而不是命名中"（Intersectional Analysis-In Practice if Not in Name）来描述了这一理论早期发展的过程。20 世纪 80 年代早期，女性主义受到了越来越多的批评。一些女性主义学者，主要是黑人妇女学者，她们认为自身的屈从特性被主流学界忽视了。主流学界关注的妇女是一般化的，各种假设主要建立在少数妇女的经验和权利上，而这些少数妇女主要是来自北方的、在性取向上为异性恋的中产阶级（或工人阶级）妇女。[1] 这其中的一个代表作是贝尔·胡克斯在 1984 年出版的《女权主义理论：从边缘到中心》[2]（Feminist Theory：From Margin to Center）一书，批评了将黑人妇女作为客体进行讨论的现象，同时要求把种族问题提到女性主义的议事日程上来，为此她提出了一个"白人至上主义的资本主义父权制"（white-supremacist capitalist patriarchy）的术语批评美国文化，并作为一种理论形态解决美国文化中的性别和种族问题。

在克伦肖发表她的那篇论文的前一年，黛博拉·金（Deborah K. King）就在一篇讨论黑人妇女的论文中提出了"多重风险"（Multiple Jeopardy）[3] 的概念；在后一年，帕特里夏·希尔·柯林斯（Patricia Hill Collins）提出了"支配矩阵"（Matrix of Domination）[4] 的概念。这三位学者将研究对象共同指向了黑人妇女群体，而且用的词语的意思非常近似，只是克伦肖提出的概念被更加广泛地接受了。

如果说"多重交叉"只是用来查找弱势的、边缘化的人群，那么这种方

---

〔1〕 Ann Denis, "Intersectional Analysis: A Contribution of Feminism to Sociology", 23 *International Sociology* 677, 680 – 694（Sep. 2008）.

〔2〕 ［美］贝尔·胡克斯：《女权主义理论：从边缘到中心》，晓征、平林译，江苏人民出版社 2001 年版。

〔3〕 Deborah K. King, Multiple Jeopardy, "Multiple Consciousnesses: The Context of a Black Feminist Ideology", 14 *Signs* 42, 45 – 72（Autumn, 1988）.

〔4〕 Patricia Hill Collins, *Black Feminist Thought: Knowledge, Consciousness and the Politics of Empowerment*, Routledge, 1990, p. 18.

法的意义就要大打折扣了。在后来的研究中，很多学者将多重交叉和社会学理论结合起来，将"多重交叉"方法化了，下面介绍四种代表性的观点。

二、复杂不平等与多重交叉

莱斯利·考尔（Leslie McCall）早期的研究成果关注复杂的不平等[1]，当她把多重交叉引入复杂的不平等中进行研究的时候，得出了非凡的成就。她发表的论文《多重交叉的复杂性》[2]奠定了对多重交叉进行分类研究的基础。作者写到，以往的社会学学者非常关注一个学科的方法论构造，比如人种学、解构、谱系学和民族方法学，但是却缺少对单一问题的方法论意识，复杂性研究的现状就是这样。基于此，作者通过澄清和批判地借鉴已有的理论来研究多层的、交叉的和复杂的社会关系。依据学者们对社会生活的复杂性的分类（Categories）的立场和见解，作者区分了三种复杂性：①反分类的复杂性（anticategorical complexity），这种观点认为社会生活过于复杂，不可还原，不论是主体还是结构都充满了多样性和决定的变动性，若使用固定的分类就会把社会生活简单化，导致在区分差异的过程中产生不平等。这种观点对待分类的态度就是解构。在三种复杂性中，这种观点非常有吸引力，因为它以一种简单化的态度满足了复杂性的需要，以极大的怀疑主义精神对待事实，并怀疑分类的可能性，比如后现代女性主义学者朱迪斯·巴特勒就可以归入这一类；②分类外的复杂性（intracategorical complexity），这种观点将目标定位于处在受到忽视的交叉点中的特定社会群体，比如克伦肖就可以归入这一类；③分类内的复杂性（intercategorical complexity），或者也可以称作分类方法（categorical approach），这种观点要求学者策略性地利用已知的分类去记录社会群体之间的不平等关系以及具有多元和冲突维度的不平等的变迁结构。作者将自己的研究归于这一类，并极力提倡这一种方法。分类方法聚焦于在多个分类基础上的多个社会群体的复杂的关系，而不是聚焦于单一的社会群体或者单一的分类之上的复杂性。这种观点的实践操作规程非常简单：系统地比较多个群体。比如说，当把性别作为一个已知的分类，那么就要将男人和女人作为两个群体进行系统的比较。如果再把阶层纳入进来衡量，由于阶层可以分为工薪阶层、中产阶层和上层，于是在和性别进行交叉分类之后，就变成了六个群体。如果再把种族（民族）纳入进来衡量，由于种族又

[1] Leslie McCall, *Complex Inequality*: *Gender*, *Class and Race in the New Economy*, Routledge, 2001.

[2] Leslie McCall, "The Complexity of Intersectionality", 30 *Signs* 1771, 1776 – 1800 (2005).

可以至少分成两类（比如白人，黑人），所以整个群体就变成十二个了。当种族变得非常多，就可以相应地减少性别或者阶层的维度，从而减少分析的难度。从这里可以看到，分类内的复杂性具有一个问题，一旦维度非常多，就会出现越来越多的群体，这无疑大大增加了分析的工作量，因而合理控制规模，显得十分重要。不过在计算机的时代，可能会解决这个问题，但是在运用这种方法实际操作的时候，其实没必要设置太多的维度，可以有选择性的进行。

三、系统理论与多重交叉

西尔维亚·沃尔比（Sylvia Walby）发展了考尔关于复杂性的讨论，然后再用修正后的理论来分析"多重交叉"性的问题。这项工作主要是通过两篇论文来完成的。在第一篇论文中，通过引入复杂性理论修正了社会学中系统的概念。[1]作者借鉴的不是卢曼（Luhmann）的观点，而是沿着卡尔·马克思、马克思·韦伯和西美尔（Simmel）的路径向前发展。作者将相互交叉定义为：运用一个相对新的术语来解决一个老问题，即社会不平等的不同形式之间的关系的理论化。关于相互交叉的理论，作者分类的方式和莱斯利·考尔不一样，她认为已有的理论可以分为五种，分别是：①对错误的过于笼统的类别概括的批判（criticism of false over-generalizations），反对将妇女按照阶级、种族、南北半球这些维度无限地细分下去；②社会分层还原论（reductionism），将社会不平等还原为单一的基本轴，比如卡尔·马克思将社会还原为阶级；③微观还原论（micro-reductionism），这种观点反对运用系统的观念对社会关系概念化。这种研究通常意味着使用受到忽视的群体的案例研究，也就是莱斯利·考尔定义的 intracategorical complexity；④反分类的做法（rejection of categories altogether），即莱斯利·考尔定义的 anticategorical complexity；⑤分割还原论（segregationary reductionist），这种方法是尤沃·戴维斯（Yuval Davis）在 2006 年提出来的。这种观点认为分割的每一个层面都是一致的，都可以还原为单一的和独立的基础。每一套社会关系要么是相同的，要么是平行的，可以有不同的本体论基础，比如阶级分层就扎根于生产和消费的经济过程中。如果把这五种观点按照与系统的关系进行再次划分，又可以分为两种类型：一是或明或暗地利用系统的概念；二是否定系统可以用来

---

〔1〕 Sylvia Walby, "Complexity Theory, Systems Theory and Multiple Intersecting Social Inequalities", 37 *Philosophy of the Social Sciences* 449, 452 – 470 (2007).

解决不平等的问题。

沃尔比认为戴维斯的方法朝着正确的方向迈了第一步，但是至少还有两步没有完成，一是需要将每套社会关系都从本体论的深度进行理论化。事实上，每套社会关系的本体论基础并不是单一的，而是包括丰富的机制领域，即由经济、政治、暴力和公民社会组成。在每一个机制领域内，又包括多套不同的社会关系（例如性别、阶级和种族）。每一个机制领域和每一套社会关系都被概念化为系统，而不是系统的组成部分。二是需要将社会关系系统之间的关系理论化，从而明白在社会变迁的动态运行中，它们是如何相互影响的。

作者有选择地使用了纷繁复杂的复杂性理论，目的是为分析相互交叉做理论准备。在运用复杂性理论改造系统的概念时，作者提出了若干理论预设：①区分系统和环境；②一个系统寄居的领地内的另一个系统是非饱和的；③系统是非嵌入性的；④复杂适应系统存在突变、路径依赖和共同进化的问题。第一个理论预设是为了改造传统的观念。过去认为整体是由部分构成的，一旦引入系统和环境的区分以后，整体和部分的关系就改变了。整体和部分都是系统，其中任何一方都作为对方的环境而存在。非饱和性和非嵌入性是为了说明一个系统并不当然就包含另一个系统，它们之间的关系是非常复杂的，有着不同的空间和时间范围，也可以相互重叠地发生作用。第四个理路预设说明了系统变化的问题，这就为制定政策提供了依据。

作者认为，机制领域和社会关系是应该区分的，都是作为单独的系统，而二者又互为对方的环境而存在。在每一个系统内部，又可以进一步概念化，比如说，机制领域内部的经济不仅包括有薪劳动，还包括家庭劳动；政治不仅包括国家，还包括欧盟、控制生活范围的有组织的宗教等。系统和环境的相互作用不断形塑社会结构，总是处在一个"社会化"（societalization）的过程。有了这些理论上的准备，将相互交叉理论化就简单多了，具体的论述在作者的另一篇合作论文中展开。[1]

随着讨论的深入，相互交叉的理论化在社会理论中应用前景越来越广阔，可是它仍然面临着各种挑战，作者将这些未完成的理论困境（Unresolved Theoretical Dilemmas）归结为六个方面：①结构多重交叉和政治多重交叉的区分；

---

〔1〕 Sylvia Walby, Jo Armstrong and Sofia Strid, "Intersectionality: Multiple Inequalities in Social Theory", 46 *Sociology* 224, 226–240 (2012).

②分类和不平等之间的紧张关系；③阶级的重要性；④易变性和稳定性的平衡；⑤不平等和项目之间的竞争、合作、等级和霸权关系；⑥在共同形成和共同组成的紧张关系之间可见度的难题。

结构多重交叉和政治多重交叉的区分是克伦肖提出来的。克伦肖将结构多重交叉定义为不平等的社会组织之间的交叉，将政治多重交叉定义为政治日程和项目之间的交叉。作者认为解决这个问题，不需要采用还原的办法，完全可以用系统/环境的概念来应对。在对社会群体进行分类的时候，往往忽视了在社会关系中处于优势地位的一方的权力行为，作者认为这个问题是和"分类"同时产生的，可以替换掉"分类"的术语，而运用"不平等"、"多套不平等的社会关系"、"体制和社会系统"这样的概念。在面对社会关系的易变性和稳定性的矛盾时，作者认为可以借鉴批判现实主义"本体论深度"（ontological depth）的观念，在承认变化和作用产生了社会结构的前提下，社会关系也具有临时稳定的意义。至于阶级的意义，作者认为，在多重交叉中，排除阶级的态度是不对的，但是也不能认为阶级在多重交叉不平等的分析中居于支配地位。而就不平等和解决不平等的项目而言，作者认为应该对各种不平等进行实质观察和识别，从而判断项目可能产生的影响，比如有些项目可能会在一定的社会环境中发挥更重要的影响，这个时候就应该优先配置。针对能见到的问题，作者认为，"共同组成"（mutual constitution）的提法是不可取的，而应该代之以"共同形成"（mutual shaping）的概念。复杂适应系统表明，在系统的交叉点，双方相互适应，相互改变对方，而不是常常摧毁对方，这样一来任何一方都是可见的，虽然任何一方都在改变，这也就是说，不平等在交叉点是相互形成的，而不是相互构成的。

基于以上认识，沃尔比认为将交叉分析建立在复杂性理论的基础上，对于克服先前理论的缺陷，实现更广泛的社会现象的分析是可能的。

四、动态的和话语的多重交叉

米拉·马克思·费里（Myra Marx Ferree）借鉴前人的研究，提出了一个动态的和机制的多重交叉的框架。[1]不同于识别交叉点的定位框架，这种动态框架将不平等的各个维度视作正在变化当中的，相互之间逐步形成了不可

---

〔1〕 Myra Marx Ferree, "Inequality, Intersectionality and the Politics of Discourse: Framing Feminist Alliances", in *The Discursive Politics of Gender Equality: Stretching, Bending and Policy-Making*, Emanuela Lombardo eds., Routledge, 2009, pp. 84 – 101.

解开的关系。这样就赋予了历史形成的社会关系不论何时何地都无法还原的复杂性，从中差异的任何维度的抽象（比如种族或者性别）虽然对简化的概念化完成而言不是充分的，但是也是潜在有用的。分类和伴随着分类中的排序的各种维度，即使是不充分的或者经常变化的，但也不被认为是错误的或者是无意义的。也就是说，多重交叉不是附加在其他理论论点上进行分析的概念，而是对社会秩序的基本解释。作者采用相互作用的多重交叉（interactive intersectionality）来强调结构化作为一个持续进行的多层过程，其中能动性发挥作用。在吸收沃尔比的复杂性系统的基础上，作者增加了"作为政治过程的话语"这一要素。

话语是来自福柯（Foucault）的概念，他认为，知识和权力之间有着共生关系，各种制度的历史发展塑造了意思和实践，同时也识别了作为政治活动重要场域的话语。话语政治的两个核心过程是分类（categorizing）和排序（ordering），这些普遍的人类活动能产生政治后果是因为社会世界自身固有的自反性（reflexivity）。也就是说，我们不仅用分类和等级来理解我们的世界，同时还用它们来控制世界。作者也承认，虽然强调了多重交叉的互动性，但是仍然难以完全捕捉生活的复杂性。将话语引入多重交叉中来，可以将社会行动者的信仰和社会关系的信仰结合起来判断，从而为特定的行动者指明哪种行动是必要的、可行的以及有效的，于是框架（frames）就非常重要了。框架的要点在于查找联系，识别关系，创造社会秩序的认知图示。政治中的框架（Frameworks in politics）在某种程度上，可以类比地理解为在其他领域工作的意义系统。对于言说者来说，框架要么对他们有用，要么就对他们构成了限制，因为框架强调了特定语境的权威文本是在强劲的关系网络中通过和其他概念发生联系后固化意义而形成的。权威文本本来是在采取政治行动后完成的，可是一旦完成，它也会限制以后的政治行动，可见，话语的多重交叉向权力开放，也和权力交织在一起，并不是作为在纸上呈现的文本被动地存在的。

五、多层次的多重交叉

不同于费里在多重交叉中增加了话语的做法，加布里尔·温克（Gabriele Winker）等人在层次中发展了多重交叉的概念。[1]为了能将多重交叉引向经验研究，就需要建立在方法论基础上的方法，理解不平等的分类在不同的层

---

〔1〕 Gabriele Winker and Nina Degele, "Intersectionality as multi-level analysis: Dealing with social inequality", 18 *European Journal of Women's Studies* 51, 53 – 66 (2011).

次之间的相关性。作者批判了前人的研究成果，特别是考尔和沃尔比等人的研究，认为她们在分类时没有注意到"规范和意识形态"的作用。为此，作者把多重交叉理解为一个创造权力的社会结构（比如权力关系）、符号表征和身份建构之间关系的系统，它们是情景的、以话题为导向的和联系社会实践的，其中身份建构体现了微观层面；符号表征体现了再现层面（representa-tion）；社会结构（包括组织和制度），体现了宏观和中观的层面。

在具体描述三个层次之间的关系时，作者强调，身份虽然是在分类的时候强加的，但是它也同时创造了个体的存在感，性别、阶级和种族各种分类相互作用，也就会在身份建构的过程中产生关系，这其实也是个体不断主体化的过程，因而限制性别、阶级和种族的分类是没有意义的，而运用多重交叉分析可以保持被社会定义的群体的开放性。

作为符号表征的规范、意识形态和再现，虽然建立在自然化或者创造等级的评估机制之上，但是它不是简单附加在创造不平等的分类的创造机制之中，而是作为意识形态和证成的规范，支持结构中的权力关系，同时也在这些关系网络中间产生。通过创造一种安全的叙事，规范和价值有助于加强身份建构。反过来，个体的主体化过程通过表演行为，也稳定了符号表征。

结构层面的任务是识别具体的权力关系，然后分析它们的相关性和变迁。但是首先应该识别创造不平等的机制。基于这个原因，概念化的差异作为理论上的基础，就非常有必要。与此同时，权力关系的相关性能被经验观察到，而不是用一种纯理论的方式推导出来。先前的理论中，阶级、性别、种族三个维度已研究得相当成熟，但是身体（body）却被忽视了。事实上，在资本主义社会中，身体也能产生生产力，和文化生产一样，也能产生相似的结构不平等。比如身体可以通过机器、遗传、精神和心理等机制进行控制。又如身体，包括年龄，身体条件、健康和吸引力等，在就业市场上不论是获得工作还是享受资源，都起着越来越大的作用。因此，在社会结构的层面，区分阶级、性别、种族和身体四个分类，从而推导出四个权力关系：阶级歧视（classisms）、性别歧视（heteronormativisms）、种族歧视（racisms）和外貌歧视（bodyisms）。

在这三个层次的理论工作完成之后，作者借鉴了皮埃尔·布迪厄（Pierre Bourdieu）的行为学方法论（praxeological methodology）和实践理论（Theory of Practice）。在布迪厄看来，经验主义和理论是应该区分的，另外，有些事物不可以被分类，而且理论分类也不是和经验分类必然相一致，由是观之经验分析不是从理论概念开始，而是从实践开始。也就是说，通过观察人们的日常生活，我们可以重构他们建构的身份、结构和他们利用的规范。在主体化的过程中，他们和哪一个分类相关？哪一种规范、原则和解释模式影响了他们？他们的能动性嵌入了哪种社会结构？作者认为，三个层面是和个体的社会实践紧密联系的，而社会实践又和差异的分类结合，这样社会实践构成了多重交叉分析在方法论上的起点。于是为了推进多重交叉分析在经验研究中的应用，作者提出了分析的八个步骤，但是这些步骤并不是顺序限定的，也不是一次用尽的，而是在实际中可以灵活运用。

第一步是描述身份建构；第二步是识别符号表征；第三步是找到社会结构的参照分类；第四步是命名三个层次中的主要分类之间的关系。前四步都是针对的个案，还仅仅是完成了第一个方面的工作。第五步是主体构建的比较和分类；第六步是补充结构资料和分析权力关系；第七步是深化命名再现的分析。在完成了这七个步骤之后，就可以完成最后一步的工作了。第八步是在全部的个案汇总中详细描述相关性。这样就通过八个步骤的分析将三个层次纳入进来了，实现了多重交叉从理论走向实践的转化。

六、对各种多重交叉理论的评论

克伦肖的研究表明，争取男女平等的斗争是与种族、性别、阶级问题紧密联系在一起的。[1]她的重要性在于：为人们研究性别不平等，乃至不平等提供了一个新的思考范式。由于她处在这一理论的初创期，其只是在性别与种族的连接点上提供了若干有益的分析，因此留下了诸多有待开拓的工作。不过人们依然可以借用她的这一思考识别出若干重要的人群，这样在政策制定时，可以依据公共资源的多寡，按照轻重缓急的顺序，出台相关的社会政策。

可见多重交叉理论的关键点即在识别。而如何识别，就需要分析各种可能的影响因子，然后对其加以分类。这是扩展克伦肖的研究的第一步，而莱斯利·考尔提出的复杂不平等理论刚好承接了这一工作。在她的三种多重交叉中，其本人尤其提倡分类内的复杂性，这样可以对性别内部的不平等有一个清晰的认识。按照莱斯利·考尔的理论，如果将户籍和性别连接，首先可以将全部人群分作四组：城镇男性、城镇女性、农村男性和农村女性。这样

---

〔1〕 嵇敏：" '交错性'批评范式考据——兼论美国非裔女性诗学"，载《国外文学》2011 年第 4 期，第 10 页。

在研究结论上可以很快查找城乡女性之间的差异。可是城乡女性毕竟也是一个较大的分类，在其内部仍然可以掩盖其他不平等。这样就需要进一步查找相关的因子，比如家庭结构、受教育程度、从事职业以及年龄等，这样就可以在性别内部对各种可能的不平等进行更为微观的分析。在进行学术研究时，可以依据目的性限缩原则，如果需要得出的结论非常精准，那么就梯次引入越来越小的变量，直到分类可能穷尽为止；如果只需要得出适中的结论，就选择 4—5 级变量即可。莱斯利·考尔的复杂不平等理论为解决特定群体的细化提供了方法论参考，至于这一群体内部的关系，西尔维亚·沃尔比的系统理论则提供了进一步的分析。

系统理论主要分析环境与群体之间的关系，固然通过分类识别了群体身上的各种标签，比如阶级、民族、种族、性别、年龄、教育程度和收入等要素，可是这些附着在群体身上的各种要素如果发挥作用，则是与这一群体所处的系统相关的。系统由内到外，分别由家庭、社会、阶层和国家构成。首先从家庭上看，家庭上不同的权力形态就在很大程度上决定了性别不平等的程度。比如那些由父权制型塑的家庭中，父亲的地位举足轻重，支配着女性的财产和自由。而一旦社会又进一步助长了这一构架，那么国家的干预也很难发挥实效了。有学者通过研究农村的村规民约发现，较多的村规民约在文字上直接限制妇女的村民资格，束缚了妇女的参与权，这样国家法也很难在村庄中发挥正面的积极作用。[1] 将系统作为变量纳入多重交叉理论中，有助于深化不平等原因的分析，从而为法律变革提供直接的依据。因为法律变革的核心任务是要破除各种封闭的系统中的制度，如果系统理论能较为精准地解析这些制度的弊端，那么制度变革也就有了深厚的土壤。西尔维亚·沃尔比的系统理论的贡献正在于此，不过米拉·马克思·费里的动态模型则为系统理论的完善提供了更新的角度。

系统理论最重要的贡献在于清晰地表述了系统与环境之间的关系，从而为分析妇女内外的各种因素之间的关系开创了空间，但是系统理论并不能回答具体的影响因素，而寻找这些因素又需要新的途径。动态模型的好处在于：认为妇女的不平等处境是可以改变的，若任何一个影响因子发生变化，则妇女的社会地位也会相应地变化。将话语作为一个重要的参与因子投入其中，

----

〔1〕　南储鑫：“村规民约中性别不平等是农村社区治理的棘手问题”，载《中国妇女报》2015 年 9月 15 日，第 3 版。

则需要妇女主动的自我抗争意识，以及这一阶层联合起来为共同的利益而抗争。如果没有这一积极的自我认知，话语则容易变成"他者"压制"自我"的工具。由此重视系统中人的能动性，以及其与系统的互动，就成为一个刻不容缓的议题。不论是绝望的主妇，还是世代限于贫苦中的留守少女，她们都有自己抗争的方式和追求幸福生活的良好愿望。为此，她们或者通过读书，或者出外打工，或者通过婚姻等其他方式来逃离抑或离开她们居住的环境。于是系统中人的作用就凸显出来，人的能动性就越发的得到呼唤。虽然人的能动性的发挥主要是自己主观努力的结果，可是在一个封闭的系统内，如果没有外在的力量，主要是国家的干预，这些抗争的话语只不过是呓语，根本得不到伸张。为此，从马克思·费里的动态模型中可以延伸出，为妇女的抗争赋予权利（宪法中的社会权、参与权等），国家不断提供公共福利，为妇女提供起码的参与条件和经济条件，再通过妇女组织的力量，在社会中制造舆论，实现妇女抗争与社会和国家的良性互动，这样妇女解放，性别平等也就会慢慢予以实现。

在以上理论的基础上，加布里尔·温克（Gabriele Winker）等人提出的多层次的多重交叉则是这一理论的集大成者。多层次的多重交叉理论的重要价值在于它既保留了系统的复杂性，也揭示了三个层次的已命名的系统，同时为不同深度的定量分析提供了可能。由于该理论的复杂性，非一个科研团队不可完成。这样该理论的应用可能对于擅长个人创作的学者而言过于繁琐，而对于科研团队而言，则是不可多得的秘方。它需要计算机科学的运用，需要一套科学的数据采集方案，然后按照这一理论提出的步骤逐步推进，如果能有大量的数据、实例和素材的支撑，这一理论也当然可以发挥最大的价值。

以上理论各有侧重，也各有优点，很难说孰优孰劣。它们之间主要的差别在于方法的复杂化程度不同，由此得出的结论或者结果也有不同。因为方法主要和结果关联，不论是研究者还是政策制定者，如果说只是侧重于一个方面，那就没有必要运用过于复杂的方法；如果希望得到最为精确的、全面的结果，则运用的方法则不能太简单。所以方法的运用在于"各取所需"，下面就结合最近的一些研究成果，谈谈多重交叉理论在中国的具体应用。

七、代结语：多重交叉理论在中国的应用

一旦撇开名词上的关联，应该说多重交叉理论在分析中国的性别不平等问题时已被经常运用了。最近出版的四本著作，可以说就与多重交叉理论颇

有联系，它们分别是张彤禾的《打工女孩——从乡村到城市的变动中国》[1]、李敏的《制度如何制造不平等：一个北方城市贫困女性社会排斥的制度分析》[2]、叶敬忠等的《双重强制：乡村留守中的性别排斥与不平等》[3]和程为坤的《劳作的女人：20 世纪初北京的城市空间和底层女性的日常生活》[4]。

目前国内的研究成果在识别各种群体上已经做了非常多的分析，比如农村失地妇女、城市乞讨妇女、边远山区少女，还有学者分析了农村大龄未婚男性的婚姻困境，指出他们被迫单身的主因是其本身在婚姻市场的交换能力与女性的期望存在太大错位，而不仅仅是贫困[5]，总体而言较为细致的、有深度的分析还不多见，以上四部著作是近期出版的代表作。

《打工女孩》是张彤禾在东莞生活 3 年写出的纪实作品。她发现打工女孩的故事有某些共性。和第一代农民女工相比，新一代农民工中的大多数人认为，迁徙是一条追求更好生活的路。她们比上一辈更年轻，受过更好的教育，外出的动机也更多是因为对城市机会的追求，而不是受农村贫困所迫。是自尊，而不是恐惧，让她们留在城市。走出家乡并留在外面——出去，就是改变你的命运。这样通过女工的代际分析，以及发现各个女工身后的不同故事，就能发现中国农村移动的大致规律，这大体可以归于莱斯利·考尔的复杂不平等的研究。

李敏的《制度如何制造不平等》将制度引入社会排斥研究，通过对中国北方某城市的田野调查，以日常生活的视角，将城市贫困女性在社会价值物占有、机会获取、需求满足、社会权利要求等方面所遭致的不平等看作是普通人与社会和国家相遇及互动的结果，从关注底层社会出发，探索和描述了市场就业制度、家庭分工制度、国家社会保障制度以及社区服务制度对城市

---

〔1〕 ［美］张彤禾：《打工女孩——从乡村到城市的变动中国》，张坤、吴怡瑶译，上海译文出版社 2013 年版。

〔2〕 李敏：《制度如何制造不平等：一个北方城市贫困女性社会排斥的制度分析》，中国社会科学出版社 2015 年版。

〔3〕 叶敬忠、潘璐、贺聪志等：《双重强制：乡村留守中的性别排斥与不平等》，社会科学文献出版社 2014 年版。

〔4〕 ［美］程为坤：《劳作的女人：20 世纪初北京的城市空间和底层女性的日常生活》，生活·读书·新知三联书店 2015 年版。

〔5〕 韦艳、张力："农村大龄未婚男性的婚姻困境：基于性别不平等视角的认识"，载《人口研究》2011 年第 5 期，第 68 页。

贫困女性社会排斥的动态过程。这一研究将人群和系统内的各个要素之间的关系连接起来，暗合了西尔维亚·沃尔比的系统理论。

叶敬忠等的《双重强制》通过观察农村劳动力乡城流动的演化，发现留守农村的女性经历了更为严重的性别不平等的事实。作者据此认为，对农村留守人口进行社会保护和政策干预的核心是尊重以互惠为文化根基的乡村共同体、以农业为生活方式的农民和以退却方案为保障的乡村生产安排，是在乡村之中为以农民为主体的农业和农村生活创造更多的空间。这样就应该尊重农村居民的意愿，据此国家的农村政策首先应该满足农村居民的真实需求，而不是由国家意志率性而为。于是保障农村居民的参与权和表达权，也就成为了改善农村和国家关系的重要举措，这也就暗合了米拉·马克思·费里的动态的和话语的多重交叉理论。

而美籍华人程为坤教授的《劳作的女人》则是其花费大半生的时间写出的惊世之作。该书将女性的生活场景从深闺内闱的家庭生活拓展到了更为广阔的、处于急剧变革之中的城市空间。城市空间给女性提供了追寻自由的舞台，但让她们遭受到了歧视和压迫。作者不仅仅勾勒了精英阶层的女性如何在西方文化的影响下走向现代化，还有底层的女性艺人、佣人、乞丐、小贩、三姑六婆、戏子、普通妓女如何努力适应急速变革的社会，在城市空间为生计而奔忙。这样通过更丰富的、立体的、形象的人物刻画，表现了不同的女人与环境和时代之间的关系，大体符合加布里尔·温克的多层次的多重交叉理论。

当然将多重交叉的各种理论与以上四部书分别对应，可能不太恰当，也可能有风险。笔者的用意不是要将它们彼此对应，而是用这些书做引子，表明运用不同的多重交叉理论既可以丰富学术研究的内容，也可以得到不同的研究结果。而将多重交叉理论引入法律研究，则尚显空白。因此今后的一个可能的研究方向是，先定位于某一类群体，结合系统和要素，结合家庭、社会和国家之间的关系，从制度变革的因应策略出发制定合理的社会政策，然后再上升为法律，运用法律机制来破除不平等。

以农村留守儿童为例。农村留守儿童的产生首先与家庭的就业结构有关，如果政府能够为留守地方创造就业机会，那么留守儿童也就会少些产生。因为创造就业非短期内可能完成，为此可以采取给妇女一方金钱的方式，确保夫妻有一方留在家庭里照顾儿童，这样也可以减少留守儿童。如果留守儿童是孤儿，那么国家应该将这些孤儿集中供养起来，保障他们充分的生存权和受教育权。为此在制定农村留守儿童的社会政策时，首先应该就它们的家庭情况进行全面的摸底，然后遵循儿童和家庭的意见，采取差异化的救助手段，而不是采取一刀切的方式生硬地执行。由此可见综合运用各种多重交叉理论，可以更细致地观察社会结构，更充分地了解不平等产生的根源，从而要求政策制定者更加注重法律中的"人"，出台的法律和政策也要更加人性化。

统一问题要论
On the Problem of Unity

周舜隆 *

　　摘　要：国家统一作为我国常用政治语词，至今未
有明确的定义和标准，这已经并将不断影响我国的统一
实践。统一在我国和世界历史上有不同的形态，共同之
处表现为国内有权威的主权者，无分裂、割据，国际上
受到承认或能保卫自己不受侵扰，稳定地保持一段合理
的时间，并且主权者关于统一的主观意志与客观状况基
本一致。究其本质，国家统一乃是一国所有人民对主权
者统一意志的归顺与服膺，是主权者追求国家强盛和人
民福祉的手段。统一问题在现代国家已从传统的人身属
性极强的纯粹政治演化为宪法化的政治，宪法成为肇基
一国统一的基石。
　　关键词：国家统一　国家统合　界定　本质

　　当代中国面临的诸多问题中，国家统一无疑是分量
极重的一个，但国家统一的概念、本质等在学理上并不
清晰。共同体达致何种状况可以视为统一，统一有没有
一个普适的标准，如果有，又是什么标准？统一的目的为

　　*　周舜隆，中国政法大学法学院宪法学与行政法学专业 2013 级博士
研究生（100088）。

何，是否仅仅是为了国家、政党、甚至历史英雄人物追求并宣示的政治目标？统一问题仅仅是政治问题吗？在现代社会它是不是法律问题，可不可以在宪法法律上进行规整？带着这些疑问，本文对统一问题略作探究，以作抛砖之用。

一、国家统一的诸种形态：从古代到当代

中国历史上，统一的时代占到三分之二，即便在分裂的时代，同时并存的诸王朝也都争着以"中国"（指"天下之中"、华夏正统，非今天的中国）自居，统一可说是历史的主流。但中国历史上的统一王朝，其统一的形态却并非一样，不仅疆域范围不同，统一的内在构造也不同。夏、商两朝均由中央王朝联合周边自然形成的诸侯部落，以武力讨伐不服从者，但并无多少政治、行政权力的向下行使，因此实质上仅是一种部落联盟制度，并未成为完整的国家。[1]周朝形成了中国历史上第一个完整意义上的国家，其架构是封土建国，边界大体清晰，内部封国听命，四时朝贡，诸侯军队召之即至，随周天子出征。因此，这应算是中国历史上第一个统一的王朝国家。秦王朝为中国开创了大一统的中央集权传统，郡县制使中国早早具备了欧洲现代民族国家初兴时的帝制官僚制要素，其统一意志的深切，贯彻到人民生活的诸多方面。所谓书同文、车同轨、衡同器、币同制、法令由一统等，一切都整齐划一。之后汉、西晋、隋、唐、北宋、元、明、清都曾实现大范围的国家统一。但自汉以降，统一的形态与西周、秦明显不同。周以礼制，行分封，贵族世袭，封地自治；秦用法制，行郡县，中央派官治理地方，即便偏远如抵近今天越南的地方，也置郡县治理。而汉以后，则以郡县为主，偶尔局部构造杂以分封，如刘邦大封异姓功臣和同姓子侄；唐初以非世袭的同姓王分治地方，后期则形成节度使军事藩镇；清初短时间内分封汉人功臣吴三桂等镇守南方。一般在实行分封的地方，封地的首脑拥有征兵、征税、行政管理、司法等权力，中央的权力止于要求受封的贵族履行对君主的义务，如屏藩皇室，四时进贡，听候征调等。因此，中央的权力并不直接作用于封地的人民。但是，只要中央对受封贵族的权力畅行无碍，无叛乱、割据、分裂等，就应认为此时国家是统一的，否则无疑令许多历史上的王朝不成其为统一的时代。也正因此，应当认为西周时期天子权力稳固时代应视为一个统一时期，那种

---

〔1〕　有学者认为夏商系一种邦联式统一，参见董恩林："论周代分封制与国家统一"，载《华中师范大学学报（人文社会科学版）》1998 年第 9 期，第 97 页。

认为西周实行分封就不成其为统一国家的观点是不能成立的。[1]

中国历代王朝的统一还有一个显著特点，就是因为早期中国社会宗法伦理的差序格局影响，随着与华夏中心地带拉开距离，各地方与中央关系的法律性质发生差异，形成从中心地区到边缘地带的涟漪结构。据说夏朝将国土分为九州和"五服"：都城以外500里为"甸服"，甸服之外500里为"侯服"，同此向外推展为"绥服"、"要服"、"荒服"，统治力度层层递减。[2]后代诸朝虽未作此划分，但这种涟漪结构一直延续到清代。周朝以天子为大宗，受封的诸侯为小宗，确立了宗族宗法统治制度。汉以后，诸王朝一般在华夏中心地带和紧密相邻地区以统一的郡县体系行使直接有效统治；对边疆地区和少数民族地区大多采用土司制，实行较宽松的统治；王朝周边声威所及的地区，则假以名号，怀柔羁縻，施行很少的统治措施；而在更远的地域，则广泛吸纳小国称臣纳贡。由此形成了一个四夷周边钦服纳贡、"中国"泽被天下、恩抚怀远的中华帝国，一种宗藩朝贡体系。这个体系中，四夷周边称臣纳贡的小国一般并不属于王朝统一国家，而王朝统一国家内不同的地区与王朝中央一般随着地缘远近也有着不同的权利义务关系。如历代在边疆地区设置的军事驻防、屯垦区，如汉以后的西域都护府，明代边地的卫、所，清代的盛京将军、伊犁将军等，长官由中央政府任命，但很多时候还保留当地的自治政权，对辖区内的行政和民事事务不干预。[3]这些差异体现了中国王朝统一独特的"天下"观与中央权力从中心到边缘渐次式微的涟漪结构，与近代欧洲民族国家相比更像是"一个号称民族国家的文明"[4]。

在世界历史上，则又存在着另外一些国家统一形态，概略起来，主要有以下几种：一是古代王国、共和国、帝国、近代军事帝国。这类国家依靠武力征服远近各民族、部落、国家，依靠派驻总督、汗王等方式实行统治。在国土广阔，内部各地区经济生活模式、宗教信仰等存在很大差别的国家，则因地制宜，实行类似分封式的治理。这类国家有古巴比伦王国、波斯帝国、

〔1〕 董恩林："论周代分封制与国家统一"，载《华中师范大学学报（人文社会科学版）》1998年第9期，第96页。
〔2〕 此系《尚书·禹贡》所载，但据葛剑雄教授研究，九州制、五服制是当时学者对国家统一规划的设想，并未真正实施过。参见葛剑雄：《统一与分裂：中国历史的启示》，商务印书馆2013年版，第5页。
〔3〕 葛剑雄：《历史上的中国：中国疆域的变迁》，上海文艺出版总社2007年版，第35—36页。
〔4〕 Lucian W. Pye, "China: Erratic State, Frustrated Society, Foreign Affairs", *Fall*, 1990, p.58. 转引自朱苏力："何为宪制问题？——西方历史与古代中国"，载《华东政法大学学报》2013年第5期，第107页。

罗马共和国、马其顿帝国、罗马帝国、阿拉伯帝国、蒙古帝国、奥斯曼土耳其帝国等。这些帝国往往在其强盛时代比较统一，而到衰亡期则往往分裂割据，不成其为统一国家。二是近代民族国家。这些国家为近代最先开始宗教改革的欧洲国家，如英格兰、法国等，他们经过漫长的中世纪，开始意识到神权泛滥的荒谬，人权意识觉醒，伴随着宗教改革的巨大的底层抗议，各国君主在国内与教皇争夺经济利益和世俗统治权，在国际上则争夺地盘和势力范围。欧洲"三十年战争"之后，1648 年召开的威斯特伐利亚国际会议确立了以主权国家为基础的近代民族国家体系。由此，欧洲一些国家以君主为代表的世俗中央政权逐渐排除了教会的权威，不同程度地统一了各自王朝掌控的邦国，并在国际法上获得确认。[1]三是现代民族国家，又称现代政治国家。这一类国家确立了主权在民的原则，国家统一依靠的不再是君主个人、王族世系的权威，而是将国家统治权赋予了民选的政府，政府作为国家主权代表，在国内行使治权，在国际上代表该国。虽有联邦制与单一制之分，但一般实行法治，以完备的法律体系来保障国家的统一。国家常常不再强调国民的民族特性，而是强调国民的公民属性、政治属性，国家更注重在国内各文化民族、种族的基础上构建同质化的政治民族。[2]当代大多数法治国家都属于这一类，典型的如美国、法国、德国、瑞士等。

　　另有一类近、现代殖民帝国，如西班牙帝国、葡萄牙帝国、荷兰殖民帝国等，最著名的是大英帝国，属一种国家扩张势力范围的形式，不能归于统一国家的行列。因为这类帝国依靠军舰、枪炮开路，以持续的武力压服为统治后盾，在扩张所及的殖民地，各种反抗、起义、独立、分离此起彼伏，缺少统一国家基本的稳定状态。更重要的是，在罗马帝国解体之后，民族国家成为近、现代国家的常态，殖民帝国在法理上已不被认为正当。[3]

---

〔1〕 《威斯特伐利亚和约》规定："一块领土上的统治者可以而且应当决定该领土上的宗教。"建立近代民族国家的四个基本要素：居民、领土、政府、主权得到国际法的确认。参见肖佳灵：《国家主权论》，时事出版社 2003 年版，第 36 页。

〔2〕 部落民族、文化民族、政治民族为民族发展的三个阶段，由于社会、历史、文化背景差异，不同民族的政治发展程度也不同。在近代主权国家历史发展的过程中，大部分民族已进入到民族发展的高级阶段，即政治民族阶段，一国为维护统一，也致力于将本国的各民族融合、型塑成同质化程度很高的政治民族，国民的国家认同超越了传统的民族认同，从而实现人的统一。参见肖佳灵：《国家主权论》，时事出版社 2003 年版，第 440 页。

〔3〕 强世功："'一国'之谜：中国 VS. 帝国——香江边上的思考之九"，载《读书》2008 年第 8 期，第 34 页。

二、国家统一的界定：客观与主观相结合

（一）国家统一的标准

从上述历史上各国各时期统一的形态可以看出，国家统一并没有一个固定的程式，在不同的时代，不同的地区，人们对统一有不同的判断。以地方对中央的服从程度而言，各类统一国家的中央对地方存在不同的服从要求，有的苛刻，如中国的秦朝；有的宽松，如当今美国联邦政府只要不在其权限范围内，根本无从干预各州。以全国一致程度而言，有的国家民族、文化单一，国家制度及人民生活齐一化程度很高，如当代日本；有的则差异很大，如历史上许多地跨欧亚非三洲的大帝国，国内人种、民族、宗教、文化千差万别，既不可能一致，实际上也常常由各地方因地制宜，便宜行事。以国家统一存续时间而言，有的跨越数百年，如中国的历代统一王朝、阿拉伯帝国、奥斯曼土耳其帝国等；有的区区十数年，如马其顿的亚历山大帝国，从公元前336年到公元前323年，仅仅13年就因强力统帅亚历山大的突然病死而分崩离析。以统一的疆域范围而言，大者如历史上的蒙古帝国、今天的俄罗斯，疆域均以千万平方公里计，小者如10世纪时统一于威塞克斯王权之下的英格兰，疆域仅10余万平方公里。以国家结构形式而言，封建制、郡县制、单一制、复合制等并无限制。[1]以国家性质而言，奴隶制、地主所有制、资本主义、社会主义，各种形式都有。以国土、人民分布状况而言，世界上统一国家的国土、人民散布多处的情形很多，如美国的阿拉斯加、俄罗斯的加里宁格勒州、法国的诸多海外省等，可见国家统一并不要求国土、人民相连而连续分布。至于人种、民族等不要求单一更毋庸赘言。因此，在这些方面为国家统一寻求一个标准显然不现实。

但若对各种国家统一的形态作进一步的探究，可以发现一些规律。在动态的层面看，历史上那些雄才大略的征服者虽不停征战，但如果在位期间，其一，成功镇压了统治地域内的反抗、叛乱、起义等，按自己的意志或顺应国家的情势施行有效的统治；其二，有效地阻止了外敌的侵扰，保卫了国家的疆界，为国际上自动承认或不得不承认，当这种状态保持一段合理的时间后，历史学家则称其统一了某某地区，缔造了一个统一的国家。在静态的层

---

〔1〕 从现代宪法学的观点看，单一制、联邦制等国家结构形式只不过是统一的主权国家在内部纵向分配国家权力的两种具体模式，与有关国家是不是统一的、有没有统一的主权等问题基本上没有关系。参见童之伟：《国家结构形式论》，北京大学出版社2015年版，第382页。

面看，如果一国的统治者能在一个合理期间内保持国内各地区、民族、人民归化凝聚无分裂，或至少能压服或妥善解决分裂、割据势力的反抗，在国内保持着一个且仅有一个主权者的权威，在国际上获得普遍的承认，并且主权者也不认为还有其他分离在外等待统一的领土，则政治学家说这是一个统一的国家。综合起来看，如果国内有且仅有一个权威的主权者，无分裂、割据，国际上受到承认或能保卫自己不受侵扰，维持一段合理的时间，并且主权者关于领土范围、人民归化程度、法律实施状况等的主观意志与客观状况基本一致，这就是一个统一的国家。因此，统一的标准具有主观和客观两个方面。

应该说，这里所归纳的国家统一的标准是一个通适性的基本标准，可以囊括古今世界上各种统一的国家。但若以具体某类国家来看，所谓统一国家则可有更高的标准。比如依据韦伯的定义，一个现代国家形成的标准，很大程度上可以建立具有一体性的地域性强制机构来加以衡量，即由地域性强制机构来推行属地范围内的统一法律秩序。[1]按照这个标准，历史上甚至当代许多统一国家都将排除在外。但瞩目于统一概念的通适性的人显然不会采用这个更强调理性国家建构的现代统一概念，因为这个概念只适用于人民均质化程度较高、政治统一已进入法律化的现代民族国家。更进一步看，这里的差异除了概念的涵盖范围问题，其实还涉及主权者如何看待统一，即主权者主观意志的问题。

（二）主权者的统一意志

统一的标准在客观方面容易理解，而主观方面即主权者的意志则有相当大的差异，易致误解。主权是一国之内最高的和绝对的权力，[2]它对内具有最高性和神圣性，对外具有独立性和平等性。主权在专制时代归于君主或少数人，在民主时代则归于人民，能够被赋予主权的主体可以是一人、多人或多数人。[3]主权者的意志，也即国家意志，其关于国家统一的主张在不同的国家、不同的时代有不同的表现。

从关于统一价值的观念看，中国历来视统一为根固的价值，由于历史与国情的原因，统一对中国有着不可估量的积极意义，人民亦不能容许分裂，

---

〔1〕 ［德］马克斯·韦伯：《社会学的基本概念》，顾忠华译，广西师范大学出版社 2005 年版，第76 页。

〔2〕 ［法］博丹：《主权论》，李卫海、钱俊文译，北京大学出版社 2008 年版，第 25 页。

〔3〕 转引自［美］小查尔斯·爱德华·梅里亚姆：《卢梭以来的主权学说史》，毕洪海译，法律出版社 2006 年版，第 6 页。

统一甚至已成为中华民族传统的一部分，自民国以来无论哪一任政府，都不愿也不敢放纵分离势力。但是在欧亚大陆的另一端，英国人则视统一为一种可以取舍的价值，其主体英格兰与苏格兰于 1707 年合并为联合王国，迄今已300 年之久，但因苏格兰的独立呼声，英国首相卡梅伦于 2012 年 10 月 15 日签署独立公投协议，允许苏格兰于 2014 年秋季公投决定独立与否。虽然最终公投结果维持了原状，但苏格兰分离的可能性在公投前夜确曾大增，以致英国的政治家们纷纷出面呼吁苏格兰人投票支持统一。在北美，加拿大对魁北克采取了宽松但谨慎的态度，魁北克省在 1980 和 1995 年两次进行公民投票表决是否独立，但支持独立公民均未过半数。2006 年 11 月，加拿大国会通过了总理哈珀的"魁北克人是统一的加拿大内的一个民族（国家）"的动议，以防止魁省提出更过分的要求。

从领土完整问题上看，古往今来很少有国家的领土纯为扩张而未丢失过，今天的俄罗斯吞并过许多周边国家，但它们很多又都分离出去；中国在清代版图为一秋海棠叶状，今天仅为一雄鸡；英国在 1801 到 1921 年间拥有整个爱尔兰；印度曾涵括巴基斯坦和孟加拉；土耳其曾地跨欧亚非三大洲；欧洲大陆的德、法、西、意、奥等主要国家的领土都与历史上的版图参差不齐，这样的例子不一而足。但面对新的领土幅员，不论出于什么原因，如果主权者认可这个现状，不再追究历史上的领土面貌，则主权者关于领土完整状况的意志与客观状况是一致的，它的领土就应当视为是完整的。反之，则我们认为，它的领土还未统一，或领土统一还存在历史遗留问题，悬而未决。

从中央权力下行的止点看，在封建国家，无论是中国的西周，还是欧洲封建时代，主权者（皇帝、国王）关于统一的要求大多止于雄主君临——诸侯臣服的结构，不要求臣民对主权者直接臣服，国家（中央）与封地的土地、人民之间不直接发生权利义务关系。而在近、现代民族国家，各国主权者开始追求一种中央权力直抵社会底层，直达公民个人和方寸土地的统一模式。如英国的亨利二世（1154—1189 年在位）通过司法改革，建立王座法院，以国王敕令统一保护一系列财产权利，从而刺破封建制下领主裁判权的外壳，将君主权力延展到英格兰人民个体，开始了统一的近代民族国家的构建。又如美国联邦党人认为联邦权力如果只行使到州政府，必定会失败，"一种统辖政府的政府，一项为团体而不是为个人的立法，因为在理论上是一个谬误，所以在实践上也破坏了国家行政法的秩序和目的……"[1]他们在论证联邦政府的征兵权和征税权时大声疾呼："我们必须把联邦政府的法律扩大到个别美国公民身上。"[2]从这一点看来，中国的统一之所以能稳固并占据历史主流，与郡县制下皇权行使直抵国民个体和每寸土地（主要表现为人丁税、田亩税、兵役和劳役）、早早完善了现代国家能力有着莫大的关系。

从法制一致程度看，在单一制国家看来，国家统一意味着军令政令统一，法制统一。因此，他们对待刑法、基本民事关系法律、关系政治的法律等大都务求全国一致，体现了主权者的一种强烈的将人民生活齐一化的意志。但是，联邦制国家则展示了统一的另一种样式，体现了其主权者关于国家统一的一种迥然不同的意志。以美国为例，联邦与各州权限划分很明确，各州有自己的立法权。现在各州中有三分之二的州保留了死刑，而其他一些州则废除了死刑，因为在美国的联邦制下，决定是否保留和适用死刑是各州的权力，而非联邦的权力。民法上的重大差别更是不胜枚举。中国"大一统"的历史传统使中国人往往不太认同这种统一国家中严重的"法制不统一"现象，中国人在民事赔偿中都要求"同命同价"，更不能容忍一国之内同罪异罚。这种不理解，其实正是对"国家统一"概念的理解过于简单，从而认为中国的法制应当绝对统一所导致。中国按照"一国两制"收复香港、澳门后，陆港澳三地实施不同的法律制度，但并不妨碍国家的统一，也充分表明我国关于国家统一的理解已从过去"大一统"的严格模式演进到一种法制无须完全一致的宽松模式。[3]

综上所述，各时代各国主权者关于国家统一的观念、价值取舍、模式设计、实现方式等都有着相当大的不同，它们也从根本上影响了各国统一的表征。如果只强调统一在客观上的表现，而不强调主权者的意志性，则一些国家的统一在另一些国家看来，显然不成其为统一。只有同时强调统一的客观表征和主权者意志，才能理解西周是一个统一王朝，而当代中国的"一国两制"是一个统一国家的合理方案。

---

[1]　[美]汉密尔顿、杰伊、麦迪逊：《联邦党人文集》，程逢如、在汉、舒逊译，商务印书馆1980 年版，第101 页。

[2]　[美]汉密尔顿、杰伊、麦迪逊：《联邦党人文集》，程逢如、在汉、舒逊译，商务印书馆1980 年版，第115 页。

[3]　王振民："'一国两制'下国家统一观念的新变化"，载《环球法律评论》2007 年第 5 期，第46 页。

三、国家统合原理：从君主到宪法

国家统一仅仅是把一些社会（政治）共同体捏合成一个国家，而统合则是国家统一并整合得比较好的一种状态，人民同质化达到较高的程度。[1]历史上的国家之所以大多依靠武力来统一，其实与人类社会经济政治进化的水平有关，和平的方式尚未成为主流。但无论是暴力的，还是和平的，国家统一的过程都建构了一个政治权威。所谓权威，"按照定义，权威应该叫做在一个可能标明（范围）的人的群体里，让具体的（或者：一切的）命令得到服从的机会。"[2]所以权威是一种使人信从的力量，因而能产生秩序，而政治权威就是能为特定人群提供秩序的人、机构或制度。[3]但如果这个政治权威纯以武力来充实，欠缺国家统合原理的阐发，权威便会空洞化。暴力可以使人遵从，但仅能产生物质的、使人被动遵从的力量，所以权威仅靠武力维持，则武力松懈之时就是权威坍塌之日，统一国家离瓦解便不远了。历史上许多大帝国只注重武力，往往初期尚能维持统一的样貌，但数代一过，雄主不再，则分裂割据频仍，空有大帝国的外表。因此，统合较好的国家无不在武力奠基的同时树立一种精神理念上的权威，以求得人民对国家统一的自愿地遵从与维护。

在专制时代，皇帝或国王作为主权的人格化载体，往往通过君权神授的理论来使君主成为精神上的权威，并以之为原点进行国家统合原理的阐发。梁启超这样评价君主所发挥的政治神学功能："盖君主之为何物？原赖历史习俗上一种似魔非魔之观念，以保其尊严，此尊严自能于无形中发生一种效力。"[4]正是由于君主在精神信念方面的国家统合机制，历史上的许多大国往往以君主一身纽系一国的所有土地与人民，如英国、奥匈帝国、中国清朝等。[5]

---

〔1〕 周叶中、祝捷："论两岸关系和平发展框架的内涵——基于整合理论的思考"，载《时代法学》2009 年第 1 期，第 4 页。

〔2〕 ［德］马克斯·韦伯：《经济与社会（上卷）》，林荣远译，商务印书馆 1997 年版，第 238 页，

〔3〕 吴稼祥：《公天下：多中心治理与双主体法权》，广西师范大学出版社 2013 年版，第 173 页。

〔4〕 梁启超："异哉所谓国体问题者"，载《饮冰室合集（之八，专集之三十三）》，中华书局 1989 年版，第 94 页。转引自林来梵："国体概念史：跨国移植与演变"，载《中国社会科学》2013 年第 3 期，第 78 页。

〔5〕 清王朝政治统治的涟漪结构以及与蒙回藏三部的政治会盟，表明清王朝并非秦式的"大一统"，而是带有一些君合国性质，统一为皇纲所系。参见王柯："国民国家与民族问题——关于中国近代以来民族问题的历史思考"，载 http://www.21ccom.net/articles/lsjd/lccz/article_2013012175460_4.html，访问时间：2015 年 11 月 30 日。

在一些传统延续连贯的国家，如英国、日本，君主甚至已成为国家统合的重要精神支柱。英格兰的王权不但依靠其长期积累的高度正统性维系着领土统一，[1]而且一直延展，成为后来的大英帝国以及今天的英联邦的信念标识。

现代性的发生、发展催生了民族－国家的叙事结构，在这种叙事里，一群被拟制为同质的人构成一个"民族"，民族则应当拥有自己独立的国家。民族主义兴起使传统帝国的内在多元、帝国一统的叙事结构不再具有正当性。在近现代国家，民族主义往往与共和革命相伴而生，而共和革命常常瞩目于新的政治体制的建立，大破大立，原有的主权载体君主被取缔，不经意间即解除了原有的国家统合原理的合法性。国家原有的各部分，如果相互间族群、宗教、语言、文化等本就差异很大，则在共和革命之际，离心倾向就会骤然加强。因此，世界近代史上许多多民族帝国的共和革命往往造成国家分裂，如俄罗斯帝国、奥斯曼土耳其帝国等，都是显例。

中国辛亥革命前后，康有为、梁启超都十分担心模仿美国的各省独立再联合、驱除皇权的革命将引起蒙、疆、藏的分离，梁启超质疑道："蒙、回、藏之内附，前此由服本朝之声威，今兹仍训于本朝之名公，皇统既易，是否尚能维系？若其不能，中国有无危险？"而且如其所料，武昌起义后，蒙、藏都发生了分离主义运动。孙中山意识到此一问题后，迅速调整革命方略，从各省独立的革命改倡"五族共和"，并积极塑造一个包含中国各个民族、与中国幅员和人民等身大的民族概念——中华民族，以此来因应带有很强的民族主义色彩的辛亥革命给国家统合带来的破坏性。其后清帝逊位实现了主权从大清到民国的法理继承，避免了民族主义革命可能带来的分裂，中国由此跳出多民族帝国的共和革命导致瓦解的规律，成为一个奇迹。[2]

共和制大国的国家统合原理不能求助于君主权威，迫切需要新的替代方案。美国采用了由下向上，由自治的小共同体通过民主选举、协商方式产生国家公权，一级一级向上，直至产生联邦政府，构建了新的政治权威，自治型的民主政治和联邦国家的理念完成了新式国家统合原理的阐发。苏联则采用了阶级统治的政治观念，以无产阶级专政的统一模式覆盖了各加盟民族国

---

〔1〕 杨利敏："试述英格兰早期王权的构造及其对中世纪国家构建的影响"，载高全喜主编：《大观第 8 卷》2012 年第 1 期。

〔2〕 章永乐："'大妥协'：清王朝与中华民国的主权连续性"，载《环球法律评论》2011 年第 5 期，第 37 页。

家，也阐发了一种新型的国家统合原理。当其抛弃无产阶级专政这一政治理论时，同时也抛弃了与之相伴的一种大国统合原理，从而助成了苏联的分裂。[1]中国建国模仿苏联，用人民民主专政的名称代替了无产阶级专政，毛泽东并称其为新中国的国体，即明确了"社会各阶级在国家中的地位"，并写入宪法，从而改造了"国体"这一由日本传入的具有强烈的政治神学内涵的宪法概念，赋予其国家统合的原理和功能。[2]"当一个大规模社会包含着各种文化和各种共同体时，就必须去创造一种普遍有效的制度，否则不可能获得天下人心。"[3]大国之所以要建构与阐发国家统合原理，正是这一判断的现实写照。

值得注意的是，自资产阶级登上历史舞台，民主革命成功的标志往往都是一部记载着人民主权的宪法的诞生。二战以来，记载人民基本权利、限制政府权力的大量内容被写进各国宪法，宪法真正成为法治国家人民的"圣经"。无论是君主立宪国家，还是民主共和国家，阐述国家统合原理的政治理论也都以宪法法条确定下来。随着各国宪法政治的发展，宪法对一国公民平等保护，规定所有公民的经济、政治生活条件并实实在在地加以贯彻，一国人民因之而整合成为一个统一的经济、政治共同体。宪法逐渐成为法治国家的政治权威，承担起阐发国家统合原理的重任。

四、国家统一的本质：从三个侧面的考察

（一）统一是政治上的归顺与服膺

考察国家统一的诸种形态及其标准，可以发现，一方面，国家统一在物质上而言，乃是全体人民对代表主权的统治者没有或不能反抗、分裂、割据的一种状态。"中国历史上的一切统一，都是以武力或以武力为后盾而实现的。"[4]历史上许多统治者权威不充分的国家，统一状态的维系依然依靠持续的武力压制来达到。如蒙古帝国从1206年铁木真称汗到1259年蒙哥汗时，期间三次西征，消灭40多个国家，建立了一个2400万平方公里的大帝国，所到之处，全凭暴力征服，所涉欧亚人民不得不臣服于蒙古帝国的统一之下。这是一种比较极端的情形，而在许多合法产生的主权者之下，尽管政治权威

---

〔1〕 施展："边疆问题与民族国家的困境"，载《文化纵横》2011年第6期，第95页。
〔2〕 林来梵："国体概念史：跨国移植与演变"，载《中国社会科学》2013年第3期，第82页。
〔3〕 赵汀阳："天下体系的一个简要表述"，载《世界经济与政治》2008年第10期，第61页。
〔4〕 葛剑雄：《统一与分裂：中国历史的启示》，商务印书馆2013年版，第258页。

的合法性毋庸置疑，武力有时也是征服分裂叛乱势力，维护统一的必要手段。如美国在 19 世纪中期面对南方奴隶制各州的"独立建国"时，林肯总统同样坚定地使用武力平叛。统一在很多时候就表现为一种主权者的武力征服，这是历史的真相和启示。

另一方面，在那些统合状况较好的国家，人民在精神、文化层面都表现出对主权者倡导的宗教、礼制、文教、主义等的认同。16 世纪上半叶，英国的亨利八世借着宗教改革运动在欧陆的兴起，摆脱对罗马教廷的依附，建立起英国国教，国王为国教最高首领。由于挣脱了罗马的精神牵制，人民在精神上归化于王权之下，从而将王权主导的国家统一进一步引向深入，英国成为欧洲最早的统一国家。中国王朝时代就注重精神权威的建树和文化的归化，汉高祖刘邦任用叔孙通，采用古礼并参照秦的仪法制订朝廷礼仪，汉武帝刘彻任用董仲舒"罢黜百家，独尊儒术"，中国从此开创了王朝时代的礼仪、文教、风物为世界所歆羡，周边民族争相归化的局面。然而这种精神、文化上的同化与归化不都是自然而然的，统治者重视此种归化有时达到偏执、甚至暴力血腥的程度，如清朝统治者入关后要求汉人剃发以示归顺，不惜大肆杀戮。精神上的归化常常又是以文化同化作为物质的载体，一国对新吞并地区的文化强制同化是历史上比较普遍的现象，如普法战争后，普鲁士在法国割让的阿尔萨斯、洛林地区强制学校改教德语，法国作家都德的小说《最后一课》生动地描写了阿尔萨斯的人们对法语的恋恋不舍。日本侵占台湾后，强制施行日语教育，到日据时代晚期，日语几乎成为台湾的通用语言。今天许多大国接受移民时都要求申请人能使用该国的语言文字，也是对新国民的一种文化同化。无论是和风细雨、潜移默化、自动向先进文化的归化，还是强制性的被迫接受同化，实质都是一种精神、文化上的归顺，从历史的长距离看，则为一种精神、文化的征服。

外在的武力征服、威慑，与内在精神、文化上的同化、征服共同发挥作用，构成了国家统一的强制性的一面。从其相对的一面看，则是一国所有人民对主权者的统一意志的归顺与服膺，从而揭示出统一本质的一个侧面。

（二）统一是目的化的手段

统一是建立政治共同体、维护族群生存环境的必要条件，国家即一个政治共同体必须是统一的，它才能实现自身的生存和发展。否则国家将如同一个多头的怪兽，迟早撕扯、分裂而亡。从现代政治学、法哲学的观点看，国家统一不是一个终极的、普适的价值，国家是实现民族自由精神的载体（黑格尔语），统一是使国家能成为这样一个合格的载体的条件，是实现一个国家的安全、秩序、共同体族群感情满足、地域内资源效用最大化等价值的手段。因此，一个历史形成的天然的经济、社会共同体，统一是其应然的状态；多个联系紧密的经济、社会共同体，如果统一，将大大有利于其利益最大化，而且人民也追求统一，则统一也是这些共同体应然的状态。这样的一个或多个共同体的统一，不仅符合民意，其实现的代价也最低，若能施以良好的政治，则必定能长久维持统一的状态，并使统一的价值、功能随时间不断累增。换言之，统一是追求这种共同体内人民福祉最大化的必要手段。但如果联系不甚紧密，乃至不相干的多个共同体强行统一在一国之内，并且国家不能施行与地情、民情相适应的分立式的治理，则统一的内涵即被异化了，人民感受到的仅是主权者（统治者）的强权意志，而不是自由，也得不到统一应有的实益。这样的统一必定不能持久，历史上许多靠武力征服建立的大帝国，统一未久即分裂、割据，终至瓦解，其实就是这个规律的证明。

对于那些应当统一的一个或多个共同体而言，其贫富强弱、安危治乱、和平或战争，因统一与否而相异，并将趋向不同的前途，这已成为常识。统一虽为手段，而这个手段因为如此重要，甚至它本身就意味着一种力量，一种价值，因而在很多情况下，它都直接成为可欲的目标和诉求。那些具有共同的经济生活、文化价值、历史传统的大国尤其如此。

以汉密尔顿、麦迪逊等为代表的联邦党人深知北美十三州的联合是这些刚独立的殖民地生死存亡的关键，他们千方百计地修订、签署了《美国宪法》，使美国实现了从邦联到联邦的转化，这个转化的实质是实现了美国的统一。他们意识到，在经济上，"商业利益的一致与政治利益的一致一样，只能通过统一的政府才能达到。"[1] 在政治上，美国若不统一，各州必将争战连连，"分裂的美国，其命运甚至比欧洲那些国家的命运更加不幸。"[2] 代表着统一状态的联邦制对美国是如此重要，以至于林肯总统在 1862 年的一封公开信中说："我在这场斗争中的最高目标是拯救联邦，而不是拯救或摧毁奴隶制。如果我能拯救联邦而不解放任何一个奴隶，我愿意这样做。如果为了拯

---

〔1〕 ［美］汉密尔顿、杰伊、麦迪逊：《联邦党人文集》，程逢如、在汉、舒逊译，商务印书馆 1980 年版，第 57 页。

〔2〕 ［美］汉密尔顿、杰伊、麦迪逊：《联邦党人文集》，程逢如、在汉、舒逊译，商务印书馆 1980 年版，第 208 页。

救联邦需要解放所有的奴隶，我愿意这样做；如果为了拯救联邦，需要解放一部分奴隶而保留另一部分，我也愿意这样做。"[1]表明林肯开打南北战争的目标其实并不是为了解放奴隶，为了所谓的正义，其核心只有一个，消灭分裂，维护美国的统一。这一点在葛底斯堡演讲中同样得到体现，在这个著名的演讲中，林肯从未提及废奴或解放奴隶，反复提及的只是国家，以及这场内战考验着这个国家的生死存亡等。对于坚决维护统一的美国人来说，"联邦主义并非是用来达成其他目的的工具，而是体现了这些目的本身，也体现了获得或者说实现这些目的的手段。"[2]

中国地域辽阔、人口众多，几条大河由西向东横贯大陆。西部、西南部的高原，以及东边、南边的大海，成为国家三面的天然屏障。北边丰美的草原连接着大漠，养育了一代又一代马背上的民族，匈奴、突厥、蒙古先后在草原上崛起，南下与中原王朝争锋，对中原人民构成极大的威胁。同时，大河流域频繁的水灾，广阔国土上此起彼伏的旱灾、瘟疫等经常导致大量的人口死亡、迁徙。为了抗击北方游牧民族的入侵、保卫中原的经济文化，以及广阔地域内兴修大型水利工程的必要，周期性、大范围的救灾需求等，所有这些都对这块土地的统治者提出了统一国家的要求。统一就意味着生存、安全、繁荣，分裂则走向反面。因此，中国历代有为的统治者无不以统一为己任，人民无不以统一为信念，为之奋斗的故事数不胜数、可歌可泣。统一的信念与奋斗历两千年而融入中华民族的血脉，成为中国人的一种基本政治追求，从而不仅是中国人实现自身解放、走向自由的手段，并已升华为纯粹的价值目标。在今天的自然条件和国际政治环境中，统一能排除内部政治对抗、最大限度地实现族群团结御侮、资源互补共享、区域合作共赢，这依然是中国人无可置疑的民族共识。

（三）现代国家的统一是宪法化的政治

在前现代社会，政治着眼于统治权的归属、行使以及如何使人民服从于统治者的权威，法律在其中一般仅作为统治的工具，法律被视为主权者的命令或统治者的意志，人们普遍缺少法律的信仰。因此，统一问题成为一个与统治体系内从上层到底层的掌权者的人身紧密相连的事物，一项纯粹的政治

---

〔1〕 ［美］桑德堡：《林肯传》，云京译，生活·读书·新知三联书店1978年版，第257页。

〔2〕 ［以色列］丹尼尔·J. 伊拉扎：《联邦主义探索》，彭利平译，上海三联书店2004年版，第94页。

事物。撇开精神层面的因素不谈，统一政治的逻辑几乎就是武力、强权的逻辑，强调中央对地方首脑、军事首脑的人身控制，因为他们忠顺与否往往决定了国家的统一巩固与否。例如公元 462 年，罗马帝国驻高卢的将军西格里乌斯宣布拒绝承认罗马皇帝的权力，实质上建立了独立的国家，罗马帝国从此失去高卢。又如蒋介石为了维持民国表面上的统一，不得不与地方军事首脑拜把子、换贴子，以个人人身忠诚来保障国家的统一。

　　但随着现代民族国家的建立以及法治化进程的开启，政治的崇高地位开始向下发生位移，法律的地位迅速上升，人民的法律信仰普遍开始确立。有限政府、法治政府、依法治国成为主要统治方式，政治完全裹挟法律的状况一去不复返，"特别是最近，法律更是被理解成为政治行为设立边界的活动。"[1]重大的政治行为几乎都必须以宪法法律为依据或以法律来确认。作为国家政治主要内容之一的统一问题，也逐渐被纳入宪法法律的框架。主权在君进化到主权在民，过去凭借君主和君权神授理论实现的国家统一现在变成由宪法、主权、宪法法理等来为国家赋予形和神。德国基本法在序言部分规定："我巴登－符腾堡、巴伐利亚……各邦之德意志人民依自由决定完成德国之统一与自由。因此，本基本法适用于全体德意志人民。"中国宪法在序言部分规定："中华人民共和国是全国各族人民共同缔造的统一的多民族国家。"统一与人身的紧密联系向与宪法法律的紧密联系转化，美国的总统制、联邦制，法国的半总统半议会制、单一制，英国、日本的君主立宪制、地方自治，中国的人民代表大会制、包含民族区域自治制度和特别行政区制度的特色单一制等，将国家统一及其保持方式以法律制度明确下来。在一些法治发达国家，关于国家统一的重大政治议题甚至已完全在该国宪法法律的框架内讨论运作，如前举英国苏格兰、加拿大魁北克两例。[2]相互尊重国家统一与领土完整、相互尊重主权等还在《联合国宪章》和一系列国际公约、条约中予以规定，明确了各国的统一亦为国际法所承认与尊重。

　　我国作为一个后发的法治国家，越来越重视将政治事物尽可能纳入法治的框架，国家统一问题也不例外。我国《宪法》序言对统一问题下一断语，

　　〔1〕　［英］马丁·洛克林：《剑与天平——法律与政治关系的省察》，高秦伟译，北京大学出版社 2011 年版，第 253 页。

　　〔2〕　英国、加拿大允许某些地区人民公投决定前途与其历史、民情、主权者的意志、人民的愿望等有密切联系，具有相应的合理性，不能用以证明美国南北战争或中国人民对国家统一的追求不合理。中国的历史、民情等，尤其是代表全体人民意愿的主权者的意志要求国家统一。

第 52 条还规定："中华人民共和国公民有维护国家统一和全国各民族团结的义务。"为全体公民设定了统一台湾的基本义务。全国人大依照《宪法》第 62 条规定分别制定了《香港特别行政区基本法》和《澳门特别行政区基本法》，实行"一国两制"。2005 年制定的《反分裂国家法》特别将统一台湾的问题上升到法律的层面，充分表明这是中国主权者即全体人民的意志，统一的方式可以讨论，是否要统一则已经法定，无须讨论。该法第 5 条规定："国家和平统一后，台湾可以实行不同于大陆的制度，高度自治。"其实是从法律上对统一的模式作了预设，即更注重两岸统一共识的宪法化，而不强调政治、经济各方面的齐一化。中国在国际关系中，一直强调建交国承认中华人民共和国政府是中国的唯一合法政府，不与台湾发生官方关系，从而在国际法上明确了中国的主权者、领土范围等。这些都是我国统一政治问题向着宪法化、法律化前进的显著标志。

五、总　结

在有着内在同质性传统的中国，统一作为一种追求全民福祉的手段，因其对于全民族的巨大收益，使得其本身即成为一种价值目标，这正是中国人追求国家统一的正当性所在。但从主观方面看，何种状态可以目为统一，在不同的时代、不同的国家因主权者意志的差异而不同。传统的中国统一观是中央高度集权的"大一统"观念，香港、澳门"一国两制"的实施使人们对统一的理解有了第二种标准，随着未来台湾问题的和平解决，一个政治上更加宽松、法律上更加严谨的统一模式将带来第三种标准。[1]这使人们的统一观念不断向着理性化的方向发展，对统一概念的理解则不断逼近统一的真义。在这种理解里，统一强调的是一国存在唯一的主权者，人民已经形成一个政治共同体，命运与共；它强调的是一国有且仅有一个中央政府作为行使主权的代表，人民至少在法律上归顺它，无叛乱，无割据，服从它的指令，尽管这种指令的范围或宽或窄，对国内不同地区相关人民的影响程度或深或浅；它强调的是一国之领土不受外国的侵占和分割，没有非出自本国意愿的领土租借和出让，没有非出自本国意愿的主权权力的分解和让渡。因此，从客观方面看，国家的统一不外乎两个内涵，一是领土的完整，二是主权的单一和有效，[2]而非文

---

〔1〕　王振民："'一国两制'下国家统一观念的新变化"，载《环球法律评论》2007 年第 5 期，第 47 页。

〔2〕　董恩林："论周代分封制与国家统一"，载《华中师范大学学报（人文社会科学版）》1998 年第 9 期，第 95 页。

化、民族、语言、风俗、经济、思想、宗教、血统甚至地理环境等的一致性或整体化。[1]

　　从本质上看，统一是人民对主权国家的政治上的归顺与服膺。但历史发展至今，主权者的理性化程度大大提升，其统一意志常常更加契合统一的真义，以追求人民的最大福祉为目标，而非武功或霸业。因此，一方面，主权国家要求人民归服的最低限度降为了对主权者统一意志的认同和允诺，而不再是历史上的那种政治、经济、社会等的全面同化。另一方面，在法治化的现代国家，统一作为政治事物之一，本身亦法律化，成为宪法事物，从而大大降低其历史上一直取决于权力人物的人身属性。国家统合原理从此由灌注了现代人民主权原则和民主法治精神的宪法来规定和阐发，人民对主权国家的归顺与服膺由此转化为对宪法的服从。那些与一国主体部分存在较大差异的地区，如果需要充分保留地区差异性，其对主权者统一意志的归服往往便表现为对宪法上国家统一条款和统一方案的遵从。这种统一条款和方案不仅不强调国家内部各个组成部分完全一样，甚至不要求社会制度的一致。这正是中国这样追求合理解决历史遗留问题、和平解决统一问题的国家能够提出并践行一国两制，并以宪法规范统一问题的理路所在，同时也是未来能和平解决台湾问题的法理所在。在这个意义上，当代中国的统一问题不仅是政治问题，也是法律问题，归根到底是宪法问题。[2]

---

[1]　葛剑雄：《统一与分裂：中国历史的启示》，商务印书馆 2013 年版，第 227 页。

[2]　周叶中："台湾问题的宪法学思考"，载《法学》2007 年第 6 期，第 70 页。

选择性执法，路在何方？

Where is the Road of Selective Enforcement

贾 丹 *

摘　要：选择性执法是行政权的扩张同法律规范自身局限相互作用的产物，其存在具有合理性与必然性，其在实现个体正义方面具有深远意义。然而，由于我国对选择性执法的程序规制以及监督机制尚不完善，导致实践中出现了许多滥用选择性执法权的现象，极大地降低了公众对选择性执法的认同。因此，我们不应一味地去否定选择性执法，而应积极地引导和规制选择性执法，使其摆脱实践中的困境，实现其制度价值。

关键词：选择性执法　正当性　行政程序　司法审查

一、问题的缘起——案例的蕴意

笔者借助裁判文书大数据平台查找到 2010 年—2014 年共有 100 件行政诉讼案件涉及选择性执法，其中上诉案件为 32 件。这 100 件案件主要集中在行政处罚、行政

＊　贾丹，中国政法大学法学院宪法与行政法专业 2014 级硕士研究生（100088）。

强制和行政裁决三个领域。[1]下文以其中较为典型的"谈坚强与上海市青浦区华新镇人民政府行政城建一案"为例，引出笔者对我国当前选择性执法方式的一些疑惑。

本案原告（二审上诉人）谈坚强在未办理审批手续的情况下，在上海市青浦区华新镇陆家圩小区 660 弄 122 号西侧搭建围墙。华新镇政府在经现场检查等程序后，确认了涉案围墙系违法建筑，对谈坚强作出行政处罚决定，责令谈坚强停止建设并立即自行拆除。嗣后，华新镇政府对涉案围墙南侧与东侧予以强制拆除。谈坚强不服，向青浦区人民法院提出行政诉讼。谈坚强认为涉案围墙所在区域违法搭建现象很多，但被告未予以查处，仅拆除原告围墙显属执法不公，被诉决定应为无效。青浦区人民法院一审判决驳回谈坚强的诉讼请求。[2]谈坚强不服，向上海市第二中级人民法院提出上诉。谈坚强在上诉中称虽然其搭建的围墙超过了宅基地范围，但华新镇普遍存在违法搭建，而且搭建围墙无需任何审批手续，华新镇政府只拆除其搭建的围墙，属于选择性执法。对此，上海市第二中级人民法院认为谈坚强提出的他人的违法搭建行为，不属于本案审查范围。同时综合其他情况与事实，判决驳回上诉、维持原判。[3]

本案一审法院对于谈坚强提出的选择性执法诉求没有回应，二审法院则以他人的违法搭建行为未受处罚非本案审查对象为由，对谈坚强提出的华新镇政府存在选择性执法的诉求不予审查。通过对已有案件地梳理，笔者发现法院在此类案件中的一贯做法，即是通过"非本案审查对象"这一诉讼技术上的处理来排除对行政机关行为是否构成选择性执法的审查。虽然这种技术上的处理有诉讼法上的依据，但是笔者认为这种方法并不能从根本上解决争议，这也是此类案件上诉率较高的原因之一。

上述数据和案件引发了笔者对我国选择性执法的诸多疑惑。对于此类案件法院是否可以从实体上进行审查？如果可以进行实体审查，那么对于构成选择性执法的行政行为是否应当一律撤销？这又涉及对选择性执法性质的界定，若否认选择性执法的正当性，那么就应当撤销一切选择性执法行为。那

---

〔1〕 统计数据及案例来源于 CaseShare 裁判文书分享平台，（最后访问时间：2015 年 5 月 13 日）。

〔2〕 "谈坚强与上海市青浦区华新镇人民政府当场拆除违法建筑案"，CaseShare 裁判文书分享平台，http://caseshare.cn/full/124429020.html，最后访问时间：2015 年 5 月 13 日。

〔3〕 "谈坚强与上海市青浦区华新镇人民政府当场拆除违法建筑决定上诉案"，CaseShare 裁判文书分享平台，http://caseshare.cn/full/120075331.html，最后访问时间：2015 年 5 月 13 日。

么选择性执法是否具有正当性、是否一律都是不公正的、是否一律违法？如果承认选择性执法的正当性，那么又应当以何标准判定选择性执法违法与否呢？法院应当如何回应选择性执法引发的"违法平等"的诉求呢？我国选择性执法在实践运行中遭遇了何种困境，为何引发了如此多纠纷？我们应当如何引导选择性执法走出困境？在上述疑惑的启示下，笔者以正当性论证——困境分析——克服路径为逻辑主线对选择性执法的相关问题进行了论述。

二、选择性执法的正当性

"选择性执法"一词最早起源于美国，通常是指警察根据经验确定执法重点，以调和立法权与警察行政权之间的冲突。[1]在我国的法律语境和法治背景下，选择性执法一般是指："根据情势需要，什么时候严格执行哪部法律，采取什么执法手段，什么时候放松哪部法律的执行，什么时候严格执行哪个具体的案件，采取什么执法手段，什么时候对哪个案件执行特别的视具体情况而定的执法方式。"[2]关于选择性执法的正当性无论是学界还是实务界都尚未达成共识，有赞同者亦存在反对声音。反对者大多从选择性执法对法治的不利影响出发，论证选择性执法的危害。例如有些反对者认为选择性执法损害了法律权威、违背了法律的普遍性平等性要求、助长了投机心理。[3]支持者从不同角度论证了选择性执法的必然性与合理性。如有些学者认为执法的选择性有利于有针对性地解决特定问题，既能够节约成本又能够发挥更强的警戒作用；相较于其他执法方式而言，选择性执法更能够保障实质正义的实现。[4]再如有些学者认为选择性执法是社会发展带来的行政权扩张、行政执法资源的有限性和法律法规模糊化、冲突化等自身缺陷的必然结果。[5]

对选择性执法正当性的探讨并非是为实践中执法者在选择性执法中违法乱纪、滥用职权等行为开脱责任。恰恰相反，对选择性执法正当性进行全面、多角度地分析是为了寻求其存在的基础与价值，进而以此为标准对实践中的选择性执法权进行规范和制约。换言之，选择性执法的制度价值和正当性的基础在

〔1〕 汪燕：《选择性执法及其治理研究》，中国社会科学出版社 2014 年版，第 7 页。

〔2〕 戴治勇、杨晓维："间接执法成本、间接损害与选择性执法"，载《经济研究》2006 年第 9 期，第 95 页。

〔3〕 汪燕：《选择性执法及其治理研究》，中国社会科学出版社 2014 年版，第 113 页。

〔4〕 叶小兰："选择性执法的内在悖论与消解机制"，载《甘肃政法学院学报》2011 年第 5 期，第 125—128 页。

〔5〕 王成："选择性执法研究"，载《北京大学研究生学志》2007 年第 3 期，第 91 页。

判定选择性执法权运行状况、制约规范选择性执法权中充当着重要角色。

（一）选择性执法的经济分析

1. 执法经济学分析

行政权的膨胀是现代社会一个重要的发展趋势，一些原本属于其他社会规范调整的领域逐渐被行政"侵占"。行政权的扩张和法律规范固有局限使得选择性执法成为了一种必然选择。执法率同执法成本成正比，在边际报酬递减规律的作用下，接近百分之百的执法率所产生的执法成本远远超过了违法行为本身所带来的损害。考虑到行政执法成本和法律规范本身的局限性等因素，一味地严格执法极有可能导致执法给社会带来的损害大于违法行为本身带给社会的损失，进而对社会福利产生不良影响。因此，最有效的执法方式并非百分之百的全面执法，而是选择性地执法，即"只有当执法收益在边际上大于执法成本时，执法才是有效率的。"[1]总而言之，从执法经济学角度看，选择性执法是执法主体在具体情境下，为将间接执法成本在内的执法总成本降低到一定程度，进而利用剩余执法权实现执法目标的一种执法方式。[2]当包括间接损害、间接执法成本等在内的执法总成本过大时，拥有一定自由裁量权的执法主体往往更倾向于在执法过程中进行相机抉择，即选择性执行法律。

2. 博弈分析

从博弈论角度看，执法过程可以理解为行政机关和行政相对人的博弈过程，其均衡解决该过程的结果。在行政机关实施行政行为的过程中，行政机关与行政相对人充当着监管者与被监管者的角色。行政机关的目标是以最低的执法成本获取最佳的执法效果，然而行政相对人总有动力突破或违反法律法规来实现个体利益的最大化。行政机关在同行政相对人的监管博弈中，运用怎样的执法方式能够更好地实现其执法目的呢？

（1）博弈模型。

① 博弈要素。

博弈是指两个以上的个体或群体，在特定的环境、特定的规则下，同时

---

〔1〕 杨晓维、张云辉："从威慑到最优执法理论：经济学的视角"，载《南京社会科学》2010 年第12 期，第16 页。

〔2〕 戴治勇、杨晓维："间接执法成本、间接损害与选择性执法"，载《经济研究》2006 年第9期，第94 页。

抑或先后，一次抑或多次，从自身允许选择的策略中进行选择并加以实施，最终取得相应结果的过程。一个博弈需要设定以下四个方面：其一，博弈的参加者。即博弈中的决策主体。其二，博弈规则。即博弈如何进行的规则体系。其三，博弈的次序。博弈方的行为次序、选择次序、重复次数等。其四，博弈方的得益。即参与者获得的结果。[1]

②模型构建。

Ⅰ参加者：行政机关、行政相对人。这里需要对模型中的博弈双方作出几个假设：行政机关、行政相对人都以自身利益最大化为目标；行政机关工作人员同行政机关的立场一致，即不考虑执法者的个人因素。行政机关是一个"理性人"，行政机关具有真实而强烈的执行规则的利益驱动，以最小的执法成本获得最优的法律效用为目的。

Ⅱ策略空间：行政机关的策略空间为（执法、不执法）；行政相对人的策略空间为（守法、违法）。

Ⅲ博弈次序：行政机关与行政相对人同时选择。

Ⅳ博弈规则及得益：行政相对人守法的收益为0，违法的收益为 $U_r > 0$，但在违法行为被行政机关发现的情况下会受到一个处罚 F，并且 $U_r < F$。行政机关执法的成本为 $C > 0$，不执法则成本为0。若行政相对人守法，行政机关的收益为0。若行政相对人违法，行政机关的收益为 $-U_g < 0$。此外，在（执法、违法）的情形下，行政机关会获得一个额外收益 A（可以认为是政绩或声誉的提升），并且 $A > C$；在（不执法、违法）的情形下，行政机关会遭受一个额外的损失（可以认为是政绩或声誉的减损等） $-A$。

		行政相对人	
		违法	守法
行政机关	执法	（$-U_g + A - C$，$U_r - F$）	（$-C$，0）
	不执法	（$-U_g - A$，U_r）	（0，0）

（2）模型分析。

通过划线法可知本博弈不存在纯策略的纳什均衡，在行政机关选择不执

---

[1] 谢识予编著：《经济博弈论》，复旦大学出版社2014年版，第7页。

法时，行政相对人的占优策略是违法；当行政机关选择执法时，行政相对人的占优策略为守法；当行政相对人选择违法时，行政机关的占优策略为执法；当行政相对人选择守法时，行政机关的占优策略为不执法。总而言之，博弈双方都不存在一个绝对占优策略。

根据纳什定理，有限博弈往往至少有一个纯策略或混合策略的纳什均衡。正如上文所述本博弈虽不存在一个纯策略的纳什均衡，但是存在混合策略的纳什均衡。假设行政机关以 δ 概率执法，以 $1-\delta$ 的概率不执法；行政相对人以 γ 的概率违法，以 $1-\gamma$ 的概率守法。

①当行政相对人以 γ 概率违法时，行政机关执法的净收益为 Rg1，行政机关不执法的净收益为 Rg2。

$$Rg1 = (—Ug + A—C)\gamma + (—C)(1-\gamma)$$
$$Rg2 = (—Ug—A)\gamma + 0(1—\gamma)$$

令 Rg1 = Rg2，可得 $\gamma = C/2A$，即若行政相对人违法的概率大于 C/2A，行政机关会选择执法；若行政相对人违法的概率小于 C/2A，行政机关会选择不执法；若行政相对人违法的概率等于 C/2A，行政机关随机选择执法或不执法。

②当行政机关以 δ 概率执法时，行政相对人违法的净收益为 Rr1，行政相对人守法的净收益为 Rr2。

$$Rr1 = (Ur—F)\delta + Ur(1—\delta)$$
$$Rr2 = 0$$

令 Rr1 = Rr2，可得 $\delta = Ur/F$，即若行政机关执法的概率大于 Ur/F，行政相对人会选择守法；若行政机关执法的概率小于 Ur/F，行政相对人会选择违法；若行政机关执法的概率等于 Ur/F，行政相对人随机选择守法或违法。

综上所述，本博弈的混合策略纳什均衡为 $\delta = Ur/F$，$\gamma = C/2A$。即行政机关以 Ur/F 的概率对行政相对人执法，行政相对人以 Cg/2A 的概率违法，这是一种稳定状态。换言之，理性支配下的行政机关不会全面执法，而是以 Ur/F 的概率执法，即选择性执法。

（二）选择性执法的法律分析

选择性执法是行政权的扩张同法律规范自身局限相互作用的产物，前者是选择性执法产生的实践因素，而后者则是理论根源。一方面，选择性执法是化解行政权扩张同执法资源有限性间冲突的必要途径。随着经济社会的高速发展，公共事务也如"雨后春笋"般增长起来，越来越多的事务逐渐被纳入行政权的管辖领域。同时，由于我国社会自治尚未被充分激发，本应由社会分担的事项也压在了政府的肩上。然而，实践中行政执法资源却是有限的，虽然我国行政执法队伍相对于许多国家来说是极为强大的，但是相对于它自身要应对的执法需求来说仍是弱小的。总而言之，执法资源的有限性和执法需求的无限性之间的矛盾决定了经过权衡的选择性执法是法治进程中不可避免的现象。[1]另一方面，法律规范的抽象性等特性加大了行政机关选择性执法的可能性。尽管法律是一种必不可少的具有高度助益的社会生活制度，但是，它像其他大多数人定制度一样也存在弊端。如果我们对这些弊端不给予足够的重视或者完全视而不见，那么它们就会发展为严重的操作困难。[2]法律规则的抽象性与模糊性是其固有的局限之一。由于法律规则是以一般和抽象的术语来表达的，所以它就可能因此而给解决每个个别案件带来困难。[3]行政法是具有普遍性和一般性的，而行政执法面对的是一个个的案件，需要将普遍性的法律和具体案件结合起来，由于案件情况千差万别，而法律不可能面面俱到，这就需要执法人员在进行合理性"选择"的基础上执法。

（三）结　论

选择性执法的法律价值是毋庸置疑的，它是执法成本有限、执法效用最大化的必然产物，在遵循比例原则、平等原则的前提下，选择性执法是具有正当性的，是可以为行政机关所采用的。选择性执法显然可能公平也可能不公平，这取决于如何选择。[4]选择性执法的正当性来源于其对实质正义的保障以及对平等权的尊重。在具备充足且合理的理由的情形下，选择性执法是符合平等原则的，是具备正当性的。选择性执法本身并未违背平等原则，之所以常常造成"同案不同判"现象的原因在于行政机关的判定依据并未被行政相对人全部获知，一些要素被掩盖了，进而导致许多不同的情况被相对人认定为相同。由于行政事务的复杂性、灵活性等特性，行政机关在执法过程中除法律法规外常常还要考虑一些合理的现实政策因素，因此，一些依照法

---

〔1〕 胡志强："论选择性执法的法律规制——兼及'钓鱼式执法'的法律约束"，载《学海》2011年第 2 期，第 202 页。

〔2〕 ［美］E. 博登海默：《法理学——法律哲学与法律方法》，邓正来译，中国政法大学出版社2004 年版，第 419 页。

〔3〕 ［美］E. 博登海默：《法理学——法律哲学与法律方法》，邓正来译，中国政法大学出版社2004 年版，第 421 页。

〔4〕 ［美］肯尼迪·卡尔普·戴维斯：《裁量正义》，毕洪海译，商务印书馆 2009 年版，第 189 页。

律法规原本相同的情况，在加入了现实政策等要素的考虑后，就成为了不同的情况，理应区别对待。实践中许多违背正当性的选择性执法行为，是由于行政机关考虑的法律法规之外的因素违背了比例原则，不具有合理性，导致了原本相同的情况被认定为不同，进行了差别对待。总而言之，正如行政行为这一法律概念本身并无合法与否的问题，行政行为的合法性只有在实践中才具有意义一样，选择性执法本身并不带有褒贬色彩，实践中其可能是公正的也可能是不公正的，关键因素在于其在具体执法中是否遵循比例原则。

三、选择性执法的困境

选择性执法作为一项行政执法策略，其并没有违背法的精神，反而是平等、公平、正义等原则的贯彻、执行与追寻。但是，由于选择性执法的程序规制的缺失以及监督机制的薄弱，致使选择性执法在实践运行中产生了诸多问题。

（一）程序随意性大，缺乏规范性

正所谓"金无足赤，人无完人"，法治不可能保证国家的一切决策都正确无误，其真正意义在于确立起一套稳定而合理的程序，使整个国家在这个程序的框架下运行。正如威廉姆·道格拉斯大法官所言，程序在某种程度上决定了法治与人治间的基本区别。合理的程序是实现各种权力间有效制衡、制约公权力行使和防止权力滥用的最佳选择。然而，我国现行法律法规并没有对选择性执法程序中的一些特殊问题进行规范。例如，行政处罚中行政机关说明理由的义务在选择性执法中应更强调行政机关对其选择的"合理性"说明，而非仅仅是对行政决定理由的简单说明。相对于行政机关的其他执法方式而言，选择性执法拥有更大的裁量空间，这就为执法权的滥用提供了可乘之机。严格的程序是限制选择性执法权滥用的关键，然而，我国并没有对选择性执法的特殊程序进行规范，这导致了选择性执法权无法得到有效的监督制约。同时，在选择性执法中，一般行政程序规范也未得到有效落实，这进一步加剧了选择性执法的随意性。

（二）选择性执法目的不合理，权力寻租现象严重

选择性执法方式"赋予"执法主体很大的自由裁量权，执法主体在执法时间、执法对象等方面拥有更广的选择空间。行政机关只有在遵循比例原则、排除公益以外的因素影响的条件下进行的选择性执法才具有正当性。然而，实践中许多行政机关尤其是地方政府的选择性执法却是在经济发展高于一切、经济增长高于公众生存权等短浅片面的执政观念的影响下进行的，行政主体

考虑的因素往往是维稳、经济增速、政绩、行政责任、自身政治前途与风险等与公益无关的因素。这种扭曲的执法目的不仅为权力寻租、渎职腐败埋下了隐患，同时也使得实践中的选择性执法逐渐误入歧途，如一些地方政府在行政执法实践中甚至打出了"谁阻碍华腾焦化工程，谁就是汪洋的罪人"、"阻碍项目建设，就是过街老鼠，人人喊打"的口号。[1]在这种缺乏合理性目的引导下的选择性执法完全偏离了其制度初衷，必定与其追求实质正义的法律目的渐行渐远，丧失其正当性的根基。

（三）缺乏全面的监督机制

虽然我国实践中存在着大量的选择性执法，但却仍未从制度上构建起对其的全面监督机制。相较于一般的行政执法方式而言，选择性执法带有更强的政策色彩、具有更为广泛的裁量权，这在一定程度上为其违法执法提供了"掩护"，致使其违法执法行为更为隐蔽。因此，仅仅将对行政执法的一般监督机制运用于选择性执法是不够的，还应当针对其特殊性制定特定的监督机制。然而，从我国当前的行政执法实践来看，不仅没有对选择性执法制定具有针对性的监督机制，甚至行政执法的一般监督机制都未得到有效实施，内部监督、司法监督以及社会监督都未充分发挥其应有作用。其中，司法监督尤为薄弱，司法救济途径不畅。通过对司法案例的梳理，笔者发现在诸多选择性执法引发的行政诉讼中，原告往往以被告仅对其进行处罚而对他人相同违法行为不予处理为由要求法院宣告相关行政行为无效。实践中，对于此类诉求法院往往是通过诉讼技术来化解，即以其不属于案件审查范围为由，将其排除在审理范围之外。这种技术上的处理方法虽然是合法的，但其不仅没有从根本上解决矛盾，同时其不区分具体诉求全部予以驳回不予审理的做法无异于解除了对行政机关选择性执法行为的司法监督，切断了选择性执法行为的司法救济途径。

四、选择性执法的完善路径

作为行政机关的一种执法策略，执法主体的主观意志无疑在选择性执法的影响因素中占据主导地位。然而正如卢梭所言，实践中的执法者首先是作为社会个体的自然存在，然后才是其所处的小共同体的成员，最后才是公益的执行者。因此，在其行为时，个人意志的作用力往往是占据第一位的，小

---

〔1〕 "仁寿汪洋镇现'匪气'标语官员称是广告公司所做"，成都全搜索新闻网，http://news. chengdu. cn/content/2012－05/30/content_966990. htm，最后访问时间：2015 年 5 月 15 日。

共同体意志其次，而公意则是最弱的。[1]由此不难看出，在缺乏有效约束机制的情况下，选择性执法必将沦为执法主体以权谋私的手段，进而对选择性执法的正当性产生冲击。结合当前我国实践中选择性执法的现状，笔者认为应当从完善选择性执法程序和健全监督机制两个层面来化解当前我国选择性执法面临的困境。

（一）完善选择性执法程序

正如上文所述执法主体的意志对选择性执法有着重大影响，解决实践中选择性执法困境的关键在于排除公益以外不相关因素对执法主体意志的影响，端正执法主体的执法观念。正当程序是法治与人治之间最为明显且基本的界标，规范合理的程序不仅能够有效地制约行政机关选择性执法权的行使，而且能够使正义以公众看得见的方式实现，提升公众对选择性执法的认同感。选择性执法程序的完善既要保障其回避、听证等一般性程序的实施，还应着力健全符合选择性执法特点的程序。

1. 行政机关说明理由的义务

行政机关说明理由的义务在选择性执法中除一般层面的含义外，更侧重对其选择的"合理性"进行说明。说明理由是行政机关在行政处罚过程中的一项义务，《行政处罚法》第31条规定："行政机关在作出行政处罚决定之前，应当告知当事人作出行政处罚决定的事实、理由及依据，并告知当事人依法享有的权利。"选择性执法本身具有较强的主观目的性，具有更大的自由裁量空间。因此，同一般的执法方式相比，选择性执法中应当更为注重对"选择"的合理性的说明，这是控制选择性执法权的应有之义。如果缺失了行政机关合理性说明义务，那么极易导致行政机关滥用选择性执法权，背离选择性执法的价值追求。此外，行政机关对选择性执法行为的合理性说明在一定程度上有助于同行政相对人的沟通交流，化解行政相对人心中的疑惑和误解，提升选择性执法的正当性。

2. 保障行政相对人陈述申辩权

陈述申辩权是自然正义的题中应有之义，我国诸多行政法律法规都对其进行了规范。《行政处罚法》第6条规定："公民、法人或者其他组织对行政机关所给予的行政处罚，享有陈述权、申辩权；对行政处罚不服的，有权依法申请行政复议或者提起行政诉讼。"第32条规定："当事人有权进行陈述和

---

〔1〕 〔法〕卢梭：《社会契约论》，何兆武译，商务印书馆2003年版，第78—79页。

申辩。行政机关必须充分听取当事人的意见，对当事人提出的事实、理由和证据，应当进行复核；当事人提出的事实、理由或者证据成立的，行政机关应当采纳。行政机关不得因当事人申辩而加重处罚。"从上述法律条文不难看出，行政相对人的陈述权、申辩权实质上包含两层含义：行政相对人"说"和行政机关"听"，二者缺一不可。行政机关的"听"并非是简单感官上一"听"了事，而是需要进一步实施复核等程序。具体到选择性执法，应当着重保障行政相对人"平等处理"请求的陈述申辩权。所谓"平等处理"是对其他相同违法行为同样给予处罚，行政机关不仅应当听取行政相对人关于"平等处理"的陈述申辩，还应当对其进行复核调查。这一方面能够对选择性执法进行有效的监督制约；另一方面打破行政机关同行政相对人之间的隔阂，保障二者之间交流的充分性与及时性，有利于误解的消除、冲突的化解。

3. 健全以参与为核心的行政公开

在具有更大自由裁量空间的选择性执法中，行政公开则显得尤为重要。正所谓正义不仅要实现还要以人们看得见的方式实现。健全以参与为核心的行政公开不仅是保障公民知情权的需要，更是完善选择性执法程序的迫切要求。通过对选择性执法全过程的公开，不仅能够充分保障公民的知情权，还能有效地监督制约选择性执法权的行使，向社会公众展现选择性执法的合法性与正当性，提升社会公众对选择性执法的认同度，削减其抵抗情绪。

（二）健全监督机制

1. 内部监督

《法治政府建设实施纲要（2015—2020 年）》明确要求严格确定不同部门及机构、岗位执法人员的执法责任，建立健全常态化的责任追究机制。当前我国行政问责制度不仅范围狭窄，而且问责标准、程序与对象等都过于抽象笼统，可操作性差。行政问责制度的细化与强化能够对执法者形成有力的震慑，执法者无论是出于自身政治前途还是行政责任的考虑，都会排除不相关因素对选择性执法的影响，将公益作为其考虑的唯一要素。行政问责制度震慑监督发挥作用的关键在于其可操作性，只有可实现的行政责任才能为执法者切身感受，对其行为起到规制作用。对于选择性执法来说，由于其涉及自由裁量权，对行政问责标准的规定就显得尤为重要，即行政机关或执法者的行为到达何种程度才应受到追究。总而言之，完善、细化行政问责规定，增强行政问责制度的可操作性对规制行政机关的选择性执法权有着重要意义。

2. 外部监督

（1）司法审查。在行政法治原则的推动下，司法审查成为各国限制行政权的必备手段之一。同其他的执法方式相比，选择性执法本身更具主观目的性，具备更广泛的裁量空间，因此，通过合法性标准规制选择性执法权虽仍有必要，但同时应突破传统法治主义预设的合法性审查的限制，辅以正当性标准，形成合法性与正当性并用的二元体系。

由于平等原则、比例原则与选择性执法的密切联系，选择性执法的司法审查必然涉及平等原则的适用问题。选择性执法的合法性与合理性追本溯源还是归结为平等原则。法律上的平等有两层内涵：相同情况同等对待；不同情况差别对待。平等最简单的诠释就是禁止没有正当理由而存在的不平等行为，此处所称，没有正当理由，指欠缺重要的实质原因。[1] 从司法实践来看，违法者以平等权为依据提出的诉求主要有两种：平等处理和平等不处理。前者指要求给予其他违法者同自身相同的处理，后者指要求免除对其自身的处理，达到同其他违法者一样平等地不受处理的状态。实践中，无论对于行政相对人“平等处理”还是“平等不处理”的诉求，法院往往都以非案件审理范围为由将其排除在审查范围之外。笔者认为虽然这种诉讼技术上的处理方法不仅符合法律规定同时也有助于提升诉讼效率，但是若从裁判可接受性角度来看，这种纯技术方法并不能从根本上解决争议。因此，笔者认为对于选择性执法的相关诉求应当遵循以下处理思路：判定是“平等处理”还是“平等不处理”诉求——判断行政执法行为依据的合法性与正当性（若存在）——依据合法性与正当性标准对选择性执法行为进行审查。具体来说，首先，法院应当判定诉求的性质。若为“平等处理”的诉求，法院应当进入下一审查步骤；若为“平等不处理”的诉求，则可将其排除在审查范围之外。因为从当前学界和实务界的主流观点来看，平等原则还只是限于合法平等方面。正如台湾学者陈新民所言：“平等原则只能够在合法的法秩序中作为实践的工具。因此对于涉及不法平等之案例，即非平等之案例，不是非平等权发挥功效的场合。”[2] 其次，实践中选择性执法通常都存在政府颁布的红头文件、指示等政策性行政规定，法院应当判定执法依据的合法性。最后，法院

---

〔1〕 吴庚、陈淳文：《宪法理论与政府体制》，台湾三民书局 2013 年版，第 172 页。

〔2〕 陈新民：“平等原则拘束行政权的问题”，载台湾行政法学会主编：《行政法争议问题研究（上）》，五南图书出版公司 2001 年版，第 79 页。

应当依据合法性与正当性标准并结合平等原则内涵对选择性执法行为进行审查。

（2）社会监督和舆论监督。有力的社会监督和健全的舆论监督不仅能够有效地制约行政机关选择性执法权的行使，而且能够使公众通过亲身参与来提升其对选择性执法制度的认同感，为选择性执法的正常运行提供保障。《法治政府建设实施纲要（2015—2020 年)》不仅要求完善电子信箱、热线电话等监督渠道，同时还明确提出发挥报刊、广播、电视等传统媒体监督作用，加强与互联网等新兴媒体的互动，重视运用和规范网络监督，推动网络监督规范化、法治化。建立健全包括传统社会监督方式、网络监督等在内的监督体系，是规范实践中选择性执法的必然要求，应当结合选择性执法的特点逐步完善现有监督机制。如建立公众意见数据库，行政机关可以借助其官网、微博、微信、媒体等平台或实地调研来收集公众对具体选择性执法的意见，并对上述通过网络、调研等途径获取的相关信息进行分析考量，在选择性执法时将考量结果作为一项考虑因素。

结　语

戴维斯在进行大量实证研究的基础上认为选择性执法有存在的合理性和必然性，指出实践中的选择性执法可以分为"需要的"还是"不需要的"，对于"不需要的"选择性执法，应该通过规则执法予以取代，而对于"需要的"应该通过制定法定程序予以规范。[1] 我国实践中选择性执法引发的种种问题正是我们对选择性执法的误读所导致。长期以来我们都将选择性执法作为违法执法的代名词，认为一切选择性执法都是违法的，这不仅掩盖了选择性执法的正当性，还使我们忽视了对选择性执法权的监管，加剧了选择性执法中的种种违法现象的发生。实践证明这种一刀切的做法不仅没有实现其"消灭"选择性执法的目的，而且还导致了更多违法选择现象的产生。选择性执法本身不含褒贬色彩，其在一定条件下是实质正义的一道保护屏障，其存在是具有合理性和必然性的。因此，当前我们不应费尽心思地去消除选择性执法，而是应积极地去引导和制约选择性执法，使其摆脱实践中的困境，实现其制度价值。

---

〔1〕　［美］肯尼斯·卡尔普·戴维斯：《裁量正义》，毕洪海译，商务印书馆 2009 年版，第 187 页。

论恢复性司法在青少年犯罪预防和矫治中的应用

The Application of Restorative Justice in Preventing and Correcting of Juvenile Delinquency

王鹏飞 *

摘　要：本文作者从实际出发，首先，通过对山东省三市的实地调研，总结出青少年犯罪的具体成因。其次，对恢复性司法进行介绍，与传统犯罪预防和矫治方式进行对比，引出恢复性司法在青少年犯罪预防和矫治上的优势。再次，将青少年进行科学分类，通过科学的评测量表和指标将青少年分为普通青少年、一般问题青少年、问题青少年以及犯罪青少年四类。最后，综合青少年犯罪的成因以及青少年的类型划分，将恢复性司法运用于问题青少年的犯罪预防与犯罪青少年的行为矫治之中，并进行相应的模式设计。

关键词：青少年犯罪　预防　矫治　应用　恢复性司法

青少年犯罪问题一直是学术界研究的重要问题，而青少年犯罪状况在我国一直十分严重。有数据统计，青少

* 王鹏飞，中国政法大学刑事司法学院刑法学专业 2014 级博士研究生（100088）。

年犯罪案件总数已经占到了全国刑事犯罪案件总数的70%以上，其中14岁到18岁的未成年犯罪案件又占到了青少年犯罪案件总数的70%。[1]因此，青少年犯罪又被称作是在世界范围内继吸毒贩毒、环境污染之后的"第三大公害"。因此在我国，青少年犯罪的预防和矫治问题显得尤为重要。减少青少年的犯罪率，是降低总体犯罪率、维护社会和谐安定的重要途径。

一、青少年犯罪的成因探究——以山东省三市调研为据

2015年11月，笔者跟随课题组前往山东省J市、Q市以及Y市进行实地调研，深入山东省未管所、山东省监狱、山东省女子监狱以及几所中学进行调研，同相关的青少年罪犯、监狱干警、监狱领导、学校老师和领导、公安机关、检察机关、法院、司法行政机关、教体局、综治办以及市团委等相关领导进行座谈，从实际出发，以山东省这个人口大省、教育大省为典型研究，对青少年犯罪的成因有了比较全面的了解。

根据调研所掌握的内容，结合教育学、心理学经典理论进行分析，笔者总结出青少年犯罪的成因主要有以下几大方面：

（一）家庭环境方面存在的问题

调研过程中，监狱干警、教育局、综治办、法院等一线工作人员普遍反映，家庭因素是青少年犯罪的首要因素。在罪犯访谈过程中，从犯人的家庭背景、成长环境等细节中，笔者也发现了犯罪的青少年的家庭环境方面存在以下三方面的问题。

1. 家庭背景方面的问题

主要包括父母离异、经济困难、亲属病逝、单亲家庭、父母外出务工、父母自身素质过低等方面。[2]

2. 家庭关系方面的问题

主要包括父母不关注、父母子女沟通不畅、代沟较深、父母关系不和以及父母暴力等问题。一些青少年正是由于缺乏父母的管束而过早走向社会，受到不良社会环境的浸染走上犯罪道路。而根据爱德华·洛伦兹的拓扑学连

---

[1] 邢东伟、吴晓锋："青少年犯罪超全国总数七成呈暴力化团伙化趋势"，载《法制日报》2013年5月30日，第2版。

[2] 比如在座谈中，就有干警提到了这样的事例：某中学生因老师禁止其某一行为，而殴打老师致伤。该老师告到法院，法院通知其家长时，家长态度强硬。这就说明家长自身素质就存在很大的问题，无法认识到违法犯罪行为的严重性。作为子女人生中的第一任老师，家长的素质会导致子女受到直接影响，法律意识淡漠。

锁反应理论（蝴蝶效应理论），在一个动力系统中，初始条件下微小的变化能带动整个系统长期的巨大的连锁反应，即表现为"一只南美洲亚马逊河流域热带雨林中的蝴蝶，偶尔扇动几下翅膀，可以在两周以后引起美国德克萨斯州的一场龙卷风"，原因在于蝴蝶扇动翅膀的运动，导致其身边的空气系统发生变化，并产生微弱的气流，而微弱的气流的产生又会引起四周空气或其他系统产生相应的变化，由此引起一个连锁反应，最终导致其他系统的极大变化。该理论运用到青少年的教育中，可以得出结论即一个微小的问题未及时被发现以及得到纠正，将可能导致其严重不良后果的产生。[1]

3. 家庭教育方式上存在的问题

主要存在着家长不会教育子女、家长对孩子做人方面的教育过少、过于注重成绩、不尊重孩子的想法、管理过于严苛或者过于溺爱等问题。如在座谈中就有干警结合多年的工作经验，对现在父母对孩子的教育方式提出了质疑，其认为，不良习惯是日积月累的，这绝对与父母管教有关。要么管教过宽，要么过严。管教过宽的父母，对孩子的要求一味满足，导致青少年对此认为理所应当，而一旦满足不了青少年的欲望就会导致不满甚至犯罪。有的父母管教过于严苛，不把孩子当做独立个体对待，不尊重孩子的想法，认为自己是父母，有权管教子女，怎样都可以，导致孩子爆发。而根据拍球效应（Bounce ball effect）的理论，拍球时，用的力气越大，球就能跳得越高。运用到教育中，此处拍球的力气正对应着对青少年的教育方式。在家庭教育中，对子女适度的期待和适当的压力是有必要的，能够充分挖掘其潜能；但是，如果压力过大，教育方式过于严苛，会造成子女的反抗情绪越大，同样会出问题。

（二）学校教育管理存在的问题

调研过程中，一线工作人员普遍反映，学校教育管理中存在着较大问题，

---

〔1〕 比如在调研中，笔者接触到了一名15岁的未成年犯罪人，在其14岁时（初二）杀人，对象为自己的姥姥（60多岁），因为不让自己出去玩发生争吵，于是用匕首捅了被害人5刀，随后点了一根烟并随手将打火机扔在床上就走了。导致整个一层楼烧坏，二三层也受到影响。而据该犯罪人陈述，其行为当时比较镇静，并没想救自己的姥姥，并且行为后其便去学校找同学聊天。在了解该男孩的家庭情况时，该男孩陈述，其属于超生，家里还有个姐姐。父母为了保住稳定的工作，便将其寄养在奶奶家13年。从小到大父母从来不管自己，平时生活费用都是爷爷奶奶给的。因此，与父母和姥姥没有感情。该犯对其个人性格评价时，竟然使用"冷酷无情"这一词汇，称自己对所有的事都不在乎，性格成因在于父母小时候从来不管自己，感觉不到爱。而在犯罪之后，其母亲也从未到监狱看过自己，其称自己也对此没有期待，自小独来独往惯了，即使见到了父母也没什么话说。可见，家庭关系的和睦、父母与孩子的沟通以及正确的教育方式，对孩子的心理健康有着极其重要的作用。

成为青少年犯罪的直接因素。关于学校方面的问题，笔者归纳为以下两个方面：

1. 教育方式上存在的问题

现在的学校教育主要存在着过于分数至上、成绩至上，而忽略了孩子的道德教育和法制教育。同时，学校过分追求升学率，功利色彩浓厚，也造成部分老师差别对待，给学习好的孩子以优待，而对学习差的孩子则忽略了教育引导，导致其学习成绩越来越差，逐渐失去了学习的兴趣，辍学而流入社会，造成社会的隐患。管理学家帕累托提出的"80/20 法则"，也称"二八定律"认为，在任何特定群体中，重要的部分通常只占少数，而不重要的则占多数，因此只要能控制具有重要性的少数群体就能控制全局。运用到学校教育管理上，教师对于占比例 80% 的遵守纪律的学生的管理只需要 20% 的时间，但是对于不遵守纪律的 20% 的学生的管理却需要 80% 的时间。教师往往将投入集中在"好学生"身上，而占比例较小的"坏学生"其实才是推动班级进步的关键。因此，学校教育中对这两类学生均应有足够的重视，"一个也不能少"。此外，教师个人素质不高、教育方式简单粗暴也是存在的一个重要问题。作为孩子心灵的导师，教师群体的素质和教学方式是非常重要的一个部分。孩子心智尚不成熟，内心脆弱敏感，因此，教师的素质和教育手段直接影响着孩子的心理健康。[1]奥苏贝尔的附属内驱力理论也提到，为了保持长者们的赞许或集体的认可，人们会表现出努力把学习或者工作做好。作为成就动机的主要成分，附属内驱力这种动机主要发生在年龄较小的儿童或青少年身上。也就是说，长者（教师、家长等）正面的教育方式，是促进学生积极进步的关键因素。

2. 管理方式上存在的问题

主要表现为学校与家庭沟通不畅、教师对青少年出现的问题发现与处理不及时以及网络舆论的压力导致教师不敢严格管理孩子的问题存在。在学校与家庭沟通方面，一些学校由于教师责任心不强、学校管理制度不完善，导致学生逃学、逃课现象未能及时被发现，也未能与家长充分沟通，做好共同

---

〔1〕 我们在调研中，就遇到了某初中教师因为某孩子答题慢，其他孩子答完了而该生尚未作答完毕，于是竟当着全体学生的面，粗暴地将其轰出教室的情况。为避免给孩子留下心理阴影，也为避免孩子返回教室后继续受到羞辱，调研人员多方面确认该生未继续受到粗暴对待后才离开。可见，目前学校教育中教师的个人素质以及教育方式上存在的一些陋习还需要逐步予以解决。

监管的工作。[1] 同时，青少年由于心智尚未成熟，在与同学的人际处理、遇到问题的自我调控能力上都有一定的薄弱之处，此时教师对青少年在校期间出现的问题及时地发现和予以处理就尤为重要了。此外，近年来舆论媒体对教师体罚学生的大量报道，导致教师压力过大，不敢对未成年人进行严格教育，怕上网受到抨击，这也助长了未成年人违规违纪的气焰。

（三）社会不良环境方面的问题

调研过程中，笔者发现，过于复杂的社会环境，也成为青少年犯罪的重要因素。社会环境可以分为现实的社会环境与虚拟的社会环境，即网络环境两个方面：

1. 现实社会环境方面存在的问题

主要表现为拜金思想泛滥、不良群体影响、部分不适于未成年人进入的娱乐场所管理混乱等问题。比如在罪犯访谈中，笔者就接触到了这样一位青年，其于 2006 年毕业于山东师范大学体育专业，毕业后在某职业学院当体育老师，后犯合同诈骗罪，数额巨大，并且拒不认罪，最终被判处有期徒刑 11 年。在原因剖析的过程中，该犯陈述到，其来到大城市上大学之后，逐渐受到了拜金思想的影响，开始厌恶小地方，不想过穷日子，与当地人比没有了自身的优越性，导致心理不平衡。于是便希望以金钱、物质抬高自己。同时，加上交友不慎，受到社会不良群体的诱导，并且在自身投机、侥幸心理的推动下，使自己走上了诈骗的道路。在审讯时，又受朋友义气所困，拒不交代任何与犯罪有关的信息，因此造成了严重后果。

2. 网络环境方面存在的问题

主要表现为网络暴力、网络色情、网络犯罪等问题。在这方面，监狱干警反映，现在大部分犯罪与网络有关，比如暴力犯罪、贩毒等，很多都是由于网络产生或者通过网络的方式进行，这对初入社会的青少年身心造成了严重不良影响。[2]

---

〔1〕 比如，在与监狱干警座谈时，某干警就提到，其朋友之子对学校称病未上学，而家里人见其每天均背书包声称去上学因而未予怀疑，学校教师也未就孩子情况与家长及时沟通核实，导致一周后家长才发现孩子未去上学，而是偷跑到网吧上网。可见，学校与家长及时进行沟通，是保障孩子正常接受学校教育的一个关键方面。

〔2〕 如犯罪嫌疑人郑某，从小专门学习艺术，父母对此倾注极大，结果由于接触到网络不良游戏的影响，而走火入魔，将自己的女友杀死。由此可见，社会不良环境的诱导，是造成青少年犯罪的一个重要方面。

二、恢复性司法之基本理念、模式以及在青少年犯罪预防与矫正中的优势

（一）恢复性司法的基本理念与模式

关于恢复性司法的定义，国际社会上广泛使用的为英国犯罪学家托尼·马歇尔提出的定义，即"恢复性司法是一种过程，在这一过程中，所有与特定犯罪有关的当事人走到一起，共同商讨如何处理犯罪所造成的后果及其对未来的影响。"[1]可见，恢复性司法的核心要素在于"恢复"，其恢复的是一种"关系"，即一种被犯罪行为破坏了的社会关系。这种社会关系的主体，可以包括犯罪的实施者、受害者、双方的家人、亲友，甚至双方所在社区的相关人员。恢复性司法就是恢复被犯罪行为破坏了的，上述主体之间的关系到犯罪发生之前的状态上。

与传统的刑事司法理念不同，恢复性司法质疑"犯罪是孤立的个人反对统治关系的斗争，是对国家利益的侵害，应当由国家作为受侵害方来提起诉讼进行追究"的观念，提出在大多数情况下，犯罪首先侵害的还是个人的利益，包括社区的利益，因此，不应当忽略被害人和社区在刑事程序中应有的地位和话语权。恢复性司法提供了一个沟通和谅解的平台，在这个平台中，被传统刑事诉讼程序忽略的被害人以及被伤害的社区作为重要组成部分参与到恢复性程序过程中，让犯罪嫌疑人直面其犯罪行为对被害人和社区造成的伤害，让犯罪的受害方能够有渠道得以发声，加强这几方面主体的沟通和协商，从而促进犯罪人的悔悟，作出赔礼道歉，并进一步达成和解协议，最终得到受害方的谅解。通过这样的一个程序，使几方面的关系得到恢复。

（二）目前学术研究的缺陷以及恢复性司法的优势

目前为止对青少年犯罪的预防和矫治对策进行研究的专家学者的文章中，多集中于基于对家庭、学校和社会因素的浅层次分析，从而有针对地得出这三方面相应的概括性的对策。也就是说，其对策大体分为"完善家庭教育管理——完善学校教育管理——完善社会治理"三个部分。但是，这样的对策存在着原则性过强、操作性差的弊端。其根本原因在于没有抓住造成青少年犯罪的家庭、学校和社会三个表象因素背后的深层次因素、根本"症结"所

---

[1] Daniel Van Ness, Allison Morris and Gabrielle Maxwell, "Introducing Restorative Justice", in Allison Morris and Gabrielle Maxwell (eds.), *Restorative Justice for Juveniles-Conferencing, Mediation and Circles* (Hart Publishing), Oxford and Portland, Oregon, USA, 2001.

在。其实，仔细分析青少年犯罪的成因可以发现，无论是家庭的、学校的还是社会上存在的各方面因素，其根本症结在于沟通交流、教育方式以及齐抓共管方面的欠缺。

1. 沟通交流与齐抓共管方面的因素

表现为父母与孩子之间缺乏沟通交流、教师与孩子之间缺乏沟通交流、教师与家长之间缺乏沟通交流、社区与家长之间缺乏沟通交流以及社区与公安部门之间缺乏沟通交流五个方面，而后三个方面的沟通交流，实际上也属于家庭、学校、社区、公安部门齐抓共管的具体表现。父母与孩子之间缺乏沟通交流，导致孩子认为父母不关注自己、不管自己，加上孩子自身情绪调节能力差，造成心理创伤，也导致孩子内心的想法无法表达，孩子心理出现的问题不能够及时被发现，造成亲子关系的疏远。教师与孩子之间缺乏沟通交流，会导致孩子在学习上、人际交往以及情绪等方面出现的问题不能够及时被发现和解决，造成学习成绩下滑、同学间矛盾加深、内心负面情绪累积，最终出现越轨甚至犯罪后果。教师与家长之间缺乏沟通交流，会造成孩子逃学脱管的现象不能及时被发现，从而接触到社会不良环境和群体，对其形成负面影响。社区与家长之间缺乏沟通交流，易导致孩子在社区环境中遇到的问题以及实施的越轨行为不能够及时得到教育和处理，造成邻里关系和社区秩序的破坏。此外，很多匿名黑网吧等违法娱乐场所隐藏在小区居民楼内，公安部门无法及时发现，而社区利用自身的优势进行及时举报与积极配合就显得十分重要。否则，将加大公安部门对社会环境治理的负担。

2. 教育方式方面的因素

表现为父母教育子女的理念与手段欠科学、学校教育学生的理念与手段欠科学两个方面。父母对子女教育方面，手段过于宽松，态度过于溺爱或是手段过于苛刻，不尊重孩子内心的想法和意见，动辄打骂，都会造成子女心理健康出现问题。同时，父母是孩子的第一任老师，对于孩子性格和习惯的形成有着极大影响。而父母过于注重学习忽略传统教育、道德教育的引导，将会导致孩子以自我为中心、自私自利思维的养成。学校对学生教育方面，过于唯分数唯成绩，而忽视德育教育和法制教育，会造成学生道德意识和法制意识淡薄。有研究表明，从幼儿园到初中阶段，是德育教育的关键时期，此时应当注意开展对孩子法制观念、思想道德、传统文化方面三位一体的教育，让孩子形成责任感。在德智体美劳五个方面的教育培养中，正确的主次应当是体 > 德 > 智 > 美 > 劳，但是现在家长和学校的教育却本末倒置，重

"智"而轻"德"。

与传统的预防矫治对策相比，恢复性司法模式则具有不可替代的优势。它为我们提供了一个良好的平台，使孩子与家庭、学校、社会、公安部门以及受害者这几方都能够聚集在一起，进行沟通交流，找到各自需要完善之处。同时，通过交流达成齐抓共管的一个方案，使孩子出现任何问题能够及时地被发现并予以解决，也使公安部门能及时了解掌握社区环境中存在的隐蔽非法娱乐场所，净化社会环境。此外，还能够借助这个平台对青少年进行教育，让青少年直面其行为对他人工作、学习和生活造成的损害，承担直接的责任，促进青少年的悔悟自省，对其越轨行为做出道歉或者对其犯罪行为做出赔偿，从而与受害方达成和解，促进社区的重新接纳，将几方的关系恢复到最佳状态。此外，针对目前实践中普遍存在的社区矫正人手过少，往往一个地区只有 2、3 个人，根本没法落实，多半只是走形式，反而造成有一定人身危险性的青少年犯罪人员流入社区的现状，通过恢复性司法模式的引入，能够联动家庭方、校方、社区方和警方四方面的人员形成矫治合力，也可以分担社区矫正部门的压力，将犯罪青少年的矫正工作真正落到实处。

三、恢复之前提——对青少年的科学分类与评测指标之确立

（一）恢复之前提：对青少年的分类

对青少年进行恢复性司法模式下的犯罪预防和矫治之前，应当首先进行的是对青少年进行科学的分类，才能确定对哪些青少年进行恢复性司法的运用。对青少年的分类，应当以人身危险性量表作为划分依据，按照人身危险性由小到大，作出划分，从而采取针对性的防治措施。人身危险性越大，说明其犯罪的可能性越大，因此需要采取措施的紧迫度就越强。对此，笔者依照人身危险性程度不同，将青少年划分为普通青少年、一般问题青少年、问题青少年（恶习较深、越轨行为）以及犯罪青少年几个类别，同时，针对问题青少年和犯罪青少年进行恢复性司法运用。

普通青少年，在这里是指课堂表现良好、遵纪守法、无不良记录的青少年。对这部分青少年，没有专门进行教育的必要。

一般问题青少年，主要指轻微违反纪律、调皮捣蛋、教育难度不大的青少年。对于这部分青少年，只要通过老师及时进行教育纠正即可。很多孩子不听话，不愿与教师沟通的缘由，很大一方面是由于老师的教育方式存在问题。教师对这部分青少年应当采用科学的教育方式，采用适合青少年个性特点的方式进行教育交流，从而化解矛盾。切忌将仅仅存在轻微违规违纪情况的青少年、与教师教育观念相左而存在抵触情绪的青少年也纳入问题青少年的范围从而动用恢复性司法程序进行犯罪预防。

问题青少年，在这里指恶习较深、存在严重越轨行为、教育难度较大、存在一定的犯罪倾向性的青少年。对于这部分青少年，要采用与恢复性司法相结合的形式，及时进行犯罪预防，从而将该部分青少年的犯罪苗头扼杀在摇篮之中，即对这部分青少年，列为问题青少年，作为青少年犯罪预防的对象进行恢复性司法的运用。这部分边缘青少年，其进一步走向犯罪的可能性较大，如果不及时进行纠正，将会导致严重后果。

犯罪青少年，在这里是指已经实施了犯罪行为的青少年，对其纳入青少年犯罪矫治的对象。在矫治手段上，应当采用与恢复性司法相结合的形式，进行犯罪矫治。这部分青少年，多系由于事前预防不及时或者被忽略，以至于其实施了犯罪行为，故对其进行恢复性司法程序的引用，从而对其进行教育引导，促使其事后对自身的犯罪行为进行反思，促使其改过自新，不再犯罪。

（二）指标之确立：对问题青少年的科学界定与测评

如上所述，恢复性司法模式适用于问题青少年和犯罪青少年。而对于其适用对象——问题青少年和犯罪青少年，应当进行科学的界定。其中，犯罪青少年可以依据法院对青少年实施行为的审判结果来进行界定，这点比较简单。关键的一方面是如何对问题青少年进行科学的界定，对一般问题青少年和问题青少年有一个明确的界分。这就需要从青少年的学习状况、在校表现、人际关系、家庭背景、心理状况等多方面进行指标的具体确定，形成青少年危险性评估量表，采用实证的方法，对青少年作出一个具体的危险性评估结果，根据结果的量值情况，对其中达到某一具体分数幅度的青少年，纳入问题青少年的范围。

目前对青少年犯罪倾向评估，并没有统一适用的量表。比较通用的量表，包括英格兰与威尔士所使用的犯罪人危险评估工具——"犯罪人危险评估系统"（OA Sys）、由加拿大的安德鲁（D. A. Andrews）博士与博塔（J. Bonta）于1995年设计并推出的LSI – R"水平评估量表"、由多伦多大学教授韦伯斯特等人于1997年设计出的历史因素评估工具、由黑尔于1985年设计的精神疾病量表、由纳菲尔德于1982年设计的重新犯罪统计信息量表、由加拿大的汉森博士和英国的桑顿博士设计的静态 – 99量表以及美国部分州的罪犯危险评估量表等。但是，这些量表都存在一定的片面性，其主要适用主体为成年人，其中很大一部分适用于已犯罪的人。青少年尤其是未成年的身心成熟度、可塑性程度等，都与成人有较大差异，因此应当分别设计。对此，印第安纳州将危险评估工具分为成年服刑人员危险评估工具和未成年服刑人员危险评估工具两种设计，对未成年服刑人员方面设计了有针对性的评测指标。但是，局限在于其针对的只是服刑人员，相关项目占了近一半。因此，现有的比较通用的量表均无法用来进行青少年犯罪倾向的评估，从而无法科学界定地问题青少年。

根据前述的青少年犯罪成因的调研结果，笔者认为，对青少年犯罪倾向性的测评，应当根据导致青少年犯罪的原因进行设计，导致犯罪的因素出现程度越高，犯罪倾向性就越大。因此，对青少年犯罪倾向性指标体系设计，应包括以下几个方面：

1. 家庭背景指标

主要包括父母离异、经济困难、亲属病逝、单亲家庭、父母外出务工、父母自身素质等项目，存在上述情形的，每项加一定的分数。

2. 家庭关系指标

主要包括父母关注、父母子女沟通、父母子女代沟、父母关系以及父母暴力等项目，上述问题出现负面情形的，每项加一定分数。

3. 学校环境指标

主要包括师生关系、同学关系、学习成绩、学习态度、学校环境、教育水平、教师工作负责程度、学生出勤情况、学校与家长沟通情况等项目，上述问题出现负面情形的，每项加一定的分数。

4. 社会环境指标

主要包括社会交往群体影响、进出娱乐场所情况、进出网吧情况、住宅周围治安状况等项目，上述问题出现负面情形的，每项加一定分数。

5. 个人指标

主要包括对犯罪的态度、酒精使用情况、毒品使用情况、精神病史、性格指标、历史违规违法情况等项目，上述问题出现负面情形的，每项加一定的分数。

根据最后所得分值，将青少年犯罪倾向分为五种情况，即高度犯罪倾向、中高度犯罪倾向、中度犯罪倾向、中低度犯罪倾向以及低度犯罪倾向。对于前三种犯罪倾向的青少年，界定为问题青少年，并开展一定的犯罪预防措施。

四、恢复性司法在青少年犯罪预防和矫治中的运用之设计

恢复性司法在青少年犯罪预防和矫治中的运用，应当分为问题青少年恢复性司法程序之引入、犯罪青少年恢复性司法程序之引入两方面。

（一）问题青少年恢复性司法程序之引入

首先是参与方。参与方包括五到六个方面，即问题青少年及家庭方、学校方（老师）、社区方、治安部门（派出所）以及中立促进方。如果青少年的违规违纪行为涉及具体的受害人，则还应当包括被害人及家庭方。（模式如图1）其次是内容方面。内容的开展围绕的主题就是"促进主体之间的沟通交流、促进各方面对问题青少年的共同教育、促进各方面对问题青少年的齐抓共管，将问题及时化解，以防止问题青少年进一步走入犯罪的深渊"。在对问题青少年的恢复性司法程序的具体内容设计上，可以包括如下几个步骤：

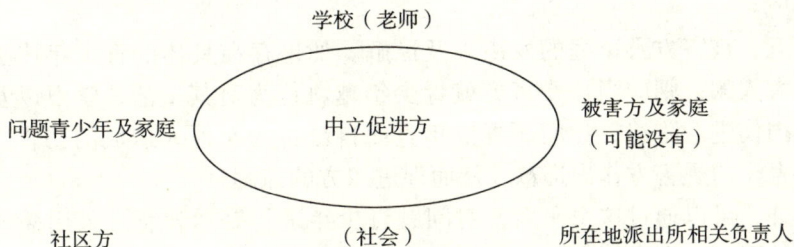

学校（老师）

问题青少年及家庭　　中立促进方　　被害方及家庭（可能没有）

社区方　　（社会）　　所在地派出所相关负责人

图1　问题青少年恢复性司法模式图

第一，对问题青少年的越轨因素进行全面了解。找到越轨行为可能涉及的家庭、学校、社会等方面具体包含哪些因素。

第二，沟通交流。通过第一阶段的分析，在本步骤中进行有针对性地沟通。首先，对于家庭环境中父母管理方式和教育方式出现的问题，通过对孩子与父母之间的交流进行总结，帮助父母在日后的家庭教育管理中进行有针对性地完善。其次，对于学校教育管理上存在的问题，通过孩子、父母的发声，促使学校方面找到自身存在的缺陷，并在接下来的教育方面进行完善。其提出的问题应当尽量具体和细化，要通过适应青少年内心个性特点的方式进行沟通，发现学校生活中在学习上、与老师相处、与同学相处等方面出现了什么问题，并将相关当事人引入到程序中进行矛盾的化解。最后，青少年所在社区，对于青少年的平时表现、邻里关系等方面的大体情况也要及时进行摸底和掌握，在这个前提下，对于问题青少年，所在社区也参与进来进行沟通，让问题青少年的家庭以及学校对其平时的校外表现有大致的了解，同时发挥社区的作用，将问题青少年及家庭所反映的针对社区的问题和意见重视起来，联络相关社区成员进行问题化解。

第三，齐抓共管。通过前两个阶段的问题分析、情况掌握以及意见沟通之后，在该步骤中，继续发挥中立促进方的作用，促进问题青少年的家庭、学校以及所在社区达成一个具体的齐抓共管的方案，做好三方之间的沟通和协调，做到未成年人无论在哪个环境下出现了问题，都能够得到及时地发现和处理。

第四，社会治理。通过恢复性司法的平台，让青少年所在的家庭、学校、社区对造成青少年出现问题的社会因素及时地向治安部门——派出所相关负责人进行反映，比如周围黑网吧的举报、部分公共娱乐场所违规行为的揭发等，让治安部门及时发现和掌握情况，发动各方面的力量净化青少年成长的社会环境。

第五，被害方及家庭的发声以及谅解。如果存在具体的青少年违法违纪行为受害人的，则应当让受害方就青少年越轨行为对其生活、学习以及身心造成的损伤进行陈述，让问题青少年直面自己行为对他人造成的伤害，内心受到教育，向受害方作出道歉，从而促进双方的谅解。

此外，可以通过这个平台，对问题青少年进行警示教育。采用播放警示教育片的形式，通过相近年龄犯罪人的现身说法，让青少年认识到如不克制自己的行为，进一步酿成犯罪的后果的严重性，使其受到内心的震慑，从而不去犯罪。当然，警示教育片的制作过程中，基于未成年人保护的原则，应当隐去犯罪嫌疑人的真实信息。并且考虑到青少年的模仿倾向，将犯罪的手段尽量简化，突出犯罪的后果以及恶劣影响，使其受到教育。

（二）犯罪青少年恢复性司法之引入

首先是参与者。参与者包括六个方面，即犯罪青少年及家庭方、学校方（老师）、社区方、治安部门（派出所）方、被害人及家庭方以及中立促进方。（结构模式如图 2）其次是内容方面。由于犯罪青少年与问题青少年的越轨程度、行为性质存在着很大的差别，因此在具体的内容设计上应当有所区别。对犯罪青少年实施恢复性司法围绕的主题是"促进主体之间的沟通交流、促进各方面对犯罪青少年的共同教育、促进各方面对犯罪青少年的齐抓共管，让犯罪青少年意识到犯罪对个人后果的严重性、对被害方个人及家庭的伤害程度以及对社区造成的恶劣影响，对犯罪青少年进行矫治，以防止其重新犯罪"。在对犯罪青少年的恢复性司法程序的具体内容设计上，可以包括如下几个步骤：

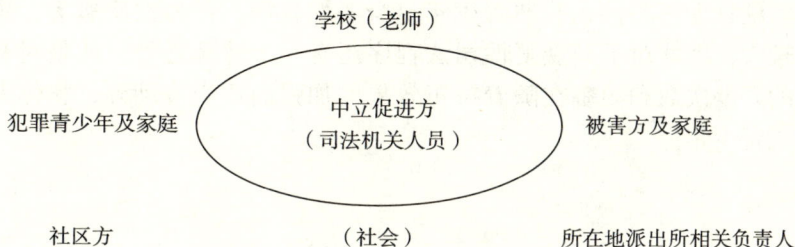

学校（老师）

犯罪青少年及家庭　　　　中立促进方　　　　被害方及家庭
　　　　　　　　　　　（司法机关人员）

社区方　　　　　　　　　（社会）　　　　所在地派出所相关负责人

图2　问题青少年恢复性司法模式图

第一，对问题青少年的犯罪因素进行全面了解。找到犯罪行为可能涉及的家庭、学校、社会方面具体包含哪些因素。

第二，沟通交流。通过第一阶段的分析，在本步骤中进行有针对性地沟通，包括家庭、学校和所在社区三个方面，内容与问题青少年的恢复性司法程序之此部分内容大体相同。

第三，齐抓共管，四是社会治理，这两个部分的内容也与问题青少年大体相同。有所区别的一个是被害方及家庭的发声以及谅解方面，与问题青少年不同，犯罪青少年因其犯罪行为往往会导致对相对方造成了直接的伤害。因此，被害方及其家庭的参与就显得极其必要。在这个步骤中，应当让受害方就青少年犯罪行为对其生活、学习以及身心造成的严重伤害进行陈述，让犯罪青少年直面自己行为对他人造成的伤害，内心受到教育，向受害方作出道歉，此外还要对对方进行一定的赔偿，达成和解协议，从而促进被害方的谅解。在这个步骤中，犯罪方的道歉、犯罪方的赔偿、被害方的谅解以及最后和解协议的达成，是必需的几个要素。由于犯罪行为对受害方造成的伤害相对较大，因此对受害方伤害的弥补就应当给予一定的重视。另一个是各方面对犯罪青少年进行专门的教育，让青少年意识到其犯罪行为性质的恶劣性、危害的严重性以及对自身和他人造成的后果的严重性。此外，针对实践中一线工作人员普遍反映的，对于纳入社区矫正的青少年，存在着基本没有学校愿意接收其复学的情况。而对于这部分青少年，重新接受正规的学校教育是很重要的，这也是各方面做好齐抓共管的一个重要环节。因此，在对犯罪青少年的恢复性程序中，还有一个很重要的内容，就是促进该部分青少年的复学。再一点，与问题青少年不同的是，对于犯罪青少年恢复性程序的引入，应当考虑到让其时刻感受到法律的权威性和严肃性，形成敬畏法律的意识。因此，此部分的中立促进方，应当选择司法机关有关人员担任为宜。最后一点，与问题青少年不同，犯罪青少年自身恶性较深，行为性质恶劣，矫正难度相对较大，因此对于其恢复性司法程序还有一个特殊之处，就是对其恢复性程序的开展次数和频率在随着矫正效果的加强而适当波动外，整体上应当高于问题青少年。

从存在到规范

——德日犯罪论体系的共动与角力

From Existing to Norm

—The Transform of Crime Theory System

陈文昊 *

　　摘　要：古典犯罪论体系以实证主义为哲学根基，新古典体系视新康德主义为拥趸，目的理性主义、规范论奉功能主义为圭臬，从古典犯罪论体系，到新古典体系，到目的行为论体系，再到功能主义犯罪论体系，无不体现出作为理论基础的哲学根基嬗变与规范评价对犯罪论体系的渗透。从实证主义，到新康德主义思想，到目的行为理论，再到功能论，古典的犯罪构成体系最终被打破，取而代之的是开放的犯罪构成，价值评价的渗透使得李斯特鸿沟被彻底跨越。从对构成要件理解的对立，到违法性判断的阵地与底线，再到有责性中的争讼，存在与规范两大阵营将刑法理论之争引向深处。规范论的兴起标志着刑法理论的涅槃与转型，对此应当批判地接受。

　　关键词：犯罪论体系　存在　规范

---

　　* 陈文昊，北京大学法学院刑法学专业 2015 级硕士研究生（100000）。

一、推动犯罪论体系嬗变的哲学思潮

（一）实证主义学派与古典犯罪论体系

在介绍实证法之前，不得不先提及自然法。自然法作为最古老的法哲学范畴[1]。古希腊朴素唯物主义所揭示的自然法认为 logos 揭示万物客观规律，logos 的概念由自然法学派代表人物赫拉克利特提出。[2] 到了中世纪，自然法被阿奎那赋予"理性动物中，对永恒法的参与"的晦涩含义。它高于国家制定或认可的实在法，是实在法最终通向永恒法的桥梁，使得实在法符合正义的基本原则，实现实在法和永恒法的内在统一。[3] 但仍不乏批判的观点，主张自然法的不确定和价值因素使得正义实质沦为拥有裁量权的法官手中的玩物。[4]

实证主义哲学是对自然法学派的悖反。实证主义思潮产生于 19 世纪三四十年代的法国和英国。该理论的代表人物孔德提出，就实证一词的含义而言，指的是真实、有用、精确、相对。而经验主义者认为，知识只能来源于感官经验，超越经验的知识，均是无用的。正如实证主义的代表人物休谟所说：如果当我们去图书馆翻阅书籍，发现这里面都是没有数据的知识，没有事实根据也没有实验。那么，把这些书烧掉吧！因为它里面所包含的不过是诡论和幻想。

实证主义认为恶法亦法，国家可以通过法律的强制性保障实施。法律实证主义反对形而上学的思辨方式和寻求终极原理的方法，试图将价值考虑排除在法律研究的范围之外。正如李斯特认为，刑法教义学与刑事政策相互疏离，无法沟通，存在一道"李斯特鸿沟"。因此，实在法与伦理规范、政策严格区分，正义就是合法条。李斯特还认为，刑法的任务就在于解释犯罪与刑罚之间的因果逻辑，这只能通过自然科学的方法才能竟其功。

"恶法亦法，法律可以通过国家的强制力保障实施"是实证主义的一个重要观点。[5] 该理论强调将实在法与伦理规范、政策严格区分，合法条就是正义。[6] 其反对形而上学的思辨方式和寻求终极原理的方法，试图将价值考虑

---

〔1〕 罗国强："西方自然法思想的流变"，载《国外社会科学》2008 年第 5 期，第 33 页。

〔2〕 李家善：《国际法学史新论》，法律出版社 1987 年版，第 47 页。

〔3〕 杨显滨："论自然法学与实证主义法学的互动融合"，载《河北法学》2012 年第 9 期，第 158 页。

〔4〕 贾敬华："对分析实证主义法学哲学基础的批判及反思"，载《南开学报（哲学社会科学版）》2008 年第 6 期，第 128 页。

〔5〕 杨显滨："论自然法学与实证主义法学的互动融合"，载《河北法学》2012 年第 9 期，第 158 页。

〔6〕 ［美］博登海默：《法理学：法律哲学与法律方法》，邓正来译，中国政法大学出版社 2004 年版，第 118 页。

排除在法律研究的范围之外。[1]"李斯特鸿沟"即反映了刑法教义学与刑事政策相互疏离。李斯特认为,刑法的任务就在于解释犯罪与刑罚之间的因果逻辑,这只能通过自然科学的方法才能竟其功。[2]

实证主义学派对古典犯罪论体系的构建具有深远影响。在实证主义学派渗透之下,法学沦为概念法学,追求"完美的体系的逻辑演绎"[3],法官只是"宣告法律说出的嘴巴"[4]。古典犯罪体系只可以被观察、计量着存在,因而其中的要素均为纯事实要素,不涉及价值判断,法官只需套用三段论即可完成。[5]可以说,古典犯罪论体系全然是存在上的、价值中立的,并不涉及价值判断。

(二)新康德主义与新古典犯罪论体系

实证主义的发展如火如荼。实证主义学派的发展带动了实证犯罪学派的诞生,实证犯罪学派反过来促进了实证主义学派的繁荣。随着龙布罗梭"天生犯罪人"理论的问世,实证主义在刑法学中的发展到达顶峰。但实证主义学派将人作为工具,作为"可用实验验证"的经验对象逐渐引起人们的不满。[6]终于在 19 世纪末,伴随着"人不是物,而是主人"的呐喊,新康德主义全面崛起。[7]

新康德主义是唯心主义与唯物主义的折衷,强调物质与意识的二元对立。一方面,他承认意志以外的"自在之物",但另一方面,它又是不可知的。新康德主义作为唯心主义与唯物主义折衷后的产物,它强调物质与意识的二元对立,承认意志以外的"自在之物"并认为其不可知。新康德主义将世界一分为二,一是自然科学的"实然"世界,一是道德科学的"应然"世界,[8]

---

〔1〕 欧阳本祺:"犯罪构成体系的价值评价:从存在论走向规范论",载《法学研究》2011 年第 1 期,第 128 页。

〔2〕 许玉秀:《当代刑法思潮》,中国民主法制出版社 2005 年版,第 119 页。

〔3〕 童德华:"哲学思潮与犯罪构成——以德国犯罪论的谱系为视角",载《环球法律评论》2007 年第 3 期,第 22 页。

〔4〕 [德]考夫曼:《法律哲学》,刘幸义等译,法律出版社 2004 年版,第 72—73 页。

〔5〕 劳东燕:"刑法解释中的形式论与实质论之争",载《法学研究》2013 年第 3 期,第 123 页。

〔6〕 张林、马勇、郑平安:"从实证主义刑法学到新康德主义刑法学的转变——德国古典犯罪论体系与新古典犯罪体系比较研究",载《山东社会科学》2012 年第 12 期,第 8 页。

〔7〕 [日]西原春夫:《刑法·儒学与亚洲和平——西原春夫教授在华演讲集》,山东大学出版社 2008 年版,第 113 页。

〔8〕 朱力宇、刘建伟:"新康德主义法学三论",载《法学家》2007 年第 5 期,第 23 页。

也即存在与价值的二元世界。新康德主义认为，存在与价值是两个不同的体系，两者之间无法沟通。价值观念只能从规范体系中形成，不能从客观事实中当然形成评价犯罪的价值体系。[1] 因此，最终的关于"应然"的命题无法被证明，只能被承认，即不存在最高的评判标准。[2] 既然犯罪论体系是一套价值体系，则不可能无涉规范要素。

继承了实证学派的观点，新康德主义强调相对的法律。正如拉德布鲁赫所说"法律的内容是生长的，随时间、地点而变化，风俗情形也随之不同，民众的法律思想观念也相应发生变化"，[3] 因而法律是相对的。施塔姆勒也认为，形式上合乎标准就是正当的法。正当的法只要求形式上合乎标准。[4] 因此，"意志自由的人们的社会"与"良法之治"只是目标与理想，"如海员追随北极星，并非想到北极星上去，而是力图为航海寻求正确的方向"[5]。

因此，梅茨格尔的新古典犯罪论体系建立在存在、规范与价值的三个层次之上。事实对应行为，是刑法本体的第三层；规范对应不法、责任，是刑法本体的第二层；价值对应法益，是刑法本体的第一层。质言之，刑法所评价的不仅是无色中立的自然行为，而且是具有文化意义的社会行为，因而不可能无涉价值判断。[6]

（三）存在主义与目的行为论

新康德主义在二战之后被广泛反思。新康德主义认为，基于自然法的相对性，行为能够被评价现实圭臬只能是实在法。[7] 这造成了国家权力恣意设置价值评判体系的价值虚无主义，一定程度上对纳粹的兴起起到了推动作用。

与新康德主义认为事实与价值体系之间无法沟通不同，物本逻辑认为"存在"本身内含秩序，规范是对生活材料的描述而非规制。[8] 在现象学看

---

〔1〕 周光权："价值判断与中国刑法学知识转型"，载《中国社会科学》2013 年第 4 期，第 125 页。

〔2〕 周啸天："行为、结果无价值理论哲学根基正本清源"，载《政治与法律》2015 年第 1 期，第 38 页。

〔3〕 吕世伦、谷春德：《西方政治法律思想史（下）》，辽宁人民出版社 1987 年版，第 176 页。

〔4〕 朱力宇、刘建伟："新康德主义法学三论"，载《法学家》2007 年第 5 期，第 32 页。

〔5〕 ［苏］莫基切夫：《政治学说史（下）》，中国社会科学出版社 1979 年版，第 683 页。

〔6〕 周光权："价值判断与中国刑法学知识转型"，载《中国社会科学》2013 年第 4 期，第 123 页。

〔7〕 周啸天："行为、结果无价值理论哲学根基正本清源"，载《政治与法律》2015 年第 1 期，第 39 页。

〔8〕 欧阳本祺："犯罪构成体系的价值评价：从存在论走向规范论"，载《法学研究》2011 年第 1 期，第 129 页。

来，价值隐藏于存在之中，世界并非透过方法论上的概念塑造产生，与之相反，概念只是对已成形的现实加以描述。[1]存在与规范、"实然"与"应然"并非彼此对立，而是一元融合的关系。简言之，胡塞尔的现象学即研究"事物本身"的科学。该学派高举"回到事物本身"的大旗，强调客观是作为主观认识被给予对象的存在，将意识指向客体的活动称为意向，继而在与意向相联系的意义上把握人的行为。[2]

威尔泽尔在《目的的行为论序说——刑法体系的新样相》一书中提出：人的行为都是为了实现目的活动的存在。因此，行为是"目的"的现象，并非仅是"因果"的现象。因此，行为不仅是"因果"的现象，更是"目的"的现象。在威尔泽尔的体系中，行为并非价值中立，而是内含价值[3]：目的行为是存在与规范、事实与价值的统一。威尔泽尔将主观要素全部纳入不法阶层，对德国现行的犯罪论体系影响深远。"这样一来，行为人操纵行为的意志甚至行为人的人格等，这些都会影响不法的要素"。至此，价值判断在犯罪构成体系中进一步渗透。

（四）功能主义与目的理性主义、规范论

功能主义者主张只追求能将某种输入转化为特定的输出，而忽略运行于输入和输出之间的内部状态。[4]对于行为是否值得犯罪论体系的评价，功能主义者将刑法的刑事政策基础纳入考虑，认为在实现刑法和刑事政策的一体化的过程中，价值判断占据重要地位。[5]

1970年以后，西方哲学中政治哲学对功能主义的兴起产生影响。随之而来的是后现代主义对先前哲学思想的批判，其主张多元主义，反对将真理置于金字塔顶端，也反对普遍主义之下的以理性看待一切实物。[6]因此，"不可把握性"的法学使人们开始放弃"存在"的思维方式，转而以人或者人类共

---

〔1〕 许玉秀：《当代刑法思潮》，中国民主法制出版社2005年版，第26页。

〔2〕 谷声然："胡塞尔现象学的理论开端"，载《武汉科技大学学报（社会科学版）》2008年第1期，第32页。

〔3〕 欧阳本祺："犯罪构成体系的价值评价：从存在论走向规范论"，载《法学研究》2011年第1期，第134页。

〔4〕 唐热风："论功能主义"，载《自然辩证法通讯》1997年第1期，第7页。

〔5〕 周光权："价值判断与中国刑法学知识转型"，载《中国社会科学》2013年第4期，第125页。

〔6〕 姚大志：《现代之后——20世纪晚期西方哲学》，东方出版社2000年版，第4—7页。

同体为基本判准的体系。[1]

功能主义构建的犯罪论体系旗帜鲜明。有学者这样描述目的构成教义学体系：它是向外部开放的管道，经由这一管道，来自体系之外的政策需求得以输送至体系内部，为体系的要素所知悉，并按目的指向的功能调整自身结构。这样的需求通过目的的管道传递至教义学体系的各个角落，驱使体系内各个要素做出构造上的调整。[2]斯言诚哉！罗克辛教授、雅各布斯教授正是在传统的、封闭的犯罪构成体系中释放了若干开口，使之与外界政策相互连通。

罗克辛教授认为，罪责概念只有与预防需求相互结合、相互限制，才能得出行为人应受刑事处罚的结论。[3]雅各布斯教授则将规范评价推演到极致。他认为，犯罪是对规范的破坏，要依据一般预防的社会需要来确定罪责，在此过程中并不考虑行为人的个体能力。[4]因此，如果说罗克辛教授在规范的道路上迈出了一大步，雅各布斯教授则走得更远。

二、对立与检视："存在"与"规范"两大阵营割据对刑法体系的陶染

"存在"与"规范"的二元对立对刑法理论具有深远影响。在笔者看来，这种影响贯穿刑法体系，是刑法论中的脉络暗线。在解释论上，导致形式解释论与实质解释论的泾渭分明。在立场上，引起结果无价值论与行为无价值论的相互对立。在构成要件层面，使得对行为、不作为、因果关系的理解有所差异。在违法层面，致使对正当防卫必要限度、违法本质、是否存在超法规违法阻却事由的解读不尽相同。在责任阶层，引起对责任的理解、故意中认识的判断、结果预见义务的判断标准、期待可能性的判断标准大相径庭。在共犯理论中，造成正犯的认定标准、不作为犯在共犯中的作用的认识南辕北辙。

（一）之于构成要件

1. 对行为的理解

自然行为论将行为理解为纯肉体的外部动作，[5]因而排斥规范的要素，将构成要件视为纯客观的、价值中立的事实要件，无涉价值判断。[6]正如李

---

〔1〕 童德华："哲学思潮与犯罪构成——以德国犯罪论的谱系为视角"，载《环球法律评论》2007年第 3 期，第 26 页。

〔2〕 劳东燕："风险社会与变动中的刑法理论"，载《中外法学》2014 年第 1 期，第 91 页。

〔3〕 ［德］罗克辛：《德国刑法学　总论（第一卷）》，王世洲译，法律出版社 1997 年版，第 125 页。

〔4〕 ［德］罗克辛："构建刑法体系的思考"，蔡桂生译，载《中外法学》2010 年第 1 期，第 13 页。

〔5〕 张明楷：《刑法学（第 4 版）》，法律出版社 2011 年版，第 144 页。

〔6〕 陈兴良："构成要件论：从贝林到特拉伊宁"，载《比较法研究》2011 年第 1 期，第 77 页。

斯特所认为的，行为是为意志所造成的外界变动，"它只依机械规律发生"。

新古典主义重视行为的社会意义，在"有体性"、"有意性"之外加入了有害性的判断。即在社会行为论的立场下，刑法只评价具有社会意义的行为。例如社会行为论者指出，因果行为论无法解决侮辱行为，因为侮辱涉及对人的尊重，涉及价值判断，仅从存在的视角出发无法对"侮辱"定界。

威尔泽尔认为，作为构成要件要素的行为概念是主观意志对因果流程的目的支配，因此，行为不仅是纯客观的事实过程，而且是建立在行为人的意志关系之上的目的结构。[1]在目的行为论中，构成要件不仅包括客观构成要件，而且包含主观构成要件。[2]

2. 对不作为犯的理解

李斯特认为，不作为是对结果的意志上的不阻碍。相对作为而言，不作为更加取决于意志力。[3]自那格拉的保证人说伊始，对不作为犯的判断一直停留于存在的范畴。

目的行为论以后，阿明·考夫曼全面重构了不作为犯，他认为，不纯正不作为犯是违反命令规范的"真正"不作为犯，而非违反禁止规范的作为犯，其满足的是未被书写的不作为犯的构成要件，而非作为犯的构成要件。因此，不纯正不作为犯并非类推适用作为犯的犯罪构成要件。作为替代，威尔泽尔与阿明·考夫曼提出了不作为判断的实质标准：有处罚侵害法益或危险的作为构成要件、有阻止这种法益侵害的命令、违反这一命令与符合作为构成要件的作为在不法内容及责任内容上相当。如此，只要在当罚性上等价值，不纯正不作为犯就可适用作为犯的犯罪构成要件加以处罚。[4]可以说，威尔泽尔与考夫曼在不作为犯的判断中填充了大量评价因素。

针对不作为犯的问题，规范视角会得出不同的答案。例如罗克辛教授认为，只有社会期待行为人作为时才能成立不作为犯。[5]例如父亲与别人聊天看到自己的孩子落水而不救，这里评价的关键不是父亲和别人聊天的

---

〔1〕 王充："论目的行为论犯罪论体系——以威尔兹尔的犯罪论体系为对象"，载《刑事法评论》2005 年第 2 期，第 171 页。

〔2〕 许玉秀：《当代刑法思潮》，中国民主法制出版社 2005 年版，第 96 页。

〔3〕 许成磊：《不纯正不作为犯理论》，人民出版社 2009 年版，第 5—6 页。

〔4〕 李晓龙："论不纯正不作为犯的等价性"，载《法律科学》2002 年第 2 期，第 44 页。

〔5〕 ［德］克劳斯·罗克辛：《德国刑法学总论：犯罪行为的特别表现形式》，王世洲主译，王锴、劳东燕、王莹等译，法律出版社 2013 年版，第 474—475 页。

行为，也不是父亲不救的行为，而是父亲的角色所承担的对自己孩子的抚养救助义务。[1]雅各布斯的规范论在这点上走得更远，进而认为，不作为犯的处罚依据在于行为人的社会角色。例如，一个在餐厅打工、负责端盘子的生物系大学生，以专业的眼光发现盘中的蘑菇有毒，在知道会导致他人中毒的情况下仍将蘑菇端给客人。[2]雅各布斯教授认为，行为人的社会角色仅是端盘子，客人只能期待厨师的菜没有毒，而不能期待服务员不将有毒的菜端给自己，[3]因此行为人无罪。

3. 对因果关系的理解

"存在"支配下的古典犯罪体系主张在因果关系的判断中采用条件说，排斥价值判断。根据条件公式，行为与结果之间"若无前者即无后者"，前者就是后者的原因。[4]条件公式完全是自然科学的产物，对因与果之间进行纯粹的、科学的判断，不涉及价值衡量。

与之相反，规范视角下的客观归责理论立足于价值判断，由"归因"走向了"归责"。目的理性论使得是否对结果归责，取决于行为是否实现了一种不可允许的危险。并且，以一种以法律评价为导向的归责，以代替因果关系所具有的自然科学的逻辑范畴。[5]目的理性论认为，刑法体系是以预防为目的建构的理论框架，预防需要被纳入结果归责的判断之中考量，并用以指导个案中对归责的具体判断。[6]目的理性论高举价值判断的大旗，将规范判断全面渗透进构成要件之内。

（二）之于违法性

1. 正当防卫必要限度

关于防卫过当的本质特征，存在行为过当说、结果过当说、行为结果过当一体说与双重标准说之争。行为过当说认为行为过当，必然造成不应有的

---

〔1〕 赵希："论不纯正不作为犯的规范论属性：一个视角的转换"，载《刑事法律评论》2014 年第 2 期，第 113 页。

〔2〕 ［德］雅科布斯：《规范·人格体·社会——法哲学前思》，冯军译，法律出版社 2001 年版，第 89 页。

〔3〕 吴情树："京特·雅科布斯的刑法思想介评"，载《刑法论丛》2010 年第 3 期，第 472 页。

〔4〕 张明楷：《刑法学（第 4 版）》，法律出版社 2011 年版，第 175 页。

〔5〕 王振："目的理性犯罪论体系之检视"，载《萍乡高等专科学校学报》2008 年第 4 期，第 26 页。

〔6〕 劳东燕："风险社会与变动中的刑法理论"，载《中外法学》2014 年第 1 期，第 95 页。

损害。[1]结果过当说认为"防卫行为是否过当应以是否造成不应有的损害作为衡量标准，若未造成不应有的损害，就不可能成立防卫过当"。[2]行为结果过当说认为防卫过当是行为与结果的统一，只有在造成重大损害的情况下，才存在明显超过必要限度的问题，[3]不存在"行为过当而结果不过当"抑或相反的情形。双重标准说认为根据《刑法》第20条第2款，"明显超过必要限度"与"造成重大损害"系两个独立条件，二者之间不存在从属关系。[4]前者是对行为的判断，后者是对结果的判断。只有行为与结果同时超过限度，才能成立防卫过当，只有行为或结果过当不成立防卫过当。[5]

事实上，"行为过当说"与"结果过当说"分别强调"规范"与"存在"判断。"行为过当说"要求"从实际出发，对案件的时间、地点、双方体力、智力等情形以及手段、强度等因素综合衡量"[6]，本质上是规范判断，可以有效避免"结果过当说"可能导致的"唯结果论"弊病，但标准难以把握。与之相反，"结果过当说"将造成的损害与遭受威胁的法益衡量得出过当与否的结论，立足于"存在"上的结果，标准明确，但有从结果反推行为的嫌疑。[7]

2. 违法本质的理解

古典犯罪论体系认为构成要件是价值中立的、对事实的记述，因此该当性阶层与违法性阶层之间并无必然的联系。时至新古典体系，在构成要件中引入大量规范要素，如"淫乱的"、"无耻的"、"卑劣的"这些语词，都有一个相应的规范意义，出自法或道德或其他文化领域。[8]构成要件被赋予评价的色彩，导致该当性与违法性开始相互勾连，如迈耶所说，构成要件与违法性是"烟与火的关系"，前者是后者判断认识的征表与根据。[9]随着价值判断的引入，构成要件完成了由"行为类型"向"违法类型"的嬗变。

---

[1] 陈兴良：《正当防卫论》，中国人民大学出版社1987年版，第223页。
[2] 彭卫东：《正当防卫论》，武汉大学出版社2001年版，第96页。
[3] 张明楷：《刑法学（第4版）》，法律出版社2011年版，第202页。
[4] 劳东燕："防卫过当的认定与结果无价值论的不足"，载《中外法学》2015年第5期，第1324页。
[5] 卢云华："试论正当防卫"，载《中国社会科学》1984年第2期，第206页。
[6] 杨春洗等：《中国刑法论》，北京大学出版社2011年版，第93页。
[7] 黎宏：《刑法学》，法律出版社2012年版，第141页。
[8] ［德］卡尔·恩吉施：《法律思维导论》，郑永流译，法律出版社2004年版，第136页。
[9] 张明楷：《刑法学（第4版）》，法律出版社2011年版，第129页。

从存在到规范的流变，意味着形式违法性向实质违法性的过渡。形式违法性旨在惩罚违反实定法的行为，[1]而实质违法性更多引入了价值判断。如1927 年 3 月 11 日，德国帝国法院在对中止怀孕的孕妇所做的判决中，承认法益和义务衡量的正当化事由，彰显了与自然主义的违法性观念的诀别。[2]实质违法性导致大量的超法规违法阻却事由被发掘。

3. 是否承认超法规违法阻却事由

在古典犯罪论体系中，只有严格的、有限的违法阻却事由，即正当防卫与紧急避险。新古典体系引入超法规违法阻却事由，如被害人承诺、义务冲突等，价值判断对违法阶层的渗透昭然若揭。

任何国家的刑法都不可能毫无遗漏地把所有违法阻却事由规定下来，即使没有明文规定，某些事由的存在仍然阻却违法，使符合该当性的行为得以正当化，[3]超法规违法阻却事由引入了规范判断，"确立的是一种以有利于被告为价值取向的实质评价标准"[4]，从实质违法性的见地出发，揭示了违法阻却事由的实质基准。[5]违法性的实质根据在日本与德国不尽相同。日本通说采纳社会相当性与优越或同等利益的二元论，而德国主流学说采用多元论。但无论如何，超法规违法阻却事由自新古典犯罪体系引入价值判断以来已然不可逆转地蓬勃与繁荣。

（三）之于责任

1. 责任的理解

心理责任论是古典体系对责任的理解。在该体系中，违法的客观性、责任的主观性泾渭分明。将责任分为故意与过失，如果行为人具备责任能力，即满足责任阶层。

"癖马案"打开心理责任论的缺口，规范评价流入责任阶层，心理责任论演变为规范责任论。规范责任论认为，行为人只有在能够被期待遵从法律规范、实施犯罪行为以外的行为，才能考虑非难。质言之，责任阶层的满足，

---

〔1〕 张明楷：《刑法学（第 4 版）》，法律出版社 2011 年版，第 109 页。

〔2〕 童德华："哲学思潮与犯罪构成——以德国犯罪论的谱系为视角"，载《环球法律评论》2007年第 3 期，第 23 页。

〔3〕 沈琪："解析超法规违法阻却事由理论——兼论社会危害性"，载《法学论坛》2004 年第 4期，第 87 页。

〔4〕 高铭暄、马克昌：《刑法学》，北京大学出版社、高等教育出版社 2000 年版，第 46—49 页。

〔5〕 ［日］山口厚：《刑法总论（第 2 版）》，付立庆译，中国人民大学出版社 2011 年版，第 167 页。

除需具备故意、过失以外，必须满足能够期待行为人在具体情况下实施其他适法行为，即具有期待可能性。[1]规范责任论发迹于弗兰克提出的可责难性理论。正如大塚仁所言，期待可能性是对面对强大国家法规范面前喘息不已的国民的脆弱人性倾注同情之泪的理论。[2]新古典体系将责任能力、期待可能性均纳入责任阶层，在该体系中，已然由"客观"与"主观"的泾渭分明蜕变为"违法"与"有责"的二元对立。

在目的行为论者眼中，责任已然演变为"可谴责性"。责任是指行为者实施了不合法规要求的意思行为，并能够遵守法规要求进行意思行为。因此，非难可能性的首要对象即行为意思（Handlungswille），也即通过对行为意思的非难实现对行为全体的非难。

罗克辛主张责任应当与从预防要求出发的处罚必要性相关。在责任阶层，将预防目的作为罪责的最高指导原则。[3]因此，将"罪责"纳入"责任"范畴，对罪责这个各种刑罚必不可少的条件，补充进刑事惩罚的预防必要性因素考量。[4]

2. 主观要素的判断标准

主观要素的判断标准是指在对结果预见义务、故意中的认识因素、期待可能性等主观要素的认定上是采用行为人标准、一般人标准抑或何种程度折衷的问题。

规范论者颠覆了传统理论从行为人立场判断主观要素的观点，认为要从"应为"的角度考察主观要素是否应当存在，"谁应当负责消除不应该存在的主观心理，谁就有责任"。[5]简言之，"责任"不是自然生发，而是符合目的地制造出来的。[6]例如，即使行为人没有"实然"地认识，但是"应当"认识的场合，仍然应当认定为故意。可见，规范论实质上采用了"客观论"的立场，站在一般人的角度对"是否认识"加以判断。[7]

---

〔1〕　张明楷：《刑法学（第 4 版）》，法律出版社 2011 年版，第 224 页。

〔2〕　[日] 大塚仁：《刑法论集》，有斐阁 1978 年版，第 240 页。

〔3〕　王振："目的理性犯罪论体系之检视"，载《萍乡高等专科学校学报》2008 年第 4 期，第 26 页。

〔4〕　[德] 罗克辛：《德国刑法学　总论（第 1 卷）》，王世洲译，法律出版社 1997 年版，第 125 页。

〔5〕　冯军："刑法中的责任原则——兼与张明楷教授商榷"，载《中外法学》2012 年第 1 期，第 46 页。

〔6〕　冯军："刑法中的责任原则——兼与张明楷教授商榷"，载《中外法学》2012 年第 1 期，第 46 页。

〔7〕　[日] 浅田和茂：《刑法总论》有斐阁 2005 年版，第 409 页。

在是否存在结果预见义务的认定上存在同样问题。主观说认为，应以行为人的注意能力为标准；[1]而客观说认为，是否具有结果预见义务，应当以抽象一般人的注意能力为标准。在是否具有期待可能性的认定标准中，平均人标准说认为，如果处于相同境遇的通常人，能够期待其实施适法行为，则行为人具有期待可能性；行为人标准说主张，应以具体状况下的行为人自身能力为基准。[2]对于规范论将主观要素客观化判断的做法，目前的主流理论提出诸多批判，认为"客观说在两大法系刑法史上都有过一席之地，但最终又均被推翻"。[3]

（四）之于共犯理论

存在与价值范畴的对立对正犯的认定标准及不作为参与犯罪的形式有重要影响。古典犯罪论体系在正犯的认定上采用形式的客观说，即只有"实施符合构成要件行为的人"是正犯。显然，"形式的正犯标准"建立于存在的基础之上，并未将间接正犯的情形纳入考虑。

时至新古典学派，实质的客观说开始取代形式判断。认为实质上对结果发生起到重要作用的即正犯。[4]显然，在该理论框架下，不作为既可能对结果发生起到重要作用，也可能不然。因而在新古典体系中既存在不作为形式的正犯，又存在不作为形式的帮助犯。至此，正犯的问题上已然呈现存在与规范的二元征表。

目的行为论主张作为与不作为中正犯的认定采用不同标准。在作为犯中，正犯的认定标准是"目的支配"：对犯罪进程和犯罪结果具有目的支配者是正犯；而在行为与结果之间介入了新的行为支配者是共犯。因此，共犯只能支配自己的行为，无法支配犯罪进程与结果。[5]在不作为犯中，正犯与共犯标准不像作为犯一样泾渭分明，故而不作为犯原则上均为正犯。威尔泽尔指出，处罚不作为的杀人，"不是由于'对杀人的不作为帮助'被处罚，而是由于成立了不作为的正犯"[6]。目的行为论将作为、不作为犯二分，分别探求正犯

---

[1] 张明楷：《刑法学（第 4 版）》，法律出版社 2011 年版，第 265 页。

[2] 张明楷："期待可能性理论的梳理"，载《法学研究》2009 年第 1 期，第 63 页。

[3] 陈磊："纯粹规范性的故意概念之批判——与冯军教授商榷"，载《法学》2012 年第 9 期，第 33 页。

[4] 张明楷：《刑法学（第 4 版）》，法律出版社 2011 年版，第 357 页。

[5] [日] 西原春夫：《犯罪实行行为论》，戴波、江溯译，北京大学出版社 2006 年版，第 233 页。

[6] 何庆仁：《义务犯研究》，中国人民大学出版社 2010 年版，第 262 页。

成立标准的进路对罗克辛"义务犯"理论的产生具有的重大影响。

以雅各布斯为代表的纯粹规范论则径直打破作为、不作为的传统区分，认为正犯与共犯的界定关键在支配犯与义务犯中分别体现。[1]义务犯是基于制度管辖的犯罪，不论作为犯还是不作为犯，均具有"一身专属性"，体现了行为人的特殊保护义务，包括亲子关系、夫妻关系、特别信赖关系以及国家义务等。由于义务犯中积极义务的一身专属性，义务犯通常被评价为正犯。例如，眼看女儿被强奸而不予救助的父亲成为强奸罪的正犯而非共犯。可见，雅各布斯的规范论几乎完全摒弃了存在上的考量，以规范评价取代之。

三、反思与出路：价值审视与路径选择

从某种程度而言，存在论向规范论转变的历史见证了犯罪论体系的发展。价值与评价的渗入，"标志着相对封闭的刑法学体系走向终结"。[2]有学者主张，开放构成要件的"开放性"需要以法官对刑法条文的补充解释来实现。同时需要以实用主义刑法观为基石，将刑法与社会实效联系，将刑法适用的重心由国家主权者移向法官，实现提倡法官运用自由裁量权而非依照精密的成文性规定来审判。[3]

罗克辛教授正确地指出，"存在论倾向的刑法教义学支离破碎了，人们曾有意识地以存在论为根基建立这种教义学，但现在它更为彻底地支离破碎了"，罗克辛教授如是说道[4]。可以说，存在论的崩溃、规范论的全面兴起是刑法教义学中不可逆转的趋势。正如有学者指出的，20世纪以来刑法学的核心问题最终成了如何处理事实和价值关系的问题，成了在何种程度上承认"眼见未必为实"的问题。[5]价值判断方法，一方面承认罪刑法定原则、责任主义原则，肯定刑法保障人权的功能；另一方面还能够通过价值判断，为德日犯罪论体系的认定提供实质根据，减少处罚上的漏洞，逐步逾越李斯特所称的"刑法与刑事政策"鸿沟。[6]

除上述之外，对于规范论中存在的诸多问题，在接受上必须采取审慎态

---

〔1〕 ［德］雅科布斯：《规范·人格体·社会——法哲学前思》，冯军译，法律出版社2001年版，第95—97页。

〔2〕 劳东燕："公共政策与风险社会的刑法"，载《中国社会科学》2007年第3期，第127页。

〔3〕 刘艳红："开放的犯罪构成要件理论之提倡"，载《环球法律评论》2003年第3期，第295页。

〔4〕 ［德］罗克辛："构建刑法体系的思考"，蔡桂生译，载《中外法学》2010年第1期，第77页。

〔5〕 周光权："价值判断与中国刑法学知识转型"，载《中国社会科学》2013年第4期，第126页。

〔6〕 周光权："价值判断与中国刑法学知识转型"，载《中国社会科学》2013年第4期，第126页。

度。显然，价值判断的越位可能导致对事实的忽视，将人完全作为工具进行评价。正如我们所知道的，价值判断的越位可能会将人完全作为工具进行评价，进而导致了对事实的忽视。如上文所述，虽然行为人不具有认识，但从一般人的角度应当认识，规范论倾向于肯定犯罪故意，但这样显然忽视了个体事实，并不妥当。另外，规范论强调国家规范的权威性，这也正是雅各布斯"敌人刑法"遭到广泛批判的原因。诚然，古典的犯罪体系已然在新的哲学思潮中被鲸吞蚕食，对"罪刑法定"原则的解读也由千人一面走向言人人殊。规范论高举"眼见未必为实"的大旗，将传统德日犯罪论体系的废墟踩在脚下，在此背景下，传统刑法理论的涅槃与重生势在必行。我们应当做的是顺应形势，规避风险，转"危机"为"机遇"。也许有人认为，笔者对于刑法的"规范"取向过于乐观，但笔者相信，理性的思考只能通过理性的形式表现出来，理性的法律应当引导人们理性地向前看。

论国际气候难民法：模式、原则与制度

Study on the Legislative Modes, Basic Principles and Specific
Institutions of the International Climate Refugee Law

程 玉*

摘 要：气候变化对人类生态系统的侵扰、冲击，并不仅限于对天气和环境所引起的变化，还有因气候变化所引起的各种不利影响，如伴随干旱的资源匮乏、枯竭以及海平面上升引发的岛屿沉没等使得人类被迫移居、迁徙，诱发了全球范围内气候难民或气候难民国问题。现有国际法律保障机制纷繁复杂且缺乏协调，难以有效、充分应对和解决气候难民问题。如何构建科学、有效的国际气候难民法律规范机制便成为国际法学者理论研究和探讨的一大热点议题，在此背景下，本文着重分析国际气候难民立法中的立法模式、基本原则以及具体制度三个基本问题。

关键词：气候难民　国际气候难民法　立法模式
基本原则

因气候扰乱不利影响所造成的跨界性人口被迫迁徙问题，即国际气候难民问题，因其自身的规模性、复杂性

───────────
* 程玉，中国政法大学民商经济法学院环境与资源保护法学专业2013级硕士研究生（100088）。

以及重要性，已成为 21 世纪人权、人道主义和国际环境法以及国际难民法等国际法律话语和全球公共政策议程中的一项亟待解决的核心议题。[1]气候难民问题的综合性、复杂性与全球性特征，使得单单依靠个别国家、个别政府的政策和行动很难解决规模逐渐扩大以及损害日益严重的国际气候难民问题。因此，最直接也最有效的应对和解决办法便是动员所有主权国家、国际组织、跨国公司等国际法主体的积极参与，通过普遍性的合作激励机制与约束性的责任承担机制，促成真正意义上的应对气候难民问题的全球集体行动。而在此过程中，国际法的角色至关重要。作为新兴的前沿和热点问题，国际气候难民法尚处于萌芽阶段，缺乏成型的立法框架和相关的法律制度，有关理论研究也尚未达成共识。本文结合国际法理论界已有研究成果，在考量已有部门国际法制度功能的基础上，以立法模式、基本原则以及具体法律制度三个基本问题作为国际气候难民立法的构成要素予以分析、研究，试图勾勒出国际气候难民法的基本面貌，对将来国际气候难民法的发展进行思考与预测。在文章结尾部分，将结合《巴黎协议》简要分析我国在参与国际气候难民治理问题时所应遵守和采取的国际基本立场和国内因应策略。这既是本文的研究目的，也是本文的现实意义所在。

一、国际气候难民法的立法模式选择

建构科学、合理且有效的国际气候难民法律规范机制的逻辑前提，便是要思考国际气候难民法的立法模式问题，科学地处理其与已有部门国际法，如国际难民法、国际环境法、国际人权法以及国际自然灾害法等现存法律规范机制之间的关系。也即要明确是在穷尽现有规范机制的思路下直接适用或改良、整合已有部门国际法律规范机制，还是另行创设一项借鉴自而又独立于现有规范机制之外的新型规范机制。不可否认的是，在创建新公约与单纯试图适用当前法律规范机制之间尚存在中间地带，还有其他的立法模式可供选择。结合国际立法理论和实践经验来看，学者提出了三种国际气候难民立法模式：一是区域主导型立法模式，结合不同区域的特殊性，通过自下而上式的立法催生、促成国际习惯法；二是直接将气候难民问题纳入到已有规范机制之中，具体可能包括两种，一种是通过扩张性解释将气候难民纳入难民公约或人权保护机制予以规范保护；另一种是通过公约附加议定书的立法模

---

[1] Bonnie Docherty, Tyler Giannini, "Confronting a rising tide: A Proposal for a Convention on Climate Change Refugees", *Harvard Environmental Law Review*, 33 (2009), 352.

式将气候难民纳入难民公约机制或者气候变化国际法框架中予以解决；三是
另行创设新型独立公约式的立法模式，创设一项针对国际气候难民或者内涵
更为广泛的环境难民国际公约，即重新确立一项新的国际法律保障机制。

（一）自下而上式的区域主导型立法模式

自下而上式的区域主导型立法模式，主要是指在国际社会层面通过"伞
状框架性共识"的形式对气候难民问题、可能的问题解决思路或者相应的促
进区域谈判和立法的基本原则以及相应措施予以确认，而由区域共同体通过
区域性条约等国际法律规范机制发展和制定应对某一特定区域国际气候难民
问题的具体制度措施和保护规则。就框架性共识而言，有学者认为可以将其
纳入已有的气候变化适应框架之内，已有的《联合国气候变化框架公约》第
4条第（1）（b）项和《京都议定书》第10条（b）项均已有涉及，[1]随后
的2005年《内罗毕工作计划》与2007年《巴厘岛行动计划》等均提及了从
国际社会层面促进区域性气候变化减缓和适应政策的重要性。[2]也有学者走
得更远，主张由联合国代表大会或者其安全理事会通过一项新决议以作为开
展区域谈判的开端，并且类似于"国际社会保护气候难民责任承担决议"的
内容可能包括一些指导性原则以及具体制度措施的一般性规定，具体可能涉
及国际气候难民的概念、基本待遇、国家责任、信息共享以及全球气候难民
基金、科学专家组和专门管理机构等。[3]因此，实质性区域谈判应当在此框
架的指导下开展，符合国际社会层面提出的解决问题的指导原则，确立更加
详细、具体的法律规范机制和制度措施，也可以结合本地区的特殊性发挥出

[1]《联合国气候变化框架公约》第4条（1）（b）项，"所有缔约方，考虑到它们共同但有区别
的责任，以及各自具体的国家和区域发展优先顺序、目标和情况，应制订、执行、公布和经常地更新
国家的以及在适当情况下区域的计划，其中包含从《蒙特利尔议定书》未予管制的所有温室气体的源
的人为排放和汇的清除来着手减缓气候变化的措施，以及便利充分地适应气候变化的措施。"《京都议
定书》第10条（b）项，"所有缔约方，考虑到它们的共同但有区别的责任以及它们特殊的国家和区
域发展优先顺序、目标和情况，在不对未列入附件一的缔约方引入任何新的承诺、但重申依《公约》
第四条第1款规定的现有承诺并继续促进履行这些承诺以实现可持续发展的情况下，考虑到《公约》
第四条第3款、第5款和第7款，应制订、执行、公布和定期更新载有减缓气候变化措施和有利于充
分适应气候变化措施的国家的方案以及在适当情况下区域的方案。"

[2] Angela Williams, "Turning the Tide: Recognizing Climate Change Refugees in International Law",
Law & Policy, 30 (2008), 518-250.

[3] Benoit Mayer, "The International Legal Challenges of Climate-induced Migration: Proposal for an In-
ternational Legal Framework", *Colorado Journal of International Environmental Law and Policy*, 22 (2011),
58-63.

更有效、合理的应对机制。

通过分析可以发现，支持这种自下而上式的区域主导型立法模式的理由主要有以下几点：首先，现阶段试图达成一项新国际协议存在着难以克服的现实困难，缺乏强制性权威存在的国际社会很难解决由主权国家间权力与社会资源的不均衡分配所导致的气候治理领域的政治失灵，2009 年各国就京都减排第二承诺期的谈判困境便是明证。[1]相反，区域层面立法因为牵涉到的利益主体相对较少，并且区域共同体利益的存在使得区域更容易就其面临的某一问题达成解决措施。其次，区域性立法具有相应的制度性优势：①可以更好地因地制宜，结合不同区域的资源和地缘特性、损害的严重程度以及不同国家自身能力的差异作出灵活性的回应。一般而言，区域合作或双边协议允许国家在其能力范围内发展和制定回应气候难民之政策，允许不同国家根据自身能力和问题严重程度参与到此问题解决过程中，这无疑会减少国际社会在应对气候难民问题时的普遍性抵制。②区域性立法可以更好地借鉴和吸纳国际社会已有的规范性资源，例如可以借鉴已经被诸多国家国内政策普遍吸收的国内流离失所者救济的指导性原则和措施，[2]以及欧盟等区域性立法中所确立的强调区域治理是解决重新定居谈判的最佳机制的辅助性原则。[3]③区域性立法可以确立一项共享机制，用以分享特定区域气候难民法律规范机制中的优秀经验以供其他地区学习、借鉴，共享不同区域间气候难民的数量、损害等预测和现实信息以便国际社会做好人道主义援助或者东道国做好气候难民接收准备等。④长期来看，各种区域协议的制定和认可都极有可能会促使国际习惯法的生成，尽管这仍然需要很长一段时间的国际立法和司法实践来确认，但各国政策的趋同与借鉴无疑会促成相关国际习惯法的形成。最后，在现有国际法律机制中，区域性立法的运用已经较为普遍，并且区域立法与国际立法之间往往具有彼此互补且相互加强。[4]由《海洋法公约》所

---

〔1〕 许浩：“应对气候变化的路径选择——基于经济学与人权哲学的理论考察”，载《云南师范大学学报（哲学社会科学版）》2011 年第 6 期，第 54—62 页。

〔2〕 Angela Williams, "Turning the Tide: Recognizing Climate Change Refugees in International Law", *Law & Policy*, 30（2008），521.

〔3〕 Benoit Mayer, "The International Legal Challenges of Climate-induced Migration: Proposal for an International Legal Framework", *Colorado Journal of International Environmental Law and Policy*, 22（2011），60.

〔4〕 Schreuer Christoph, "Regionalism v. Universalism", *European Journal of International Law*, 6（1995），477–499.

创设的区域性措施可以为国际气候难民区域立法提供立法先例上的支持，截至 2014 年，已经有超过 143 个国家参与的共 18 个区域性海洋公约行动计划在联合国环境规划署的支持下制定完成，区域海洋行动计划旨在协调共享区域海洋环境的周边国家通过可持续发展的方式管理和利用其所共享的海洋和沿海环境并避免其加速退化。[1] 就气候难民问题而言，与之具有相似性，其最为紧迫的影响一般在区域层面上发生，被迫迁徙者也往往更倾向于选择与自己具有相同文化背景、社会生活环境的邻国，如图瓦卢等南太平洋小岛国一般希望迁徙至澳大利亚和新西南等邻近诸国。

（二）纳入已有国际法律保障机制之模式

国际法碎片化问题的出现使得可资适用于气候难民问题的部门国际法领域纷繁复杂，诸如国际人权法、国际难民法、国际环境法与国际自然灾害法等。在穷尽现有制度立法思路的指引下，我们便需要思考已有的国际气候难民法律保障机制能否直接、完全适用于气候难民问题的应对和解决，如果不能，通过适当的改良、整合是否可以克服其可能存在的理论与实践困境。[2]

综观学界研究成果，有以下几种路径可以将气候难民问题之解决纳入到已有的国际法律保障机制之中：一是直接采用扩展性的文义解释方法，将传统难民的概念范畴延展至气候难民，例如，有学者认为"既然 1951 年难民公约充满了有关人权的观念，环境难民在他们的基本人权以及需求方面并不比传统难民要少，使用人权观念来扩展难民定义是自然而然的要求"[3]，也有学者认为"人类的现实条件已经持续运用扩展性解释的方法来扩展传统难民的定义"，[4] 而图瓦卢等国居民作为气候难民的现实性需要对传统难民的定义

---

〔1〕 区域海洋项目是一项面向行动的项目，它不仅关注环境退化的结果同时也注重其原因，并且围绕一个综合途径通过对沿海区域和海洋区域的全面管理来解决环境问题。区域海洋项目目前由 18 个海区构成，按照地理区域分为：地中海、西非和中非、东部非洲、东亚海、南亚海、西北太平洋、波斯湾和阿拉伯湾、红海和亚丁湾、南太平洋、东南太平洋、泛加勒比海、黑海、东北大西洋、波罗的海。截至 2014 年，已有超过 143 个沿海国家和地区参加了该项目。详见 http://www.unep.org/region-alseas/about/default.asp，最后访问时间：2015 年 7 月 12 日。

〔2〕 有关现有国际法律保障机制，如国际人权法、国际环境法、国际难民法以及国际自然灾害法适用于国际气候难民问题的可行性与可能存在的理论与实践困境，笔者已另行撰文，在此不再赘述。

〔3〕 Jessica B. Cooper, "Environmental Refugees: Meeting the Requirements of the Refugee Convention", *New York University Environmental Law Journal*, 6 (1998), 488.

〔4〕 Karen Musalo et al., "Refugee Law and Policy: A Comparative and International Approach", 36 (2007), 54 – 55.

进行延展。因此，有部分国际法学者主张气候难民或者更广泛意义上的环境难民应当基于他们被侵犯的人权而归入到难民框架机制内，因为他们确实担心受到经济层面上的迫害，同时也需要来自国际社会的帮助。[1]二是基于气候变化国际法所确立的"共同但有区别责任原则"创立类似于当前"南森护照式难民庇护机制"的"环境流离失所者签证计划"（Environmental Based Immigration Visa Program），环境流离失所者应当根据自身的环境因素得到保护，各国应共同并依据自身能力承担此国际责任，保护对象应延伸至潜在的环境流离失所者，也即图瓦卢等岛国居民理应有资格获得此类EBIV。[2]三是公约附加议定书模式，与前述试图将气候难民直接纳入现有国际难民保护框架或者气候变化国际法律机制之中不同，有观点主张通过公约附加议定书形式改革现有的《难民地位公约》或《气候变化框架公约》。例如，在坎昆举行的联合国气候变化框架公约第 16 次缔约方大会中由非政府组织 Equity BD 提议的通过议定书形式纳入气候变化诱发迁徙问题；[3]为避免传统难民与气候难民之间实质关联性被破坏且继续维持难民公约原有体系完整性，有必要在难民公约之外再制定一项单独的《关于气候难民地位的议定书》。[4]

（三）自上而下式的新独立公约立法模式

目前学界中最为流行的当属第三种立法模式，即新型独立公约的创设，该公约吸收、借鉴已有部门国际法领域的制度措施和保护规范，但在地位上却独立于这些部门国际法或者已有公约。就公约内容而言，可能包括各国以及国际社会的援助保证机制、责任分担机制和相应的制度措施（全球气候难民基金、科学专家组以及国际性行政管理机构），应当采纳的国际气候难民定义以及各国对气候难民基本权利负有的保护责任，尤其是不推回原则和不同

---

〔1〕 Tiffany T. V. Duong, "When Islands Drown: The Plight of 'Climate Refugees' and Recourse to International Human Rights Law", *Li. Pa. J. Int'l L*, 31 (2010), 1266.

〔2〕 Kara K. Moberg, "Extending Refugee Definitions to Cover Environmentally Displaced Persons Displaces Necessary Protection", *IOWA Law Review*, 94 (2009), 1135－1136.

〔3〕 Benoit Mayer, "The International Legal Challenges of Climate-induced Migration: Proposal for an International Legal Framework", *Colorado Journal of International Environmental Law and Policy*, 22 (2011), 53.

〔4〕 李文杰："论气候难民国际立法保护的困境和出路"，载《海南大学学报（人文社会科学版）》2012 年第 1 期，第 71 页。

于传统难民公约的永久性解决安置。[1]主张创设新公约的学者不在少数，如甘开鹏主张创设一项新的环境难民保护的公约以弥补现存国际难民保护体制的不足，从国际法层面为环境难民或环境性流离失所者提供有效的法律保护;[2]王震宇主张通过国际谈判建立新型环境与气候变化难民公约以突破传统国际法之框架;[3]已有的新公约草案有利摩日大学研究机构提出的《环境性流离失所人群国际地位公约草案》以及澳大利亚一项研究计划中所提出的《气候变化流离失所人群公约草案》等。[4]

通过一项新兴国际公约可能具有以下几方面的优势：①通过国际谈判或者立法的形式使得不断发展的气候难民问题得到优先解决，获得国际社会的格外注意；②气候难民问题的跨界特性使得单一部门国际法难以有效应对，而新型独立公约可以灵活地吸收、借鉴乃至整合基本人权保护、人道主义援助以及国际环境法中优良的制度措施和实践经验；③新条约的起草、谈判以及实施可有效吸收国际公民社会、非政府组织以及受影响地区国家和居民等多元主体参与，而不仅是在条约生效后对条约解释实践提出建议。[5]此外，2008年12月奥斯陆谈判历程由96个国家所达成的《集束弹药公约》揭示了最近一项新型独立公约的成功生成可以为创设国际气候难民独立公约提供立法先例上的支持。[6]

很难说上文所述之三种立法模式中何者为气候难民国际立法之最佳模式，毕竟各有优劣。考虑到直接纳入已有国际法律保障机制可能面临的历史性抵制与创设新型的、具有强制性法律约束力的独立公约时所要承担的巨大政治压力与制度变革成本，本文主张采用第一种立法模式，即在未来的国际气候

---

〔1〕　See Bonnie Docherty & Tyler Giannini，"Confronting a Rising Tide：A Proposal for a Convention on Climate Change Refugees"，*Harvard Environmental Law Review*，33（2009），372 - 391.

〔2〕　甘开鹏："国际法视野下环境难民法律地位及其保护"，载《科学·经济·社会》2013年第1期，第136页。

〔3〕　王震宇："气候变迁与环境难民保障机制之研究：国际法规范体系与欧美国家之实践"，载《欧美研究》2013年第1期，第202页。

〔4〕　Jane McAdam, Refusing 'Refuge' in the Pacific：（De）Constructing Climate-Induced Displacement in International Law（July 8, 2010）. UNSW Law Research Paper No. 2010 - 27，Available at SSRN：http：//ssrn. com/abstract = 1636187. pp. 2 - 3.

〔5〕　王震宇："气候变迁与环境难民保障机制之研究：国际法规范体系与欧美国家之实践"，载《欧美研究》2013年第1期，第203页。

〔6〕　Bonnie Docherty & Tyler Giannini，"Confronting a Rising Tide：A Proposal for a Convention on Climate Change Refugees"，*Harvard Environmental Law Review*，33（2009），402 - 403.

难民损失与损害议题中应当坚持"框架性全球共识指引、规范下的区域主导型"立法模式。具体而言，建议在国际社会层面通过一项框架性共识决议的形式，而将具体应对气候难民规范性机制的制定工作留待全球各区域，如南太平洋地区、非洲地区或者南亚、北美等地区通过区域性立法予以规定。此种自下而上的国际立法模式不仅具有灵活操作性和现实贴近性，更是与未来气候谈判的发展趋势相符合，自 2015 年《巴黎协议》达成之后，基于"承诺"的自下而上式的减排模式（国家资助贡献，INDC 模式）取代了一直以来以"总量"为基础的自上而下式的减排模式。鉴于此，可以预见，为达成全球范围内最大规模的集体行动，此种灵活性的模式将从气候减缓政策逐渐辐射至气候适应政策之中，进而涵盖至气候难民议题。然而，就具体的立法内容而言，本文认为，有关全球性的框架共识可以置于《联合国气候变化框架公约》之下或者另行创设一项独立的且具有软法性质的"国际气候难民损失与损害救济责任协定"，其内容除却气候难民概念之法律界定之外，还需在跨学科式制度整合思路的指引下，吸收、联接相关部门国际法中的基本原则和具体制度在该共识中就国际气候难民法应当确认的基本原则和具体的法律制度措施等作出一般性的规定。

二、国际气候难民法应当确认的基本原则

国际气候难民法的中心议题是对气候难民已遭受或可能遭受之损害的预防与救济，其法律规范体系的具体内容，如其应当确认的法律基本原则以及具体的法律制度构想等均应以合理、适当且有效预防和救济气候难民之损害为中心。就国际气候难民法应当确认的基本法律原则而言，本文秉承制度整合、联接思路，围绕预防与救济气候难民损害可能涉及的四个基本问题，结合已有部门国际法所确认的基本原则，认为其应当确认以下基本原则：①救济主体是谁，普遍责任原则＋辅助性原则；②救济方式如何，全球性措施＋国际合作原则；③何时实施救济，风险预防原则＋可持续性救济原则；④救济标准如何，双重权利保障＋气候正义原则。

（一）救济主体：普遍责任原则＋辅助性原则

一般而言，由温室气体排放所导致的气候扰乱问题之不利影响，如淡水资源匮乏、海平面上升、土壤退化等造成的生存环境恶化是形成气候难民的内在驱动原因。由于全球气候系统的一体关联性以及气候资源所具有的高度共享性，使得汇聚在大气层中的温室气体往往以整体的形式影响、改变着全球各地域的气候模式，进而影响全球的环境与资源分布等，并最终导致特定

地区国际气候难民的形成。因此，在很难确定个别温室气体排放者对特定气候难民所遭受损害的贡献程度时，追本溯源，气候难民所遭受之权利或利益损害理应由所有的温室气体排放者按照公平且合理原则予以救济。众所周知，造成气候变化的温室气体不仅种类繁多且其排放主体更具有普遍性，不仅包括私人工业企业等的生产性温室气体排放，还包括个体意义上的生活性温室气体排放。不难看出，温室气体排放作为各国及其人民利用大气环境容量的一种行为方式，与生存发展密切相关，这也是法学界将其法律属性定位为生存权与发展权的现实原因。[1]因此，在国际法律关系中，针对气候难民所遭受之损害的救济，应当适用普遍性的责任原则，原籍国无论是否存在应对气候变化政策过失或不作为，均应对其国民负担基本权利保护和利益损害救济之责任；构成"致害行为"的其他国家作为一国利益代表的主权者也应为其因生存、发展而排放的温室气体集体所造成的损害后果承担责任，尤其是与气候难民原籍国相邻的国家以及历史和现实中的温室气体排放大国。伴随着传统国际法从国家间关系向非国家行为主体的转向以及国际环境法领域私人域外行为可责性规则的确立，在气候难民之损害救济上，现代社会中的非国家行为主体，如跨国能源公司等排放大量温室气体的私人部门也应承担适度的救济责任，在该些主体无能力或不愿承担此责任时，对其享有有效控制事实之国家应承担相应之替代责任。[2]普遍责任原则的确立，与国际气候变化法领域所确立的共同责任原则以及公平负担原则相适应，具有国际法层面的法律依据与现实正当性。

一直以来，国际法所确立的各项规则均很难破除国家主权的藩篱，即使是在事关国际社会乃至人类共同体利益的海洋、气候变化等重大议题上，尊重国家主权（资源主权）的呼声始终是制约达成与实施强有力国际性规范机制的现实原因之一。在国际气候难民的预防与救济问题上，原籍国几乎不会据此主张国际社会不得干预其救济本国气候难民之"内政"，相反会通过各种压力机制游说，敦促各国共同承担该救济责任。反之，其他国家却可能会基

---

〔1〕 有关文章请参见王明远："论碳排放权的准物权和发展权属性"，载《中国法学》2010年第6期，第92—99页；杨泽伟："碳排放权：一种新的发展权"，载《浙江大学学报（人文社会科学版）》2011年第3期，第40—49页等。

〔2〕 根据最新国际法理论，由于该些私人行为处于国家实际控制权的效力范围内，控制国便对此私人行为负有国家责任。有关"私人行为之国家责任的法律依据"问题，请参见林灿铃：《国际环境法（第2版）》，人民出版社2011年版，第271—278页。

于国家主权主张气候变化之应对属于本国主权自主管辖事项，这也是美国能够顺利退出《京都议定书》的原因之一。因此，在缺乏统一且具有约束力的国际气候难民损害责任承担与分配机制的前提下，如何破除各"致害国"的国家主权主张并赋予其救济责任，成为我们必须予以考量的理论与现实问题。欧盟于 20 世纪 90 年代初为缓解其与成员国之间紧张的权利义务分配关系创立了欧盟法上著名的"辅助性原则"，主要是指"在共享权领域，只有当成员国没有充分能力完成行动目标，而出于规模和效果的考虑，共同体能更好地完成时，才由欧盟采取行动。"[1]从字面含义上看，该原则限制了欧盟在共享权领域对成员国主权进行干预的可能性，并为欧盟的权利适用设置了严格条件。[2]但同时，其也为欧盟设置了一项义务，即当各国不能很好完成某一行动目标时，欧盟有义务为更好实现该目标而采取行动。具体到气候难民领域，考虑到原籍国实施救济的优势以及各国对他国试图干预本国环境经济政策等的普遍理性抵制，本文主张应当采用辅助性原则来破除发达国家基于国家主权主张而设置的藩篱，即应当优先适用国内救济，原籍国在国际社会提供援助的基础上采用原地适应、重新定居等方式实施救济。但由于气候变化的不均等影响，在原籍国无能力实施救济或救济能力不足之时，"致害国"以及国际社会通过基本权利保护、人道主义救助乃至领土庇护等形式实施的"干预"便成为其正当且必须负担的一种义务。换言之，温室气体排放大国和国际社会不得以"气候难民之损害救济属于某一国之国内主权范畴"而规避自身依据"辅助性原则"所应承担之国际法律义务。

（二）救济方式：全球性措施 + 国际合作原则

无论是从问题的起因，还是从其严重程度来看，国际气候难民问题均具有全球性，远在太平洋沿岸的美国和加拿大等国排放的温室气体可能通过全球气候系统影响到南太平洋地区的气候模式，致使图瓦卢、基里巴斯以及马尔代夫等小岛屿国家面临土壤盐碱化、海平面上升乃至领土消亡的生存困境。因此，全球性应对措施的采纳便成为应对气候难民问题的当然之举，这也是公平与效率原则的双重要求。结合本文第一部分中有关立法模式的论述，全

---

〔1〕 王欢欢："欧盟环境法中的辅助性原则"，载《法学评论》2009 年第 5 期，第 70 页。

〔2〕 根据马斯特里赫条约和欧盟宪法条约之有关规定，辅助性原则的基本含义是：其一，共同体应在条约规定的权限以及所设定的目标范围内行使职权；其二，在非专属于共同体权限的事项，共同体在会员国所采取的行动不足以达成预定目标，而基于该行动的规模或效果，由共同体来做较易达成的情况下，才能由共同体依辅助性原则行使权限；其三，共同体之行动不得违反比例原则。

球性措施应当纳入到有关框架性共识的决议之中，具体内容可能包括全球资金机制、适应技术合作机制等。应当注意到的是，全球性措施的采纳并不与区域主导型立法的理念相悖。相反，各区域立法可以也应当积极采纳已经得到国际社会认可的全球性措施，并在此基础上结合区域特殊性创设新型的制度措施；同时，区域立法中科学、合理且有效的区域性措施也可上升为全球性措施，并在框架性共识中予以确认、倡导。

全球性措施的采纳、贯彻与落实，同样也是国际法上国际合作原则的应有之意。国际合作原则，主要是指国际法主体有义务在国际社会共同体利益的指引下以协商对话等和平方式促进政策和行为的协调与相互支持，以解决凭单个国家之力无法解决的诸多问题，尤其是核安全、国际恐怖主义、气候变暖等人类共同关切之事项。随着国际立法与司法实践的双重扩展，国际合作原则逐渐扩延至联合国系统的三大支柱，即和平与安全、发展及人权领域，其不仅作为一项基本原则被明文列举于诸多国际法律文件之中，也被各部门国际法作为一项实践原则贯彻、落实于具体的制度措施之中，如国际海洋法中所确立的"紧急情况下进行通知和援助义务"便是国际合作原则的集中体现。[1]

气候难民问题的复杂性与跨界性使得个别国家的"单打独斗"往往很难有成效，国际合作原则所倡导的基于合作的全球性措施便成为当然之举。国际合作原则的另一个侧面是要求发达国家与发展中国家就应对气候变化之资金、技术以及能力等方面展开全面、有效的合作，历史责任以及现实情况、将来发展需求等要素的不同使得二者之间的合作不应谨守形式平等原则。换言之，发达国家应该基于自身之"贡献"和"影响"，对发展中国家在应对气候变化之需求方面施以援助之手，使得国际合作更加符合实质意义上的矫正正义要求。这也从另外一个层面践成了国际气候变化法领域的"区分责任原则和各自能力责任原则"。具体化到国际合作的具体制度内容，应当具体包括以下方面：①国际规则制定上的合作，各国应积极推进气候难民有关国际立法，包括全球性框架共识决议的达成以及立足于区域的区域性气候难民立法；②信息共享方面的合作，通过统一的平台机制共享各区域以及各国的气候难民数量的预测规模、所遭受或可能遭受的损害情况、不同区域国际立法的实施成效与经验总结等；③责任承担机制方面的合作，各国无论发达国家还是

---

〔1〕 屈广清、陈小云："现代国际海洋环境保护法之基本原则考量"，载《现代法学》2004 年第 5 期，第 106 页。

发展中国家均应按照一定的救济标准适当承担对气候难民或者潜在气候难民实施救济的责任，可能是通过旨在提升气候变化脆弱性较大国家的适应能力的技术合作，也可能是救济气候难民已遭受或可能遭受之损害的损害赔偿机制等；④支持保障机制层面的合作，应该通过制度建设促使发达国家支援发展中国家更加规范化和科学化，敦促其尽快建立切实可行的路线图和时间表，以避免国际合作流于形式、难以奏效。

（三）何时救济：风险预防原则 + 可持续性救济原则

不同于传统的政治难民，我们可以提前预测气候难民的出现，即使是突发性气候事件引发的气候难民，有关事件可能发生的概率也能提前得知。因此，国际社会可以提前利用此优势，及早采取应对措施以降低气候难民可能遭受的财产与人身损害，甚至是提前迁移至重新定居地。[1]个别国家可能会基于科学不确定性质疑小岛国等所遭受之损害的真实性，认为联合国政府间气候变化专门委员会出具报告的真实性仍尚待印证，并主张预期损害是否会发生仍然属于未知数。对此，本文认为，源于德国国内法而影响力现已波及几乎所有和环境保护、人类与动植物生命健康有关国内、国际制度与实践的"风险预防原则"，[2]可有力地回应这种观点。尽管国际社会有关该原则的定义尚有争议，但其基本要义已彰明较著，主要是指"应当提前采取措施，避免任何可能造成环境损害的因素，即使这种因素与环境破坏的因果关系尚未得到明确的科学证明。"[3]因此，风险预防原则可以为气候难民损害的提前救济提供正当性的论证基础，即为避免气候难民可能遭受巨大的潜在损害，各国或者国际社会应当给予气候难民以充分救济。可以说，提前数十年针对受影响公众的有计划的和自愿性的安置与重新融合可能要优于灾害发生时单纯地应急反应与灾难救济。[4]

为避免进一步的灾难，应对气候难民的救济方式不仅应当提前得到适用，还应当延续至气候难民进入庇护国之后的时间段，即气候难民之救济应当具

---

[1] Frank Biermann & Ingrid Boas, "Preparing for a Warmer World: Towards a Global Governance System to Protect to Climate Refugees", *Global Environmental Politics*, 10 (2010), 60 – 75.

[2] 邓纲："论风险预防原则对传统法律观念的挑战"，载《社会科学研究》2009 年第 3 期，第 107 页。

[3] 陈维春："国际法上的风险预防原则"，载《现代法学》2007 年第 5 期，第 114 页。

[4] Frank Biermann & Ingrid Boas, "Protecting Climate Refugees: The Case for a Global Protocol", *Environment*, 50 (2008), 8 – 12.

有可持续性。由于国际气候难民具有不同于传统难民的特殊性，为确保其得到充分有效救济，对其实施的救济方案应当延伸至气候难民在新国家之生存与发展阶段。具体而言：①可持续性的救济方案应当考虑到气候难民可能对迁入国所造成的环境、社会福利等压力，以及重新迁移之后可能遭受的心理创伤等；[1]②气候难民不应被驱逐出东道国国境或强制推回原籍国，因为在气候难民的情况中原籍国往往已经不存在或者无能力提供救济；③气候难民应当被赋予与东道国国民平等的待遇标准，但是不同于经济移民，气候难民往往属于贫穷群体，且在东道国会面临语言等其他方面的困难。因此，为确保实质平等，东道国可能需要对其区别对待，赋予其特殊的语言教育和工作帮助等；④气候难民持续性救济必须要考虑采纳一项永久性解决办法，如果气候难民必须在东道国度过余生，那么便没有理由拒绝他们加入东道国国籍，这也是确保其不被剥削的最佳办法。[2]然而，所有的气候难民自动归化为东道国国民的假定可能存在国际法上难以克服的困境：其一，可能会使得理性的主权国家采取更为严格的应对措施来限制气候难民向本国申请庇护，这也正是目前欧盟和美国针对自然灾害难民提供暂时性保护的理由；其二，一味采纳归化的永久性救济思路势必会制约气候难民民族自决权的实现，不利于其集体认同感之维持。

（四）救济标准：双重权利保障＋气候正义原则

国际气候难民法所应当遵循的最后一项原则是国际气候难民法律保障机制应当既承认气候难民之个体权利也应保护其作为整体之集体性权利，并且保护的程度应当以气候正义原则作为衡量标准。毫无疑问，在环境和人权关联已经得到国际立法确认的现实背景下，尊重气候难民所应享有之人权，无论是个体性基本人权还是集体性基本人权的保护，均是任何应对气候难民之政策法律保障机制的必然组成成分。正如有学者所言："气候难民制度不仅应当适用于受迫害个体的需求，而且应当适用于整个人类群体，例如村庄、城市、省份乃至整个国家如南太平洋地区的图瓦卢等小岛屿国家"。[3]因此，国

---

〔1〕 Justin T. Locke, "Climate Change-Induced Migration in the Pacific Region: Sudden Crisis and Long-Term Developments", *The Geographical Journal*, 175 (2009), 171 – 177.

〔2〕 Benoit Mayer, "The International Legal Challenges of Climate-induced Migration: Proposal for an International Legal Framework", *Colorado Journal of International Environmental Law and Policy*, 22 (2011), 37.

〔3〕 Frank Biermann & Ingrid Boas, "Protecting Climate Refugees: The Case for a Global Protocol", *Environment*, 50 (2008), 12.

际气候难民法应当保障气候难民所应享有之双重权利，不仅应当明确气候难民作为个体所应享有之个体性人权，主要指称的是环境权谱系，具体包括第一性的生命健康权和第二性的适足居住权（财产权、居住权和迁徙权等）以及程序上的参与、决策和司法救济权；此外，该法还应当确认集体性人权，如民族自决权、社区文化权、经济发展权等。纯粹地将气候难民作为集体对待，并试图通过集体性安置计划以确保其民族认同和文化传统的传承具有很强的制度吸引力，但其同样有可能会因为忽略个体的迁移或者留在原籍居住地的意愿而损及气候难民之个体权利。正如有学者认为，在原籍岛国享有很少教育和发展机会的年轻失业者们可能会受益于发达国家的教育设施、就业市场以及更大程度的自由环境，而那些不愿意搬迁以及各国普遍不愿接受的老年居民则可能会因为被迫搬迁而沦为输家。[1] 因此，如何协调好难民人群的集体认同与每个人的基本权利便是国际气候难民法所面临的一项较为严峻的任务。例如，居住在富那提（图瓦卢最主要的环礁）的居民想保持其生活方式、文化以及身份，[2] 准备全境迁徙的图瓦卢政府以及国际社会是否应当尊重其要求便是明证。

　　一般而言，法律救济应当以权利或者利益受到损害为导向而进行充分恢复或者赔偿，但气候难民之救济若以此种标准确立则实为难事。一方面，气候变化不利影响对气候难民所享有之双重人权或者其他合法利益的损害内涵广泛、难以量化；另一方面，由于气候变化影响的"时空错位"使得气候变化损失与损害在责任与影响效果方面具有明显的不平衡与不对称特征，[3] 且依据现阶段科技水平也很难确定各国对集体损害的个别贡献程度。鉴于此，我们必须思考的一个问题是各国应当根据何种原则来分担救济气候难民所遭受之损害的责任，才符合法律所要求之实质意义上的公平正义理念。

---

〔1〕　Justin T. Locke, "Climate Change-Induced Migration in the Pacific Region: Sudden Crisis and Long-Term Developments", *The Geographical Journal*, 175（2009）, 171 – 177.

〔2〕　C. Mortreux & J. Barnett, "Climate Change, Migration and Adaptation in Funafuti, Tuvalu", *Global Environmental Change*, 19（2009）, 105.

〔3〕　一是引发气候变化的国家不是遭受最严重损失的国家；二是目前的排放大国不是面临气候变化风险最大的国家；三是为应对气候变化可能付出更大代价的国家却不是相应的受益者；四是责任者与受益者世代不对称，导致气候变化的责任者主要是工业化国家前世的人，而应对气候变化的责任者是这些国家现世的人，受益者主要是非工业化国家后世的人，有效的应对机制要求此国现世的人为彼国后世的人的利益承担此国前世的人的责任。See Erica. Posner & Cass R. Sunstein, "Climate Change Justice", *The Georgetown Law Journal*, 96（2008）, 1566 – 1580.

不难看出，如果忽视不同国家历史贡献与现实能力差异的客观存在，而依据严格的平等原则要求各国就气候难民权利和利益所遭受之损害承担相同的义务，那么带来的只能是形式正义而非实质正义，必然无法激励发展中国家参与气候难民之救济，难以达成国际合作。[1]因而，如何纠正气候扰乱问题所造成之损失与损害的不正义问题便成为国际气候难民立法应当着重关注和解决的一大难题。肇始于 20 世纪初期的气候正义运动最初试图对气候变化所造成之不正义现实予以伦理层面的审视，但鉴于其与法律或社会正义的密切相关性使得被国际和国内研究气候变化立法的学者高度关注。尽管有关气候正义的概念内涵尚未有一致共识，但其基本要义已得到确认。[2]究其实质，气候正义所要回答的正是使国际社会在气候变化领域内相关权利与义务分配得以正当性的评价问题。正如曹明德教授所言，气候正义原则的核心主要是指在气候容量资源有限的前提下，如何界定各方的权利和义务，即气候正义主要表现为一种社会正义或法律正义。[3]具化到国际气候难民领域，各国对气候难民群体或气候难民国所遭受之损害均有共同但有区别的责任，因此气候正义包括两个方面，即气候分配正义与气候矫正正义。就前者而言，应当量化气候难民所遭受之损害，主要包括重新定居所需之领土、资源以及先前所享有之财产和自然生态系统价值（可由独立的国际组织通过生态系统服务价值评估方法得出），然后根据国际社会普遍同意之一致性的客观标准（基于人均历史累积排放量标准而糅合发展指数等指标在内的综合评价标准）确立各国所应担负之具体责任份额；就后者而言，气候矫正正义要求发达国家或者依照客观标准确立的应当担负较多责任份额且有能力的国家制定落实支持发展中国家的有关应对气候变化损害之资金、技术和能力的援助政策，为确保矫正正义的充分实现，有关支持政策的客观具体的时间表和路线图应当及

---

〔1〕 张建伟："气候正义与气候变化的国际法律应对"，载《武大国际法评论》2010 年第 2 期，第 290 页。

〔2〕 尽管气候正义概念已被国际社会广泛使用，但其内涵尚未达致明确共识，不仅不同学者会基于不同的研究视角对其进行不同意义的界定，不同国家也会基于不同的正义观对其解读也存在差异。美国等发达国家基于分配正义将其解读为公平分配利益与负担的出发点，侧重应对气候变化过程中付出的成本与应对结果带来的好处作为收益之间是否对称；而大多数发展中国家则基于矫正正义主张应当考量历史责任并不得以他人（他国）受损为代价获得利益。具体内容请参见王灿发、陈贻健："论气候正义"，载《国际社会科学杂志（中文版）》2013 年第 2 期，第 31—32 页。

〔3〕 曹明德："中国参与国际气候治理的法律立场和策略：以气候正义为视角"，载《中国法学》2016 年第 1 期，第 30 页。

早予以确立。

三、国际气候难民法具体法律制度之构想

本文的研究目的在于勾勒出国际气候难民法的基本面貌，在阐述其立法模式选择、基本原则确立等理念层面的基本问题之后，如何从现实出发构建应对国际气候难民问题的具体法律制度便成为此研究工作的重点。本文认为，国际气候难民法之具体法律制度的构想应当在上文所述之基本原则的指引下以救济国际气候难民之现实损害为问题导向，整合、联接其法律规范体系内相关部门国际法领域中具有代表性的成熟的法律制度规定，并对其进行适当的系统归纳与全面总结。结合国际气候难民的现实处境以及现实国际法已有的制度经验，本文构想的国际气候难民法之具体法律制度主要包括四类：风险预防类法律制度、人道主义救助制度、基本权利保护制度以及法律实施保障制度。

（一）风险预防类法律制度

国际气候难民法的风险预防类法律制度，是指气候难民法确立的旨在预防和控制气候变化不利影响对人类生存环境可能造成的致命威胁（不仅仅是对传统生存方式的冲击，还应是其体面、尊严生活可能性的丧失），以避免潜在气候难民成为现实或者通过提前的教育培训等方式提升气候难民适应新环境能力的一类法律制度的总称。风险预防类法律制度，主要由脆弱国家或地区气候变化适应能力提升计划、有序跨国移民制度以及全球性气候难民监测、预警与评估制度构成。

第一，脆弱国家或地区气候变化适应能力提升，具体是指在积极履行各国减排义务的同时，通过国内或者国际、区域合作的形式不断提升本国适应气候变化不利影响的能力，降低社会脆弱性以避免或延迟本国气候难民的出现。早在 2007 年，荷兰就试图通过高技术的洪灾管理措施应对海平面上升等问题以确保其仍然适宜居住。[1]综观国际气候变化法的发展历程，气候变化适应政策是 2005 年后继减缓政策提出的新转向，旨在通过国际合作机制促使发达国家将其自身的先进技术或者资金输送到脆弱性国家或地区以确保其积极开展主动适应气候变化之系列政策，其所包括的一系列措施如研发更适宜高温和干旱的农作物、确保能源等基础设施更具有抵抗风暴等气候事件的能力、增强饮用水源的储存能力、沿海岸线地区适应海平面上升导致海水侵蚀能力的提升等，对于气候难民法仍然适用。例如新西兰于 2013 年发布的其在

---

〔1〕 Mark Hertsgaard, "On the Front Lines of Climate Change", *TIME*, Apr. 2, 2007, 104.

南太平洋地区通过财政、技术援助等形式帮助图瓦卢、基里巴斯、库克群岛和马歇尔群岛等低海岸线国家改善水安全的五年计划。[1]另外，为避免气候难民在新环境中的不适应或者处于劣势的竞争地位，应通过教育、培训等形式促进其在新环境中的重新定居与生存，这也是孟加拉国于2009年发布的《孟加拉国气候变化和适应计划》的重要内容之一。[2]因此，国际气候难民法应当借鉴此制度措施，促进国际社会积极援助易产生气候难民的国家或地区开展一系列旨在降低社会脆弱性、提升适应能力的行动计划。

第二，有序跨国移民计划，具体是指通过双边或多边协议式的区域性措施在相邻国家之间通过特定的移民机制赋予气候难民以东道国国籍和永久居留权的制度措施。在南太平洋地区，新西兰于2002年创设了一项名为太平洋接受类别（Pacific Access Category）的签证，该措施以现有针对萨摩亚人的机制为基础，并取代了之前针对图瓦卢、基里巴斯以及汤加等国的接收计划。该机制每年允许75个分别来自图瓦卢、基里巴斯以及250个分别来自汤加和斐济的居民以及他们的家庭成员和子女在新西兰定居，但以"年龄在18—45岁之间、在新西兰拥有工作机会、符合最低的收入标准并符合最低的英语水平"作为申请资格的限制，并且是否获得签证的最终决定权取决于投票。[3]而澳大利亚国际发展署于2007年推出的澳洲护理计划（AusAID）也已经资助了30位年轻的基里巴斯女性在昆兰的格里菲斯大学学习护理，如果成功毕业，便可继续留在澳大利亚。与此同时，澳大利亚也于2009年开发了类似于新西兰季节性工人雇佣计划（Recognized Seasonal Employer）的太平洋季节性工人试点机制（Pacific Seasonal Workers Pilot Scheme），并在三年内总共授予2500份签证给来自基里巴斯、汤加、巴布亚新几内亚、瓦努阿图岛国居民以便他们在每12个月的周期中有6到7个月可以在澳大利亚从事园艺工作。[4]

〔1〕 Rive, Vernon John Charles, Safe Harbours, Closed Borders? New Zealand Legal and Policy Responses to Climate Displacement in the South Pacific (September 20, 2013), Available at SSRN: http://ssrn.com/abstract=2328593, p. 1.

〔2〕 Jane McAdam, Swimming Against the Tide: Why a Climate Change Displacement Treaty is not the Answer, International Journal of Refugee Law, 23 (2011), 19.

〔3〕 Jane McAdam, Environmental Migration Governance (February 28, 2009). UNSW Law Research Paper No. 2009 - 1, Available at SSRN: http://ssrn.com/abstract=1412002, p. 30.

〔4〕 Jane McAdam, Refusing 'Refuge' in the Pacific: (De) Constructing Climate-Induced Displacement in International Law (July 8, 2010). UNSW Law Research Paper No. 2010 - 27, Available at SSRN: http://ssrn.com/abstract=1636187, p. 17.

该种区域性的有序跨国移民计划可以通过移民机制将潜在的气候难民转化为另一国国民，减少气候难民的总体规模，并且这种机制可以起到"口袋"的作用，即在新环境中形成社区以维持一国政策、文化传统等并有利于后续国民之迁入。因此，气候难民法应当将此类制度措施纳入其具体制度构想之中，并着力通过更完善的伦理道德责任机制与政策激励机制等形式促使区域性跨国移民计划的达成与实施。

第三，全球性气候难民监测、预警与评估制度，是指通过全球性的信息共享平台及时、科学地监测与预测全球气候变化不利影响的分布情况，评估全球不同国家或地区气候难民的现实与潜在规模、生存与权利现状等，并加强与气候变化相关气候灾害事件和过程等的预报预警机制建设等一类制度措施的总称。基于预防胜于治理的风险预防理念，救济气候难民的最好办法便是提前应对，能否得到有效的气候难民信息便成为提前救济措施实施的关键。因此，国际气候难民法在具体的法律制度构建层面应当：加强和整合现存自然灾害法框架下的自然灾害事件预报预警机制，建立地区主要气候灾害历史、社会脆弱性指数等的信息库与数据共享平台；建立气候难民监测和评估机制，对气候难民的规模、分布以及未来的发展趋势进行探索、摸索，并在检测和评估体系的基础上出台更切合实际的气候难民政策与法律制度。[1]

（二）人道主义援助类法律制度

气候难民人道主义援助，是指国家和国际社会为满足气候难民生存必不可少的基本需要而提供纯粹人道主义性质的货物和服务的所有行动、活动和人力及物质资源。[2] 人道主义援助最先适用的领域仅为武装冲突所导致的受害者，20 世纪以后开始转向武装冲突以外灾难的受害者，现较为规范、全面地体现在国际自然灾害领域之中，成为自然灾害受灾民众的核心救济手段。国际气候难民的产生与气候扰乱产生的不利影响所诱发的自然灾害事件密切相关，或者是渐变缓发型自然灾害过程，或者是极端突变型自然灾害事件，可以说气候难民是在与气候变化相关的自然灾害过程中因生存环境恶化而无

---

〔1〕 曹志杰、陈绍军："气候变化条件下的气候移民问题及对策分析"，载《长江流域资源与环境》2013 年第 4 期，第 532 页。

〔2〕 该定义参考国际法学会于 2003 年在布鲁塞尔会议上通过的《关于人道主义援助的决议》中有关"人道主义援助"的定义，即"为满足受灾者生存必不可少的基本需要而提供的纯粹人道主义性质的货物和服务所有行动、活动和人力及物质资源。"

法再在原住地生活并被迫迁徙他国的一类特殊人群，其在自然灾害中所面临的基本生存需求与一般的受灾者没有差异，甚至更为急切。因此，国际自然灾害法所确认的人道主义援助制度可以也应当适用于气候难民之救济。但是，不可否认的是，目前关于自然灾害人道主义救助的法律规范仅存在于少有的几部国际、区域层面的救灾条约以及一些没有法律约束力的软法性规范文书之中，且其未能得到广泛参与、制度功效不足、适用效力不佳。[1]为进一步促使国际人道主义救助的国际法制化，国际法委员会开始考虑在自然或人为灾害中确立国家间就受灾者人道主义救助的权利与义务配置以及国家应对个人应负有的保护义务。[2]然而，这种通过法律约束力的形式试图强加给国家和国际社会以人道主义救助义务的尝试，可能还需要很长一段时间才能实现。

在现阶段的法律框架之中，联合国人权委员会于1998年发布的《关于国内流离失所者问题的指导原则》所规定的原则3和原则25明确将国家当局和国际人道主义组织和其他适当机构作为人道主义救助的实施机构，并将主要义务和首要责任赋予国家当局，在其无能力或不愿意提供必要的人道主义援助时不得任意拒绝别人提供这种援助或将之视为不友善或干预本国内政之行为。[3]虽然国际气候难民不符合国内流离失所者的定义，但该原则对国际气

---

〔1〕　载有提供国际人道主义援助的现行条约只有两项，一是2000年通过的关于各国民防实体间合作的《民防援助框架公约》；二是1998年通过、2005年生效的《为减灾救灾行动提供电信资源的坦佩雷公约》，主要解决在救灾行动过程中提供电信援助的问题。但两公约都未能得到广泛参与，且适用效力不佳。此外，现行的国际公约和协定得到许多没有约束力的文书的补充。例如联合国大会46/182号关于《加强联合国紧急人道主义援助的协调》的决议；红十字与红新月会议通过的《红十字和红新月救灾原则和规则》、《红十字会对灾害中平民进行国际人道主义救济原则宣言》、《国内便利和管理国际救灾和初期恢复援助工作导则》；国际人道主义法研究所《人道主义援助权利指导原则》、《复杂紧急情况下人道主义援助问题莫洪克准则》；国际法学会2003年在比利时布鲁日举行的会议上通过了关于人道主义援助的决议。

〔2〕　Elizabeth Burleson, "Climate Change Displacement to Refuge", *J. ENVTL. LAW AND LITIGATION*, 25 (2010), 32 – 33.

〔3〕　《关于国内流离失所指导原则》原则3规定，"1. 国家当局首先有义务和责任向在其管辖下的国内流离失所者提供保护和人道主义援助。2. 国内流离失所者有权向国家当局要求应得到保护和人道主义援助。国内流离失所者在要求庇护的时候不得受到迫害或惩罚。"《关于国内流离失所指导原则》原则25规定，"1. 国家当局负有对国内流离失所者提供人道主义援助的主要义务和责任。2. 国际人道主义组织和其他适当的机构有权向国内流离失所者提供它们的服务。当局应诚意对待这种服务，不得认为提供这种服务是不友善的行为，或是干预一国的内政。有关当局，特别是如果它无能力或不愿意提供必要的人道主义援助，不得任意拒绝别人提供这种援助。3. 所有有关当局应允许并便利人道主义援助自由地通过，并允许从事人道主义援助的人士迅速地、无阻地接触到国内流离失所者。"

候难民问题的应对具有启发与借鉴意义。随后，红十字与红新月国际会议于
2007 年发布的《国内便利和管理国际救灾和初期恢复援助工作导则》则通过
"援助行为体"的定义将人道主义援助的实施主体进行了扩展。结合该定义，
"气候难民人道主义援助的主体"主要是指为自然灾害过程中气候难民提供慈
善救助的任何人道主义援助组织、援助国、外国人、外国私营公司或在受影
响国内受灾或赠送实物或现金的其他外国实体。考虑到这两项指导原则本身
仅是一种软法性质的指南，并无任何法律拘束力，本文主张在新的国际气候
难民法之中，要明确上述援助主体之援助权利与义务，这也是国际法委员会
试图努力实现的目标。同时，该人道主义救助的实施也应考虑到对受灾国家
主权的尊重，[1]秉持"辅助性原则"并在受灾国家不采取措施保护其领域内
受害者的基本人权又不接受国际人道主义援助而导致其领域内大规模人权受
有损害时有相应的规制办法予以规范。

就气候难民人道主义援助的具体内容而言，可以参考 2008 年签署并于
2010 年正式生效的《集束弹药公约》之中有关集束弹药受害人的救助规定。
该公约第 5 条 1 款和第 6 条 7 款之规定，缔约国、联合国系统、各种国际性、
区域性或各国的组织或机构、红十字国际委员会、各国红十字会和红新月会
及其国际联合会和非政府组织或在双边基础上，依照适用的国际人道主义法
和人权法对在其管辖或控制下地区的集束弹药受害人，适当提供顾及年龄和
性别的援助，具体包括提供医疗、康复和心理帮助，并帮助他们重新融入社
会和经济生活。对气候难民提供的人道主义援助的具体内容应当略有不同，
除提供医疗和心理支持之外（气候变化不利影响可以加剧疾病的传播[2]），
其他类型的针对基本生存需求的饮用水、食物以及避难场所等援助也同等重
要，并且这种援助应当具有可持续性，这是因为在气候难民被迫迁徙至新环
境后，其可能仍然需要人道主义援助以确保其生存得以延续。因此，《集束弹
药公约》所确立的受害者援助制度具有可供国际气候难民人道主义援助制度
借鉴的国际立法先例的价值。具体包括以下两个方面：①该援助以个别受害
者为指向，考虑到受害者性别和年龄的差异而提供差别化的人道主义援助；

---

〔1〕 人道主义援助的实施必须以受灾国政府的同意为前提。这一点在联合国大会 46/182 号《加强
联合国人道主义紧急援助的协调》决议的附件中有所体现——必须在受灾国同意和原则上应受灾国呼
吁的情况下提供人道主义援助。因此，即便是基于人权保护的理由也必须首先尊重受灾国的国家主权。

〔2〕 Derald J. Hay, "Post-Kyoto Stress Disorder: How the United States Can Influence International Cli-
mate Change Policy", *Mo. Envtl. L. & Pol'y Rev.*, 15（2008）, 493.

②在提供人道主义援助的同时，还要提供有关抽象基本人权的保护。[1]

（三）基本人权保护类法律制度

气候难民基本人权保护类法律制度是用以确认、保护气候难民所应享有之基本人权的一系列法律制度措施的总称。毫无疑问，气候难民作为一类特殊的弱势群体，其基本人权与合法利益受到侵害是其寻求国际法救济的直接起因。因此，单纯地依靠风险预防类法律制度以及人道主义援助类法律制度并不足以完成救济需求，有必要在国际气候难民法中整合现有国际人权法律文件已经明确列明的基本人权，并在适当时结合其本身特性创设新型的基本人权（如环境权）。结合国际法学者观点以及现有国际人权法律文件之规定，本文认为，气候难民应当无歧视地享有双重权利保障，即一系列个体性和集体性人权，具体包括：①公民和政治权利如生命权、免于酷刑和不人道待遇等权利；②经济、社会与文化权利，如健康权、食物和饮用水权、自决权和文化表达权、财产权等；③与跨国界迁徙有关的权利。同时，气候难民法还应当确保气候难民在东道国能够获得最基本的待遇标准。学者 Hathaway 将这种最低待遇标准进行二分，区分为"一般标准待遇"与"特殊标准待遇"，前者指称气候难民应当至少被赋予东道国居民同样的权利保护，后者则认为气候难民在某些情况下应被赋予更好的待遇，如气候难民进入他国和在他国停留时间内受援助且免于歧视的权利，在东道国生活时应被赋予民族自决权与保持其自身文化身份之权利等。[2]

基本人权保护类法律制度除却要明确规定气候难民所应享有之基本人权与最低的待遇标准之外，还应当包括有关该些基本人权特别适用的规定。首先，国际气候难民法应当确认气候难民的不推回原则。该原则是传统难民法中的一项基本原则，旨在阻止东道国在难民返回原籍国可能会由于种族、宗教、国籍以及特定社会组织成员或政治意见等原因而遭受生命或自由威胁时将其强制推回。[3]在国际气候难民法中，不推回原则应适用于气候难民如果被强制推回则不得不面临气候变化诱发之不利影响对其生活或生存能力造成

〔1〕 Bonnie Docherty & Tyler Giannini, "Confronting a Rising Tide: A Proposal for a Convention on Climate Change Refugees", *Harvard Environmental Law Review*, 33 (2009), 378.

〔2〕 James C. Hathaway, *The Rights of Refugees under International Law*, Cambridge University Press, 2005, pp. 192 – 230.

〔3〕 Guy S. Goodwin-Gill & Jane McAdam, *The Refugee in International Law*, Oxford University Press, 2007, p. 354.

威胁的情况。尽管威胁的原因来自于环境因素而非传统难民所要求的原籍国政策措施，气候难民所遭受之威胁与传统难民并无二异。其次，气候难民的地位确定程序应当兼及集体与个体性的难民地位甄别程序，集体性甄别程序尤其适合于气候难民领域，无论是突发性环境事件还是缓发型气候过程均会涉及集体居民乃至诸如图瓦卢等整个国家的客观情形。此种方式可以避免重复甄别带来的程序性成本，避免有关因果关系适用的重复性争端，有利于促进气候难民之整合并有利于他们维护文化身份与认同等。但不可否认的是，气候难民法也应当保留个体化的甄别程序，因为个体也有可能先于其所处社会其他成员迁移他国并主张其构成气候难民。[1]

在气候难民基本人权保护之中，较为复杂的一项权利是民族自决权，学界针对其救济方式应当采纳个体化的救济方式还是合作式的救济方式如领土救济等尚存有争议。所谓个体化的救济方式，主要指称的是由国际社会负担接纳气候难民之义务，保证其基本人权并为其提供人道主义援助式的救济方式。因此，类似于上文所提及的《集束弹药公约》，该种保护方式指向的是受害者个人。很多学者认为，该种保护方式显然并不足以满足国际社会在气候难民领域所应负有的道德责任。[2]气候难民的产生或者由于国内无多余领土可供其生存或者由于原籍国领土全部消亡如南太平洋小岛国领土完全沉没于海中，这必然会影响到气候难民作为集体所享有之民族自决权的实现或者维持。而依据现有国际人权法律框架，各国以及国际社会应当对其民族自决权予以尊重、保护，甚至在其原籍国无法提供保护时予以协助。鉴于此，不少学者开始支持"合作化的领土救济"方式，即通过现有国家转让领土给那些原籍国已无法支持其生存而必须寻求国际社会予以救济其所遭受之气候变化损害的气候难民或气候难民国。由于气候难民被剥夺集体性的自决权而面临可能丧失"政治身份、政治共同体、货币、民间社会机构，甚至是语言"等威胁时，单纯地依靠个体化的救济方式难以确保该项权利的延续。主张"领土救济"的学者，认为民族自决权通常情况下适用于一国领土范围内，但如果一国领土无法支持气候难民之权利主张时，自决权便至少可以被视为一项

〔1〕 Bonnie Docherty & Tyler Giannini, "Confronting a Rising Tide: A Proposal for a Convention on Climate Change Refugees", *Harvard Environmental Law Review*, 33 (2009), 374 – 375.

〔2〕 Matthew J. Lister, Climate Change Refugees. 17 Critical Review of International Social and Political Philosophy 619, 2014, p. 9. Available at SSRN: http: //ssrn. com/abstract = 2402033.

针对国际社会主张新领土的权利。[1]关于此种创新性观点的经典论述当参见卡罗·莱恩于2010年发表的论文，文中通过将洛克在《政府论（下篇）》第五章中提及的财产权获得与持有之附加条件运用于国际社会领土取得领域，论述了如图瓦卢等生态难民国可依据其民族自决权主张领土救济，即成为新领土的主权候选人，现有国家间的边界也可能需要加以改变以适应新的图瓦卢国家。[2]显而易见，该种国际合作式的领土救济存在难以克服的实践困境，但其理论上的可行性表明国际社会需要创设新的民族自决权保护措施，仅靠现行的个体化救济方式难以成行。

（四）法律实施保障类制度

国际气候难民法的法律实施保障类制度是指为确保国际气候难民法所确立的其他法律制度的成功实施而从资金、人力等方面予以支持和保障的一类法律制度的总称。结合气候难民救济的现实情况，本文将气候难民法的法律实施保障制度归纳、总结为三项，即资金支持保障制度、治理机构保障制度以及国际诉讼保障制度。其中，资金支持保障制度旨在整合现有气候变化损害救济资金、扩大资金来源以为气候难民损害之救济（风险预防措施和人道主义援助等）提供充分规模、稳定来源的资金；治理机构保障制度旨在解决目前气候难民治理机构空白的问题；国际诉讼保障制度试图在依赖各国自决履行与国际合作之外，通过完善诉讼制度确立强有力的法律约束机制，以实现对气候难民之基本人权的切实且有效保护。

1. 资金支持保障制度

一般而言，气候难民救济主要包括以下三类具体的资金需求：一是国际气候难民自身财产、人身等因气候扰乱不利影响所造成的现实损害；二是为适应气候扰乱不利影响而采取的适应类措施所耗费的资源，如建造沿海高墙、改善水资源安全、购买新土地等；三是气候难民被迫迁徙他国所要付出的生存成本，具体可能包括重新定居费用、社区整合费用、必要的人道主义援助成本等。面对如此巨额的资金需求，如何妥善筹集、安排便成为国际气候难民法律制度有效实施的关键因素。近年来，国际法学界就此基本达成共识，

---

〔1〕　A. Kolers, "Floating Provisos and Sinking Islands", *Journal of Applied Philosophy*, 29（2012），336.

〔2〕　Cara Nine, "Ecological Refugees, State Borders, and Lockean Proviso", *Journal of Applied Philosophy*, 27（2010），359–375.

即创设一项全球气候难民损害救济或补偿基金用于满足双边或区域应对现实和潜在气候难民的生存需求。其中，资金来源主要集中于相关国家和国际组织按基金规定（共同但有区别责任原则）每年度义务性缴纳的响应额度的资金，国际社会个人、团体或者企业按基金规定定期或不定期自愿捐献的基金，针对跨国能源公司等企业征收的强制性碳税，以及国际社会正在实施的碳排放交易中的部分佣金。[1]尽管有关适应措施的成本由 UNFCCC 框架中设立的基金拨付，但基于全球性措施原则的要求，气候难民损害救济或补偿基金也应纳入该框架中由现行的全球环境基金负责运营、管理并与其他财政工具形成良好的配合。[2]就基金的使用来看，其应当主要用于寻求气候难民重新安置方案的达成，特别是对气候难民被迫迁徙成本的救济以及对东道国接收气候难民的补偿。[3]

2. 治理机构保障制度

国际气候难民法律制度的有效实施不仅依赖于一套充足完善的资金机制，同时也离不开国际性专门机构和专家组的帮助。在当前全球治理框架中，气候难民问题自身的跨领域复杂特性使得国际层面诸多机构开始关注此问题并不断通过研究来提升、完善对该问题及其解决办法的科学认知。[4]但是，十分遗憾地是在如此众多的治理机构中，至今仍然没有专门负责或者承担协调功能的官方机构的存在，也由此引发了国际气候难民保护机构空白的问题。为此，国际法学界的回应也有不同，一部分学者主张应当在已有相关治理机构中选择一个作为总负责机构并协调其他治理机构之资源协同治理气候难民

---

〔1〕 孙华玲：" '气候难民' 的法学思考"，载《南京大学法律评论》2011 年第 2 期，第 310—311 页。

〔2〕 Bonnie Docherty & Tyler Giannini, "Confronting a Rising Tide: A Proposal for a Convention on Climate Change Refugees", *Harvard Environmental Law Review*, 33 (2009), 385.

〔3〕 Benoit Mayer, "The International Legal Challenges of Climate-induced Migration: Proposal for an International Legal Framework", *Colorado Journal of International Environmental Law and Policy*, 22 (2011), 61.

〔4〕 目前关涉到气候难民救济的国际机构共有四类：①移民/庇护类机构，如联合国难民事务高级专员办事处、国际移民组织、联合国人权事务高级专员办事处、国际劳工组织、海牙难民和移民计划、联合国人口基金会、境内流离失所监测中心等；②环境保护类机构，如联合国气候变化框架公约、联合国环境规划署、政府间气候变化委员会、国际可持续发展协会等；③促进发展类组织，如联合国开发计划署、联合国人口基金会、国际可持续发展协会、国际劳工组织等；④人权/人道主义类机构，如联合国人权事务高级专员办事处、联合国人道主义事务协调办公室、红十字国际委员会、世界卫生组织、国际机构间空间碎片协调委员会、联合国人口基金会等。

问题，可选择的机构有国际移民组织、联合国难民署等；[1]另一部分学者基于气候难民问题本身的复杂性以及现有治理机构面临的授权不足、资源欠缺等问题，主张新创设一个新的独立性协调机构统筹负责气候难民问题之应对工作，但其同时也应积极借鉴相关国际治理机构如联合国难民署、国际移民组织、联合国环境规划署等的工作经验和专业知识等。[2]考虑到已有的国际机构碎片化及其可能带来的治理资源分散问题，以及联合国难民署在救济难民和国内流离失所者领域中成熟的治理经验和工作机制，本文主张应以联合国难民署作为统筹负责机构，由其负责统筹相关治理机构资源和经验并全权负责气候难民之救济工作。与此同时，科学专家组也是科学、有效治理机制所不可或缺的一环，结合学者观点，本文认为其可能承担的任务有：①通过科学研究确认气候难民定义中造成人类生存环境恶化的气候变化不利影响之类别以及生存环境不能居住之临界点；②应当向国际社会提供各国历史和现时的温室气体排放信息，以便共同但有区别责任份额之确定；③运用科学知识对气候难民的救济方式进行一般性的研究，涉及气候变化适应措施、重新安置方案的选择、基金管理方案等。

3. 国际诉讼保障制度

鉴于当前国际气候难民诉讼过程中可能面临的原告诉讼资格、因果关系确定、损害救济方式以及诉讼管辖法院方面存在的困境，不少学者试图结合国际司法实践经验以及国际法自身的发展趋势在理论上对这些困境予以回应与破解。就原告的诉讼资格而言，切实遭受或可能遭受气候变化不利影响所引发之损害的特定个体或国家可以基于基本人权被侵犯而在国际人权法机制中获得原告诉讼资格，[3]也有通过重新解释国家责任法适用条件以含纳气候变化损害赔偿（国家行为主体基于违反 UNFCCC 项下或禁止损害国际环境义务而成立气候变化损害的国家责任），[4]并且国际法委员会 2001 年《国家责

---

[1] Jane McAdam, Environmental Migration Governance (February 28, 2009). UNSW Law Research Paper No. 2009 - 1, Available at SSRN: http://ssrn.com/abstract = 1412002. pp. 25 - 27.

[2] Bonnie Docherty & Tyler Giannini, "Confronting a Rising Tide: A Proposal for a Convention on Climate Change Refugees", *Harvard Environmental Law Review*, 33 (2009), 388 - 389.

[3] 龚宇："人权法语境下的气候变化损害责任：虚幻与现实"，载《法律科学》2013 年第 1 期，第 75—84 页。

[4] 李良才："气候变化的损害赔偿与国家责任问题研究"，载《东北亚研究》2012 年第 1 期，第 50—60 页。

任条款草案》也从理论上扩展了原告之范围；[1]就因果关系的确定而言，为解决技术层面上特定因果关系（即特定国家温室气体排放与特定人权损害之间的因果关系）的缺失给责任主体的确定乃至"侵害要件"的认定所带来的极大困难，国际法学界广泛支持以"一般因果关系＋排放份额"的归因模式取代该特定因果关系之要求；[2]就损害救济方式来看，国内法上有关生态系统或环境价值的评估已经被纳入到各国环境保护立法中并成为司法实践中赔偿环境损害的依据，此国内法能否类推至国际法领域值得思考；就诉讼管辖法院来看，考虑到国际法院在气候变化损害诉讼管辖领域的局限性，有学者主张由人权法院来管辖，[3]或者依据国际法院咨询管辖规定由相应的国际组织机构如世界卫生组织或世界人权委员会等向其提起有关气候变化损害的咨询管辖案件。[4]上述有关诉讼困境的突破均属于理论上的尝试，尚无具体国际司法判例可资援用于气候变化损害救济领域。从国际法发展的角度来看，尽管全球性环境规制已经在国际环境治理中起到了极为关键甚至是主导性的作用，但不可否认，传统的国家间诉讼式争端解决机制仍然具有制度上的魅力，其强制性法律拘束力和对责任的强调可能恰恰是全球环境规制为达成效率要求而予以妥协、放弃的。当然，国际气候难民在寻求诉讼途径救济自身损害时面临极大的理论困境，国际法学界所作出的努力还远远不够，其能否获得成效也尚待国际司法实践的确认与支持。

四、代结论：中国参与气候难民治理之策略

中国是否需要参与国际气候难民治理问题？针对此问题中国又当遵守何种国际立场与基本主张？这些问题都亟待澄清。首先应当简要分析中国应当积极参与气候难民治理这一国际难题之必要性的问题。其一，中国作为温室气体排放大国，有必要也有义务承担温室气体减排义务，更应当在符合其自

---

［1］ 根据国际法委员会 2001 年《国家责任条款草案》第 42 条和 49 条之规定，提起损害赔偿请求的资格可以扩展至五种主体：①受到损害的国家；②受到特别影响之国家；③如果义务的违反影响了所有国家享受权利和义务，任何国家可以提出请求；④如果该义务是为了保护请求国在内的国家群体的集体利益，任何国家都可提出请求；⑤如果义务是针对国际社会整体的，任何国家可以提出请求。

［2］ 龚宇："气候变化损害的国家责任：虚幻与现实"，载《现代法学》2012 年第 4 期，第 160—161 页。

［3］ 龚宇："人权法语境下的气候变化损害责任：虚幻与现实"，载《法律科学》2013 年第 1 期，第 83—84 页。

［4］ Yasuhiro, "The Possibility of Climate Change Litigation before the ICJ: In Contentious Proceedings and Advisory Proceedings", 载《台湾国际法年刊》2012 年第 3 期，第 223—260 页。

身责任和能力的基础上积极参与应对国际气候难民问题，这是国际气候变化法领域"公平原则"和"共同但有区别责任原则和各自能力责任原则"的现实要求。中国温室气体年排放量自 2007 年以来首次超过美国和欧盟总量并成为世界上温室气体排放量最大的国家，且中国人均温室气体排放量已达 7.2吨（世界人均排放量为 5 吨，欧盟人均排放量为 6.8 吨）。[1]有专家预测，鉴于中国在 2012 年全球碳排放比例中占到 25% 的客观现实，中国或将在《巴黎协议》2023 年第一次盘点期中占到全球的 1/3 以上。[2]因此，虽然中国在造成气候难民这一问题的历史责任方面"贡献"较少，但对未来气候难民问题形成之现时和未来"影响"将显著激增，为避免未来国际社会的舆论压力和气候谈判压力，中国应积极开展减排义务，并参与到气候难民全球治理议程之中。其二，当前国际社会因气候难民问题所提起之诉讼已有司法实践，虽然案件或者未能起诉，或者最终未能获得胜诉，但这无疑昭示着未来气候难民或气候难民国为维护自身基本人权或合法利益仍然可能会采取针对温室气体排放大国提起诉讼的维权行动。并且，随着国际法的不断发展与演进，本文第二章第三部分所述之国际气候难民损害救济司法层面的困境可能会得到修正或弥补。届时，各温室气体排放大国将会承担更大的责任。鉴于中国当前以及未来巨大的温室气体减排量，中国应提前研究、应对国际气候难民问题的解决办法和责任分担机制，以规避被受害人或受害国起诉的风险，同时避免对此问题的迟延解决进而弱化以美国为首的伞形集团、欧盟等发达国家对气候难民问题的历史责任。其三，中国是高气候变化敏感度的国家，也势必会承受气候扰乱问题所造成的种种不利影响，其中包括气候难民涌入的问题。基于地理上的生态一体关联性以及历史文化层面的相近性，与中国接壤的东南亚低海岸线国家和太平洋上的一些小岛屿国家一旦发生海平面上升而致领土淹没或生存环境恶劣至无法维系生存的情况时，中国作为地理位置上相近的发展中国家势必会引发诸如现今澳大利亚、新西兰等国所面临之局面。同时，及早开展类似于前文所述之"澳大利亚护士计划"等战略计划，与气

---

〔1〕 Conclusions on Preparations for the 19th session of the Conference of the Parties（COP 19）to the United Nations Framework Convention on Climate Change and the 9th session of the Meeting of the Parties to the Kyoto Protocol（Warsaw, 11–22 November 2013）, http：//www. consilium. europa. eu/uedocs/cms_Data/docs/pressdata/en/envir/139002. pdf，最后访问时间：2016 年 3 月 17 日。

〔2〕 曹明德："中国参与国际气候治理的法律立场和策略：以气候正义为视角"，载《中国法学》2016 年第 1 期，第 44 页。

候难民原籍国或气候难民国开展战略合作，可以预先吸收其优秀的人力资源，避免未来国际社会必须承担强制性难民接受义务时的被动局面。

中国经济最近几年的高速增长率和其作为最大的温室气体排放国的现状使得其很容易被发达国家作为开展气候谈判和进行全球气候治理的攻击对象，甚至被一些发展中国家作为承担强制性减排义务之一员。[1]可以预见，未来中国极有可能与印度等新兴经济体大国一样，在温室气体减排和气候变化损失与损害等问题上承担来自发达国家和发展中国家的双重压力。为应对日益激烈的责任纷争，有必要明确中国在应对气候难民问题或者气候变化损失与损害问题乃至更为广泛的气候变化减排和适应义务上的中国立场。

第一，坚持气候正义原则。在气候扰乱问题所造成之不利影响的应对和责任分担等各个方面，我国均应该贯彻严格的气候正义原则。就初始的分配正义而言，应当确立公平合理的客观一致性减排标准，即在历史人均累积排放和人类环境发展指数指标的基础上兼顾考虑气候地理条件、能源资源禀赋等指标；就后续的矫正正义而言，应当坚持让发达国家支持发展中国家乃至气候难民国的基本理念，并确立有关资金、技术和能力等方面的严格的时间表和路线图。只有严格地坚持气候正义原则，采取"影响"而非"能力"的客观标准，才符合朴素的公平正义标准，才能有效破解未来中国在气候变化问题上所面临的巨大谈判压力。

第二，坚持在"公平"的基础上呼吁、推动、支持开展有关气候难民问题讨论、立法等活动。自 2013 年联合国气候变化大会缔约方华沙会议确立气候变化损失与损害赔偿机制之后，有关气候变化损失和损害以及人口被迫迁徙的议题便成为气候变化领域继减缓和适应之后的第三大核心议题。尽管目前仍无实际性的成果产出，但鉴于气候难民问题的日益严重态势，可以预见未来国际社会在此领域的谈判和立法将愈发密集。中国自《巴黎协议》之后成为塑造国际气候治理新秩序的三驾马车之一，与欧盟和美国一道开始主导全球气候立法的进程。我们只有在气候难民问题上有所建树，才能转移国际

---

〔1〕 可以预见，未来中国在气候谈判领域将面临巨大的压力：基础四国已接近分崩瓦解，印度、南非和巴西均呈现出某种程度上的亲欧盟倾向，即"在共同但有区别责任原则和各自能力原则的基础上，要求美国、中国和印度等新兴经济体国家共同接受具有法律拘束力的量化减排协议"；小岛屿国家联盟由于近年来因海平面上升而被海水淹没的威胁越来越大，致使其态度激进，要求发达国家和新兴经济体国家都要承担绝对的量化减排义务；最不发达国家集团提出新的减排协议，除了约束美国这样的非议定书成员发达国家外，还要对新兴大国提出具体的减排要求。

社会对中国的注意力和过分要求，才能在气候谈判中赢得更多的合作伙伴，对发达国家施以更强的约束力以确保气候变化损失和损害议题得到公平合理之解决。

第三，强化气候变化框架公约的履约机制。为确保发达国家切实履行其在气候变化领域的义务，应当一改当前气候变化公约及其各种协议的软法性质，增强其履约能力。对此，曹明德教授建议设立国际气候法庭和建立履约担保制度，应当说是一种可供考虑与采纳的现实路径。[1]

第四，畅通气候难民司法救济渠道。就此而言，当前国际社会气候难民或气候难民国的诉讼对象仍然是发达国家中的温室气体减排大国，但囿于司法层面的制度缺陷使得其往往难以实现自身的合法目的。因而，畅通司法救济渠道对气候难民或气候难民国而言无疑具有极其重要的意义。在此情况下即使未来出现中国被诉的情形，也不会对中国极为不利。因为建立于气候正义或者公平原则基础上的司法实践规则必然是客观公正的，中国作为负责任的大国自然也会严格遵守。相反，如果中国不及时参与有关司法诉讼规则的制定进程，在发达国家主导下产生的不符合气候正义原则的诉讼规则将有可能对中国不利。因而，为确保国际气候变化损失与损害之司法规则的正义性，中国有义务参与其中并充分表达自身之观点。

---

[1] 曹明德："中国参与国际气候治理的法律立场和策略：以气候正义为视角"，载《中国法学》2016 年第 1 期，第 41—42 页。

私法论丛

合同法下吸收条款的功能、认定和法律效力

Merger Clause's Function, Identification and Legal Effect in Contract Law

刘　云 *

　　摘　要： 吸收条款起源于美国，并被美国《第二次合同法重述》、《统一商法典》所规定，现在已经被《国际商事合同通则》、《欧洲统一合同法原则》、《CISG – AC 第 3 号意见》所广泛采纳。吸收条款是一种合同条款，约定在书面合同中，目的在于适用口头证据规则，是当事人真实意思的反映。吸收条款广泛适用于买卖合同、租赁合同、消费合同、劳动合同等领域，可以实现委托人对代理行为的控制、限制司法自由裁量权、提高经济效益和交易安全的功能。尽管我国《合同法》没有吸收条款的规定，但吸收条款可依据字义解释优先规则取得优先效力。吸收条款的一般效力应当具有推定的有效性，撤销吸收条款请求人应当承担充分的举证责任，以证明存在可撤销的法定事实。吸收条款的无效适用合同无效的一般规定。

　　关键词： 吸收条款　口头证据规则　美国法　合同自由原则　合同效力

　　* 刘云，中国政法大学比较法学研究院比较法学专业（民商法方向）2014 级博士研究生（100088）。

一、问题的提出

吸收条款（merger clause）最初产生于美国合同法的实践中，[1]又称合并条款（integration clause）、完整协议（integrated agreement），在英国一般被称作完整协议条款（entire agreement clause）。而在大陆法系，来源于经济实践活动的吸收条款并不是合同法逻辑的组成部分，故而没有直接的吸收合同条款规则，只能通过意思表示的解释来解决问题。

在英美法系的合同法实践以及在我国的一些对外贸易合同中经常会出现这种表述："本合同中所涉及的所有协议、共识、证据和表单，是经双方根据业务内容进行商定后，对条款所作的最终的、完整的和定性的陈述。先前双方所达成的谅解或协议随之作废。本合同不得更改、放弃、调整或修订，除非当事人对此以书面作成并签字且须公证。"[2]通过这一条款可以排除当事人援引本书面合同以外的口头协议或书面协议来抗辩，为此可以在很大程度上提高合同双方当事人对合同内容的预期可能性。同时，美国的主要民商事成文法和判例法都有关于吸收条款的详细规定和说明，几乎所有的国际或区域合同公约、示范法也都做了明确规定。例如，在《1994 年国际商事合同通则》的第 2.17 条被《2004 年国际商事合同通则》第 2.1.17 条所完全保留，其规定："如果一个书面合同中载有的一项条款表明该合同包含了各方当事人已达成一致的全部条款，则此前存在的任何陈述或协议不能被用作证据来对抗或补充该合同。但是，这些陈述或协议可用于解释该书面合同。"

我国在 1999 年制定的《合同法》主要参考了《国际商事合同通则》，[3]却有意忽视了《国际商事合同通则》中明文规定的这一特殊合同条款。有文章认为我国《合同法》没有规定吸收条款的原因有三，即我国民商事交往中对合同的不重视；法律水平不高；法制环境不完善。[4]但笔者认为，尽管我国《合同法》未明确规定吸收条款，但吸收条款是一个事实问题，不是一个

---

〔1〕　在笔者可查文献中，吸收条款最早可出现在 20 世纪末。同时在英国学者文献中，也明确表明吸收条款最早来源于美国，甚至当前研究吸收条款的很多英国学者都会从美国的司法实践中寻找文献。参见 Filip De Ly，"Interpretation Clauses in International Contracts（Characterization，Definition，Entire Agreement，Headings，Language，Nom-Clauses，Non-Waiver Clauses and Severability）"，*International Business Law Journal*，2000，pp. 719 – 812.

〔2〕　[美] 理查德·哈罗齐：《商务合同手册》，张建等译，企业管理出版社 2001 年版，第 41 页。

〔3〕　参考 2012 年 11 月 17 日中国政法大学终身教授江平在北京航空航天大学举办的"第二届两岸民商法论坛"上的发言。

〔4〕　详见郭晓峰：《吸收条款规则研究》，广东商学院 2011 年硕士学位论文，第 35—36 页。

法律规则，即使我国《合同法》未有规定，但当事人依然可以在合同中约定和使用吸收条款。类似的结论在 MCC-Marble Ceramic Center Inc. v. Ceramica Nuova D'Agostino S. p. A. 一案中也得到法官认可，争议当事人选择适用《联合国国际货物销售合同公约》（CISG）的规则来解释合同，上诉法院的 Birch 法官认为在 CISG 中没有口头证据规则，因而认可了原告的主张，推翻了地区法院的即决判决。与此同时，Birch 法官在论述中指出："为了达到当事人所期望的避免口头证据难题的目的，他们可以通过在其协定中纳入吸收条款，以排除此前任何或所有没有被明确写入书面文件的协定和保证。"由此可见，Brich 法官认为当事人可以在法律依据缺乏的情况下自行通过吸收条款达到口头证据规则的目的。我国合同法已经确立了合同自由原则，令人困惑的是，在吸收条款已经成为英美法系国家和国际贸易中广泛使用的标准条款时，国内合同法实践却很少使用该条款，即使是相关的口头证据规则也鲜见于判决之中。我国的合同法律实践中反而更热衷与吸收条款相对立的一种表述，例如在《中国工商银行电子银行个人客户服务协议》第 4 条第 2 款规定："本协议是乙方的其他既有协议和约定的补充而非替代文件，如本协议与其他既有协议和约定有冲突，涉及电子银行业务内容的，应以本协议为准。"笔者认为，丰富的合同法律资源是促进社会商业繁荣的一种软实力，当前吸收条款相关立法和研究的匮乏导致该条款的商业运用存在很高的法律风险，国内商人为了规避法律不明风险而在交易中不敢使用吸收条款，吸收条款实践运用的缺乏导致国内研究缺乏素材和动力，最终形成了一个循环僵局。因此，有必要在比较研究的基础上，探索我国现有《合同法》规则下的吸收条款适用方法，从而推动相关合同法实践和立法的发展。

二、吸收条款的概念

在我国的法律实践中，商业主体和司法裁判机关都很少使用吸收条款这一称谓。相比较而言，使用"完整协议"的称谓可以在国内若干合同法实践中看到。例如，在《中国外汇交易中心、全国银行间同业拆借中心关于发布人民币外汇远期及掉期交易主协议的通知》（中汇交发［2006］202 号）中，《全国银行间外汇市场人民币外汇远期及掉期交易主协议》第 29 条规定："本协议构成双方对本协议的主旨的全部约定和理解，并取代与此有关的所有口头交流和所有先前的书面协议。"在"武汉光谷生物产业高端人才创业投资有限公司诉杨小俊等合同纠纷案"中，当事人争议的合同之 12 条约定：完整协议，本协议应取代各方以往在任何备忘录、协议和安排中就本次增资事项所达成的协议，但有关备忘录、协议或者安排中对其他事项的约定继续有效。[1] 在"徐和与鹤壁银行股份有限公司债权人撤销权纠纷案"中，争议当事人之间的合同约定：本协议构成双方就本协议标的事项所达成的完整协议，并取代和解除双方此前就该等标的事项及协商所达成的所有协议和协商及与本协议同时达成的口头协议。

在国外，对于吸收条款的称谓，《国际商事合同通则》（简称"PICC"）、《欧洲统一合同法原则》（简称"PECL"）、《联合国国际货物销售合同公约咨询委员会第三号意见》（简称"CISG‑AC 第三号意见"）中均使用的是"merger clause"一词，故国内相关译著文献都直译为"合并条款"；在《美国法学会第二次合同法重述》（简称"《第二次合同法重述》"）中使用的是"integrated agreement"，相关译著相应直译为"完整协议"。为了减少对同一条款的不同称谓而造成不必要的疑惑，笔者认为应当对上述条款统一称作"吸收条款"。理由一是在于"吸收"的涵义可以清晰地表示当事人之前的口头协议和书面协议都被本合同所吸收，被吸收的协议不再具有法律效力。而"合并"的涵义易让人误解为合同内容的联合，误以为是部分合同变成整体合同，从而合并前协议的效力不受影响。二是"完整协议"的概念也与合同的内容是否完整而具备合同成立条件相似，不利于反映该条款的特性。例如，在"蔡云峰与北京市土地整理储备中心平谷区分中心等房屋拆迁安置补偿合同纠纷上诉案"中，当事人一方提出："我方的证据显示双方签订的协议并非空白协议，而是内容和程序均合法的完整协议。"相同的混用情况，在最高人民法院审判的"新会江裕信息产业有限公司诉爱普生（中国）有限公司合同纠纷案"中也有表现。同时，在英文表达中，"integrated"的含义是"使……成为整体"、"整合"，在此直译为完整协议并不恰当。三是在海商法中，提单中的"合并条款"（incorporated clause）[2] 已经广为人知，但其目的是因为提单自身的条款相对简单，故通过加入"合并条款"使得之前合同的部分内容纳入到提单之中。可见，海商法提单中"合并条款"与本文所探讨的"吸收条款"是存在着显著不同的。因此，为了更加准确的描述合同法下吸收条款本身的含义并避免专业术语表达的冲突，笔者认为应当统一称之为吸收条款。

---

[1]　湖北省武汉市中级人民法院第（2014）鄂武汉中民商初字第 00854 号判决书。

[2]　在海商法中，也被称作"并入条款"。亦可参见翁子明："MANNAN 轮滞期费纠纷案——提单'合并条款'的效力及其他"，载《中国海商法年刊》1994 年第 5 卷，第 364—368 页。

《元照英美法词典》将吸收条款定义为合同中的一项条款，规定书面条款不得被先前或口头的协议所变更，因为这些协议都已被吸收入书面合同。[1]《布莱克法律词典》则将其定义为：一种合同条款，该条款声明合同体现了双方当事人全部和最终的协议且取代了所有与合同标的有关的非正式和口头协定。[2]美国合同法教材给出的定义是："表示了当事人意使本书面合同成为当事人之间协议的最终且全部表示的意思。具有这个意思的语言称为吸收条款，意指将当事人所有同意的条款并入一个单一的书面合同。"[3]尽管上述两份词典对吸收条款定义的表述不同，但不存在理解上的冲突。因为《元照英美法词典》的定义是以当事人订立吸收条款的根本目的为基础，即排除先前或口头的协议；《布莱克法律词典》则是更重视从吸收条款的形成方法进行定义。鉴于国内尚无民法领域的学者对此进行专门论述，笔者在认可英美法系对吸收条款涵义通常理解的基础上，结合国内法学习惯，将吸收条款定义为：民商事合同中的一项条款，该条款由具有完全民事行为能力的民事主体通过书面的形式约定该书面合同取代先前所有与合同标的有关的口头和书面协议，从而使得当前合同是确立当事人双方权利和义务关系的唯一根据。

三、吸收条款的功能分析

要论证吸收条款的效力还需要考虑吸收条款的功能是什么以及如何实现该功能。吸收条款在英美法系具有悠长的历史，并已经被国际立法和示范法所接受，盖其原因是吸收条款能够在众多领域满足当事人的需求，这便是吸收条款所具备的功能。吸收条款的功能可以总结为下列三项，同时这些功能也是吸收条款产生的原因。

（一）保障委托人对代理行为的控制

从吸收条款最初的起源来看，吸收条款与代理制度存在着历史性的联系，[4]其最初的功能就在于限制代理人的权限，保障委托人对代理人所从事代理活动的指挥。当委托人由于一定原因无法亲自进行一定行为时，其可以通过委托代理人为其行事。但由于代理行为中可能存在代理人对委托人的误解、第三人对代理人的误解、代理人的恶意或错误口头表示，这都将给该项

---

〔1〕 薛波主编：《元照英美法词典》，法律出版社2003年版，第911页。

〔2〕 Bryan A. Garner, Black's Law Dictionary (8th ed.), Thomas West, 2007, p. 824.

〔3〕 参见［美］杰弗里·弗里尔、迈克尔·纳文：《美国合同法精解》，陈彦明译，北京大学出版社2009年版，第248页。

〔4〕 Richard A. Lord, Williston on Contracts (4th ed.), Thomson Reuters, July 2012, §33：23.

合同的履行带来风险，甚至会背离委托人最初的目的。为此，委托人可以事先拟定好一份含有吸收条款的合同，也可以通过对代理人签订的含有吸收条款的合同进行事后监督，从而防止意外风险的发生。

吸收条款还可以对第三人起到提示作用，阻碍第三人以善意信赖为由进行抗辩。吸收条款锁定了委托人的意思表示，第三人在看到吸收条款后可以明确代理人的权限；第三人不能与代理人进行超过代理权限的交易，[1]否则可以推定第三人存在恶意。在代理活动更加频繁的今天，吸收条款的这一功能可以满足诸多的缔约需求。

（二）限制法院的自由裁量权

合同的内容来自各方当事人的协商一致，但在合同履行中经常会发生争议，一旦诉至法院，则需要法官对合同的内容作出解释。现实中，由于法官对合同的解释是介于事实解释和法律解释之间，而理论中对合同解释的主观主义和客观主义之争尚未有定论，立法也没有形成严格的解释规则，故法官存在着较大的自由裁量权。尤其在诉讼过程中，各方当事人为了给自己的诉求寻找支持理由，会网罗出大量的证据，这些证据之中也包括正式合同订立之前的口头证据和部分协议等。因此，为了限制法官的自由裁量权，增强合同内容的可预测性，当事人可以在合同中约定吸收条款，从而将合同的内容限定在一份书面合同的"四角"（four corners rule）之中。尤其是在长期合同关系中，通过订入吸收条款可以减少合同外的解释，避免对法官自由裁量权的担忧。[2]换言之，订入吸收条款的最终目的就是将法官的自由裁量权限定在合同的四角之中，深化当事人的订约权，从而避免意外风险的发生。

（三）提高经济效益和安全

在合同法理论现代化过程中存在着分别推崇交易安全和经济效率的对立两派，其中交易安全派的主要代表是政府，而经济效率派的主要代表是理论和实务界。在美国，为了反对 1942 年"安全法案"[3]中的第 10b－5 规则，经济效率派倡导者认为经济效率的最大化最主要是需要合同自由的最大化，

---

〔1〕 James L. Hartsfield, Jr, "The 'Merger Clause' and The Parol Evidence Rule", *Texas Law Review*, January 1949, p. 368.

〔2〕 Larry A. DiMatteo, Daniel T. Ostas, "Comparative Efficiency in International Sales Law", *American University International Law Review*, 2011, pp. 413–414.

〔3〕 Rule 10b－5, promulgated by the Securities and Exchange Commission （证券交易委员会） in 1942.

其中吸收条款即是一个合同自由的方面。但令人意外的是，吸收条款的倡导事实上也推动了经济安全的实现。[1]在英国著名的 Inntrepreneur Pub Company v. East Crown Ltd 一案中，法官指出："谈判的详细过程在缔约时候可能已经被当事人所遗忘，或者难以对负责的谈判过程进行解释，订入吸收条款的目的在于排除合同当事人从合同书之外寻找合同内容所带来的不确定性。"[2]通过总结当前理论成果和实务经验也可以发现吸收条款的安全保障功能是以该条款类型化，乃至格式化的方式来实现的，从而优先体现效率原则。

虽然吸收条款与格式条款在某些方面也存在重叠之处，但仍然区别于格式条款。格式合同的特征为格式条款是由当事人一方为了重复使用而预先拟定的，格式条款适用于不特定的相对人，格式条款的内容具有定型化的特点，相对人在订约中处于附从地位。[3]二者相同之处在于：我国合同法采纳了"格式条款"的定义，而不是"格式合同"的定义，因此都属于合同的一部分；吸收条款也可能落入格式条款中当事人为经济强者和经济弱者的特征范围。二者的区别在于：格式条款具有更强的抽象性，是通过合同订立的形式来认定；吸收条款则具有更多的具体性，是通过合同订立的内容来认定。在字义不明时，吸收条款的解释原则遵从平义（plain meaning）解释，格式条款则采取不利于格式提供方的解释原则。当一个吸收条款可能落为格式条款时，请求人应当承担充分的举证责任。

四、吸收条款的认定

（一）吸收条款的适用范围

吸收条款作为合同中的一项条款，根据合同自由原则，其适用范围相当广泛。但对不同类型合同中吸收条款的分析有助于在具体事实中判定该条款的法律效力。因为我国统一合同法所确定的合同自由是一种相对的自由，而非绝对的自由。为了保障市场经济有秩序地发展，国家有必要对市场经济实行宏观调控和正当干预，为此，应对合同自由作出必要限制。[4]这种限制表

---

〔1〕　Margaret V. Sachs, "Freedom of Contract, The Trojan Horse of Rule 10b‑5", *Washington and Lee Law Review*, Summer 1994, p. 894.

〔2〕　Inntrepreneur [2000] 2 Lloyd's Rep. 611 Ch Dat [6] .

〔3〕　详见王利明、房绍坤、王轶:《合同法（第3版）》，中国人民大学出版社2009年版，第95—97页。

〔4〕　王利明:"论合同自由原则"，载《法制现代化研究（第2卷）》，南京师范大学出版社1996年版，第354—370页。

现在两个方面：一是在《合同法》内对不同类型的合同有不同限制要求，例如建设承包合同中转包行为不同于买卖合同中的转让行为；二是将一些与社会公共利益密切的合同纳入特别法予以调整，例如通过《劳动合同法》强调对劳动者的倾斜保护。因为我国当前吸收条款的司法实践非常少见，故通过对英美法系中判例的归纳，可不完整地总结出吸收条款的几个具体适用范围。

第一，买卖合同和租赁合同中的吸收条款。买卖合同的特点在于转移财产所有权，具有有偿性、双务性、诺成性和不要式性。[1] 在买卖合同中当事人的意思自治原则体现得非常显著，当事人有权自由决定合同的条款，故我国《合同法》也将其认定为一种典型合同，在一般条件下对其他类型的合同具有参照意义。吸收条款并不违反法律强制性规定的，当事人可以在买卖合同中自由订入吸收条款。在 Lone Star Olds Cadillac v. Vinson[2] 一案中，原告向被告购买一辆二手汽车，在谈判中，被告曾口头承诺该汽车不存在质量问题。在书面合同中却写明了被告不承担标的物的瑕疵担保义务，同时合同中约定了吸收条款，原告未阅读该合同即做了签字确认。后由于汽车存在质量问题，原告起诉要求被告承担担保义务，法院认定该合同中存在吸收条款，故对原告的诉讼请求不予支持。与买卖合同相比，租赁合同的主要特征在于转让财产使用权，是诺成、非永续性的合同。[3] 在 Sound Techniques, Inc. v. Hoffman.[4] 一案中，原告向被告承租一套房屋作为录音场地，该房屋的邻居是一个声音嘈杂的音乐厅，被告认为这个房屋可以满足原告的要求，原告委托了代理人 McGloin 做实地调查，但 McGloin 未作调查就向原告反馈该房屋符合原告要求的意见。在实际使用中，该房屋无法满足原告的使用要求。原告诉至法院认为存在重大误解，要求撤销合同，法院认为该合同中存在吸收条款，故对原告的诉求不予支持。[5]

第二，消费合同中吸收条款。在美国法中消费合同受到法律的特别对待，与我国消费者权益保护法类似。尤其是随着电子信息的快速发展，消费者与

---

〔1〕 详见王利明：《合同法研究（第 3 卷）》，中国人民大学出版社 2012 年版，第 45—47 页。

〔2〕 Lone Star Olds Cadillac v. Vinson, 168 S. W. （2d）673 （Tex. Civ. App. 1942）.

〔3〕 崔建远主编：《合同法（第 5 册）》，法律出版社 2010 年版，第 421—422 页。

〔4〕 50 Mass. App. Ct. 425 （2000）.

〔5〕 John C. La Liberte, "Real Estate Law, Merger Clause in Commercial Real Estate Lease Bars Evidence of Antecedent of or Contemporaneous Negotiations Offered in Support of Negligent Misrepresentation Claim", *Massachusetts Law Review*, 2001, p. 26.

销售者处于明显的信息不对等地位，故此处的合同自由需要受到限制。[1]由于吸收条款的广泛应用，美国大多数消费合同中都订立有吸收条款。但是在消费合同中，这些吸收条款往往未经过正式的谈判。《第二次合同法重述》主要倡导人科宾教授认为法院一般对消费合同中的吸收条款不予执行。[2]在Seibel v. Layne & Bowler Inc. 一案中，法官明确认为在消费合同中如果直接根据吸收条款而排出先前口头承诺的瑕疵担保将是不合理的(unconscionable)。[3]

第三，劳动合同中的吸收条款。美国依据其判例法和《劳动关系法》等建立了对劳动合同的特殊调整方式。在实践中，劳动合同中订入吸收条款也属于一种司空见惯的现象。在美国相关的法学研究中有三个研究进路。一是关于吸收条款区别于不能重开谈判条款（zipper clause），其中的不能重开谈判条款是劳动合同中特有条款，旨在防止用人单位在劳动合同履行期内单方面变更合同，包括变更已有条款和增加额外规定。[4]二者的关系在于可能存在重叠的部分，但条款目的和适用方式均不同。二是讨论劳动合同中竞业禁止条款与吸收条款的关系。即存在一种情况：劳动者与用人单位签订的劳动合同中同时约定了竞业禁止条款和吸收条款，但是未在合同中约定给予劳动者商业秘密的接触权。根据美国法对竞业禁止条款效力的一般要求，该竞业禁止条款只对享有接触到商业秘密权的劳动者发生效力，故法院对是否可以通过劳动者事实接触到了商业秘密而要求劳动者履行竞业禁止义务存在争议。[5]三是在普通民事合同的意义上解读劳动合同中吸收条款的效力问题。[6]总体而言，美国法院认为劳动合同中吸收条款特殊性并不是毫无疑问的。

（二）吸收条款的特征

由于吸收条款在目前中国的司法实践中尚不多见，理论和实务界对其认

---

[1] Scott R. Peppet, "Freedom Of Contract in An Augmented Reality: The Case of Consumer Contracts", *UCLA Law Review*, February 2012, pp. 678 – 745.

[2] Michael I. Meyerson, "The Reunification of Contract Law: The Objective Theory of Consumer From Contracts", *University of Miami Law Review*, May 1993, p. 1314.

[3] Seibel v. Layne & Bowler Inc. , 641 P. 2d 668, 671 (Or. Ct. App. 1982).

[4] See Benjamin Duke, "Regulating The Internal Labor Market: An Information-Forcing Approach to Decision Bargaining Over Partial Relocations", *Columbia Law Review*, May 1993, pp. 932 – 995.

[5] Jay J. Madrid, David F. Johnson, Joseph P. Regan, "The Merger Clause: a Potential Defense To The Mann Frankfor Implied Promise?", *Texas Wesleyan Law Review*, Summer 2012, pp. 729 – 742.

[6] R. Wayne Estes, Kirsten C. Love, "The Ubiquitous Yet Illusive 'Merger' Clause In Labor Agreements: Semantics, Applications, And Effect On Past Practice", *Kentucky Law Journal*, 1999, pp. 1 – 47.

识也比较贫乏。故有必要对其特征做一总结，同时指出目前国内研究成果中存在的问题。

第一，吸收条款是一种合同条款。合同条款是合同法理论和实践中一个重要的问题，国外对此问题的研究已有很长的历史，并取得了丰硕成果，许多理论已付诸实践，形成法律规范或惯例，[1]而我国在该领域的研究尚未启动。[2]吸收条款也属于这类理论丰富，但尚不被国内学者重视的一种合同条款。作为一种合同条款，其遵循着合同自由原则，包括内容自由、形式自由和选择相对人自由等。因此不能够通过外国法、国际公约和示范法都有吸收条款的规定而认定在我国《合同法》没有规定的情况下不能适用吸收条款。同时，作为一种合同条款，其表述方式也不需要和法律条文一样一成不变，而是可以存在不同的具体表述方式。在形式上可以将吸收条款分成两类，第一类是简单表述，例如在合同中约定："本合同是当事人之间完整且唯一的协议，任何口头声明、陈述和此前的书面材料都不具有约束力和执行力。"[3]第二类是复杂表述，例如在合同中约定："买方已经在交易之前检查并且因此非常熟悉标的物的物理状况。卖方在此之前对于标的物的物理状况、租金、租赁、费用、标的物运行、其他相关影响因素都没有做出任何承诺，除非在本合同中有特别说明。买方在此也明确承认卖方没有做出这类承诺。买方同时也承认在交易前其已经对标的物的质量做出了检查，同意购买当前的标的物，当事人双方此前的所有谅解、协议都已经吸收到本合同之中。这个合同成立之前双方都已经对合同做出了全面检查，该合同完全独立并完整地表述了当事人之间的约定。合同各方都不能将合同外的声明、陈述纳入到合同之中。买方最终完全检查了上述条件，并在此条件下购买了标的物。"[4]上述这两种合同条款的内容都属于一种吸收条款。事实上，英文合同条款句子一般都较长而复杂，远远超出英语句子的平均 17 个词的长度。[5]但是句子的长短一般不影响依据吸收条款涵义对其作出的概念认定。

---

〔1〕 目前国内海商法学界对合同条款的研究相对最多，例如海商法中广为人知的并入条款、新杰森条款、互有过失碰撞条款、船东互保协会特别补偿条款等，反映出合同条款理论的国际化地位。

〔2〕 参见胡林龙："合同条款初探——一个被遗忘问题的思考"，载《河北法学》2004 年第 3 期，第 46—47 页。

〔3〕 West Group, "Leases: Integration Clause Bars Claims", *Real Estate Law Report*, Spring 2005, p. 2.

〔4〕 Danann Realty Corp. v. Harris (5 N. Y. 2d 317, 1959).

〔5〕 薛瑜："英语合同条款的表达与理解"，载《上海翻译》2005 年第 3 期，第 29—31 页。

第二，吸收条款的目的是适用口头证据规则。当前学界关于口头证据规则的研究成果相对丰富，但是对口头证据规则与吸收条款之间关系的探讨还较少。在一份硕士学位论文中，作者认为在美国合同法上，合并条款的这一功能是通过口头证据规则的适用来实现的。在没有口头证据规则的大陆法系国家的法律制度中，合并条款可以独立地发挥作用。[1] 即作者认为吸收条款和口头证据规则是实现同一目的的两种制度。崔建远教授则认为"对一份完整的、最后的、唯一的协议的书面合同，外部证据不得抵触书面合同的条款；只有不完整的书面合同才允许运用外部证据予以解释。对于含义清楚的书面合同，不得使用外部证据加以解释，只有模糊的合同才可以运用外部证据加以解释。"[2] 崔建远教授的理解更加符合英美法司法实践中，适用口头证据规则实际是证明合同完整性的过程。同时，笔者认为吸收条款是一个事实问题，而口头证据规则是一个法律问题，二者不具备同等比较的基础。二者的实际关系是：吸收条款是适用口头证据规则的前提。在美国《统一商法典》和《第二次合同法重述》[3] 中，口头证据规则和吸收条款都是一并规定的，表明二者存在适用上的因果关系。《CISG – AC 第 3 号意见》[4] 则直接援引了 CISG 中第 8 条和第 11 条来论证吸收条款与口头证据规则的关系，表明吸收条款的目的就是适用口头证据规则。需要说明的是，笔者是从口头证据规则所体现的合同解释原则来理解，从而认为在我国《合同法》中也存在口头证据规则，因为口头证据规则不一定需要法律明文规定，而可以成为一种依法归纳出的合同解释方法。尽管在英美法系中口头证据规则不限于在吸收条款下才可适用，当能够证明合同是完整的，则应当排除口头证据，但这实际上可以通过类似原始证据优于派生证据的最佳证据规则进行解释。也即在没有吸收条款时适用口头证据规则的条件是非常苛刻的，且此时口头证据规则的适用是非常容易通过合同外的证据去推翻的，最终即使在没有吸收条款时适用了口头证据，此时也完全可以通过后约取代前约、漏洞补充等一般的合同解释规则解决问题。而一旦合同中订入了吸收条款，则口头证据规则的适用是推定成立的，主张成立的当事人不承担举证责任，除非否定人有充分的证据证明该

〔1〕　陈高阳：《合同法中的合并条款规则研究》，厦门大学 2010 年硕士学位论文，第 8—9 页。

〔2〕　崔建远主编：《合同法（第 5 版）》，法律出版社 2010 年版，第 360 页。

〔3〕　U. C. C. §2 –202. and Restatement Second, Contracts §209, 210, 213.

〔4〕　Comment, "CISG Advisory Council Opinion No. 3: Parol Evidence Rule, Plain Meaning Rule, Contractual Merger Clause and the CISG", *Pace International Law Review*, Spring 2005, pp. 61 –73.

吸收条款存在重大瑕疵。根据我国《合同法》第 125 条的规定，字义解释是最佳解释方法，是优先于目的解释等其他解释方法的。因此，在我国合同法下，通过吸收条款可以使得口头证据规则得以推定成立和适用，如果无吸收条款则无口头证据规则适用的可能。

第三，吸收条款必须通过书面形式确定。根据吸收条款的定义，书面合同的存在是吸收条款存在的基础。其一个内在逻辑是因为如果采用口头形式，将来发生合同争议当事人在主张权利的时候，吸收条款存在与否都难以证明。且吸收条款的目的即为排除口头证据，则口头形式的吸收条款将出现自我矛盾的结果。从我国《合同法》第 125 条的解释规则来说，吸收条款将主要依据字义解释的绝对优先性来体现其功能，因此必须以书面形式为成立要件。关于何为"书面"形式，目前的各类合同立法都给出了相当宽泛的解释。《CISG – AC 第 1 号意见》较为宽松的认为："书面"包括任何以可以知觉的方式呈现的可获取的电子通讯方式，只要该电子通讯方式能实现与纸面媒体相同的功能这一前提条件即可。[1]随着科术的发展，以电子信号、数字符号等表现的内容，基本上都可以固定下来作为证据使用。结合美国《统一商法典》、PICC、PECL、CISG 及其相关意见中对书面的认定，可以看出人们对书面形式的要求越来越宽松，任何能够提供可阅读性陈述记录或者任何以可知方式呈现的通讯方式，都可以和传统的纸笔书写的合同一样，被视为书面合同。总之，吸收条款对于书面形式要求的原因在于证据提取的方便和可靠，故不拘泥于纸质形式。

吸收条款必须通过书面形式确定的另一个含义是要排除默示条款或附随义务。其中默示条款也主要来自于英美法系中，[2]是随着社会经济发展而逐渐形成的一种合同解释理论，即根据法律规定而推定合同中存在某些条款，尤见于消费合同之中。[3]在大陆法系中则主要通过附随义务来实现同等效果。在我国现行法上，附随义务不仅基于诚实信用原则而发生，而且有些是根据法律的直接规定而产生的。[4]由此可以得出两个结论：一是吸收条款自身不

---

〔1〕 Comment, "CISG – AC Publishes First Opinion", *Pace International Law Review*, Fall 2003, pp. 454 –480.

〔2〕 详见翟云岭、王阳："默示条款法律问题探析"，载《法学论坛》2004 年第 1 期，第 28—34 页。

〔3〕 Jeannie Marie Paterson, "The New Consumer Guarantee Law and the Reasons for Replacing the Regime of Statutory Implied Terms in Consumer Transactions", *Melbourne University Law Review*, 2011, pp. 252 –279.

〔4〕 崔建远主编：《合同法（第 5 版）》，法律出版社 2010 年版，第 88 页。

能通过默示条款或附随义务的形式成立，即使一个合同达到了完全完整的要求，但不能认定此时存在一个吸收条款。此时主张合同完整的人依然需要承担充分的举证责任。二是附随义务是一种合同内容补充规则，在含有吸收条款的合同中只能发生法定的附随义务，但不能依据诚实信用原则扩展合同的内容。

第四，吸收条款是当事人真实意思的反映。在英美法系国家，合同被视为当事人之间的法律，约定必须信守。法官则应当严格遵循不为当事人制定合同的原则，只要合同体现了当事人的真实意思表示，法官一般应遵照执行，以保障当事人的意图的实现。而一项有效的合同自然也必须是合同双方当事人真实意思的反映，方能取得强制执行力。这里却存在一个合同解释上的困扰，即如何证明该合同是当事人真实意思的反映。因为双方当事人很少在合同中明确说明吸收条款是双方当事人真实意思的反映，而即使有此声明也存在该声明不是当事人真实意思反映的问题。在此情况下是否可以通过口头证据来证明？这一问题也是美国合同法上的客观主义法学派和主观主义法学派长期争论的问题。客观主义法学派代表威利斯顿教授认为该真实意思的反映以形式上的推定来证明，而主观主义法学派代表科宾教授则认为该真实意思的反映应当以当事人主观上的意图来说明。一般认为《第一次合同法重述》在威灵斯顿教授主持下采纳了客观主义立场，但由于科宾教授作为第二报告人，该重述的第 90 条在体系中还是很不协调的确定了"允诺禁反言原则"以体现对当事人主观意图的尊重。而《第二次合同法重述》在主观主义法学派的主持下，很快就根据主观主义法学派的思想拟出了《第二次合同法重述》。在现代的美国司法实践中，法官则会考虑一切相关证据来证明该吸收条款是否为当事人真实意思的表现。[1]这一学术争论在我国表现为意思主义、表示主义和折衷主义三种观点的整理，而根据我国《合同法》第 125 条和学界通说认为我国采纳了折衷说，即综合考虑相关证据，对当事人的真意进行合同解释。

第五，吸收条款可以分为完整吸收条款和部分吸收条款。在美国《第二次合同法重述》第 210 条中明确将吸收条款分为完整吸收条款和部分吸收条款，从而增强了吸收条款的灵活性。即如果一个合同中约定的是完整吸收条款，则该合同不能以任何外来证据进行解释。如果合同中约定的是一个部分

---

[1] Richard A. Lord，Williston on Contracts（4th ed.），Thomson Reuters，July 2012，§33：17.

吸收条款，则仅就该部分内容不能用任何外来证据进行解释，除此之外的内容则可以用一切合理的外来证据进行解释，但不得与吸收条款约束的内容相矛盾。[1]吸收条款的这一特征从而可以在更大的范围内体现当事人的意思自治，实现双方当事人的合同目的。例如，在"广州市汇林计算机科技有限公司与 Intel corporation 合同纠纷上诉案"[2]中，争议当事人之间的合同第 15.1条约定：本协议连同《Intel Inside 计划条款和条件》以及任何和全部的使用规定，构成了当事人关于该主题的完整协议……这种约定可以为当事人固定重要条款的内容提供支撑。

五、吸收条款的法律效力

（一）吸收条款的一般效力

如何看待吸收条款的一般法律效力，对此问题长期以来存在着不同的观点和判例，主要存在两种情况：一种是根据文义解释而当然地具有最终性（conclusive）的效力，另一种是认为吸收条款只能作为判断合同内容的衡量因素而原则上不具有最终性效力。在英国，吸收条款的一般效力经历了不同的认识阶段，英国法律委员会在 1986 年的报告中指出，除了法律有明确规定以外，吸收条款原则上不具有最终性效力，当事人缔约的过程必须被重新审查以确定是否存在其他最终、真实的合同内容。自 2000 年的 Inntrepreneur Pub Co v. East Crown Ltd. 案以来，英国也有越来越多的判例认为，吸收条款的效力不仅仅限于该条款本身，而且对整个合同和缔约过程都是有最终性效力的，[3]目前尚未形成统一意见。此外，澳大利亚的法院一般认为，吸收条款根据其文义解释而当然具有最终性效力；加拿大和美国的法院则长期以来都对此问题存在不同的争议。[4]其中，美国法的相关案例非常丰富且具有代表性。

在美国，合同自由原则在很多州属于宪法性原则。例如，《德克萨斯州宪法》第 16 条规定：任何法律都不能对合同的义务作出减损。因此，美国法院

---

〔1〕 Richard A. Lord, Williston on Contracts (4th ed.), Thomson Reuters, July 2012, §33：22.

〔2〕 广东省高级人民法院第 (2013) 粤高法民四终字第 133 号判决书。

〔3〕 Matthew Barber, "The Limits of Entire Agreement Clauses", *Journal of Business Law*, 2012, p. 488.

〔4〕 David McLauchlan, "The Entire Agreement clause：Conclusive or a Question of Weight?", *The Law Quarterly Review*, 2012, p. 523.

在早期多数认为当合同中出现了吸收条款时，其法律效力是最终性的。[1]波斯纳法官认为如果擅自否定吸收条款的效力，将为当事人之间的权利义务关系打开一扇门，任何被告和第三人的合同关系都可能成为一种对原告的欺诈，任何外在协议都将呈于法庭以对抗被告。[2]据此，肆意扩展解释合同的内容会背离合同自由原则与合同效力的严肃性，因此吸收条款的一般效力是推定的和确定的。然而，美国法院在近年来的判例中更多地倾向于认为吸收条款原则上不具有最终性效力。吸收条款一般效力的反对声音最令人信服的根据是科宾所阐述的这段话："任何合同都可以通过当事人嗣后的协议而被解除或变更。如果这一观点对那些曾经有效且有强制执行效力的合同来说是正确的话，那么它同样可以适用于先前的缔约过程，尽管缔约过程本身并不构成双方的合意，也没有法律上的强制执行力。新的协议并不是一个解约协议，因为尚不存在任何法律关系可以解除，但是当事人之间的法律关系现在要受到新协议的条款的约束力。"[3]这一论断其实是英美法学中探讨合同普通条款效力排除的首要理由，即嗣后新协议对旧协议的取代。

根据我国《合同法》中合同解释方法，字义解释也具有推定的优先性，因此吸收条款也应当具有推定的有效性。然而，我国司法实践中是法院中心主义，法院在具体案件审理中秉承能动司法理念而具有更大的自由裁量权和干涉倾向，故目的解释在法律解释中具有传统优势地位。在此，笔者认为有必要区分法律解释和事实解释，吸收条款这一事实应当更加忠于客观事实，这是可以成立的一项吸收条款解释原则。在吸收条款可以完全吸收先前协议和口头证据的同时，合同当事人可以通过嗣后有效协议予以取代。

总而言之，吸收条款的法律效力主要与相应条款是否为完整的吸收条款相关。在我国合同法下，如果一项合同事实上不完整但其中包含了一个完整的吸收条款，此时需要对合同是否完整做仔细论证。如果不对合同的内容进行补充将导致合同目的无法实现时，此时应该将该吸收条款确认为部分吸收条款，可以根据诚实信用原则等进行合同的漏洞补充。如果合同本身明确含有部分吸收条款，则该吸收条款的效力及于其约定的内容。例如，在"黄春

---

〔1〕 James L. Hartsfield, Jr, "The 'Merger Clause' and the Parol Evidence Rule", *Texas Law Review*, January 1949, p. 368.

〔2〕 Joseph Wylie, "Using No-reliance Clauses to Prevent Fraud-in-The-Inducement Claims", *Illinois Bar Journal*, October 2004, p. 537.

〔3〕 Corbin, "The Parol Evidence Rule", *Yale Law Journal*, 1944, p. 603, pp. 607 – 608.

诉商洛市天元商贸科技有限责任公司合同纠纷案"中，争议当事人之间的合同之 18.2 条约定：以下文件共同构成原被告双方就本合同项下标的所达成的完整协议：（1）本合同文本；（3）《天元时代购物广场管理公约》（附件三）；（5）《天元时代购物广场其他事项约定》（附件五）等。[1] 尽管当事人使用了与吸收条款相同的"完整协议"概念，但是条款约定中出现了一个"等"，这就导致该条款的解释存在极大的不确定性，故而不能认定为一个吸收条款。

同时还需要讨论一个问题：根据先前协议和口头证据等嗣前事由，如何排除吸收条款的效力。在近些年的各国司法审判中，这种推翻吸收条款的请求也频繁地获得了法官的支持。[2] 其原因在于，吸收条款的功能不断发展，甚至从最初善意的目的发展出了众多恶意的目的，由此当吸收条款被当事人滥用时，法官便根据当事人的请求否定了其效力。根据我国合同中合同效力瑕疵的规定，吸收条款的法律效力将主要受到重大误解、欺诈、显失公平情形下的可撤销和无效事由下的绝对无效影响。

（二）吸收条款的可撤销

当意思表示不真实时，撤销权人行使撤销权可以使已经生效的合同归于消灭。我国 1999 年《合同法》秉承了鼓励交易原则，将过去大量无效合同改为可撤销合同。该原则下还有一个规则就是，如果合同是部分可撤销则仅撤销该部分，不影响合同其他条款的效力。故吸收条款的效力可以完全适用合同效力的判定标准。可撤销的吸收条款主要存在三种意思表示不真实的情况：重大误解、欺诈、显失公平。

1. 重大误解

通过笔者所阅的文献来看，美国司法实践中主要是在误解的层面探讨吸收条款效力的排除，而没有用"重大误解"的固定概念。支持者认为，发生误解时都应当严格执行吸收条款的内容，反对者认为当执行该条款违背公共政策、第三人利益或者合同另一方存在欺诈时，该吸收条款不发生法定效力。[3] 可见，一般误解不影响吸收条款的效力。在英国，当事人对吸收条款主张存在误解的一项常见理由是：越来越多的合同模板导致当事人可能对一

---

〔1〕　陕西省商洛市商州区人民法院第（2015）商州民初字第 00219 号判决书。

〔2〕　Joseph Wylie, "Using No-reliance Clauses to Prevent Fraud-in-The-Inducement Claims", *Illinois Bar Journal*, October 2004, pp. 537 – 540.

〔3〕　A. W. "Chip" Phinney Ⅲ, "Merger Clauses and Misrepresentation Claims in Massachusetts", *Boston Bar Journal*, January/February 2006, p. 10.

些条款根本没有阅读或者没有认真地在意，这就导致在发生争议时很多当事人主张对吸收条款存在误解。[1]然而，根据英国1967年的《误解法》（Misrepresentation Act）第3部分的规定，当事人几乎不可能根据自己未阅读或未注意合同内容而主张存在误解。

《民法通则》和《合同法》所称的"误解"相当于德国、日本民法和我国台湾地区"民法"所规定的"错误"，构成要件是：意思表示成立、表示行为与效果意思不一致、为表意人所不知或误认并归责于自己。[2]吸收条款订立的一个目的就是，各方当事人应当对自己的最终承诺承担全部责任。因此，在表意人发生不可归责于另一方当事人的误认时，不影响吸收条款的效力。关于归责于自己的"重大误解"在何种情况下可以被撤销，这本身涉及我国民法中未有定论的重大误解理论。[3]从追求定纷止争的司法目的来看，法官应当综合考虑案件事实，必要时可以在审慎后做出利益平衡的考虑；其特殊性在于，吸收条款的订立在绝大多数意义上已经排除存在重大误解的可能性，并明确表明双方是经过磋商后慎重做出的约定。

2. 欺　诈

在美国法中，"欺诈"有时候被认定为一种侵权行为，吸收条款可能因为这种侵权行为的存在而被认定为无效。但是，一方面，也有观点认为，此时即使认定为侵权行为，该吸收条款在某种意义上依然属于一个合同条款，故需要依据合同自由原则进行解释。[4]另一方面，吸收条款本身就存在一种防止欺诈的功能，通过合同的"四角规则"明确合同的内容，可以预防意外风险，包括当事人的欺诈和法官的自由裁量特权干预。但是，我们也注意到吸收条款本身可能由于欺诈而被撤销。[5]

目前关于欺诈的典型案例为金融代理业务，例如通过中介买卖证券、外汇等，事后以存在欺诈为由要求撤销吸收条款以及合同。对此法院不能一概

---

〔1〕 Lee Mason, "Precluding liability for Pre-contractual Misrepresentation: The Function and Validity of Non-reliance Clauses", *Journal of Business Law*, 2014, p. 314.

〔2〕 崔建远主编：《合同法（第5版）》，法律出版社2010年版，第112页。

〔3〕 隋彭生："关于合同法中'重大误解'的探讨"，载《中国法学》1999年第3期，第104—110页。

〔4〕 Gerald S. Kaufman, "The Merger Clause in New York", *Intramural Law Review*, 1956, p. 298.

〔5〕 Dwight J. Davis, Courtland L. Reichman, "Understanding the Value of Integration Clauses", *Franchise Law Journal*, Spring 1999, pp. 135 – 139.

认为其为商业风险而认定吸收条款有效，当请求人有充分证据证明其中存在欺诈时法官应该在判决时予以考虑。在《合同法》关于合同的效力规定中，除了导致国家利益受损的欺诈绝对无效外，其他欺诈行为均为可撤销行为。总之，如果合同中存在欺诈行为，则属于欺诈方对吸收条款的滥用，法院可依受欺诈方的请求予以撤销；而此处的特殊性在于，吸收条款本身具有预防欺诈的目的，故对于表意人自己的过失一般需要自负其责。

3. 显失公平

吸收条款中的"显失公平"在美国法中称之为"不合理"（unconsciona-ble），关于"不合理"的定义在美国《统一商法典》和《第二次合同法重述》中都有定义，但这些定义只能提供有限的帮助。毕业于哈佛大学法学院，任教于华盛顿大学法学院的 Leff 教授在其著名的文章 "Unconscionability and the Code—The Emperor's New Clause"[1]一文中指出"不合理"的两个基本特征：一是程序不合理，即缔约过程不合理；二是实体不合理，即合同的结果是恶意的。[2]在吸收条款中，程序滥用导致的不合理主要体现在交易之前拟定、未经当事人磋商而订入合同的吸收条款，此时可能出现显失公平。实体滥用导致的不合理主要是对吸收条款在合同中的意义没有正确的认识，减损了经过讨价还价的完整条款的作用，导致合同结果明显的不合理；这种明显的不合理很难成立，需要衡量公共政策、商业目的和长远预期等。[3]英国1977 年就颁布了《不公平合同条款法》（Unfair Contract Terms Act）来平衡合同当事人的利益，由此可以根据法定的不公平认定条件来否定吸收条款的效力。

《最高人民法院关于贯彻执行〈中华人民共和国民法通则〉若干问题的意见》第 72 条通过类型列举的方式解释了显失公平的认定方法，即："一方当事人利用优势或者利用对方没有经验，致使双方的权利与义务明显违反公平、等价有偿原则的，可以认定为显失公平。"相比较而言，美国法上的不合理包含我国民法中的显失公平，同时还包括程序上的不合理。当吸收条款存在实

---

〔1〕 Arthur Allen Leff, "Unconscionability and the Code—The Emperor's New Clause", *University of Pennsylvania Law Review*, February 1967, pp. 485 – 559.

〔2〕 Kerry L. Macintosh, "When are Merger Clauses Unconscionable?", *Denver University Law Review*, 1988, pp. 533 –534.

〔3〕 Kerry L. Macintosh, "When are Merger Clauses Unconscionable?", *Denver University Law Review*, 1988, pp. 537 –538.

体上的不合理，自然可以依当前显失公平的处理原则予以撤销；对于程序上的不合理是否可以撤销，我国《合同法》没有做出明确规定，但如果该程序滥用违反了公共政策、诚实信用原则，也是可以撤销的。

（三）吸收条款的无效

美国法中吸收条款的效力瑕疵不严格区分可撤销和无效。例外表现在体现大陆法系传统的几个州的立法中，例如《路易斯安那州民法典》在第2021条、2033条、2035条、2052条中确立了合同无效制度，同时区分为相对无效和绝对无效。[1]我国《合同法》第52条和第53条规定了合同无效的几种情形，学者也一般将无效的情形划分为绝对无效和相对无效两种。其中绝对无效是合同自始、绝对、当然地无效，任何人均可主张；相对无效则仅仅相对于某个特定人不生效力，相对于其他人则是发生效力，以保护善意第三人。[2]吸收条款如果满足合同法规定的绝对无效和相对无效的事由，则自然受到法律的干涉，将相应不具有约束力和强制执行力。因此，吸收条款的无效事由不具有特殊性。

结　语

吸收条款是在英美法律实践中产生的交易规则，已经被国际合同法规则所采纳。吸收条款的功能在于赋予当事人一种意思自治权，通过在合同中加入该条款可以在保障委托人对代理行为的控制、限制法院的自由裁量权、提高经济效益和安全等方面发挥重要的作用。在我国，合同法中没有明确规定吸收条款的规则，但是意思表示的相关规则可以为市场主体运用该规则提供法律支撑。吸收条款的认定和法律效力评价需要综合考虑当事人的约定和公平交易原则，司法机关在裁判涉及吸收条款的相关纠纷时，应当谨慎认定、把握细节。

最后值得说明的是，目前国内对具体合同条款的研究非常缺乏，其优点是继承了大陆法系的抽象思维，从而有利于法典化进程的发展；缺点在于将《合同法》转化成了事后法、救济法，对当事人订立合同时的指导作用发挥不足。在商品经济发达的今天，债的关系日趋目的化，[3]合同具体条款的研究

---

〔1〕　Shael Herman，"Detrimental Reliance in Louisiana Law-Past, Present, And Future: The Code Drafter's Perspective"，*Tulane Law Review*，January 1984，pp. 754–755.

〔2〕　崔建远主编：《合同法（第5版）》，法律出版社2010年版，第100—101页。

〔3〕　详见柳经纬：《当代中国债权立法问题研究》，北京大学出版社2009年版，第48—49页。

有助于满足社会现实需求并进一步推动债法在近现代社会中优越地位。吸收条款是一种具有普适性的合同条款，已经广泛适用于国际贸易中。它的正当性植根于人们对人类记忆不可靠性的承认，以及对书面能够提供某种"确定的事实"的确信。所有证明早先协议内容的证据在重要性上应属无关紧要。[1] 通过对美国为主的吸收条款司法实践和理论成果的比较研究，可以认定根据我国现有《合同法》的规定，吸收条款的适用不受到《合同法》没有相关规定的影响。而根据吸收条款内在涵义和目的，吸收条款一般效力的排除对法律的适用又有特别要求。

---

[1] 杨桢：《英美契约法论》，北京大学出版社 2003 年版，第 41 页。

论小产权房买卖合同的法律效力

——以《合同法》第 51 条及相关司法解释为视角

Study on the Legal Effect of Contracts for the Sale of 'Limited Property Right' Houses

庄晨曦 *

　　摘　要：本文从教义学的角度出发，论述了在我国现行的物权法体系下，由于农村集体土地使用权，尤其是宅基地使用权流转上存在限制，以及囿于"房随地走"原则，宅基地上房屋流转亦受到限制，因而"小产权房"买卖合同成为履行不能合同。本文欲通过债权合意与物权变动的区隔，结合我国《合同法》第 51 条及相关司法解释，在此原则下解释我国的无权处分合同的效力，本文得出的基本结论是："小产权房"买卖合同不因处分人欠缺处分权而无效。

　　关键词："小产权房"买卖合同　法律效力　无权处分　效力区分原则

前　言

　　"小产权房"并非法律用语，在不同的语境下有不同的诠释。本文讨论之"小产权房"乃相较于拥有国家颁发

　　* 庄晨曦，北京航空航天大学法学院民商法专业 2014 级硕士研究生（100191）。

的完整产权证的"大产权房"而言，即没有完整的由国家颁发的产权证的、由城市居民购买的、建造于集体土地上的房屋都属本文的讨论对象。

"小产权房"买卖合同的效力认定问题于民事审判中饱受争议，经历了一个由绝对否定到有条件肯定的过程，一些法院判决中也出现了认定"小产权房"买卖合同有效的情形[1]，虽然支持合同有效的理由各异，但相较于"一边倒"性认定合同无效的判决而言，这体现出审判实践中对这一问题处理视角的转变。在国家政策方面，也出现了有条件地支持农村土地进入市场流转的文件。虽然各种政策性的规范性文件中不免存在冲突[2]，但冲突本身恰恰说明了原本固守禁止宅基地流转的政策已经在某些程度上发生了改变。

盖因"小产权房"问题直接关涉公民最重要的财产权利，乃自由与限制之角力，因而学者对此多有论述，在认定"小产权房"买卖合同的效力问题上，亦有合同无效说和有效说之分，在有效说下又区隔为部分有效说与全部有效说。[3]但阐述该问题的重点多集中于《合同法》第 52 条，鲜有从无权处分合同的效力问题进行切入者。随着《最高人民法院关于审理买卖合同纠纷案件适用法律问题的解释》（下文简称《买卖合同司法解释》）的施行，该解释第 3 条与《合同法》第 51 条之间的冲突与适用问题，从法政策学的角度对其加以分析自然颇有意义，然本文主要从法教义学的角度出发阐述其适用问题，并不涉及"小产权房"本身是否得以合法化，仅讨论"小产权房"流转之买卖合同的效力问题。

本文行文思路乃从无权处分合同的视角审查"小产权房"买卖合同，从

---

〔1〕 参见河南省郑州市中级人民法院民事判决书（2012）郑民四终字第 1353 号"上诉人河南百思特置业有限公司与被上诉人孔文、原审被告杨清洲房屋买卖合同纠纷案"；河南省郑州市中级人民法院民事判决书（2010）郑民四终字第 1360 号"宋冠杰与胡金明、白建学、张国付商品房销售合同纠纷案"；（2012）天民初字第 164 号原告李意诉被告黄慧君、谭希田、方国庆、李家华、第三人石人村委会房屋买卖合同纠纷一审判决书；有条件的支持"小产权房"买卖合同有效的地方司法性文件，较典型的参见《广东省高级人民法院关于审理农村集体土地出让、转让、出租用于非农业建设纠纷案件若干问题的指导意见》（2001 年 10 月 30 日粤高法发〔2001〕42 号）。

〔2〕 如十八届三中全会《中共中央关于全面深化改革若干重大问题的决定》强调建立城乡统一的建设用地市场，赋予农民更大的权利，使农民土地可有条件地流转。随后国土资源部、住房城乡建设部立即发文《关于坚决遏制违法建设、销售"小产权房"的紧急通知》，强调要严格实行土地用途管制制度，严守耕地红线，坚决遏制在建、在售"小产权房"行为。类似文件众多无法一一列举，关于"小产权房"的态度可谓摇摆不定，并不清晰。

〔3〕 具有代表性的文献参见戴孟勇："城镇居民购买农村房屋纠纷的司法规制"，载《清华法学》2009 年第 5 期。

物权变动的效力区分原则阐释在我国现行物权变动模式下，应该在何种意义上解释无权处分合同，结合我国《合同法》第51条及司法解释，论述"小产权房"买卖合同应当处于何种效力状态，并重新审视其他认定该合同无效规则之间的关系，对该合同的效力问题进行论证，以期能对这一问题的解决提供新的思路。

一、"小产权房"买卖合同中涉及的无权处分问题

对于无权处分的界定，国内教材与论述多着意在"无权处分他人财产"之"他人财产"上，未揭示无权处分之实质乃处分人欠缺"处分权"。如在"授权处分"中，处分者虽处分"他人财产"，然因其享有所有权人授予的处分权，其处分行为有效。反之，"所有权人在某种情形下并无处分权，例如，破产人对所属于破财财团的全部财产，虽有所有权，但无处分权，不得处分。"[1]如作处分，虽为所有权人，亦属无权处分。结合《买卖合同司法解释》第3条之"缔约时对标的物没有所有权或者处分权"亦可作出该结论，即在无权处分中，关注的是所有权权能中的"处分权"。

因而，本文探讨的无权处分特指物权人无处分权而为的处分，即指出卖人对买卖标的虽有物权却无处分权。只因权利都是具体的，针对具体的案件事实更是如此，在"小产权房"案件中，相同的出卖人处分相同的宅基地上的房屋，出卖给本集体组织成员，即是有权处分；出卖给城镇户口居民的情形中，即为无权处分。

整理"小产权房"买卖合同无效的判决，分析其判决理由，尤其是引用的法律规范大致可归纳为以下几点原因：①宅基地的使用权不得用于非农业建设，即排除了城市居民对宅基地享有使用权。[2]②"小产权房"买卖合同所涉"小产权房"无法进行过户登记，属于履行不能合同。[3]③"小产权房"买卖合同违反了效力强制性规定，应认定为无效合同，至于究竟违反的是哪一强制性规定，具体判决依据各异。④少数判决认为"小产权房"买卖

---

〔1〕 （台）王泽鉴：《民法总则》，北京大学出版社2009年版，第399页。

〔2〕 依据为《物权法》第153条："宅基地使用权的取得、行使和转让，适用土地管理法等法律和国家有关规定。"和第184条第2款："下列财产不得抵押：耕地、宅基地、自留地、自留山等集体所有的土地使用权，但法律规定可以抵押的除外。"以及《土地管理法》第63条规定："农民集体所有的土地使用权不得出让、转让或者出租用于非农业建设。"

〔3〕 建设部《房屋登记办法》第87条规定："申请农村村民住房所有权转移登记，受让人不属于房屋所在地农村集体经济组织成员的，除法律、法规另有规定外，房屋登记机构应当不予办理。"

合同损害了集体利益，应认定合同无效。

考虑本文行文目的及安排，将在第二、第三部分着重讨论①②两点理由，即究竟被认为无权处分的客体是何者，并讨论其处分权到底在多大程度上受到限制。对③④点理由学界多有论述，将作为副论在本文第四部分讨论。

（一）宅基地的有限处分权

在我国城乡二元结构下，《中华人民共和国物权法》（下文简称《物权法》）也就相应区隔出二元的土地使用权体系，即一方面，建设用地使用权充当着房地产市场的重要要素；另一方面，宅基地使用权负载着保障农民基本生存条件的使命，鲜有流转的可能性。[1]在农民集体所有的土地上，可以设立农用的土地承包经营权和建设用的宅基地使用权，包括少量的内容强制与类型固定的建设用地使用权。

从立法上看，最直接的规定来源于《土地管理法》。该法第 43 条对农民集体所有的土地之使用主体及用途进行了限定，原则上排除了非农用途对农民集体土地的使用。[2]并通过该法第 63 条之规定基本上限制了农民集体所有的土地向非农用建设进行转让的可能性。[3]从立法目的上看，农民集体土地归农民集体所有，通过行使集体土地之所有权权能维护本集体成员利益自属所有权之本义，然究竟如何行使该权能则应赋予其主体选择自由。是否流转就意味着对农民集体利益之增进或损害，不能简单地一概而论，需视具体情况而定。但一旦通过立法加以限制，实际上已经极大限制甚至否定了合法流转宅基地使用权的空间。

而另一部关涉宅基地使用权的《物权法》，其起草者对宅基地流转问题态度游移不定，最终认为宅基地使用权之转让"目前尚不能放开"，并通过该法第 153 条之规定，[4]将宅基地的流转问题"移交"给《土地管理法》以及内

---

〔1〕 韩世远："宅基地的立法问题——兼析物权法草案第十三章'宅基地使用权'"，载《政治与法律》2005 年第 5 期。

〔2〕 《土地管理法》第 43 条规定："除兴办乡镇企业、村民建设住宅或者乡（镇）村公共设施和公益事业建设可依法使用农民集体所有的土地外，其他任何单位和个人进行建设需要使用土地的，必须依法申请使用国有土地。"

〔3〕 《土地管理法》第 63 条规定："农民集体所有的土地的使用权不得出让、转让或者出租用于非农业建设。"

〔4〕 《物权法》第 153 条乃宅基地使用权的取得、行使和转让适用法律的衔接性规定："宅基地使用权的取得、行使和转让，适用土地管理法等法律和国家有关规定。"

涵外延都极其模糊的"国家有关规定"。[1]对此不同学者持不同解读，对国务院有关文件是否包含其中就颇具争议。[2]在"小产权房"买卖合同问题上，直接指向了国务院各部委发布的各类禁止小产权房买卖的规范性法律文件的适用问题。[3]虽然其是否能够适用存在解释论上的疑问，但在现行法体系，《物权法》第153条这一衔接性规定所指向的法律或者"国家有关规定"均对宅基地处分权作出限制，以村民向城镇居民转让宅基地使用权为典型的"小产权房"买卖合同很难作出合法的解释。

但也有学者指出，至少在我国宪法层面上，国有土地和集体土地使用权流转具有平等性，而本应根据宪法制定的《城市房地产管理法》、《土地管理法》等法律法规实际上限制或禁止了集体土地的流转，存在违宪的"嫌疑"。[4]也有学者从《物权法》第155条[5]的反向解释中推导出实则该法允许宅基地使用权转让的结论。[6]亦有学者从立法论的角度，论证城乡建设用地使用权一元化的合理性。[7]

---

〔1〕 具体讨论参见戴孟勇："城镇居民购买农村房屋纠纷的司法规制"，载《清华法学》2009年第5期，王兆国副委员长2007年3月8日在第十届全国人民代表大会第五次会议上所作的"关于《中华人民共和国物权法（草案）》的说明"中指出：考虑到目前我国农村社会保障体系尚未全面建立，宅基地使用权是农民安身立命之本，从全国范围看，现在放开宅基地使用权的转让和抵押的条件尚不成熟。"为了维护现行法律和现阶段国家有关农村土地政策，并为今后修改有关法律或者调整有关政策留有余地"，才有了后来的《物权法》第153条。由此看来，第153条中所称的"国家有关规定"，似乎是指国家政策。但也有不少学者持相反观点。

〔2〕 参见王兆国副委员长"关于《中华人民共和国物权法（草案）》的说明"。

〔3〕 《国务院办公厅关于严格执行有关农村集体建设用地法律和政策的通知》（国办发〔2007〕71号）

〔4〕 参见薛华勇："权利的贫困——宪政视野下的小产权房问题透视"，载《法治研究》2009年第7期；程浩："小产权房市场规制的宪政分析"，载《深圳大学学报（人文社会科学版）》2013年第5期。

〔5〕 《物权法》第155条规定："已经登记的宅基地使用权转让或者消灭的，应当及时办理变更登记或者注销登记。"

〔6〕 参见陈小君："农村土地制度的物权法规范解析——学习'关于推进农村改革发展若干重大问题的决定'后的思考"，载《法商研究》2009年第1期。

〔7〕 如有学者认为，《物权法》在宅基地流转问题上设置了开放式的衔接性规定，《土地管理法》未禁止宅基地使用权的转让，真正明文禁止城镇居民不得购买宅基地及农民住宅是国务院有关的文件。解释论上，城镇居民购买农村房屋的合同应根据《合同法》第52条认定有效，以调整双方债的关系；立法论上，在放开宅基地使用权流转的社会条件等问题解决前，可在《土地管理法》修改时增设宅基地法定租赁权，以解决农村房屋买卖的实际需要。参见王文军："论农村宅基地上房屋的买卖——'小产权房'的另一种形成"，载《清华法学》2009年第5期。

本文认为，十八届三中全会《中共中央关于全面深化改革若干重大问题的决定》有关农地制度改革的内容，明确了我国农地制度改革的原则与法律制度基础，确定了农地制度改革的理念是以农为本、市场化、整体性、体系化以及坚守法治原则的制度底线，改革的重点在于：建设城乡统一的建设用地市场、加快构建新型农业经营体系、赋予农民更多财产权利。[1]建设城乡统一的建设用地市场既已成为改革的重点，今后的改革措施也会陆续跟进，城乡建设用地使用权一元化指日可待。[2]《全国人大常委会关于授权国务院在北京市大兴区等232个试点县（市、区）、天津市蓟县等59个试点县（市、区）行政区域分别暂时调整实施有关法律规定的决定》进一步对《物权法》第184条的规定进行针对部分试点地区的调整适用，赋予试点地区农民住房财产权抵押融资功能，允许以农民住房财产权抵押贷款，这些改革都将成为未来发展的趋势。但土地问题一直都是改革的攻坚难点，不可能一蹴而就，仅从现阶段而言距离真正实现统一化、一元化还有较长的路要走。如前所述，笔者意从解释论的视角出发，因而大体上肯定现行有效的法律是合理的。在此解释论下，基本上可以得出，村民对其宅基地使用权仅享有有限处分权，村民将宅基地使用权转让给城镇居民，在现行法体系下无法达至。

（二）宅基地上房屋的所有权

在我国现行法上，房屋乃公民个人财产，公民合法的私有财产不受侵犯，在现代社会乃不言自明之理，所有权中的处分权能自属于财产性权利的重要属性。同时《立法法》规定，限制公民财产乃法律保留事项之一，要限制公民的房屋流转，必须要有法律位阶的规定方属合法限制，即排除了国务院行政法规以及部门规章对房屋流转的限制，而法律位阶中规范公民住宅的《物权法》及《土地管理法》均未明确禁止宅基地上房屋的流转。因而，原则上，农民对其房屋享有完整的所有权，包括自由流转房屋的处分权。

---

〔1〕 相关的理论评析参见冯海发："对十八届三中全会〈决定〉有关农村改革几个重大问题的理解"，载《中国农垦》2014 年第 1 期；陈新建："城镇化下'新土改'的九大趋势"，载《国王资源》2014 年第 10 期。

〔2〕 关于建设用地使用权的一元化的探讨，可以参见奚正辉："建立一元化的国有土地制度——集体建设用地使用权流转引发的思考"，载《中国不动产法研究》2008 年第 00 期；解玉娟：《中国农村土地权利制度专题研究》，西南财经大学出版社 2009 年版，第 29 页；王燕霞："新形势下农村止地制度改革研巧"，载《河北法学》2014 年第 4 期；蔡继明、巧梅编：《论中国土地制度改革——中国土地制度改革国际研讨会论文集》，中国财政经济出版社 2009 年版，第 197 页。

我们国家并没有采德国法上的土地吸收原则，地上住宅与土地本身成立两个独立的物权，很大程度上源于土地非私有化的国情，因而房屋所有权在私人财产权中的地位更加凸显。出于税收政策、城乡规划、土地管理及土地用途管制等多重原因，国家必然对个人的房屋所有权进行限制，鉴于诸多法律政策的因素，"所有权人自由"的原则在此处受到了极大的限制甚至是某种程度的"剥夺"。[1]

然公权力对私权利的限制自有其边界，否则即是对私权利的侵犯。剥离掉严重违法之情形（如已经触犯了《刑法》），尤其在理论与实务界逐渐接受公法效果与私法效果相区隔的状态下，应该在最大程度上承认并保护村民对其房屋的所有权。

（三）"房地一体"原则对宅基地上房屋流转的影响

由于宅基地使用权在流转问题上受到极大限制，"房"与"地"的关系问题就成为宅基地上房屋能否自由流转的关键。我国法律采取"房地一体"的原则，原本相对独立的两个物权客体在这一"捆绑"模式下，只要其中有一客体处分受到限制，就必然牵连到另一客体。依照"物尽其用"的物权法原则，"地随房走"比"房随地走"更能满足人们对房屋最本质的需求。但是在宅基地使用权这一问题上，实际上采取了较严格的"房随地走"原则，即宅基地不得流转视为原则，宅基地上的房屋所有权因而不得或限制流转。[2]

但"房地一体"原则是否是绝对的呢？退一步说，在宅基地上是否可以适用"地随房走"原则呢？不可否认，土地使用权与地上物的所有权一旦分属于不同主体，实际上架空了土地使用权人的权利，且易生矛盾纠纷。在我国"地上权"的权利体系下，"房地一体"原则有其合理性，但这一选择也不是必然的，通常情况下只是一种利益衡量下的选择。之所以要坚守宅基地上"房随地走"的原则，无非是法律政策上的一种选择。当宅基地流转的需求达到不可忽视的程度，这一利益衡量的结果就会发生改变。

本文并不欲从立法论的视角探讨我国现行土地使用权二元论的正当性，也并不着意于探讨宅基地处分权受限制以及宅基地上房屋必须遵循"房随地

---

〔1〕 参见王文军："论农村宅基地上房屋的买卖——'小产权房'的另一种形成"，载《清华法学》2009 年第 5 期。

〔2〕 孟勤国："物权法开禁农村宅基地交易之辩"，载《法学评论（双月刊）》2005 年第 4 期。

走"原则进行流转的合理性。本部分的阐述只是为了论证农民对宅基地上房之所有权应该得到保障。宅基地使用权的流转受到限制以及在"房随地走"原则下宅基地上房屋流转一并受到限制的情形，乃是出于法律政策的考量，并不是唯一合理的选择。"小产权房"买卖的出现由于违反了该种法律选择，仅在当前法律框架下具有不法性。一味地在"房"与"地"的关系之间徘徊终究无助于"小产权房"问题的解决。笔者将转换思路，从合同行为与物权变动中尝试新的路径。

二、《合同法》第 51 条及司法解释对"小产权房"的适用

（一）《合同法》第 51 条对"小产权房"的适用

一般学者均认为，我国《合同法》第 51 条是对无权处分合同效力认定的直接法律依据[1]。无论学理上还是实务中都倾向于从反向解释该条款，因而无权处分人事后未能获得处分权或获得权利人追认，该合同无效。但这种理解是否妥当存在争议，[2]乃因"处分"在民法体系中属于基本概念，其本身之语义有广狭之别。[3]所以探究民法上"处分"之语义，自应考量其所处的法律体系、规范语境，并合理运用法解释方法，审慎地认定。[4]就无权处分所订立合同的效力而言，在我国存在多种见解，在《买卖合同司法解释》还未施行之前，存在两种较为有力的学说，即"效力待定说"及"有效合同说"。

1. "效力待定说"

"效力待定说"的核心乃在于对物权变动之原因与物权变动之结果"一体把握"，不作区分，二者在效力上一体认定。结合前文所述的"反面解释"，该学说在很长一段时间内都占据通说地位，即只有在无权处分合同转化为有权处分之时，合同才能有效；若不能转化为有权处分合同，又不满足《物权法》第 106 条善意取得的构成要件的情况下，相对人只能依缔约过失责任进

---

[1] 梁慧星："如何理解合同法第五十一条"，载《人民法院报》2000 年 1 月 8 日。

[2] 从合同法分则和其他法律有关无权处分的规定看，权利人不追认或者无处分权人未能取得处分权的，并不必然导致合同无效。如《合同法》第 152 至第 153 条关于买卖合同的出卖人权利瑕疵担保义务的规定，第 228 条关于租赁合同"因第三人主张权利，致使承租人不能对租赁物使用、收益的，承租人可以要求减少租金或者不支付租金"的规定，均表明在这些具体的合同，未经追认或嗣后未取得处分权的无权处分行为并非无效。

[3] 韩世远：《合同法学》，高等教育出版社 2010 年版，第 109 页。

[4] 韩世远：《合同法学》，高等教育出版社 2010 年版，第 109 页。

行救济，而无法追究无权出卖人的违约责任。

2. "有效合同说"

该学说论证之基础，在于即使处于不承认物权行为无因性的法律语境中，作为分析法律关系的工具，仍有条件地使用物权行为与债权行为，负担行为与处分行为这样的概念，其目的即在于法律用语的精确及法律关系的清晰。相较于"一体把握"，这种具体情形下的语义限缩往往能够在解释论上实现民法体系的和谐与自洽。如《合同法》第 44 条第 1 款中的"生效"，在买卖合同中，"生效"所指向的乃"发生债权债务的效果意思"，"引发物权变动的效果意思"并不包含其中。[1]相反，《合同法》第 51 条的"合同"则应当仅指"引发物权变动的效果意思"，而不包括"发生债权债务的效果意思"。这样，在未完全符合善意取得要件的场合，相对人虽未获得标的物的所有权，却可以基于有效的债务合同或者"发生债权债务的效果意思"，要求无权处分人承担违约责任。[2]

"在法律解释过程中，当经由解释所定之内容，与法律规范之旨意或目的相悖时，为寻求法体系之自洽，得为目的性限缩（ telealogische Reduktion）。"[3]近几年来，无论是学界还是审判实践的认识都趋同于有效说。[4]盖因有效说能使得《合同法》之总则与分则，无权处分与物权法的"善意取得"之规定[5]以及《物权法》第 15 条[6]构成一完整的体系。即将合同中物权变动之原因与物权变动之结果区分开来，合同效力不因欠缺处分权而效力待定，而是确定有效，仅权利变动之结果处于未定状态。[7]这一解释的前提乃物权效力区分原则，笔者将在后文详细阐述。该理论为最高人民法院《买卖合同司法解释》采纳。

传统通说采取"一体把握"原则，因不区分债权行为与物权变动之结果，

〔1〕 参见韩世远：《合同法总论》，法律出版社 2008 年版，第 197 页。

〔2〕 参见韩世远：《合同法总论》，法律出版社 2008 年版，第 109—110 页。

〔3〕 （台）王泽鉴：《民法思维——请求权基础理论体系》，北京大学出版社 2009 年版，第 156 页。

〔4〕 参见韩世远：《合同法总论》，法律出版社 2008 年版，第 190 页；沈德咏、奚晓明：《最高人民法院关于合同法司法解释（二）理解与适用》，人民法院出版社 2009 年版，第 115 页。

〔5〕 理论上，《物权法》第 106 条之善意取得成立的前提是无权处分合同有效。

〔6〕 《物权法》第 15 条，明确将当事人之间订立有关设立、变更、转让和消灭不动产物权的合同效力，与办理物权登记即物权变动的结果区分。

〔7〕 韩世远：《合同法总论》法律出版社 2008 年版，第 196 页。

往往使合同相对人处于救济缺位的状态。[1]在采无权处分合同无效说的解释论下，如认定"小产权房"买卖合同中的房屋及宅基地所有权受限制，欠缺处分权，"小产权房"买卖合同将会被认定为无效。但若采有效合同说的理论，就可将集体组织成员是否享有房屋及宅基地完整所有权的争议问题搁置，即无论其是否享有处分权，都不会因此而导致买卖合同无效。

（二）相关司法解释对"小产权房"的适用

《买卖合同司法解释》第 3 条是对无权处分合同有效说的一种肯定，是在《合同法》第 51 条诸多学理解释中作出了一种取舍。根据该条规定，出卖人在订立买卖合同时或履行时未取得所有权或处分权均不影响作为买卖合同的效力。同时根据最高法院的解释，出卖人在取得所有权或处分权之前，物权变动效力待定，[2]合同则于成立时生效。这一规定符合传统大陆财产法中债权法与物权法分立的格局。在解释《合同法》第 132 条与第 51 条的关系时，也应区分物权变动的原因与结果，[3]以避免株连效应。

无论我国法律解释的体系是否合理，法律的适用过程即法律的解释过程。[4]法律解释应以规范解释为原则，即以文字为出发点，一般情况下不得超过可能的文义。[5]"解释的终极诉求应当是如下原则，即关于社会及其成员最终希望达到的目的是什么的原则。"[6]司法在应对现实的变化中，相对于立法而言，更具能动性。我国的现实决定了司法解释承担了部分变革立法的功能，暂且抛开最敏感、最具争议的司法解释是否能够替代法律直接适用的问题，至少在《合同法》第 51 条的诸种解释中，包含有司法解释所持观点。

---

〔1〕 韩世远：《合同法总论》法律出版社 2008 年版，第 109 页。

〔2〕 奚晓明：《最高人民法院关于买卖合同司法解释理解与适用》，人民法院出版社 2012 年版。

〔3〕 奚晓明：《最高人民法院关于买卖合同司法解释理解与适用》，人民法院出版社 2012 年版，第 163 页。

〔4〕 关于法律适用与法律解释，参见［德］鲁道夫·冯·耶林著、奥科·贝伦茨编：《法学是一门科学吗》，李君韬译，法律出版社 2010 年版；［德］卡尔·拉伦茨：《法学方法论》，陈爱娥译，商务印书馆 2004 年版，第 19—20 页；［德］迪特尔·施瓦布：《民法导论》，郑冲译，法律出版社 2006 年版，第 71 页，以及张志铭："中国的法律解释体制"，载梁治平编：《法律解释问题》，法律出版社 1998 年版，第 195 页；董皞："司法解释与法律适用之关系"，载《法学评论》1999 年第 3 期，第 117—120 页；胡玉鸿、吴萍："法官释法场合的'尊重法律'"，载《金陵法律评论》2003 年第 2 期，第 13—14 页。

〔5〕 （台）王泽鉴：《民法思维——请求权基础理论体系》，北京大学出版社 2009 年版，第 156 页。

〔6〕 ［美］詹姆斯·戈雷德：《私法的基础：财产、侵权、合同和不当得利》，张家勇译，法律出版社 2007 年版，第 48 页。

之前的"效力待定说"的通说地位也仅是一种学说地位，一项司法解释若其未超越"可能的文义"且符合社会当下的需求，又并未逾越法律规范之解释权限，即为合法有效的解释。

"小产权房"买卖合同是典型的物权人欠缺处分权所订立的无权处分合同，在我国司法解释所认可的无权处分体系下，可以得出以下结论，即"小产权房"买卖合同不因处分人欠缺处分权而无效。

（三）物权变动中的效力区分原则对"小产权房"买卖合同的适用

效力区分原则是分析物权变动法律关系的逻辑基础，对物权变动有重要的理论意义。我国民法体系系属大陆法系，大陆法系之物权变动原则大体上可以划分为以下三类：第一类是以德国法为代表的物权形式主义变动模式，[1]第二类是以瑞士法为代表的债权形式主义变动模式，[2]这两类在物权变动之原因与物权变动之结果上均作区分，只是在区分的程度上存在差异。第三类是以法国法为代表的债权意思主义变动模式，物权变动之结果与合同合意之效力不作区分[3]。我国物权变动模式究竟采物权形式主义还是采债权形式主义仍存在争议，但无论是德国法模式还是瑞士法模式，都将债权合意与物权变动之结果相区分，即无论是法律行为的区分还是法律事实的区分，在二者效力应该加以区分认定这一点上达成了共识。只因瑞士法模式相较于德国法模式而言在我国理论界略占上风，本文遂以瑞士法之效力区分原则为论证重点，但仍应明确在债权形式主义理论中所作区分在物权形式主义下只会区分得更加彻底。

大多数学者认为我国《物权法》第15条正式确立了物权变动效力区分原则，最新生效的《买卖合同司法解释》对无权处分和一物数卖问题作了进一步规定，使得物权变动的效力区分原则更加明晰化。即使不认为《物权法》第15条能够解释出独立的物权行为理论的学者，[4]也承认债权合同的效力可

---

〔1〕 其区分原则乃法律行为区分说，物权行为与债权行为相区隔。

〔2〕 其效力区分原则为法律事实区分说，物权变动的原因与物权变动的结果这两个法律事实相区分。

〔3〕 陈永强、罗思荣："所有权移转模式比较研究"，载《法学杂志》2008年第5期，第90页。

〔4〕 我国《物权法》第15条的规定有人认为其存在物权合同和债权合同，如刘心稳教授、王卫国教授，但是孙毅忠教授、崔建远教授等则认为该条文不能成为物权合同存在的说明。即我国的物权变动模式存在多元的解释视角。可参考梁慧星、陈华彬：《物权法（第5版）》，法律出版社2010年版，第102页。

以与物权变动之结果相区分。结合《买卖合同解释》第 3 条，无权处分人签订的合同只要无其他瑕疵，就是有效的，其合理处不仅在于能够维护交易安全，更重要的是，主张无权处分合同有效的初衷是维护无权处分人和买受人之间的债权债务关系。无权处分合同有效并不影响物权变动模式仍遵循原有法律的规定，即在处分人欠缺处分权时不发生基于法律行为的物权变动。[1] 但唯有认定无权处分合同有效，才能在构成善意取得之情形保有善意第三人之瑕疵担保责任请求权，在不构成善意取得时维护善意第三人追究无权处分人违约责任的权利。

从效力区分原则审视"小产权房"买卖合同，即能清晰地看到合同效力与"小产权房"物权变动之间的划分，这一区分不仅体现在时间的区隔，更体现在效力的区隔。本文在第一部分讨论中涉及对宅基地使用权及地上房屋流转限制的诸多法律政策的考量，其真正关注的并非"小产权房"买卖的合同效力，而是合同履行后所导致的物权变动事实。但在效力区分原则的框架下，完全可以通过使物权变动效力待定或无效的方式实现诸法律政策，而在合同效力问题上最大限度地实现当事人意思自治，不因物权变动的结果而影响其效力。

三、"小产权房"买卖合同涉及的其他合同无效条款之间的关系问题

（一）无权处分与违反强制性法律规范

如前所述，司法实践鲜有从无权处分之视角审查"小产权房"买卖合同，判决多援引《合同法》第 52 条第 5 项以否认该合同之效力。然该条款本身只是一个引致规范，仅仅是一个规范基础，究竟引向的强制性法律法规为何，必须视具体情况而定，[2] 同时该具体强制性规定，在性质上只有属于效力性规定，[3] 才能否定合同效力。如前所述，国务院及国务院有关部门针对"小产权房"下达了许多明文禁令，只因其不属于效力型强制性法律法规，而不得作为认定合同无效的根据。归纳学理上及判决中援引的法律法规，较为有力的观点为"宅基地限制流转说"、"违反土地用途管制说"及"一户一宅说"。

---

〔1〕 征国忠："无权处分效力论"，载《行政与法》2006 年第 8 期。

〔2〕 参见耿林：《强制规范与合同效力——以合同法第 52 条第 5 项为中心》，清华大学法学院 2006 年博士学位论文，第 146—147 页。

〔3〕 参见《最高人民法院关于适用〈中华人民共和国合同法〉若干问题的解释（二）》第 14 条规定："《合同法》第 52 条第 5 项规定的'强制性规定'，是指效力性强制性规定。"

1. 宅基地限制流转说

该观点认为"小产权房"买卖合同违反了《土地管理法》、《城乡规划法》对于宅基地限制流转的规定，该规定可以作为违反《合同法》第52条的依据。而反驳的学者援引《合同法解释（二）》关于"效力型规定"与"管理型规定"的划分，试图认定《土地管理法》、《城乡规划法》关于宅基地禁止流转的法律乃属于管理型规定，不能否定合同的效力。根据笔者的视角，《土地管理法》、《城乡规划法》的相关规定只能作为"小产权房"买卖合同中的宅基地确为无权处分或限制处分的依据，一旦"无权处分"本身不能作为合同无效的依据，则按照体系解释，只有订立、履行合同的行为"本身"而非合同的标的"本身"违反效力性规定，才能判定合同无效。

2. 违反土地用途管制说

该观点认为依据我国《土地管理法》第63条规定，农民集体所有土地的使用权不得出让、转让或者出租用于非农业建设。在审判实践中，有的法官把这一规定引用到判决中，作为认定买卖合同无效的依据。[1]其观点认为，我国实行严格的土地用途管制，[2]除本条但书中"破产、兼并等"情形，应严格遵照土地用途要求进行开发利用。就宅基地和乡村公共设施、公益事业而言，它们一方面保证农民的基本居住及参与社会生活需要，另一方面也是为实现耕地功能服务的。[3]又城镇居民购买农村房屋的合同将农用地改作城市用地，故应依《合同法》第52条第5项认定为无效。但这一观点成立与否有待讨论。首先，我们承认耕地用途管制有其合理性，依据《全国土地利用总体规划纲要》，坚守18亿亩耕地红线对中国的粮食安全有重大意义。[4]但同时应该明确的是，用途管制之核心在于保护耕地，而占用耕地并非"小产权房"之典型，更多的"小产权房"之土地使用权基础为宅基地使用权或集

---

〔1〕 参见刘英全："农村私有房屋转让中涉及的相关法律问题"，载《法律适用》2008年第11期。

〔2〕 钱明星、唐勇："农村房屋自由流转的法律障碍及出路——从'城里人买农村房首次获判有效'案谈起"，载《清华法学》2009年第5期。

〔3〕 典型的，比如农村房屋除了居住用房之外，还会配置储藏室、晒粮食的空地等，其功能上就与城市商品房存在差异，在目前仍然没有实现规模化大生产的情况下，农民宅基地上的房屋既是居住场地，同时也是劳动场所。参见钱明星、唐勇："农村房屋自由流转的法律障碍及出路——从'城里人买农村房首次获判有效'案谈起"，载《清华法学》2009年第5期，脚注21。

〔4〕 《全国土地利用总体规划纲要》提出，要坚守18亿亩耕地红线，到2010年和2020年，全国耕地应分别保持在18.18亿亩和18.05亿亩。这一红线是中国粮食安全的警戒线，保障耕地面积是铺设粮食安全之路的第一块巨大基石。

体建设用地使用权，法律未禁止已在集体土地上合法建造的房屋及其土地使用权的转让，仅仅使用权主体的变更并不会改变土地的性质。[1]

3. "一户一宅"说

该学说的法律依据乃《土地管理法》第 62 条规定，[2]认为宅基地乃集体经济组织成员申请获得，从获得来源上已与城市建设用地使用权存在本质区别。为了"迎合"我国土地法律和政策，"小产权房"买卖合同应以认定无效为原则，以认定有效为例外。[3]然而允许宅基地进行转让并不必然导致对"一户一宅"原则的破坏，相反，通过已转让宅基地者不得再行申请的规范，足以维护宅基地的"身份性"，至于流转后的宅基地如何获得与城市建设用地使用权相同的法律地位，通过一定的法定程序不难实现。

事实上，随着私法自治原则的深入人心，无论是学者还是法官，都在尽可能地缩小因"违法强制性法律法规"而认定合同无效的情形。若严格贯彻法解释方法，上文所述的三种学说所涵盖的法律，很难成为认定"小产权房"买卖合同无效的效力型强制性法律法规。即"无权处分"合同的适用需要对《合同法》第 54 条第 5 项进行解释上的目的性限缩，以实现合同法体系的自治。

（二）无权处分与损害社会公共利益

《合同法》第 52 条第 4 项之规定，为典型的一般条款，以社会公共利益作为标尺，对合同的效力进行判断。此款中的"社会公共利益"，运用体系解释与学理解释的方法，与大陆法系传统民法中的公序良俗概念具有大致相同的内涵及外延，[4]然无论是"社会公共利益"还是"公序良俗"都属于概括性条款，具有开放性的天然属性，属于不确定概念，必须通过法官对之进行价值补充，才能发挥其规范功能。如不欲该条款成为法官恣意否定合同效力的工具，或者认定合同无效的"兜底条款"就必须严格按照使用概括性条款或法律原则的解释方法，在具体案件中对其加以解释，完善其具体内涵。

在如何适用违反公序良俗条款时，还有一种颇具中国特色的司法实践，

---

〔1〕 参见刘英全："农村私有房屋转让中涉及的相关法律问题"，载《法律适用》2008 年第 11 期。

〔2〕 《土地管理法》第 62 条："农村村民一户只能拥有一处宅基地，其宅基地的面积不得超过省、自治区、直辖市规定的标准。"

〔3〕 参见《山东省高级人民法院全省民事审判工作座谈会纪要》（鲁高法〔2005〕201 号）。

〔4〕 梁慧星：《民法总论》，法律出版社 2001 年版，第 52—53 页；周林彬主编：《比较合同法》，兰州大学出版社 1989 年版，第 418 页。

"以'社会公共利益之名'，行适用部委规章和地方法规之实"，即遇到部委规章地方法规中的禁止性规定，在法律、行政法规中未有规定之时，法院若欲"践行"部委规章和地方法规之精神，往往借"损害社会公共利益"加以否定合同效力。[1]"小产权房"买卖合同的效力认定问题，就属于这一典型。[2]但在判决中对究竟"损害的社会公共利益"为何，鲜有论及。所谓的"保护农民利益"究竟指向何种"利益"，亦缺乏详实的论证，即"小产权房"买卖合同究竟如何以及在何种程度上损害了社会公共利益，这本是适用该规定的前提，若欠缺该论证，则不符合法律适用的规范。

本文在第一部分花大量篇幅论述"小产权房"买卖合同中涉及的无权处分客体，目的即在于明确处分宅基地使用权并不具有必然不法性。申言之，流转宅基地使用权是否会损害农村集体组织的利益需要进一步的论证，而不应仅仅凭借简单的臆想妄加论断。从解释论的视角，在适用关系上，《合同法》第 52 条第 5 项是第 52 条第 4 项的特别法。在规范的位阶上，后者高于前者。"在适用原则上，应采规范目的保留理论，以此来对第 52 条第 4 项进行的目的限缩解释"，[3]这里的保留是指社会公共秩序为强制规范违反禁止规则的适用保留空间。即对于违反法律的行为，只适用第 52 条第 5 项，哪怕适用第 52 条第 4 项在构成要件上更为容易，如果在适用第 52 条第 4 项时因为其规范目的的保留而不能适用无效制裁，也不能根据第 52 条第 5 项认定无效，除非该行为状况特别触犯了社会公共利益或者公序良俗，在详实解释的论证基础上，才可适用第 52 条第 4 项。

既然"无权处分"合同的适用需要对《合同法》第 52 条第 5 项进行目的上的限缩解释，"损害社会公共利益"条款既作为第 52 条第 4 项特别法的特

---

〔1〕 类似的地方司法性文件包括《江苏省高级人民法院关于适用〈中华人民共和国合同法〉若干问题的讨论纪要（一）》（2005 年 9 月 23 日）第 1 条第 2 款指出："违反行政规章、地方性法规强制性规定的民事合同损害社会公共利益，当事人请求确定民事合同无效的，人民法院应予支持。但应当以合同法第五十二条第（四）项作为判决的法律依据。"类似的还有诸如《山东省高级人民法院 2008 年民事审判工作会议纪要》（鲁高法 120082243 号）也指出：关于房地产合同效力的认定问题，"根据最高人民法院关于适用合同法司法解释的规定，人民法院只能依据法律和行政法规来认定合同效力，而不能直接援引地方性法规和行政规章作为判断合同效力的依据，可以根据《合同法》第五十二条第（四）项的规定，以损害社会公共利益为由确认合同无效"。

〔2〕 王利明："关于无效合同确认的若干问题"，载《法制与社会发展》2002 年第 5 期；苏号朋：《合同的订立与效力》，中国法制出版社 1999 年版，第 285 页。

〔3〕 崔建远：《合同法》，法律出版社 2010 年版，第 104 页。

别法，其适用应该更为严格。除非"小产权房"买卖合同特别损害了社会公共利益，否则不能依此否认该合同的效力。正如本文第一部分所述，集体组织成员对房屋及宅基地的处分权原本就是争议问题，以一个争议问题作为损害公共利益的逻辑起点未免牵强，又在效力区分的框架下，实则"小产权房"买卖合同本身不会直接产生物权变动的法律后果，因而以合同违反社会公共利益而认定其无效显失妥当。

（三）小　结

为何审判实践中法官倾向于适用《合同法》第 52 条第 4 项或第 5 项，即使其在解释论上欠缺说服力，理由大致有以下几点：①各种党政文件对司法判决影响较大，有时甚至有优越于法律的"隐性位阶"，这一"前理解"[1]及"职业经验"[2]使得法官在适用法律时尽量选择能够契合"压制""小产权房"买卖行为的条款。②"小产权房"买卖合同即使认定为有效，也是自始不能的合同。由于"小产权房"欠缺登记能力，[3]即使认定合同效力也不能履行，认定其无效似乎更为"效率"。③很长一段时间《合同法》第 51 条无权处分条款之"效力待定说"处于通说地位，无论适用第51 条或第 52 条都会得出"小产权房"买卖合同无效的结论，属于法条竞合。然适用第 51 条须论证处分人对房屋的处分权何以受到限制，其论证路径正如本文第一部之论述，因其存在争议且较繁琐，法官更倾向于适用《合同法》第 52 条。

然随着新《民事诉讼法》生效，其要求法官对判决理由进行更加充分的

---

〔1〕　前理解或前见乃人们对事物进行解释之前，在心中先行具有的对于所欲解释对象的理解和看法，其在很大程度上影响甚至决定了人们对事物的理解及解释，具体到法官的法律解释中，其前见又可区分为"合法前见"及"不法前见"，合法前见诸如法律语言、法律思维、法律伦理等，对司法裁决产生有效地指引。而不合法前见在我国司法语境下，主要表现为政治信念式的意识形态与过于追求社会效果的心态。参见［德］汉斯·格奥尔格·伽达默尔：《真理与方法——哲学诠释学的基本特征》，洪汉鼎译，商务印书馆 2010 年版，第 379 页。范志勇："法学前见的内涵与特征研究——以哲学诠释学为视角"，载《西南交通大学学报》2012 年第 1 期。

〔2〕　"法官解释的内容由解释者生活世界的印迹和职业经验所决定。"［德］罗伯特·阿列克西：《法·理性·商谈：法哲学研究》，朱光、雷磊译，中国法制出版社 2011 年版，第 68 页。

〔3〕　《房屋登记办法》第 8 条规定："办理房屋登记，应当遵循房屋所有权和房屋占用范围内的土地使用权权利主体一致的原则。"这意味着农村房屋所有权和房屋占用范围内的土地使用权在处分上须实行一体主义，不得将两者分别登记给不同的主体。另外，根据《房屋登记办法》第 87 条的规定，受让人不属于房屋所在地农村集体经济组织成员的，除法律、法规另有规定外，房屋登记机构不会为其办理房屋所有权转移登记。

说明[1]，以及增强司法独立性成为一种共识，法官应摒弃各种不当"前理解"，更为忠实法律本身，并追求法解释的自洽。对于自始不能合同无效，绝大多数学者都认为其不合理，即对于"主观不能与客观不能、自始不能与嗣后不能"应该一视同仁，而非异其效力，[2]即使"小产权房"买卖合同属于自始不能的合同，亦不应影响其合同的效力。

在解释论的立场上，应运用体系解释的方法解释《合同法》中所涉及的认定合同无效的规范，对《合同法》第52条第4款、第5款进行目的限缩解释。综合以上讨论可知，在满足其余合同效力要件的前提下，除非当事人以特别违反社会公共利益的方式订立合同，否则不应认定"小产权房"买卖合同无效。

四、结　论

本文从教义学的角度出发，论述了在我国现行的物权法体系下，农村集体土地使用权尤其是宅基地使用权流转上存在限制，以及囿于"房随地走"原则，宅基地上房屋流转亦受到限制，因而"小产权房"买卖合同成为履行不能合同。但通过债权合意与物权变动的区隔，并在此原则下解释我国的无权处分合同的效力，不难得出合同不因处分人欠缺处分权而无效的结论。既然处分他人之物之合同都应有效，举重以明轻，处分自己所有的"小产权房"买卖合同何以无效？以此重新审视"小产权房"买卖合同，亦能得出其不因处分人欠缺对宅基地的处分权而使合同无效的结论。

私法的基本结构原则乃私法自治，它保障私人生活关系自己负责。[3]法律行为中的契约自由又是私法自治的重要组成部分，乃构建自己负责生活之前提。土地使用权的一元化或集体土地使用权的自由流转是一种发展趋势或者说是土地改革的终极目标，在这样的目标达至之前，囿于《土地管理法》及《房屋登记条例》等公法上的限制，"小产权房"合法化较难实现。但在合同效力这一领域内，仍应贯彻私法自治之原则。本文之论述，意在否定现行法体系下缺乏否定"小产权房"买卖合同因欠缺处分权而无效的"足够充分且正当的理由"，即应保障当事人在"小产权房"买卖合同中的意思自治，肯定其效力。

---

〔1〕　最新的《民事诉讼法》增加了对判决理由说服力的要求，第152条规定"判决书应当写明判决结果和作出该判决的理由。""判决书内容包括判决认定的事实和理由、适用的法律和理由。"

〔2〕　（台）王泽鉴：《民法学说与判例研究第三册》，中国政法大学出版社1998年版。

〔3〕　参见［德］维尔纳·弗卢梅：《法律行为论》，迟颖译，法律出版社2013年版，第1、70—71页。

侵权损害赔偿请求权基础的司法探寻
Tort Compensation Claim on the Basis of Justice

赵传毅 *

摘　要：中国大陆侵权责任法将保护客体确定为民事权益，这一开放式的立法模式彰显了立法对权利保护的热情，也给司法适用带来了极大的考验。法院一方面要响应扩大侵权责任法保护范围的要求；另一方面又要警惕侵权责任的任意扩张可能导致的诉讼爆炸式增长。破解这一两难境地的可行路径是，既要有法国民法悲天悯人的情怀，又要走出理论争议的误区，参考台湾地区"民法"在借鉴与发展德国民法中的得失，基于德国民法的形式理性，在法政策层面改造侵权责任构成的要件，对于权利和权益形态探寻不同的侵权损害赔偿请求权基础。唯有如此，方能避免侵权责任法保护范围无限扩大导致的严重负面后果，保证侵权责任法机能的正常发挥。

关键词：侵权　客体　权利　权益　请求权

一、面临的考验——客体保护的开放与宽泛

（一）《侵权责任法》保护客体范围的开放

"处理民事的主要任务，在于寻找请求权基础……寻

---

　* 赵传毅，中国政法大学民商经济法学院民商法学专业 2013 级博士研究生（100088）。

找请求权乃法之发现的过程。"[1]《侵权责任法》的一般侵权行为条款，即第6条第1款，借鉴了法国民法典第1382条和1383条，概括性地规范因过错侵害民事权益的侵权责任，最具有规范意义，[2]理应成为法官处理侵权纠纷最重要的请求权基础规范。将第6条第1款与第2条第2款结合起来进行文义解释，立法的意图在于无论主观过错如何，侵害他人的任何民事权利或权益，都要承担侵权责任，《侵权责任法》保护客体范围似乎呈现出无限开放的可能性。[3]

（二）一般侵权行为条款对司法适用的考验

概括性条款的主要机能在于留给司法者以造法空间，使法律能与时俱进，实践其规范功能。[4]然而，对侵权责任法保护客体采取概括性模式也容易导致侵权责任法保护范围的过于宽泛，给司法适用带来困难，法国民法典一般侵权行为条款在适用过程中，就从来不乏争议。[5]

考虑到概括性模式对司法的极高要求，这一模式的选择本应慎之又慎，但《侵权责任法》的立法者在制定一般侵权行为条款时似乎并没有作必要的利益衡量及探究判断基准，对该条款所欲实践之具体目的没有做出明确的说明，[6]也没有给予我国司法实务者尽量明确的指示。一般侵权行为条款的这种"遁入"，如不给予必要的克制，将使侵权责任法法律制度、法律适用及法律思维松懈或软化。[7]更为严重的是，很可能会无意放大一般侵权行为条款

---

[1] 王泽鉴：《法律思维与民法实例——请求权基础理论体系》，中国政法大学出版社2001年版，第188页。

[2] 葛云松："侵权责任法保护的民事权益"，载《中国法学》2010年第3期，第40页。

[3] 实际上，《侵权责任法》第6条第1款仅仅适用于自己加害行为责任（或过错责任），将其界定为有限的一般侵权行为条款较为适宜。参见陈现杰："《侵权责任法》一般条款中的违法性判断要件"，载《法律适用》2010年第7期，第10页。本文出现的侵权责任一般条款，如果没有特别说明，指的就是这一意义上的一般条款。盖因过错责任在侵权责任中的重要地位，对其进行分析基本可以涵括侵权责任法的客体问题。

[4] 王泽鉴：《法律思维与民法实例——请求权基础理论体系》，中国政法大学出版社2001年版，第245页。

[5] 参见王泽鉴先生于2008年11月5日在中国人民大学法学院主办的侵权法高层论坛上所做的报告，载中国民商法网，http：//www. civillaw. com. cn/article/default. asp？id＝41665，访问时间：2015年7月5日。

[6] 从立法者对《侵权责任法》的适用范围模式选择的解释来看，其似乎仅因考虑理论上无法区分权利和权益，所以不采纳对权利和利益区别保护的德国民法模式，而采纳不区分权利和利益的法国民法模式。参见王胜明主编：《中华人民共和国侵权责任法释义》，法律出版社2010年版，第26页。

[7] 王泽鉴：《法律思维与民法实例——请求权基础理论体系》，中国政法大学出版社2001年版，第245页。

给社会传递的权益保护无限开放性的信息。

这样一来，在权利意识不断高涨的今天，如果法院对新兴权益侵权纠纷不及时裁判或拒绝裁判，显然会与社会大众对司法的期望不符。然而，如果不顾法院力量和能力的限制，迎合社会的期望，对权益诉求采取来者不拒的态度予以裁判，又极易破坏传统侵权法在权益保护和行为自由之间维系的合理平衡，同时使法院不堪重负，身处矛盾漩涡。如何以最恰当的方式避免上述理论上的灾难和现实中的困境，摆脱两难境地，对法院不可谓不是一个巨大的考验。

二、可为的抉择——司法适用的热情与理性

"法律的任务是救济那些应该得到救济的不当行为，即便其成本是'洪水般的大量请求'；任何法院因为担心给自己带来太多的工作而拒绝给予救济，这只是对自己无能的一种遗憾的承认。"[1]法院固然要勇于接受考验，但既要满足保护权益的社会需求，又不能导致严重的负面效应，可为的抉择是在法国模式的一般侵权行为条款基础上发展德国模式的法解释，[2]做到既热情洋溢，又客观理性。

（一）法国模式下一般侵权行为条款的局限——范围的扩大与理论的证成

法国模式开放性的特征能较为灵活地适应社会生活的发展。更为重要的是，基于自然法理念创建的法国民法，对民事权益的保护有种悲天悯人的情怀，这种情怀即使对于 200 余年以后的中国法院而言，同样显得弥足珍贵。当然，单纯的热情不能解决实际问题，即使是在法国，没有获得立法者过多指示的法院，也不得不在一般条款的基础上发展司法意义上的基于过错责任的民事责任法，[3]侵权法的适用范围绝不是漫无边际的。因此，法官还必须要以法学方法论上的意识性及警觉性去适用《侵权责任法》的一般侵权行为条款，任何对《侵权责任法》适用范围的扩大或限缩解释，都要以法学上的合理论证去架构可供检验的理由构成，以能经受住社会大众的合理质疑。

---

〔1〕 W. Prosser, "Intentional Inflictionof Mental Suffering: A New Tort", 37 *Mich. L. Rev.* 874, 877 (1939), 转引于 ［意］毛罗·布萨尼、［美］弗农·瓦伦丁·帕尔默主编，张小义、钟洪明译：《欧洲法中的纯粹经济损失》，法律出版社 2005 年版，第 15 页，注释 50。

〔2〕 于飞："侵权法中权利与利益的区分方法"，载《法学研究》2011 年第 4 期，第 105 页。

〔3〕 ［德］克里斯蒂安·冯·巴尔：《欧洲比较侵权行为法（上）》，张新宝译，法律出版社 2001 年版，第 19 页。

（二）德国模式下一般侵权行为条款的争议——违法性要件的摒弃与保留

对于《侵权责任法》一般侵权条款的司法适用，主流观点是借鉴德国民法的做法，采取区分对绝对权的侵害和对其他权益的侵害的保护模式，对其予以目的限缩性解释操作，[1]以对《侵权责任法》的适用范围进行控制。德国民法典第823条第1款为权利提供全面的保护；而只有在违反"保护性法规"（第823条第2款）或"故意违反善良风俗"（第826条）的情形，才对权益进行保护。这一带有目的限缩性质的适用方法，在很大程度上与一般侵权行为的构成要件理论存在密切联系，违法性要件则是其中的重点。然而，我国大陆民法学界对于违法性是否能作为侵权行为的构成要件，又存在重大分歧。[2]如此，尽管《侵权责任法》已经实施三年有余，但对一般侵权行为条款的法教义学上的研究仍然处于争议状态，难以与法政策意义上的一般侵权行为条款的司法适用形成良性互动，法院在《侵权责任法》一般条款的适用上仍然没有形成统一。

其实，违法性要件采纳与否的争议是不必要的。对于违法性要件的争议，实质上不是要不要采纳违法性要件的问题，而是究竟由立法统一规定违法性要件，法官只能严格地适用；还是立法对违法性要件进行淡化，由法官根据具体情况灵活把握。《侵权责任法》第6条第1款采用法国模式，没有正面规定违法性要件，这只不过表明立法机关将认定违法性的任务交给了司法机关。[3]从《侵权责任法》实施前的司法适用实践来看，受《民法通则》第106条的规定和民法学界对违法性要件忽视的影响，法官在处理侵权案件时，往往意识不到违法性要件的作用，实际上将违法性的判断合并入了过错的判断之中[4]。从这个意义上说，一些学者力主摒弃违法性要件，对过错进行客观化的改造，将侵权责任的承担归结于一般注意义务的违反上，看似有实证的证成。[5]然而，对于大多数法官而言，确定注意义务标准往往面临很大的

---

〔1〕 中外法学编辑部："中国民法学科发展评价（2010—2011）——基于期刊论文的分析"，载《中外法学》2013年第1期，第18页。

〔2〕 中外法学编辑部："中国民法学科发展评价（2010—2011）——基于期刊论文的分析"，载《中外法学》2013年第1期，第18页。

〔3〕 李承亮："侵权责任的违法性要件及其类型化——以过错侵权责任一般条款的兴起与演变为背景"，载《清华法学》2010年第5期，第91页。

〔4〕 参见龙俊："权益侵害之要件化"，载《法学研究》2010年第4期，第26页；朱虎："规制性规范违反与过错判定"，载《中外法学》2011年第6期，第141页。

〔5〕 参见王利明："我国《侵权责任法》采纳了违法性要件吗？"，载《中外法学》2012年第1期，第78页。

困难，在一些专业领域，由于缺少相应的专业知识，法官根本无从判断适当的标准。习惯于德国民法形式理性的中国大陆法官在具体个案中又常常会自觉不自觉地参考各种规范所确定的行为标准，希望对注意义务的判定有所帮助，将保护客体区分为权利和权益，分别基于一定的标准进行保护的德国民法模式实际上一直在发挥着作用。[1]

（三）两种模式的融合——对一般侵权责任条款的客观指引

完全引入德国民法中的违法性要件，重构侵权责任的认定要件，超出了法解释学的范畴，于立法体系的完整和稳定是无意义的。德国民法模式看似是对侵权责任范围的限制，换个角度思考，又未尝不是对法官自由裁量的指引。借鉴德国民法模式，比较现实和功利的考虑是，不变更侵权责任法的责任构成要件，而是通过权利和权益的客体区分，给责任构成要件的判定尽量予以客观的指引。因此，不应该对法院借鉴德国模式的科学理性，明确化一般侵权行为条款的努力，人为设置理论上的障碍。这样才能保证在热情地响应社会的期望、重视权益的保护的同时，合理控制侵权责任的适用范围，避免侵权人承担过重的责任，维护人们的基本行动自由，使《侵权责任法》的机能得以正常发挥。

当然，对德国模式可能带来的保护范围僵化的问题，也要进行适当改造。我国台湾地区现行"民法"在几十年间，一直在对德国模式进行借鉴与改造，致力于调整、优化维系行为自由与扩大权益保护范围之间的平衡，期间不乏争论与得失，[2]这笔宝贵的法律移植经验值得同宗同源的大陆借鉴。这样一来，中国大陆侵权责任法的一般条款，在适用过程中，很可能呈现出一种既不同于法国模式，又不同于德国模式的混合形态。这一形态在短期内可能与

---

〔1〕 在《侵权责任法》实施前，最高人民法院实际上一直在采取类似于德国民法侵权法体系构成的类型化模式指导司法实践。如在吸收"荷花女"案经验的基础上，通过《最高人民法院关于确定民事侵权精神损害赔偿若干问题的解释》建立了侵害权益的违法性判断标准。参见陈现杰："《侵权责任法》一般条款中的违法性判断要件"，载《法律适用》2010 年第 7 期，第 12 页。地方法院的实践参见朱虎："规制性规范与侵权法保护客体的界定"，载《清华法学》2013 年第 1 期，第 158 页。
〔2〕 我国台湾地区现行"民法"第 184 条几经修正，虽条文顺序不同，但总体一直追随德国模式，近年来，有台湾学者开始反思，提出该模式存在保护范围僵化狭窄的问题。参见陈忠五：《契约责任与侵权责任的保护客体——"权利"与"利益"区别正当性的再反省》，新学林出版股份有限公司2008 年版，第 291—296 页。林诚二：《民法债编总论——体系化解说》，中国人民大学出版社 2003 年版，第 162 页。

法教义学的要求有所不符，但换一个角度看，作为法学后进的中国大陆，在侵权法律制度的移植中可以较少地受维护本国法律传统和法律历史地位的理念的羁绊，让侵权责任法真正适应自己的土壤苗壮成长，这又何尝不能被视作一种后发优势呢？

三、应然的途径——请求权基础的归纳与探析

（一）方法的归纳

"法律只界定一般的框架时，在个案中法官必须另外评价，来填补框架的空隙。"[1]基于前述理念和原则，法官在借助德国模式的类型化的体系处理侵权纠纷案件，判断权益是否应该保护，探寻请求权基础时，可以遵循以下法学方法，以填补《侵权责任法》一般侵权行为条款的空隙。

（1）对于受损的利益形态，法官应首先判断它是权利还是权益，作为探寻请求权基础的出发点。

对权利和权益的保护有所区别，规范路径不同，因此在对被侵害的权利和权益不同判断基础上作出的不同判决，可能存在迥异的结果，这种不同往往对当事人有的利益有重大的影响。对于权利，可以直接适用一般侵权行为条款加以保护，需要做的仅仅是从反面排除立法者事先类型化设定的违法性阻却事由。[2]如果侵害的是权益，则应该考虑多种因素，综合判断是否构成侵权。学术界通说认为，《侵权责任法》上的权利指绝对权，其赋予权利人可以对抗所有他人的一定法益，从而每个他人就此负有义务，要允许权利人享有这种法益，还要不侵犯这种法益。[3]然而也有学者指出，绝对权概念的提出并不能指明如何区分《侵权责任法》上的权利和权益，还需借助德国侵权法上的权益区分理论，通过归属效能、排除效能和社会典型公开性三个特征判断，此三种特征任何一项缺乏，该利益形态即不能归之为权利。[4]因此，法官在判断受损的利益形态是权利还是权益时，可以以绝对性为基本参照，结合归属效能、排除效能和社会典型公开性三个特征进行最大限度地筛选、判断。另外，从权利范围上看，公法性权利不应属于《侵权责任法》保护的

---

〔1〕 ［德］卡尔·拉伦茨：《法学方法论》，陈爱娥译，商务印书馆 2003 年版，第 32 页。

〔2〕 于飞："侵权法中权利与利益的区分方法"，载《法学研究》2011 年第 4 期，第 117 页。

〔3〕 除物权外，属于绝对权的还有人格权和人身亲属权、无体财产权、物权取得权、物权上的权利以及物权期待权。参见［德］卡尔·拉伦茨：《德国民法通论（上册）》，王晓晔、邵建东、程建英、徐国建、谢怀栻译，法律出版社 2003 年版，第 300 页。

〔4〕 于飞："侵权法中权利与利益的区分方法"，载《法学研究》2011 年第 4 期，第 112 页。

客体。基于中国大陆的司法现状考虑，法官从民事基本权利的角度出发确定权利的范围时，《侵权责任法》第 2 条第 2 款列举的 18 项权利应该是重要的参照系，不能随意创设超出民事权利类型框架之外的新型称谓和类型。[1]例如，实务中由一些法官创设的知情权、休息权、吊唁权、生育权、亲吻权等"新型权利"，这些"权利"有权利之名，无权利之实，不属于传统民事权利类型，不能作为民事侵权判决的依据。[2]

（2）法官可以基于一定的准则，将一些权利的权能扩大解释以涵括权益，或将权益解释上升为权利。

18 项权利的列举虽然有利于规范法官的裁量，但并不能涵摄现实中的权利现象，如果据此严格裁判，反而会过于僵化，限制了对民事主体权益的保护。《德国民法典》第 823 条第 1 款虽然用列举的方式对被保护的权利类型进行了限定，但德国法院并没有停止对权利类型的司法补充。一种方式是通过扩张权利内容进行补充。对第 823 条第 1 款列举的各项权利内容进行文义解释，将民事主体的某些权益解释为这些权利，通过第 823 条进行保护；另外一种方式是对第 823 条第 1 款所规定"其他权利"的范围进行扩大解释。由司法创造某些权利并将其纳入"其他权利"的范畴。当然这种解释和创造不是随意的，截至目前，德国司法只认可一般人格权和营业权这两种权利。[3]中国大陆法院在进行这种司法创造时，可能要遵循更加严格的要件。前述提及的归属效能、排除效能和社会典型公开性这三个特征是非常重要的标准，但这些法教义学权利判断标准在理论和实践中都有所限度，不能解决所有权利和权益的界限问题。在这种情况下，法官可以基于一定的法政策变通，依靠权益衡量的方法，在合理的范围内，将某些利益解释为权利。[4]当然，基于中国大陆目前的司法实际，这种权利的创造最终只能通过最高法院以司法

---

〔1〕 此种列举如果是不具有排他性的开放例示性列举的话，其作为请求权基础的规范意义可能会受到影响。此外，对权利和利益加以区分的目的，在于实现民事主体利益不同的规范途径。仅有列举的区分，而没有规范途径的区分，列举也就失去了意义。参见王成："侵权之'权'的认定与民事主体利益的规范途径——兼论《侵权责任法》的一般条款"，载《清华法学》2011 年第 2 期，第 66 页。

〔2〕 王利明："侵权法一般条款的保护范围"，载《法学家》2009 年第 3 期，第 24 页。

〔3〕 王成："侵权之'权'的认定与民事主体利益的规范途径——兼论《侵权责任法》的一般条款"，载《清华法学》2011 年第 2 期，第 55 页。

〔4〕 于飞："侵权法中权利与利益的区分方法"，载《法学研究》2011 年第 4 期，第 113、119 页。

解释的渊源形式确定。[1]

（3）如果确定侵害的是《侵权责任法》第 2 条第 2 款列举之外的，还没有被最高法院通过司法解释界定为权利的权益，法官可以参考《德国民法典》第 823 条第 2 款和第 826 条，为保护这一权益寻找一项"违反保护性法规"或"违反善良风俗"的请求权基础因素。

《德国民法》第 823 条第 1 款、第 2 款和第 826 条三个条文，保护客体相对应的是民法上的权利，民法以外、法律以内的权利和权益，法律以外的权益。从法官适用法律角度讲，逻辑顺序明晰。按照这一顺序，如果侵权行为人因过错侵害了权利之外的权益，如果可以判定系违反了一项保护性法规，那这种权益就可以通过适用《侵权责任法》一般条款予以保护。[2]如果没有相应的保护性法规规定，对此种权益进行保护，那就要从法律之外寻找适用依据，审查侵害人是否以违反善良风俗的方式，故意侵害权益，从而进一步判断对受损害的权益是否予以保护。[3]

我国台湾地区现行"民法"虽追随德国模式，但有所不同。现行"民法"前身民律第一次草案（即大清民律草案）第 945 条、第 946 条和第 947条，基本照搬了德国民法的条文顺序。而民律第二次草案和我国台湾地区现行"民法"第 184 条，都将故意以善良风俗之方法损害于他人之规定放在违

---

〔1〕 中国大陆最高人民法院的司法解释确定的权利范围与《侵权责任法》的范围存在交叉。《最高人民法院关于确定民事侵权精神损害赔偿若干问题的解释》第 1 条第 2 款中列举的身体权、人格尊严权和人身自由权，在《侵权责任法》第 2 条第 2 款中并没有列举。而司法解释作为利益列举的隐私却被《侵权责任法》列举成了隐私权。参见王成："侵权之'权'的认定与民事主体利益的规范途径——兼论《侵权责任法》的一般条款"，载《清华法学》2011 年第 2 期，第 50 页。基于本文的立场，司法解释列举的身体权、人格尊严权和人身自由权，可以被认定为司法创造的权利，得到侵权责任法的保护，但遗憾的是，中国大陆立法和司法的关系远不能用如此纯粹的法教义学眼光剖析。

〔2〕 在适用保护性规范作为请求权基础时，要注意判断保护性规范的范围，这种范围的界定可以从形式和目的两个特征着手，参见朱虎："规制性规范与侵权法保护客体的界定"，载《清华法学》2013 年第 1 期，第 174 页。

〔3〕 德国民法和我国台湾地区现行"民法"中的"违反保护性法规"或"违反善良风俗"请求权基础，不仅仅起到客观化违法性要件的作用，也对主观要件有所影响，适用时，对侵权行为人的主观要件都给予了特别要求，如要求具有故意和重大过失，从而对权益的保护范围进行了进一步限定。我国法院在借鉴时，要不要对主观性要件进行区分对待？值得考虑。笔者认为，在"违反保护性法规"适用中，不应对主观形态再予以限定，盖因保护性法规毕竟体现了立法和其他社会规范对行为的否定评价，这一评价往往是可接受和可见的。而在"违反善良风俗"情形中，应限定主观形态系故意，以避免道德泛化。还要注意的是这一故意和过失是对违法行为和损害结果发生的故意和过失，不是对违反保护性法规和善良风俗的故意和过失，对后者仅要求要客观认识已足。

反保护他人之法律规定之前。[1]如此调整，基于何理由，不得而知。按此模式，法官找法过程中，要在法内，法外，再到法内来回穿梭，不免有逻辑突兀之嫌。另外，基于扩大利益保护范围的考虑，1999 年台湾地区"民法"修订时，第 184 条第（二）项将违反保护性法规明确为独立的侵权行为类型，同时保留了过错推定责任规定。如此，保护性法规的违反除了具有界定保护的权益的功能外，亦可以作为一种表见证明规则，只要违反保护性法规，就推定侵权行为人存在过错，侵权行为人只有证明自己没有违反保护性法规或侵害权益并无过错，才能否定上述推定。但过错推定责任的规定，虽然有扩大权益保护范围，便利被害人利益保护之效，同时也带来了价值判断上的轻重倒置现象。[2]盖因相对于权利而言，利益往往难以具体特定，由此，相对行为人的义务范围也难以具体特定。这样在判断侵犯利益是否构成侵权时，对侵权人的主观要件的认定本应该更加严格，但如果按照台湾地区"民法"的规定：侵犯权利，由被侵权人承担侵权人主观过错的证明责任；而侵犯利益时，却由侵权人负担主观过错的证明责任，这无论如何也难谓平衡。其实，我国台湾地区现行"民法"第 184 条第（一）项，将保护客体明确为权利，对人身权的保护范围，已经远较《德国民法》第 823 条第 1 款规定的四种人身权益为宽，再通过过错推定的立法技术，扩大对权益的保护，不免有矫枉过正之嫌。

因此，中国大陆法院直接借鉴德国模式可能为宜。法官在适用《侵权责任法》一般条款时，可以按照民法上的权利，民法以外、法律以内的权利和权益，法律以外的权益的顺序检索保护客体。基于人身权益的重要性，在违反保护性法规，侵害人身权益的情形，可以依据过错推定规则，认定侵权责任，而对于侵害财产权益的情形，则不宜适用过错推定规则认定责任。

（4）一些权利和权益受到侵害，虽符合《侵权责任法》的规定和"违反保护性法规"或"违反善良风俗"要素，然涉及与同位阶的权利和权益相冲突，不能当然得到保护，还需要法官考虑主观过错、因果关系等构成要件，综合对侵害行为、被侵害利益、防止被害的措施等等因素予以考虑。[3]

---

〔1〕 王泽鉴：《侵权行为法》，中国政法大学出版社 2001 年版，第 70 页。
〔2〕 方新军："权益区分保护的合理性证明——《侵权责任法》第 6 条第 1 款的解释论前提"，载《清华法学》2013 年第 1 期，第 150 页。
〔3〕 ［日］赖川信久："民法 709 条（不法行为的一般的成立要件）"，转引自龙俊："权益侵害之要件化"，载《法学研究》2010 年第 4 期，第 29 页。

（5）需要厘清几种民事责任的功能、界限。对于受到侵害的利益形态，如果损害行为既符合侵权责任要件，又符合合同责任或缔约过失责任等其他责任的要件，除了按照法律的竞合规定或尊重当事人的选择以外，应该根据利益衡量情况确定是适用侵权责任还是违约责任或其他责任。既要充分保护当事人的权益，也要注意防止侵权责任的不当扩大，导致"合同法被淹没在侵权法的大海中"。[1]

（二）实例的探析

笔者结合一些典型的案例，以争议最大的纯粹经济损失为切入点，对前述法学方法进行具体的分析。一般侵权行为条款的适用，以纯粹经济损失问题分歧最大，最为复杂。纯粹经济损失是指财产利益的减损，绝对权之外的债权以及其他利益都可以统称为纯粹经济利益。[2]纯粹经济损失的类型样态千差万别，[3]法国模式的一般侵权行为条款，缺乏精确的认定方法，如果用于此类案件，其结果难以保证稳定性和可预见性。德国模式在保护绝对权外，通过"保护性法规"或"探求故意违反善良风俗"因素对纯粹经济损失的赔偿进行了合理限定。另外，待时机成熟、理论可行时，还可以将一些纯粹经济利益扩张解释为绝对权，循序渐进地扩大对纯粹经济利益的保护范围，从而做到既理性慎重，又不偏于保守。[4]实际上在《侵权责任法》实施前，法院已经处理了大量涉及纯粹经济损失的案件，虽然不注意对请求权基础进行合理论证基础上的司法探寻，但对于纯粹经济损失的赔偿，实际上是自觉不

---

〔1〕 虽然法国民法有禁止竞合条款，但法国法官还是很可能混淆侵权与违约竞合的适用范围。参见王利明："侵权法一般条款的保护范围"，载《法学家》2009年第3期，第25页。这在中国大陆司法中同样存在，面对法律没有规定的竞合情形，需要法官在扩大权益保护范围和限制侵权责任的不当扩大之间做出经过合理论证的选择。

〔2〕 葛云松："《侵权责任法》保护的民事权益"，载《中国法学》2010年第3期，第42页。

〔3〕 布萨尼和帕尔默教授将纯粹经济损失分为反射损失，转移损失，公共市场、运输通道或者公用设施的关闭，对于错误信息、建议和专业服务的信赖四大类。参见［意］毛罗·布萨尼、［美］弗农·瓦伦丁·帕尔默主编：《欧洲法中的纯粹经济损失》，张小义、钟洪明译，法律出版社2005年版，第9页。葛云松教授甚至将纯粹经济损失分为17类，参见葛云松："纯粹经济损失的赔偿与一般侵权行为条款"，载《中外法学》2009年第5期，第731—735页。

〔4〕 德国法院在丰富的实务经验中创设了"一般人格权"、"营业权"等框架权。在第三人的过失致公共市场、运输通道或者公用设施的关闭，使所有人不能依物之目的而为使用的案例中，德国法院还扩张了所有权的保护范围，使侵犯所有权的情形包括侵犯物的使用权能，使一些纯粹经济利益通过权利的形式得到了更为细密的保护。

自觉地参照德国模式，总体持"原则不赔、例外赔偿"的保守态度。[1]这样，采用德国模式处理纯粹经济损失的赔偿，也有着良好的实证基础。唯一要做的是，借《侵权责任法》实施的机会，可以通过制定司法解释等方式对法院进行理论的系统总结和澄清，以求实践操作的统一。如前所述，纯粹经济损失的类型复杂，限于篇幅笔者无力对其全面分析，仅就自己认为实务中应予尽快澄清的如下问题做一粗浅分析。

（1）债权：债权属于相对权，一方当事人如果实施了给付不能、给付迟延或不完全给付行为，虽然这些债务不履行行为在本质上与侵权行为性质相同，均侵犯了基于债权而享有的履行利益，但由于已经受到合同法债务不履行规定的特别保护，因此对于债务不履行行为导致的损害，没有必要通过侵权法予以保护。基于德国民法的物债二分固有体系，将作为相对权的债权排除出侵权法的保护范围：侵权行为乃着重于"权利之不可侵性"，而债务不履行乃着重于"债权之充实性"。[2]

尽管债权不属于权利范畴，不能直接通过一般侵权行为条款予以保护，但在第三人故意违背善良风俗侵害他人债权的特殊情况下，应负侵权损害赔偿责任，此可作为侵害债权的请求权基础，运用灵活，足以发挥保护债权的功能。[3]第三人侵害债权之类型众多，如何认定第三人实施之行为是基于市场经济的自由竞争法则，还是基于背于善良风俗之故意，甚为复杂。在日本，判例和学说是从侵害客体性质的角度来确定第三人侵害债权责任：第三人如果通过侵害一方债权人权利的手段侵害另一方债权人，由于其行为的非法性，就要承担损害赔偿责任；而当第三人是通过与一方债权人的交易行为侵害另一方债权人时，就要根据作为侵害客体的债权内容来确定责任，债权内容特定，第三人要承担责任；债权内容不特定，第三人不承担责任。[4]

（2）缔约阶段的权益赔偿：合同缔结阶段发生的权益损害，各国民法对其界定不同。德国民法将此阶段的权益定性为信赖利益，通过合同法上的缔约过失责任，扩张合同法上的义务，保护绝对权之外的财产利益，用来调和

---

〔1〕 比较特别的案例有王保富诉三信律师事务所见证遗嘱无效案，山西晚报不实报道案和重庆电缆案，参见葛云松："纯粹经济损失的赔偿与一般侵权行为条"，载《中外法学》2009 年第 5 期，第 690—691、725 页。

〔2〕 孙森焱：《民法债编总论（上册）》，法律出版社 2006 年版，第 165 页。

〔3〕 王泽鉴：《侵权行为法》，中国政法大学出版社 2001 年版，第 175 页。

〔4〕 龙俊："权益侵害之要件化"，载《法学研究》2010 年第 4 期，第 28—29 页。

被认为是不公平的侵权行为法的严苛之处。[1]而在法国民法和日本民法，缔约过失则被作为侵权法的问题来考察。[2]中国大陆《合同法》采德国民法之做法，通过缔约过失责任，对信赖利益予以保护。然而，由于特殊经济体制的影响，相当一部分法律，尤其是行政法规对已售公有住房、农村房屋、采矿权等政策性较强的不动产和用益物权的交易行为仍然进行较为严格的管制，或要求交易双方履行复杂的行政审批手续，否则民事合同归于无效或直接禁止交易。这在实务中引发了大量问题，由于行政审批办理期限往往较长，出让人在此期间容易受市场行情变化导致的标的物价值大涨诱惑，恶意不进行行政审批的行为导致合同不生效；或在合同履行完毕多年后，恶意以合同违反强制性规定为由，提起诉讼要求确认合同无效。此种情形如果仅判决恶意之出让人基于缔约过失，赔偿信赖利益损失，受缔约过失责任赔偿范围所限，[3]受让人将面临既不能获得物权，债权也无从保障的双重困境，而恶意违约的一方往往付出极低的违法成本就可以获得巨大的利益，极易诱发道德风险。《合同法解释（二）》第8条试图突破缔约过失责任的赔偿范围，创设买受人自行办理手续的缔约过失责任方式，然而由于实务中大量行政审批手续必须由出卖人办理，故不具实效性，效果上必然缺失。

其实在《合同法解释（二）》出台前，一些地区的法院处理合同因出卖人恶意行为导致的无效情形时，已经参照合同有效时买受人可以获得的履行利益，判决出卖人赔偿不动产的增值利益，这种处理突破了缔约过失责任仅限实际损失的赔偿范围赔偿，一定程度上矫正了保护不足的弊端。[4]只是法官何以能突破缔约过失责任的赔偿范围，如此处理的请求权基础何在？缺乏合理论证。有观点主张直接诉诸诚实信用原则对缔约过失责任的赔偿范围进

---

〔1〕 ［德］迪特尔·梅迪库斯：《德国债法分论》，杜景林、卢谌译，法律出版社2004年版，第97页。

〔2〕 ［日］圆谷峻：《判例形成的日本新侵权行为法》，赵莉译，法律出版社2008年版，第45页。

〔3〕 因交易标的物涨价可得之利益，系履行利益之范畴，非属信赖利益。信赖利益之损害赔偿，其赔偿范围除了缔约费用、准备履行支持费用等积极损害，虽然也包括消极损害，然其主要系另失订约机会之损害。参见王泽鉴：《民法学说与判例研究（5）》，中国政法大学出版社2001年版，第229、231页。另失订约机会之损害赔偿，其限于缔约阶段当事人可能通过的其他缔约机会获得的利益，此仍属信赖利益范畴，与交易标的物涨价可得之履行利益性质不同，故不能通过另失订约机会之损害赔偿保护本文所述案例买受人的利益。

〔4〕 罗颖姝："买卖合同无效时的损害赔偿——基于司法案例的实证分析"，载《民主与法制》2011年第1期，第130页。

行扩大解释，以获得请求权基础。[1]然此种做法的合理性存疑，盖因法官不可以采取可疑的直接诉诸最终、最一般的原则的方法，以寻求正当决定。[2]暂不论没有缔约过失责任的法国民法和日本民法，即使是德国民法，其对缔约责任和侵权责任的关系抑或各自的适用范围问题也保持了一个开放的体系，德国民法第一草案立法理由书明白表示，除上述法定情形外，于缔约之际，因过失不法侵害他人权益者，究属侵权行为，抑或法律行为上义务的违反，应让诸判例学说决定。[3]在某些情形，应适用缔约过失责任还是侵权责任，应该以哪一种责任能比较好地保护当事人的利益为最重要的衡量标准。如前所述，一些具有较强行政管制色彩的交易行为，缔约阶段的利益变动情况愈发趋于复杂化，将当事人的受损利益范围局限于信赖利益已经不能给予足够的保护，也不利于合同秩序的稳定。应然的途径可以是借鉴法国民法的做法，如果出卖人不履行办理行政审批的义务或是明知违反强制性规定仍然与买受人缔约事后又反悔，如果买受人选择通过《侵权责任法》保护自己的权益，法官可以考虑予以支持，参照履行利益确定损失，要求出卖人承担侵权损害赔偿责任。当然，法官在此种情形要明确侵权人具有故意且违反善良风俗的主观心态，合同不具有其他任何不生效的因素，同时应该引入履行利益赔偿的可预见性规则，注意判断受到的损失是否是双方当事人都可以合理预期的。唯有如此，方能最大限度地保证侵权责任在此情形"取代"缔约过失责任的合理性以达到利益的平衡。

四、结　语

热情响应权利诉求的同时，对《侵权责任法》的保护范围进行可操作的适当限制，促使其在司法适用中不断成长、完善，是法院应承担的责任。虽然会面临诸多困难，法官也要正确地借助于各种法学方法，将抽象的、普遍性的一般侵权行为条款应用于具体的、千差万别的个案之中，使社会得以最小的成本适当分配行为的风险，并逐渐形成有高度可预见性的规范。[4]因此，中国大陆法官要走出理论争议的误区，借助于德国民法的形式理性，借鉴我国台湾地区现行"民法"的法律移植经验，在法政策层面改造侵权责任构成

〔1〕　罗颖姝："买卖合同无效时的损害赔偿——基于司法案例的实证分析"，载《民主与法制》2011 年第 1 期，第 132 页。

〔2〕　[德] 卡尔·拉伦茨：《法学方法论》，陈爱娥译，商务印书馆 2003 年版，第 32 页。

〔3〕　王泽鉴：《债法原理》，中国政法大学出版社 2001 年版，第 233 页。

〔4〕　苏永钦：《走入新世纪的私法自治》，元照出版公司 2002 年版，第 371 页。

的要件，对于权利和权益形态探寻不同的侵权损害赔偿请求权基础，实施区别保护。唯有如此，方能保证《侵权责任法》机能的正常发挥；也唯有如此，方能在侵权法的领域向社会公众展现法官造法的典范，真正实现一名法律人应有的价值！

资产证券化中"真实出售"法律判断标准初探

The Creteria to Identify the True-Sale in Asset Securitization

冯　威 *

　　摘　要：资产证券化的核心功能在于实现基础资产的信用和发起人信用的分离，基础资产的"真实出售"是整个交易的关键，否则交易将被重新定性为担保融资。美国关于"真实出售"的判断有会计标准和法律标准之分，其中会计标准属于实质性的标准，法律标准深受会计标准的影响，但是更加注重名义标准。对我国而言，"真实出售"的判断依然重要。我国同样具有会计标准和法律标准，且法律标准要严于会计标准。对于"真实出售"的判断需要结合名义标准和实质标准，其中实质标准包括资产转让不能构成欺诈移转、SPV 需保留对基础资产的控制权、SPV 有限的追索权、发起人回赎或回购的权利的排除及发起人对基础资产的管理和账户控制等考量因素。

　　关键词：资产证券化　真实出售　追索权　回购或回赎的权利

---

　　* 冯威，中国政法大学民商经济法学院民商法专业 2014 级硕士研究生（100088）。

一、问题的提出

资产证券化又称结构化融资，指发起人将缺乏流动性，但能在未来产生可预见的稳定现金流的资产或资产集合出售给特殊的目的载体，由其通过一定的结构安排，分离和重组资产的受益和风险并增强资产的信用，转化成由资产产生的现金流担保的可自由流通的证券，销售给金融市场上的投资者。[1]与其他的融资形式相比，资产证券化有助于发起人增强资产的流动性、优化财务状况、降低发起人的融资风险和融资成本。[2]但是，这些都不是资产证券化兴起的真正原因，资产证券化之所以在美国兴起是因为该结构化融资安排实现了基础资产与发起人破产风险的隔离，弥补美国破产和重整程序对行使担保债权的种种限制。[3]

资产证券化兴起最主要的原因是其能隔离基础资产与发起人自身的破产风险，而这种隔离主要是通过基础资产的"真实出售"实现的。在资产证券化的过程中，发起人会将基础资产转让给 SPV（特殊目的载体），SPV 向发起人支付基础资产的对价，其中可能包含有追索权、剩余财产索取权及赎回权等安排。如果在整个过程中发起人没有破产，那么这种安排不会受到挑战，一旦发起人破产，那么整个交易过程便面临着被法院重新定性（Recharacterization），即该交易到底是证券化（Securitization）还是担保融资（Secured Loan）。如果交易被认定为担保融资，根据美国破产法 §362 的规定，该基础资产便会被自动冻结（Automatic Stay），虽说担保权人可以申请撤销该冻结，但是如果法院认为担保财产为重整所必须且债务人（指发起人）为债权人（指证券投资者）提供了足够的保护便不会批准解冻。[4]即便该基础资产被解冻，那么债权人也需要支付额外的成本，包括①支付被延迟；②根据规定，破产财产被冻结后停止计算利息；③律师费不一定会被认可。另外，美国的破产法院具有巨大的裁量权（Discretion），这使得担保债权的行使产生了消极

---

〔1〕 该定义参见洪艳蓉：《资产证券化法律问题研究》，北京大学出版社 2004 年版，第5—6页。必须指出的是，关于资产证券化的定义，在美国及国内都是没有达成共识的，但是笔者认为洪书的定义是比较接近资产证券化实质的。

〔2〕 参见隋平、李广新编著：《资产证券化融资实务》，法律出版社 2014 年版，第8—10页。

〔3〕 参见彭冰：《资产证券化的法律解释》，北京大学出版社 2001 年版，第3、53—60页。

〔4〕 See §362（d）of the Bankruptcy Code. 美国破产法典可以在网站 http://uscode.house.gov/browse/prelim@title11/chapter3/subchapter4&edition=prelim 找到。

的影响，并使其债权的清偿存在极大的不确定性。[1]

认定真实出售（True Sale）是证券化中关键问题。[2]但不幸的是，关于"真实出售"的法律判断标准即便是在其发源地美国也是一片混沌，甚至有法官放弃对这一问题作出判断。[3]可以说，"真实出售"法律判断标准的模糊从一定程度上阻碍了资产证券化的发展。"真实出售"有税法标准、会计标准和法律标准。目前居于主导地位的是会计标准，美国资产证券化实践中对"真实出售"的法律判断从很大程度上受到了会计标准的影响。[4]但这三种标准各有侧重，不能相互替代，有必要从法律上建构有别于会计准则的判断标准。对我国而言，由于资产证券化的兴起原因和美国不同，实践更是不同，更有必要从法律上探讨何为"真实出售"。

二、美国关于"真实出售"的判断标准及其问题

（一）会计标准

美国证监会（SEC）要求所有公开发行股票的公司的财务报表（Financial Statement）必须符合一般公认会计原则（以下称 GAAP, Generally Accepted Accounting Principles）的要求，[5]否则将会被判为误导公众（Misleading），对一个企业而言这将是很严重的后果。GAAP 关于"真实出售"的判断完全属于实质性（Substantive）的标准，其判断的关键在于发起人对基础资产保留的控制权的程度。

SEC 在判断"真实出售"时会参考 FASB（Financial Accounting Standards Board）的声明，特别是 FASB140 的规定。[6]总体来说，GAAP 关于"真实出

---

〔1〕 参见彭冰：《资产证券化的法律解释》，北京大学出版社 2001 年版，第 62—74 页。

〔2〕 Peter V. Pantaleo et al., "Rethinking the Role of Recourse in the Sale of Financial Assets", 52 Bus. Law, 159 (1996), 161.

〔3〕 See Kenneth C. Kettering, True Sale of Receivables: A Purposive Analysis, 16 Am. Bankr. Inst. L. Rev., 511 (2008), 512.

〔4〕 See Michael Gaddis, When Is a Dog really a Duck: The True-Sale Problem in Securities Law, 87 Tex. L. Rev., 487 (2008), 493 – 495.

〔5〕 See 15 U. S. C. §78m (b) (2) (B) (ii). "Transactions are recorded as necessary (I) to permit preparation of financial statements in conformity with generally accepted accounting principles or any other criteria applicable to such statements, and (II) to maintain accountability for assets." 参见 http://uscode. house. gov/view. xhtml? req = granuleid: USC-prelim-title15-section78m&num = 0&edition = prelim, 最后访问时间：2015 年 8 月 20 日。

〔6〕 See SEC Policy Statement, Reaffirming the Status of the FASB as a Designated Private-Sector Standard Setter, 68 Fed. Reg. 23, 333 (May 1, 2003). (Recognizing FASB's financial accounting and reporting standards as "generally accepted" for the purposes of federal securities law).

售" 的判断标准可以概括为：①基础资产必须从发起人处移转（Isolated）出去并使发起人的债权人不能追及该财产，[1]也就是说该财产在法律上不会被判为发起人的破产财产。但是这一判断标准是奇怪的，因为该基础资产是否构成破产财产属于法院司法权力，换言之，这一会计判断标准建立在司法判断标准之上的。②受让人 SPV 必须具有转让基础资产或以其设定抵押的权利，且在任何情况下都不能将任何微小的利益（trivial benefit）转让给发起人。[2]③发起人不得通过协议安排保留回购（repurchase）或赎回（redeem）基础资产的权利，从而对基础资产进行有效的控制（effective control）。[3]但是根据统一商法典（U. C. C.）第9—506 条和一些州法的规定，债务人在担保权人最终处置担保物之前有权赎回担保物。所以，如果发起人没有这种权利，而只是保留有一种选择权（option），那么交易就更容易被认定为出售。[4]另外，SPV 对发起人的追索权（recourse）也有可能对 "真实出售" 构成威胁，但这是 GAAP 的参考因素，关键还是看追索权的设置有没有使发起人取得对基础资产的控制权。[5]

（二）法律标准

GAAP 的判断标准对法律标准的建构缺乏强制力，法律有自己的衡量标准。但非常不幸的是，美国法院关于什么是 "真实出售" 远未达成共识，致使资产证券化的从业者很难做出预测和合理的安排。

在判断真实出售时，联邦破产法院会受到关于借贷和买卖的州法的制约。U. C. C. 第9 条讨论了应收账款（accounts receivable）中的证券利益并且清晰地给出了转让的效果，[6]但遗憾的是，U. C. C. 并没有对区分出售与担保融资

---

[1]　See FASB140, paragraph 9（a）27 - 28. FASB140 can be found at：http：//www. fasb. org/jsp/FASB/Document_C/DocumentPage？cid = 1218220129461&acceptedDisclaimer = true. 最后访问时间：2015年8月20日。

[2]　Id. , paragraph 9（b）.

[3]　Id. , paragraph 9（c）, 47 -49.

[4]　Steven L. Schwarcz, "The Parts are Greater Than the Whole：How Securitization of Divisible Interests can Revolutionize Structured Finance and Open the Capital Markets to Middle-market Companies", *Column. Bus. L. Rev*, 139（1993）, 146. 转引自彭冰：《资产证券化的法律解释》, 北京大学出版社2001 年版, 第94 页。另可参见 FASB 140, paragraph 217。

[5]　See FASB140, paragraph 113, 151.

[6]　See U. C. C. § § 9 -109（a）（1）, （3）（2007）.

给出标准而是将其留给了法院。[1]法院在判断该转让是出售还是担保融资时又有"名义"（nominal）标准、"实质"（substantive）标准和折中标准，不同的法院之间很难做到一致。所谓"名义"标准就是如果当事人给交易的定义是"出售"那么它就是出售。[2]所谓"实质"标准就是从追索权、回购或回赎权、发起人对资产的管理时账户是否分立及是否存在资产混同（commingling）、发起人改变价格条款、单方面改变基础资产及过度收款（excess collections）的权利等方面来判断。[3]所谓折中标准从表面上看以当事人的表述和意图（intention）为准，但是这些意图却是从合同中关于交易的实质性条款中推导出来的。[4]

总的来说，法院更多地将真实出售的判断视为一个事实问题而不是一个法律问题。[5]发起人对基础资产保留的权利和风险的程度与法院判定该交易为担保融资的可能性成正比，发起人保留越多的权利和承担越多的风险，整个交易就越容易被判定为担保融资。[6]

（三）破产法改革法案的努力

为了解决资产证券化过程中基础资产转让定性时的不确定性，2001 年破产法改革法案（Bankruptcy Reform Act of 2001）创造了安全港（safe harbor）规则。该法案企图修改破产法典第 541 条（§ 541 of the Bankruptcy Code），

---

〔1〕 See U. C. C. § 9 – 109 cmt. 4 and cmt. 5. The cmt. 4 says "this approach generally has been successful in avoiding difficult problems of distinguishing between transactions in which a receivable secures an obligation and those in which the receivable has been sold outright. In many commercial financing transactions the distinction is blurred."

〔2〕 这种观点的判例如 Wawel Sav. Bank v. Jersey Tractor Trailer Training, Inc. （In re Jersey Tractor Trailer Training, Inc.）, No. 06 – 02003, 2007 WL 2892956, at ∗8 （Bankr. D. N. J. Sept. 28, 2007）.

〔3〕 这些标准是从 In Jersey Tractor Trailer, 2007 WL 2892956 一案中总结出来的，在该案中法官总结了判例法中的相关考虑因素。相关论文可参见 Robert D. Aicher & William J. Fellerhoff, "Characterization of a Transfer of Receivables as a Sale or a Secured Loan upon Bankruptcy of the Transferor", 65 Am. Bankr. L. J., 181 （1991），该论文亦被上述判例所引用。

〔4〕 此类观点的典型案例参见 Bear v. Coben （In re Golden Plan of Cal., Inc.）, 829 F. 2d 705, 709 （9th Cir. 1986） （"Whether the parties intended outright sales or loans for security is determined from all the facts and circumstances surrounding the transactions at issue.").

〔5〕 NetBank, FSB v. Kipperman （In re Commercial Money Center, Inc.）, 350 B. R. 465, at 474 （B. A. P. 9th Cir. 2006） （Holding that a bankruptcy court's decision on the loan-versus-sale issue is a factual question, not a mixed question of law and fact, and thus is reviewed only for clear error）.

〔6〕 Michael Gaddis, "When Is a Dog really a Duck: The True-Sale Problem in Securities Law", 87 Tex. L. Rev., 487 （2008）, 494.

规定任何合格的资产（eligible asset）被移转给（transferred）合格的主体（eligible entity）就被视为“真实出售”。[1]其关于“合格资产”与“合格主体”的定义非常宽泛，但其最具有戏剧性的突破是关于“移转”的定义，该法案将“移转”定义为发起人根据书面协议以将资产移除（remove）出自己资产的意图将合格资产出卖、捐赠或转让（convey）给合格主体的行为，其他一些关于“真实出售”的判断标准，如追索权、回赎权等都被剔除。[2]“真实出售”这一问题是破产法下的首要问题在这一法案基本上得到解决，[3]但是这一法案最终没有获得通过。

三、中国关于“真实出售”的判断标准及其问题

（一）“真实出售”的判断在中国依然必要

前已述及，资产证券化之所以在美国兴起是因为弥补了美国破产和重整程序对行使担保债权的种种限制，中国《破产法》是否存在同样的限制值得检讨。如果根据中国《破产法》，基础资产的转让不管是被认定为“真实出售”还是担保融资，对证券投资人的权利没有任何影响。那么，我们至少可以认为在中国探讨资产证券化中的“真实出售”是没有意义的。

如果资产证券化被法院重新定性为担保融资，根据《最高人民法院关于适用〈中华人民共和国企业破产法〉若干问题的规定（二）》第3条的规定，基础资产（此时属于担保物）属于债务人财产。虽然我国破产法没有类似于美国破产法的“自动冻结”制度，但是担保债权人依然要参与破产程序，其债权虽可以获得优先受偿，但整个程序会使受偿的时间延长。其次，如果SPV破产，根据《破产法》第38条的规定，发起人可以取回基础资产，因为此时担保物的所有权仍然属于发起人。最后，整个资产转让如果定价过低，那么可能面临着发起人依据《合同法》和《破产法》行使撤销权，使整个交易结构崩塌。[4]换言之，资产证券化“真实出售”的问题在中国依然重要。

---

〔1〕 See Bankruptcy Reform Act of 2001, H. R. 333, 107th Cong. §912 (2001). 该法案的 PDF 版可以在 http://www.gpo.gov/fdsys/pkg/BILLS - 107hr333eas/pdf/BILLS - 107hr333eas.pdf 找到。最后访问时间：2015 年 8 月 20 日。

〔2〕 Id.

〔3〕 Steven L. Schwarcz, "The Impact of Bankruptcy Reform On 'True-Sale' Determination in Securitization Transactions", 7 *Fordham J. Corp. & Fin. L.* 353, p. 360.

〔4〕 参见蔡嘉蓓：《资产证券化中“真实出售”的法律要件研究》，华东政法大学 2014 年硕士学位论文，第 32—34 页。

（二）我国关于"真实出售"的判断标准

1. 会计标准

关于判断"真实出售"的会计准则，财政部发布的《企业会计准则第 23 号——金融资产转移》（财会［2006］3 号）有较为详尽的规定。其标准可以概括为：①移转金融资产上几乎所有的风险和报酬；[1]②发起人不再享有对金融资产的控制权，控制权的判断以受让方的独立出售能力为标准；[2]③在发起人保留回赎权或回购权的情形，如果发起人将予回购的资产与售出的资产相同或实质上相同、回购价格固定或是原售价加上合理回报的，不构成"真实出售"，如果只是在公允价值上保留优先回购权的，认定为"真实出售"。[3]应该说，第 23 号会计准则关于金融资产移转的确认与终止的标准既考虑了风险与报酬的移转，也保持了对控制权的高度关注，还加强了对后续涉入因素的综合评估。[4]

2. 法律标准

关于判断"真实出售"的法律标准，银监会颁布的《金融机构信贷资产证券化试点监督管理办法》规定比会计准则更高的标准，该规定可以概括为：①基础资产相关的重大信用风险已经转移给 SPV；②发起机构对被转让的基础资产不再拥有实际的或者间接的控制，发起机构为了获利可以赎回被转让的基础资产并且承担其重大的信用风险将会被视为拥有对基础资产的控制需要；③发起机构对资产支持证券的投资机构不承担偿付义务和责任，资产的信用增减与发起人无关；④清仓回购必须是非强制的且不能用以提供信用增强，必须在证券余额降至 10% 以下时才可以进行。[5]

（三）存在的问题

虽然我国存在着会计标准和法律标准的区分，但是仔细分析便会发现，我国的法律标准要严于会计标准，这一奇怪现象产生的原因在于我国资产证券化目前主要集中在信贷资产证券化，由于银行业风险控制的特殊需求，银监会制定了更为严格的标准，但这并不能适应其他类型资产证券化的需要。

---

［1］　财会［2006］3 号第 7 条。

［2］　财会［2006］3 号第 9、10 条。

［3］　财会［2006］3 号第 11 条。

［4］　朱崇实主编：《资产证券化的法律规制：金融危机背景下的思考与重构》，厦门大学出版社 2009 年版，第 273 页。

［5］　参见《金融机构信贷资产证券化试点监督管理办法》第 60、68 条。

另外，一味地照搬会计标准和美国标准而不联系实践和法律特点进行改造并不利于资产证券化的健康发展。

四、"真实出售"法律判断标准的建构

如前文所述，关于"真实出售"的判断标准有"名义"标准和"实质"标准之分，其中会计准则偏向实质标准，而法律标准更加注重名义标准，特别是美国2001年的破产法改革法案，其"安全港"的规则设计更是将名义标准推向了顶峰。中国的资产证券化实践和司法制度与美国均有很大的不同，关于"真实出售"的法律判断标准自应结合实际来建构。

（一）名义与实质的双层标准

会计准则由于关注经济实质面，其规则自然注重实质审查。法律判断标准与此不同，法律的判断应落脚于当事人的法律关系分析，具体到当事人的权利义务分析。因此，名义标准是第一位的，也就是说一个交易被判定为"真实出售"首先必须符合名义标准。但是，如果仅仅停留在名义标准，未免使规则失去对资产证券化的实质性约束力，这对于建立良好的市场信用不利，加之现有的规则又以实质规则为主，所以在名义判断之后应该是实质性的判断。

（二）"真实出售"的名义标准

1. 转让资产的信托有效设立

根据《信贷资产证券化试点管理办法》和《金融机构信贷资产证券化试点监督管理办法》的规定，资产证券化中的SPV只能是特定目的信托（SPT）。也就是说，目前中国的资产证券化实践基础资产的转让是以设定信托的方式展开的，[1]因此，"真实出售"首先必须是一个有效设立的信托。

依据《信托法》和上述两个"试点意见"，一个有效的信托必须：①当事人主体适格，发起人和受托人必须满足相应的资质要求；②基础资产具有稳定的现金流，具有权利性、确定性和可转让性；③当事人意思表示真实；④信托目的合法；⑤完成相应的公示程序，基础资产设定信托后所有权应移转给SPV，[2]这应该办理基础资产权利移转的登记，同时，若法律法规有要

---

〔1〕《信贷资产证券化试点管理办法》第3条规定"资产支持证券由特定目的信托受托机构发行"，《金融机构信贷资产证券化试点监督管理办法》第6条规定"信贷资产证券化发起机构是指通过设立特定目的信托转让信贷资产的金融机构"。

〔2〕关于信托财产的所有权是否移转的问题，学者间针对《信托法》第2条有很多种解释，最符合信托法法理和实践的解释是将"委托给"解释为"委托"+"给"，"委托"代表基础法律关系，"给"代表所有权的移转。参见周小明：《信托制度：理论与实务》，中国法制出版社2012年版，第148页。

求，还应该办理信托登记。

2. 完成公示程序

基础资产权利移转的登记在法律上特别重要，特别是不动产的登记，因为不动产登记具有公信力和推定力（《物权法》第 16 条）。因此，如果一项不动产物权被移转登记给 SPV，那么至少在名义上，该不动产物权已经完成移转。信托登记也具有相同的效力。因此，在我国，完成信托设立的公示程序便非常重要。

3. 交易内容需具有"真实出售"的名义

对当事人转让基础财产的重新定性在大陆法系的语境下其实属于"意思表示解释"的问题。意思表示的解释素有"意思主义"与"表示主义"之争，在资产证券化重新定性的过程中，"意思主义"的解释方法可能探究当事人的真意，从而决定该交易到底是"真实出售"还是担保融资。但是"表示主义"更倾向于从当事人表达的意思去解释，也就是说更加重视当事人所明确使用的词语。当代民法对意思表示的解释已经逐步转向了"表示主义"甚至是"效力主义"，[1] 所以，当事人的交易文件中最好有明确的"转让"、"出售"等表述，以明白地表明其意图。

（三）"真实出售"的实质标准

如前文所述，"真实出售"的实质标准更加注重交易过程的经济实质面，即关注基础资产上权利和风险的分配。这些实质性的判断标准包括欺诈移转、控制权、追索权、回赎或回购的权利以及资产管理和账户控制等。

1. 欺诈移转

资产证券化中的定价机制多种多样，实践中较多的是根据账面价值给予一定的折扣购买基础资产，折扣率是按照资产质量和历史违约率记录来确定。[2] 如果折扣太低则有可能构成美国破产法上的欺诈性移转或优惠性移转，这种移转是可以被撤销的，而且 2001 年的破产法改革法案也完全没有改变这一规则。[3] 在我国法上，这种行为属于《破产法》第 31 条和《合同法》第 74 条规定的可撤销的行为。因此，若定价太低，整个交易便会被撤销，不仅

---

〔1〕 参见朱庆育：《民法总论》，北京大学出版社 2013 年版，第 216—220 页。

〔2〕 张泽平：《资产证券化法律制度的比较与借鉴》，法律出版社 2008 年版，第 132 页。

〔3〕 See Steven L. Schwarcz, "The Impact of Bankruptcy Reform On 'True-Sale' Determination in Securitization Transactions", 7 *Fordham J. Corp. & Fin. L.* 353, pp. 359 – 360.

不构成真实出售,其后果比担保融资还更加严重。至于何为"定价太低",法律很难作出像《合同法》司法解释对违约金调整划定 30% 比例的规定,因为资产证券化属于典型的商事行为,商事行为要考虑的商业风险和其他因素很多,千差万别,无法作出统一的规定。因此,何为具体案件中的"定价太低",只能委诸法院的个案裁量,这并非立法者的怠惰,实属商事规律使然。

2. 控制权

基础资产"真实出售",顾名思义,SPV 将成为基础资产新的所有人,必须保持着法律上完全的控制权。我国目前的资产证券化均采信托的结构,因此 SPT 是受托人,也是基础资产法律上的所有人,其拥有对基础资产占有、使用、收益和处分的权利。虽说信托受托人行使所有权会受到信托合同的制约,但是这种制约至少不能限制其对该资产出售的权利。如果该权利都受到限制,那么很难论证 SPT 对该资产享有法律上的控制权,该交易就不是"真实出售"。

3. 追索权

一般而言,SPV 在基础资产出现违约事件后拥有对发起人越多的追索权就越容易被判定为担保融资,因为追索权意味着 SPV 并未独立承担基础资产的风险。关于多大比例的追索权或者何种情形下的追索权是合理的,的确很难以法规的形式做一刀切的规定,必须委以法院一定的裁量权。从此点来讲,第 23 号会计准则"几乎所有"与《金融机构信贷资产证券化试点监督管理办法》"不承担偿付义务和责任"的标准都不合适,特别是后者使得当事人在实践中毫无操作空间。因此,关于追索权宜规定一般条款,授予法院一定的裁量权。

4. 回赎与回购的权利

回赎与回购并非相同的概念,回赎(redeem)一般是按照合同的约定回赎,而回购(repurchase)一般是按市价收购。[1]如果发起人保留对基础资产回赎或回购的权利,则意味着其依旧对该资产保留有剩余财产索取(residual interest)权,这种交易更像担保融资而不是"真实出售"。准此第 23 号准则"如果发起人将予回购的资产与售出的资产相同或实质上相同、回购价格固定或是原售价加上合理回报的,不构成"真实出售",如果只是在公允价值上保留优先回购权的,认定为"真实出售"的规定是合理的。在这一点上,会计

---

[1] 参见《元照英美法词典》,法律出版社 2003 年版,第 1162、1185 页。

标准和法律标准并无太大的差异。

5. 资产管理和账户控制

资产证券化中发起人一般担任资产管理人，因为发起人不想因此失去客户。而对 SPV 而言，发起人对基础资产最熟悉，聘请其担任资产管理人自然会是合适的选择。此时发起人对资产的管理是以受托人的身份出现的，必须履行受托人的忠实和勤勉义务，特别是不能将基础资产与自己的资产混同，账户必须分开管理。这一点现有的法规已有较好的规范。

总之，法律的实质判断标准和会计标准观点的问题基本一致，即基础资产上的利益和风险是否一并转移给 SPV。如果是，那么该交易即构成"真实出售"；如果不是，那么该交易便有可能构成担保融资或者被撤销等。但是，与会计标准不完全相同之处在于，法律判断是基于欺诈、控制权、追索权、回赎或回购的权利及账户管理等法律概念和制度建构的，与会计标准的财务判断不同。另外，法律实质判断标准不可避免地需要赋予法院个案判断的自由裁量权，这并非立法者怠惰，而是基于商事行为的特点不得已的安排。

结 论

资产证券化兴起于美国，其核心功能在于弥补美国破产和重整程序的不足，实现基础资产的信用和发起人信用的分离，以此降低融资成本，实现融资渠道和投资渠道的多元化，丰富证券市场的发展。因此，作为风险隔离核心机制的基础资产"真实出售"便成为整个交易的关键，否则交易将被重新定性为担保融资，一旦发起人破产基础资产将作为债务人财产被自动冻结。美国关于"真实出售"的判断有会计标准和法律标准，其中会计标准属于实质性的标准，法律标准深受会计标准的影响，但是更加注重名义标准。

对我国而言，虽说破产法与美国不同，但是"真实出售"的判断对资产证券化依然非常重要。我国关于"真实出售"的判断同样可以分为会计标准和法律标准，奇怪的是，因为银行业的特殊原因，我国目前的法律标准要严于会计标准。结合我国法制的特点，对于"真实出售"的判断需要结合名义标准和实质标准，其中实质标准包括资产转让不能构成欺诈移转、SPV 需保留对基础资产的控制权、SPV 有限的追索权、发起人回赎或回购的权利的排除及发起人对基础资产的管理和账户控制等考量因素。

诉讼研究

违法所得没收程序证明责任研究 *

Research on the Burden of Proof of Criminal Proceeds Forfeiture Procedure

马　康**

　　摘　要： 违法所得没收程序证明责任分配的理论主要争议点在于，检察机关和被追诉人、利害关系人之间的证明责任如何分配。认为应当实行证明责任倒置的观点，忽视了违法所得没收程序可能存在两种不同的诉讼结构，而且自身的证成逻辑存在缺陷。通过法律文本的解读，在将利害关系人区分为主张所有权的"其他利害关系人"和被追诉人近亲属的基础上，可以借鉴英美法系证明责任理论，由检察机关承担说服责任和提出证据的责任，"其他利害关系人"和被追诉人的近亲属在一定情形下承担提出证据的责任。如果被追诉人的近亲属不对涉案财物主张所有权，此时被追诉人的近亲属不需要承担证明责任。

　　关键词： 违法所得没收程序　证明责任　诉讼结构　类型化分析

---

　　* 本文系中国政法大学 2015 博士研究生创新实践项目"违法所得没收程序证明责任实证研究"（2015BSCX44）的阶段性研究成果。

　　** 马康，中国政法大学证据科学研究院诉讼法学专业（司法文明方向）2015 级博士研究生（100088）。

一、引　言

近年来，我国贪污贿赂等案件出现被追诉人向境外逃匿、涉案财物无法追缴等趋势。而相关法律规定既无法实现对被告人的定罪量刑，也不能有效遏制犯罪活动，[1]一旦被追诉人逃匿或者死亡就无法继续进行刑事诉讼程序。2012 年《刑事诉讼法》再修改时对此予以回应，单独设立违法所得没收程序，能够不经最终定罪判决而直接对相关违法所得进行处分。但由于语言自身的多义性和法律文本的歧义性，违法所得没收程序的理解和适用存在一定的混乱，其中以证明责任[2]问题尤为突出。这并非空想，司法实务中已初现此一问题的端倪。[3]

我国违法所得没收程序设立不久，现有研究虽蔚为大观，但对证明责任问题的探讨则有待深入。在本土理论研究薄弱的语境下，比较法的考察经常是研究者不得不为的选择。放眼域外，以美国为代表的英美法系国家将违法所得没收程序定位于民事诉讼程序。[4]在联邦民事没收程序中，涉案财物具有可没收性的证明责任在于检察机关，但权利主张者提出"无辜所有者"抗辩后，也需要承担证明责任。[5]加拿大则规定利害关系人提出权利主张时，负有一定的证明义务，证明其财产不是直接或间接"因非法行为而获取"，或

---

〔1〕　陈光中主编：《〈中华人民共和国刑事诉讼法〉修改条文释义与点评》，人民法院出版社 2012 年版，第 427 页。

〔2〕　我国法学界对证明责任和举证责任这两个概念的认识并不统一，出于立法措辞惯例和现实司法实践的考虑，《刑事诉讼法》采用了"举证责任"的措辞。但证明责任涵盖了举证责任和说服责任。参见付奇艺："证明责任与举证责任的辨析"，载《温州大学学报（社会科学版）》2014 年第 6 期，第 72—74 页。本文使用证明责任的说法，但其含义包括了提出证据的责任和说服责任。

〔3〕　2014 年 8 月 29 日，江西上饶市法院审理李华波违法所得没收一案，上饶市人民检察院作为申请机关提出的没收请求共计 18 项清单，最后一项是位于鄱阳县的一处房产。本案的利害关系人（李华波的父母），对最后的房产提出了异议，认为房产是李华波同其妻子的合法财产，应当予以没收的是李华波的非法所得，没收该房产没有相应的法律依据。检察机关和利害关系人的争议焦点在房产是否为被告人的非法所得。具体参见范宝宝："检察院申请没收外逃贪官违法所得第一案：利害关系人对一处房产提出异议"，载 http://china.cnr.cn/ygxw/201408/t20140829_516337331.shtml，最后访问时间：2015 年 9 月 8 日。

〔4〕　我国违法所得没收程序的性质尚存争议，学界主流观点认为，违法所得没收程序应为刑事诉讼程序，笔者赞同这一立场。论证参见马康："违法所得没收程序具体适用中的若干问题研究"，载《西华大学学报（哲学社会科学版）》2016 年第 1 期，第 90—91 页。

〔5〕　参见吴光升："未定罪案件涉案财物没收程序之若干比较——以美国联邦民事没收程序为比较视角"，载《中国政法大学学报》2013 年第 2 期，第 97 页。

者不在没收范围之内。[1]

相对而言，其他国家违法所得没收程序的证明规则不如英美法系国家明确，在近期出现了以"推定"的方式没收违法所得的趋势。比如，日本在以《麻醉药品特例法》为代表的没收制度中，导入了"药物犯罪收益的推定规定"，有部分学者认为这是将检察官的证明责任转移给了被告人。[2]意大利则通过特别立法，采用排除合法来源推定财产非法性质的证明方式。[3]

比较法的考察提供了更为广阔的理论视野，并在一定程度上影响了我国违法所得没收程序的理论研究，出现了证明责任倒置理论。但具体案件中利害关系人[4]之间证明责任的分配仍是当前研究的薄弱环节，譬如，是否应由利害关系人承担证明财产系合法所得的证明责任？利害关系人如果承担证明责任，那么利害关系人同被告人的证明责任有何不同之处？这些问题都切实影响着各方当事人的诉讼行为和案件的裁判结果，但现有研究的梳理和域外考察的结果，又都难以为这些问题提供明确的答案。

刑事诉讼法学研究的作用之一，在于澄清理论争议，将粗疏的法律文本适用于复杂多样的司法实践。因此，违法所得没收程序的证明责任问题的解决，有赖于运用法解释的方法梳理法律文本，为该程序在实践中的适用提供较为清晰的思路。本文拟以《刑事诉讼法》为出发点，同时以最高人民法院《关于适用〈中华人民共和国刑事诉讼法〉的解释》（下文简称《解释》）和最高人民检察院《人民检察院刑事诉讼规则（试行）》（下文简称《规则》）为参考，主要运用法解释的方法，以域外刑事证明理论为分析工具，对违法所得没收程序证明责任问题进行探讨，以期解决证明责任问题。

二、证明责任倒置理论的商榷

违法所得没收程序证明责任的主要难点在于检察机关和被追诉人、利害关系人之间的证明责任如何分配。当前具有较大影响力的证明责任倒置说[5]

---

[1] 参见黄风："特别刑事没收证明规则比较研究"，载《比较法研究》2014年第3期，第5页。

[2] 金光旭、钱叶六："日本刑法中的不法收益之剥夺以没收、追缴制度为中心"，载《中外法学》2009年第5期，第788页。

[3] 参见黄风："意大利反腐败法"，中国方正出版社2013年版，第91页。

[4] 为了表述的简便，本文用"利害关系人"来统一指代"犯罪嫌疑人、被告人的近亲属和其他利害关系人"，在论述有必要时分别指称。

[5] 比如万毅："独立没收程序的证据法难题及其破解"，载《法学》2012年第4期，第84页；陈雷："论我国违法所得特别没收程序"，载《法治研究》2012年第5期，第37页；卢乐云："我国特别没收程序与《联合国反腐败公约》之衔接"，载《中共中央党校学报》2012年第5期，第91页。

认为：①作为主要知情人的犯罪嫌疑人、被告人已经死亡或者逃匿，而涉案财物往往与合法财物混同，证明涉案财物均为违法所得的难度巨大；②同时域外法治国家的经验和国际公约采用了证明责任倒置。所以需要利害关系人承担举证责任。[1]

通过上述分析可见，证明责任倒置理论的核心观点，是"犯罪嫌疑人、被告人的近亲属和其他利害关系人"应当承担证明责任。根据《刑事诉讼法》和司法解释的相关规定，利害关系人包括了"其他利害关系人"和被追诉人的近亲属，[2]这一划分是研究违法所得没收程序证明责任的关键性环节，但学界在研究利害关系人是否承担证明责任时，往往忽视了这一细微而重要的划分。因而，对该问题的讨论主要就转化为对《刑事诉讼法》和司法解释条文的解读，也即对《刑事诉讼法》第 281 条的理解能否支持证明责任倒置理论。

（一）对刑事诉讼法第 281 条的解读：违法所得没收程序内含的两种诉讼结构

《刑事诉讼法》第 281 条规定，"人民法院受理没收违法所得的申请后，应当发出公告。公告期间为六个月。犯罪嫌疑人、被告人的近亲属和其他利害关系人有权申请参加诉讼，也可以委托诉讼代理人参加诉讼。"根据是否有"犯罪嫌疑人、被告人的近亲属和其他利害关系人"参加，违法所得没收程序可以区分为两种情形。在无利害关系人参加的程序中，由检察机关承担证明责任并无异议。但在有利害关系人参加的程序中，由于被追诉人已经逃匿或者死亡，利害关系人参加庭审时是否提出了对涉案财物的所有权主张，成为决定违法所得没收程序诉讼结构的关键因素。

第一，当无利害关系人参加或者没有利害关系人对涉案财物主张所有权时。虽然在理论上仍存在检察机关和被追诉人两方，但实际上检察机关在诉

---

〔1〕 参见万毅："独立没收程序的证据法难题及其破解"，载《法学》2012 年第 4 期，第 84—86 页；陈雷："论我国违法所得特别没收程序"，载《法治研究》2012 年第 5 期，第 37 页。

〔2〕 邹鹏检察官认为，违法所得没收程序中利害关系人包括"其他利害关系人"、被追诉人的近亲属和"被害人"，参见邹鹏："特别没收程序中的利害关系人简析"，载《人民检察》2014 年第 13 期，第 73—74 页。在违法所得没收程序中，虽然被害人的合法财产为被追诉人所侵夺，成为被追诉人违法所得的一部分，从而被检察机关申请没收，但此时被害人由于对被申请没收的涉案财物主张所有权，属于《刑事诉讼法》和司法解释规定的"其他利害关系人"。故此，邹文的分类存在重叠之处，本文仍以被追诉人的近亲属和其他利害关系人为基本分类。

讼程序中并不面对另一方，也即能够实际承担证明责任的只有检察机关一方，庭审结构迥异于普通刑事诉讼程序中的等腰三角形构造。此时的诉讼结构可总结为检察机关单方向法庭提出诉讼请求的"单向结构"。

第二，当利害关系人参加庭审并对涉案财物主张所有权时，在理论上呈现出检察机关、利害关系人和被追诉人三方并存的局面，普通刑事诉讼程序中的等腰三角形构造对此难以解读。但由于被追诉人无法出席庭审，实际上存在对抗可能性的只是检察机关和利害关系人。换言之，在违法所得没收程序的实际庭审中，存在两个矛盾的诉讼请求，即检察机关申请没收涉案财物和利害关系人对涉案财物主张所有权。此时的诉讼程序可以总结为"双向结构"。

（二）证明责任倒置理论的误区

《刑事诉讼法》内含的两种诉讼结构，决定了证明责任倒置的观点无法解决违法所得没收程序的证明难题。

第一，在"单向结构"中，实行证明责任倒置会造成实质不公正。"单向结构"不存在利害关系人对涉案财物主张所有权，实施证明责任倒置将由无法参加庭审的被追诉人承担证明涉案财物系其合法所有的证明责任。此时检察机关不需要面对被追诉人的对抗和反驳，只需较为轻松地承担初步的证明责任，而将证明被申请没收财物系合法取得的证明责任转移给不能参加庭审的被追诉人，这使得检察机关在法庭审理中唱"独角戏"。

第二，在有利害关系人参加的"双向结构"中，也不应当实施证明责任倒置。首先，证明责任倒置的观点同《刑事诉讼法》和司法解释的规范意图[1]存在冲突，通过对《刑事诉讼法》和《解释》的解读，不能得出证明责任倒置的结论。在法解释的方法中，虽然文义解释居于首要地位，但对法律文本的解读已不能明确证明责任的分配。因而，需要运用体系解释的方法，探求违法所得没收程序中的证明责任。最终实现法条与法条之间以及法条内各款项之间完整顺畅而无冲突。[2]《刑事诉讼法》第 281 条和《解释》第

---

〔1〕 虽然司法解释的作用被定位于"审判工作"和"检察工作"中"具体应用法律问题"。但不可否认的是，我国刑事诉讼法解释已呈现出"立法式解释"，在司法实践中具有一定的规范意义。参见汪海燕："'立法式'解释：我国刑事诉讼法解释的困局"，载《政法论坛》2013 年第 6 期，第 70—73 页。

〔2〕 参见杨仁寿：《法学方法论（第 2 版）》，中国政法大学出版社 2013 年版，第 143 页。

513条规定，"其他利害关系人"申请参加违法所得没收程序的庭审时应当提交"证据材料"，同《刑事诉讼法》第57条中"证据材料"用语保持一致。"同一法律中使用的同一用语，若无特别理由，应做同一解释。"[1]故而，对此处"证据材料"的理解应当同整个《刑事诉讼法》的法律体系相一致。《刑事诉讼法》第57条以"证据材料"来表述检察机关承担证明侦查机关取证合法的责任，以区别于辩护方申请启动非法证据排除时提交的"线索或材料"。根据立法部门的解读，"线索"和"材料"的内涵均比证据更为广泛，"线索"是指可能说明存在刑讯逼供等行为的内容，"材料"是可能说明存在刑讯逼供等行为的材料。[2]与此相对应，为凸显由检察机关在非法证据排除程序中承担证明取证行为合法的证明责任，《刑事诉讼法》要求检察机关提交的是"证据材料"。《刑事诉讼法》和《解释》对"证据材料"的谨慎使用，表明被告人及其辩护人对侦查人员非法取证之事实不承担证明责任，而由检察机关在非法证据排除程序中承担证明责任。可见，"其他利害关系人"申请参加违法所得没收程序的庭审时应当提交"证据材料"这一规定，暗含了"其他利害关系人"承担证明责任，而非证明责任的倒置。

其次，证明责任倒置的观点忽视了利害关系人并非单一整体。前文已述，违法所得没收程序中的利害关系人包括"犯罪嫌疑人、被告人的近亲属和其他利害关系人"。《解释》第513条将"其他利害关系人"限定为主张所有权的人，但现实中也可能是被追诉人的近亲属代表被追诉人对涉案财物主张所有权，如前引案例中被告人李华波的父母主张房产是李华波同其妻子的合法财产，不属于李华波的非法所得。证明责任倒置的论点认为，"利害关系人作为涉案财物的权利主体，对该财物的实际来源更为清楚"，[3]上述论断显然忽视了被追诉人的近亲属这一可能的主体，将"其他利害关系人"的诉讼请求简单适用于利害关系人的整体。

三、违法所得没收程序证明责任的类型化分析

（一）类型化分析的理论工具

依前所述，对《刑事诉讼法》和《解释》的解读不能支持证明责任倒置论，违法所得没收程序中的证明责任的分配，仍需要借鉴一般证明责任理论。

---

〔1〕　杨仁寿：《法学方法论（第2版）》，中国政法大学出版社2013年版，第139页。

〔2〕　郎胜主编：《中华人民共和国刑事诉讼法释义》，法律出版社2012年版，第122—123页。

〔3〕　万毅："独立没收程序的证据法难题及其破解"，载《法学》2012年第4期，第86页。

在英美法系证据法理论中，占有通说地位的是证明责任双层结构理论[1]：一是控辩双方履行提出证据的责任，是为了促使法官或者陪审团相信存在一个案件或者争点。二是说服责任，当事人在案件审理完毕时所提出的全部证据不能使陪审团或者法官确信其主张的事实存在时，要承担相应的不利后果。大陆法系则尚未形成通说，以大陆法系的典型代表德国为例，共有"证明责任否定说"[2]、"客观证明责任说"[3]和"法官证明责任说"。[4]

德国证明责任理论虽然纷繁各异，但均强调法官在发现案件事实真相和履行裁判义务时的积极职责。无论控辩双方（违法所得没收程序中可能是三方）是否积极进行证明活动，法院都应当依职权调查事实真相。换言之，纵使一方当事人没有积极提出证据，在法官职权探知原则的庇护下，也并非一定导致不利的诉讼后果。甚至有学者认为，检察机关在刑事诉讼也仅仅负有"证明义务"而非证明责任。[5]

因此，大陆法系的证明责任并非一种严格的责任体制，当事人的举证行为与不利后果之间也缺乏逻辑上的必然联系。[6]法官积极探知案件事实，在一定程度上降低了当事人证明的必要性，导致了证明责任的作用并不十分突出，不利于规范当事人的举证活动。而英美法系证明责任侧重于规范诉讼各方的证明活动，不利的败诉后果和法官相对消极的裁判地位促使当事人积极进行证据活动。"基本上反映审判实践中各方当事人在不同情况下承担的证明责任，不仅有利于证明责任的理论研究，而且有利于指导诉讼实践。"[7]刑事诉讼的发展潮流也体现了上述论断。第二次世界大战后，各国刑事诉讼发展的基本潮流是向当事人主义靠拢，反映在证明责任领域，一些国家和地区越来越多地受到英美法系证明责任理论的影响。[8]违法所得没收程序在司法实

---

〔1〕　参见李学灯：《证据法比较研究》，台湾五南图书出版公司1992年版，第359页。

〔2〕　参见汉斯·普维庭：《现代证明责任问题》，吴越译，法律出版社2000年版，第52—54页。

〔3〕　参见汉斯·普维庭：《现代证明责任问题》，吴越译，法律出版社2000年版，第25—26页。

〔4〕　参见托马斯·魏根特：《德国刑事诉讼程序》，岳礼玲、温小洁译，中国政法大学出版社2004年版，第155页。

〔5〕　参见林钰雄：《严格证明与刑事证据》，法律出版社2008年版，第167—171页。

〔6〕　卞建林、郭志媛："诉讼模式视角下的证明责任"，载《甘肃政法学院学报》2008年第6期，第4—5页。

〔7〕　王以真："英美刑事证据法中的证明责任问题"，载《中国法学》1991年第4期，第114页。

〔8〕　参见孙长永：《探索正当程序——比较刑事诉讼法专论》，中国法制出版社2005年版，第187页。

践和理论研究中的主要问题，在于如何分配各方当事人的证明责任。相对于大陆法系证明责任理论，英美法系证明责任双层结构理论无疑更有利于解决当事人的证明责任分配。

此外，纵观我国从 1979 年到 2012 年的立法过程，刑事诉讼法制定和修改的总体趋势是不断强化诉讼构造中的当事人主义因素，借鉴英美法系证据理论分析和建构违法所得没收程序证明责任，也符合我国刑事诉讼的未来发展趋势。

虽然域外理论不能成为解释我国法律的直接依据，但英美法系较为科学、系统的刑事证明责任理论，可以在借鉴和利用的基础上，作为探讨违法所得没收程序中各方当事人证明责任的理论工具。在"单向结构"和"双向结构"的基本程序模型内，对违法所得没收程序诉讼各方进行类型化分析，进而分配证明责任。

（二）检察机关承担说服责任和提出证据的责任

在违法所得没收程序中，检察机关申请"没收违法所得"时，应就此主张承担证明责任，具体包括提出证据的责任和说服责任两项。

第一，检察机关承担提出证据的责任。首先表现为形成争点的责任，提出证据促使法官相信存在法定犯罪事实和违法所得等财物。一般认为，开启审判程序时对控方提出证据的要求不高，并不涉及证据能力。依照《解释》的规定，检察机关向法院提出没收申请时必须"材料齐全"，此处的"材料齐全"可以视为检察机关完成了提出证据的责任的具体表现。在进入审判程序之后，检察机关提出证据的责任还表现为推进诉讼的责任。为了达到最终裁判时更高的证明标准，以及应对辩方可能的反驳，检察机关必须提供证据强化己方诉讼主张的说服力，促使法官最终对案件事实形成心证。《解释》第 515 条第 2 款规定，法庭调查时"先由检察员出示有关证据，后由利害关系人发表意见、出示有关证据，并进行质证。"这表明检察机关在庭审进程中需要不断出示有关证据来推进诉讼的进行。

第二，检察机关承担说服责任。现行司法解释认为检察机关应当承担说服责任。《规则》第 535 条规定："人民法院对没收违法所得的申请进行审理，人民检察院应当承担举证责任。"明确违法所得没收程序中的证明责任由检察机关承担。同《规则》第 535 条相衔接，《解释》第 516 条规定："对申请没收违法所得的案件……（二）不符合本解释第五百零七条规定的条件的，应当裁定驳回申请。"可见，如果检察机关不能说服法官相信上述事实的存在，法院将依照《解释》裁定驳回没收申请。

（三）"其他利害关系人"承担提出证据的责任

在现有研究中，有学者认为利害关系人和检察机关应当同时承担证明责任，[1]但并未就此进一步展开分析和论证。有论者进一步深化此论点，提出利害关系人参与诉讼时"相当于民事诉讼中的第三人"，主张财产权利的利害关系人承担"相应的"举证责任。[2]但不曾明确此处主张财产权利的利害关系人的外延，即利害关系人是否同时包括了"其他利害关系人"和被追诉人的近亲属，以及利害关系人的地位究竟是有独立请求权的第三人或无独立请求权的第三人。

有独立请求权的第三人和无独立请求权的第三人的区分，涉及第三人是否需要承担证明责任。我国民事诉讼理论的通说认为：[3]有独立请求权的第三人对原、被告双方当事人争议的诉讼标的有独立的请求权，通过独立起诉的方式参与到已启动的诉讼中，具有相当于原告的诉讼地位。无独立请求权的第三人对原被告双方争议的诉讼标的没有独立的请求权。这就需要对《刑事诉讼法》和《解释》的具体规定进行解释，探究法条是否体现了"其他利害关系人"对涉案财物的独立请求权。

《解释》第513条规定："对申请没收的财产主张所有权的人，应当认定为刑事诉讼法第二百八十一条第二款规定的'其他利害关系人'。"明确只有对涉案财物主张所有权才被认定为"其他利害关系人"。"其他利害关系人"的此种诉讼请求既不同于检察机关的没收申请，也不符合被追诉人的利益，而是对涉案财物主张实体权利，并提出独立的诉讼请求，符合有独立请求权的第三人的诸多特点，不同于无独立请求权的第三人。但是，违法所得没收程序毕竟是刑事诉讼程序而非民事诉讼程序，而且《解释》也明确了"其他利害关系人"系以主动"申请"或者被人民法院"告知"的形式进入诉讼，

〔1〕 参见邵劭："特别没收程序的理论和适用问题探析"，载《法商研究》2014年第4期，第143页；周晓永："检察机关适用违法所得没特别收程序的思考"，载《人民检察》2013年第6期，第12页。

〔2〕 参见熊秋红："从特别没收程序的性质看制度完善"，载《法学》2013年第9期，第81页。

〔3〕 参见江伟主编：《民事诉讼法（第4版）》，高等教育出版社2014年版，第131—135页；张卫平：《民事诉讼法（第3版）》，法律出版社2013年版，第142—146页；李浩：《民事诉讼法学（第2版）》，法律出版社2014年版，第129—131页；田平安：《民事诉讼法学（第3版）》，法律出版社2013年版，第97—101页。

《解释》第 512 条规定了法院以告知的方式通知："人民法院已经掌握犯罪嫌疑人、被告人的近亲属和其他利害关系人的联系方式的，应当采取电话、传真、邮件等方式直接告知其公告内容，并记录在案。"《解释》第 513 条规定了申请的方式："犯罪嫌疑人、被告人的近亲属和其他利害关系人申请参加诉讼的，应当在公告期间提出。"可见，"其他利害关系人"并非有独立请求权的第三人以"独立起诉"的方式参与到诉讼中。因此，应当将"其他利害关系人"视为类似有独立请求权的第三人，而非完全民事诉讼意义上的有独立请求权的第三人。"其他利害关系人"系维护自己的财产利益而参加诉讼，应当承担证明责任，对自己的诉讼请求及其事实和理由提供证据进行证明。不仅在程序法理上可以推导出"其他利害关系人"承担证明责任，透过《刑事诉讼法》和《解释》的具体条文，也可以得出此结论。

第一，《解释》第 513 条严格区分了被追诉人的近亲属应当提供的"证明材料"和"其他利害关系人"应当提供的"证据材料"。前文已述，法律条文的不同措辞暗含了对不同当事人证明责任的区分。在刑事诉讼法律体系内，"证据材料"的使用具有特殊含义，《解释》第 513 条使用的"证据材料"应同《刑事诉讼法》第 57 条规定的"证据材料"保持理解的一致。因此，《解释》第 513 条的"证据材料"表明"其他利害关系人"应当承担证明责任。

第二，《解释》第 515 条第 2 款规定，法庭调查时"先由检察员出示有关证据，后由利害关系人发表意见、出示有关证据，并进行质证。"明确了"其他利害关系人"在具体的庭审进程需要出示证据和质证来反驳检察机关的没收申请，这同样体现了"其他利害关系人"承担的证明责任。

但是，违法所得没收程序设立的目的，决定了"其他利害关系人"承担的并非说服责任。有论者将主张所有权的利害关系人（也即本文所称的"其他利害关系人"）承担的证明责任与同检察机关不加区分，[1] 显然认为包括了提出证据的责任和说服责任。将"其他利害关系人"承担的证明责任理解为说服责任，会导致"双向结构"中出现检察机关和"其他利害关系人"两个说服责任主体，明显违背了证明责任的基本法理。同时，"其他利害关系人"

---

[1] 参见韩晋萍："违法所得没收程序中的实践思考"，载《上海政法学院学报（法治论丛）》2015 年第 2 期，第 118 页。

也会在一定情形下取得涉案财物的所有权。[1]依照此论证逻辑，可推导出与另一学者相同的结论，即如果法院认为利害关系人异议成立，则应在驳回没收申请时将财产归还合法所有人。[2]显然，二者认为违法所得没收程序应当一次性解决涉案财物的归属问题。但是，违法所得没收程序的设立目的是针对检察机关的没收申请作出裁决，"其他利害关系人"在违法所得没收程序中通过对抗检察机关的没收申请，避免公民的合法财产受到侵害。换言之，至于被追诉人的涉案财物是否属"其他利害关系人"所有，已经超出了违法所得没收程序的界限。如果要获得涉案财物的所有权，"其他利害关系人"应当另行提起独立的民事诉讼程序。

因此，"其他利害关系人"仅承担提出证据的责任，这一证明责任的意义在于，如果"其他利害关系人"没有履行此责任，"其他利害关系人"将无法进入程序对抗检察机关的没收申请，避免违法所得没收程序为无关的人员所滥用，浪费诉讼资源。

（四）主张所有权的被追诉人近亲属承担提出证据的责任

被追诉人的近亲属虽然同"其他利害关系人"存在一定程度的可比性，但被追诉人的近亲属参加违法所得没收程序的诉讼请求更为复杂，甚至会在没有任何诉讼请求时进入程序。因此，需要被追诉人近亲属的诉讼请求加以区分。

第一，被追诉人近亲属对涉案财物独立主张所有权时，需要承担提出证据的责任。根据《解释》第513条第2款的规定，"其他利害关系人"和被追诉人的近亲属申请参加诉讼，应当分别提供相关的"证明材料"和"证明材料"，从这一用语的区分似乎可以《解释》将被追诉人的近亲属排除在主张所有权的主体之外，然而《解释》第513条的第3款规定，被追诉人的近亲属和"其他利害关系人"在公告期满后申请参加诉讼必须说明原因，而且提供有关"证据材料"。这一规定又同《解释》第513条第2款相矛盾，需要运用体系解释的方法加以理解。结合《解释》第513条、第515条、第522条可

---

〔1〕 在"其他利害关系人"和检察机关都承担说服责任时，理论上有四种可能的结果，且存在"其他利害关系人"获得涉案财物所有权的可能性：①检察机关完成了说服责任，"其他利害关系人"没有完成，导致涉案财物被没收；②检察机关没有完成说服责任，而"其他利害关系人"完成了说服责任，导致"其他利害关系人"获得涉案财物所有权；③检察机关和"其他利害关系人"均完成了说服责任，显然是伪命题；④若双方均未完成说服责任，在法官看来案件事实仍然真伪不明，则检察机关不可以没收涉案财物，同时"其他利害关系人"也不可以获得涉案财物所有权。

〔2〕 参见陈雷："论我国违法所得特别没收程序"，载《法治研究》2012年第5期，第37页。

知，被追诉人的近亲属在主张所有权时需要提供相关证据，并在此时承担提出证据的责任。

《解释》第 513 条第 3 款规定："犯罪嫌疑人、被告人的近亲属和其他利害关系人在公告期满后申请参加诉讼，能够合理说明原因，并提供证明申请没收的财产系其所有的证据材料的，人民法院应当准许。"这表明《解释》认为被追诉人的近亲属存在提交"证据材料"的可能性。尤其是《解释》第 515 条以"利害关系人发表意见、出示有关证据，并进行质证"来统一指代被追诉人的近亲属和"其他利害关系人"，说明在法庭调查阶段，法院认为被追诉人的近亲属存在出示证据和质证的可能。结合《解释》第 513 条第 3 款的规定，可知《解释》并未禁止被追诉人的近亲属提出涉案财物的所有权主张，因此，《解释》第 513 条的内部矛盾应当理解为：一般情况下，被追诉人的近亲属申请参加诉讼只需要提出"证明材料"，但在对涉案财物主张所有权以及公告期满后申请参加诉讼时，则需要突出相关"证据材料"。

因此，此时被追诉人的近亲属的诉讼地位等同于前述"其他利害关系人"，需要承担提出证据的责任。

第二，被追诉人近亲属代表被追诉人对涉案财物主张所有权时，承担提出证据的责任。前引案例便说明此种可能性，被追诉人的近亲属对申请没收的房产提出了异议，认为该房产是被追诉人及其妻子的合法财产，不属于被追诉人的非法所得。

此时由被追诉人的近亲属承担提出证据的责任，有利于增强违法所得没收程序的对抗性。《解释》第 512 条规定："人民法院已经掌握犯罪嫌疑人、被告人的近亲属和其他利害关系人的联系方式的，应当采取电话、传真、邮件等方式直接告知其公告内容，并记录在案。"这一条文暗示法官在此程序中负有依职权主动查明案件事实的义务。被追诉人的近亲属提出有利于被追诉人的证据，在一定程度上弥补了被追诉人缺席的空白，客观上增加了法官通过各方对抗查明案件事实的可能性。基于此目的，代表被追诉人对涉案财物主张所有权的被追诉人近亲属应当承担提出证据的责任。

需要指出的是，此时被追诉人的近亲属承担提出证据的责任并未纳入《解释》的规范之中，此一疏漏已经无法通过法解释的方法填补，需要"超越法律的法的续造"，[1]以规范的形式加以明确。

---

〔1〕 ［德］卡尔·拉伦次：《法学方法论》，陈爱娥译，商务印书馆 2003 年版，第 286 页。

此外，根据《解释》的权威理解，被追诉人的近亲属即使不主张对涉案财物享有财产权益，也可以出于了解案情的目的而介入诉讼程序。[1]如果被追诉人的近亲属仅出于感情而参加诉讼程序，此时被追诉人的近亲属不需要承担任何的证明责任。

四、结　语

当下理论界的分歧反映了违法所得没收程序证明责任的复杂性。由于被追诉人的缺席和利害关系人的加入，违法所得没收程序的结构呈现出异于普通刑事诉讼程序的变形，存在"单向结构"和"双向结构"的区分。对于两种诉讼结构的忽视和自身的逻辑缺陷，决定了证明责任倒置无法实行。在前述分析基础上，本文主要运用法解释的方法，对违法所得没收程序的证明责任分配进行类型化分析。囿于现有研究资料的局限性，本文主要针对已公开案例中暴露的现实问题，解读相关条文。单个案例虽然不具有样本意义，但就理论研究而言，也可对该问题略见一斑，为今后的研究提供更为坚实的基础。

---

〔1〕　江必新主编：《〈最高人民法院关于适用《中华人民共和国刑事诉讼法》的解释〉理解与适用》，中国法制出版社 2013 年版，第 435 页。

论法官自由裁量权行使的公众认同
——公正司法的逻辑起点

Public Recognition of the Exercise of the Judge's Discretion
—The Logical Starting Point of Impartial Justice

唐潇潇　危浪平 *

摘　要：公众认同应成为法官自由裁量权正当行使的评判标准，当前法官自由裁量的公众认同度有待提高。究其原因：一是法官自由裁量确实存在"过度自由"和"滥用权力"的可能；二是公众对案件信息掌握不对称，法官自由裁量情况的公开程度亦不够。要立足于本土传统和当前环境：一是以公正为内核，规范法官自由裁量权的正当行使，形成以公开促公正、公信的价值共识，协调情理与法理，实现裁量结论的可接受性；二是以公开为载体，增强自由裁量的可接受性，将公开对象类型化为诉讼程序、事实认定和法律适用三方面；确保公开程序的正当化，即法官自由裁量要贯彻审判公开原则，遵循告知、辩论、沟通程序，并在裁判说理中充分论证裁量依据和其他考量因素。

关键词：自由裁量　公众认同　裁量公正　裁量公开

---

* 唐潇潇，中国政法大学证据科学研究院法理学专业 2014 级博士研究生（100088）；危浪平，最高人民法院法官，法学博士（100062）。

法院是正义的输出口，法官是正义的制造者，"制造正义"是智慧的决策。因司法公正落实于个案公正，体现为法官通过审判权特别是自由裁量权的正当行使实现个案正义。自由裁量与法律规则构成一对永恒关系的法律史表明，不管法律规则体系是多么的详细和具体，没有任何一个法律制度中的司法活动可以完全由规则来支配，而不受到法官的意志和他对于眼前的案件应采取何种行为才能获得正义的结果的个人情感的影响。[1]由此自由裁量极具敏感性和争议性，加之不断变化的客观情况和相对滞后的成文法律，给法官行使自由裁量权留下了必要的空间，这个空间存在司法不公和腐败的可能，稍有不当就会影响社会公众对法官裁量的认同和对司法的信任。法官自由裁量权的正当行使与公众认同之间究竟存在何种逻辑关系？实践中，它们之间已然存在隔阂的成因何在？如何消除隔阂以达致公众对自由裁量的认同？本文将对此作一个初步的思考。

一、问题考察：法官行使自由裁量权的认同危机

（一）自由裁量认同危机之案例考察

笔者选取 2009—2013 年五年间公众关注的案例[2]并做了基本梳理，即以由中国法院网、央视网、人民网联合评选的《中国十大案件》50 件（2008—2013）、中国人民大学以网络投票方式投出的中国十大最受关注刑事案件 40 件（始于 2009 年，即 2009—2013）、中国法学会评选的《中国十大影响性诉讼案件》50 件（2008—2013）案件为基础，除去重复的案件（27 件，三类案件中均重复的 15 件，两类重复的 12 件）和与司法程序无关的广义案件（10 件），就是本文所称的此五年间公众关注的案件（98 件）。虽然三大类案件的评选方法和标准有所不同，但均系公众有所关注的案件，取其合集后就基本上囊括了此五年间公众关注的重大案件。通过实证调查分析，得出如下数据和结论：

（1）公众关注自由裁量权行使的案件占比不低。前述 98 件案件中，涉及自由裁量且其行使为公众所关注的案件为 35 件，比例为 35.7%，其中涉及法

---

〔1〕 ［美］罗斯科·庞德：《法理学》，封丽霞译，法律出版社 2007 年版，第 282 页。

〔2〕 需要说明的是，案例选取时间段确定为 2009—2013 年，一方面是主观考量，在 2014 年开始圈定本文案例时间段，2009—2013 年为较近五年时间，社会对司法裁判愈加关注，有实际的参考价值，另一方面是客观因素，从案例选取到调查分析再到总结成文有一定的时间差，故未将 2014 年纳入考察范围。

律适用的自由裁量的 26 件，例如"湖北天门城管打死人案"中的量刑裁量；涉及事实认定的自由裁量的 6 件，例如"吴俊东超车致人损害案"中撞人事实的推定裁量；涉及诉讼程序适用裁量的 3 件，例如，冒名顶替"罗彩霞"案中是否立案的裁量。

（2）公众关注自由裁量权行使的案件中，公众不认同裁量行为及结果的案件[1]占比不低。35 件案件中，公众不认同自由裁量及其结果的案件为 19 件，占比 54.3%，典型案例："许霆案"一审法律适用即定罪量刑的裁量；"彭宇案"、"许云鹤案"事实认定中的证据规则裁量；"李昌奎案"二审改判中的法律适用裁量等。其中，涉及事实认定裁量的 4 件，涉及法律适用裁量的 13 件，涉及诉讼程序裁量的 2 件。

3. 公众不认同自由裁量的案件中，自由裁量存在瑕疵的案件占比高。19 件案件中，存在自由裁量瑕疵的有 16 件（包括"赵作海案"中事实认定的裁量、"临时性强奸案"中法律适用裁量、长沙以维稳为由裁定解封案等），占比 84.2%。公众不认同但是自由裁量不存在瑕疵的案件 3 件，包括"沈阳小贩杀城管案"、杭州"飙车案"、河南"瘦肉精案"等三案中的定罪量刑裁量。

（二）自由裁量认同危机之实践调查

（1）普通民众对法官行使自由裁量权的认同度低。

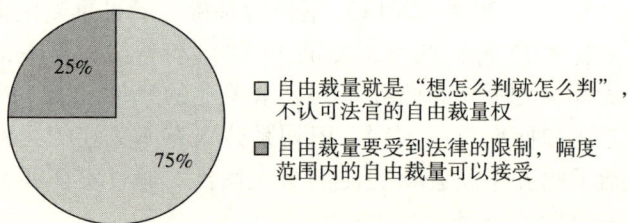

25%

75%

□ 自由裁量就是"想怎么判就怎么判"，不认可法官的自由裁量权

■ 自由裁量要受到法律的限制，幅度范围内的自由裁量可以接受

图1　普通民众对自由裁量的认可度[2]

---

〔1〕　包括公众完全不认同的案件 14 件（例如"许霆案"一审、"河南天价过路过桥费"一审、"李昌奎案"二审等），大多数人不认同的案件 3 件（"许云鹤案"、"杭州飙车案"等）和少数人不认同案件 1 件（河南"瘦肉精案"）。

〔2〕　2014 年 12 月，笔者就自由裁量权及其影响进行了问卷调查。内容包括"对自由裁量权的态度"、"自由裁量对当事人权益的影响"、"自由裁量产生的效果"等；调查对象为 100 名普通民众；100 名北京、湖南、重庆等地的法官，包括一审、二审和再审法官；100 名除法官外的法律执业者，包括律师、法律服务者。本文图 1—图 3，表 1—表 4 数据资料均来自此次调研，且图表均为笔者自绘。

只有25%的普通民众认为在法官自由裁量幅度内的裁量可以接受，其他75%认为法官自由裁量就是"想怎么判就怎么判"，并且不认可法官的自由裁量权。

（2）法律执业者（法官除外）对法官行使自由裁量权的认同度不高。

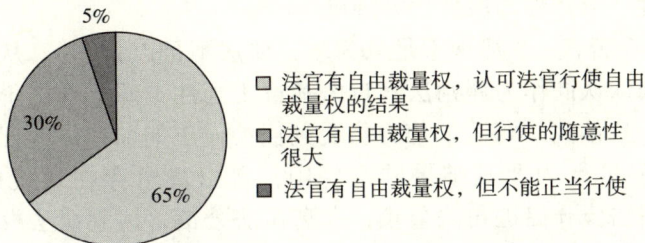

5%

30%

65%

- 法官有自由裁量权，认可法官行使自由裁量权的结果
- 法官有自由裁量权，但行使的随意性很大
- 法官有自由裁量权，但不能正当行使

图2　法律执业者（除法官）对自由裁量的认可度

35%的法律执业者（除法官外）认为法官有自由裁量权，但行使的随意性很大或者不能正当行使。

从前述两组数据来看，普通民众对法官行使自由裁量权的认同度低，甚至是法律执业者对法官行使自由裁量权的认同度也不高。值得思考的是，法官行使自由裁量权是否需要公众认同？如果答案肯定，为何公众对法官行使自由裁量权表现出如此之多的质疑和不信任？在司法改革进程中，如何平衡自由裁量权的公正内核和自由裁量权行使的公众认可，通过个案裁量建立个案公信，从而形成司法公信，树立司法权威，实现司法机制的公正高效运转？

二、多重解读：自由裁量权的行使缘何需要公众认同

（一）公众认同是自由裁量权正当行使的评判标准

客观世界的矛盾纠纷往往纷繁多变，而立法者的预见有限，出现立法无法适应社会现实需要时，就需要司法弥补二者的"裂缝"，需要法官依一定的规则进行法律选择和解释。同时，客观事实往往具有不可还原性，只能通过证据再现当时的情景，在此过程中，法官往往要通过证据规则和自由心证形成法律事实。"法官的思维，是在事实与规范之间进行目光的来回穿梭。"[1]而公众对这一过程掌握得并不全面，展现在公众面前的只有公开审判的庭审过程和裁判文书，故公众不理解、不认同法官自由裁量权行使结果有一定的客观原因。

---

〔1〕　吴丙新：《修正的刑法解释理论（公法研究）》，山东人民出版社2007年版，第114页。

"认同"在社会学上是指人们在社会生活、社会联系中确定自己身份，并自觉地规范自身行为的一种社会认知活动，亦为一种情感和意识上的归属感。[1]由此可推出，法官自由裁量权行使的公众认同是民众对法官在司法活动中的自由裁量权行使及由此产生的解决社会纠纷结论的理解、接受与尊重，它具有公共性、集体性与服从性的特点。

《孟子》有智言："徒善不足以为政，徒法不足以自行"。从中国社会现实来看，将公众认同作为评判法官自由裁量正当性参照标准的价值是不言而喻的，两者一旦偏离，司法公信力将受到侵蚀。正如前述，近五年来，公众不认同自由裁量行为及其结果的案件中，自由裁量存在瑕疵的案件占比84.2%。以司法公开促进司法公正，提高司法公信，树立司法权威，要强调社会效果与法律效果的统一，"公众认同"即其统一的一大体现。"社会效果的实质在于司法结果要满足实质正义，满足社会主流价值观和长远发展利益，获得公众情感认可和尊重。"[2]故在价值、利益多元的当下社会，"公众认同"对于树立司法权威、构建和谐司法、实现法治中国具有重大意义。

（二）公众认同能督促自由裁量权的正当行使

（1）公众认同的评判标准能敦促法官树立行使自由裁量权的正确价值导向。将公众认同作为自由裁量权正当行使的重要评价标准，从外部进行监督，使自由裁量权行使过程和结果符合社会常识和普通人伦理观念，实现合法裁量和社会公平正义的统一。使法官在自由裁量过程中，保证目的的正当性和手段的必要性，不滥用和违法行使自由裁量权，裁量的结论才具有实质的正义性，才符合当前中国的社情民意，为社会普通民众接受。

（2）公众认同的评判标准能增强法官行使自由裁量权的责任意识。法律是在一定的社会环境中发挥调节作用的，法律制定后，只有通过适用法律于个案才能将法律生命力鲜活地体现出来。但这一过程要受政治、经济环境的影响，而且可能有包括金钱、人情、权力等种种因素渗透至司法活动中，影响法官自由裁量权及其裁量结论。如果通过制度设计，使公众能获知自由裁量的情况并将"公众认同"作为评判其正当与否的标准，即将法官理解运用法律、通过证据规则进行事实认定的过程公之于众，那么前述司法活动将暴

---

[1] 王成兵：《当代认同危机的人学解读》，中国社会科学出版社2004年版，第16页。

[2] 吕忠梅："论实现法律效果和社会效果的有机统一"，载《人民法院报》2008年11月4日，第5版。

露在公众的监督下，法官公正裁量的责任意识将极大地加强。

（三）公众认同利于自由裁量结果的有效执行

（1）公众认同能增强自由裁量权行使的社会共识。普通民众和各审级法官对法官行使自由裁量权有不同的态度。如图1，75％的普通民众认为法官的自由裁量权是"想如何判就如何判"；而86％的一审法官却趋向于不行使自由裁量权，想"机械化"办案；而二审或再审法官则普遍不审查原审自由裁量的部分，尊重原审的自由裁量权。普通民众和法官对自由裁量权行使产生的整体影响也有不同的认识（见表1）。大部分法官认为自由裁量对整个司法公信力和当事人权益的影响均不大；而普通民众和法律执业者（法官除外）的认识则趋于一致，认为其对司法公信力和当事人权益的影响很大。因此，法官与社会公众、其他法律职业群体对自由裁量权及其行使尚未达成共识。鉴于此，将公众认同作为自由裁量权正当行使的判断标准，有利于形成共识，即法官应当拥有自由裁量权，目的在于维护当事人的合法权益，更是一种为当事人人格和诉讼地位提供有力保障和根本尊重的责任。

表1　三类主体对自由裁量的整体影响的认识

	法官			法律执业者（除法官）			普通民众		
	很大	一般	不大	很大	一般	不大	很大	一般	不大
对司法公信力的影响	5%	10%	85%	72%	15%	13%	85%	9%	6%
对当事人权益的影响	19%	10%	71%	74%	14%	12%	90%	5%	5%

（2）公众认同能提升公众对自由裁量权行使的认知评价。社会公众对自由裁量权行使的认识和了解并不充分，因而对法官自由裁量权行使缺乏信赖。偶尔出现的同案不同判现象和作出违背人们生活常识和普通情感的裁判结论时，公众对此会感到无所适从，进而怀疑司法的公正性。将公众认同作为自由裁量权正当行使的评判标准，一方面敦促法官真正理解和回应裁判所涉公众利益影响和需求，体会利益受损者的感受；另一方面能逐步提升普通民众对法官自由裁量的认识，增加认可度，使社会公众进一步树立对我国司法之信心。[1]

---

〔1〕　毕玉谦主编：《司法公信力研究》，中国法制出版社2009年版，第31页。

三、理性反思：自由裁量与公众认同相隔阂的成因

（一）存在权力滥用与裁量不公的可能性

关于司法能动或司法克制的长久讨论也就是法官在进行自由裁量时享有多大的自由或者受到多大的限制的问题，司法能动主义的维护者强调的是法官要"实现正义"的使命，从而倾向于轻视对司法权的限制，而倡导司法克制的人则倾向于强调在民主国家中对司法权所应该进行的限制，并试图通过各种方式对法官的自由裁量权进行限制。[1] 但无论争论何如，获得认同的是，有权力必有责任，有司法权力必有司法责任，这是法治的精髓。否则便如埃尔曼所言，"哪里有不受限制的自由裁量权，哪里便无法律制度可言"。[2] 据此法官自由裁量权是双刃剑，行使得当将有益社会，行使不当会对社会有害。

（1）"过度自由"，裁量结果超出普通人认知。自由裁量权的行使应当承担起维护和引导社会进步价值取向的职能，裁量结论不能违背社会公理或超出主流价值观。如果法官超出法定自由裁量范围进行裁量，便会构成违法裁量；如果法官在自由裁量范围内的裁量偏离了基本事实和法律精神，就会构成滥用自由裁量权。[3] 例如"天价过路费案"中，"有史以来第一次因偷逃过路费判无期徒刑"，同理的还有"许霆案"，此种情况下，自由裁量权的行使实难获公众认同。

（2）"滥用权力"，做出违法裁量。实践中，少数法官自由裁量当成通过选择裁判结论实现案结事了的手段，或者为非法律因素影响司法活动和裁判结果提供借口。大部分法官认为自由裁量权是权力与职责的统一或者更是一种职责，但仍有少部分法官认为其主要是一种权力，"义务裁量"的观念不强（见图3）。实际上，自由裁量权本质是审判权，有权力、职责的双重性。轰动全国的"赵作海案"，在证据尚存诸多疑点，存在刑讯逼供的情况下，法官便进行赵作海杀人的法律事实认定，并判处死缓。这实际上是一种对自由裁量权行使的不负责。

---

〔1〕　[美]克里斯托弗·沃尔夫：《司法能动主义——自由的保障还是安全的威胁？》（修订版），黄金荣译，中国政法大学出版社 2004 年版，第 2 页。

〔2〕　[美]埃尔曼：《比较法律文化》，贺卫方、高鸿钧译，生活·读书·新知三联书店 1990 年版，第 84 页。

〔3〕　危浪平："自由裁量权之中国情境：需求及边界"，载公丕祥、李彦凯主编：《司法改革研究（2011 年卷）》，法律出版社 2012 年版，第 564 页。

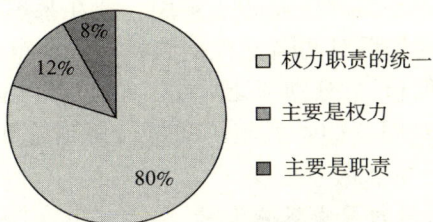

图3 法官对自由裁量权性质的认识

（二）存在信息不对称与裁量不公开的现实情况

（1）社会公众不能全面及时地了解自由裁量权行使的信息，通过网络媒体了解到的信息也不充分，影响了社会公众对法官自由裁量的认知。笔者于2013年5月25日16点39分在百度网页栏中输入"李昌奎案"，共约显示396 000个条目。随机点开标题进行连接，发现其内容主要包括采访、事件报道、评论等，如"李昌奎案：一份'免死'判决引发的风波"、"李昌奎案深陷舆论漩涡，当事人称李家非有钱有势"、"'李昌奎案'李家否认有背景，称没有贿赂法官"等。从全面了解案情后来看，许多内容完全是无中生有，目的在于吸引大众眼球；而从发案时来看，即使内容准确，但其标题所隐含的信息往往会引发读者的不同解读。毋庸置疑，新闻媒体作为外部监督力量，对司法不公和司法腐败起到了抑制作用，但出于其自身特点和商业利益考虑，往往会为了追求轰动效应而进行片面甚至失实报道，以迎合社会公众的猎奇之心。社会公众本来就不能像办案法官一样全面及时地了解案件法律事实，再加上新闻媒体失实报道的引导，公众对法官审判权的行使及其结论就会产生怀疑和质问。

（2）法官自由裁量权行使情况的公开程度不够。法官只有将证据认定、法律解释、法律推定等司法技术运用过程最大限度地展现在公众面前，方能加强人们对自由裁量的理解，方能减少人们对自由裁量结果产生的抵触情绪，进而增强当事人履行裁判的自觉性。自由裁量情况不公开，证据认定或者裁判文书说理不充分，就不能满足当事人的知情权，也会使普通民众认为法官的自由裁量难以捉摸，即使法官自由裁量权行使结果符合实质正义或未超出法定范围，裁判结果亦可能不为公众认同。李昌奎一案中，一审认为其情节极其恶劣，自首不足以减轻处罚，判处死刑立即执行；二审则简单表述为，有自首情节，认罪态度好且积极赔偿损失，改判死缓。如此简单的改判理由实难展现法官裁量权行使的正当性，对法律知识欠缺的民众而言，该改判难以接受就容易理解了。"临时性强奸"案中，浙江某单位聘用的保安人员邱某、蔡某在宾馆房间内先后对两名女性实施奸淫。一审裁判文书以"考虑到两人属临时性的即意犯罪"，分别判处两被告人有期徒刑各 3 年；而对"二被告在同一时间段先后对同一妇女实施了强奸行为是轮奸"的事实视而不见，这样的自由裁量自然不能被公众接受。

（三）影响公众认同的司法环境原因

近年来，为数极少的司法贪腐不可避免地损害了我国司法公信力。而少数冤假错案也引起了公众的高度关注，且几乎都是因为"真凶现身"或者"亡者归来"等偶然因素方将冤情"洗白"，例如"佘祥林案"、"赵作海案"、媒体新近披露的"浙江叔侄奸杀案"等。另外，法官行使自由裁量权还会受其他司法环境影响。有学者用实例证明，"有关领导对各方争议剧烈、社会影响重大的案件做出批示，似乎是司法运作过程中的常态，而处在漩涡中心的法院似乎更多的秉承指示办案"[1]。民众意见—＞领导批示—＞法官裁量，成为社会公众影响法院裁判的常见模式。还有信访维稳因素，2012 年 6 月，媒体披露某法院"为了阻止一起故意杀人案的被害人亲属上访，竟然承诺对该案的犯罪嫌疑人判死刑"[2]。在此环境下，部分民众不信任法律和司法，往往先入为主地认为案件会存在贪腐等司法不公的行为。

综上，影响自由裁量公众认同的司法环境因素如下表所示：

表 2　影响自由裁量公众认同的司法环境因素

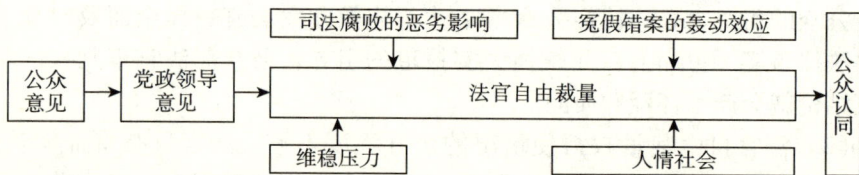

四、本土透视：裁量公正与公开是实现公众认同的两个条件

（一）以公正为内核，促进法官自由裁量权的正当行使

（1）基本导向：以公开促公正公信的价值共识。"没有公开，无所谓正

〔1〕 何海波："公众意见与司法判决"，载《实质法治：寻求行政判决的合法性》，法律出版社 2009 年版，第 160 页。

〔2〕 李钧德："'死刑保证书'保证了什么"，载《半月谈（内部版）》2012 年第 6 期，第 38 页。

义"。[1] 自由裁量权行使依法公开，使公众了解其过程和结果，一方面更有效地促使法官公正裁量，促进司法公正，正如意大利著名法学家贝卡利亚在其名著《论犯罪与刑罚》中所指出："审判应当公开，犯罪的证据应当公开，以便使或许是社会惟一制约手段的舆论能够约束强力和欲望。"[2]；另一方面"公开审判能够加强公众对司法的信赖"，[3] 使裁量结论容易为公众和当事人接受，提升司法公信。法官自由裁量并非其个人意志，而是国家司法意志，其行使要立足于四个原则：一是立足于个案事实，此为法官行使自由裁量权的基础；二是立足于依法裁量，此既为法官行使自由裁量权的法律限制和约束，也为法官自由裁量的引导。三是立足于价值平衡，其目的在于一定情势下实现合法合理和正义，此为设定自由裁量权的价值所在。四是立足于裁量公开，通过正当程序公开其行使情况，为"公众认同"奠定基础，接受公众的监督，实现公正裁量及其可接受性。

（2）基本规则：自由裁量权的行使应以公正为基石。自由裁量权的公正行使要遵循四个规则：一是遵循法定程序和裁判方法。特别是法律适用方面，要科学把握司法解释、法规和法律中兜底性条款的规定，确保法律适用不违背立法本意。二是遵循社会公平正义价值观。综合立法原意与宗旨、法律精神与原则、国家司法政策等因素，运用多种法律解释方法，对法条作出最具合情合理性、最能保障社会公平正义的解释。三是遵循实体与程序公正并重规则。严格依照程序法规，有效维护各方主体的诉讼权益，依法保障其辩论权、处分权、知情权，对于会影响诉讼主体权益的相关自由裁量事项，应通过案件争议焦点辩论，听取各方意见，并向其释明自由裁量的依据和酌定因素等情事。四是遵循涉案各方利益的平衡规则。在依法认定个案事实、充分掌握法律精神的基础上，仔细衡量、审慎求证，取舍和权衡对冲权益，妥善处理好个人与公共利益，财产与人身利益，商业与生存利益，打击非法获益，保障合法权益，力争实现损害最小、利益最大的局面。

（3）效果标准：协调情理与法理，实现裁量结果的可接受性。自由裁量权行使的效果，应当是综合考虑情理与法理，具有合法性基准，以实现

---

〔1〕 ［美］伯尔曼：《法律与宗教》，梁治平译，生活·读书·新知三联书店1991年版，第48页。

〔2〕 ［意］贝卡利亚：《论犯罪与刑罚》，黄风译，中国大百科全书出版社1993年版，第2页。

〔3〕 Claus Roxin, Strafverfahrensrecht, 25. Auflage, Verlag C. H. Beck, 1998, p. 382. 转引自岳礼玲：《刑事审判与人权保障》，法律出版社2010年版，第81页。

合理性为目标，在实践中表现为裁量权及其行使结果能为社会普遍认同，并最终展现出"使人们的行为服从规则之治"[1]的社会景象。它要求法官不能一味固执于形式理性和法律抽象规定，而应将知识经验、生活逻辑映入自由裁量权行使的视域，权衡其背后的常理常情，确保裁量结论不背离普通民众认同的道德判断和遵守的行为准则，不违背社会公众的良知和正义感。例如前几年发生的"许霆案"，就出现背离情形："在作出判决时，他就很容易宁可舍弃符合正义感的良知进行裁判，不使用由此产生的明白易懂的理由作为判决依据，而相反从法律中找出牵强的、有悖正义感的表面托辞作为依据"。[2]

自由裁量权公正行使的逻辑要求如下图所示：

表 3　自由裁量权公正行使的逻辑要求

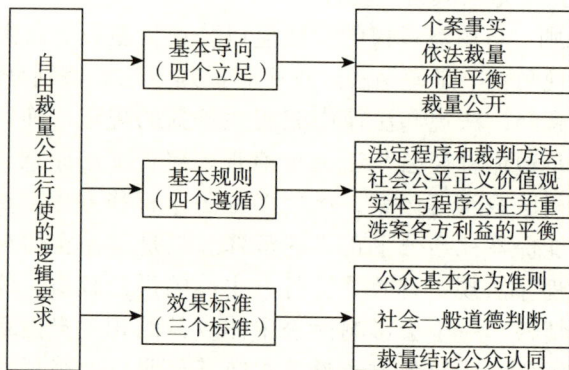

（二）以公开为载体，增强自由裁量权行使的可接受性

"彭宇案"发生后，公众没有及时了解案件审理真相，该案逐步演化为道德水平下滑的"典型"。[3]其后的"许云鹤案"，更是将有关社会道德滑坡危机的大讨论引向高潮。[4]法律事实发现中的自由裁量未及时全面和通过有效

---

〔1〕　［美］富勒：《法律的道德性》，郑戈译，商务印书馆 2005 年版，第 52 页。

〔2〕　孙万胜："司法理性、经验与司法良知"，http：//www. ruiwen. com/news/5383. htm，最后访问时间：2013 年 5 月 20 日。

〔3〕　参见徐机玲、王骏勇："南京市委常委、市政法委书记刘志伟谈：不应该误读的'彭宇案'"，载《瞭望（新闻周刊）》2012 年第 3 期，第 40—42 页。

〔4〕　参见百度百科许云鹤词条，http：//baike. baidu. com/view/3086927. htm，最后访问时间：2013 年 5 月 20 日。

方式适当地公开，故裁量结果在作出之初并未得到公众认同，但随着案件真相的逐步公开，裁量结果最终又被接受。这表明如果司法系统无法及时自觉地向公众传递信息，就将导致公众对司法缺乏必要的了解，使得公众与司法之间形成隔阂，隔阂滋生误解，误解诱发信任危机。[1]诚如美国法哲学家罗纳德·德沃金所言，"任何国家部门都不比法院更为重要，也没有一个国家部门会像法院那样受到公民那么彻底的误解。"[2]法官自由裁量公开的必要性可见一斑，具体而言应着手以下几方面：

（1）自由裁量权公开对象的类型化。一般而言，自由裁量权的行使体现在诉讼程序、事实认定和法律适用三个方面。自由裁量权公开对象也包括上述三方面的内容。

第一，诉讼程序中的自由裁量公开。法官在诸如决定反诉的构成、被告或第三人的追加、诉的合并等程序时，有一定的自由裁量权，自由裁量公开的对象即应当包括通过自由裁量作出决定的依据、综合考量因素和裁量过程等，向当事人释明并在裁判文书上有充分的说理。

第二，事实认定中的自由裁量公开。证据材料发掘与采信及案件"法律真实"的最终确认，实质上均是经由法官自由心证而成。因此，公开的要求是使当事人充分理解在综合考量证据的前提下法官如何运用司法技术规则实现对待证事实的"内心确信"，也即法官应全面有效地公开认定个案事实的根据和理由，促使败诉者息诉服判。事实认定中的自由裁量公开对象：一是认定证据能力的自由裁量公开。法官主要通过法律上的排除规定来认定证据的证明能力，表现在通过自由裁量排除非法证据。[3]例如，民事诉讼中的非法证据排除判断规则，赋予了法官就特定取证方式有否"侵害他人合法权益"的自由裁量权。此时，法官应就该取证方式是否侵害他人合法权益、根据为何在庭审和裁判文书中表述清楚。二是认定证据证明力大小的自由裁量公开。即对某证据证明标准的自由裁量公开。例如，民事诉讼"高度盖然性占优势"的证明标准就需要法官自由裁量予以掌握，它需要公开的是法官如何判定一方的证据证明力"明显大于"另一方相反证据证明力，为何符合"高度盖然

---

[1] 王禄生："英美法系国家'接触型'司法公开改革及其启示"，载《法商研究》2015 年第 6 期，第 42 页。

[2] ［美］德沃金：《法律帝国》，李常青译，中国大百科全书出版社 1996 年版，第 10 页。

[3] See Don Stuart, *Charter Justice in Canadian Criminal Law*, Thomson Canada Limited, 2001, pp. 458 – 465.

性占优势"。三是分配举证责任的自由裁量公开。即在待证事实真伪不明时，法官如何通过自由裁量分配举证责任，这一过程和考虑因素均需向当事人释明并在裁判文书中予以说理公开。

第三，法律适用中的自由裁量公开。在法律适用中，自由裁量权主要体现为法官在证据确定、事实确凿的前提下怎样适用法律，即法官在选择、适用法律法规甚至创造新法规时酌情作出决定的情况。其公开对象包括以下几方面：其一，选择适用法规的自由裁量公开。在法官发现事实后，如何选择适用法律并进行准确的解释，使"大前提"与发现的法律事实一致，离不开法官的自由裁量。其二，解释法律的自由裁量公开。在成文法适用中，法官有权对既有规定（如不确定概念、法律原则、一般条款等）作出解释，以使法律适用于案件事实，作出裁判。其三，在法无明文时的自由裁量公开。特别是民事诉讼中，"法无明文规定"不能成为法官拒绝裁判的理由，此时法官适用法律可以从一般规定或基本原则推出相应规范，可以类推适用其他规定，也可依民俗习惯或者学理甚至于国家政策处理案件，[1]这些自由裁量权行使考量也应当有效公开。

（2）自由裁量权公开方式的正当化。应通过正当程序公开前述三类自由裁量权公开对象，使社会公众和当事人知晓诉讼程序的适用、证据认定采信、案件法律适用的理由，力争展现裁量结论的正当性，提高裁判文书的公信力。

第一，在自由裁量中贯彻审判公开原则。审判公开作为法院审理案件的基本原则，它强调庭审公开的重要作用，以切实增强审判和裁量的公开透明度及公正性，也即"以公开促公正"。一是在庭审中举证质证和认证，并当庭释明采信证据的理由，同时宣布根据采信的证据所认定的本案事实，当庭明确法律适用和责任承担；二是要向有权机关和社会公众公开裁判的理由和结论，接受广泛的监督，同时把公开审判作为公正指标予以重视。

第二，法官行使自由裁量权应遵循告知、辩论和沟通程序。法官行使自由裁量权的公开程序至少包括三个方面，即告知、辩论和沟通。所谓告知是指要通过释明使当事人了解法律对争议问题的规定，即存在哪种需要法官裁量确定的不确定性；所谓辩论是指要充分尊重当事人对前述争议问题的观点陈述权，展现双方对该问题的意见和看法；所谓沟通是指法官要适时适当公

---

〔1〕 Cf. Robert Baldwin & John Houghton, "Circular Arguments: The Status and Legitimacy of Administrative Rules", *Public Law* 239, 268 (1986).

开就该争议问题存在的不同规范及其适用将会产生何种不同的结果，使当事人适当参与到自由裁量过程中充分了解裁量经过，确保其相信法官的自由裁量符合法律规定目的和精神。只有如此，方能避免社会公众及当事人对法官裁量行为产生怀疑，以增强他们对法官行使自由裁量权的认同度。

第三，提升裁判文书的论证分析和裁判说理性。需要行使自由裁量权的案件，应使文书的接触者对法官行使自由裁量权的过程一目了然，进而增强对裁量结论的认同度，即其裁判文书需要既有客观描述自由裁量过程的部分还要有对其价值取向的评判部分。具体而言，其一，要提升裁判文书对证据采信的分析说理。在司法实践中，对证据的采信是案件事实认定的基础，只有通过证据才可能"再现"案件发生时的事实，要求法官在裁判文书中分析证据效力和采信情况，能有效规范法官在认定事实时的主观随意性，防止滥用裁量权。其二，要增强裁判理由的说理性。在法律规定不明确或者无明文规定的时候，文书说理显得更为重要。在裁判文书中，法官通过取舍法律价值，以法律规范、基本原则和精神为审判大前提，以查明的个案事实为小前提，依三段论逻辑规则，演绎出对个案的具体裁判，清晰展现出法官行使自由裁量的合理性与正当性，进而避免不当裁量。

至此，自由裁量公开的基本思路如下图：

表4　自由裁量公开基本思路

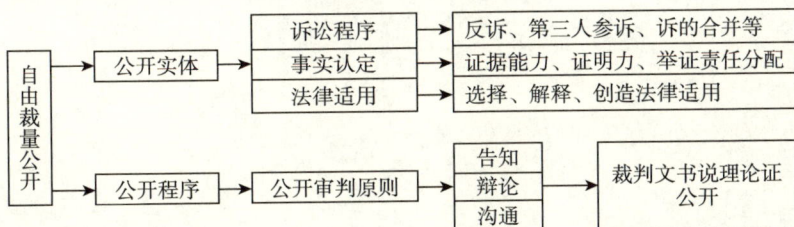

结　语

我们需要的是"铭刻在公民们的内心里的法律"，[1]而不是"不考虑任何社会现实的挑战"[2]的法律。司法需要中立但不能孤立。尤其是我国法治化

---

〔1〕　参见［法］卢梭：《社会契约论》，何兆武译，商务印书馆2003年修订版，第70页。

〔2〕　日本学者千叶正士在分析西方方法时，提到"拒斥挑战机制"的一种法特征。参见［日］千叶正士：《法律多元——从日本法律文化迈向一般理论》，强士功等译，中国政法大学出版社1997年版，第52—53页。

起步较晚，司法权威真正树立和司法公信力逐步提升，需要增强公众对法官裁判案件的信任，增强社会公众对法官行使自由裁量权的认同。"如果司法裁决背离一般民众对于法律的理解，或法律适用的结果时常超出民众对法律的正常解读与判断，就会出现两种负面效应：要么是社会民众不信任法律，要么是社会民众恐惧法律。无论出现哪一种结果，都不利于培养公众的司法认同感和归属感。"[1]我们应立足于本土传统和当前环境，以公正为内核，以公开为载体，规范法官自由裁量权的正当行使，以公众认同作为法官自由裁量权正当行使的评判标准，提高法官自由裁量的可接受性，使司法裁判定纷止争和司法权教化功能真正得以实现。

---

〔1〕 游伟："司法裁决与公众民意之互动"，载《人民法院报》2009 年 3 月 16 日，第 5 版。

现场笔录证据效力及法律规制研究

Research on the Evidence Effect and Legal Regulation of the Record Made on the Scene

熊元林 *

　　摘　要：现场笔录作为行政诉讼特有的证据种类，一般具有优势证明力。其优势证明力源于严格的制作程序和对案件现场情况的全面固定。现场笔录在执法实践中存在制作主体不具备执法权、非"现场"制作、告知和阅签程序瑕疵以及笔录内容不规范等问题。在法律规范上，存在告知程序规范"缺失"、阅签程序规范"混乱"以及笔录内容规范"概括"等问题。因此，在程序方面，必须对表明身份与申请回避、告知与宣读程序、当事人参与和签名确认程序等进行规范。在实体方面，必须对现场笔录主体的基本要求及权力限制、现场笔录内容的一般要素与具体要求等进行规范。
　　关键词：现场笔录　证明力　法律规制

　　在三大诉讼中，由于行政诉讼是对行政机关处理决定进行审查，即行政诉讼具有复审性，这就决定了行政诉讼证据与行政程序证据的联系。现场笔录是指行政机关

---

　　* 熊元林，中国政法大学法学院宪法学与行政法学专业 2015 级博士研究生（100088）。

工作人员在实施行政行为的现场对现场情况所作的书面的记录，[1] 其作为行政程序中被广泛应用的行政程序证据，同时也是行政诉讼中特有的证据种类，是这种联系的集中体现。《行政诉讼法》第 33 条将现场笔录列为行政诉讼独有证据种类，最高人民法院《关于行政诉讼证据若干问题的规定》（以下简称《证据规定》）第 66 条规定："一般情况下现场笔录的证明效力优于其他书证、视听资料和证人证言。"在诉讼实践中法官将这一规定奉为"圣旨"，机械地进行适用。

一、现场笔录的证据效力分析

现场笔录作为行政诉讼的一种法定证据，在诉讼过程中，对其证据效力的认定是法官将其作为证据证明案件事实的核心和关键。基于现场笔录的特殊性，其证明力一般优于其他书证、证人证言和视听资料，即具有优势证明力，因此对现场笔录证据能力和证明力进行深入的分析就显得尤为必要。

（一）现场笔录的证据能力分析

证据能力，又称"证据的适格性"、"证据资格"，指的是"证据的容许性，亦即作为证据，在审判实践上为了用于调查的所谓适格"。[2] 易言之，证据能力是指作为法院认定事实或者判决根据的证据所须具备的要件或资格。传统的从关联性、真实性和合法性这"三性"去考察证据能力的观点广受诟病，逐步认为证据能力认定作为审查判断证据的第一阶段，只需要考察关联性和合法性。[3] 证据能力是某一材料成为证据的基本条件，不具备证据能力的材料不能成为证据。因此，现场笔录要具备证据能力，成为证据，必须同时具有关联性和合法性。

1. 关联性分析——实质性和证明性

证据的关联性，又称为"相关性"，是指"证据对其所要求证明的事实具有必要的最小限度的证据能力"。[4] 即指一项证据与待证事实之间存在着一定联系。"不过，关联性概念的任务不是要揭示这种连接的强度，这种连接的强度属于证明力的问题。"[5] 现场笔录要成为诉讼中的证据，法院审查其与证明

〔1〕　应松年主编：《行政诉讼法》，中国政法大学出版社 1994 年版，第 147 页。

〔2〕　［日］我妻荣主编：《新法律学辞典》，董璠舆等译，中国政法大学出版社 1991 年版，第 485 页。

〔3〕　何家弘："论证据的基本范畴"，载《法学杂志》2007 年第 1 期。

〔4〕　［日］我妻荣主编：《新法律学辞典》，董璠舆等译，中国政法大学出版社 1991 年版，第 249 页。

〔5〕　［美］米尔建·R. 达马斯卡：《飘移的证据法》，李学军等译，中国政法大学出版社 2003 年版，第 76 页。

对象（待证事实）之间是否具备关联性，具体讲就是现场笔录对证明对象是否具有实质性，以及对于证明对象是否具有证明性。[1]所谓实质性，是指现场笔录要证明的问题属于依法需要证明的待证事实，即某一案件的争点问题。如果现场笔录不能指向某一案件的争点，那么对该案件来讲就不具有实质性。行政诉讼主要审查行政机关具体行政行为的合法性，既对行政机关作出具体行政行为的实体问题进行审查，同时包括对行政机关作出具体行政行为程序问题进行审查。因此，现场笔录就需要全面记录现场的客观事实和行政机关执法程序，这样才能保证指向诉讼中的争点。

证明性就是指证据依事物间的逻辑或经验关系具有使实质性问题可能更为真实或不真实的能力。[2]即指按照事物的进程，一项事实与另一项事实相联系，前一事实能证明后一事实。具体地讲，就是通过现场笔录记录的现场客观事实和行政执法程序，证明具体行政行为是否合法这一事实。"如果行政机关向法院提供其制作的现场笔录中没有记载案件的内容和过程，这一笔录不能作为有效的证据对待。"[3]《证据规定》第49条规定："法庭在质证过程中，对与案件没有关联的证据材料，应予排除并说明理由。"因此，现场笔录必须具有反映能证明行政行为合法与否相关的事实，才能符合证据关联性要求。

2. 合法性分析——非法证据排除

合法性要求作为判决依据的证据在形成、取得和内容等方面必须符合程序法和实体法中的强制性规定。[4]关于证据的合法性，从消极的方面来讲，确立为非法证据排除规则，要求证据必须符合实体法和程序法的相关规定。这项要求在行政诉讼中就显得尤为重要，证据的调查收集、提供必须合法，特别是要符合法定程序的要求。[5]因为依法行政作为行政机关的基本原则，特别是要求行政机关按照正当法律程序要求，维护相对人合法权益，在行政执法过程中，必须严格遵守行政执法程序性规范。现场笔录作为行政机关在执法过程中制作的，作为行政执法的依据，因此在制作的过程中必须严格遵

〔1〕 参见张建伟：《证据法要义》，北京大学出版社2009年版，第77页。

〔2〕 张建伟：《证据法要义》，北京大学出版社2009年版，第78页。

〔3〕 蔡小雪：《行政诉讼证据规则及运用》，人民法院出版社2006年版，第72页。

〔4〕 邵明："关于我国制定统一证据法典的思考"，载《证据学论坛》2004年第2期。

〔5〕 张树义主编：《最高人民法院〈关于行政诉讼证据若干问题的规定〉释评》，中国法制出版社2002年版，第80页。

守合法性要求，在诉讼审查实践中，理应严格审查其合法性。对现场笔录的合法性考察，主要从制作主体、程序、制作方式等方面进行。

首先审查现场笔录制作主体是否合法。正如前文所述，现场笔录作为行政执法过程中制作的一种证据，其唯一的制作主体就是行政机关。并且执法人员必须是国家行政机关正式工作人员，临时聘用人员不具备行政执法权，制作的现场笔录缺乏合法性。许多程序性规定都要求现场笔录必须是两名执法人员一起制作，因此在审查现场笔录时，还必须审查参与制作现场笔录的人数是否符合相关程序性规范的要求。

其次审查现场笔录的制作程序是否合法。现场笔录制作需要履行告知、阅读和签名确认程序，根据《证据规定》第 57 条规定："严重违反法定程序收集的证据材料"不能作为定案依据。如果行政执法人员在制作现场笔录之前没有表明身份，告知调查事项及相对权利义务等内容，或者现场笔录内容未进行阅读，未履行当事人签名确认程序，涉及严重程序违法，现场笔录不具备证据能力，不能作为定案依据。

最后就是审查现场笔录的制作方式是否合法，如果现场笔录制作中出现故意告知错误的检查项目；检查中，以欺骗的方式套取其他证据以及胁迫当事人签名等情况，应该依据《证据规定》第 57 条规定："以利诱、欺诈、胁迫、暴力等不正当手段获取的证据材料"不能作为定案的依据。

（二）现场笔录的证明力分析

"所谓'证明力'，又称证明价值或'证据力'，是指证据对待证事实存在的可能性具有的证明作用及其程度"，[1]即反映不同证据在形成裁判时在法官心证中所占的分量。根据《证据规定》第 66 条的规定："现场笔录的证明力优于其他书证、视听资料和证人证言。"在特殊情况下，现场笔录作为"孤证"时仍可以作为定案依据，[2]可见现场笔录具有特殊的证明力。但需要注意的是，这不代表我国行政诉讼法采用法定证据主义，因为《证据规定》第 66 条表明"证明效力'一般'可以按照下列情形分别认定"，这在本质上属于任意性的规范，甚至可以说是一种推定规范。[3]

---

〔1〕 张保生主编：《证据法学》，中国政法大学出版社 2009 年版，第 27 页。

〔2〕 马怀德主编：《行政程序立法研究：〈行政程序法〉草案建议稿及理由说明书》，法律出版社 2005 年版，第 173 页。

〔3〕 孔祥俊：《行政诉讼证据规则与法律适用》，人民法院出版社 2005 年版，第 206 页。

我国行政诉讼法及司法解释是在承认法官自由心证的基础上，考虑到我国司法队伍的状况，吸收了证据法定主义的合理因素，试图为法官提供尽量客观充分的标准作为指引，是在"自由心证与法定证据之间做出了较好的平衡"。[1]在自由心证的一般原则下，要求法官按照一些常规的经验或规则进行证明力的判断，不遵循这些规则时需要特别说明理由。就现场笔录来说，在具体案件中对其证明力的判断有赖法官自由心证，但仍然可以从一些具有普遍性的客观因素出发抽象地分析现场笔录的证明力。"一般来说，决定证据证明力的客观因素包括：（一）证据本身的地位和性质，与案件争议的关系等实体性问题；（二）证据制作的程序"等。[2]基于行政诉讼的复审性，诉讼中的现场笔录是在行政执法中制作的。笔者根据现场笔录在证据学上所属学理分类、与公文书理论区别以及行政执法中现场笔录的制作对其证明力的影响三个方面分析其证明力。

1. 证明力分析之证据学理分类视角——原始证据和直接证据

现场笔录属于原始证据。现场笔录制作的时间是在行政执法的过程中，制作的地点是在行政执法的现场，即根据现场笔录时间上的即时性和空间上的同一性，决定了现场笔录的"现场性"。因此现场笔录固定的证据直接来源于案件的事实，相对于非来源于现场的传来证据而言，原始证据的证据力当然更强。原始证据优于传来证据是一项被广泛接受的证明力规则。[3]

现场笔录属于直接证据。直接证据与间接证据的区别在于能否直接证明案件的主要事实。直接证据的内容可以直接用于证明案件事实，而单独一个间接证据不能直接证明案件的主要事实，它只有同其他证据结合起来才能证明主要事实。间接证据具有依赖性、间接性，间接证据对案件主要事实的证明方法是几个间接证据的结合和推断。现场笔录就其内容来看，不只是对一两句证言或部分物证的描绘，而是对行政执法的综合性的记录，其记载的内容与案件相关性强，能够直接用以证明案件主要事实。在当场处罚等行政执法活动中，行政决定基本上都是根据现场笔录内容作出的。因此，现场笔录在诉讼中具有较强的证明力。

---

〔1〕 孔祥俊：《行政诉讼证据规则与法律适用》，人民法院出版社 2005 年版，第 206 页。

〔2〕 宋英辉、汤维建主编：《我国证据制度的理论与实践》，中国人民公安大学出版社 2006 年版，第 513 页。

〔3〕 《证据规定》第 63 条规定："原始证据优于传来证据。"

2. 证明力渊源澄清——并非建立在公文书理论之上

现场笔录是由行政机关制作的，因为这一要素，有学者认为"国家机关以其专业技术为后盾，保证了现场笔录的证明力要高于一般的书证"。[1] 更有学者明确把现场笔录当作公文书的一种，"由于现场笔录的制作主体为具有较高公信力的行政主体，为了尊重行政权、实现国家行政职能，同其他公文书一样，法律应该直接推定现场笔录本身为真实。"[2] 即将现场笔录的证明力建立在公文书理论基础之上。

笔者认为把现场笔录认定为具有公文书一样的证明力的观点是有待商榷的，是对国外法律的一种误读。该学者引用的国外立法关于公文书证明力的规定普遍存在于民事诉讼法中，如《德国联邦共和国民事诉讼法》、《日本新民事诉讼法》等。行政诉讼以对行政行为的审查为目的，有明显不同于民事诉讼的特征。而且现场笔录在行政程序和行政诉讼中的作用使其与一般的公文书也有所不同。尽管现场笔录与一般公文书都是国家机关依职权制作，但在生效的细节上明显不同，一般公文书的制作和发出是有关职能机关或单位依法行使职权的意思表示，其完全依赖于国家机关的职权意思表示，一般不需要相对方的签字，或相对方的签字只处于附属地位。而对于现场笔录，只有行政机关工作人员的职权表示是不够的，相对人的签字对于其效力具有非常重要的意义。

行政诉讼的本质是对行政行为的司法审查。尽管司法审查并不意味着对行政行为合法性的普遍怀疑，但是反过来说，任何关于行政行为合法性和效力的积极推定也是存在危险的。如同行政行为公定力理论备受质疑一样，可能与行政诉讼本身的性质发生矛盾。按照公文书理论，推定现场笔录"只要符合制作目的与制作要求，就具有形式上的证明力"，并且进一步推定"具有形式证明力的现场笔录就具有实质证明力"——现场笔录内容的真实性也就得到认定。这种推定在许多情况下容易直接导致对行政行为合法性的认可，

---

[1] 宋英辉、汤维建主编：《我国证据制度的理论与实践》，中国人民公安大学出版社 2006 年版，第 509 页。

[2] 还补充说"域外立法在此方面早有比较成熟之规定，如德国、日本以及我国台湾地区等大陆法系国家或地区的证据立法都直接推定现场笔录等公文书具有形式上的证据力，现场笔录只要符合制作目的与制作要求，立法就应直接推定其具有形式上的证据力，法官在判断其形式证明力时，应受此项推定的约束，不得进行自由心证。德国立法也有规定，即具有形式证据力的现场笔录，就其所记载的事项，拥有实质证据力。我国台湾地区立法虽无此规定，但是法官依自由心证判断事实时，仍将此作为一种经验法则加以采用。"常晓云："现场笔录若干问题研究"，载《湖北社会科学》2007 年第 2 期，第 134—136 页。

使司法审查无"用武之地"。这与行政诉讼的性质，即对行政机关的行为进行审查，监督其依法行政相矛盾。此外，在行政诉讼中，行政机关负有举出证据证明行政行为合法的责任。如果推定现场笔录具有实质证明力，那么需要的证据规则就是"原告若要主张现场笔录不具有证明力，就必须提供足够的证据支持自己的看法。"这样举证责任就流转到了原告身上，这将大大减损行政机关负有的举证责任，并给原告带来极大的负担。因为在很多情况下，行政机关制作现场笔录正是因为证据易流失，事后难以获取。可见，将现场笔录较高的证明力建立在公文书理论上是存在问题的，实际上其证明力根源于其他因素。

3. 证明力渊源追溯——完整的内容记录和严格的制作程序

"现场笔录的证明力在于它形式上的特殊性和时间上的历程性以及形成程序上的相对民主性。"[1]在行政执法过程中，现场笔录主要是对现场事实的固定和执法程序客观记录一种特殊证据形式。从内容上来讲，包括了对现场其他证据的固定和保全，是对行政执法的一个综合性的记录，基本上能反映案件事实的整个全貌。另外现场笔录时间上的历程性，现场笔录的记录从行政执法开始一直到结束，与行政执法同步，保证了对案件事实记录的真实性和完整性。行政诉讼主要是对行政机关作出的行政行为合法性进行审查，现场笔录能对整个执法过程进行还原，不仅能满足法院对实体问题审查需要，还能满足对程序问题审查的需要，因此，现场笔录具有较强的证明力。

从程序上来讲，现场笔录作为行政执法固定现场事实的一种方式，其制作过程必须遵守正当法律程序。现场笔录的制作，主要经历了告知程序、阅读程序以及签名确认程序。通过告知程序，向当事人表明身份，以及说明执法事项和当事人的权利义务，这样能保证当事人知情权和对执法人员申请回避。在笔录内容主体部分制作完成后，需要向当事人阅读和当事人的签名确认。正如前文所述，当事人对笔录内容的签名确认是其证明力的主要来源。

《证据规定》第 15 条设置了三种签名的情形：①当事人签名；②见证人（其他人）签名；③情况"签名"——无人签名时对原因的说明。[2]当事人

---

〔1〕 宋英辉、汤维建主编：《我国证据制度的理论与实践》，中国人民公安大学出版社 2006 年版，第 512 页。

〔2〕 《证据规定》第 15 条规定："被告向人民法院提供的现场笔录，应当载明时间、地点和事件等内容，并由执法人员和当事人签名。当事人拒绝签名或者不能签名的，应当注明原因。有其他人在现场的，可由其他人签名。"

签名确认首先能表明现场笔录是现场制作的，保证了笔录的"现场性"。当事人对笔录内容认可时的签名是无异议签名，无异议签名相当于在单方言词证据基础上附加了另一方的认可，具有完全的证明力。法院甚至可以只依此"孤证"对行政行为作出判断。同时，任何人若要推翻现场笔录的证明力，都需要举出十分充足的证据。事实上，当事人的签名确认程序类似于一个质证的过程。现场笔录严格制作程序，特别是签名确认程序赋予了现场笔录较强的证明力。因此，诉讼中现场笔录的证明力与行政执法中现场笔录记录的内容及制作的程序密切相关。

二、现场笔录在实践和规范中存在的问题

现场笔录在诉讼中的优势证明力与行政执法中的制作程序和笔录内容密切相关。基于行政诉讼的复审性，现场笔录既作为行政证据，又作为诉讼证据，行政证据制度应是诉讼证据制度的基础，行政法治要求行政行为必须是在查明案件事实基础上做出的，因此建立完备的行政证据制度是行政法治的客观要求。行政证据制度主要应当规定在行政程序法中，并且行政程序证据制度与行政诉讼制度应当有高度相关性，脱离行政程序研究行政证据，则有可能忽视行政程序的特点，对行政管理不利。[1]但是我国是一个诉讼推进行政法治的国家，证据制度主要发端于行政诉讼法，行政程序证据制度建设相对滞后。现场笔录的具体规范等也主要是通过《证据规定》第 15 条简单对其内容和形式进行列举。

因此，我们要想全面深入地研究现场笔录，必须正本清源，从行政程序的视角研究现场笔录的制作。现场笔录的优势证明力是建立在"理想"的制作程序和笔录内容基础之上的，但是我们的研究必须回到"现实"中去，必须对现场笔录的制作情况进行现实考察。笔者通过对大量行政程序性规范的梳理，发现程序性规定中对现场笔录制作规范存在诸多问题，在实践过程中更是混乱不堪。

（一）现场笔录在实践中的问题

现场笔录作为行政机关固定案件现场情况的重要证据，虽然在诉讼中具有优势证明力，但是根据笔者访谈和查阅相关资料发现，现场笔录在实践中还存在许多问题。根据周磊对上海卢湾区 2007 年全年 109 件简易程序卫生行政处罚案件的分析"在这 109 件简易程序行政处罚案件中，现场检查笔录存

---

[1] 徐继敏：《行政证据制度研究》，中国法制出版社 2006 年版，第 3 页。

在瑕疵为 8 件，占案件总数的7.34%。"[1]另外还有一份对菏泽市牡丹区七年共计 1745 份食品卫生现场监督笔录进行的统计分析，发现有 29.8% 的笔录存在问题，问题主要集中在违反程序（占 20%）、现场笔录内容缺项，如未记载被监督单位名称、地址、生产经营品种、检查日期以及签名不规范等。[2]结合笔者的调查，现场笔录存在的问题主要集中在制作主体不具备执法资格、非"现场"制作、告知程序和阅签程序存在瑕疵以及笔录内容不规范等方面。

1. 制作主体不具备执法权

制作主体不合法，在实践中往往存在着部分行政机关聘用的临时人员或者工勤人员制作现场笔录的情形，特别是在交通行政执法领域，交通协管员经常"越位"代替执法人员制作现场笔录。在笔者走访调查中发现，许多交通协管员也明知自己无执法权，为了规避法律，在制作完现场笔录后，执法人员签名一栏往往回单位后让具备行政执法资格的执法人员补签。这种"虚假补签"就有违主体合法性的要求，因为临时人员或者工勤人员不具备行政执法权。

2. 非"现场"制作

现场笔录区别于其他证据的本质特征就是"现场性"，具体表现就是时间即时性和地点同一性，即必须是在执法过程中制作，而不能在执法结束后补做。实务部门事后制作或补充完善现场笔录的现象不乏少数，在 2010 年 2 月，最高人民法院行政审判庭委托浙江工商大学开展拟对《证据规定》进行修改的调研报告中有一项针对"法院在审判实践中，如何认定不符合提供要求的证据的效力"的调研内容，在上海调研组的分报告中，实务工作者甚至坦言"像现场笔录类证据，一般形式上多多少少会存在一些问题，如现场执法笔录，因不可能在现场制作，形式上可能会有时间空间上的问题，如城管取缔占道经营的案件，现场笔录制作要求'现场'到什么程度，因为不可能在当场制作一个笔录，在审查中，只要没有实质问题，一般都予以认可。"[3]部分实务工作者竟然认为现场笔录不可能当场制作，甚至认为事后补做现场

---

〔1〕 周磊："109 件简易程序卫生行政处罚案件质量问题浅析"，载《中国卫生资源》2009 年第 5 期，第 243—244 页。

〔2〕 司培合、王献梅："对1745 份食品卫生现场监督笔录的评析"，载《职业与健康》2004 年第 9 期，第 65—66 页。

〔3〕 胡建淼等：《行政诉讼证据的实证与理论研究——〈最高人民法院关于行政诉讼证据若干问题的规定〉的修改建议稿与论证》，中国法制出版社 2010 年版，第 68 页。

笔录是一件非常正常和必须的事情，这种看法着实令人费解。更甚的是，这种行政执法部门非"现场"制作的行为居然得到了法院的迁就并且法官对此早已习以为常。可见，非"现场"制作在执法实践中是比较严重的，直接威胁到现场笔录存在的正当性和合法性。

3. 告知和阅签程序存在瑕疵

从程序上来讲，在开始执法前，执法人员向当事人表明身份、告知执法事项和当事人的权利义务是正当法律程序所必不可少的内容。实践中，很多行政执法人员的程序意识淡薄，认为身穿制服，便无须再向当事人出示执法证件即可表明身份；更有不少执法人员因为害怕麻烦而直接省略对执法事项以及当事人权利义务的告知。而程序是法治和人治的基本区别，执法人员未表明身份、未告知或未认真履行告知程序，都不符合正当程序的要求。

现场笔录制作完成后，需要笔录参与人进行阅签。但实践中，有的笔录中往往无当事人签名，有的是执法人员执法经验不足，程序意识淡薄，没有要求当事人签名。[1] 当然亦存在当事人对笔录内容存在异议或者因为其他原因而拒绝签名的情形。关于无当事人或见证人签名的，实践中执法人员往往只注明拒绝签名的事实，没有注明原因。更为严重和普遍的问题是，现场笔录只有当事人的签名而缺乏当事人对笔录的意见。[2] 多数情况下，执法人员未让当事人对笔录内容进行认真的核实，而只是直接让当事人在指定位置签名和签署对笔录无异议的意见。未让当事人认真核实后签署意见，会大大地影响现场笔录的证据效力，因为笔录的真实性和合法性未经当事人真正的"确认"。阅签程序不规范的另一个表现是，即使当事人签名确认后，行政执法人员还有机会对笔录内容进行篡改和补充，这说明签名确认程序还不够严密，即未对笔录进行逐页的签名，并在笔录末尾处进行签名固定。另外，本应由记录人员和其他执法人员分别在现场笔录上签字，但是实践中往往存在记录人"一手签"的情况。

4. 笔录内容不规范

现场笔录是通过其内容来发挥证明作用的，因此，笔录内容的规范性至

---

[1] 根据统计，无当事人签名的占 5.96%。司培合、王献梅："对 1745 份食品卫生现场监督笔录的评析"，载《职业与健康》2004 年第 9 期，第 65—66 页。

[2] 有 5 份笔录没有被检查人的阅后意见，占被检查笔录的 10%。蓝家长："县级药品监督现场检查笔录制作质量调查分析"，载《首都医药》2007 年第 5 期，第 53—54 页。

关重要。从实践来看，现场笔录内容存在不全面、不准确、不客观等问题。其一，现场笔录内容不全面。一份完整的现场笔录必须包括首部、正文以及尾部，在首部当事人基本信息部分存在着填写信息不具体、不全面的问题，例如对当事人家庭住址记录不详细，缺乏对当事人身份证号码的记录等；在正文部分，比较集中的问题是现场笔录往往只记录现场事实，而忽略了对现场执法程序的记录，或者是由于笔录方法不得当，导致部分现场事实未能在笔录中体现。其二，现场笔录内容不准确，主要是在进行笔录时，执法人员在笔录中常常使用一些表示约数的模糊性语言表述。[1] 笔录内容不准确的另一表现就是不具体，即忽略对现场物品的数量、位置、大小以及颜色等特征的详细记录。其三，现场笔录内容不客观，主要是指执法人员在制作现场笔录时，往往"先入为主"，对案件进行主观评判和推断。在笔录时掺入记录人员个人的看法，而非坚持纪实的原则。

（二）现场笔录在法律规范上的问题

《行政强制法》第 18 条规定："行政机关实施行政强制措施应当遵守下列规定：……（八）现场笔录由当事人和行政执法人员签名或者盖章，当事人拒绝的，在笔录中予以注明；（九）当事人不到场的，邀请见证人到场，由见证人和行政执法人员在现场笔录上签名或者盖章。"这是法律层面首次也是唯一对现场笔录进行具体的规范。对现场笔录进行规范，主要集中在法规、规章以及规范性文件等其他程序性规范中，根据笔者对现场笔录程序性规范全面的梳理和分析，发现程序性规范普遍存在对《证据规定》的照搬照抄，本来《证据规定》第 15 条规定"法律、法规和规章对现场笔录的制作形式另有规定的，从其规定"，该司法解释将现场笔录的具体规范寄希望于法律、法规和规章进一步的细化。但是大多数程序性规范却未立足于现场执法的特点进行具体细化规范，而是简单地照搬照抄，这就导致了本应由行政程序解决的现场笔录的规制问题却换作了由行政诉讼来回答，呈现一种"倒置"的状态。具体来看，规范主要存在以下问题。

1. 告知程序规范"缺失"

告知程序作为现场笔录制作的法定程序，根据笔者对大量程序性规范的

---

〔1〕 "大约"、"大概"、"估计有"等模糊性词语，或"多"、"余"、"左右"等表示约数的词语。蓝家长："县级药品监督现场检查笔录制作质量调查分析"，载《首都医药》2007 年第 5 期，第 53—54 页。

梳理，最早仅有《江西省工商行政管理机关行政处罚文书使用规范指导性意见》对现场笔录的告知程序进行了较为全面的规范，即在关于现场笔录的内容中规定"（1）告知情况，填写为：已向当事人出示执法证件，并告知当事人有申请回避的权利和如实回答询问、提供证据、不得阻挠的义务"。程序性规定对现场笔录告知程序进行规范，除上述《意见》中相对全面的规范外，其他程序性规定多是仅规定"执法人员应向当事人出示执法证件"，并未对告知程序进行全面的规范。但可喜的是随着湖南、山东、江苏、宁夏等地《行政程序规定》出台，对行政执法中的调查取证程序进行了专门规范，规定"行政机关调查取证时，行政执法人员应当向当事人或者有关人员主动出示行政执法证件，说明调查事项和依据，否则当事人或者有关人员有权拒绝接受调查和提供证据。"[1]这就明确了除了要求出示执法证件外，还要说明调查的事项和依据。但是由于目前仅有部分地方颁布了《行政程序规定》，我国尚未制定统一的《行政程序法》，对行政执法调查取证中告知程序仍缺乏统一规范。从执法实践来看，正如前文所述，行政执法人员往往忽略了告知程序。因此对现场笔录制作前履行告知程序，并将告知情况记录在笔录中进行全面的规范是非常必要的。

2. 阅签程序规范"混乱"

规范的阅签程序是使现场笔录具有较强证明力的重要因素，但在现场笔录相关规范中，对现场笔录的阅签程序规定并不统一，目前主要存在以下三种情形：其一，有的规范仅规定由"行政执法人员和当事人签名"。如《深圳经济特区严厉打击生产、销售假冒伪劣商品违法行为条例》第 25 条规定："依前款当场处罚的，行政执法人员应当制作现场笔录。……并由行政执法人

---

〔1〕 《江苏省行政程序规定》第 51 条规定：行政执法程序启动后，行政机关应当核实材料，收集证据，查明事实。行政机关调查取证时，行政执法人员应当向当事人或者有关人员主动出示行政执法证件，说明调查事项和依据，否则当事人或者有关人员有权拒绝接受调查和提供证据。《宁夏回族自治区行政程序规定》第 40 条规定：行政执法人员应当向当事人或者有关人员主动出示行政执法证件，说明调查事项和依据；不出示行政执法证件的，当事人或者有关人员有权拒绝接受调查和提供证据。头等其他方式。但是依法应当采取书面形式告知的除外。《湖南省行政程序规定》第 26 条规定：行政机关在行政执法过程中应当依法及时告知当事人、利害关系人相关的执法事实、理由、依据、法定权利和义务。行政执法的告知应当采用书面形式。情况紧急时，可以采用口头等其他方式。但法律、法规、规章规定必须采取书面形式告知的除外。《江苏省行政程序规定》第 46 条规定：行政机关在行政执法过程中应当依法及时告知当事人、利害关系人相关的执法事实、理由、依据、法定权利和义务。行政执法的告知应当采用书面形式。情况紧急时，可以采用口头形式。

员和当事人签名。"[1]此种情形没有明确规定如果当事人拒绝签名应该如何处理。其二,有些规范没有规定要求当事人对笔录进行签名确认,如《民政部门实施行政许可办法》第 13 条规定:"依法需要对申请材料的实质内容进行核实的,……现场检查笔录应当如实记载核查情况,并由核查人员签字",此情形便属于缺乏规范当事人对笔录内容进行签名确认。其三,绝大多数程序性规范中都仅规定:现场笔录由行政执法人员、当事人或见证人签字,当事人或见证人拒绝签字,应当在笔录中予以注明。大多数规范都缺乏对阅签程序明确细化规定,诸如"笔录需要当事人审阅或或者向当事人宣读,当事人认为记录有遗漏或有差错的,可以进行补充或修改,并在改动处捺印"[2]类似的细化规范是非常少见的。只有在规范中对阅签程序中的阅读程序进行明确细化的规范,才能尽可能避免实践中"签而未阅"的情况发生。同时对当事人在笔录终了处进行签名以固定笔录也缺乏规定。

3. 笔录内容规范"概括"

笔录内容是现场笔录的核心,对还原现场情况具有重要作用。但是在法律规范中,对现场笔录的内容缺乏明确规范,有的规范甚至对现场笔录的内容只字未提。[3]大多数规范都是通过列举的方式规定现场笔录的内容,如《工商行政管理机关行政处罚程序规定》第 29 条规定:"对有违法嫌疑的物品或者场所进行检查时,……并制作现场笔录,载明时间、地点、事件等内容。"这种对现场笔录内容简单列举的规定其实就是对《证据规定》第 15 条的照搬照抄。或者有的规定为"现场笔录应当记载当事人的基本情况、主要

---

〔1〕 《长春市食品质量监督管理条例》第 25 条规定:当场处罚应当制作处罚决定书,行政执法人员应当制作现场笔录,记录当事人情况、主要违法事实以及处罚内容等,并由执法人员和当事人签名。《检查处理违反外汇管理行为办案程序》第 36 条规定:现场检查笔录应当由外汇检查人员、当事人或者见证人签名。

〔2〕 仅少数规范进行了细化,如《卫生行政执法文书规范》第 8 条规定:场制作的采样记录、现场检查笔录、询问笔录、陈述和申辩笔录、听证笔录等文书,应当场交由有关当事人审阅或者向当事人宣读,并由当事人签字确认。当事人认为记录有遗漏或者有差错的,应当提出补充和修改,并在改动处用指纹或印鉴覆盖。《上海市食品药品监督管理局药品监督行政处罚简易程序若干规定》第 34 条规定:对有违法嫌疑的物品或者场所进行检查时,应当有当事人或者第三人在场,并制作《现场检查笔录》,载明时间、地点、事件等内容,由办案人员、当事人或第三人签名或者盖章。如有遗漏或记录有误,应当补充或允许更正。补充或者更正部分,应由当事人或第三人捺指印或签名确认。

〔3〕 《禁止传销条例》第 22 条规定:工商行政管理部门对涉嫌传销行为进行查处时,应当制作现场笔录。现场笔录和查封、扣押清单由当事人、见证人和执法人员签名或者盖章,当事人不在现场或者当事人、见证人拒绝签名或者盖章的,执法人员应当在现场笔录中予以注明。

违法事实、处罚内容"[1]，亦太过笼统。当然也有个别的规范，立足本部门执法的特点，对笔录内容进行了详细的规定，[2]但这毕竟是少数。对笔录内容规范过于"概括"就会导致执法实践中笔录内容缺项，记录不全面。

现场笔录在实践中及法律规范上存在以上突出问题，只有探究问题背后的原因才能有效地解决问题。笔者认为现场笔录存在问题的原因主要包括三个方面：一是缺乏统一的行政程序法律规范，相关程序性规范深受诉讼中相关规范的影响；二是行政执法人员对现场笔录缺乏正确认识，导致在执法实践中不能正确对待；三是笔录制作存在问题时的法律责任不明确。

三、现场笔录的法律规制

现场笔录是通过其固定和保全的内容与案件事实的关联性来发挥其证明作用的，因此，就要求在制作时对现场情况客观、全面地加以固定。严格的制作程序是现场笔录客观真实性的重要保障，而正如前文所述，现场笔录制作程序缺乏科学合理的法律规制是现场笔录存在问题的关键。因此，笔者从程序和实体两方面提出对现场笔录进行法律规制的建议。

（一）现场笔录的程序性规制

"权利法案的大多数规定都是程序性条款，这一事实绝不是无意义的，正是程序决定了法治与恣意的人治之间的基本区别。"[3]避免偏私、行政参与以及行政公开作为行政正当程序原则主要内容，就现场笔录制作的程序性规制主要包括表明身份与申请回避、告知与宣读程序、当事人参与和签名确认。

1. 事前：表明身份与申请回避

表明身份是行政公开原则的重要内容，是行政主体向特定当事人公开自己身份信息的重要形式。表明身份是指执法人员在进行执法前，向当事人表明自己身份，即需要向当事人出示执法证件，使当事人充分了解执法人员单位、姓名以及执法证件号码等基本信息。了解这些基本信息是当事人行使申请回避权的前提，当事人只有充分了解当事人基本信息后，才能做出是否申

---

[1] 《深圳经济特区严厉打击生产、销售冒伪劣商品违法行为条例》第25条、《长春市食品质量监督管理条例》第25条。

[2] 《渔业水域污染事故调查处理程序规定》第14条规定：调查渔业水域污染事故，必须制作现场笔录，内容包括：发生事故时间、地点、水体类型、气候、水文、污染物、污染源、污染范围、损失程度等。

[3] 转引自季卫东："法律程序的意义——对中国法制建设的另一种思考"，载《中国社会科学》1993年第1期，第83—105页。

请回避的判断。

在执法人员表明身份后，当事人有权申请回避，申请回避作为行政正当程序中避免偏私原则的重要内容，主要源于"任何人不能作为自己案件的法官"。申请回避制度，主要是为了避免执法人员制作笔录时受到某些利益或者偏见的影响，而不能公正地制作现场笔录。现场笔录作为行政主体做出行政行为的重要依据，保证制作的公正客观性非常重要。因此，当事人既可申请记录人回避也可申请其他执法人员回避。拒绝当事人回避申请，必须向当事人说明理由。

2. 事中：告知与宣读程序

告知作为行政公开的重要方式。现场笔录制作中的告知，一方面是指执法人员关于执法事由、法律依据以及有关事项的说明。执法人员向当事人说明执法的事由、执法依据以及执法相关事项，有利于当事人对执法活动的了解，有利于征得当事人的理解和配合。同时也有利于当事人进行陈述和辩解，如果当事人认为执法存在不当，可以向执法人员说明，这样可以减少执法机关在执法过程中出现执法对象错误等失误。执法事由、法律依据以及有关事项的说明既是行政程序正当原则的要求，同时也有利于行政效率的提高。另一方面是指向当事人告知权利义务。向当事人告知权利能让当事人知悉自己都具有哪些权利，在此基础上，有利于当事人正确行使权利。告知当事人具有哪些义务，使当事人能明确应该履行的义务，有利于行政执法的顺利开展。[1]

宣读程序是指笔录制作完成后，笔录制作人有义务将笔录内容当场向全体笔录制作参与人宣读。通过宣读程序，能让现场所有参与人了解笔录内容，从而避免目前实践中现场笔录"签而未阅"的情况发生，即虽然笔录中有当事人的签名，但这个签名是执法人员直接让当事人签的，当事人未认真核对笔录内容，签名并不能代表当事人真实的意思表示。奥地利《普通行政程序

---

〔1〕《江西省工商行政管理机关行政处罚文书使用规范指导性意见》关于现场笔录记录内容第一项告知情况："填写为：并告知当事人有申请回避的权利和如实回答询问、提供证据、不得阻挠的义务。"当然也有规定，只明确须告知当事人权利，没有关于当事人义务的告知。如《民用航空行政检查工作规则》第30条规定：行政强制措施应按照下列规定实施：（四）当场告知当事人事实、理由、法律依据及当事人权利，并在现场笔录中记录；正当法律程序意在限制行政机关的恣意，维护相对人权利。因此，笔者认为在现场笔录制作中，告知当事人权利是必不可少的，至于当事人义务并非告知的必需内容。

法》对宣读程序进行了规定，笔录应当向受询问人、在场人等人员宣读，并由他们签字或盖章。[1]以及参考《俄罗斯刑事诉讼法》第 141 条关于搜查笔录规定："笔录应向侦查行为的所有人宣读而且应向他们说明都有提出意见记入笔录的权利。"可见，当事人在签名前有了解笔录内容的权利，宣读程序作为现场笔录制作的法定程序，能有效地保障参与人对现场笔录内容的了解。

3. 事后：当事人参与和签名确认

虽然现场笔录的制作主体是行政机关，具有较高的公信力，但孟德斯鸠曾经说过："一切有权力的人都容易滥用权力，这是万古不易的一条经验。有权力的人们使用权力一直到遇有界限的地方才休止。"[2]因此，我们需要通过当事人参与和签名确认程序来约束行政机关在制作现场笔录中滥用权力。现场笔录中当事人参与，是参与行政的重要表现，符合现代行政的参与和合作的要求，这样一定程度上能减小相对人与行政机关之间的对立和抵触，有利于征得相对人的理解和支持。当事人的参与并不仅仅是指当事人到场或者参加，而是指当事人参与到现场笔录制作的过程，特别是在听取记录人员对现场笔录的内容进行宣读后，发表自己的意见。即当事人对现场笔录的内容具有提出异议的权利，制作人员听取意见后，与当事人达成一致。如果不能达成一致，必须将当事人异议的意见单独记录在现场笔录中。

签名确认程序是现场笔录的法定程序，现场笔录制作完成后，经过宣读程序和听取当事人意见后，应由检查人、记录人、当事人共同签名或盖章确认。虽然签名程序非常重要，特别是当事人的签名对现场笔录客观真实性的确认发挥着重要作用，但是不能否认存在当事人拒绝签名或无法签名的情形。有的学者提出了对无法签名的建议"当事人拒绝到场或拒绝签名盖章的，应当在笔录上注明。有见证人时，应当由见证人签名或盖章；没有见证人时，可以邀请公安部门、村（居）民委员会等单位前来见证，并签字盖章；还可以申请公证部门对现场情形进行公证等，在形式上力求完备。"[3]这不失为一个解决问题的好方案，需要说明的是针对行政执法人员过于看重当事人签名的作用，出现了强迫当事人签名的情况。现场笔录制作中各方基于不同的利

---

〔1〕　应松年主编：《比较行政程序法》，中国法制出版社 1999 年版，第 303 页。

〔2〕　[法]孟德斯鸠：《论法的精神（上册）》，张雁深译，商务印书馆 1987 年版，第 154 页。

〔3〕　张玉梅："当事人拒绝签名的'现场笔录'能否作为定案依据"，载《工商行政管理》2004 年第 16 期，第 41—42 页。

益考虑，特别是当事人提出的异议有可能不被行政执法人员采纳，当事人与行政机关力量悬殊，容易慑于笔录制作人员的强势而被迫签名。因此，明确当事人具有拒绝签名的权利就显得非常必要。同时对相关人员的异议以及拒绝签名的原因在现场笔录中单独记录。

（二）现场笔录的实体性规制

现场笔录是通过其记录的内容来再现案件现场，进而发挥其作为证据的效用。正如前文所述，由于我国对现场笔录具体内容缺乏科学细化的规制，导致了在实践中出现"首部"的基本信息填写不完整、"正文"部分存在告知情况未记录，客观性不强、记录混乱、事实描述不完整以及"尾部"制作不规范等问题，[1]导致现场笔录无法充分发挥其证据效力。因此，对现场笔录内容的规制是实体性规制的需要解决的主要问题。当然，对现场笔录的制作主体规制是保证现场笔录内容客观规范的前提。根据有权必有责的原则，要对现场笔录制作主体进行有效监督和约束，对现场笔录制作主体的责任的规制也必不可少。

1. 笔录主体的基本要求及权力限制

现场笔录是行政执法中固定和保全现场情况的一种重要形式，是行政机关作出行政行为的重要依据，并且在行政执法结束后除了通过现场笔录，几乎就不能再还原"现场"。因此，现场笔录的制作主体就必须严格要求。其一，制作主体必须合法，即现场笔录的制作主体必须具有行政执法权。行政机关聘用的临时人员以及工勤人员都不具备行政执法权，不能作为现场笔录的制作主体。其二，现场笔录的制作主体不得少于两人，对制作主体的要求也是行政执法的基本要求，例如《行政处罚法》第 37 条规定："行政机关在调查或者进行检查时，执法人员不得少于两人"，执法人员不得少于两人主要是为了保证行政的公正性。对于现场笔录的制作来讲，制作主体不得少于两人显得尤为必要，因为现场笔录的制作过程是伴随执法过程进行的，执法过程中需要有专人进行记录。其三，现场笔录制作人员必须具备制作现场笔录的基本技能，因为现场笔录的制作具有一定的专业性，且执法过程结束后就无法再现"现场"，对笔录制作要求较高。因此现场笔录制作人员必须掌握记录的技巧以及摄影摄像的基本技能。

---

〔1〕 蓝家长："县级药品监督现场检查笔录制作质量调查分析"，载《首都医药》2007 年第 5 期，第 53—54 页。

除此之外，为了保证现场笔录的顺利开展和笔录内容的完整性，必须赋予制作主体必要的权力。如为了查明当事人基本信息，现场笔录制作主体具有要求当事人提供基本信息的权力。当事人仍然拒绝提供基本信息的，具有强制权的行政机关工作人员具有搜查和检查的权力，不具备强制权的机关，可以要求公安机关等有权部门协助。为了保护现场情况，制作主体具有对他人故意破坏现场情况制止的权力。另外，为了更好地保全现场情况，制作主体可以自主选择固定和保全现场情况的措施和设备。但是，同时也需要对现场笔录制作主体权力的限制，这主要是基于现场笔录内容的全面客观真实性的要求，对现场笔录制作主体自由裁量权的限制。在制作现场笔录的过程中，制作主体无需进行自由裁量，只需要对现场看到的客观事实和执法过程客观全面地记入笔录内容即可，对笔录内容没有自由裁量权，只要是现场具有法律意义的客观事实，执法人员必须如实记录。

2. 笔录内容的一般要素及具体要求

基于我国行政程序法制建设滞后，无统一的行政程序法对现场笔录内容进行规定。对现场笔录内容的规范仅靠《证据规定》第 15 条："被告向人民法院提供的现场笔录，应当载明时间、地点和事件等内容，并由执法人员和当事人签名。"勉力支撑，[1]无法有效地指导和规范执法实践。因此，我们基于行政程序的视角对现场笔录包含的基本要素及具体要求进行科学细化的规范就显得尤为必要，《俄罗斯刑事诉讼法》180 条规定："笔录要按照顺序描述侦察员的所有行为及勘察和（或）检验时发现的情况以及在勘验和检验时刻的状况。笔录应列举和描述勘验和（或）检验是提取的所有物品。笔录还应该指出：在何时、何种气候和照明条件下进行勘验和检验"。可见，《俄罗斯刑事诉讼法》对笔录规范得非常细致，值得我们学习和借鉴。现场笔录从结构上看，主要应包括首部、正文和尾部，具体包括时间、地点、当事人以及执法人员身份等基本信息；执法人员告知情况；现场的客观事实与执法过程和笔录参与人的意见及签名等内容。

（1）基本情况。

现场笔录的首部主要是指时间、地点和现场人员身份等基本信息以及告知情况的记录。这些基本信息反映时间的即时性以及地点的同一性，从而判断现场笔录的现场性，同时也能固定现场人员身份，有利于当事人、见证人

---

[1] 许多程序性规范中对现场笔录内容的规范，都是对这一条的照搬照抄。

身份的确认。因此，现场笔录基本信息的正确记录非常重要。虽然在一些程序性规范中有对基本要素记录的规范，但仍规定得比较概括。[1]在实践中，对时间、地点和现场人员身份等信息的记录也存在很多问题。因此，需要通过制定类似《执法文书规范》等细化规则或者格式文书对基本信息的记录进行进一步规范和细化。

一是时间，应该从行政执法开始至执法结束一个时间段，而非一个时间点，在实践中往往存在时间记录不精确。[2]因此，正确的时间记录应该是既要记录开始执法的时间，又要记录执法结束的时间，并且需按照年月日时分的形式，精确到分钟，这样才能从时间上保证现场笔录的现场性。二是地点，通过地点的准确记录，能保证笔录现场和案件现场的同一性，但是在实践中往往对地点记录得不详细，[3]就会导致无法准确判断笔录现场和案件现场的同一性。因此，地点的记录必须详细、具体、规范。三是当事人及执法人员基本信息，当事人基本信息主要包括当事人姓名、性别、住址、联系方式以及身份证号码等。

告知情况的记录，告知程序是现场笔录制作的法定程序，在执法开始时执法人员需向当事人表明身份，告知执法人员的姓名和执法证件号码，告知执法事由和法律依据以及当事人权利义务。对以上告知情况必须固定在现场笔录中，如果现场笔录中缺乏告知情况的记录，在当事人以程序违法质疑现场笔录的合法性时，行政执法人员就有口难辩，无法证明自己履行了告知程序。当然，正如前文所述，实践中也存在执法人员未履行告知程序的情况，为此，一个比较有效的解决方式就是在格式文书中明确规定告知内容，[4]制作人员只需要按照格式文书内容进行宣读，并填写完整即可。

---

〔1〕 《辽宁省行政执法程序规定》第41条规定：现场笔录应当在案件事实的发生地点即时制作，载明时间、地点和事件等内容，并由行政执法人员和当事人签字或者盖章。

〔2〕 "有的只填写现场检查的日期，而不填写起止时间；有的虽然填写了时间，却未能精确到分钟，有的只填写现场检查的日期和开始时间，结束时间忘记填写。"参见蓝家长："县级药品监督现场检查笔录制作质量调查分析"，载《首都医药》2007年第5期，第53—54页。

〔3〕 "有的只写到街道或村组，而未写清门牌号，或通过选择参照物的方式确定具体地点。"参见蓝家长："县级药品监督现场检查笔录制作质量调查分析"，载《首都医药》2007年第5期，第53—54页。

〔4〕 如在格式文书中告知一项中列明："我们是××单位的执法人员：×××，执法证件编号是：×××××，我们依法就××事项进行现场检查，你的权利有：×××，你的义务有：×××，请予配合"等内容。

（2）现场客观事实和执法过程。

现场客观事实和执法过程的客观记录能直接还原执法现场情况，是整个现场笔录内容的主体和核心部分。但从实践的情况来看，这部分也是出现问题最集中的部分，[1]具体内容主要包括记录现场具有法律意义的客观事实和执法过程，对这部分进行记录时需要满足以下三个方面的要求：

一是清晰有序。在记录时应该依照一定的顺序和方法进行，如将现场的事实以一定的时空顺序进行逐一记录。另外"可以采取'由大到小'、'由粗到细'的方法，首先简要描述大环境、方位地点，再收缩到具体需要重点检查的位置；从物品总体摆放、堆码再聚焦到具体商品数量，包装标签及现场痕迹等。"[2]这样才能保证记录的清晰有序和层次分明。

二是客观真实。追求客观真实是制作笔录的真谛，现场笔录不应加入主观判断，应采用纪实的方式对现场情况进行客观准确的描述。另外，执法人员在笔录时应尽量避免推断性语言的使用，尽量用准确的文字或数字进行描述，避免在接下来的行政过程中引起不必要的纠纷。

三是全面详细。在进行记录过程中，制作人员要将所有具有法律意义的客观事实都予以记录，不能只专注记录那些证明涉嫌违法的客观事实，这样不利于全面查清案件事实。同时还必须对现场执法过程进行客观记录，即现场笔录既需要记录静态的客观事实，还需要记录动态的执法过程。[3]另外，记录应详细和具体，特别是对现场物品的特征以及数量等都须详细记录。[4]通过这些详细信息的记录，才准确地识别和确认现场笔录中描述的客观事实。

（3）笔录参与人的意见及签名。

现场笔录主体内容制作完成后，需要笔录参与人对笔录内容进行确认，经确认无误后进行签名。正如上文所述，这个签名确认程序作为现场笔录的

---

〔1〕 蓝家长："县级药品监督现场检查笔录制作质量调查分析"，载《首都医药》2007 年第 5 期，第 53—54 页。文中提及：被检查的笔录中，有 15 份对违法事实描述不当，占 30% 。

〔2〕 蓝家长："县级药品监督现场检查笔录制作质量调查分析"，载《首都医药》2007 年第 5 期，第 53—54 页。

〔3〕 如在《重庆市土地监察暂行办法》第 10 条规定：对土地违法主要事实清楚，证据充分的案件，可以现场调查取证后当场作出处理。但必须制作现场笔录，将调查取证及处理全过程如实记录在案。

〔4〕 《中国证券监督管理委员会冻结、查封实施办法》第 15 条就进行了较为详细的规定：现场笔录应当载明下列事项：（五）冻结、查封的具体事项，包括涉案财产或者重要证据的名称、代码、数量、金额、地址等。

法定程序，经当事人确认类似于对记录内容进行质证，有利于保证现场笔录记录内容的真实性和全面性。因此现场笔录中笔录参与人，特别是当事人的意见和签名非常重要。笔录参与人员在签名前具有了解笔录内容的权利，并且具有对笔录提出异议和发表意见的权利以及具有拒绝签名的权利。根据《俄罗斯刑事诉讼法》第166条、第167条的规定，"在签名前，笔录应当提交所有参加侦查行为的人了解。同时应当向这些人说明他们有权在笔录中提出关于补充和修改笔录的意见。关于补充和修改笔录的意见均应由这些人签字予以说明和证明。拒绝在笔录上签字的人，应当有机会对拒绝签字的原因进行解释，其解释也应该记入笔录。"[1] 这是《俄罗斯刑事诉讼法》关于侦查人员制作勘验、检查笔录的规定，对我国现场笔录的签名的规范具有借鉴意义。

奥地利《普通行政程序法》对当事人异议如何记录进行了详细的规定，已经制作的笔录不得作实质性的更改。受询问人或在场人员有异议的，可以要求更正，但不得涂改原记录内容。[2] 因此，现场笔录制作完成后，经记录人对笔录内容进行宣读后，笔录参与人可以提出异议并发表意见。如果当事人的异议意见没有被笔录人员采纳，未能在笔录正文中体现，笔录制作人员必须将当事人的意见在笔录备注栏中专门记录，如果笔录人员拒绝记录当事人的意见，当事人有拒绝签名的权利。当事人签名也应区分异议签名和无异议签名，如果经确认，当事人对现场笔录内容无异议，当事人应该表明对笔录事实无异议，并签名署上日期。对笔录存在异议的，在备注栏的异议意见后签名并署上日期。如果当事人无法签名或拒绝签名的，应在笔录中注明当事人无法或拒绝签名的原因，并邀请见证人签名，无法邀请见证人或见证人拒绝签名的，笔录人员也应注明原因。为了防止笔录所载事实和防止笔录离开现场后被修改，当事人还应在笔录中有修改的地方和笔录的每页末端签名或盖章固定。

---

〔1〕 转引自袁志：《勘验、检查笔录研究》，西南财经大学出版社2007年版，第144页。

〔2〕 应松年主编：《比较行政程序法》，中国法制出版社1999年版，第304页。

我国扣船管辖与实体管辖分离制度存在的问题及完善建议

Defects in Separation of Jurisdiction to Arrest a Ship and to Decide on Merits in China and Suggestions for Improvement

王德辉 *

　　摘　要： 我国海事诉讼法引入了扣船管辖和实体管辖分离的制度，与 1952 年《扣船公约》和 1999 年《扣船公约》相比，我国法律规定的管辖权分离的适用范围更广，不限于协议管辖和诉前保全，但我国没有就管辖权分离情况下扣船法院对实体审理法院判决的承认与执行问题作出特别规定。在管辖权分离相对宽泛，判决承认与执行又缺乏保障的情况下，管辖权分离不仅可能给当事人造成经济损失，扰乱国际海运秩序，还可能使扣船法院在被申请人提起扣船错误损害赔偿诉讼时面临审理上的尴尬。鉴于此，本文建议我国适时加入 2005 年《协议选择法院公约》和 1999 年《扣船公约》，并对我国过于宽泛的管辖权分离进行限制，以完善我国的管辖权分离制度。

　　关键词： 扣船管辖　实体管辖　判决承认与执行

---

　　* 王德辉，中国政法大学国际法学院国际法专业 2014 级博士研究生（100088）。

扣船管辖权，是指一国法院为保全申请人的海事请求而对位于其法域内的船舶进行扣押及处置的管辖权。实体管辖权是指一国法院对事实和法律问题进行审理并作出裁决的管辖权。[1]前者是采取扣船保全措施的程序性管辖权，后者是关于实体审理的实体性管辖权。[2]扣船法院同时也是实体审理法院的，为扣船管辖与实体管辖的重合；扣船法院与实体审理法院不是一个法院的，即为扣船管辖权与实体管辖权的分离。扣船管辖权与实体管辖权的分离又分为两种情形：一类是扣船法院与实体审理法院均在同一法域内；另一类是两者不在同一法域内。[3]本文探讨的是扣船法院与实体审理法院不在同一法域内的扣船管辖与实体管辖的分离（以下简称"管辖权分离"）。

1952年《统一海船扣押某些规定的国际公约》（以下简称"1952年《扣船公约》"）和1999年《国际船舶扣押公约》（以下简称"1999年《扣船公约》"）都对管辖权分离做出了规定。我国海事诉讼法也引入了管辖权分离制度，与公约相比，我国管辖权分离的适用范围更广。另外，我国没有就管辖权分离下扣船法院对实体审理法院判决的承认与执行问题作出特别规定。这种制度移植上的法律丢失现象使得我国的管辖权分离制度出现了问题。

本文将在对公约下的管辖权分离制度进行阐述的基础上，对比我国的管辖权分离制度，并对我国管辖权分离制度存在的问题及如何完善进行论述。

一、国际公约下的管辖权分离制度

（一）管辖权分离的产生

根据法院受理扣船申请的时间不同，管辖权分离下的扣船分为诉前扣船与诉中扣船。诉前扣船下的管辖权分离是指先由船舶所在地法院实施扣船，然后当事人再到实体管辖法院提起实体诉讼；诉中扣船下的管辖权分离是指实体审理法院受理案件后，在审理过程中由船舶所在地法院实施扣船。

国际公约作出管辖权分离规定的条款分别是1952年《扣船公约》第7条

〔1〕 邵鹤云："从国际公约角度论扣船管辖的发展"，载《知识经济》2014年第12期，第45页。
〔2〕 张丽英：《船舶扣押及相关法律问题研究》，法律出版社2009年版，第177页。
〔3〕 张丽英：《船舶扣押及相关法律问题研究》，法律出版社2009年版，第179页。

第 2 款[1]和 1999 年《扣船公约》第 7 条第 3 款[2]。在这两个条款中，均有类似"扣船法院扣船后规定请求人向实体管辖法院提起诉讼"这样的表述，这说明，公约下的管辖权分离仅指诉前扣船的情形，而不包括扣船法院为其他国家法院审理过程中的案件采取扣船措施形成的管辖权分离。

就诉前扣船而言，要在国际范围内实现扣船法院与实体审理法院的分离，需要具备两个条件。第一个条件是扣船法院不对案件进行实体审理。扣船法院不对案件进行实体审理的原因有两个，一是"不能"，另一个是"不想"。"不能"是指扣船法院不能取得对实体案件的管辖权；"不想"是指扣船法院在可以对案件行使实体管辖权的情况下拒绝行使管辖权。第二个条件是船舶所在地法院对船舶的扣押不以对案件具有实体管辖权为前提，即船舶所在地法院即便对案件没有实体管辖权，也有权利扣押船舶。第一个条件生成与扣船管辖权相分离的实体管辖权，第二个条件生成与实体管辖权相分离的扣船管辖权。

1. 条件一：扣船法院不对案件进行实体审理

（1）扣船法院不能取得实体管辖权。

在扣船法院是否可以因扣船取得对案件的实体管辖上，两大法系的观点并不一样。在大陆法系，船舶扣押只是一种保全手段，扣船法院并不能当然取得对实体问题的管辖权；而普通法系国家是将船舶扣押作为对物诉讼的一部分，认为扣船法院对实体问题的管辖权源于对物诉讼本身，因此，扣船法院对争议的实体审理同样具有管辖权。两大法系的差异通过 1952 年《扣船公约》和 1999 年《扣船公约》的协调已经越来越小了。1952 年《扣船公约》第 7 条第 1 款规定，依国内法拥有管辖权的扣船法院，在符合公约规定的一定条件下，可以对案件的实体行使管辖权。1999 年《扣船公约》更进了一步，取消了 1952 年《扣船公约》中列举的限制条款，直接规定扣船法院可因船舶扣押而取得对案件实体的管辖权。然而，在对扣船管辖权向实体管辖权

---

〔1〕 该条款原文是："如果在某管辖区域内扣押船舶的法院不具有依据案件事实审理该案的管辖权，则根据第 5 条规定，为使船舶获释而提供的保证金或其他担保，应明确规定是为了满足任何有管辖权审理案件的法院最终可能作出的判决而提供的，扣押船舶的国家的法院或其他有关的司法当局，应规定请求人须向具有此种管辖权的法院提起诉讼的期限。"

〔2〕 该条款原文是："如果扣船实施地国法院或用以使船舶获释的担保的提供地国法院不具有对案件实体问题的管辖权或拒绝行使管辖权，则此种法院可以并在接到请求后应当规定一个期限，在此期限内海事请求人应向主管法院提起诉讼或提请仲裁庭仲裁。"

的转化达成共识的同时，两大法系均认为扣船不能产生排他的管辖权，[1]这就为扣船管辖与实体管辖的分离创造了条件。

1952 年《扣船公约》第 7 条第 3 款和 1999 年《扣船公约》第 7 条第 1 款都规定，在当事人之间存在有效的管辖协议或仲裁协议的情况下，管辖协议或仲裁协议的效力优先。因此，根据公约规定，在当事人之间存在协议管辖的情况下，就会产生管辖权分离。

（2）扣船法院拒绝行使实体管辖权。

扣船法院拒绝行使实体管辖权，通常是基于不方便法院原则或受到其他条约义务的限制。1999 年《扣船公约》第 7 条第 2 款规定："扣船实施地国法院或用以使船舶获释担保的提供地国法院，可拒绝行使该管辖权，只要该国法律允许此种拒绝，并且另一国的法院接受管辖权。"我国虽然还没有在立法上规定不方便法院原则，但在 2005 年《第二次全国涉外商事海事审判工作会议纪要》中已经明确："我国法院在审理涉外商事纠纷案件过程中，如发现案件存在不方便管辖的因素，可以根据'不方便法院原则'裁定驳回原告的起诉。"

目前，在各国法院争夺管辖权的国际环境下，扣船法院拒绝行使管辖权的情形只有在极特殊的情况下才会发生，因此，扣船管辖与实体管辖的分离主要是在当事人之间存在协议管辖的情形下发生。

2. 条件二：船舶扣押不以扣船法院具有实体管辖权为前提

如果扣船管辖权的行使以扣船法院对案件具有实体管辖权为前提，则不会产生扣船管辖与实体管辖分离的问题。所以，船舶所在地法院即便没有实体管辖权也有权对船舶进行扣押是产生管辖权分离的必要条件之一。

在英美法系，根据其对物诉讼的理论，船舶就是被告，船舶扣押是对物诉讼的必然组成部分。扣押船舶本身就是为了行使对案件实体的管辖权，因此，不存在扣船是否需要扣船法院对案件实体具有管辖权的问题。[2]在大陆法系国家，船舶扣押是一种保全措施。根据一般财产保全的理论，进行财产保全的前提条件便是实施保全的法院对案件实体问题具有管辖权。[3]但许多

---

〔1〕 张丽英：《船舶扣押及相关法律问题研究》，法律出版社 2009 年版，第 182 页。

〔2〕 向明华：《经济全球化背景下的船舶扣押法院制度比较研究》，法律出版社 2013 年版，第 162 页。

〔3〕 谭岳奇："船舶扣押的法律思考——兼评我国《海事诉讼特别程序法》的有关规定"，载《贵州大学学报（社会科学版）》2001 年第 6 期，第 4 页。

国家基于诉讼便利原则，允许当事人选择向本案法院或物之所在地法院申请保全。尤其是对于具有极强流动性的船舶，如果不能在发现船舶所在地的法院立即申请扣船，则能够扣押到船舶的概率将大大降低，这不利于对权利人的保护。

对此，1999 年《扣船公约》第 2 条第 3 款规定："为获得担保，可以扣押船舶，即使根据有关合同中的管辖权条款或仲裁条款或其他条款，引起扣船的海事请求应由非扣船实施地国审理，或应付诸仲裁或应适用另一国家的法律。"也即，公约确立了船舶扣押不以扣船法院具有实体管辖权为前提的原则。

（二）管辖权分离下的判决承认与执行问题

扣船管辖与实体管辖的分离是船舶扣押制度国际化的体现。由于航运业的国际性和船舶的流动性，扣船地点变动不居，很难与双方协议的管辖地点一致，若不允许扣船地和诉讼地分离，则要么不能及时扣船，要么不能尊重当事人对管辖的协议选择，故而将两者分离是适当的。问题在于两者分离后，应确保扣船地法院所取得的担保能够用以执行诉讼地法院的判决或仲裁地的裁决，否则扣船便失去主要意义。[1]

关于扣船法院对实体管辖法院判决的承认与执行问题，1952 年《扣船公约》规定的是"为使船舶获释而提供的保证金或其他担保，应明确规定是为了满足任何有管辖权审理案件的法院最终可能作出的判决而提供的"，该规定没有包含在被申请人未提供担保而使得实体管辖法院判决必须针对被扣船舶执行的情形。另外，1952 年《扣船公约》也没有就如何执行被申请人提供的担保问题作出明确规定。当扣船法院与实体审理法院不一致时，船舶扣押地国取得的担保，常常很难保证在另一国审理的裁决的执行。[2]

针对 1952 年《扣船公约》在该问题上的缺陷，1999 年《扣船公约》直接引入了承认与执行外国法院判决的内容，要求扣船地法院对有管辖权的外国法院的判决予以承认，被扣押的船舶或提供的用以使船舶获得释放的担保应用于执行有管辖权的外国法院的判决，只要：①此种诉讼或仲裁已合理通知被告，而且被告有合理的机会就案情提出辩护；②此种承认与公共政策无

---

〔1〕 倪学伟："船舶扣押中的若干法律与实务问题浅析"，载《中国海商法年刊》2001 年第 00 期，第 142 页。

〔2〕 张丽英：《船舶扣押及相关法律问题研究》，法律出版社 2009 年版，第 23 页。

抵触。

二、我国法律下的管辖权分离制度

我国《海事诉讼特别程序法》引入了扣船管辖与实体管辖分离的规定，允许我国海事法院为在外国法院进行实体审理的案件提供扣船保全措施。但与公约相比，我国法律规定的管辖权分离在以下几个方面不同于公约。

1. 我国法律下的管辖权分离缺乏判决承认与执行的保障

关于扣船法院对实体审理法院判决的承认与执行问题，我国没有作出特别的规定，依据的仍然是《民事诉讼法》第 281 条的规定，"对于外国法院作出的发生法律效力的判决、裁定，由当事人向中华人民共和国有管辖权的中级人民法院申请承认和执行，如果该法院所在国与中华人民共和国没有缔结或者共同参加国际条约，也没有互惠关系的，裁定驳回申请。"[1]根据这一原则，如果案件的实体纠纷审理法院国与我国在判决承认与执行方面无共同缔结的条约，也无互惠关系，那么，即使请求权人通过海事法院扣押了被请求人的船舶，或者取得了替代担保，这种担保也无法由我国海事法院强制执行。[2]

可以说，这是我国在引入管辖权分离制度时出现的法律丢失现象。扣船法院对实体审理法院判决的承认与执行是管辖权分离制度有效实施的保障。反过来说，如果管辖权分离不以扣船法院对实体审理法院判决的承认与执行为前提，则管辖权分离制度不仅不能起到保护当事人利益的积极作用，相反，还会造成许多的消极后果。下文将对此予以详细阐述。

2. 我国法律下的管辖权分离不仅限于协议管辖情形

除扣船法院拒绝行使实体管辖权外，公约规定的产生管辖权分离的情形只包括当事人间存在管辖协议一种情形。

与此不同的是，我国《海事诉讼特别程序法》第 19 条规定："海事请求保全执行后，有关海事纠纷未进入诉讼或者仲裁程序的，当事人就该海事请求，可以向采取海事请求保全的海事法院或者其他有管辖权的海事法院提起诉讼，但当事人之间订有诉讼管辖协议或者仲裁协议的除外。"该条规定没有区分国内诉讼与国际诉讼，因此，该条规定也适用于国际诉讼。该条规定说

---

〔1〕 参见《最高人民法院关于适用〈中华人民共和国民事诉讼法〉的解释》第 544 条之规定。

〔2〕 高伟："建立以保全海事请求为目的的船舶扣押制度"，载《中国海商法年刊》1995 年第 6 期，第 84 页。

明，在诉前扣船情形下，以下两种情况均可能产生管辖权分离：①在当事人之间存在管辖协议的情况下，管辖权分离发生在扣船法院与协议选择的法院之间，这种情形是公约规定的情形。②在当事人之间不存在管辖协议的情况下，船舶扣押后，扣船申请人向其他有管辖权的法院提起诉讼的，也会产生管辖权的分离，这种管辖权分离发生在扣船法院与其他有管辖权的法院之间。尽管在司法实践中，申请人申请扣船后再到其他法院提起诉讼的可能性很小，但在法律上，不排除这种情形的发生。

笔者认为，我国该条规定虽然可以适用于纯国内扣船案件（同法域下的管辖权分离），但若适用于国际扣船案件（不同法域下的管辖权分离）则有不妥。首先，在各国争夺管辖权的当前国际环境下，我国没有必要过分限制自己的管辖权；其次，在不存在管辖协议的情况下，作为扣船法院的我国法院对于实体管辖法院为何并不明了，我国法院无法及时判断我国与实体审理法院国是否存在相互承认与执行判决的途径。

3. 我国法律下的管辖权分离不仅限于诉前扣船情形

公约下的管辖权分离仅指扣船法院诉前扣船的情形，而不包括扣船法院为其他国家法院审理过程中的案件采取扣船措施形成的管辖权分离。与此不同的是，我国《最高人民法院关于适用〈中华人民共和国海事诉讼特别程序法〉若干问题的解释》第 21 条第 2 款规定："外国法院已受理相关海事案件或者有关纠纷已经提交仲裁，但涉案财产在中华人民共和国领域内，当事人向财产所在地的海事法院提出海事请求保全申请的，海事法院应当受理。"这就是说，我国规定的管辖权分离不仅包括诉前扣船，还包括诉中扣船，即在外国法院对海事案件审理过程中，当事人也可向我国海事法院提起扣船保全申请，从而形成管辖权分离。

在诉中扣船情形下，由于实体审理法院的立案发生在扣船管辖权行使之前，也即，实体管辖法院可以是依据该国法律对案件具有实体管辖权的任何法院，包括被告属人法院、合同履行地法院、侵权行为地法院等所有可能对案件具有实体管辖权的法院，而不限于当事人协议选择的法院。因此，对于扣船管辖与实体管辖的分离，相较于公约规定的诉前扣船，诉中扣船情形下的实体管辖法院范围更广。

对此，笔者认为，由于在诉讼期间主动将船舶送上门扣押的不多，所以，原告一旦已经在实体管辖法院提起诉讼，诉讼中还能够在实体管辖法院扣到被告船舶的可能性很小。如果在实体管辖法院之外，船舶所在地的法院还能够为实体案件提供海事请求保全措施，能够更好地保护原告的权益。因此，从进一步促进国际合作的角度来看，我国法院允许管辖权分离下的诉中扣船，比公约的规定更具进步性。

三、判决承认与执行对管辖权分离制度的重要性

扣船法院对实体审理法院判决的承认与执行是管辖权分离制度有效实施的保障。在管辖权分离下，如果扣船法院与实体审理法院之间不存在相互承认与执行判决的途径，不仅使扣船保全本身失去意义，还会产生以下消极后果。

（一）损害当事人的利益

船舶具有营运性和价值大的特点，只要发生扣船，就一定会产生高昂的费用和损失，所以，如果实体审理法院的判决不能在扣船法院获得承认与执行，不仅是对司法资源的浪费，同时还会对申请人及被申请人带来极大的经济损失。

就目前而言，我国鲜有管辖权分离的案例，也多是申请人担心自己的利益不仅不能得到保障，而且还有产生新的损失之虞所致。然而，从立法的角度讲，一项法律制度如果不能发挥其效用，则该项制度的设计无疑是不成功的。

（二）扰乱国际海运秩序

国际公约的制定目的是"促进世界海运贸易的协调、有序发展"。避免重复扣船是实现公约目的的重要内容，1999 年《扣船公约》在第 5 条第 1 款中规定了禁止重复扣船的一般义务，"如在任何国家中船舶已经被扣押并释放，或已经为该船提供了用于保全海事请求的担保，则此后该船不应再次被扣押或因同一海事请求而被扣押。"

然而，如果实体审理法院的判决不能在扣船法院获得承认与执行，就会产生重复扣船的问题。1999 年《扣船公约》第 4 条第 5 款规定，"如在一非缔约国中船舶因提供了令人满意的担保而被释放，应下令释放在缔约国中就同一请求提供的任何担保，……但是，除非在一非缔约国中提供的担保能为请求人实际获得并可自由转让，否则不应下令释放该担保。"这就是说，对于不能根据公约的规定对实体审理法院判决予以承认与执行的非公约成员国与公约成员国之间的管辖权分离，如果实体审理法院不能确定其判决能够得到扣船法院的承认与执行，实体审理法院可以不受扣船法院已采取扣船保全措施的约束，并另外采取其他保全措施。如此一来，便会产生重复扣船和担保

的问题。因此，缺乏判决承认与执行保障的管辖权分离不仅不能实现"促进世界海运贸易的协调、有序发展"的目的，还会造成国际海运秩序的混乱。

（三）使扣船法院陷入尴尬的司法局面

在实体审理法院的判决不能在扣船法院获得承认与执行的情况下，其他主体的损失局限于经济损失，但对于扣船法院而言，如果被申请人在扣船法院提起扣船错误损害赔偿之诉，扣船法院则会陷入司法上的尴尬局面。

在扣船错误或申请人要求被申请人提供的担保过多的情况下，被申请人可以提起损害赔偿诉讼。1952 年《扣船公约》和 1999 年《扣船公约》都有这样的规定。[1]并且，1999 年《扣船公约》第 6 条第 2 款规定，"扣船实施地国的法院在请求人对扣押船舶造成的损失或损害负有责任时，应具有判定此种责任程度的管辖权"。我国的法律规定与 1999 年《扣船公约》的规定相同，《海事诉讼特别程序法》第 20 条规定："海事请求人申请海事请求保全错误的，应当赔偿被请求人或者利害关系人因此所遭受的损失。"《海事诉讼特别程序法》第 78 条规定："海事请求人请求担保的数额过高，造成被请求人损失的，应当承担赔偿责任。"

在被申请人就扣船提起损害赔偿诉讼的情况下，扣船法院需要解决的首要问题就是如何认定扣船错误或要求提供的担保过多。

关于如何认定扣船是错误的或不公正的，各国法院在审理时，主要采取两种标准：一是主观归责标准说。主观标准是指申请人的行为是否构成错误扣船并应赔偿被申请人因此所受的损失，取决于申请扣船人是否具有主观上的过错，即恶意或是重大过失，而非应申请人在本诉中的实体海事请求能够成立来确定；[2]英国采取的是主观归责标准。[3]二是客观归责标准说。客观标准指不符合"扣船的实质要件"而申请扣船，所谓"扣船的实质要件"是指申请扣船的条件，即申请人应当具有海事请求，被申请人应当对该海事请求负有责任，被扣押船舶属于可扣押的范围等。如果申请人在扣船之后提起的诉讼被海事法院驳回，则可断定申请人的扣船申请没有满足上述"扣船的

---

〔1〕 分别规定在 1952 年《扣船公约》第 6 条与 1999 年《扣船公约》第 6 条。

〔2〕 王爱玲："一起因错误扣押船舶导致的损害赔偿纠纷案"，载《中国海事》2013 年第 10 期，第 28 页。

〔3〕 William Tetley, "Arrest, Attachment, and Related Maritime Law Procedures", *Tulane Law Review*, 73 (1999), 1915.

实质要件"，其申请扣船的行为构成错误扣船。[1]

关于如何认定"要求提供的担保过多"，显然是一个数字对比的问题，即将申请人要求被申请人提供的释船担保与申请人最终获得支持的海事请求数额作比较，如果申请人要求被申请人提供的释船担保数额过分高于申请人最终获得支持的海事请求数额，则构成"要求提供的担保过多"。

通过以上分析，可见在对被申请人提起的扣船损害赔偿案件进行审理时，不可避免地要依赖于实体审理法院的最终判决。也正因为如此，1999 年《扣船公约》第 6 条第 4 款才会作出这样的规定："如由另一国家的法院或由仲裁庭按第 7 条的规定来裁决案件的实体问题，则在作出该裁决前，（扣船法院）可中止有关本条第 2 款规定的请求人责任的诉讼程序（错误扣船损害赔偿程序）。"

然而，上述 1999 年《扣船公约》第 6 条第 4 款的规定是建立在实体审理法院作出的判决能够得到扣船法院承认与执行的基础之上的，如果实体审理法院的判决不能获得扣船法院的承认与执行，且被告已就扣船提起损害赔偿之诉，则扣船法院将陷入这样的尴尬局面：

第一，实体审理法院作出的判决不能在扣船法院获得承认与执行本身是否等同于申请人扣船错误？答案显然是否定的。因为这种做法明显违背公平正义。首先，申请人申请扣船是扣船地法律赋予的权利，申请人在实体审理法院提起诉讼也是符合扣船地法律规定的，所以，实体审理法院的判决不能在扣船管辖法院获得承认与执行不是申请人的过错；其次，法院之间对判决的相互承认与执行属于国际司法协助的范畴，是当事人无法控制的，将两国法院之间没有建立起程序上的司法协助途径而产生的后果等同于当事人的行为错误显然是不合适的。另外，申请人申请扣船本是为了保全自己的海事请求，而如果申请人不仅不能保障自己的海事请求，甚至还会使自己无端产生赔偿责任，这显然与制度设立的目的不符。

第二，如果实体审理法院作出的判决不能在扣船法院获得承认与执行本身不等同于海事请求人申请海事请求保全错误，在被申请人提起错误扣船损害赔偿之诉，尤其是主张申请人要求提供的担保过多时，扣船法院除依据实

---

[1] 王爱玲："一起因错误扣押船舶导致的损害赔偿纠纷案"，载《中国海事》2013 年第 10 期，第 28 页。

体审理法院的判决来认定外，没有其他的选择。而这种做法则相当于是对实体审理法院判决的间接承认。一个于申请人不能获得承认与执行的判决却在申请人成为被告的诉讼中被用来确定申请人的责任，这无疑是荒唐的。

所以，综上，无论是对于国际海运秩序，还是对于管辖权分离下的扣船法院本身，扣船法院与实体审理法院之间存在判决的承认与执行都构成允许管辖权分离的前提。甚至可以说，如果船舶所在地法院与实体审理法院之间不存在判决承认与执行，则船舶所在地法院应避免该两国间管辖权分离的发生。

四、完善我国管辖权分离制度的建议

对于我国法律在管辖权分离制度上的相关问题，笔者认为，我国应当在以下方面作出完善：

1. 加入相关国际公约以解决判决承认与执行问题

我国可以考虑加入以下两个公约以建立判决承认与执行的途径：

（1）2005 年海牙《选择法院协议公约》。

2005 年海牙《选择法院协议公约》于 2005 年 6 月在第 20 届海牙外交会议上获得通过，随着墨西哥和欧盟对公约的批准，公约已于 2015 年 10 月 1 日生效。我国是《选择法院协议公约》的签署国，但目前尚未批准。

《选择法院协议公约》对选择法院协议的效力认定及适用范围进行了规定，同时，公约规定缔约国负有承认和执行排他性选择法院协议所指定的其他缔约国法院所作判决的一般义务。

在两大法系已经对扣船管辖权向实体管辖权的转化达成共识的情况下，当事人之间的协议管辖是目前管辖权分离的主要原因。而《选择法院协议公约》正是为协议管辖情形下承认与执行外国判决所制定的公约，所以，我国可考虑适时加入该公约。

（2）1999 年《扣船公约》。

1999 年《扣船公约》明确了扣船法院对实体审理法院判决予以承认和执行的条件。与《选择法院协议公约》相比较，在扣船法院对实体审理法院判决的承认与执行问题上，1999 年《扣船公约》的应用范围更广，除适用于协议管辖外，还包括扣船法院因不方便管辖等原因拒绝行使管辖权等情形。

1999 年《扣船公约》已经于 2011 年 9 月 14 日生效。我国《海事诉讼特别程序法》在船舶扣押制度上吸收了 1999 年《扣船公约》的规定，在立法上已基本确立了与国际公约相一致的扣船制度。[1]因此，我国加入1999年《扣船公约》应不存在法律上的障碍，可以考虑适时加入。

2. 限制我国法律规定的管辖权分离的产生情形

关于管辖权分离的产生情形，应当区分同法域的管辖权分离与不同法域的管辖权分离，对于同法域的管辖权分离，可以适用《海事诉讼特别程序法》第19条的规定。但是，对于不同法域的管辖权分离，我国法律应当借鉴公约的规定，申请人在我国海事法院提起诉前扣船保全请求后，除非当事人之间订立有管辖协议或仲裁协议，否则应当在扣船法院提起实体诉讼。

3. 限制我国法院扣船管辖权的行使

在管辖权分离下的扣船管辖权的行使上，我国法律应作出进一步规定，我国海事法院在本身不行使实体管辖权的情况下，行使扣船管辖权应以我国与实体审理法院国之间存在承认与执行相关判决为前提。具体而言：①在我国法院诉前扣船情形下，当事人之间订立有管辖协议的，我国法院对保全措施的维持以我国与该国存在相互承认与执行判决为前提，否则，我国应当解除保全措施。②对于外国法院已受理相关海事案件情形下的诉中扣船申请，我国法院是否受理扣船申请以我国与该国存在相互承认与执行判决为前提，否则，我国应当拒绝受理相关扣船申请。

五、结　语

虽然每个国际公约的具体目的不同，但毋庸置疑，每个国际公约的制定都是为了加强国际合作，协调冲突，促进交流，维护和增强国际秩序，增进人类福祉。扣船制度的国际发展也是如此。

在国际商事诉讼中，最大的障碍就是判决在外国的承认与执行，扣船制度则弥补了这种困难。首先，扣船法院可以通过扣押被告的船舶获得实体管辖权并对案件进行审理，这就使判决的执行有了保障。[2]其次，通过管辖权分离，进一步对执行扣船地国以外的法院判决提供了保障。而实现这个美好目标的前提就是该外国法院的判决能够在扣船地国得到承认与执行。因此，判决承认与执行是管辖权分离制度的必要组成部分，脱离了判决承认与执行的管辖权分离制度不仅不能增强国际秩序，反而还会损害既有的国际秩序。

---

〔1〕　张丽英：《船舶扣押及相关法律问题研究》，法律出版社2009年版，第35页。

〔2〕　Veronica Ruiz Abou-nigm, *The Arrest of Ships in Private International Law*, Oxford University Press, 2011, p. 217.

　　管辖权分离可以通过国内法规定，但国家间判决的承认与执行却必须通过国际条约才能实现。因此，我国海事诉讼法仅在国内法层面引入公约关于管辖权分离的规定，而没有加入公约并以此使管辖权分离建立在公约规定的判决承认与执行制度之上，其结果是，我国海事诉讼法中的管辖权分离制度必然是"跛脚"的管辖权分离。

法理法史

重访功能比较方法
A Revisit to Functional Method of Comparative Law

张晓冰 *

　　摘　要：功能比较方法发轫于耶林对法的功能之重视，后由拉贝尔首次引入比较法视域之中，茨威格特、克茨二人确定其内涵并倡导宣扬，使功能比较方法在比较法学界获得呼风唤雨的地位。本文拟通过探析功能比较方法的产生背景，进而逐层揭示其特征、蕴涵，并检视部分学者对功能比较方法的批判，期许达到厘清功能比较方法与概念比较方法二者之间的各种纷争。
　　关键词：功能主义　比较　方法论

引　言

　　古斯塔夫·拉德布鲁赫曾言："就像因自我观察而受折磨的人多数是病人一样，有理由去为本身的方法论费心忙碌的科学，也常常成为病态的科学，健康的人和健康的科学并不如此操心去知晓自身。"[1]这句话在方法论

---

　　* 张晓冰，中国青少年研究中心（100089）。

[1]　［德］拉德布鲁赫：《法学导论》，米健、朱林译，中国大百科全书出版社 1997 年版，第 169 页。对于这句话的翻译另有两个版本，一为潘汉典的译著《比较法总论》第三章开篇所引用的话："某些科学如果必须忙于从事探讨自己的方法论，就是带病的科学"；另一版本是范愉的译著《比较法》第四章开篇引言："某些科学如果不得不忙于探讨自己的方法论，就是有病的科学"。

反对者们看来堪称经典之言，在与支持者们的论战中常常被引用，如同他们的最佳论据一般，获致足够的珍视。然而，大木对之并不以为然，他剖析道："这句话只是针对方法论有些过剩的德国而言的，而对于方法论极端贫乏、长期对基础理论敬而远之的国家来说，这种说法则可能有害于科学的进步。"[1]大木雅夫则认为，"这种警告在科学的世界里大体从未越过德国的边境，即使越过国境也仅限于欧洲这一文化共同体内，可见她只具有某种程度上的意义。"[2]至于同为德国人的茨威格特、克茨对拉德布鲁赫之语亦是嗤之以鼻的，"我们并不认为这种诊断符合现代比较法的情况。"[3]

那么方法论的守护者们是如何宣言其重要性的呢？依茨威格特、克茨之见，"深入探讨比较法的方法是富有意义的；这不是因为比较法有毛病，而是因为法学是有病的，而比较法却是一剂良药。"[4]而按照大木雅夫的说法则是，"为了使拥有不同文化传统、生活在形态各异的社会环境中、受着完全不同的教育、习惯以不同的方法思考问题的人与人之间能够开展对话，方法论就具有了非常重要的意义……科学讨论所具有的说服力，有时是可以期待从合理的推论中获得的，而保证这种合理性的，归根到底是对方法的不断省察……至少，必须抛弃方法论的莫名其妙的偏见。尤其是在比较法这种以比较方法为必不可少之要素的学科中，方法论本身就是其最重要的课题之一……"[5]

探询了以上著名学者对比较法研究方法的攻击及捍卫，笔者认为，比较法的研究方法是二战后至今比较法学界最核心最重要的问题之一，因之"一方面建立在法哲学对法的解释的基础之上，另一方面又直接决定了比较法的研究范围、任务与研究的深度。"[6]

既然比较法的研究方法有意义，那么本文的主题——功能比较方法——即拥有了存在的前提。功能比较方法是怎样的一种方法，其产生背景如何，

---

〔1〕 ［日］大木："萨莱伊与达维德"，载《上智法学论集》1987 年第 30 卷，第 86 页。转引自大木雅夫：《比较法》，范愉译，法律出版社 2006 年版，第 79 页。

〔2〕 ［日］大木雅夫：《比较法》，范愉译，法律出版社 2006 年版，第 79 页。

〔3〕 ［德］K. 茨威格特、H. 克茨：《比较法总论》，潘汉典、米健、高鸿钧、贺卫方译，法律出版社 2003 年版，第 44 页。作者亦对该句话从各个层次进行全方位的展开及分析，并表明己方立场，详见第 44—45 页，此处不加以赘述。

〔4〕 ［德］K. 茨威格特、H. 克茨：《比较法总论》，潘汉典、米健、高鸿钧、贺卫方译，法律出版社 2003 年版，第 44 页。

〔5〕 参见 ［日］大木雅夫：《比较法》，范愉译，法律出版社 2006 年版，第 79—80 页。

〔6〕 李秀清等：《20 世纪比较法学》，商务印书馆 2006 年版，第 151 页。

有哪些理论对手，这些问题都等着我们一一去揭开面纱。

一、功能比较方法的产生背景

功能比较方法的产生背景复杂而又饶有趣味，她无不是在与其理论对手——概念比较方法[1]——的抗衡之中挣扎爬梳出来的。19 世纪晚期，以乔治·弗里德里希·普赫塔（Georg Friedrich Puchta）为首的概念法学派已经逐渐失去其辉煌的概念天堂，以其为理论支柱的概念比较方法随之日益衰落，摘下了比较法方法论皇冠上的明珠，回到了昔日卑微的灰姑娘之路上。

取而代之的是由菲利普·赫克（Philipp Heck）倡导的利益法学。在利益法学派看来，每一法律制度必然是不完全的和充满漏洞的；法是立法者为解决相互冲突的各种利益而制定的原则，因而法只表明某一社会集团的利益胜过另一集团的利益，或双方的利益都应服从第三个集团或整个社会的利益。

此外，在 20 世纪初，欧洲产生了一种比利益法学更为激进的理论——自由法，该理论强调审判过程中法官的主观法律直觉或者意识。现代法理学家斯坦利·费希（Stanley Fish）在其著作《Doing What Comes Naturally》更是大胆地提出这样的思想："我将使不加反思的行动被牢牢嵌入实践的语境中。这种行动——在我的论点中别无其他——在独立于历史和社会结构的进程中，是毫不自然的；但一旦那些结构是适当的（并且它们总是如此），那么你想做什么并不是对更高层级的法或支配万物的理论的反应，而是来源于你自身，就好像呼吸一样自然。"[2]这些理论的出现，显然在一定程度上对功能比较方法的诞生产生了积极的影响。

利益法学、自由法学、法律社会学和法律现实主义以各种形式对概念法学展开了批判，粉碎了各国建立的各自的概念体系、高度精密的学说和教条结构，为人们对法律的认识提供了新方法。这些学派虽然各有自己的主张，但在一点上却取得了共识，即法律科学的对象并不是概念的法律结构，而是这些法律结构应当解决的生活问题；法是"社会工程"，法律科学是社会科学。[3]

在我们真正进入功能比较方法产生背景的剖析之前，我们尚需解决一个问题，即对概念比较方法的内涵有一个简单的掌握。对于理论对手，我们固

---

〔1〕 概念比较方法有诸多称谓，如结构主义、概念主义等，本文统一采用"概念比较方法"此一称谓。

〔2〕 Stanley Fish, *Doing What Comes Naturally：Change，Rhetoric，and the Practice of Theory in Literary and Legal Studies x*，Duke U. Press，1995.

〔3〕 李秀清等：《20 世纪比较法学》，商务印书馆 2006 年版，第 140—141 页。

然不能过于高估其意义，却也不能弃若妄闻。由于它在 19 世纪的法学界风靡一时，甚至至今仍然占有一席之地，故需要简要了解其主张。换言之，对批驳对象基本情况的了解和把握是我们捍卫己方立场的基本要求，否则我们将卷入没有意义的争执，如此实乃无谓之举。

概念比较方法，亦有称规范比较方法、立法比较方法。它是把法律规则作为研究中心，比较不同国家的法律体系的各个法律部门、法律制度或法律规则的相同点和不同点，它着重研究本国法律制度，即它的概念、结构、规范等。

概念比较方法的应用条件有两个：一是不同的国家具有相同的法律结构，即被比较的国家其法律部门的划分及其法律概念、法律制度、规则、职业等均具有同一性或相似性，期许获致可比较性。二是被比较的法律制度、规则在不同的国家中具有相同的社会功能。即它们具有相同的社会政治、经济、文化制度，各自的法律规则、职业和角色在不同国家具有相同社会效用。[1]

从概念比较方法这两个应用条件来看，我们不难发现其明显的不足：如果被比较国家的法律的社会功能相同而法律结构不同，或是法律结构相同而社会功能不同，则不具有可比性，概念比较方法无法发挥其效用。此外它仅注重文本上的法律而忽视法律产生的社会条件及其实际功能，容易流于形式；概念比较往往仅以本国的法律概念、法律规则乃至法律思维方式为出发点，与其他国家的法律及其制度相比较，则会产生狭隘的而又自我陶醉的民族中心主义。[2]这些局限性亦注定了概念比较方法要低头认输。

从上述利益法学等理论的浮于水面，到概念比较方法的自身局限，所有这些细微变化已经显露出后来比较方法趋势的某些端倪。从概念比较方法过渡到功能比较方法，已经成为不可逆转的事情。

二、功能比较方法

功能比较方法，亦称为功能主义（funtionalism）[3]、功能方法（functional

---

〔1〕 参见刘兆兴："论东北亚比较法的研究方法"，载《河北法学》2009 年第 12 期。

〔2〕 参见刘兆兴："论东北亚比较法的研究方法"，载《河北法学》2009 年第 12 期。

〔3〕 根据 Ralf Michaels 的看法，功能主义有六种，一是以目的论为基础的新亚里士多德功能主义，二是以达尔文传统为基础的进化功能主义，三是以涂尔干社会学为基础的结构功能主义，四是以认识论为基础的新康德功能主义，五是以非目的论、非原因论为基础的均等功能主义，六是折衷功能主义（涵盖上述五种——明显处于不相容的状态）。茨威格特采用的是均等功能主义，它是社会学中罪健全的概念。笔者亦认为均等功能主义更可欲。详见 Ralf Michaels, *The Functional Method of Comparative Law*, in: *The Oxford Handbook of Comparative Law*, eds. Mathias Reimann and Reinhard Zimmermann, Ox. U. Press, 2006, Chapter 10.

approach），滥觞于耶林对法的功能的重视，后来由德国的拉贝尔[1]首次将其引入比较法的视域之中，并予以倡导宣扬。而随着 1939 年拉贝尔被迫逃亡美国以及大批德国法学家流亡海外，功能主义在美国得到进一步的发展。经过威格摩尔和帕温德等人的推动，最后由茨威格特和克茨[2]确立了功能主义的比较法。[3]

确切地定义功能比较，即对同一社会需要及其产生的社会冲突问题不同国家的法律是怎样调整的或不同国家的法律解决手段如何进行的比较，是从不同国家法律中发现不同的解决问题的手段。简单的定义过后，我们所面临的问题是挖掘定义，探询功能比较方法的特点及其背后深刻的内涵。

（一）问题性思考

功能比较方法推崇的不是通过所谓体系性的思考，而是通过问题性思考进行。具体而言，功能比较认为应该这样提出问题："在本国法律秩序中有通过这种法律制度处理的某种法律需求，而外国法是通过什么方式满足这一需求的？"[4]换言之，功能比较着手解决问题的出发点和基础是社会所面临的各种问题或需要。功能主义考察同一个事实问题在两个或两个以上的法律体系中是如何解决的，而后探究这些问题解决方法的异同。由此可见，它着手解决具体的社会问题、社会事实，其出发点并非单纯基于制定法，或者法律制度的结构。易言之，功能比较与法社会学的关系密不可分。拉贝尔曾作过如

---

〔1〕 Ralf Michaels 认为，功能主义之所以会呈现出如此混乱的理论背景，是由于比起方法论，以拉贝尔为首的创始者们对实用主义更感兴趣。详见 Ralf Michaels, The Functional Method of Comparative Law, in: *The Oxford Handbook of Comparative Law*, eds. Mathias Reimann and Reinhard Zimmermann, Ox. U. Press, 2006, Chapter 10. Max Rheinstein 亦认为拉贝尔的方法实用多过理论，他更趋向于解决实际问题。详见 Max Rheinstein, "In Memory of Ernst Rabel", 5 *Am. J. Comp. L.*, 185（1956），187.

〔2〕 前人 Josef Esser 的功能主义比茨威格特、克茨的功能主义内涵更加丰富、老道，不过二者在中心意义上仍然惊人的相似：制度的产生是有条件的，而问题是普遍的，功能能够作为 tertium comparationis，不同的法律制度能够通过不同的手段寻找到相似的解决方式，因此法律原则能够用自身术语来作为一个法律体系被寻获或形成。详见 Josef Esser, Grundsatz und Norm in der richterlichen Rechtsfortbildung（1956），esp. 31 ff., 346 ff. 而比 Josef Esser 的功能主义更哲学化的是 James Gordley，他更多地受到亚里士多德和托马斯·阿奎那的传统影响。详见 James Gordley, "*The Universalist Heritage*", in Legrand, Munday（n. 5）31 – 45; id, *The Foundations of Private Law*: Property, Tort, Contract, Unjust Enrichment（forthcoming），1 ff. 均转引自 Ralf Michaels, The Functional Method of Comparative Law, in: *The Oxford Handbook of Comparative Law*, eds. Mathias Reimann and Reinhard Zimmermann, Ox. U. Press, 2006, Chapter 10.

〔3〕 参见 ［日］大木雅夫：《比较法》，范愉译，法律出版社 2006 年版，第 84 页。

〔4〕 ［日］大木雅夫：《比较法》，范愉译，法律出版社 2006 年版，第 86 页。

下总结："我们比较的不是（法律的）固定的材料和孤立的段落，而是各种解决办法，这些办法是由此国或彼国为了解决相同的一个具体事实问题而产生的；而后，我们要追问这些解决办法为什么会产生，以及它们有哪些成功之处。"[1]

拉贝尔的学生马克斯·鲁因斯坦认为，每一项规则或制度应该在以下两个问题中证明其存在的合理性：其一，在当前社会中它发挥着什么功能？其二，它的功能发挥得怎样，效果如何，另一项规则是否比它更加可欲？[2]简言之，在进行比较之时，功能是必须首先思虑的主题。

（二）摆脱本国法律概念的束缚

功能比较方法摆脱了在概念比较方法中容易受到的本国法律概念的束缚和限制。不同的国家、民族在自己的法律实践过程中必然形成了一些特有的法律概念，而这些法律概念往往受到了本国的社会经济、政治、文化、历史等等因素的制约，具有所谓的"特色"，不一定符合另一个国家的传统。没有任何两个国家，或者同一国家任何两个时期是处于完全相同的状态，正如人无法两次过同一条河的道理一般。例如，英美合同法中的"约因"、"善意不真实意思表示"、"不当威胁"、"契约目的落空"等等，这些制度在大陆合同法中是无法找到的，但我们却未必能以此认为两大法系关于合同法的基本制度不同。又如，"立约动机"这一制度在英美法系中起着"不保护无偿契约"的作用，但也不至于说，在大陆法系中，无偿契约就会得到全面的保护。

既然特有概念的存在具有必然性，那么也就意味着概念比较方法的局限性所造成的漏洞必须由功能比较方法来填补。茨威格特、克茨列举的例子广为流传，不要这样提问："外国法关于买卖契约设有什么规定？"最好这样提问："外国法如何保护当事人免于草率立约或者不受未经认真考虑的行为的约束？"[3]

---

[1] David J. Gerber, "Sculpting the Agenda of Comparative Law: Ernst Rabel and the Facade of Language," *Rethinking the Masters of Comparative Law*, edited by Annelise Riles, Northwestern University School of Law Hart Publishing, 2001, p. 199. 转引自李秀清等：《20 世纪比较法学》，商务印书馆 2006 年版，第 142 页。

[2] See Anne Peters & Heiner Schwenke, "Comparative Law Beyond Post-Modernism," *International and Comparative Law Quarterly* 49 (2000), 808 - 809. 转引自李秀清等：《20 世纪比较法学》，商务印书馆 2006 年版，第 142 页。

[3] [德] K. 茨威格特、H. 克茨：《比较法总论》，潘汉典、米健、高鸿钧、贺卫方译，法律出版社 2003 年版，第 47 页。

（三）崭新的思考资料

功能比较方法抛弃了仅仅作为"法律规范和制度的描画大纲"[1]的传统概念比较方法，为比较法的研究提供了一种崭新的思考方法，从而大大拓宽了比较法的研究视野。然而与此同时，它也使比较法学者面临着更艰巨的任务，那就是不能局限于对法律规范进行简单、直接的比较研究，而是要对法律生活的整体进行全面的考察，研究"社会中的法"。[2]根据拉贝尔的判断，应该是这样的：

关于法律问题的思考资料必须是：过去和现在的全世界的法律；以及同法律相关的地理、气候人种；各民族的历史命运——战争、革命、建国、奴役；宗教和伦理观念；各个人的抱负和创造力、商品生产与消费的要求；各阶层、党派和阶级的利益；各种思潮，不仅封建主义、自由主义、社会主义产生各自不同的法律，各种思潮、已选定的法律道路的合乎逻辑的考虑、特别是对于一种国家和法律的理想的追求，都是起作用的。所有这一切在社会、经济和法律的形成上都是互为前提的。所有发达民族的法律在阳光下迎风闪烁，千姿百态。这个颤动着的实体构成一个任何人依靠直觉无法了解的整体。[3]

（四）类似的推定

在我们离开功能比较方法的内涵之前，尚有一个重要的面向需要我们予以介绍。茨威格特、克茨这两位比较法巨擘在《比较法总论》中曾提及"类似的推定"[4]这一术语，究竟指的是什么呢？"类似的推定"被冠以崇高的地位，有学者认为功能比较方法之所以成为一种卓越的方法，也正是因为它以"类似的推定"作为重要的基础。[5]

比较法有这样一条基本规律："各种不同的法律秩序，尽管在其历史发展、体系和理论的构成及其实际适用的方式上完全不相同，但是对同样的生

---

〔1〕 李秀清等：《20世纪比较法学》，商务印书馆2006年版，第143页。

〔2〕 李秀清等：《20世纪比较法学》，商务印书馆2006年版，第143页。

〔3〕 ［德］K. 茨威格特、H. 克茨：《比较法总论》，潘汉典、米健、高鸿钧、贺卫方译，法律出版社2003年版，第49页。

〔4〕 大木雅夫以"比较可能性"来代替"类似的推定"。他说比较的方法，只能在各比较项之间有比较可能性（可比性）的场合才能适用。所谓比较可能性，可以理解为各比较项之间的结构的类似性和功能的等值性。而功能比较就是以"比较可能性"为基础的。可见"比较可能性"与"类似的推定"有异曲同工之妙。［日］大木雅夫：《比较法》，范愉译，法律出版社2006年版，第84页。

〔5〕 李秀清等：《20世纪比较法学》，商务印书馆2006年版，第184页。

活问题——往往直到细节上，采取同样的或者十分类似的解决办法。"[1]而在世界上所有发达的法律秩序中，在法律往来上同样的需要总是以同样的或者十分类似的方法予以解决。如果我们将之运用到比较法中，会发现这是一条关于实际解决办法类型性的推定。

首先，在比较法研究开始时，这个推定可以作为启发式的原则使用——它能够给研究者指点正确的道路，指示他注意相对应的和类似的事物，以实际解决问题可能的同一性为目标，应当考察外国法和外国法现实的哪些领域；其次，在研究工作终结时，这个推定成为检验其结果是否正确的手段。如果比较法学者在他进行研究的比较法律秩序中，找到同样的或类似的实际解决办法，他便获致满意感。反之，如果他查到在实际解决问题上大不相同或者完全相对立的结果，他就应当注意这件事情，并且必须再一次鉴察他原先提出的问题是否正确地和完全彻底地根据各个法律形式的功能，还有他的研究范围是否够广阔。[2]

然而前述推定并不是适用于一切法律领域的。对于某些领域——它的法律受到一定社会的特殊的政治与道德价值观的强烈影响——这个推定是不适用的。[3]

梳理至此，功能比较方法的内涵已经比较清晰地呈现在我们眼前了。那么接下来的问题变成：功能比较方法具体是如何操作的。有学者提出六个步骤：

其一，在所比较国家中找出人们共同遇到的社会问题或社会需要，这是比较研究的"共同起点"；其二，研究这些国家对这种社会问题或社会需要所采取的法律解决办法，即有关的法律规范、程序和制度；其三，研究不同国家所采取的法律解决办法的同异及理由；其四，研究这些异同的产生原因及其所反映出来的发展趋势；其五，根据是否符合社会需要、社会效果的客观标准对各种法律解决办法进行评价；其六，根据既定的社会存在和需要、既

---

[1]　[德] K. 茨威格特、H. 克茨：《比较法总论》，潘汉典、米健、高鸿钧、贺卫方译，法律出版社 2003 年版，第 54 页。

[2]　[德] K. 茨威格特、H. 克茨：《比较法总论》，潘汉典、米健、高鸿钧、贺卫方译，法律出版社 2003 年版，第 54—55 页。

[3]　[德] K. 茨威格特、H. 克茨：《比较法总论》，潘汉典、米健、高鸿钧、贺卫方译，法律出版社 2003 年版，第 55 页。

定的解决办法的实际影响以及某些领域的发展趋势，合理地预测未来的发展。[1]

卡佩莱蒂的六步骤确已翔实地将功能比较方法的各个程序囊括进来，然而比起茨威格特、克茨的《比较法总论》一书中分散出现的步骤而言，仍存在不充分的情况。他们主张比较的最后应该建立一个松散的比较体系，[2]从而能在一些相对宽大的概念之下，把那些虽然是异质的，但在功能上存在比较可能性的制度、程序都集中起来，而且这个体系的一些概念会远远比本国制度的概念更加宽泛一些。[3]这样的比较法体系的形成，无论对于功能比较方法本身，抑或是对比较法研究，甚至是对于法学研究而言，均是十分有益的。一方面可以再次烘托功能比较方法在比较法研究中的核心位置，另一方面使得比较法研究在法学殿堂里赢得了举足轻重的地位和人们的尊重，走出了纯学术的象牙塔。

功能比较方法为我们认识、理解所搜集到的资料提供了一个工具，[4]它最重要的理论贡献，在于有效地揭穿了规范比较理论魔术背后的真相，根据这个理论，比较法学者只有对那些分享一个共同的历史传统、继承同样的文化遗产、对于社会中的法律规则有共同的理解立场，或者拥有一个相似的概念结构或运作风格的法律秩序才能进行比较。

一言以蔽之，功能比较方法是比较法贡献给 20 世纪法律科学的最重要的礼物。它既是对规范比较方法的批判性继承和发展，同时伴随着人们对法律认识的不断深化，又成为比较法研究方法进一步探索的基础和起点。它使比较法获得了"长足的进步"。[5]它在英美法系与大陆法系之间架起了桥梁，并掀开了资本主义与社会主义之间封闭的栅栏，而且敞开胸怀欢迎看来完全异

---

〔1〕 参见［意］M. 卡佩莱蒂："比较法教学与研究——方法和目的"，王宏林译，载《比较法学的新动向》，北京大学出版社 1993 年版，第 15—19 页。

〔2〕 关于比较体系，也有学者认为体系的形成会导致功能比较方法流于形式主义，也有学者认为它同时兼具形式主义与反形式主义的特征：它摒弃了教条形式主义，而用功能形式主义取而代之。详见 Ralf Michaels, The Functional Method of Comparative Law, in: The Oxford Handbook of Comparative Law, eds. Mathias Reimann and Reinhard Zimmermann, Ox. U. Press, 2006, Chapter 10.

〔3〕 参见［德］K. 茨威格特、H. 克茨：《比较法总论》，潘汉典、米健、高鸿钧、贺卫方译，法律出版社 2003 年版，第 64—65 页。

〔4〕 See Ralf Michaels, The Functional Method of Comparative Law, in: The Oxford Handbook of Comparative Law, eds. Mathias Reimann and Reinhard Zimmermann, Ox. U. Press, 2006, Chapter 10.

〔5〕 ［日］大木雅夫：《比较法》，范愉译，法律出版社 2006 年版，第 87 页。

质的其他法律秩序来到比较法的框架之中，从而使全世界法律秩序作为其研究对象不再只是空中楼阁、虚无缥缈。

三、批评的阅览

功能比较方法尽管在比较法的研究进程上具有重要意义，然而这并不意味着该种理论就可以得到每一个人的欣然接受而免遭非难。接下来我们将对其所遭致的批评进行阅览，以大木雅夫、格罗斯菲尔德、科基尼·亚特里道的观点为主，他们多是在诠释概念比较方法的意义上批判功能比较方法的垄断、霸道性格。

（一）大木雅夫的批判

一方面，大木雅夫认为比较法不可能只有一种单一和最根本的方法。比较法可以有更多的研究方法，有多少人从事"比较法"研究，就有多少种比较法——这样的说法并不为过。这是由于比较法研究方法"在很大程度上被比较法的目的和对象所限定"。[1]如果我们将功能比较方法视为万能，这种过分膜拜的态度势必会产生一定的危险。"比较法之所以能在立法或法律解释中发挥创造性作用，是因为各国法之间存在着共同性或类似性，而功能的比较法之所以成为一种卓越的方法，是因为'类似的推定'作为其重要的基础。然而，如果过分强调这一点，恐怕难免会将过去在限定比较对象上所作的努力抵消殆尽，从而有再次返回到人类共同法之理想的危险。"[2]故此康斯坦丁内斯库也曾指出，"茨威格特的学说过多地受到了普遍主义者萨莱伊的影响。"[3]

另一方面，可以看到，被功能比较方法的阴影所掩盖的概念比较方法实际上具有莫大裨益，远非如茨威格特、克茨所言那般毫无意义。大木雅夫以苏维埃刑法学的例子作为佐证，他们曾经以社会危害性、社会防卫措施的概念代替被视为资产阶级产物的责任与刑罚概念，却在 20 世纪 30 年代又重拾这些概念。面对这些情况，从概念出发进行比较或许会更加实际、直接。

大木雅夫大方地承认功能的比较法确是一种卓越的思想方法，然而我们不可将其绝对化。因为从其根本上而言，比较法所采用的方法受研究目的所支配的，因此最好能根据需要广泛并独立性地应用概念比较、历史学、社会

---

〔1〕 转引自 [日] 大木雅夫：《比较法》，范愉译，法律出版社 2006 年版，第 80 页。

〔2〕 [日] 大木雅夫：《比较法》，范愉译，法律出版社 2006 年版，第 87 页。

〔3〕 转引自 [日] 大木雅夫：《比较法》，范愉译，法律出版社 2006 年版，第 87 页。

学和统计学的方法以及其他各种方法。[1]

（二）伯恩哈德·格罗斯菲尔德（B. Grossfeld）的批判

格罗斯菲尔德从来都未能理解茨威格特、克茨这种对方法论的"非此即彼"做法，他认为比较法的广博庞杂注定了只有一种比较方法是不充分的，而某种垄断性的方法亦不可能有存身之地。他从捍卫概念比较方法开始，对功能比较方法展开间接的理论攻击。他认为，许多功能主义所谈论的"概念主义的危机"更多的是出于一厢情愿而非深思熟虑。[2]依其所见，一条已经牢固确立的比较法规则是"在进行比较思考之前，人们应该从对自己国家的法律的清晰分析开始……而概念主义的功能在于揭示了作为法律制度之基础的各种法律观念之间若干基本的相互联系。"[3]同时，概念主义亦是"法律工作者从不同时代习得的全部知识的一个概括与缩影，是与司法传统的一个联系纽带。但尤其重要的是，概念主义正是获得各种理性化判决的一种手段。"[4]

（三）科基尼·亚特里道的批判

荷兰比较法学家科基尼·亚特里道以另一些论点否定了纯功能主义的观点。首先，他引证罗兹马林提出的功能比较和概念比较相结合起来的观点，认为纯概念比较必然导致形式主义、教条主义；纯功能比较会使人忘记法律制度涉及日常生活的调整，二者只有相结合才能弥补各自的缺陷。其次，他进一步提出，法律制度和规范是一定环境的产物，任何比较研究中都应考察所有情况包括经济、文化、司法和超司法等。因而，人们会发现，大致相同的问题在类似的社会中却可能有不同的解决办法；反过来，在类似社会中，经过不同途径却可以得到相同的解决办法。这种现象就体现了社会环境对法律创造所产生的影响。[5]

---

[1] 参见［日］大木雅夫：《比较法》，范愉译，法律出版社2006年版，第88页。

[2] ［德］B.格罗斯菲尔德：《比较法的力量与弱点》，孙世彦、姚建宗译，清华大学出版社2002年版，第16页。

[3] ［德］B.格罗斯菲尔德：《比较法的力量与弱点》，孙世彦、姚建宗译，清华大学出版社2002年版，第17页。

[4] ［德］B.格罗斯菲尔德：《比较法的力量与弱点》，孙世彦、姚建宗译，清华大学出版社2002年版，第17页。

[5] ［荷］C.亚特里道："比较法的某些方法论方面的问题"，刘慈忠译，载《法学译丛》1989年第5期。

（四）回　应

在笔者看来，对真正是形式主义、教条主义的概念比较来说，功能比较是一个有益的突破，然而将功能看作是唯一正确的比较方法，诚非妥适。因为我们始终无法绕过"比较的目的"这一块拦路石。目的的内容要视具体情况而定，那么方法不亦如此？尽管功能比较方法要从不同法律的差别中发现不同解决问题的手段，但这种方法也离不开对法律制度的比较研究。[1]正如撇开条件谈结果一样，离开法律制度谈发现解决问题的手段是荒唐而又徒劳无功的。

既然功能比较不能垄断比较方法，既然概念比较方法是有益甚至是必须的，那么我们面临的问题就变成：功能比较方法与概念比较方法怎样才能保持协调？它们是水火不容、完全对立的方法吗？在解决二者是否对立之前，我们尚需了解一个问题，即概念比较方法是反比较法的吗？或者说，概念主义是反比较法的吗？

按照茨威格特的见解，依其本性来说，比较法是反概念主义的，他极其严肃且毫不妥协地说："在比较法领域中的工作可以给那些对法学中的概念主义持怀疑论立场的人们提供一些新的理由。教条主义和功能主义正是思考法律问题的两种不同的方法，或者说是法律科学发展过程中的极其不同的阶段。"[2]换言之，在他眼里，概念比较方法不但必须被驱逐出比较方法的视野中，连整片比较法的森林里也无法找到其容身之处。

拉贝尔的看法却截然不同。他认为比较法能够释放出"隐藏在它们的诸多准则和超级结构的外壳中的法律现象的内核，并保持一种共同的法律文化的一致性……由此，比较法并不是在与概念主义进行竞争，而是与其相伴共处。"[3]

在比较法与概念主义之争的问题上，笔者更倾向于拉贝尔的观点，二者并非对立关系，而是相辅相成的。尽管概念比较有其本身的局限性，但我们不可否认在大多数大陆法系国家，规范是其法律的主要表现方式，即使在英

---

〔1〕　沈宗灵："比较法学的方法论"，载《法制与社会发展》1996 年第 3 期。

〔2〕　转引自［德］B. 格罗斯菲尔德：《比较法的力量与弱点》，孙世彦、姚建宗译，清华大学出版社 2002 年版，第 18 页。

〔3〕　转引自［德］B. 格罗斯菲尔德：《比较法的力量与弱点》，孙世彦、姚建宗译，清华大学出版社 2002 年版，第 18—19 页。

美法系，规范亦扮演日益重要的角色。诚如前述沈宗灵所言，功能比较不可能离开概念比较而潇洒地独立地存在。故此，以概念主义为基础的概念比较方法无须被抛出比较法丛林中，亦无须被放逐于比较方法的天堂之外。相反地，概念比较与功能比较之间是相互协调和相互补充的关系，至于孰重孰轻，不可断然言之。不同国家的法律及其法律制度之间的比较，可以依据法律概念、法律结构等方面的不同，或者依据所要由法律解决的社会问题和社会需要的不同，分别运用以法律规范为中心的规范比较或者以社会问题为中心的功能比较进行研究。

在离开这个主题之前，笔者尚需做两个警醒：一方面，上述批评中忽略了一个面向即类似的推定。茨威格特的功能比较是建立在对相似性的假设前提之下的，有学者对这个假设并不以为然。其一，这个假定违背了科学方法的要求：根据 Popper 的批判理性理论，比较法学者不应该试图去证明而应该伪造其假设；其二，这个假定违背了意识形态中立性或正确意识形态的要求。比较法学者不应该喜欢相似多过区别，而应该是，要么在相似与区别之间保持客观、中立，要么开放地提倡区别胜于相似。其三，这个假设是还原主义：一旦法律秩序或制度被剥去文化上相关的或可能的细节，相似性才会出现。功能主义的一些捍卫者对这些批评让步，并放弃相似性的假定，他们承认这个假定存在问题，并宣称比较法上的功能主义对相似性和区别是漠不关心的。[1]

事实上，我们应该这样来看待上述诘问。首先，人们应该将假定置于其历史语境之下。它的形成是服务于反对区别的假定，当时区别的假定盛行于普通律师，以及那些仅仅基于本质上的不同而战争的国家之间。在这种意义上，相似性的假定如同区别的假定一般严苛，不过是一种对抗的修辞策略罢了。其次，这个假定确实与方法论上的假定密切相关。功能比较方法假定问题的普遍性。如果问题是普遍的，那么每一个社会必定会以某种方式来反映这些问题。一旦有一个社会对这个问题缺乏反应，则证明该问题并不普遍。在这个意义上，假定并不只是茨威格特的本来意涵，而是功能比较方法的一种必要因素。借助于普遍性的问题这种思维方式，我们更多的是为了将一个法律体系与另一个联系起来。最后，批判者们似乎误

---

〔1〕 See Ralf Michaels, "The Functional Method of Comparative Law", in: *The Oxford Handbook of Comparative Law*, eds. Mathias Reimann and Reinhard Zimmermann, Ox. U. Press, 2006, Chapter 10.

解了茨威格特的"相似性"，这里所言的并非法律制度的相似，而是由这些制度去解决的问题的相似性，以及社会对它们的需要。[1]故而上述批评在笔者看来是不着调的，甚至是吊诡的。若将功能比较方法置放于当时的历史语境之下，加之概念比较显明的局限性，功能比较的诞生不仅具有合理性，而且具有必要性。茨威格特等人功不可没，笔者认为只是在宣称功能比较为比较法的唯一方法这条路上，他未免走得过远。这种不留任何余地的做法在笔者看来是不可欲的。

另一方面，功能比较方法亦是有局限而非十全十美的。功能比较强调法律发展的重心在社会，容易导致把比较法研究的重心从法律转移到其他社会情况和条件上，使比较法研究变成一种没有多少法律色彩的纯社会情况的比较。[2]而且功能主义常常表明法律以外的其他制度而非法律更好地满足了社会需求。[3]比较法毕竟还是法律的一个分支学科，我们不可因为"功能"二字而本末倒置，仿佛被灌上一碗迷魂汤一般，反而为法律披上一层严严实实的社会情况窗帘，并喧宾夺主地将之拉上，这样法律就只能屈从在社会情况之中了。这绝非功能比较方法的本旨所在，我们必须警惕之。

结　语

行文至此，功能比较方法的产生背景、特征、蕴涵，以及多年来遭致的批判、非难也相对清晰地呈现眼前。我们需要把功能比较方法作为一种刺激，作为一种防护以对抗教条的桎梏，作为一种从偶尔的过分复杂的局面中解脱的良药。同时要将忽略甚至放弃概念比较方法的观念弃之如敝屣，因为在进行功能比较之前，我们往往需要概念比较带领我们去探询所比较的概念、制度，进而再讨论其背后的问题，所发挥的作用等。

方法论的探询并非毫无意义，并非使问题走向一无所有的困境，比较法需要方法论，而法学需要比较法。比较法"把我们的目光转向其他法律制度，并把我们从民族主义的夜郎自大之中拯救出来。"[4]未来世界性法学

---

〔1〕 See Ralf Michaels, "The Functional Method of Comparative Law", in: *The Oxford Handbook of Comparative Law*, eds. Mathias Reimann and Reinhard Zimmermann, Ox. U. Press, 2006, Chapter 10.

〔2〕 黄文艺："论当代西方比较法学的发展"，载《比较法研究》2002 年第 1 期。

〔3〕 David Kennedy, "New Approaches to Comparative Law: Comparativism and International Governance," *Utah Law Review* (1997), 545－588.

〔4〕 ［德］B. 格罗斯菲尔德：《比较法的力量与弱点》，孙世彦、姚建宗译，清华大学出版社 2002 年版，第 20 页。

的调和和统一，确立尊重多种文化价值的复合观念——这是今后赋予比较法学的历史性课题，为此目标而努力也正是赋予从事比较法研究的研究者的历史性课题。[1]而方法论恰恰是进行比较法研究所需要明晰的最重要问题之一。

〔1〕 〔日〕真田芳宪："比较法的方法与今日的课题"，华夏译，载《比较法研究》1993 年第 3 期。

案例指导制度的法学方法论意义
The Legal Methodology Meaning of the Case Guidance System

周 洁 *

　　摘　要：案例指导制度的确立和实施是我国社会主义法律体系基本建成后，法治建设的重心由立法中心主义转向司法中心主义的重要体现，也是我国多年来法学研究成果不断推动促成的一项制度性变革。在新的法治时代背景下，案例指导制度的施行彰显了法学研究的重点由立法中心主义向司法中心主义的转变，对典型个案事实与裁判的关注是法学研究范式从重视法律规范研究转向法律适用研究的结果，案例指导制度蕴含着类型化思维的法律适用理念，是在具体制度层面法治思维与法学研究视角由理论理性向司法实践理性的一个明确转向。案例指导制度标志着我国法治实践观与我国法学研究视角的重要方向性变革。

　　关键词：案例指导制度　法学方法　意义　法律适用　法治实践

　　2010 年 11 月 26 日最高人民法院审委会讨论通过了《关于案例指导工作的规定》，该规定首次对我国指导性

　　＊ 周洁，中国政法大学刑事司法学院刑法学专业 2014 级博士研究生（100088）。

案例的遴选、发布、效力和参照适用等初步作出了规定，规定中明确了我国从此开始正式启动实行案例指导制度。2015 年 5 月 13 日最高人民法院又发布了《〈关于案例指导工作的规定〉实施细则》，对我国各级人民法院就案例指导工作的具体实施步骤和程序进一步作了细化和明确。其中第 9 条指出，各级人民法院正在审理的案件，在基本案情和法律适用方面，与最高人民法院发布的指导性案例相类似的，应当参照相关指导性案例的裁判要点作出裁判。这一规定较《关于案例指导工作的规定》中第 7 条[1]的要求更趋明确和具体，而且明确强调了案例指导制度的本旨在于实现法律适用上的指引和示范。案例指导制度的主旨是针对社会发展中遇到的一些新型案件、特殊疑难案件和一些存在法律适用疑点的典型案件，通过遴选、审查，将这些案件中已经发生法律效力，认定事实清楚，适用法律正确，裁判说理充分，法律效果和社会效果良好的示范性裁判确定为指导性案例，从而对其他法院此后审理类似案件起到指导作用。

案例指导制度的提出和推行，既是我国从 1984 年以来最高院主导的典型案例公报发布制度和 2005 年以来的案例指导制度试点工作的结果，也是我国法治实务和法学研究发展过程中的历史必然。司法经验的积累对于法学研究的触动作用是毋庸置疑的，法学研究通过对司法自身发展规律认知的不断推进和深化，进而在将其研究的成果转化为现实的制度构建，因此，一项法律制度本身就自然会带有特定法学研究理念和研究视角的倾向性特征。案例指导制度的施行就是在我国多年司法实践经验积淀的基础上，法学研究对法律适用的本体价值予以关注和运用的产物，透过案例指导制度的价值构造我们可以看出我国法学研究维度上的一些变化和转向。

一、案例指导制度体现了司法中心主义的法学研究立场

（一）"体系后时代"立法中心主义向司法中心主义的转向

我国无疑一直是一个崇尚成文法和法典化的国家，实现成文法对国家事务的规范治理和对公民权利义务的规范指引是我国建国以来，几代立法者和法学家孜孜以求的目标。我们耳熟能详的"有法可依、有法必依、执法必严、违法必究"的十六字法制方针，曾一直是我国的政府文件、政治理论教材以

---

〔1〕 《关于案例指导工作的规定》第 7 条规定：最高人民法院发布的指导性案例，各级人民法院在审判类似案件时应当参照。

及法学学科书籍中反复提倡的基本法制（其间，经历了从法制到法治的变迁）原则。经过建国 60 多年不懈的努力，我国的法律体系已经建设完成[1]。在中国特色的社会主义法律体系形成后，学术界提出了"体系前"和"体系后"研究范式的转型。"所谓'体系后研究'指的就是在我国法律体系形成后的场域中，为思考与解决存在的主要法律问题而依相应范式所展开的法学研究。反之，在法律体系形成之前所展开的研究就为'体系前研究'。"[2]虽然法律的发展和完善永无止境，但是建国以来，我国 60 多年的法制建设，实现了从无法可依到有法可依的转变，各部门法法律、法规、规章的制定完成，标志着作为法治基础的法制建设任务基本完成。在努力建立、健全我国法律体系的 60 多年中，即所谓的体系前时代，立法中心主义的法学思维立场既是我国法制建设的主导理念，也是法学研究的主要指针。

立法中心主义立场的法学研究主要致力于法律概念和制度体系的建构问题，注重对法律的规则研究和立法体系的完善，注重规范的普适性和一般化遵守，而疏于对法律适用中个案的特殊性与法律具体适用疑点的关注，对法律条文适用上存在的特殊疑难问题也主要依赖立法化或者准立法化的模式给予统一的标准化解释和答复，以期实现法律适用上的立法统摄司法以及法律适用的统一，对司法活动本身在完善法制方面的价值重视不够。

在立法中心主义的背景下，法学研究是以追求法学理论的自洽为目标，以普适性的法学理论分析评价现有立法之不足和疏漏，进而提出完善立法的建议，对于法官在具体法律适用环节中针对疑难案件积极寻找恰当的法律规范涵摄具体案件事实，进而论证裁判依据和理由，形成有效裁决这一事实上推进法律发展的过程关注较少。无法可依必然无法实现依法而治，但是有法可依和良法之治并不能够等而视之，在现有法律框架基础上如何实现良法之治，如何将立法的规定与具体案件实现良好地对接，如何使立法追求的精神

---

[1] 2011 年 3 月，全国人大常委会工作报告正式宣布：一个立足中国国情和实际、适应改革开放和社会主义现代化建设需要、集中体现党和人民意志的，以宪法为统帅，以宪法相关法、民法、商法等多个法律部门的法律为主干，由法律、行政法规、地方性法规等多个层次的法律规范构成的中国特色社会主义法律体系已经形成。

[2] 韩振文："论司法中心主义视野下裁决基准的重建"，载《南开法学评论》2014 年第 00 期，第 165 页。

和法治的理想在现实的司法层面得以实现，获得整个法律共同体以及民众的认同，已经成为体系后时代法治实践和法学研究关注的核心。"宣告法律体系形成的一个重要意义在于，明确今后我国法制建设的任务从注重'有法可依'转向'有法必依、执法必严、违法必究'。诚如有学者所言，从法学研究层面看，一个解释学的时代已经到来，从主要关注立法论转向关注解释论，从主要研究应然问题转向研究实然问题，从主要研究规范如何产生转向研究如何应用规范。"[1]

体系后时代的法学研究开始从立法中心主义向司法中心主义过渡，"简而言之，在20世纪90年代以前，法律领域的第一要务是立法活动，立法者处于法律职业的核心地带，与此相对应的就是立法中心主义研究范式，立法学的研究也因此成为显学；但是，到了20世纪90年代以后，随着'社会主义法律体系'的初步建立，司法者开始占据了法律职业的要津，与此相对应的就是司法中心主义研究范式了。"[2]案例指导制度运作的主导者不再是法学家和立法者，而是司法裁判的主导者——法官。法学研究不再囿于理论推演，而是要从鲜活的司法实务中获取研究的素材和评析的样本。

（二）司法中心主义立场下的法律适用中心论

案例指导制度的确立和实施，是我国法治建设的重心由立法中心主义转向司法中心主义的重要体现，也是我国多年来法学研究成果不断推动促成的一项制度性变革。同时，这一制度构建本身也正是我国法学研究立场从立法中心主义向司法中心主义转变的一个突出体现。从研究立场上看，司法中心主义更侧重于把法学看成是规范科学。"这里的规范，当然也包含有普适性的规范，但更重要的是如何把普适性的规范与个案结合，达到构造裁判规范的目的。在构造裁判规范的过程中，对法律和事实的理解、解释是必不可少的。从研究目的来看，研究成果不是为了完善立法，主要是为解决'法律问题'和'事实纠纷'寻求方法或答案，即主要是为法律能够应用提供理论指南。"[3]案例指导制度不仅仅在于其实现同案同判，统一法律适用的制度功能和意义，其适用法律的方法论意义也许更值得我们深

---

〔1〕 王利明：《法学方法论》，中国人民大学出版社2012年版，序言第Ⅵ页。

〔2〕 喻中："从立法中心主义转向司法中心主义？——关于几种'中心主义'研究范式的反思、延伸与比较"，载《法商研究》2008年第1期，第24页。

〔3〕 陈金钊："法学的特点与研究的转向"，载《求是学刊》2003年第2期，第64页。

入探讨。通俗地说，案例指导制度不仅仅是在于形成一些指导性案例的判决结论，而在于通过典型案例裁决所确立的裁判规范指引法律适用的过程，对这种法律适用过程本身的关注，就是体系后时代法治思维转变的体现。对复杂、疑难案件和一些具有典型性的案件不再仅仅依靠补充、修正立法或统一的司法解释或答复的方式来"概念式"、"指示式"地进行宏观解决，而是授予法官一定自由裁量的权利，依赖其裁量的合理性和判决论证过程的逻辑证成完成对典型、复杂疑难案件的法律适用和裁判，这正是司法自身本体论意义所在：判决结论本身只是司法行为的副产品，其本体论意义远在方法论意义之后，案例指导制度开辟了在实践中发现法律规范的深远内涵以及凭借个案发展法律的经验主义司法模式，即案例指导制度重在授人以渔而非仅仅授人以鱼。

在司法中心主义维度下，我国法律适用和法学研究层面对问题的关注由立法、法律规范体系的构建和完善转向关注司法过程中法官适用法律规范生成裁判的理由和论证的证明逻辑本身，关注司法自身的说理性和亲历性。正是由于法学家们和司法制度的构建者们看到了司法自身的这些无以替代的优势，才使得案例指导制度走上了我国法治的历史舞台。而这背后折射出的是我国法学研究不再仅仅站在立法者国家主义的立场，而是站在司法者居中独立裁断的立场来探求和解决实现法治过程中的种种难题。法律适用和法学研究都要分析具体法律问题，剖析解决疑难案件，通过一种开放的而非封闭的方式寻找成文法律规范合理裁断案件的常态机制，将成文法律规范的自我发展和完善由主要倚重统一的法律修正和有关司法解释的明确，转向依靠司法过程中法律适用者对法律内涵和对案件事实的涵摄、诠释以及裁判结论的证成来实现，这就是司法中心主义法治实践和法学研究所要坚持的立场和思路。

二、案例指导制度的施行是我国法学方法论研究视角转换的产物

（一）法学方法与法律方法的界分

何为法学方法？法学方法与法律方法是否有质的不同？学界存在着不同的看法和观点：如德国学者卡尔·拉伦茨和我国台湾学者杨仁寿在他们各自的同名著作《法学方法论》中都认为法学方法就是同时包含了法学研究方法与法律适用方法的混合方法论；而郑永流教授则主张应区分法学方法与法律方法，认为法学方法是关于法律规范正确理解的方法，研究的重点是怎样的法律规范才是应然的正确的法律，属于法学本体论范畴；而法律方法是关于实然法律如何正确适用的方法，属于方法论范畴。[1]与严格区分法学方法与法律方法的认识不同，王利明教授认为法学方法就是研究法律适用的方法，在其《法学方法论》中他论及"虽然法学方法论从文字表述看，似乎是关于法学的方法，或者是关于法学研究的方法，但自我国引入以拉伦茨为代表的德国法学方法论知识体系以来，已经对其概念、内容、外延等形成了广泛共识，可以说它已经成了约定俗成的概念。法学方法论主要是研究法律适用规律的学问，通过总结和归纳法律解释、价值判断、法律论证等法律运用中的一般规律，并在裁判活动中加以运用，从而保证法官依法作出公正裁判。"[2]陈兴良教授虽然赞成区分法学方法与法律方法的观点，但也坚持应该从研究法律应用的角度使用法律方法论的概念。[3]我国很多学者关于法学方法与法律方法的认识存在较大的分歧和差异，这种分歧看似偶然和令人诧异，实则有其内在的必然和因由。

（二）法律适用方法论之兴起

法学无疑属于应用学科，法学研究与法律适用之间不是楚河汉界、泾渭分明的关系，也不可能将二者截然分开。对法学基础理论和应然法律规范的研究是法学研究的基础和前提，但法律的使命在于适用，恰是对法律适用中的问题、规律和效果的研究是法学研究的终极目标，也是法学理论和法律规范得以不断发展和臻于完善的动力源泉。脱离法学基础理论和法律规范应然逻辑研究的法律研究是一种没有理论支撑的浅显的问题研究，但阻隔了法律适用考察的法学研究则是没有问题意识的研究，其研究的成果和实际意义也将是非常有限的，甚至会出现理论与实践的脱节。因此，在法学方法论发展

---

〔1〕 还有学者十分精细地概括、比较了法学方法与法律方法的不同，认为："法学方法指称法学学者从事法学研究的方法，法律方法指称法律人在从事法律实务过程中用以解决法律问题的、具有独特性的方法和技巧；法学方法着力于法学研究，法律方法着力于法律应用与法律实践；法学方法是法学学者用以研究法律现象的工具总称，是关于法律的一种元理论的研究，法律方法是法律适用或有关法律操作的技术手段。法学方法的主要任务是对法律进行梳理，使法学成为一个知识系统，使法学研究具有科学性。法律方法的主要任务是解决法律的争端，为法官或者其他法律人解决法律实务问题提供一种工具，同时，法律方法还能够起到维系法律职业共同体、促进法律传统和共同法律价值观形成的作用。"参见杨知文：《法律论证具体方法的规范研究》，中国社会科学出版社 2013 年版，第 4 页。

〔2〕 王利明：《法学方法论》，中国人民大学出版社 2012 年版，第 5 页。

〔3〕 陈兴良："刑法教义学方法论"，载梁根林主编：《刑法方法论》，北京大学出版社 2006 年版，第 4—5 页。

的历史进程中，必然同时伴随着对法律规范元理论的研究和对法律规范实际适用样态和规律的研究，二者是互为依存、彼此促进的关系。但从根本源头说起，应该是先有问题的发现，之后才有理论的探索和制度的构建和实践，以及通过实践中问题的检验再将理论和制度不断加以调整完善。因此，可以说法学研究和法律适用研究二者本就一直相伴随，只是由于不同的研究主旨以及不同的法制发展时期，研究的侧重点不同罢了。所以，我们看到陈兴良教授在其文章《刑法教义学方法论》中也主张其所探讨的方法论是关于法律实际应用方法意义上的法学方法论；而王利明教授则直接将法学研究的对象定位为"法律适用过程中如何科学理解、适用法律规范的方法问题。"[1]作为刑法和民法两大部门法学研究领域的代表学者，两位教授将法学研究方法定位或侧重于法律适用方法研究正是体现了一种研究视角的转换，他们作为多年深入研究部门法的学者，面临的情况是：我国法律体系建成之后，法学基础理论的研究有了相当的积淀和应用，法学研究的侧重点正在更多地向法律适用的场域发生位移。在立法中心主义为主导的法学研究背景下，法学研究的主要对象是法律概念、范畴、法学理论的逻辑自足以及立法规律、对立法文本的表述、理解和完善等，表现为法学研究中的批判法学研究模式；在立法中心主义逐步转向司法中心主义的法学研究背景下，法学研究的重点不再是文本解读，而是法律适用，"法学方法论就是探寻法律适用理性与规律的科学，其本质上是辅助司法活动的，具有实践理性的特点。"[2]正是司法实践中法律适用的鲜活样本促使了学界对部门法中各种疑难案件裁判结论的关注以及对法律适用过程和裁判合理性的思考。但是，正如王利明教授所剖析的："广义的法学方法包括法学方法和法律方法，狭义的法学方法仅指法律适用的方法；但也可以反之，如果将法律方法作为广义的法学方法对待，则法律方法是上位概念，狭义上的法学方法是下位概念。"[3]问题的重点在于不同时期研究重心的转换，案例指导制度所遵循的就是一种通过对一些复杂疑难案件、一些新型和典型案件的法律适用过程和裁判理由的关注来研究我国具体法律适用问题的法学研究方法。

随着立法中心主义的思维模式悄然向司法中心主义的转变，重视法律应

---

[1] 王利明：《法学方法论》，中国人民大学出版社 2012 年版，第 4 页。

[2] 王利明：《法学方法论》，中国人民大学出版社 2012 年版，第 34 页。

[3] 王利明：《法学方法论》，中国人民大学出版社 2012 年版，第 25—26 页。

然性研究的批判法学、法教义学[1]的法学研究范式也开始向法律实践过程中对法律实然研究和个案特殊性关注的转变。随着案例指导制度的确立和施行，我国的法学方法论研究视角也更加明确地转向关注法律实践理性和重视法律适用过程的研究。伴随我国法治演进过程从立法中心主义向司法中心主义的转变，案例指导制度的施行是我国司法制度建构中顺其自然出现的一种应和，而法学研究视角的转变本质上也是与实践层面的这一转变彼此互动的结果。随着最高院陆续公布了数批指导性案例以及全国各级法院裁判文书的网上公开，越来越多的法学研究者开始了针对具体案件的实证研究，这是对法学研究与制度实践良性互动最好的诠释。

三、案例指导制度彰显了类型化思维的法律适用理念

（一）概念法学与概念式思维

伴随着成文法法典化的趋势，孕育产生了概念法学。该学说认为，"法律本身自成一套完整的逻辑体系，任何法律结论都可以根据法律自身的概念和体系推演出来。法律的推理和论证只需要参考法律体系即可，而无须考虑体系之外的社会、经济和道德因素。"[2]概念法学强调法律体系的逻辑自足、一切法律问题都可以通过完善的立法得以解决，法官的作用只需要根据现有法律规范机械地适用法律。当遇到法律规定不明确的情况时，法官应该努力探寻立法者的原意，或者求助于权威国家机关对法律规范的解读，法官不享有造法的权利。概念法学以一种纯理论的逻辑推演作为法学研究的主要路径，概念抽象、理论体系的完整、周延以及法的安定性是其追求的目标，一旦遇到一些法律规范不能涵摄的新情况、新类型，概念法学会通过尽力解释现有法律概念、补充现有法律体系的方式来维系理论的一贯性和法律体系的完整性，但是不断地解释和补充，使得原有的理论体系增加了太多的"补丁"和原则之外的例外，这也使得元理论的逻辑自足不断受到拷问。

崇尚成文法和法典化的大陆法系国家多倾向于概念法学，即在法学方法论上，以法律条文为导向，以法学概念和体系建设为手段，其追寻的目标是完善的法律规定和完备的理论体系。我国也受这种成文法研究方法的影响较

---

〔1〕 法教义学仍然是以现有法秩序为基础，运用各种方法探求法律规则的含义，关注的重心仍然在规范本身，以一定的法学理论体系为指导，旨在建构完善的法律体系。所以，法教义学与研究法律适用的法学方法论依然有本质的不同。详见王利明：《法学方法论》，中国人民大学出版社2012年版，第44页。

〔2〕 王利明：《法学方法论》，中国人民大学出版社2012年版，第50页。

深，在"体系前"时代，法学研究主要倾向于概念法学的研究范式。概念法学虽然并不仅仅运用概念式思维，但是概念法学运用的思维模式主要就是概念式思维。概念式思维，是指试图通过完全列举事物的充要特征以囊括所有同类事物的典型共同特征，以指称所有对应的事物，从而使其与其他类似事物相区别的思维方式。概念式思维是中性的，是价值无涉的，是公式化的，是简洁的。概念式思维具有抽象性、封闭性、片段性、隔绝性、安定性和形式性的特性，属于定性思维，其主要运用演绎的方式进行精准的形式逻辑推理。[1]

（二）案例指导制度蕴含着类型化思维的逻辑

"学者很多是从类型化思维与概念式思维对比的角度，给类型化思维下定义的。认为类型化思维是一种通过克服概念式思维的抽象性、封闭性与断裂性而生成的具有具体性、开放性与过渡性的思维，较之概念式思维，具有整体性、评价性、直观性和价值意义性等特征，类型化思维是可以更好地解决刑法问题的刑法中间思维或刑法混合思维。"[2]类型化思维是从规范意义的角度进行价值判断，就刑法而言涉及结合刑法目的价值、刑法的正义性、安定性的判断和实现的考量，其运用的是一种类比式的逻辑推理。概念式思维与类型化思维没有绝对的优劣，一般对于大部分简单和典型的案件运用概念式思维进行演绎推理就可以得出较为合理的裁判结论，这是因为"对查明的案件事实有明确的法律条文可适用，条文清楚明晰，事实确定明了，并且从一般概念内容及意义看，确定的案件事实被清楚的法律规范所明确涵摄（或排除），表现为案件事实与刑法条文的完全匹配（或完全的不匹配），亦即刑法规范所规定的概念事实完全能够涵摄或能够排除当下所裁判案件的具体事实，要么罪、要么非罪、要么此罪、要么彼罪，法官直接运用三段论式的逻辑方法就可得出裁判结论。"[3]但是对于其他一些非典型案例，即那些不完全匹配的特殊案件和新型案件，当原有的立法规定、概念及其抽象的形式特征不能完全涵摄这些案件时，运用概念式思维无法实现案件事实与法律规范和概念的自然对接，无法通过演绎推理即满足法律适用的妥当和逻辑周延。但是通

---

〔1〕 杜宇："再论刑法上之'类型化'思维——一种基于'方法论'的扩展性思考"，载梁根林主编：《刑法方法论》，北京大学出版社 2006 年版，第 121—123 页。

〔2〕 马荣春："刑法类型化思维的概念与边界"，载《政治与法律》2014 年第 1 期，第 109 页。

〔3〕 张心向："刑事裁判思维中的犯罪构成论——一种方法论意义上的思考"，载《东方法学》2014 年第 6 期，第 12 页。

过对案件事实进行类型化的分析，寻找其与现有概念核心内涵的相同点，和外延模糊边界的趋同性，并结合对案件的法益衡量和价值判断，最终运用类比推理，就可得出适用某一法律规范的恰当结论。"刑事司法裁判中的类型思维，使概念思维中规范与事实之间原本封闭、僵化、断裂、呆板的涵摄关系，由于需要归类而必须彼此间对向开放、核心向边缘流动、整体与部分间协商，而获得了某种灵动的活力。这样在规范与事实之间的符合性判断中，价值导向的思考方式得以确立，价值、目的或者利益等主观因素的观念得以渗入，同时面向生活现实开放的弹性思维，有利于使稳定、滞后的法律规范适应复杂多样的生活事实，为裁判过程中更理性地取舍、平衡各种利益奠定了方法论的基础。"[1]

指导性案例超越了非此即彼的概念式思维模式，运用类比推理寻找疑难案件与法律规定的切合点，为案件的合理裁判寻找依据，并给予充分的论证，通过法律适用扩张了法律规定的包容性和现实合理性，这是其优势所在。指导性案例对其他类似案件的参照和指导作用近似于英美国家判例制度中的遵循先例原则，虽然具体制度规则不同，但是其背后的方法理念和思维推理模式是一致的，都运用了类比推理的方式。"判例法判决推理的基本类型是例推法。例推法是从个案到个案的推理，……类比推理建立在相同点的基础之上，以相同点作为两个对象类推的媒介。例推法即属于类比推理的特例。"[2]类型化思维的法律适用方法克服了概念式思维的不足，能够兼顾个案的特殊性，而案例指导制度的施行即可以为以后类似案件的法律适用建立一种示范，正如学者所言"'类型化思维'无非是在这两种取向（以个案代表类案和重视个案的特殊性两种取向）之间寻求妥协，它兼顾了法律的一般性和具体案件的特殊性。"[3]"类型化思维实际上是在具体和抽象之间寻求一个平衡点，有助于实现法的安定性和个案正义之间的平衡。"[4]案例指导制度超越了单纯根据立法和法律解释裁断案件的传统法律适用模式，将类型化思维的法律适用方法应用到司法实践中，这是在微观上其方法论意义之体现。

---

〔1〕 张心向："刑事裁判思维中的犯罪构成论——一种方法论意义上的思考"，载《东方法学》2014 年第 6 期，第 16 页。

〔2〕 王洪：《司法判决与法律推理》，时事出版社 2002 年版，第 112 页。

〔3〕 桑本谦："法律人思维是怎样形成的"，载《法律与社会科学》2014 年第 1 辑，第 18 页。

〔4〕 王利明：《法学方法论》，中国人民大学出版社 2012 年版，第 753 页。

四、案例指导制度体现了研究视角向实践理性的转向

"实践理性对应于理论理性，不同于理论理性，实践理性并不致力于真理的追求，而仅仅是一种在协商、对话、言说、论辩的基础上对合理性的达致。实践理性倚重社会的规范性与人类的价值关怀，是一种'言说着'的本体论和认识论。"[1] 在以往传统法学研究范式下，我国法制层面和法学研究方面都更倾向于一种理论理性，重视立法体系的完善和理论的自洽与周延，在立法和司法实践层面都追求以统一的立法规范引导守法、执法和司法，法治建设的重心更多地侧重理论求证和制度构建。然而"法学是专门以法律现象为研究对象的学问，具有社会科学和人文学科的双重属性，即逻辑性和人文性。实践理性就是人文性与逻辑性的辩证统一体，它本身承载着法律的价值和审判的目标，以理念的形式存在，而它又可以作为一种司法人员的思维方式的补充，使司法人员不过分沉浸于思维工具之中，而忘记司法审判的目的。"[2] 但是，长期的立法中心主义主导下的司法实践和法学研究都侧重于理论理性，具体表现为法学研究者都更偏重于理论推演、制度比较、可行性论证；在法律适用层面，由于对立法和抽象司法解释的依赖，法官对于一些典型、疑难案件，缺乏研究问题的积极性和主动性，许多疑难问题、典型案例在司法实践中被忽视和简单化，而法学研究者又因此无法获得司法实践中"真问题"的途径和渠道，因此难以对司法实践中案件的现实多样性和疑案的复杂性进行实证的考察和个案的解析。法律适用模式的简单化、平面化，导致了法学研究与司法实践的这种疏离与阻隔，也招致法学研究和司法实务中对实践理性认识和研究的不足。为此，有学者曾专门撰文直指我国刑法学研究有脱离实践理性的倾向："固然作为一门学科的刑法学，应该注重其基础理论体系的构建，刑法学不能变成国家的所有立法实践或者司法实践的应声虫，这样的刑法学的生命力将大打折扣。但是刑法基础理论的研究也不能固步自封，陷入为了体系而构建体系的经院哲学的思路中去。因此，我们在学习西方的法治理论的同时，也应该密切关注中国正在悄然发生着变化的社会现实、时代精神以及立法上、司法上的实践经验。"[3] 由于缺乏对实践理性的关注和重

---

〔1〕 姚俊延："'言说着的真理'：对法律实践理性特质的思考"，载《山西师范大学学报（社会科学版）》2009年第2期，第28页。

〔2〕 范志勇："论司法审判的实践理性"，载《河北学刊》2011年第1期，第155页。

〔3〕 齐文远："中国刑法学应当注重塑造实践理性品格"，载陈泽宪主编：《刑事法前沿（第6卷）》，中国人民公安大学出版社2012年版，第231页。

视，更无相应的制度保障，因此，在以往的法学研究中，虽然也有对于法律适用和司法实践的研究，但研究的重心在于发现立法的不足，将实践作为检验立法和法学理论的实验样本，从中发现问题和疏漏之后，转而回溯立法和理论研究中应予完善补足的方面。所以司法实践更多的只是具有工具意义，其自身运用法律推理和论证解决问题、化解矛盾、塑造程序正义、确立公众对法律的认同感等实践理性的独有价值和意义被忽视。

"实践理性，也称为目的理性，是指法律本身应该有实现的可能性，即存在使它成为现实的手段，同时这些手段具有合目的性，即与目的保持一致。他强调法律应当具有可能性与实效性，强调法律应当具有目的与手段的合理性。"[1]案例指导制度将法学理论研究的视角和法治发展完善的着力点从规范理性、理论理性转向实践理性，从立法理性转向司法理性。"司法理性在本质上又是一种实践理性，法官在司法过程中通过法律推理来进行论证说理，在多种相互竞争的论据和理由之间进行权衡和取舍并获得最佳选择的过程，也是彰显司法理性的过程。"[2]案例指导制度通过对复杂疑难案件法律真实的查明和分析，在法律规范框架内寻求法律与事实的最佳涵摄点，进行规则符合性的判断和论证，其实践理性的重点在于判决理由的说明和判决结论的证成。最终形成的裁判结论会对今后类似案件的裁判具有参照指导作用，这种指导意义有别于立法和司法解释的规范抽象指导。因为立法和司法解释既缺乏适用案件类型的具体形象，也没有对于适用理由的论证说明，这是立法与解释等抽象规范与指导性案例最大的区别所在。为此，能够被推荐和遴选为指导性案例的案件不仅在于案件事实本身的典型性，更重要的是符合裁判说理充分、论证严密，最终形成的裁判规则能够体现司法理性并对以后类似案件具有指引价值。"从最高法院公布的第一批四个指导性案例来看，它们都含有'裁判要点'作为对相关法律条文的解释适用，都具有作为一般行为规则的形态和含义，其中所包含的规则适用条件、具体行为模式和相关法律后果等规范逻辑要素，很容易被识别。由于指导性案例的'裁判要点'对以后的裁判具有指引作用，所以将其承载的规范内容称为'裁判规则'当属恰如其

---

〔1〕 王洪：《司法判决与法律推理》，时事出版社 2002 年版，第 46 页。

〔2〕 韩登池："司法理性与理性司法—— 以法律推理为视角"，载《法学杂志》2011 年第 2 期，第 71 页。

分。"[1]指导性案例所呈现的裁判规则是多个法律参与主体（公诉人或自诉人、被告人及其辩护人、合议庭成员）以平等对话、论辩、商谈的方式形成的法律结论，体现了法律论证的动态过程和法律决定的程序性和各种主体的参与性，这也是案例指导制度所蕴含的司法理性的精髓之所在。

"在英美国家，判决书一般由三部分组成：判词、并存意见、异议。判词是根据法庭的一致意见或多数意见而形成的判决结论及其理由。并存意见是指同意判决结论，但判决理由不同的意见。异议是指反对判决结论的意见。"[2]笔者以为，案例指导制度下的指导性案例，由于多数属于典型、复杂疑难案件，合议庭成员对裁判理由和结论存在意见分歧是很正常的，在法官办案实行终身负责制的背景下，既然要求法官个人负责，坚守司法独立性，那么在指导性案例中除了要呈现根据多数法官意见最终形成的结论和理由，也应该罗列出与判决结论意见不同法官的观点和理由，这不仅是对法官独立性的尊重，也是促使法官充分、严谨履行法官职责的程序保障，而不同观点的呈现也有助于促使法官和法学研究者多角度的分析和理解问题，实质上也才更符合司法实践理性的品格。

"如果说中国特色社会主义法律体系在制度领域构建了一套符合中国国情、符合中国发展方向的现代化法治规范，实施中国特色社会主义法律体系则必须要在思想领域完成一次法治精神的革命与升华。"[3]法治的实现需要法治观念和法学研究方法的变革和更新，藉此达致一种法律思维的养成和法律共同体的形成。对于长期固守法典化和成文法方式谋求法律治理的我国法治传统而言，案例指导制度的正式确立和制度化可以说具有根本性的开创意义，标志着我国法治理念和法学研究视角的一次重要变革。霍姆斯大法官曾有经典评述："法律的生命不在于逻辑，而在于经验。对时代需要的感知，流行的道德和政治理论，对公共政策的直觉，不管你承认与否，甚至法官和他的同胞所共有的偏见对人们决定是否遵守规则所起的作用都远远大于三段论。法律包含了一个民族许多世纪的发展历史。它不能被当做由公理和推论组成的数学书。"我们大多对这句话的前半部分耳熟能详，而对这句话的后半部分知

[1] 张志铭："中国法院案例指导制度价值功能之认知"，载《学习与探索》2012 年第 3 期，第 68 页。

[2] 王洪：《制定法推理与判例法推理》，中国政法大学出版社 2013 年版，第 317 页。

[3] 法制网评论员："从'法制中国'迈向'法治中国'"，http：//www.legaldaily.com.cn/index_article/content/2012－08/06/content_3750563.htm？node＝5954，最后访问时间：2015 年 10 月 20 日。

之甚少。法律作为调整社会的工具，其重要的使命在于定纷止争，在于应用和实践，法学理论甚至包括成文的法典都只是法律应用和实践的副产品，如果没有成文的法律规范同样可以实现对秩序、正义和公平的维护，那么成文法都可以不要，但是法律的适用、法律调处争端和失范行为的司法实践却是须臾不可或缺的。立法者和法学家如数家珍的法律条文，广大的民众也许知之甚少，但是法律的正义不在于看得见的法条和理论，而在于以被公众看得见的方式坚守和实现，而这需要的就是司法运行过程中司法者对司法自身价值和功能的恰当发挥和运用。案例指导制度无疑会激发法官认真审理裁断案件的积极性和主动性，促使他们在面对疑难案件时更愿意主动思索和探究案件最佳的结论。英美法系的经验主义司法理念相较于成体系的理论推演或许显得笨拙和低效，但是社会全部的正义不就在一个个个案的正义之中吗？正如澳大利亚 Hugoc Jat 律师在评说"许霆案"时所说的：作一个比喻，整体来看成文法中的盗窃罪就像一棵大树，然后在案例法上确定要件就是几个分枝，分枝上面是超过 200 多年历史的案例来充当叶子，为大树提供养分。可以说，如果"许霆案"发生在英美国家，争论绝对不会如此离谱和激烈，而中国的法律很多时候却是没有叶子只有干枯的树干。[1]我们的案例指导制度就是赋予司法实践中各种典型案例裁决以示范性，从而为我们的法律之树注入更强大的生命力。

---

〔1〕 ［澳］ Hugoc Jat："英美法系下的许霆案"，载谢望原、付立庆主编：《许霆案深层解读——无情的法律与理性的诠释》，中国人民公安大学出版社 2008 年版，第 300 页。

民国时期北京监狱医疗卫生制度研究

The Research on the Medical and Health System of Beijing Prison in the Republic of China

高　翔 *

　　摘　要：监狱对在监囚犯生命权、健康权的保障，是监狱针对囚犯开展教化、作业等一系列活动的基础。论文通过对民国时期监狱法规在北京监狱的实际运行中所遭遇的困难进行阐释，在总结民国时期北京监狱在医疗卫生工作方面的特点的同时，揭示了经济、文化等因素对民国时期监狱法律在实际运行方面的巨大影响。

　　关键词：民国时期　北京监狱　医疗卫生

　　监狱的生活卫生涉及囚犯的吃、穿、住、医疗等方面，"监狱中一切事物，无一不与卫生有直接之关系，而监狱之构造及设备（如位置、地质、监房、炊场、病监、沟渠等），其直接关系于卫生者最大。"[1]罪犯的生活卫生质量，与在监罪犯的身体健康有密切关系，是监狱管理文明程度的具体体现。作为中国在近代意义上的第一

---

　　* 高翔，中国政法大学法学院法律史专业 2013 级博士研究生（100088）。

　　〔1〕 王元增：《监狱规则讲义》，民国六年京师第一监狱出版，第 89 页。

座中央监狱，北京监狱是清政府按照清末国际一流的监狱标准设计并建造的，与旧式监狱相比，着重考虑了罪犯卫生条件的改善，体现了时代的进步和人道主义精神。

一、民国时期北京监狱卫生防疫制度

监狱作为关押囚犯的场所，有人口密度大，居住空间狭小等特点。加之囚犯群体中的大多数个人卫生意识低下，在监狱环境中身心健康无法保障，监狱就成为了疾病极易发生、蔓延的场所。民国监狱虽然因社会、医疗等条件所限，仍有许多不足之处，但相较于清朝监狱，在卫生管理、防疫等方面的进步仍是显而易见的，其中一个重要进步就是将卫生防疫作为工作的重点之一。从立法层面看，与监狱卫生防疫相关内容包括环境卫生清洁和个人卫生（沐浴、理发、运动）及疾病防疫三个方面。

民国二年及十七年的《监狱规则》第 57 条均规定：监狱须洒扫洁净房间及衣类、杂具，厕所便器等类须定次数清洁之。民国二十四年《监狱法草案》将监狱沟渠、厕所、便器等部位打扫清洁的频率进一步明确为"按日扫除洗涤"（第 91 条），同时对打扫监房、清洁用具的责任人规定为受刑人（第 93 条："受刑者于所住之房及用具应各自清洁"）。民国二十四年《监狱法草案》与民国三十五年《监狱行刑法》将清洁方法细化为"蒸汽或其他适当方法"，将预防传染病手段细化为"种痘血清注射及其他"。

监狱环境的清洁与否除直接影响着服刑罪犯的身体健康外，还会对罪犯教化起积极作用。这是北京监狱首任典狱长、民国时期著名监狱学家王元增相较于其他监狱学家的突出贡献："清洁乃卫生之本，宜普及于监狱中之人及物，务使各处皆如明镜之纯洁无垢。其尤要者，在使在监人自知服从清洁之纪律为道德上之义务，而既为维持其人格健康之必要条件。大凡外形不洁者，其中心亦不能洁，外形之腐败与中心之堕落相随。彼在监人生长于不洁之境遇者比比皆是，而皆安之若素夫？至安之若素则其倾向于腐败堕落已可概见，而罪恶即萌芽于此，发育于此矣。对于在监人之厉行清洁，一方面又可谓治其犯罪根本之血清法杀菌法。外形整洁中心即易于清静，故强制在监人于清洁纪律之下，其心地即可随之而变，久之自成习惯，习惯既久则成一种嗜好，至嗜好清洁则必恶不洁，而对于既往之罪恶即生厌忌或悔恨之情，于此而遵以修身齐家之道，庶教养之效见矣。"[1]王元增同时要求监狱官吏应当以身作

---

[1] 王元增：《监狱规则讲义》，民国六年京师第一监狱出版，第 90 页。

则，保持办公室、会议室、宿舍等处的清洁卫生，为服刑人员养成良好卫生习惯做出表率。

王元增任典狱长时期，监狱的卫生防疫措施主要包括：

1. 体检。罪犯入监时，进行健康检查，平时每年身体检查两次，以掌握罪犯健康状况，发现疾病及时治疗。

2. 传染病防治。每年春季接种疫苗，以防天花、麻疹流传；一旦有传染病发生，即对传染病人进行隔离，并对全监罪犯进行预防注射，防止蔓延。急性传染病流行时，对出入监狱的罪犯及寄送给在监者的物品进行消毒，并严加限制。

3. 消毒。病犯死亡后，要对其住室进行消毒，门窗关闭 48 小时，以杀灭病菌；死亡罪犯的衣物等，视其质量与使用价值，消毒保存或焚烧，尚能使用的物品，必须经消毒后方可给与其他在监人使用。

4. 监房卫生。监房门窗在罪犯劳役和运动时打开通风换气，看守带领罪犯打扫卫生时，所有垃圾、秽土、粪便运至监外。罪犯使用的便桶，每日下午收监时提入，第二天早晨出监后取出，粪便倒出后进行清洗、消毒，放于僻静处。

5. 囚犯活动。囚犯每日徒手运动 30 分钟，冬季在中午，夏季在下午，不参加劳役的罪犯每日运动两次，上、下午各一次，监狱建有运动场 12 处，供罪犯每日放风运动。

6. 沐浴。囚犯定期沐浴，夏季每周两次，春、秋季每周一次，冬季每月两次，并按照入浴轮流表执行。病犯使用盆浴，病人可否入浴要遵依医士意见，临时规定通知二科分别施行；普通罪犯使用公用洋灰浴池，每次可洗 30 人。

7. 理发。囚犯定期理发，理发时间 1 月—4 月、10 月—12 月，每月两次；5 月—9 月，每月三次。每天理发 20 人。罪犯按监狱制定的理发轮流表进行定期理发。

以上措施的落实，使监狱罪犯的疾病发生率及死亡率有所下降。民国五年二月，协和医学校专门致函北京监狱，对监狱"近岁屡承惠送尸体得籍为研究之资，感动实甚"，但近日所送尸体减少，"其间倘有需费之处在蔽校自应一律担任，或其中别有困难，尤愿指示殷加，以便互为斟酌"。北京监狱对此的回应是："近来监狱卫生进步，死亡人犯日益减少，至无尸体可送。无□

瘢疥，既准前因，俟偶有死亡时再行函告。"[1]。

王元增离职之后，典狱长频繁更换，监狱的各项工作出现停滞甚至倒退。"至十八年，时仅三载，而典狱长凡五易，关于一切事宜，均为之停顿。"[2]民国十八年新任典狱长梁锦汉就职后，充分利用社会和监狱的资源，多方面争取资金对监狱进行修缮。在生活卫生制度方面，梁锦汉在保留原有基本制度的前提下进行了适度调整。"在监人沐浴次数以四季气候定之，春季每10日1次，夏季每7日1次，秋季每10日1次，冬季每15日1次；在监人理发次数按季定之，夏秋两季每2星期理发1次，春冬两季每3星期理发1次；在监人洗脸之次数按日定之，每日早晚洗脸2次，清晨在就役前，傍晚在罢役后；在监人便桶倒洗之次数以人犯之就役与未役区分而定之，凡就役人犯每日清晨放监后所用之便桶由杂役提出倾倒1次，用水刷洗，置之监外旷地以除秽气，至晚罢役前仍由杂役送回监房，其在监房未役人犯所用之便桶，每日早午晚由杂役提出倾倒三次，每次均用水刷洗毕，随即送回监房"[3]。

民国二十四年吴峙沅接任典狱长后，对监狱卫生制度进行了比较系统的整理，于民国二十五年制定了罪犯卫生防疫措施，全面治理监狱卫生：

1. 监房：由清洁科主管看守带罪犯清洁各处监房及普通处所，每日清扫两到三次，如有不清洁处随时扫除。

2. 工场：各工场空气光线充足，每日除运动、休息、教诲教育、沐浴、理发时间外，做工时间冬季不到七小时，夏季不过十小时。夏日开窗流通空气。厕所窗户蒙以冷布，便桶每日倾倒两次，并用石灰面或卫生水随时清洁。

3. 炊场：窗户蒙冷布，门上挂纱帘，食品盖以纱罩器具，洋灰地每日刷洗两次，夏季对苍蝇的扑杀特别注意。

4. 沟渠：全监沟渠随时疏通，由监内直流南城外护城河，春、夏、秋三季每日用井水冲洗一次，以防菌类蚊蝇的寄生。

5. 沐浴："病犯、俄犯及新入监人犯"[4]用盆浴，其他罪犯三十人一组用池浴。十二月至二月每月两次，三、四、五、十、十一月每月三次，六、九月每月四次，七、八月每月八次。

---

〔1〕 档案号：J191-2-10877，北京市档案馆藏，□为无法辨认字迹。
〔2〕《民国三十七年河北北平第一监狱报告》，第4页。
〔3〕《河北第一监狱关于建筑、监外隙地、南北监给养事项等问题的材料》，档案号：J181-033-02760，北京市档案馆藏。
〔4〕《民国二十四年河北第一监狱报告书》，第34页。

6. 盥洗：洗面漱口每早在洗脸室进行，劳役者在就食前和收工时必须洗濯其手。

7. 理发：罪犯理发，一月至四月、十月至十二月每月两次，五月至九月每月三次。理发夫从罪犯中选择品行善良并有理发技能者充当。

8. 运动：就役罪犯每日运动一次时间，每次为 30 分钟；未役罪犯每日运动两次，共计 1 小时。

9. 对于新入监的入监时进行健康诊断，在监者每季度进行健康诊断一次，以防疾病隐伏身内。如发现有传染病的，进行治疗隔离，所用器具衣被等必须经消毒后方能给与他人使用。

10. 监狱除各处洒扫清洁剂，铲除杂草，垃圾运往城外，排泄物运至监外农作场，沟渠冲洗洁净，使蚊蝇无从寄生，各窗户蒙以铁纱或冷布，使其不能入内，并发给芭蕉扇、蝇拍、蝇纸及用药水捕杀。

11. 对于患急性传染病者的衣服等物进行消毒，其他普通传染病者的衣类，采取蒸气消毒法，饮食器具用煮沸消毒法，床榻、瓷器、玻璃等用来素水或汞进行消毒，吐泻物用生石灰乳或生石灰末来消毒。各病室的床、桌、卧具等物，经常暴晒用日光杀灭毒菌以免传染。

12. 监狱各处均洒水清洁，垃圾运往城外，排泄物运往监外农作场存储。

除以上措施外，监狱因犯每年春季施行防疫种痘一次。但至民国二十四年，“因经费支绌，请中央防疫发给痘苗以防天花。倘遇其他传染病发生，有预防注射之必要时，即实行全监人犯总预防注射”[1]。“七七事变”之后，吴峙沅离职南下。监狱受伪华北临时政府检察署管辖，委任新的典狱长周占元管理监狱。“本监清洁卫生事项历经各任典狱长详为厘定，有先例可循者即力图推进，有欠完备者则设法改善，并督饬各主管人员负责办理。”[2]民国二十九年六月，由于“收容人犯超过定额，监房拥挤”，为防止因“夏令炎热，暑气熏蒸”而滋生传染病，典狱长周占元函请“中央防疫委员会”为在监囚犯注射防疫针[3]。民国三十七年，时任典狱长吴峙沅将春季注射预防针改为“每年四季，均商由本市卫生局来监施行各种防疫注射及种痘”[4]。

---

〔1〕 《民功二十四年河北第一监狱报告书》，第 37 页。
〔2〕 《民国三十年北京第一监狱报告》。
〔3〕 《北京第一监狱公函（函）字第一二零号》，档案号：J005 - 001 - 00535，北京市档案馆藏。
〔4〕 《民国三十七年河北北平第一监狱报告》，第 20 页。

民国二年及十七年《监狱规则》在规定囚犯沐浴方面内容相同，虽允许"监狱长官斟酌劳役种类及其情形定之"，但也规定了最低次数限制："四月至九月至少三日一次，十月至三月至少七日一次"。民国二十四年《监狱法草案》对这一限制进行了保留。民国三十年六月十二日司法部训监字第二一五七号通令《监所人犯卫生注意事项》规定："夏季隔一日，秋季隔三日，春冬两季隔七日令人犯轮流沐浴，理发则至少每月一次。"而在实际运行中，北京监狱却并未达到这一标准。即使是最炎热的七、八月份，也仅能做到三至四天一次（民国二十九年减为"七、八两月每月五次或六次"[1]），仍难以达到"夏季隔一日"的标准。直至民国三十五年《监狱行刑法》颁布，第50条规定："受刑人应令其入浴及剃须发，其次数斟酌时令定之。"对于囚犯沐浴次数的最低要求方被取消。

二、民国时期北京监狱囚犯医疗制度

监狱医疗制度是近代狱制文明进步的标致之一，是人道主义在监狱工作中的集中体现，中国自清末学习西方狱制建设新式监狱，医疗制度的建立与完善自然包含在内。"监狱乃聚多数人于一狭隘之区域而剥夺其自由之处所也"[2]，监狱环境对于囚犯精神及身体本身就具有较大的负面影响，如果对于监狱医疗不加以重视，"自由刑必至变而为身体刑、生命刑，故今之狱制特注重卫生及医治也"[3]。

（一）医疗机构设置、医士、药剂士及其待遇

民国元年监狱启用时，医务所、病监随即投入使用。医务所设所长1人，中西医医士各1人，药剂士1人。医士、药剂士的薪俸待等级仅次于典狱长，与教诲师、主科看守长同一级别。民国三十五年至民国三十七年，医士改称医师，药剂士改称药剂师。民国三十七年三月，监狱医务所改为卫生课，仍配备中西医医师各一名，药剂师一名。医师、药剂师亦称课员。

民国三年春，监狱发生3名罪犯患瘰疬症死亡事件，患病人数蔓延至20余人。为此，医务所增设外科医士1人，添置外科手术器械，对患者进行手术治疗，数月后将瘰疬症扑灭。"是年死亡者计三十四人，病者每月平均四十

---

〔1〕 《民国二十九年北京第一监狱报告》，第36页。

〔2〕 王元增：《京师第一监狱报告》，民国四年二月出版，第88页。

〔3〕 王元增：《京师第一监狱报告》，民国四年二月出版，第88—89页。

人"[1]。到民国十年，由于罪犯的病症需要手术治疗的不断增多，监狱添建了手术室，并增聘外科助手一名。医务所不但能为本监狱应施以手术的罪犯进行手术，外监狱需要手术治疗的罪犯也都送到本监狱医务所进行治疗。

民国十四年因经费困难，裁减医务人员，外科医士被裁掉，只保留中西医医士各 1 人、药剂士 1 人，西医士兼任所长。医务工作出现诸多困难。医务所分设内科室、外科室、手术室、调剂室、事务室，眼科、耳鼻喉科、小儿科、妇科属于内科室，皮肤科、花柳科属于外科室，另外还设有疾病诊疗室、观察室、手术室、药室、器械室、洗涤室、传染病室、疯狂病患室、尸室、浴室、厕所、病犯运动场。病监分杂居病监、独居病监、传染病监，杂居病监每房住两人，独居病监每房住一人，传染病监每房只住一人，按人数配置铁床、屉柜、便桶、木凳。医务所、病监室内墙壁涂刷油漆，便于洗刷。夏季用铁纱窗以防蚊蝇，冬季用火炕以御严寒。病监的被褥、衣服一律为白色。

（二）囚犯在监医疗制度

在监服刑罪犯患病由监狱负责治疗，治疗费用由监狱承担。罪犯患一般疾病均在本监医务所、病监治疗。医务所建有医疗制度。对一般疾病患医士每日上午进行诊断治疗；若发现急性病症，随时治疗。对住病监治疗的罪犯，医士每日诊察一次。在治疗方法上，外症多用西医，内症多用中医。每月购置一至二次药品。每日治病情况、人数，进行登记、统计，呈送典狱长处查阅。病监设两名看守，负责住监罪犯的管理。选择刑期较长、刑期过半，人品善良、身体健康的罪犯，经考察后担任看护夫，协助医士、看守照顾病人。

发病罪犯按监狱安排的时间就诊，每星期一、三、五、日由西医师为罪犯诊治疾病，二、四、六由中医师承办[2]。夜间有值班医师负责紧急病犯的治疗。由于监狱经费紧张加之物价连年上涨，药品供给常有困难。每到药品拮据的时候，监狱要多方筹集药品，使患病罪犯可得到适当治疗。主要渠道是向各慈善团体募捐，或捐款项或赠药品，以资补助。有病情较重者，或准其自费治病或呈准保外就医。遇有紧急病症，即便在风雨深夜，也要立即通知家属，延医救治。罪犯自费治病无需监狱上级批准，监狱视罪犯病情可自行处理。民国二十年，北平大学医学院法医学教室成立后，为方便获得教学

---

[1] 王元增：《京师第一监狱报告》，民国四年二月出版，第 86 页。
[2] 《为具报本监卫生状况请鉴核由》，档案号：J191－2－18796，北京市档案馆藏。

用解剖尸源，同意对北京、天津地区监所内罪犯进行"减费或免费"[1]的诊视，这一举措也受到了当时河北高等法院的认可。

北京监狱对传染病的预防和治疗给予了特别关注。民国二年的《监狱规则》第61条规定：在监者罹激性传染病时须与他在监者严行离隔，但看护人不在此限。北京监狱内设有专门的传染病监舍，对患传染病者进行严密隔离。病犯所用的衣物随时进行消毒，若仍有服劳役的，则对其生产的产品也要进行消毒。平时则多做预防性工作，重点是做好环境卫生和个人卫生，根据需要采取注射疫苗等免疫措施。北京监狱规定：对于从传染病流行病发生地或经过流行地入监的罪犯，一般要隔离一周，并对其所携带的物品进行消毒，病毒潜伏期过后，才能进入杂居房与其他罪犯接触。在地区性传染病流行期间，监狱会按照政府卫生部门的防疫计划要求对监狱实行消毒防疫，所用流行病的防疫物品可向政府卫生部门申领。

（三）囚犯保外就医制度

在监因犯所患疾病多种多样，仅靠监狱的医疗力量往往难以应付，适当地引入社会医疗资源成为保障病犯医疗的必然选择。狱内如遇有特殊病患者，监狱可从狱外聘请专门医生进行诊治，罪犯也可以自费聘请狱外医生来监狱治疗。在本监狱不能治疗的，可移送社会医院治疗。符合保外就医条件的，可以办理保外就医。遇有病危罪犯，立即通知家属，也可由家属取保监外治疗。

罪犯保外就医则需呈报司法部，由司法部审核批准，其手续比较规范严格。首先，要有医务室出具的病情诊断书，认为该罪犯的病情严重，监狱不能施以适当的医治；其次，要有病犯的家属或亲朋写出具保状，为病犯担保，保证病犯出狱外就医期间有保障、有住处，保证病犯不逃跑、不犯罪，保证病犯病愈后即送回监狱继续服刑。前两项具备，由监狱写报告呈报司法部请示批准，待司法部审核查明后发批复令给监狱执行。如果在保外就医期间病犯死亡，监狱和地方检察厅要立即派人前往病犯住处验明正身，并出具死亡证书呈报司法部核查。

《大清监狱律草案》第139条规定"罹精神病、传染病或其他之疾病，认为监狱内不能施适当之治疗者，斟酌情形，得经过监督官署认可交付亲属或

[1] 档案号：J191-2-15488，北京市档案馆藏。

移送病院。认为有紧急情形，典狱得先为前项处分，再请监督官署承认。"[1]
民国二年的《监狱规则》的起草是以《大清监狱律草案》为蓝本，却并未采
用如前述有关"保外就医"的条款。当时的北京监狱典狱长王元增对此深表
惋惜："本规则并无明文规定，起草者殆为严重执行预防流弊起见，但为政在
人，狱官得人流弊自绝，似不必因噎废食，使狱制上留此缺憾。"[2]

由于缺乏法律明确规定，司法部对于囚犯保外就医的求情是否批准也缺
乏充分的依据。民国二年，司法部第 270 号指令允许监犯薛润生保外医治；
当年第 1483 号令又以"已决人犯因病保释，律无明文"为由，拒绝了徒刑犯
杨井泉的"保出医治"的请求。民国三年，司法部针对湖南地方监狱病犯情
形下达第 345 号指令："查本部监狱规则对于在监人患重病者并无出外医治之
规定，实为严重执行预防流弊起见，惟来呈所称旧监人犯众多疾病危险，如
无救济方法，势必坐视死亡等语。此种情形亦殊可悯，揆之人道主义自当量
予变通，嗣后监狱中已定罪人犯，罪质如果轻微，身份或非浮浪，如罹重病，
的确认为在监中不能医治而出外始有转机者，或罹激性传染病的确认为如不
出外医治势必波及全监者，得由该监狱长官呈请该管之高等检察厅或附近之
地方检察厅或行使司法权之县知事，酌量情形慎取妥保出外治疗，一俟稍痊，
仍即收监执行。唯事关刑律，如遇此种事故发生时，须由监狱长官慎重将事，
以杜流弊而重执行。并须专案报部用备考查。"[3]

第 345 号指令虽然在部令层面规范了囚犯保外就医制度，但在实际操作
中，司法部的态度依然十分慎重。民国三年，北京监狱有一名叫孙荣的女犯
（强盗罪，24 岁），因长时间戴脚镣导致双足溃烂，长期在监房中仰卧不起。
由于医疗条件有限，监狱遂向司法部申请为孙犯取保狱外治疗。司法部除了
要求监狱给出相关病情说明、医士病情诊断书外，又专门派人持照相器材到
监狱对该犯双足及全身拍照，一并呈报后才给予批准。批文称"详悉笃疾人
犯饬家属领回管束向无此例，惟据称分监人犯孙荣烂去双足，恐有生命不保
之虞，应暂准取具妥保出外医治，仰即转饬知照此批"[4]。民国四年，司法
部对山西中阳县监犯苗龙保外就医请求宽限时限一事进行批复，"仰饬该县迅

---

〔1〕 《监狱律草案》载王元增：《监狱规则讲义》，民国六年京师第一监狱出版，第 24 页。

〔2〕 王元增：《监狱规则讲义》，民国六年京师第一监狱出版，第 97 页。

〔3〕 王元增：《监狱规则讲义》，民国六年京师第一监狱出版，第 98 页。

〔4〕 《京师第一监狱关于笃病人犯孙荣烂去双足详请司法部核办》，档号 J191－2－11219，北京市
档案馆藏。

即查明，如果病症不确，应即勒令该犯还监执行，以肃法纪。嗣后遇有此项案件，务须慎重审查，不得以各该县一纸空文，遂予核准，致滋流弊"[1]。当年七月至八月，司法部相继批示"监犯在保病故应仍填具死亡证书"，"病犯保外身死仍应照章检验"[2]。

民国六年，司法部以民国三年第 345 号部令为基础，下达第 494 号训令，正式对保外就医做出八项规定。训令中，司法部将"罪质轻微刑期不满三年者"，"罹激性传染病势将波及全体或罹重病监所医士不能医治者"，"有亲属或故旧能担任照料者"作为"得准保出医治"的基本条件。同时对核准部门，核准程序，相关人员职责，囚犯在保外就医期间的应遵守的规范进行了规定。

第 494 号训令的颁布不仅在一定程度上解决了囚犯保外就医"法无明文"的问题，而且使保外就医制度愈加规范。但是由于条件的苛刻，在实际操作中能够符合条件的囚犯人数不多，监狱执行起来实为困难。王元增曾评价："（第 494 号训令）范围愈狭，对于监狱官之责任益加严重，从此恐病犯保外医治一项或将消灭。"[3]民国十七年《监狱规则》颁布时，增加了第 66 条："罹精神病、传染病或其他疾病认为监狱内不能施适当之治疗者，监狱长得斟酌情形呈请监督官署许可，移送该监所在地军医院医治，或觅保出外就医。"第一次在法律层面对囚犯保外就医制度进行了规定。民国三十五年《监狱行刑法》在此基础上，增加了"监狱长官认为有紧急情形时，得先为前项处分，再行呈报监督官署核准"[4]的规定，同时规定"保外医治期间不算入刑期之内，但移送病院者视为在监执行"，"衰老者、残疾者，及怀胎五月以上或生产后未满二个月者"[5]适用保外就医的各项规定。

相比于其他方面的严苛，第 494 号训令并未在具保人资格上有太多的限制。民国六年六月，北京地区的高等检察厅通过了对京师第一分监囚犯张岱宗的保外医治审查。具保人朱家祥、赵铨与被保人仅为"朋友至交"的关系[6]。相比之下，民国三十六年囚犯钱稻孙的保外过程要严格很多。因汉奸

---

[1] 薛梅卿主编：《清末民初监狱改良专辑》，中国监狱学会 1997 年版，第 195 页。

[2] 《民国四年七月十日批湖南高检厅第七零九四号、三七号法》；《民国四年八月九日批山西高检厅第八一六一号、四一号法》，载河南省劳改局编：民国监狱资料选（上），1987 年版，第 213 页。

[3] 王元增：《监狱规则讲义》，民国六年京师第一监狱出版，第 97 页。

[4] 中华人民共和国司法部编：《中国监狱史料汇编（下册）》，群众出版社 1988 年版，第 40 页。

[5] 中华人民共和国司法部编：《中国监狱史料汇编（下册）》，群众出版社 1988 年版，第 40 页。

[6] 《京师高等检察厅训令第四五九号》，档案号 J191－2－12044，北京市档案馆藏。

罪入狱的钱稻孙"久患齿根浓漏，害及肠胃消化"，具保人（其妻钱包丰）"深虑其毒流入血液，致成不治之症，害及生命。恳请求允许保外治疗"。经河北第一监狱医务所医师陈厚嘉诊断，"如无适当之治疗恐影响生命之危险"，又经国立北京大学医学院医院出具诊断书，确诊钱稻孙"胃部发生毒瘤"，该犯方被允许保外医治。该犯手术后，请求在医院多留一月修养，须由清华大学出具证明书（上有梅贻琦、胡适、陈寅恪、石宗纶等印章），国立北京大学医学院医院出具证明书、保证书，天增木厂经理董松林支付保证金国币 5000 万元，后经河北第一监狱总务科派员到医院亲见该犯后，方被允许。

（三）北京监狱对于囚犯死亡的处理

民国监狱由于经费不足等原因，卫生防疫水平较之社会更低。监狱内人员密集，营养相对较差，心理上压抑，身体免疫力较差，诸多因素相加，使监狱成为疾病易发区，传染病流行的概率更大。加之监狱医务条件有限，所以病犯死亡率较高。民国时期，在监罪犯死亡率比较高，以疾病死亡为主，其中肺病死亡率高居榜首，这与当时的卫生条件差、传染病防治手段低有关。

据统计，民国三年，北京监狱每月患病罪犯平均 40 名，全年死亡 34 人。民国元年至四年末，监狱收押男女罪犯 1076 人，在监死亡男犯 78 人，女犯 4 人。民国十三年度在监罪犯疾病死亡 20 人，其中发病率、死亡率最高的是肺病，其次是肠胃病。男犯肺病发病 63 人死 5 人，女犯肺病发病 17 人死 4 人，男犯肠胃病发病 60 人死 2 人，女犯肠胃病发病 24 人没有死亡。民国二十四年，在监罪犯疾病死亡 31 人，占押犯总数的 3%。民国二十九年死亡 100 人。

表 1　民国二十九年度监犯患病及死亡人数表

项目	每月平均在监人数	患病人数	死亡人数
一月	1126	72	17
二月	1169	58	15
三月	1183	76	26
四月	1208	68	10
五月	1229	61	7
六月	1297	31	1
七月	1395	23	5
八月	1503	21	2

续表

项目	每月平均在监人数	患病人数	死亡人数
九月	1659	18	1
十月	1483	23	4
十一月	1402	22	5
十二月	1282	19	7
年末总计	1282	492	100

《大清监狱律草案》第 146 条规定："在监人死亡由监狱医证明后即移其死体于尸室，但认为有检验之必要者不在此限。"[1]在监人死亡后，典狱长应当对尸体进行"检视"。如属于病死，监狱医生应当在死亡簿上清楚记录病情名称、死亡原因、死亡时间，同时签名盖印。如属于自杀及其他非正常原因死亡的，监狱应通知所在地警察机关，请其对尸体进行检验，同时在死亡簿中注明检验官姓名及结果。第 148 条规定："死亡者之病名、死因及死亡年月日时应速知照死亡者家属或亲属并呈报当该官署。"[2]此后民国二年、民国十七年《监狱规则》、民国三十五年《监狱行刑法》均保留了监狱长官与检察官检验罪犯尸体的规定，但并未像《大清监狱律草案》一样对因非正常原因而死亡的罪犯有特殊规定。民国三年，京师高等检察厅即要求北京各监所"遇有在监人犯死亡事件，须详叙在监人姓名、籍贯、年岁、罪名"，同时要求"变死者并须粘检察吏之检验单，病死者并须粘附医士之死亡证"[3]。

对于死亡罪犯的处理，主要有家属认领、监狱自行埋葬、解剖三种途径。《大清监狱律草案》第 149 条至 155 条规定，"死亡者之家属、亲属、故旧有请领死体者得交付之"[4]，如二十四小时内无人认领尸体，即于教诲堂举行葬礼（如可能患有传染性疾病，可以进行火葬），将尸体"假葬之"，即暂时葬于监狱周边属地并立木标记明死亡者姓名及死亡时间，"假葬"两年后仍未有人认领的，与其他尸体合葬。在两年期间如有符合条件之人请求索要尸体

---

〔1〕 《监狱律草案》载王元增：《监狱规则讲义》，民国六年京师第一监狱出版，第 26 页。
〔2〕 《监狱律草案》载王元增：《监狱规则讲义》，民国六年京师第一监狱出版，第 26 页。
〔3〕 档案号：J191-2-11210，北京市档案馆藏。
〔4〕 《监狱律草案》载王元增：《监狱规则讲义》，民国六年京师第一监狱出版，第 26 页。

的，应当将尸体或遗骨交付。但合葬之后可以不予交付。合葬后应"记明合葬者之姓名及死亡年月日与合葬簿。合葬应立石碑。"[1]民国二年《监狱规则》第十四章第 102 条规定：死亡经过二十四小时无人认领的尸体，"埋葬之"，同时"埋葬处应立木标记明"。但并未对无人认领尸体的"假葬"、合葬期间以及是否解剖等事项进行规定。民国十七年《监狱规则》保留了囚犯尸体保存二十四小时的规定，且将"假葬"后至合葬的时间由《大清监狱律草案》中的两年改为十年。

民国二十七年，北京监狱一名叫王宝龙的囚犯因肺结核病死。"在监人死亡证书"详细记录了该犯的姓名、年龄、籍贯、罪名等情况，同时对该犯入监时病情，在监身体状况，死亡原因，诊疗情况，死亡检验情况，及是否有遗留物品等均作了记录。在死后安置一项中标明："由本监备棺掩埋。"[2]死亡证书由主科看守、医务所所长、典狱长及检察官四人同时签字。

民国三十五年《监狱行刑法》对囚犯死亡一项又增加了对尸体解剖事项的规定："如有医院或医学研究机关请领解剖者，得斟酌情形许可之。但生前有不愿解剖之表示者，不在此限。"[3]康德四年伪满洲国《监狱法》第 78 条规定："受刑人之尸体无请领收之人者，为解剖得交付于医院或学校。"[4]

在民国三十五年《监狱行刑法》正式对囚犯尸体解剖事项作出明确规定之前，有关囚犯尸体解剖所依据的是民国二年十一月二十二日部令五一号颁布的《解剖规则》，该规则第三条规定："凡刑死及监狱中病死体，无亲属故旧收其遗骸者，该管官厅得将该尸体付医士执行解剖以供医学实验之用。"[5]民国三年司法部训令三十八号亦对其进行了确认，"京师各监狱对于无亲属故旧认领之尸体，大半依据民国三年司法部训令三十八号通知领取解剖"[6]。民国三年四月二十一日，内务部第八十五号部令公布《解剖规则实施细则》，明确了实施解剖的主体为"国立、公立及教育部认可各医校暨地方病院，经行政官厅认为组织完全、确有成效者"[7]。医校或医院领取尸体后，监狱须

---

〔1〕 《监狱律草案》载王元增：《监狱规则讲义》，民国六年京师第一监狱出版，第 26 页。

〔2〕 《北京第一监狱在监人死亡证书》，档案号：J191－2－15300，北京市档案馆藏。

〔3〕 中华人民共和国司法部编：《中国监狱史料汇编（下册）》，群众出版社 1988 年版，第 45 页。

〔4〕 中华人民共和国司法部编：《中国监狱史料汇编（下册）》，群众出版社 1988 年版，第 246 页。

〔5〕 河南劳改局编：《民国监狱资料选（上）》，1987 年版，第 205 页。

〔6〕 王元增：《监狱规则讲义》，民国六年京师第一监狱出版，第 133 页。

〔7〕 薛梅卿主编：《清末民初监狱改良专辑》，中国监狱学会 1997 年版，第 210 页。

为其开具《凭照》，《凭照》上要写明发给凭照的依据（依据就是内务部的解剖规则和司法部 38 号训令），以及尸体的数量、姓名，典狱长的签章，发给凭照主要是为了避免沿途警察盘查滞留延误时间，便与警察给予通行便利。解剖后尸体经家属同意可留作标本或由医校、医院自行火化、掩埋。后又颁布《修正解剖尸体规则》，明确了可以作为解剖用尸体的范围：①为研究死因必须加以剖验之病死体；②生前有合法之遗嘱愿供学术研究之尸体；③无亲属收领之刑尸体；④无亲属承领之病死体或变死体，规定了簿册登记与呈报书样式，增加了第 7 条"尸体在解剖时如发现其死因为法定传染病或中毒及他杀、自杀时，应于解剖后十二小时以内报告当地各该主管机关"。[1]

晚清旧例，"在监人犯死亡后，无论病死、变死均须请原送检察厅相验"[2]，北京监狱在筹办初期仍沿用此例。从开办之日（民国元年一月十日）至民国二年五月三十一日，共有三名罪犯病死。其中两人尸体交付家属，一人假葬于内务部教养局的"义地"（当时北京监狱尚无自己的义地）。其中一名人犯名叫张树森（三河县人，56 岁），因贩卖人口被京师地方审判厅判处徒刑五年两个月，于民国二年正月二十八日入监服刑。入监时，该犯自称曾患痢疾，经入监体检，除体格虚弱、营养不良外未见异常。至二月六日该犯痢疾复发，遂入病监治疗，经诊断为肠结核性溃疡症。二月二十二日该犯病情危重，下午四点半气绝身亡。该犯病重时，监狱即通知家属前来。该犯死亡后，经典狱长复查确认死亡，人犯尸体被抬至尸室，并派看守巡视。监狱通知家属来监与检察官一起进行尸体检验。如无家属或家属不愿领尸，二十四小时后由监狱准备棺木"抬埋标记，并将死者之病名、死因及死亡年月日呈报司法部备案。埋葬夫即以人犯充之，至假葬式尚未实行也"[3]。

通知病亡囚犯家属来监"眼同检察官相验"的做法，在民国乃至晚清法律中并未见明文规定，而王元增称此法"系中国旧例"[4]，其用意很可能是为了防止罪犯家属怀疑罪犯死因而与监狱产生纠纷。事实上，从《大清监狱律草案》到民国二年及十七年的两部《监狱规则》，虽然都将对死亡囚犯尸体的检验作为首要程序，但是对死亡罪犯家属知情权的保障仍不甚重视。与通

〔1〕 河南劳改局编：《民国监狱资料选（上）》，1987 年版，第 561 页。
〔2〕 王元增：《北京监狱纪实》，民国二年出版，第 54 页。
〔3〕 王元增：《北京监狱纪实》，民国二年出版，第 54 页。
〔4〕 王元增：《北京监狱纪实》，民国二年出版，第 54 页。

知家属等事项相关的条款仅排在验尸、登记等程序之后。至民国三十五年《监狱行刑法》颁布，将"监狱长官应通知检察官相验"与"通知其家属"共同列入第 92 条（第十四章首条），可视为将保障罪犯家属知情权作为监狱首要职责之一。但就及时性与保障知情权的效果来讲，距离王元增邀请家属与检察官共同验尸的做法仍相差甚远。

三、结　论

在清末民初的监狱改良中，中国的改革者往往"变法图强心切，因而对引进的西制多不及细细消化，欲在器物与制度层面全盘照搬，却无相应的理念与之呼应，客观上亦无此从容，故虽有开风气之效，却无长久之功"[1]。如果将民国时期的监狱法律看作监狱理想化运行的一端，那么当时中国社会的经济、民众思想等实际状况则是影响乃至决定监狱法律实际运行状况的另一端。如果说现代法律制度是一架舶来的机器，那么中国社会的现实状况就如同是不断对其进行打磨砂纸，使之愈加适应中国社会的现实。与劳役、教诲等监狱活动的倾向于社会性的教育不同，囚犯的居住、饮食、疾病、死亡这些更具生理性特征的状况更能表现出当时的社会经济条件对于监狱运行的影响。从北京监狱的囚犯生活卫生状况，能够更加清晰地阐释在理想化的法律与中国社会现实共同作用下的监狱实际运行情况。藉此亦可反向研究在民国时期中国经济社会大背景下，监狱法律发展的一些特点。

民国时期的监狱行刑理念十分明确，即在保证罪犯生命权、健康权的前提下加以惩戒，施行教化，因此保证罪犯的生命健康就成为了整个监狱开展教化的前提。从民国时期的四部监狱立法（民国二年、十七年《监狱规则》，民国二十四年《监狱法草案》，民国三十五年《监狱行刑法》）来看，抗战爆发前的三部监狱立法仍表现出较强的理想化色彩，对于罪犯的生活及卫生要求进行了高标准的规定，尤其以民国二十四年《监狱法草案》在生活卫生方面的规定最为详尽具体。但由于当时中国社会经济条件落后，与教化目标的实现关系最为直接的分房制仍难以完全实现，即便是应当基本达到的对罪犯生命权的保障，也因监所落后、疾病流行、囚粮质量等原因难以做到。至三十五年《监狱行刑法》颁布，与分房制、卫生防疫相关的监狱规定不得不降低标准，这也是民国时期监狱立法面对中国现状时不得不作出的"妥协"。

---

〔1〕　许章润："清末对于西方狱制的接触和研究——一项法的历史和文化考察"，载《南京大学法律评论》1995 年第 2 期，第 38—44 页。

民国三十年，广东省高等法院呈称，由于广东省内交通不便，如严格按照《监狱规则》第 66 条规定，在监病犯"必须呈经高等法院许可后始准保外就医或移送病院，诚恐缓不济急"，由于抗战爆发后，对于地方监狱的监督权已有高等法院移交至地方法院院长及县长，因此广东省高院建议凡遇病犯保外就医情形，可否"由监狱长官据实报由该管地方法院院长或县长先行审查许可给限保外医治，或移送病院一面呈报本院备查"[1]。立法、司法层面遇到如此障碍，具体到监狱的实际运行自然更难理想，北京监狱首任典狱长王元增曾在筹办初期提出建设暖气管道，但终被草垫、火炕取暖所取代；囚粮种类亦由大米、面包转变为玉米面黄豆面的窝头。无论是分房制的实践，还是罪犯淋浴的次数，北京监狱均没有达到法律的要求。社会经济的发展状况是对监狱实际运行影响最为巨大的因素。

虽然遭遇了经济方面的一系列困难，但与旧式监狱及同时期新监相比，北京监狱在囚犯健康保障方面的进步仍是巨大的。"前监狱死亡者统计多至百分之二十五以上，其因在监罹病之故致出狱后死亡或失其劳动能力者亦属不少"[2]。上海县监狱改良后，其县署监狱及押所污秽不堪，污秽酿疫，酿疫毙命，一百余名押犯中患病者有三十四人，而当道并不亟起检防，全国监狱监犯死率仍然高居不下，与此相联的则是恶劣的监禁环境，地势卑湿、空间狭促、光线不足、空气淤滞依旧是各地监狱普遍存在的问题，监犯身处其中，生命保障尚不可言，所谓人道更是无所体现。[3]1931 年司法行政部对 15 个省份的新监进行调查得出囚犯死亡率为不到 5%，1934 年这一数字下降至 2.25%[4]。

从北京监狱的情况看，民国十三年，北京监狱在监囚犯共患病 141 人，其中罹患脾胃及肠部疾病的多达 82 人，而因该病死亡仅二人[5]，仅占全年

---

〔1〕《司法行政部三十年九月十七日训（监）字第三二零八号训令》，载河南省劳改局编：民国监狱资料选（下），1987 年版，第 407 页。

〔2〕王元增：《监狱规则讲义》，民国六年京师第一监狱出版，第 133 页。

〔3〕《县署押犯纷纷病毙》，《时报》，宣统三年二月初三日；《县令派丁点查押犯》，《申报》，宣统三年二月廿四日；《县署中药疫猖獗》，《时报》，宣统三年二月初六。转引自王长芬：《"声噪一时"与"改而不良"：清末监狱改良再考察——以京师与江浙为重点》，华东师范大学 2006 年硕士学位论文。

〔4〕[荷] 冯客：《近代中国的犯罪、惩罚与监狱》，徐有威等译，江苏人民出版社 2008 年版，第 260—261 页。

〔5〕《民国十三年度京师第一监狱在监人犯病名区别表》，档案号：J191 - 2 - 11331，北京市档案馆藏。

死亡囚犯总数的十分之一。民国二十四年北京监狱狱内患病人数平均每日占全监人数的 2.8%，年内死亡囚犯人数为 31 人，"占全监人数百分之三强"[1]。至日伪政府接管监狱后，民国二十九年监狱年患病总人数为 492 人，死亡 100 人；民国三十二年北京监狱狱内囚犯月均患病人数为 46 人，全年死亡囚犯 148 人，约占年末全监囚犯总数 17%，比例已是相当高。自民国三十五年四月之后，由于监狱管理者对囚犯饮食质量的重视以及医疗卫生条件的改进，监狱"每月死亡人犯不过一名或二名"[2]，罪犯死亡人数显著减少。如排除日占时期因饮食质量而导致的数量畸高的囚犯死亡，以及民国三年那场导致三十余人死亡的恶性传染病，北京监狱的囚犯死亡率基本保持在 2%—3% 左右的低位。即便是 1943 年日占时期 17% 的高点，也比旧式监狱 25% 的死亡率要低很多。

除去社会经济发展水平因素外，"中国旧例"也是对监狱法律实际运行产生影响的因素之一。以民国初年北京监狱筹办时邀请死亡罪犯的家属与检察官一同进行尸体检验为例，对于死亡罪犯的尸体进行检验，应完全属于公权力的范畴，家属则是尸检结果的被通知方。在监罪犯的死亡并不必然属于监狱的责任，却往往成为在监罪犯死亡后引发争议的中心。与社会经济的直接影响不同，"中国旧例"所体现的是监狱对于民众文化心理层面的适应，虽然未必符合现代法理，却更加符合国人"息诉止争"的传统思维。民国初年北京监狱筹办之时，各项监狱法律仍属空白，在必要规范缺失的前提下，不得不说于弭平争执有极强效果的"中国旧例"仍有着相当大的存在必要。

"在二十世纪初期，以资本主义国家的监狱为模式，清政府着手筹划、试办以上各类性质监狱，比较注力于旧监的改造，也有少数新监兴建，在监狱构造、组织及设备管理制度等方面都较旧式监狱有所进步，此乃中国监狱改良之开端，因而成为后来北洋、国民党政府改造监狱陈陈相因的基础"[3]。"宣统元年（一九零九年），建筑京师模范监狱，民国元年落成，名为北京监狱。规模宏壮，实施教养感化，狱制焕然一新，为中国改良监狱之始"[4]。北京监狱作为近代中国首座由中央政府主持设计建造的中央监狱，对近现代

---

[1] 《民国二十四年河北第一监狱报告书》，第 38 页。

[2] 《河北第一监狱现在卫生状况及将来改善办法清册》，档案号：J191－2－19844，北京市档案馆藏。

[3] 薛梅卿主编：《中国监狱史》，群众出版社 1986 年版，第 217 页。

[4] 汪楫宝：《民国司法志》，商务印书馆 2013 年版，第 18 页。

中国监狱制度的转型产生了积极的影响。虽然受到社会经济条件方面的限制，北京监狱在监狱职能履行方面存在与立法目标脱节的情况，但是与旧式监狱相比，北京监狱在囚犯待遇方面所遵循的人道主义、教化主义原则，其进步之巨大仍是显而易见的。

论慎子的法哲学思想

The Research on ShenDao's Philosophy of law

何 慧 *

　　摘　要：慎子是战国中后期法家重要的代表人物之一。慎到率先"援道入法"，他吸收、改造了老子关于"道"的论说，以老子的自然天道观为认识基础，认为"天道因则大"，采用"因循"之方法论，将天道下贯至人道，并引入政治生活领域，将抽象的天地总则之"道"阐释为客观具体之"法"，论证了法存在的客观必然性。慎到结合现实深刻洞察人性，发现人性具有"莫不自为"的特性，而法的刑赏则能引导人趋利避害的行为模式，从而起到规范的作用，论证了法的合理性。慎子的法哲学思想自成体系，为法家的"依法治国"方略奠定了理论基石，并构建了丰富而独特的法哲学思想体系。

　　关键词：慎子　道因　人性　法

　　慎子，名到，是战国中期颇有建树的思想家，是法家重要的代表人物之一。慎到在齐为稷下学士三十余年，著有《慎子》四十二篇，而《慎子》一书几经亡佚，传世文本只有残篇七篇和佚文若干，总共不过五千余字，限

　　* 何慧，中国政法大学法学院法律史专业 2012 级博士研究生（100088）。

于可考文献的缺失和对慎子学术重视的不足，后世关于慎子的研究成果远不及同为法家代表人物的商鞅、韩非，慎子法思想的重要价值未引起学界的充分重视。而慎到之于法家的贡献是卓著的，其率先援道入法，对老子之道进行了相应的吸收和改造，将对自然天道观的认识推移至社会政治生活领域，阐明"法"具有客观性和普适性，论证了"法"作为治国方略的必然性和合理性，为法家学说奠定了理论基石。这一点是值得引起重视和进行深入研究的。

关于慎子的学术评价，司马迁在《史记·孟子荀卿列传》中说："慎到，赵人。田骈、接子，齐人。环渊，楚人。皆学黄老道德之术，因发明序其指意。故慎到著十二论，环渊著上下篇，而田骈、接子皆有所论焉。"认为慎子主刑名而归本于黄老，司马迁对慎子之学术构成早有精当的见解，此说为当今大多数学者所认同。侯外庐先生说："他的思想具有道法两方面，但其法家思想却是由道家的天道观导出的。"[1]郭沫若在《十批判书》中说："据这辑本《慎子》来看，差不多全部都是法理论，黄老的气息比较稀薄，但这一部分的法理论毫无疑问也是道家思想的发展。"又说，"慎到、田骈一派把道家的理论朝法理一方面发展了。严格地说，只有这一派或慎到一人才是真正的法家。"[2]学界对慎到学说当中"道"、"法"的界说纷呈，但都认为慎到的法家学说与"道"密不可分，慎子在法理论上有重要贡献，认为慎到的法理论是建立在道家自然天道观的基础之上的。慎到作为法家代表人物中率先"援道入法"的关键人物，其法学说的理论基础即源自于"道"。慎到的法哲学思想以老子的自然天道观为基础，对老子之"道"进行了相应的吸收和改造，引入道家"因"的方法论，并结合对现实人性的洞察，在理论上系统论证了"法"存在的客观必然性和普遍合理性，为其法思想建立起了世界观和认识论的理论基础，并构建了丰富而独特的法哲学思想体系。

一、道　论

（一）老子之道

《老子》全书八十一章，有三十七章直接论"道"，"道"字出现 74 次。老子是道家学说的创立者，他将"道"升华为形而上的哲学范畴，并进行了

---

〔1〕　侯外庐：《中国思想通史》第一卷，人民出版社 1957 年版，第 601 页。另罗根泽《诸子考索》、胡适《中国哲学史大纲》皆有此观点。

〔2〕　郭沫若：《十批判书》，上海东方出版社 1996 年版，第 169 页。

系统论述，对道的一般特征进行了描摹和阐明。老子在开篇就对何为道做了一个综括。"道可道，非常道，名可名，非常名。无名天地之始，有名万物之母。故常无欲以观其妙，常有欲以其徼。此两者，同出而异名，同谓之玄。玄之又玄，众妙之门。"[1]老子所体悟的道存于自己的知觉意识当中，若道被命名、用语言表述出来可能又不是他所体悟的恒常之道。道隐见于天地初始不可摹状，不可确知、不可命名的无名之时，道显见于万物化育生长可形容，可感知，可命名的有名之时。道和名是虽叫法不同，但同一指向生生不已之天地万物，都是玄妙叵测的，是获悉道众多内涵的门径。简言之，道具有形上的无限可能，又有形下的具体，可以说，中国哲学对于世界本体的深入探索始于此。

那么，道在形态上呈现何种特点呢，道如何被感知和把握呢？老子云：

"视之不见，名曰'夷'；听之不闻，名曰'希'；搏之不得，名曰'微'。此三者不可致诘，故混而为一。其上不皦，其下不昧。绳绳兮不可名，复归于无物。是谓无状之状，无物之象，是谓惚恍。迎之不见其首，随之不见其后。"[2]

"'道'之为物，惟恍惟惚。惚兮恍兮，其中有象；恍兮惚兮，其中有物。窈兮冥兮，其中有精；其精甚真，其中有信。"[3]

"有物混成，先天地生。寂兮寥兮，独立而不改，周行而不殆，可以为天地母。吾不知其名，强字之曰'道'，强为之名曰'大'。大曰逝，逝曰远，远曰反。"[4]

如上述，"道"是看不见，听不到，摸不着的，是混而为一的，是不可名状的"恍惚"，而"恍惚"中有象、有物、有精、有信。这个道就是先天地而生，至始独立运行，创生万物的。胡适说："老子的最大功劳，在于超出天地万物之外，别假设一个'道'。这个道的性质，是无声、无形；有单独不变的存在，又周行天地万物之中；生于天地万物之先，又却是天地万物的本源。"[5]

综上，道的本质就是：道是客观存在的，是万物之本原，道虽不可捉摸，

---

〔1〕《老子》第一章。

〔2〕《老子》第十四章。

〔3〕《老子》第二十一章。

〔4〕《老子》第二十五章。

〔5〕 胡适：《中国哲学史大纲（卷上卷中）》，广西师范大学出版社 2003 年版，第 39 页。

却永恒存在。

道既是万物之本原，其如何与宇宙万物发生、建立联接呢？老子用极其精辟的语言概括说："道生一，一生二，二生三，三生万物。"[1]《河上公章句》注云：道始所生者，一也，一生阴与阳，阴阳生知清浊三气，分为天地人也。老子又提出有和无的概念，来进一步说明道与万物的关系。"天下万物生于有，有生于无。"王弼注云："万物万形，其归一也。何由致一？由于无也。天下之物，皆以有为生。有之所始，心无为本，将欲全有，必反于无也。"[2]

道生万物，道如何在万物中运行？老子通过多个两两相对的事物来说明道的客观规律属性，指出这种客观规律性是对立统一，可以相互转化的。说"祸兮，福之所倚；福兮，祸之所伏。"[3]"曲则全，枉则直，洼则盈，弊则新，少则得，多则惑。"[4]等等。反过来，这个法则性、规律性的道，怎样才能达到呢，老子提出"致虚极，守静笃。万物并作，吾以观复。夫物芸芸，各复归其根。归根曰静，是谓复命，复命曰常。知常曰明，不知常，妄作凶，知常容，容乃公，公乃王，王乃天，天乃道，道乃久，没身不殆"[5]归根结底，万物自有其道，关键在于归根复命，就是按照其本来的样态，顺其本身特性发展，不干扰、不妨碍，不人为。这是老子道学的核心精神，是老子用于阐释其"无为"政治主张的论据。

老子在阐发其"道"时并非只将道作为哲学本体而言，使之玄而又玄，老子同时注重其道的横向联连和向下落实。"人法地，地法天，天法道，道法自然。"王弼注云："法谓法则也。人不违地，乃得安全，法地也。地不违天，乃得全载，法天也。天不违自然，乃得其性。法自然者，在方而法方，在圆而法圆，于自然无所违也。自然者，无称之言，穷极之辞也。用智不及无知，而形魄不及精象，精象不及无形，有仪不及无仪，故相法也。道顺自然，无故资焉；天法于道，地故则焉；地法于天，人故象焉。"[6]这里的"法"是"法则"，也就是"效法"，更恰当地说是"遵循"或"遵从"，"不违"与此

---

〔1〕《老子》第四十二章。
〔2〕 王弼：《道德真经注》卷三。
〔3〕《老子》第五十八章。
〔4〕《老子》第二十二章。
〔5〕《老子》第十六章。
〔6〕 王弼：《道德真经注》卷二。

同义。"道不违自然"，即"道遵循自然"，"道"生成万物而又"无为"于"万物"，对"万物"无为，就是让万物按其本性"自己"成就自己，这就是"自然而然"。道法自然是老子思想的内核，籍此，老子针砭儒家的礼制，他说"大道废，有仁义。智慧出，有大伪。六亲不和，有孝慈。国家昏乱，有忠臣"[1]"下多忌讳，而民弥贫；人多利器，国家滋昏；人多伎巧，奇物滋起；法令兹彰，盗贼多有"[2]；重视个体生命的全养，"出生入死。生之徒十有三，死之徒十有三，人之生，动之死地亦十有三。夫何故？以其生生之厚。盖闻善摄生者，陆行不遇兕虎，入军不被甲兵。兕无所投其角，虎无所措其爪，兵无所容其刃。夫何故？以其无死地"[3]，"谷神不死，是谓玄牝。玄牝之门，是谓天地根，绵绵若存，用之不勤"[4]；主张政治统治的无为，"我无为而民自化，我好静而民自正，我无事而民自富，我无欲而民自朴"。[5]老子之道的落脚处其实就是他的政治主张，面对礼崩乐坏，战争烽起，民生困苦的社会现实，老子希冀统治者无为而治，顺应自然，不先不争，甚至回到小国寡民的时代，以此消除纷争战乱，还民予自然安全，自给自足的生活。由此可见，各家学说，无论其思想如何阐发，最终指向的都是解决社会现实存在的问题，集中于国家如何治理，社会秩序和社会关系如何建立的问题。

慎子深谙道的客观规律性要诣，既明其本，更知其用。慎子全盘认同接收老子对于道为万物之本原的形上认识，对道之于万物的具体规律作了改造和阐发，并形成了自己对道独有的、系统的认识理论。

（二）慎子道论

慎子关于道的论说，主要可见于《庄子·天下篇》的记载。《庄子·天下篇》云："公而不党，易而无私，决然无主，趣物而不两，不顾于虑，不谋于知，物无择，与之俱往，古之道术有在于是者，彭蒙、田骈、慎到闻其风而说之。齐万物以为首，曰：'天能覆之而不能载之，地能载之而不能覆之，大道能包而不能辩之。'知万物皆有所可，有所不可，故曰：'选则不遍，教则不至，道则无遗者矣。'是故慎到弃知去己，而缘不得已。泠汰于物，以为道理。曰：'知不知，将薄知而后邻伤之者也。'謑髁无任，而笑天下之尚贤也；

---

〔1〕《老子》第十八章。
〔2〕《老子》第五十七章。
〔3〕《老子》第五十章。
〔4〕《老子》第六章。
〔5〕《老子》第五十七章。

纵脱无行，而非天下之大圣；椎拍刓断，与物宛转；舍是与非，苟可以免。不师知虑，不前后，魏然而已矣。推而后行，曳而后往，若飘风之还，若羽之旋，若磨石之隧，全而无非，动静无过，未尝有罪。是何故？夫无知之物，无建己之患，用之累，动静不离于理，是以终身无誉。故曰：'至于若无知之物而已，无用贤圣，夫块不失道。'豪杰相与笑之曰：'慎到之道，非生人之行，而至死人之理，得怪焉。'田骈亦然，学于彭蒙，得不教焉。彭蒙之师曰：'古之道人，至于莫之是、莫之非而已矣。其风窢然，恶可而言？'常反人，不见观，而不免于断。其所谓道非道，而所言之韪不免于非。彭蒙、田骈、慎到不知道。虽然，概乎皆尝有闻者也。"慎子经由对老子之道的吸收和改造形成了以下关于"道"的具体认识。

1. 道为无所偏私的"齐万物"

"齐物论"是战国诸子建立哲学体系时采用的理论工具，诸子百家多有"齐物"之说，墨子、杨朱、惠施、孟子、庄子、尹文、鹖冠子等，他们对此都有相关论述。例如杨朱以无差别的"死"去"齐物"，引申出了一毛不拔的"贵己"哲学；庄子认同物与物之间的差异，但认为万物皆无"是非"而齐一，发展出相对主义齐物论，而主张其避世、逍遥的人生哲学。可见，齐物就是归纳出事物最普遍的共性特征，从中发现规律，而因各人所采用的标准不同，把握到的道的本质规律自然有所差别。

慎子的齐物以何为标准呢？"公而不党，易而无私，决然无主，趣物而不两，不顾于虑，不谋于知，物无择，与之俱往"，慎到认为道是客观存在的自然天道，其最大的特点就是"公"，包括两层含义：一是道对任何人都是一样的，是无所偏私的，他是一种客观普适的法则；二是抱持无偏见、成见或谋虑之心，不加任何选择的顺应道的变化才能认识道。"公"就是慎子所预设的道的总体特征，是其认识论的前提。因而"天能覆之而不能载之，地能载之而不能覆之，大道能包而不能辩之。"知万物皆有所可，有所不可，故曰："选则不遍，教则不至，道则无遗者矣。"慎子的"齐万物"就是无所偏私的包容万物。慎到认为，天地虽大，却各有其偏颇，万物也各有其所能和其所不能，这就是万物存在的本来面目。那么道就是能包容天地万物无所偏私，即包容他所能也包容其所不能。慎子指出"民杂处而各有所能，所能者不同，此民之情也。"就是对此客观规律的深刻认识。之于大道"不能辩之"，老子说："道可道，非常道，名可名，非常名"，指的就是如果以己意言之，亦有言说不到、不尽之处，是谓不能言尽之意，与其所说："大音希声，大象希形"同意，意即大道包万物而无言。推广至人道，因万物皆有其可与不可，如果有所选择则有所不选择，不能达至"遍"，有所教化则必有教化不到之处，此为之"不至"。关于教化不至一说，商鞅曾有同感，他说"仁者能仁于人，而不能使人仁；义者能爱于人，而不能使人爱。"指的就是仁者可以将自己的仁心仁德教化、施予他人，但却不能使别人也行仁；义者能爱他人，但不能让他人也施之予爱。教化仁义道德，受之易，而使人施之难，所以教化常有"不至"，难以在现实中实现。选和教都有所偏，而只有道是无所遗漏的。

2. 道的认识途径就是"弃知去己"

既然道是无所偏私的齐万物，那么怎样才能做到无所偏私呢？慎到的方法是"弃知去己"。"是故慎到弃知去己，而缘不得已。泠汰于物，以为道理。"郭象注："泠汰，犹听放也"。说的就是弃除主观心智而忘我，即不加任何个人意志和情感，听任于物。庄子评论慎到这种不凭借任何个人意志，而任听于物自性的方式，谓之为"块不失道"。即慎到主张完全抛却主观智识而彻底以客观标准来衡量万物，这个客观标准就是"法"。"在慎到那里，'不变的道'和'不变的法'就潜藏于社会政治秩序自身的结构之中。用马克思的话说，它们是不以人的意志为转移的。"[1]老子说"外其身"[2]、"无私"[3]、"无欲"[4]，即是体悟道、认识道的方法，弃绝自我，弃绝自我的所私、所欲、甚至所想，以达至"致虚极，守静笃"的境界。有人认为道家哲学的一般性范畴：宇宙论、自我修炼和政治思想，而其自我修炼又是道家独有的方法和范畴。[5]如此说来，慎子便是对老子自我修炼的心法了然于胸，他所说的"弃知去己"与其如出一辙。但为何庄子讥笑他是死人之理呢？他认为慎到的"块不失道"，如土块般无知无求只停留于物观的境界，即完全依从物之自然性去认识物本身，而无从将认识主体，人的境界提升。老子观道的至高境界是达至"虚极"，而庄子所要达至的"与万物为一"，追求精神绝对自由和超脱的逍遥境界，可见慎子与老庄对道的体认并不相同，因而主旨

---

〔1〕　［美］本杰明·史华兹：《古代中国的思想世界》，程钢译，江苏人民出版社 2004 年版，第252 页。

〔2〕　《老子》第七章。

〔3〕　《老子》第七章。

〔4〕　《老子》第一章。

〔5〕　费小兵：《〈老子〉法观念探微》，中国政法大学出版社 2013 年版，第 60 页。

大异其趣。

3. 认识道的最高境界和原则是"以物为观"，做到"无知"、"无己"

所谓"夫无知之物，无建己之患，用之累"指的就是"以物为观"，认识道的规律。"以物为观"，就是借由一种客观的具体的标准，来作为道的载体，来衡量一切事物，这个无知之物为何呢？这便是法。梁启超说："'以物为法'，乃可以'无建己之患，无用知之累'，是故法治主义者，其实则物治主义者也。"[1]可见慎到对于法的客观性存在认识非常深刻，"慎到对法的本质认识和揭示，是对圣人制法说的颠覆，可与亚里士多德关于法律'不受情欲影响的理智'说相媲美，可谓空谷足音，其境界和深邃，足令慎到在法律思想方面睥睨先秦诸子"[2]。慎子以"道"为认识起点，论证了法的客观必然性，不落于诸子传统思维之窠臼，实为难能可贵。梁启超评论说："观此则慎到哲学根本观念全出道家甚明。"[3]而慎到显然对道家之"道"进行了法家式的改造。老子阐发了道体、道法自然并将"道"的具体特征做了详细的描述，但并没有明确提出体认道的途径，其所表述的"致虚守静"只是涉及个人内心直观体验的自我修炼，没有上升到系统的认识论；而慎到将老子自我修炼的体道方式进行了总结，形成了比较清晰的关于道的认识方法论，将形上之道向下落实，将无所偏私的齐万物之道化为客观、具体的社会规律——法，这就是慎子援道入法的思想轨迹。而慎到这个下移的过程，离不开另一个重要的哲学概念的连接——"因"。

二、"因"论

司马谈在《论六家要旨》中说道家："其术以因循为用"，而慎子言"道"重在其"因循"之用。王晓毅指出："慎到通过'齐物'途径，所悟到的宇宙'大道'总规律是'因循'事物自然本性，而不是以理想的标准予以改造。这也是人类行为需要效法的总原则。"但是，"彻底消除主观成见，并不等于放弃利用客观规律。从现存的《慎子》逸文看，因循事物规律获得最大利益，才是其理论归宿。"[4]慎子有《因循》篇："天道因则大，化则细。因也者，因人之情也。人莫不自为也，化而使之为我，则莫可得而用矣。是

---

〔1〕 梁启超：《先秦政治思想史》，天津古籍出版社 2003 年版，第 170 页。

〔2〕 马作武：《先秦法律思想史》，中华书局 2015 年版，第 297 页。

〔3〕 梁启超：《先秦政治思想史》，天津古籍出版社 2003 年版，第 137 页。

〔4〕 王晓毅："慎到的法理学说"，载《东岳论丛》2011 年第 6 期。

故先王见不受禄者不臣，禄不厚者，不与入难。人不得其所以自为也，则上不取用焉。故用人之自为，不用人之为我，则莫不可得而用矣。此之谓因。"《说文》云："因，就也。"关于因的说法，较早见于《论语》，孔子云："殷因于夏礼，所损益可知也；周因于殷礼，所损益可知也。"[1]这里的"因"是指依据的意思。因，即为因循、顺应，天道宏大无边，借由"因"而能推广至万物，借由"化"而显见其微。在慎子看来，所"因"者即是"人之情"，他在《慎子》及逸文中对人之情有两个方面的表述。其一，"取己"、"自为"之人情。他说"天有明，不忧人之暗也；地有财，不忧人之贫也；圣人有德，不忧人之危也。天虽不忧人之暗，辟户牖必取己明焉，则天无事也；地虽不忧人之贫，伐木刈草必取己富焉，则地无事也；圣人虽不忧人之危，百姓准上而比于下，其必取己安焉，则圣人无事也。"天和地都是道的载体，都体现着具体的道，它对谁都是公平的，然而欲取明，必由自己开门窗；欲求富，必由自己伐木刈划，圣人不担忧人之危，是因为百姓都会依照"准上"之制而"比下"，即言百姓遵从国家制定的法律制度而规范自己的行为，这些具体之道，其共同特征皆是利己而不利他的"取己"而获得落实。所以，慎子说的"取己"也就是人的"自为"性，指人具有积极的主观能动性。其二，民各有所能之情。慎子说："民杂处而各有所能，所能者不同，此民之情。大君者，太上也，兼畜下者也。下之所能不同，而皆上之用也。是以大君因民之能为资，尽包而畜之，无能去取焉。"民各有所能，因而其"自为"性也是同义而百殊，各个主体都有不同的诉求和个体差异。建议君王因民之资，包而畜之。

那么如何因人之情呢，其方法为何？"因也者，舍己而以物为法者也。……故道贵因。因者，因其能者，言所用也。"（《管子·心术》）所谓"舍己"、"以物为法"，就是摒除主观心智和情感，而以客观规律和社会人情等为一般法则，顺应其客观自然性。申不害亦重因，更形象和明确的阐释了"因"的内涵。申子曰："镜设精，无为而美恶自备；衡设平，无为而轻重自得。凡因之道，身与公无事。"（《申子·大体》）正因为有"镜"、"衡"这样精确客观的工具，所以"美恶自备"、"轻重自得"。所以"因"，就是完全依据客观实在和具体法则，因而不会与己身之私任何的关联。这与慎到的认识论一脉相承，可见慎到其用因之法必是从管子、申子而来。所以，慎子说：

---

[1] 《论语·为政》。

"古之全大体者，望天地，观江海，因山谷。日月所照，四时所行，云布风动。不以智累心，不以私累己。寄治乱于法术，托是非于赏罚，属轻重于权衡。不逆天理，不伤情性，不吹毛而求小疵，不洗垢而察难知，不引绳之外，不推绳之内，不急法之外，不缓法之内。守成理，因自然。祸福生乎道法，而不出乎爱恶。荣辱之责在乎己，而不在乎人。故至安之世，法如朝露，纯朴不欺，心无结怨，口无烦言。"[1]将全大体之自然之道，籍由因循而为客观必然之法，因而全凭法术治世；不以智累心，以私累己，人的祸福、是非、轻重与人本身无关，是法作用的结果，一切都皆以法作为决断权衡；人的荣辱在于人自身的选择，遵法则荣，失法则辱，因而至安之世，法如朝露，而能达至无欺无怨的太平治世。这就是慎子关于道法最为详细的论述，这就是所谓的"因道全法"。学者王人博说："法家的'因道全法'思想……集中说明了'法'所具有的本原性和普遍性。'法'是一套人为的普遍性规则，它起源于对自然规律性和秩序的模仿，并通过人类行为的普遍化又具有对自然规律进行扩充的价值和效用。"[2]这里阐释了法家"因道全法"思想的基本内涵，认为法起源于对自然规律和秩序的模仿，这个模仿的方法，就是"因"。胡适指出：由"因"之道阐明"任法"，是道法家的一种"客观主义"法理学思潮。[3]这种思潮的推广还可见《吕氏春秋·审分览·任数》。吕氏对"因"的方法论作了扩充和推导，他由韩昭厘侯辨祠庙之豕引出申不害之"三去论"："何以知其聋？以其耳之聪也；何以知其盲？以其目之明也；何以知其狂？以其言之当也。故曰去听无以闻则聪，去视无以见则明，去智无以知则公。去三者不任则治，三者任则乱。"认为去听、去视、去智才能因其大而明治乱，由此进一步总结为："因者，君术也；为者，臣道也。为则扰矣，因则静矣。因冬为寒，因夏为暑，君奚事哉？故曰君道无知无为，而贤於有知有为，则得之矣。"直接将"因"，看作是君术，是君道无为的实现手段。

由此可见，"因循"是法家论法过程当中重要的一环，是将道落实为法的一个中间"介质"。这也是慎到在老子之道吸收和改造基础上所形成的有特色的、系统的认识论。是道的本体论向下落实为道的认识论，对道用阐发为无

---

[1] 《慎子·逸文》。

[2] 王人博："一个最低限度的法治概念——对中国法家的现代诠释"，载《法学论坛》2003年第1期。

[3] 胡适：《中国哲学史大纲》卷上，中华书局1991年版，第244、251—255页。

所偏私的齐万物，要无所偏私就要弃知去已、以物为观；法具有属轻重、赏罚是非等客观普遍的衡平功用，籍由"因循"，道落实为法，在社会政治生活领域担当道的使命和职责。"因循"论力证了法的普遍客观性，是天之道，下落为事之理，是道的总规律下移的结果，对于法的必然性，慎子提出人性"自为"说，认为正因为人"自为"之本性，才需要法的介入，以定分止争、为公去私。

三、"人莫不自为"之人性论

治国之学亦是治人之学，对人的本性的基本判断是制定政策的依据。慎到对人性的判断不同于儒家的人性善，而和管商的人性论比较接近。儒家倡"仁义"而主张重义轻利，孔子云："君子喻于义，小人喻于利。"（《论语·里仁》），孟子更甚，他在见梁惠王时对曰："王何必曰利，亦有仁义而已矣"，将利和仁义看作是相对立的概念。因而儒家学说推导师出"人性善"的论说而主张推行仁政。但君子的仁义道德并不能完成治国救世的理想，其人性说也完全被法家所否定。管子曰："仓廪实而知荣辱"，首先正视民之利是精神诉求的物质基础，由着这个观点，《管子》篇中对人之好利性有充分描述："民之情，莫不欲生而恶死，莫不欲利恶害。民，利之则来，害之则去，民之利也，如水之走下，于四方无择也。故欲来民者，先起其利，虽不召而民自至。"[1]并指出趋利避害是人之常情：《管子·禁藏》："凡人之情，见利莫能勿就，见害莫能勿避。其商人能贾，倍道兼行，千里而不远者，利有前也；渔人入海，海深万仞，就彼逆流，乘危百里，宿夜不出者，利在水也。故利之所在，虽万仞之山，无所不上；深渊之下，无所不入焉。"[2]商鞅说："民之性，饥而求食，劳而求逸，苦则索乐，辱则求荣，此民之情也。"（《商君书·算地》），对于人性的认识，管子学派和商鞅学派是相同的，都认为人有欲利恶害、趋利避害的本性，利具有驱使百姓的功用。对此，商鞅阐发的更为深刻："人生而有好恶，故民可治也。人君不可以不审好恶。好恶者，赏罚之本也。夫人情好爵而恶刑罚，人君设二者以御民之专，而立所欲焉。夫民力尽而爵随之，功立而赏随之。"（《商君书·错法》）商鞅认为人生而有好恶，追求富贵、趋利避害都是人之本性，认为君主就要善于利用人之好恶之性而御民，而主张赏善罚恶。

---

〔1〕《管子·形势解》。
〔2〕《管子·禁藏》。

慎到在"因循"自然、因民情的理念下，认为"人莫不自为"是人之本性。慎到说"人莫不自为"，指的就是人性当中有为自己打算、谋利的本性。他说："是故先王见不受禄者不臣，禄不厚者，不与入难。人不得其所以自为也，则上不取用焉。"对于不受禄之人不能选用为臣子，俸禄不丰厚者不能与君王共患难，而君主是不会任用完全不为自己利益考虑的人。因为这些人不为己，不求富贵名利，无法对其进行约束，因而不可用。相反，"故用人之自为，不用人之为我，则莫不可得而用矣"，凡自为之人，因其有自为之诉求，才可为君主得而用之。可见，慎见对那些所谓的不争富贵的圣贤之士是抱持否定态度的。在慎到看来，求已之利是无可厚非的人之本性，慎子云："匠人成棺，不憎人死，利之所在，忘其丑也。"又云："家富则疏族聚，家贫则兄弟离，非不相爱，利不足相容也。"认为利是匠人谋生的本能，因而没有爱恶；利也不关乎道德好坏，利的缺失就会导致人的分离。可见，慎子对于人求利之本性并没有作道德善恶等情感因素的判断，而是一种较为客观的界定。关于人逐利之本性，他有逐兔之辟喻："今一兔走，百人逐之，非一兔足为百人分也，由未定。由未定，尧且屈国力，而况众人乎？"众人逐兔乃是因为分未定，因为归属不明，人人皆会因利而逐之，"积兔满市，行者不顾，非不欲兔也，分已定矣。分已定，人虽鄙不争。故治天下及国，在乎定分而已矣。"但如果分定后，则人自会不相争。由此可见，民之争利是必然存在的社会现象，但需由法来确定财物归属和各人应得之份，纷争才会停止。所以，人会因逐利导致纷争，因而需由法来定分。另外，人之自为，还表现为"狎私"之性，慎子云："能辞万钟之禄于朝陛，不能不拾一金于无人之地；能谨百节之礼于庙宇，不能不弛一容于独居之余。盖人情每狎于所私故也。"也就是说，人都有放纵自己私欲之性，表面上的廉洁大度，彬彬有礼并不能在私底下让人忘记私利，因人为已之私亦是一种本性使然，言外之意即在人所独处之地更要以法为依，去除其私意妄行。"自为"之性即是人之"私"，所以"法之功莫大使私不行，君之功莫大使民不争"，[1]法的存在就是要解决人性自为而带来的纷争和为私。慎到认为人的为已之性可为君王所使用。他说："因人之情也，莫不自为也。化而使之为我，则莫可得而用矣。"[2]。慎子的人性论说到底，还是有道家的特色，这种自为的人性本来就是客观存在的，

[1] 《慎子·逸文》。
[2] 《慎子·因循》。

不可"化"之为我，而只能"因"之。

"应当说，管、商、韩'趋利避害'的人性论和慎子的'自为'论，都切中了常人为己的一般本性，因之有切世的治道论。但二者毕竟不同：趋利避害是'自为'的具体表现，而'自为'则是趋利避害的总体样貌与表征。尤其在人性论的出口上，二者更加不同：趋利避害的出口，是利用人们的这一本性，以赏罚驱迫而为统治者所用；而'自为'的出口，则更多地利用人们为自己做事的特点'因'之而为统治者所用。前者的本质是强迫与牵引，后者的特点是顺应与因循，此一微妙区别，不可不察也。而就其功效而言，前者急功近利而有速效，后者隐蔽和缓而近高明"。[1] 这个分析指出了管仲、商鞅、韩非和慎子人性论的差别，归纳出慎子人性论的内在特点，剖析的非常深刻。

慎到的道论、因循论、人性论是其法思想哲学基础的三个重要组成部分。其最大的特色就是以道证法。慎子从"公而不党，易而无私"、"齐万物为首"的体道方式中总结出唯有去除主观私意和智识，"以物为观"才能得道而行，法就是物的、公正、衡平的客观准则而无所偏私，因而以法为治，必公、必正、必无所偏私，为法行于世做了最合理的论证。慎子由道证法，将形上之道籍由因循而进入社会政治生活领域，为法存在的客观必然性建立了理论依据；而其人性论认为人皆有自为之本性，因而需由法的规范而使人免于纷争和徇私，论证了法存在的普遍合理性，为其法思想搭建了较为完整的理论基础。慎到的"势论"以及对法的各种论述都建立在这个基础之上。

慎子以道证法的思维路径就是由天道而及人道，由抽象而到具体，对"道"这一抽象理论进行了现实性的改造。慎子认为天道有常，其有序运行的背后一定遵循着一定的原理，这个原理就是"齐"，就是"公"，就是无差别的对待。慎子认为"天道因则大"，那如何因天道而行人道？慎到将具有公正、公义特性的"法"视为人间的准则，将抽象的具有自然法则性的"道"进行理论演绎，改造成为具有普遍性和客观公正性的"法"，并提出了一系列"以法治国"的法律主张，并以此建立了自己的法学说体系。慎到的法哲学思想赋予了法家学说理论上的支撑，这是慎到的原创，也是其最大的理论贡献，因而后世公认其为"由道入法"的过渡性人物。慎到之后，韩非子对法家进

---

〔1〕 王斐弘：《治道与治法》，厦门大学出版社 2014 年版，第 399 页。

行了第二次理论总结，其"因道全法"的理论构架直接来源于慎到，对韩非子集法家学说之大成影响深远。慎到的法哲学思想是其兼采他家之长进行的伟大学术创造，并为法家学派"以法治国"的主张奠定了深厚的理论基础，其法哲学思想内涵丰富，独具特色，意义深远，值得深入研究。

政治经管

政治转型中的精英主义与民粹主义：以匈牙利和波兰为例

Elitism and Populism in Political Transition: Taking Hungary and Poland as Examples

黄　晨　王鸿铭 *

　　摘　要：东欧各国政治转型的经验和教训有着重要的理论意义，但既有研究中，"标签化"的评述掩盖了对具体历史的考察，将东欧作为一个整体的概论也多于对各国不同国情的比较。本文辨析了休克疗法、激进主义、全盘西化和民粹主义四种流行话语的真实性，并通过对匈牙利和波兰这两个差异性较大的案例进行历史比较，解释了匈牙利的精英主义策略和波兰的民粹主义特征。在政治转型理论中，这两国代表着两条最主要的转型道路，同时，这两条道路并非对立的关系，在漫长的转型过程中，它们是可以互相转换的，认识到这个理论的连续谱，有助于我们理解政治转型的复杂内涵。

　　关键词：政治转型　匈牙利　波兰　精英主义　民粹主义

---

　　* 黄晨，中国人民大学国际关系学院中外政治制度专业、美国哥伦比亚大学政治学系 2013 级联合培养博士研究生；王鸿铭，中国人民大学国际关系学院中国政治专业 2014 级硕博连读研究生。

一、问题界定："标签"、差异与真实

在政治学的转型和民主化理论中，东欧诸国与中国同为后共产主义转型国家，其转型过程有不少相同之处：都以（不同程度的）苏联式全能主义（totalism）模式为转型起点；大多于 20 世纪 70 年代左右开始经济改革；政治转型都相对慢于经济改革。因而，东欧转型的经验和教训对中国有着重要的借鉴意义。

东欧各国与中国转型的不同是，在 20 世纪 80 年代末 90 年代初的共产主义巨变中，东欧在短时期内发生了明显的政治经济变革，而中国保持了稳定和缓慢改革的特点。基于这一分野，国内外学界将东欧和中国分别视为"激进"（radical）改革和"渐进"（gradual）改革的代表，其背后是两种转型学派的对立。出于这个原因，加之东西方都不同程度存有以意识形态划分阵营的习惯，对东欧转型的评价时而出现"贴标签"或者"立场"先于实证等做法。立场偏左翼的人往往对东欧大加批判，而偏右翼的人则对其大加赞扬。本文认为，汲取转型的经验教训需要客观的政治学研究，而客观研究的第一步就是破除那些流行的"标签"，深入考察转型的历史。

第一个标签就是经济学中所谓"休克疗法"（shock therapy）。人们似乎认为东欧各国都是瞬间完成经济私有化的典范。实际上，最早实行休克疗法的波兰只是推行了短期的财政货币紧缩政策，压缩供给和需求，以期淘汰效率低下的生产单位（如老国企），继而推进市场改革[1]。广义的休克疗法指的才是经济自由主义语境下，财政紧缩、产权私有化和价格市场化的综合。但据统计，实行这一揽子计划的只有捷克、保加利亚、俄罗斯、爱沙尼亚和立陶宛，东欧其他国家与此差异很大。同时，上述五国在经济"休克"的领域和程度上各不相同，以至于有经济学家辩称，完整的休克疗法基本没有被推行过[2]。这一辩护可能矫枉过正，但至少提醒我们，转型研究首先需要严格界定概念，重视各国政策过程的差异性。

第二个则是"激进主义"（radicalism）这样一个更广义的标签。似乎东欧各国在经济、政治和社会等各领域，都以一种激进的步伐进行转型。这显

---

〔1〕 金雁、秦晖：《十年沧桑：东欧诸国的经济社会转轨与思想变迁》，上海三联书店 2004 年版，第 343 页。

〔2〕 J. Marangos, "Was Shock Therapy Really a Shock?", *Journal of Economic Issues*, 2016, 37（4）: 943 – 966.

然是将转型界定在 20 世纪 80 年代末 90 年代初的这几年，这样做无可厚非，但完整的考察必须扩大时段，从苏联式全能主义开始松动之时算起。实际上大部分国家都在 60—70 年代开始了不同程度的经济改革，到 1984 年匈牙利的"第二经济"总量已经超过了国营经济，东欧最知名的经济学家科尔奈甚至将该时期的私营经济改革与中国 1978 年后的改革并举[1]。政治上的抗争运动更是此起彼伏，不过总的来说，正式的、制度性的政治改革远远落后于经济改革。在这个意义上，看似激进的改革实际上总有先后缓急之分，而且经济改革早于政治改革似乎是大多数国家的规律。

第三个标签是所谓"全盘西化"的指摘。一些批评者认为东欧改革在照搬欧美的制度，视此为盲目转型的范例；反之，赞扬者则以这种"移植"为成功经验。但是东欧各国除了参考萨克斯等欧美经济学家设计的"休克疗法"，其他根本制度极少、也不可能照搬欧美，下面将看到它们的政治制度和政治文化差异都很大，而且极具本国特色。不仅如此，即使在 20 世纪 90 年代以前的苏化时期，东欧各国对苏联式全能主义的"学习程度"也各不相同，很多国家都保留了原有的政治遗产，在波兰转型中发挥了重要作用的天主教会和公民组织就是典型[2]。

最后一种流行式标签说法是"民粹主义"（populism），不少国内学者认为中国改革偏"右"，而东欧则偏"左"，主要特征是大众政治参与、高福利甚至国有资产的分配，这些被冠名以民粹主义。所以我们常常看到，"右派"（以经济学家为主）批评这种民粹主义影响经济改革的效率和稳定性，而"左派"（人文学者、社会学家和少数经济学家）希望中国能在一定程度上学习其对福利和民主的重视。这里要指出，与上述标签相比，只有民粹主义一说较真实地映了东欧的转型特点。

"populism"一词与精英政治相对，最早形容美国农村的激进反抗运动和俄国的社会主义民粹派[3]。自希尔斯、阿普特和亨廷顿等先行者之后，民粹主义、不稳定与转型的关系逐渐成为了后发现代化国家转型研究的核心问题之一。这里的民粹主义有多重内涵：崇信"人民"，批判社会，希求平等，充

---

〔1〕 ［匈〕雅诺什·科尔奈：《社会主义体制：共产主义政治经济学》，中央编译出版社 2007 年版，第 406—414 页。

〔2〕 ［美］胡安·J. 林茨、阿尔弗莱德·斯泰潘：《民主转型与巩固的问题：南欧、南美和后共产主义欧洲》，浙江人民出版社 2008 年版，第 250—260 页。

〔3〕 J. B. Allcock.，"Populism: A Brief Biography", *Sociology*，1972，5（3）：371–387.

满非理性的道德色彩，怀疑精英而主张大众政治参与等[1]。虽然其庞杂且褒贬不一的内涵使相关的学术争论延续至今，但无疑民粹主义与精英主义的对立[2]，"民粹主义民主"与"自由主义民主"的对立[3]，已成为学术界的重要话语和范式，这也是本文的理论起点。

但现有研究的一个问题是，将东欧视作一个整体来分析其"民粹"与否。如前所述，这种整体主义的做法忽略了研究对象的差异，导致了很多对立的结论。其分歧大体如下：

（1）东欧"民粹"，所以不好——因为大众政治影响了经济政策的效率，"休克疗法"之父、经济学家萨克斯当时正是基于这种担忧来给出改革建议的[4]。

（2）东欧"民粹"，所以好——因为这虽然以经济增长的减缓为代价，却实现了政治平等和社会公正，转型过程也有了民主监督。

（3）东欧"不民粹"，所以不好——因为整个转型，尤其经济分配领域，都充满了精英的操纵，这说明精英缔约的民主转型有极大局限[5]。

（4）东欧"不民粹"，所以好——东欧不同于拉美，严峻的经济条件和正确的政治决断导致民粹主义并未出场，这保障了政治民主化的稳定进行[6]。

实际上，上述四类研究的矛盾结论基本源于他们援引论据的不同——要么来自不同的国家，要么来自不同的政策领域。因此，本文将分析两个具体的国家，匈牙利和波兰。此外还有两个方法问题需要强调：首先，虽然对政治转型的研究必须聚焦于 20 世纪 80 年代末 90 年代初，但两国的转型起始条件，例如政治文化、组织资源和外部压力，必须在此前数十年的历史中寻求。这也避免了前述"激进主义"等标签在研究时段上的局限性。其次，经过拉美转型的教训，民粹主义到了 20 世纪下半叶已经具有了相当程度的贬义。这

---

〔1〕 林红：《民粹主义——概念、理论与实证》，中央编译出版社 2007 年版，第 281—282 页。

〔2〕 C. Mudde, "The Populist Zeitgeist", *Government and Opposition*, 2004, 39 (4): 542 – 563.

〔3〕 W. Kornhauser, "Politics of Mass Society", *London: Routledge*, 1960: 129 – 141.

〔4〕 J. Sachs, "Social Conflicts and Populist Policies in Latin America", Working Paper 2897, *National Bureau of Economic Research*, 1989.

〔5〕 ［法］弗朗索瓦·巴富瓦尔：《从"休克"到"重建"：东欧的社会转型与全球化——欧洲化》，社会科学文献出版社 2010 年版。

〔6〕 ［匈］贝拉·格雷什科维奇：《抗议与忍耐的政治经济分析：东欧与拉美转型之比较》，广西师范大学出版社 2009 年版。

使其成为了一种政治符号，在东欧的政治斗争中，"几乎每一届政府、每一个利益集团、每一个党派以及每一次社会运动"都可能被指控为"民粹主义"。这种指控可以来自于任何一派，显然这种符号并不等于政治实情。这种常见的政治上的"言行不一"很容易误导研究者，因此本文的分析主要将从政治、经济的决策和结果入手，而不是各党派的旗号和话语。

二、比较历史分析：精英主义的匈牙利与民粹主义的波兰

如何比较这些国家的政治转型呢？一些研究者只着眼于上面转型的第三阶段，自然难以发现这些缔约转型背后的区别。前述经济上"休克疗法"的标签，也是只关注这一阶段的政策变化，难以解释匈牙利等国长达 20 年的"第二经济"等历史基础。其他一些知名研究分别侧重于总统制还是议会制等具体制度设计，以及精英中的温和派还是强硬派等具体行为策略[1]。但要解释的不仅仅是这些制度设计和行为策略分别导致什么结果，还要包括这些制度和行为的偏好是如何形成的，那些国家为什么形成了这种偏好而不是另一种。在本文的视域中，考察具体国家的、完整的历史过程才有助于理解政治转型，制度、文化、组织资源和行为策略等变量也只有在历史过程中才能得到理解。

概言之，匈牙利的转型历史更接近于精英主义，而波兰表现出更多民粹主义的色彩。具体有如下三方面的差别：

首先，在转型之前的历史遗产方面，匈牙利明显有精英统合主义的倾向，而波兰则以一浪接一浪的大众反抗和政治参与为前奏。匈牙利的公民空间是狭小的，而且 1956 年苏联军队镇压后施加了第二次极权化，这是大多数社会主义国家构建中所没有的极端情况。而波兰在公民社团和教会力量等方面都是东欧国家中的佼佼者，这些遗产既为持续不断的反抗提供了制度性资源，也培育了一种政治文化。在这方面，民主化研究权威林茨和斯泰潘的界定比其他研究者更精准："1970 年代后期的波兰接近于威权主义政权"，而匈牙利则是"成熟的后全能主义"。

其次，在转型的程序和参与性方面，虽然同样是缔结协议，但匈牙利的反对派由小团体组成，其结果是转型几乎完全由体制内外的精英完成。至于匈牙利民众，一个普遍的看法是，他们在头几年基本没有制度性渠道进入政

---

〔1〕 ［美］亚当·普沃斯基：《民主与市场——东欧与拉丁美洲的政治经济改革》，包雅钧译，北京大学出版社 2005 年版，第 46—64 页。

治社会[1]，他们的精神领袖纳吉也是体制内的总理。波兰完全相反，他们有制度性或者组织性的参与渠道。转型的主角是拥有三分之一人口支持的团结工会系统，以及草根性质的领袖瓦文萨。

在后全能主义转型中，衡量这种区别的直观证据之一就是罢工。不过要指出，在国企和工人覆盖面极广的东欧各国，鼓动罢工的话语和威胁显然层出不穷，如果我们就此展开分析，很容易犯前述的"以符号替代事情"的错误。匈牙利学者格雷什科维奇提供了一个观察罢工的视角——"罢工警告"和实际罢工行为的比例关系，见下表：

表 1　1989 年—1993 年中东欧四个国家的罢工警告和罢工

抗议形式	波兰	斯洛伐克	匈牙利	民主德国
罢工警告	408	29	107	56
实际罢工	432	24	61	107
比例	0.9	1.2	1.7	0.5

关于波兰和匈牙利，我们可以发现两处不同：一方面，五年间波兰的罢工行动数量远大于匈牙利（即使除以当时的人口数）；另一方面，五年间波兰的"警告：罢工"比值远低于匈牙利，也就是说波兰的很多罢工未经警告便直接爆发。可见匈牙利政府虽然容许工人的抗议和要求，但对实际行动的压制强度要远高于波兰，也高于斯洛伐克和民主德国。

匈牙利将社会运动维持在了一个民主转型会发生，却又不会失控的程度，稳定性是其主要优势。不过这里要问，看起来更麻烦的波兰为什么也没有失控呢？这是由于在波兰其他领域仍然有强大的保守力量，例如在旧体制下享有高福利的农民，在财政压力下"右转"的政策以及欧盟的意识形态影响等。同时，从制度化的视角来看，逐渐完善的多党议会体制，对吸纳大众意见起到了重要作用。

最后，政治转型会决定或者伴随着经济领域的改革，左翼政治学名家普泽沃尔斯基在剖析东欧时曾反复强调："新的民主制度的生存，不仅依赖于其

---

〔1〕　T. Kolosi, *The Making of Political Fields in Post-Communist Transition: Dynamics of Class and Party in Hungarian Politics*, 1989 – 1990. A. Bozóki, et al. Post-Communist Transition, New York: Pinter & Martin Press, 1992, pp. 132 – 162.

制度结构和主要政治势力的意识形态，而且还在很大程度上依赖于这些制度在经济上的表现"[1]。在社会主义经济体转型中，分量最重的议题便是国有资产如何管理、向谁分红。匈牙利将投票限制在政治领域，而将国有资产交由少数企业家买断，此即所谓"经理买断制"（MBO，Managers Buy Out）。而波兰在政治和经济领域都对大众有所许诺，转型的主要力量工人更是在一定时期内持股国有资产，是"雇员股权方案"（ESOP，Employee Stock Ownership Plan）的受益者，它主要追求雇员工人平均持股，以避免出现控股人对企业的统治。团结工会人士极力主张这种 ESOP 模式，他们认为以"ESOP 原则为基础的私有化"可以最大限度地避免"一些人得到很多，另一些人得到很少；职工成为受损者而只有经理成为赢家"的局面[2]。到 90 年代中期，大部分国企才因这种"分家"的低效和经济压力而逐渐转向 MBO。这 10 年中波兰政党的"左摇右摆"，以及民众的抗议和不满，也在很大程度上源于"分家"带来的财政负担。[64-84]

在这一点上，波兰的优势在于权利和经济的平等，从 1988 年到 1999 年其基尼系数只升高了 0.02，与俄罗斯的 0.23 形成鲜明对比。[1]92 而对于匈牙利而言，他们分配相对更为失衡的路线也依然取得了成功，首先是政治精英对少数团体的福利补偿和 20 世纪 90 年代以来对大众的少量福利，起到了收买作用，东欧转轨之后中东欧各国贫困人口都显著增加，其中罗马尼亚增加了 18.3%，保加利亚增加了近 31%，而匈牙利仅仅增加了不到 3%[3]。这与匈牙利实行的社会保障制度密切相关，在政治转轨经济转型的同时，匈牙利政府并没有完全把社会领域"一揽子"交给市场，社保制度没有实行完全的市场化改革，在政府的推动下，养老金等社会保障措施得到了很好的保障，由此带来大众的少量福利增加。其次，从组织资源上来看，被压制的大众自然也缺乏集体反抗的基础。

从前文可以看到，在民主转型之后的 20 世纪 90 年代，"精英"的匈牙利和"民粹"的波兰都在向某种中间路线靠拢，他们的民主巩固也离不开某些

---

〔1〕 ［美］亚当·普泽沃尔斯基：《民主与市场——东欧与拉丁美洲的政治经济改革》，北京大学出版社 2005 年版，第 15 页。

〔2〕 K. Mizsei, *Privatization in Eastern Europe: A Comparative Study of Poland and Hungary*, Soviet Studies（1992），44：2，pp. 285 - 290.

〔3〕 ［波］格泽戈尔兹·科勒德克：《从休克到治疗：后社会主义转轨的政治经济》，上海远东出版社 2000 年版，第 264 页。

折中性质的政策。这种折中趋势通过收入分配的变化便可见一斑：根据世界银行较新的数据，波兰 2011 年的基尼系数已经升至了 0.33，而 2007 年的匈牙利则是 0.31，两国收入分配具体结构也都相差无几，见下表：

表 2　波匈两国居民收入分配结构比较[1]

国家	数据年份	基尼系数	最高 10% 居民收入 份额	最高 20% 居民收入 份额	最低 10% 居民收入 份额	最低 20% 居民收入 份额
波兰	2011	0.33	0.25	0.40	0.04	0.08
匈牙利	2007	0.31	0.26	0.41	0.03	0.08

从上表中可以看到匈牙利和波兰在政治转型中有着某种共同的趋势，这不得不和两种路线的理论定位问题有关。

三、理论启示：政治转型路线的连续谱

1. 两种不同政治转型道路的分析

在 1990 年代之前的欧美政治学界，学者们基于拉美的转型经验曾概括出三种"民主—经济"转型策略[2]，而匈牙利政治学家格雷什科维奇将其运用到了匈牙利的案例上。同样地，波兰也可以被纳入其中，与匈牙利恰成对比，分别代表着不同的政治转型道路。

第一种转型道路是在美国学界一度是主流声音的新自由主义式转型。理想化的新自由主义在政治上是排他的，在经济上将决策权完全抛给市场，是反福利的。按科尔奈的说法，东欧的领导人在改革时，有些选择了各部门有机发展的战略，而有些人笃信新自由主义教条，强调国有部门的迅速清算，是一种加速私有化的战略。他进一步认为，波兰改革成功的主要原因就是采用了有机发展战略，保证了大量新企业以及外资的进入，使私有部门富有活力地成长[3]。而只注重私有化、无视社会协调的新自由主义策略，科尔奈和

---

〔1〕　The World Bank, *World Development Indicators*：*Distribution of Income or Consumption*，http：// wdi. worldbank. org/table/2. 9.

〔2〕　C. H. Acuña, W. C. Smith, *The Political Economy of Structural Adjustment*：*The Logic of Support and Opposition to Neoliberal Reform*. W. C. Smith. Latin American Political Economy in the Age of Neoliberal Reform：Theoretical and Comparative Perspectives for the 1990s. Miami：North South Center Press, 1994, pp. 17 – 66.

〔3〕　［匈］科尔奈：《后社会主义转轨的探索》，吉林人民出版社 2003 年版，第 9 页。

大部分政治学家都认为，很难获得成功。

第二种转型道路即民粹主义式转型。这些国家在政治上参与性极强，在经济上对广大民众允诺福利汇报。波兰是其典型。有学者统计了1981年到1985年东欧消费领域的均衡指标，发现波兰在5年间的人均工资增长了31%，而匈牙利只有8.5%，其他东欧国家增长率仅在5%左右。人均工资的增长带来个人存款的增加，波兰的人均存款在5年后多出了惊人的238%，而匈牙利只增多了68%[1]。

第三种转型道路被称为"双重民主式"转型。介于前两者之间，旧统治者在政治上吸纳少数盟友，在经济上给予民众较少的福利。这里的"双重"意指吸纳与排斥并存，匈牙利是其典型。把它换成政治学中常用的名词，即为精英主义。需要指出，很多人将新自由主义式转型视为精英主义，但如上所述，后发现代化国家成功的转型往往会在一定程度上偏离新自由主义的完美范型，因此本文将精英主义界定在这一类。

2. 政治转型道路的理论启示

所以对上述二者进行定位，首先要将其置于政治转型的几个重要环节和状态中，如下图：

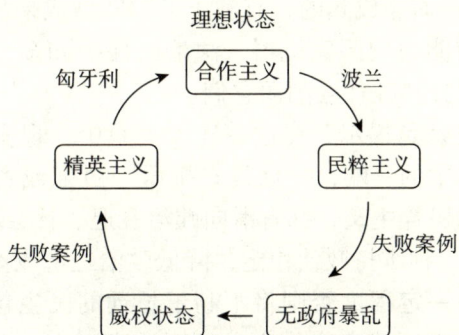

图1　政治转型路线的连续谱

转型研究乃至政治学研究中常常使用一些二元对立的名词，如"民主"与"专制"、"民主"与"民粹"等等。这对于理解一个概念固然有用，但必须注意，一个政体的具体定位或者转型的历史过程往往要复杂得多。政治转

---

〔1〕　P. H. Dembinski, *The Logic of the Planned Economy: The Seeds of Collapse*, Clarendon Press, Oxford, 1991, p. 169.

型的各种路线和环节的关系是连续的、可转换的，而非对立的。近年兴起的比较威权研究和竞争性威权主义（competitive authoritarianism）理论为静态地描述这种"中间状态"政体的制度提供了工具[1]，在描述政体转型的动态过程时，我们同样需要这种更贴切的、处于两极之间的工具概念。

我们看到，在威权政治中增加一些包容性便是典型的精英主义，因为对大众的排斥仍然占据了主流。再增加一些包容性或者吸纳底层群体的利益便是转型中的"合作主义"（corporatism），其典型西班牙和巴西等国，被不少学者视为理想的中间道路。如果大众参与或者福利允诺过多，便开始接近民粹主义了。如果上述压力到了难以控制而破坏民主巩固的地步，便可能变成暴乱甚至无政府状态，这也是很多学者在贬义上使用的"民粹主义"的原因。而这种状态与威权或者军事独裁的回潮是相连的，到此就形成了一个连续谱。

当然，上述的连续只是逻辑上的相连，并不意味着一个国家可以随时在各种状态间来回变迁，理想的合作主义状态更是难以达到。不少学者指出，大众民主运动最容易被激烈地、反体制的口号所吸引，使得制度化的"合作"随之变得困难，东欧的一些后全能主义国家往往如此[2]。波兰的后续变化证实了这一点，林茨和斯泰潘借用波兰分析家的话语，称波兰社会为"反对派的伦理性公民社会"，而非成熟的、有利于巩固转型成果的公民社会。因为健康的公民社会需要有能力的国家机器、法治的保护和多元社会的支持，而过度的政治运动和伦理狂热往往会削弱它们。

连续谱的关键之处是揭示：在这一连续关系中，现实中的转型总会偏向精英主义和民粹主义中的一端，一旦其"排斥"过强或者"民主"过盛，成为极端的精英主义和民粹主义，都有滑向政治衰退、社会动荡的危险。

"排斥"当然是一种维持政治稳定，降低政治经济成本的策略，但其对公平的损害必须控制在一定程度否则将不利于长远的民主化。这一点往往被人忽视，对于一些民主巩固或者合作主义的理论家而言，似乎国家越垄断、越压制就越利于巩固，这是不是意味着越"不民主"就越利于民主巩固呢？这显然是一个自相矛盾的逻辑。合作主义的代表性学者施密特也一直在反思之

---

[1]　Steven Levitsky, Lucan Way, *Competitive Authoritarianism*: *Hybrid Regimes after the Cold War*, Cambridge University Press, 2010.

[2]　E. Comisso, "Political Coalitions, Economic Choices", *Journal of International Affairs*, 1991, 45: 1–30.

中，他提醒我们："旧政权精英和反对派的谈判缔约，似乎在短期到中期内确实有用，但其长期效果更令人怀疑"[1]。因为这种转型可以算是"强加"给大众的，要避免特权和腐败等负面效应，公民参与必须被培育起来。

处在另一端的大众民主策略，其公平性和道德优势是无可比拟的。但首先，过多的民主索取可能拖累经济效率[2]，以波兰为代表的、采取民粹主义策略的东欧国家，无一没有背过这种经济包袱。其次就是引发政治衰退，正如奥唐奈的经典总结，"包容式政治——心理或经济报酬——宽容成本超过压制成本——官僚威权主义"[3]，这也正是上述连续谱中的一环。波兰等比较幸运的国家也是通过十余年的"左摇右摆"才开始走出这一怪圈。

所以，一次稳定的政治转型，往往是既"左"又"右"，即遵行某种折中原则：偏精英主义的路线需要"收买"大众，而偏民粹主义的路线需要保守力量的平衡。完美的合作主义转型虽然可遇而不可求，但理性成熟的政治精英必须在实验、试错和调整中"摸着石头过河"，因为政治转型牵一发而动全身，一处细微的变化可能导致转型道路的质变。

---

〔1〕 P. C. Schmitter, "Twenty-Five Years, Fifteen Findings", *Journal of Democracy*, 2010, 21（1）: 17 – 28.

〔2〕 ［美］罗伯特·巴罗:《经济增长的决定因素：跨国经验研究》，中国人民大学出版社 2004 年版，第 41—42 页。

〔3〕 ［阿根廷］吉列尔莫·奥唐奈:《现代化和官僚威权主义：南美政治研究》，王欢、申明民译，北京大学出版社 2008 年版，第 70—71 页。

认知自耦合主体性视角下的国际安全
International Security Studies from the Perspective of
Self-coupled Systems

才金龙 *

摘　要：认知主体在与世界存在的介入中获得对自身和世界存在的性质和意义的理解。因而，认知主体和世界存在处在一种耦合状态，这种耦合状态在本体论层面不应该被还原为任意一方。国家作为有意识的人的集合必然具有意向性，从认知自耦合主体性的视角重新审视国际安全理论中存在的一些问题，突显了学科的交叉影响对国家为主体的国际安全的理论意义。

关键词：国际关系　国际安全　国家安全　认知自耦合　主体性

众所周知，认识自我乃是哲学探究的最高目标。在不同哲学流派的一切争论中，这个目标始终不曾动摇：它是阿基米德支点，是所有思想的牢不可破的中心。即使最极端的怀疑论者也不曾质疑认识自我的可能性和必要性。如同哲学本体论和认识论一样，社会科学或隐或显都必然预设主体性立场。国际关系理论作为社会科学的

---

* 才金龙，中国政法大学政治与公共管理学院国际政治专业 2013 级博士研究生（100088）。

一个分支却在主体性问题上语焉不详。主体性哲学已经从笛卡尔式的绝对主体性理论转向重视交互主体性关系的后主体性哲学阶段，在这一漫长的转变过程中，大师辈出，群星闪耀，但是许多重要问题的争议仍然难以取得重大进展，[1]随着科学技术的发展和当代认知科学和认知哲学的交叉影响，认知理论已经从传统的以符号互动论为基础的计算主义认知观向涉身性认知、嵌入式认知、生成性认知和延展认知转变。[2]社会科学研究范式从经典因果闭合向非均衡性复杂动力系统转变，其特点是生成性、耦合性、自反性等等。上述三大转变并非同时进行，但是彼此密切相关，甚至可以认为是同一个进程在不同领域和向度发展的显现。这一进程中的重要问题都是主体性范畴内的重要基础性问题，同时也必然是社会政治生活中必须澄清和重新审视的基础性问题。20 世纪以来，现代社会理论对主体性的忽视引发了"重新引入主体性"（bring the subject in）的一系列努力。[3]主体性理论的重要变迁对西方国际关系理论产生的重要影响也在潜移默化地酝酿和发酵，[4]但是尚没有受到国际关系学界的足够重视。[5]将主体性问题重新引入国际关系理论研究领域迫在眉睫，也是我国国际关系学者抢占理论创新突破口的可能选择。因此，本文试图在澄清主体性理论的基本内涵之后，在主体性理论的范畴内讨论国家安全问题，并将下面提出的两个基本思想贯穿其中：

首先，由于认识论范畴内没有办法解决"认知鸿沟"问题，世界存在的先验性无法通过主体认识寻求基础，同时认知主体对世界存在的认识和描述也无法取代世界存在本身，因而研究世界存在和主体认识的确定性的主题就转变为研究世界存在是如何对主体"显现"的。事物必然是显现的事物，而

---

〔1〕 对社会政治领域具有重要影响的问题包括主观性悖论、客观性悖论，心—身关心问题，解释—理解之争，施动—结构问题，物质主义—理念主义之争，认知鸿沟、集体意向性问题，交互主体性中的他者问题等等。

〔2〕 关于这一转变可参见 Gödel, Kurt, *Some Basic Theorems on the Foundations of Mathematics and Their Implications*. Collected Works Ⅲ , New York：Oxford University Press, 1995；Deutsch, D. , "Quantum theory, The Church-Turing Principle and Universal Quantum Computer", *Proceedings of the Royal Society of London*, 1985, No. 400, p. 97.

〔3〕 可参见 Frank, Manfred, "*Self-Conscious and Self-Knowledge*：On Some Difficulties with the Reduction of Subjectivity," *Constellations*, 9（3）, 2002, pp. 390 – 408；Freundlieb, Dieter, "Why Subjectivity Matters：Critical Theory and the Philosophy of the Subject," *Critical Horizons*, 1（2）, 2000, pp. 229 –245.

〔4〕 Nick Mansfield, *The God Who Deconstructs Himself*, New York：Fordham University Press, 2010；Jenny Edkins edited, Sovereignty and Subjectivity, Lynne Rienner Publishers, 1999.

〔5〕 无论从量和质还是得到的反响上看都与这一问题的重要程度不相符，原因是多方面的。

显现表明事物是现象的存在。认知主体就是在这种与世界存在的介入中获得对自身和世界存在的性质和意义的理解。因而，认知主体和世界存在处在一种耦合状态，这种耦合状态在本体论层面不应该被还原为任意一方。这也是近年国际关系理论中对认识论的支配地位不满而出现本体论回归[1]的呼吁的理论基础。

其次，鉴于认知与世界处于"在世存在"的耦合结构，认识起因于主客体之间的相互作用，那么主体就必然是发生的，而非既定的，身份的生成是国际关系的建构理论特别关注的方面也是理论难点，本文试图从认知自耦合的角度指出，主体认知的其最根本的动力逻辑是自反性，同时自反性也是以国家作为认知主体的国际安全体系的内秉性逻辑。采用系统论、复杂性理论，甚至是后现代理论和量子社会学理论研究国际关系理论可以通过自反性这一简单性质得到某种程度的解释和统一。

一、传统的安全研究的特点和需要关注的方面

传统的国际安全研究侧重于以国家为中心，分析和讨论国家在国际体系内特别是军事领域中确保生存与发展的战略和战术谋划。随着全球问题威胁的上升和全球化现实和理念的深入，非传统安全的地位日益彰显，国际安全研究也逐渐超越国家本位，向着"人的安全"[2]、"共同安全"、"综合安全"、"新安全"、"社会安全"、"协商安全"等领域扩展。[3]国际安全的主体开始包涵个人、社会、次国家和超国家等行为体，安全的元理论探讨开始增加，秉持各种学术背景和观念的思想开始介入国际安全问题研究，在传统安全研究之外形成了建构主义、后殖民主义、人的安全、女性主义、哥本哈根学派、批判安全研究、后结构主义等不同的流派。

传统上对安全概念的分析，将其分为安全的客观方面和安全的主观方面[4]，客观方面强调安全是一种消除威胁的能力。丹尼德·J. 坎夫曼认为，

---

〔1〕 Heikki Patomäki and Colin Wight，"*After Postpsitivism? The Promises of Critical Realism*，" *International Studies Quarterly*，Vol. 44，No. 2，2000，pp. 213 – 217.

〔2〕 UNPD，*Human Development Report 1994：New Dimensions of Human Security*，Oxford：Oxford University Press，1994.

〔3〕 ［英］巴里·布赞、［丹麦］琳娜·汉森：《国际安全研究的演化》，余潇枫译，浙江大学出版社2011 年版，第 7 页。

〔4〕 子彬：《国家的选择与安全——全球化进程中国家安全观的演变与重构》，上海三联书店 2006 年版，第 3—4 页。

安全是防止外部力量对国家的价值（如自由生存与繁荣）的威胁，唯有安全确保了，国家才能安全地追求其他目标。罗伯特·阿特认为，安全是国家保卫本国不受攻击、侵略、征服和毁灭的能力。《国际社会科学百科全书》给安全下的定义是："安全是国家保卫其内部价值不受外部威胁的能力"。主观方面认为安全是一种态度或心理状态。诺曼·佩德尔福特和乔治·林诺辛认为，安全是一种心理状态，即安全是对国家抵制外来攻击和防卫自身安全能力的感觉和态度，涉及对国家力量、敌友力量和意图、对面对未来的发展形势以及对维护安全形势等的信心。[1][2]综合安全的两个方面，阿诺德·沃尔弗斯给安全下的定义得到了学界的广泛认同，沃尔弗斯认为安全就是客观上不存在对已具有原价值构成威胁的状况，主观上不存在对这种价值受到攻击的恐惧感。[3]戴维·坎贝尔引用福柯的观点从对风险的角度论证了安全的主观认识方面，福柯指出风险的不同种类其实就是由于人们对待事物理解的不同所造成的，对风险的理解可能出于敏感，也可能出于直觉。[4]进而任何事情都有风险，这完全取决于人们分析风险的方式，如何对待事件。危险是认识的产物，危险与行动或者与可能产生它的事件之间没有本质的必然的联系。[5]章一平先生认为，安全在主观上指不存在担心外来攻击的恐惧感，在客观上指不存在外来攻击的状态或现实。余潇枫认为客观安全强调一国威胁他国基于其物质能力的可能性。主观安全强调心理和知觉以及恐惧形成过程中的人际关系（朋友、竞争者、敌人）的重要性，在此基础上，巴里·布赞指出"话语安全"的重要性，话语安全强调安全是一种自我指涉的实践，因为任何一种威胁者是相对于行为体而言的，行为体对认知与接受，直接决定着威胁是否是威胁，话语安全的实践途径较之客观安全和主观安全更注重对共同认知的建构性，因为国家之间通过一定的言语行动和建构起相互理解和信任，

---

〔1〕　Norman J. Padelford and George A. Lincoln, *International Politics*, Macmillan & Co. Ltd, 1954.

〔2〕　亦平："安全概念、安全机制与安全战略"，载《国际资料信息》1999 年第 3 期，第 10 页。

〔3〕　Arnold Wolfers, "National Security as an Ambiguous Symbol", in *Discord and Collaboration* 7, Baltimore：Johns Hopkins University Press, 1962；巴里·布赞：《人、国家与恐惧》，闫健等译，中央编译出版社 2009 年版，第 9 页；苏长和："从国家安全到世界安全——现实主义及其后"，载《欧洲》1997 年第 1 期，第 44 页。

〔4〕　Graham Burchell etc, eds, *The Foucault Effect：Studies in Governmental Rationality*, Chicago：University of Chicago Press, 1991, p. 199；[法] 米歇尔·福柯：《安全、领土与人口：1977—1978》，钱翰译，上海人民出版社 2010 年版。

〔5〕　[英] 戴维·坎贝尔：《塑造安全》，李中等译，吉林人民出版社 2008 年版，第 2 页。

并在应付外部安全威胁方面达成共识，从而愿意共同采取紧急措施去对付其安全威胁。[1]

事实上，安全概念仍存在模糊性，对概念的分析仍然深度不够[2]，而且不同的行为体，不同的场合，不同的时代会对安全做出不同的解释，[3]上述学者对安全的界定侧重于具体化和操作性层面，从最抽象的角度安全的概念有以下几个需要重视的方面。

首先，安全概念的界定和把握，一般从其反面来界定，安全的概念与对抗、危险、威胁直接相关。但是安全并非全然是对抗、危险、威胁等负面因素的缺位，从系统论的角度来讲，安全是系统的控制力和整合能力能够容纳各种问题（对抗、危险、威胁），而没有出现系统性危机，导致系统因素和价值变动，系统同一性丧失的一种状态。[4]

其次，由于事物发展的基本规律，安全也具有历史性和辩证性，将与安全密切关联的对抗、危险、威胁的潜在性和相对性带入到对现实和现时安全的理解中来，无论是在时间维度和空间维度都不存在绝对安全，安全是安全主体相对关系中的一瞬。安全从某种程度上来讲具有"测不准性质"，安全的现时性和潜在性往往存在矛盾，这也是经典"安全困境"的深层理论原因，因此在进行安全研究中，有效的手段是集中研究某一层面和某一时间段的安全问题，整体和绝对的安全是不存在或者说不可表述的。

再次，安全或不安全的物质层面，或者说客观层面来自于主体间利益的分配模式属性，特别是来自于安全主体所建构和存在于其中的客观结构的时间物化，这就是说作为相互关系的结构暴力是比安全主体的权力能力更需要注重的方面。从建构主义的视角来看，安全主体的认知或者说主观方面，相对于物质层面，对安全状态的判断具有更为直接的作用，虽然物质结构具有先在性，但是观念赋予物质以意义，并且行动为观念和认识所直接引导。因

---

〔1〕 Barry Buzan and Ole Waever, *Regions and Powers*, Cambridge：Cambridge University Press，2003，p. 491；余潇枫："国际安全研究是一门'学科'吗？"，载《国际政治研究》2012 年第 1 期，第 9 页；余潇枫："共享安全：非传统安全研究的中国视域"，载《国际安全研究》2014 年第 1 期，第 13 页。

〔2〕 巴里·布赞：《人、国家与恐惧》，闫健等译，中央编译出版社 2009 年版，第 4—5 页。

〔3〕 子彬：《国家的选择与安全——全球化进程中国家安全观的演变与重构》，上海三联书店 2005 年版，第 2—3 页。

〔4〕 哈贝马斯认为当社会系统结构所能容纳解决问题的可能性低于该系统继续生存所必须的限度时，就会产生危机。危机就是系统整合的持续失调。本文也是从这个角度来理解危机的。［德］哈贝马斯：《合法化危机》，刘北成等译，上海人民出版社 2009 年版，第 4 页。

此，安全主体的身份、认同的判定是安全的前提条件。

最后，与认知结构是一个系统[1]类似，也可以将安全理解为安全主体与安全环境之间构成的一个系统，安全是这一系统达到内稳态的描述和感知。同时安全依赖于主体对于安全主体之间，主体与环境之间的地位、行为模式、发展方向和客观与主观层面相互之间关系的理解，其本质上具有非常强的主体间性和诠释性。

二、什么是自耦合系统

要回应和阐释上述安全研究的重要方面，认知自耦合系统提供了一个极其重要的思路，我们首先澄清自耦合系统和认知自耦合系统的基本概念，接下来论证国家作为国际安全行为主体在认知自耦合系统中的适用性。

（一）自耦合系统的基本概念

前文已经提出，主体认知和世界存在处于一种耦合状态，这种耦合状态有两个层面的意义，首先认知系统本身即是耦合系统，另一方面认知主体与世界共同构成一个耦合系统。什么是耦合系统和认知自耦合系统呢？我们首先回答第一个问题，即什么是耦合系统，从系统功能的角度来看，如果某一个有组织整体，它的整体性质为 W，如果它能由一些较低级的功能 W_A、W_B、W_C、W_D……W_M……耦合而成，而在整体中存在着部分 A、B、C、D…M…它们具有功能 W_A、W_B、W_C、W_D…W_M…。那么整体 W 可以看作子系统 A、B、C、D…M…通过功能耦合而成的组织系统。因为每个子系统都是符合广义因果律的。那么必定可以给子系统规定有输入和输出。输入是这个子系统存在的条件，输出为了系统的功能。令子系统 M 的条件集合为 $X_M = \{x_1, x_2, \cdots x_i\}$，功能集合为 $Y_M = \{y_1, y_2, \cdots y_i\}$。由于功能是由条件决定的，即有：$Y_M = M[X_M]$ M 表示从 X_M 到 Y_M 的映射，即 X_M 和 Y_M 的关系，它就是子系统 M 的结构。$Y_M = M[X_M]$ 表示当条件集 X_M 存在时，系统结构确定时，某种功能 Y_M 是确定的。它是广义因果律的表现。子系统可以表示为：$\{Y_M\} \leftarrow M \leftarrow \{X_M\}$ 由所有子系统组成的整体就是将 A、B、C、D…M…子系统耦合起来，使得子系统的输出刚好是另一些子系统或它自己的输入，有组织整体就是子系统的功能耦合网。[2] 在耦合系统视角下，任何一种关系都是可以统一表示为一个集合自身到自身的映射。设部分为 X_1，X_2，X_3…X_n…。令所有部分的集合为

〔1〕 参见金观涛：《系统的哲学》，新星出版社 2005 年版，第 27—44 页。
〔2〕 金观涛：《系统的哲学》，新星出版社 2005 年版，第 197—200 页。

（2016 年第 1 辑）

$\{X\}$。那么部分之间的任何一种关系都可以表示为 $\xrightarrow{f}$。不同的映射方式 f 代表不同的关系。如果输入集合和输出集合是同一个集合。就相当于说结果同时也可以使原因。这样的耦合系统就是自耦合系统。那么关系实际上是事物或概念之间的互为因果和互为条件性的自耦合系统。社会组织也是一个功能耦合网，但作为广义因果律的子系统的不是不加定义的具有无限自由的个人，而是人的行为之间的关系。而强调认知关系的映射的自耦合系统就是认知自耦合系统。

（二）国家主体认知自耦合系统理论的适用性

认知是人的属性，要适用耦合系统视角的分析国家主体，必须将国家主体行为与人的行为之间建立相似的联系，以作为必要的理论准备。在国际关系现实领域中，国际关系的行为主体是国家，国家是人的集合，从理论上说，国家完全具有人格化的资质。[1] 温特首先将国家与人进行类比，明确提出："创立这种理论至关重要的第一步是接受这样一个假定：国家可以被看作是具有意图性、理性和利益考虑等人的特征的行为体。"[2] "国家是真实的行为主体，我们可以把意愿、信念、意图等人的性质合情合理地赋予国家。"[3] "明确国家的内在动机特性，亦即'国家利益'，以使我们的国家模式具有'生命'。"[4] 总结相关论述，在《国际政治的社会理论》一书中温特将"国家视为人"，其理由在于：

（1）国家与人一样是自组织体系，具有稳定的内在结构和外部边界，人的内在结构是生物结构，国家的内在结构是社会结构；人与外界隔绝开来的边界是皮肤，在国家则是国界线。

（2）根据科学实在论观点，国家可以根据"最合理理论推论"的原则解释观察到的行为规律，并且其行为可以通过这种方式加以预测，就可以算作有意图的施动者，并且国家的行为不能还原到个人和政府的行动。

（3）"国家在本体上是层创进化的，所以，使国家人格化就不仅仅是为了

---

〔1〕　谢剑南：《国际关系退化机制与国际秩序重构》，时事出版社 2014 年版，第 47 页。

〔2〕　［美］亚历山大·温特，《国际政治的社会理论》，秦亚青译，上海人民出版社 2000 年版，第 11 页。

〔3〕　［美］亚历山大·温特，《国际政治的社会理论》，秦亚青译，上海人民出版社 2000 年版，第 251—252 页。

〔4〕　［美］亚历山大·温特，《国际政治的社会理论》，秦亚青译，上海人民出版社 2000 年版，第 252 页。

分析上的方便，而是预测和解释国家行为必不可少的做法，正像通俗心理学对于解释人的行为是必不可少的一样。"[1]

对于这一问题，温特在 2004 年《国际理论中的人格化国家》一文中进行了进一步的阐释，并在 2005 年针对雷蒙斯对上文的批评做了回应。[2]温特首先从经验和工具主义的角度论证：如果国家的人格化仅仅是一种有用的假设，那么为什么它在帮助我们理解世界政治时这么有用，如果国家的人格化仅仅是一种假设，那么人们需要期待一种更为细致、现实的国家观念，可是这样的观念并没有出现。因此，像原子和偏好这类不可观察的东西一样，如果人格化国家没有指涉真实的事物，那么现实主义的人格化国家观就是一个"奇迹般的论述"。[3]在这里，温特将其人格化国际理论细致化，将最首要的标准，即人格化国家至少具备意向性或者是有目的的行为体称为"薄的人格化标准"（thin criterion of personhood），并重新阐释了另外两个标准——是组织体，被理解为生命形式以及具有集体意识，被理解为主体经验。[4]应该讲温特通过国家的拟人化，其实是将国家的属性实体化和固定化了，对国际关系的主体性研究存在某种不彻底性，[5]但温特也意识到国家可以被看作葛兰西被称之为工程的东西，即一种用以不断生产和再生产队有组织暴力的潜在垄断权力的政治工具。[6]笔者主张这种工程的定义从根本上具有流动性和历时性，国家主体的形成来自两方面，其一为国内要素，通过各种国内要素组成形式，设定国家的躯体；其二为结构要素，国家通过国际体系互动，获得相对应的身份，并依照身份进行国家行为，这种国家互动遵照"符号互动"

〔1〕 ［美］亚历山大·温特，《国际政治的社会理论》，秦亚青译，上海人民出版社 2000 年版，第 279 页。

〔2〕 See Alexander Wendt, "*The State as Person in International Theory*", *Review of International Studies*, Vol. 30, No. 2, 2004, pp. 289 – 316; Peter Lomas, "*Anthropomorphism, personification and Ethics*: A Reply to Alexander Wendt", *Review of International Studies*, Vol. 30, No. 2, 2004, pp. 349 – 355; Alexander Wendt, "*How not to Argue against Personhood*: A Reply to Lomas", *Review of International Studies*, Vol. 30, No. 2, 2004, pp. 357 – 360.

〔3〕 Alexander Wendt, "*The State as Person in International Theory*", *Review of International Studies*, Vol. 30, No. 2, 2004, pp. 289 – 316; Peter Lomas, "*Anthropomorphism, personification and Ethics*: A Reply to Alexander Wendt", *Review of International Studies*, Vol. 30, No. 2, 2004, p. 290.

〔4〕 Ibid, p. 291.

〔5〕 参见才金龙："国际关系理论中的主体性问题研究"，载《教学与研究》2014 年第 10 期，第 102—109 页。

〔6〕 亚历山大·温特，《国际政治的社会理论》，秦亚青译，上海人民出版社 2000 年版，第 10 页。

的逻辑，初次相遇的社会习得，对国家的身份确立具有至关重要的作用。无论如何，总之，国家和个人一样，是以符号互动为媒介和方法，通过社会交往活动，获得对自身身份和利益的认同，达成自我同一性，进而依照相应的行为模式（规范）参与主体间互动的相似行为主体。

三、认知自耦合主体性视角下的国家安全

（一）认知自耦合系统对于研究国际主体安全的意义

对于任何一个存在的稳定组织，其复杂的功能耦合网中必定有一个以维持自身存在的稳定性为目的的子系统，即维持生存的结构。当系统稳定时，组织能保持自己的存在，当维持生存的结构解体时，组织就会瓦解或演化。组织系统的功能耦合必须是维生结构的稳态。一般复杂系统存在着有多个层次组成的功能耦合系统，因而维生结构也是多层次的。任何稳定的功能耦合系统都有某种维生结构，组织越复杂，维生结构也越复杂。由于任何组织必然有一个维生结构，而且其各部分都是维生结构的内稳态。因此自耦合的生成就是内稳态的生成。D. R. Hofstadter 把自耦合系统变量趋于稳态的过程称为"奇异吸引子"，功能耦合系统稳态好像是一个吸引中心，系统状态变量达到稳态，好像是一个小球在重力作用下落入洼底，洼底的位置恰好是稳态。只要洼以外的区域势函数是平坦的，那么只要有干扰就可以把系统推入洼内。在干扰的作用下，系统状态做随机变化，但一旦进入洼内，表示稳态结构的形成，系统不再做随机变化。这意味着一个无组织的随机系统转化为有组织的功能耦合系统。[1] 当干扰的涨落不是足够大而无法跃出系统势函数的洼时，系统保持稳定状态。

其意义何在呢？

首先，从自耦合系统的生成和稳定条件的角度，我们可以发现其与安全问题研究中的博弈均衡的相似之处。以最简单的囚徒困境为例，当博弈双方均为理性人时，博弈一定会达成一个纳什均衡，不管这个纳什均衡的解是不是系统最优解，只要博弈条件不变，纳什均衡的解也不变。但是，当干扰足够大，系统变量会跃出此前的势函数洼地，而产生震荡，直到落入另一个势函数洼地为止。在安全博弈中，干扰足够大意味着博弈条件发生了变化，博弈双方会进行新的互动，直到达成新的纳什均衡为止。

其次，笔者认为这一过程也是由热力学第二定律决定的，可以通过耗散

---

〔1〕　参见金观涛：《系统的哲学》，新星出版社 2005 年版，第 191—241 页。

结构来理解，整个系统有着能量趋于最小的趋势，均匀地分布温度对于初始的非均匀分布来说是一个吸引中心。只有处于自由能曲线洼之中的物相才能稳定地存在。这意味着最终安全主体之间的互动一定会达成一个耦合系统，而这个系统内最稳定的状态是所耗费能量最小的状态，即趋向于交往烈度最低的状态，或者说趋向于交易成本最低的状态。这就为最优的国际安全机制的确立提供了理论基础和乐观的前景。

（二）认知自耦合系统的动力机制

自耦合系统的基本动力逻辑是自反性（reflexivity），自反性内秉地具建构性和动力性。

李恒威采用索罗斯对金融市场其的自反性的认识来解释这一简单的概念，其指出，市场参与者的认知和他参与的活动所塑造的市场之间的交替反馈构成了自反性概念的基本意义：参与者对市场的认知及他的判断决定了他参与市场交易的预期，而参与者的预期复又促成和塑造了被预期的市场的未来变化。参与者和市场并非相互独立，两者之间的相互影响同时增加了市场的不确定性。这就是市场的自反性定义。市场的自反性运动形成了一个时序（对过去的市场情景的解释、当前的理解和对未来的预期、交易行为引进了对市场未来的塑造）上的纽结。凡勃仑称之为"累积性的因果关系"：因果过程造成了结果，从而为后继的因果过程提供了一个起点，而后者又顺次产生某种结果，这又为接下来的因果过程提供了原料。这事实上构成了自耦合系统的动力逻辑，而且这一过程一旦开始，就具有极大的累积效应。复杂性和量子效应的原因很大一部分也源于此。

波粒二象性是量子力学的研究起点，温特将社会科学与亚原子量子想象进行类比。自笛卡尔开始的西方认识论哲学，强调二元论的主客关系，认为主体与客体的不具有同一性。人对事物的观察具有独立性和反映性。温特的进一步研究指出，客观并不是完全独立于主观的。当一个人观察客观事物的时候，观察者与观察对象是相互影响的。一个人怎么看待客观事物，本身就已经对客观事物本身造成了某种影响。主观、客观是相互建构的，并不是说客观事物可以完全独立于主观之外存在。观察者在观察某一个事物的时候，会改变观察对象的存在状态。这就是量子论对于国家这个概念的启发。一个学者如何研究国家，本身就已经改变了这个国家的存在状态。因此，国家的身份不是客观的，国家的身份取决于一个人用何种方式来观察和研究这个国家，至少后者能够对前者造成影响。因此，国家这个概念本身就不是客观的。

已经受到政治学者重视的量子力学的实在论中的主观主义解释支持了对主客二分的反对，Von Neuman 主张任何物理仪器在用作研究时会立即形成一个缠绕系统，所产生的更大的量子系统会妨碍实验的确定性结果，然而最终我们观测到了确定结果，那么观测过程必然需要观察主体的介入才能导致波函数的坍缩。这即是表明亚原子层面波函数的确定状态依赖于主体，两者无法分离，或者说这种分离对主体来说不构成确定性意义。[1] 在宏观现象与微观现象的转换节点和区分尚不是很清楚的情况下，我们可以暂时假定国际关系现象作为一种实在同样具有这种性质。

温特的解释很有启发性，但是其基本逻辑仍然是对象性认识，笔者认为温特并没有走出主观与客观相对立的研究思路，因此仍然试图在宏观层面探寻非自耦性的因果逻辑，探寻波粒二象性的确定性条件不能离开观察者，这一观察者可能是仪器，也可能是人，但更确切地说是人与仪器的组合，微观层次的波粒二象性究竟应该表现为何者，其实有赖于观察者的介入，这一介入的过程就是世界存在的显现过程，而在介入的一刹那，观察者与观察对象已经形成了一个耦合系统，此时的主体和客体并不是泾渭分明，而应该在更为高一级的层次上来考虑，所以无论怎样推进仪器的精度，其结果只能是增加相干的时间而不会改变观察者介入过程中波函数坍缩（退相干）的结果，此时的认识论问题其实是一个存在论问题。

（三）认知自耦合系统的条件

自耦合系统存在一种系统内部与外部的反馈结构，这一反馈结构的生成和运行是主体之为主体的条件。

在自耦合系统中，系统稳定和生长是系统不断综合正负反馈调节的结构，体现为一种学习机制。哈贝马斯把交往中成员的个性的成熟归结为自我同一性，指出一个成功的自我同一性，意味着有语言和行动能力的主体所具有的真正能力，也意味着个性结构的深刻变化中的能力；随着这些深刻变化，自我同一性能够应付矛盾情况，使其与自身保持统一。自我同一性又和群体同一性联系在一起，需要经历四个发展阶段：一是共生的发展阶段；二是以自我为中心的发展阶段；三是以社会为中心的社会的发展阶段；四是普遍的发展阶段。哈贝马斯认为，主体间交往变动交往进化的真正动力和源泉是主体

---

[1] Alexander Wendt, *Quantum Mind and Social Science-Unifying Physical and Social Ontology*, Cambridge University Press, 2015.

的学习机制，更主要的是这种学习机制是在主体间性的生活世界平面上展开的。哈贝马斯在谈到马克思关于类的历史概念和生产方式概念时，指出历史唯物主义并不需要假设某种经历着进化的种的主体。他认为，并不存在世界历史发展的一般进程，也没有某种历史的宏观主体，社会进化不过是统一化的个体自觉影响他们自身进程的方向。社会和纳入社会中的行为主体才是历史进化的真正载体或承担者，真正说来，就是一定社会情境中的共同主体。他指出即使社会进化可能具有一种倾向，即使联合在一起的个人能够自觉地影响自己的进化过程，那似乎也不会出现特殊的主体，而是自身创造的、更高级的、主体通性的共同性。[1]从根本上来讲社会冲突有两种表现形式：一种是经济利益冲突，在既有的结构环境之下，安全主体地位和能力的不同所导致的收益差异累积，是不安全的物质原因；另一种表现形式使意识形态冲突。第二种冲突的症结在于失败的相互理解，当难于互相理解的不同群体存在普遍的收入差距时，冲突以经济利益冲突的形式爆发，如果经济利益冲突无法得到缓解，最终的形态是暴力冲突。因此，在经济利益分配不公的结构性矛盾不能发生改变的情况下，只有增加不同群体的相互理解能力，而增加相互理解能力的途径是反思性的社会学习实践，所谓"穷则变，变则通"社会学习进程其根本上是一种挫折体验和社会认知系统危机的修复过程。霍耐特和温特对承认的建构性作用的强调其实是希望在增强不同社会主体的相互理解方面加强社会系统的包容和整合能力，从而吸收因利益分配机制不公平所导致的结构性矛盾对体系进行冲击的能量，确保体系的持续和安全。学术上的安全共同体理念和欧洲一体化的发展历史是这种思想在理论和实践上的表征。

通过安全主体之间认同的加深和扩大，逐渐消融安全主体的边界，在系统进化的同时，实现安全。虽然，系统扩大之后随着复杂性的增加，系统负荷的增加可能造成的潜在不安全，巴里·布赞指出从个人安全的角度来看，国家是为了协调个人主体利益冲突而建立起来的组织体系，但是国家一旦建立起来，就有了超越性，从而在一些情况之下不但不能保护个人的安全，而且会成为不安全之源。但是应该说这种思想还是有其进步意义的，至少可以使安全主体的对抗有了缓解的一条渠道和前进的方向。只可惜由于根深蒂固的二元论哲学，是温特的系统共同体思想很不彻底，温特没有办法理解"和

---

〔1〕 ［德］尤尔根·哈贝马斯：《重建历史唯物主义》，郭官义等译，社会科学文献出版社 2000 年版，第 150 页。

实生物"，"至大无外"的理念，结果导致温特认为世界国家生成之后，会出现"差异—认同"难题，即主体的确立，需要他者的在场，而世界国家则缺少他者。对此，温特提出的解决办法有两个，一是部分与整体的差异化；二是历史与现在的差异化。有学者就此不无讽刺地批评温特，指出"除非人类在地球以外发现其他某处地方也生活着某种有政治生活的'外星人'，从而组成一个以（地球上的和其他星球上的）全球性世界国家为单位的'球际政治'。"[1]这一问题才能解决。不过有趣的是，"外星人"后来的确进入了温特的理论视野，2006 年 1 月 19 日温特和雷蒙·杜瓦尔在米尔森国际安全研究中心（Mershon Center for International Studies）120 房间做了一场题为《主权与 UFO》的演讲，这篇演讲的内容经过深化和讨论，仍以原来的标题发表在美国《政治评论》2008 年第 36 卷第 4 号[2]上，文中的一个观点认为"甚至如果一个 UFO 和它的驾驶员是善意的，他的特定的他者身份（在于不是人类）会需要一个世界政府，相对于他者而联合起来，这一新的全球主权会取代我们所知的现代国家。"[3]

尾声：憧憬与展望

思想永远在发展变化，作为成立尚不足百年的新兴学科，国际关系理论一直在其他学科的进步中汲取营养，近 20 年国际关系理论最重要进展的建构主义已经点亮了国际关系主体性理论研究的微光，但是由于学科本身注重实用性和紧迫性的特性，长久以来，建构主义对其哲学基础的夯实以及在顺应哲学和科学的发展方面进展缓慢，甚至略有倒退。2015 年，主流建构主义大师亚历山大·温特十五年磨一剑的新书《量子心灵与社会科学》怦然问世，重点关注当代一些科学争论对哲学和社会科学的意义，考虑量子方法如何用以解释意识以及意向性现象，进而统合物质和社会本体论。[4]由于问世时间不长，学界对这一极具前瞻性和冲击力的思想仍在认真消化之中，相关的评

〔1〕 冷晓玲、李开盛："论世界国家生成的不可能"，载《中国社会科学院研究生院学报》2008 年第 6 期，第 122 页。

〔2〕 Alexander Wendt, Raymond Duvall, *"Sovereignty and the UFO"*, *Political Theory*, Vol. 36, No. 4, 2008, pp. 607–633.

〔3〕 Alexander Wendt, Raymond Duvall, *"Sovereignty and the UFO"*, *Political Theory*, Vol. 36, No. 4, 2008, pp. 607–633.

〔4〕 Alexander Wendt, Quantum *Mind and Social Science-Unifying Physical and Social Ontology*, *Cambridge University Press*, 2015, p. 29.

论仍在积极准备，但可以想见的是，温特的新书必将引发对国际关系理论研究的更为基础性的科学哲学问题的新一波研究浪潮，该书已经超越国际关系研究领域而试图为整个社会科学奠定新的科学哲学基础。让人欣喜的是，以主体性为范畴的理论已经覆盖了温特的研究纲领，从认知自耦合系统主体性理论的角度切入，可以获得对量子社会科学的更富挑战性和趣味性的理解。所谓经济落后的国家在哲学上仍然能够演奏第一提琴，理论研究依赖于社会事实，但是也可以和应该具有某种超越性。温特的最新努力对主体性国际关系理论既是推动也是鼓励，同时也使我国国际关系学者倍感理论创新的紧迫，笔者自知力有不逮，但仍心向往之。

概要说来，认知自耦合视角下的安全研究可以提供国际关系研究的新的增长点：

一、超越层次分析法，强调国际关系的研究具有不可还原的总体性

分层法（分类法）是国际关系理论界在解释和分析概念时的惯常方法，，比如在界定利益时，纵向上将其分为国际利益、国家利益、个人利益等、其中国家利益的次序是民族生存、政治承认、经济收益、主导地位、世界贡献。横向上，国家利益包括经济利益、安全利益、政治利益、文化利益等。[1]安全概念与此相类似，有国际安全、国家安全、人的安全；经济安全、政治安全、文化安全；生存、发展、贡献等等层次和类型划分。这种研究方法的优点显而易见，有利于将概念的内涵表述出来。但是隐含的问题也是存在的，从根本上说，对事物的属性的描述是无穷尽的，归纳法并不能得出对事物的确定性认识。当然，如果不是特别关注方法论层面，这可以忽略。但是层次法会内地表现高层次内容对低层次内容的统辖[2]，其内置的功利主义的伦理前提，在政治哲学领域并没有得到普遍的认可。这也是在安全研究上，"人的安全"概念对传统安全理念进行持续的冲击的原因之一。总体安全观的提出是对这一传统分析路径的超越，在马克思主义中，总体范畴就是要对人类的社会生活进行整体性的全面的理解，即在全部的社会历史运动的基础上来把握人的物质存在的实践性、社会性。[3]20世纪以来，总体性范畴首先在生物

---

〔1〕 参见阎学通：《中国国家利益分析》，天津人民出版社1998年版。

〔2〕 笔者有意在此没有用压迫、宰制等感情色彩更明显的词，表示虽然这一问题是存在的，但是对这一现象的合理性暂时持悬置态度。

〔3〕 张康之：《总体性与乌托邦》，吉林出版集团2007年版，第74页。

学界，继而在心理学界奠定了其一般系统论的基础性地位，生物学家韦斯在批评分析、分解方法的局限时，指出分析方法在把一个系统的各个组成部分分割开来时实际上剥夺了这些部分处在系统中时所具有的相互关系。格式塔心理学认为在心理现象方面，整体是不可分解为元素的，整体并不等于部分的总和，整体先于部分而又决定各个部分的性质和意义。[1]在此基础上皮亚杰从个体发生的角度提出婴儿认识发生取决于同化和接纳这两个基本过程的相互作用，同化意指认识者确认自己的行为作用于事物的过程，客体会被作用于它的行为同化。如果行为不能同化客体，这一行为就会被取消。接纳是指一个行为被调整到符合被同化的客体所需要的客体所需要的过程。当同化和接纳达到平衡时，意味着认知过程告一段落和客体概念的建立。[2]皮亚杰的个体发生视角事实上开辟了主体性理论和总体性观念的综合前景，本文的基本思想也是如此，现代主体性哲学一方面摒弃了将客体他者完全客观化的个人主义路向，也超越了德国古典哲学中黑格尔从个体精神达至绝对精神线性发展逻辑，而强调主体与环境所构成的系统的闭合性，以及主体的属性和发展依赖于主体间互动的特定意义。

二、补充结构选择分析，使之更具综合性和总体性

国际关系理论的第二个惯常方法是结构选择的分析路径。1979 年，沃尔兹的结构现实主义理论渐渐在国际关系理论领域建立起支配地位，随后的重量级挑战者，无论是新自由制度主义还是温和建构主义都吸收了结构理论的特点，与结构现实主义的权力选择殊途同归，形成了制度选择和观念选择的结构理论。其要点是，在国际体系中，结构一经形成，则按照其特定运行方式对行为主体产生规制作用，行为主体在既定结构框架中按照体系行为方式参与互动，如果行为符合结构要求，则会获取相应收益，反之，会导致失败，行为体的行为模式选择就是在这种试错和习得中巩固的，同时也反过来加强了结构的稳定性。在结构现实主义的结构选择基础上，新自由制度主义增加了制度对结构的规范作用，建构主义的起点是结构是由行为体建构的，因而隐含了行为体对结构的改变能力，但是在如何改变上语焉不详，转而强调观念结构对行为主义的影响。因此，学者认为三大

---

[1] 张康之：《总体性与乌托邦》，吉林出版集团 2007 年版，第 34—35 页。

[2] T. G. R. Bower, *Development in infancy*, W. H. Freeman and Company, 1974, p. 4. 转引自金观涛：《系统的哲学》，新星出版社 2005 年版，第 41—42 页。

范式已经出现了合流。[1]现代主体性理论在坚持对世界总体的整体性看法的同时，强调主体属性和主体差异对社会形式的构成性作用和主体间关系对社会形式变动的动力作用。

三、可以从新的角度提供对具体国际关系的理解，并打开国际关系规范性研究的可能空间

认知自耦合主体性理论具有广阔的应用前景，落实到具体的国际关系问题领域，得到澄清主体性理论可以获得对一些国际关系基本范畴的重新理解，这些范畴包括主权[2]、"后现代主义"欧洲的属性;[3]国际体系变迁动力等等。[4]更为重要的是主体性理论从根本上是研究主体与客体的关系问题，现代主体性理论强调共在存在，这使得主体性理论具有非常深刻的规范内涵，并最终向存在论的主体性理论挺近，在这一过程中认知自耦合主体性是这一最根本性跨越的津梁。人类的探索活动其实一直是在一个巨大他者的阴影下进行的，当人奋力将这个他者杀死的时候，也是人的历史上最黑暗的时刻，但是，祛魅仍然不同于返魅，人生是一次向死而生的悲壮旅程，因此，认识论应该最终让位于生存论。女性主义理论中的情感沉迷状态允许一个人在自己和他者身上，同时将存在作为主体性和被动性而把握。两个人在这种模糊性的结合中融合，每个人都从自己的在场中被释放出来，实现了与对方的直接交流。走向存在论的主体性理论在国际关系理论，特别是国际关系规范理论方面的潜力将是巨大的，一旦具备了坚实的科学哲学基础，这一潜力就会转化为现实。

---

〔1〕 高奇琦："现实主义与建构主义的合流及其发展路向"，载《世界经济与政治》2014 年第 3 期，第 87—110 页;〔美〕罗伯特·O. 基欧汉：《新现实主义及其批判》译序，郭树勇译，北京大学出版社 2002 年版，第 19—23 页。

〔2〕 Nick Mansfield, *The God Who Deconstructs Himself*, New York: Fordham University Press, 2010; Jenny Edkins edited, *Sovereignty and Subjectivity*, Lynne Rienner Publishers, 1999

〔3〕 Julia Kristeva, "European Divided: Politics, Ethics, Religion," in *Crisis of the European Subject*, New York: Other Press, 2000, pp. 116 – 162.

〔4〕 John Ruggie," Continuity and Transformation in the World Polity: Toward a Neorealist Synthesis," in Keohane eds, *Neorealism and Its Critics*, *New York: Columbia University Press*, 1984, pp. 131 – 157; John Ruggie, "Territoriality and Beyond: *Problematizing Modernity in International Relations*," International Organization, Vol. 47, 1993, pp. 139 – 174.

房产税的经济效应[*]

——基于重庆房价时间序列数据的实证检验

The Economic Impact Analysis of Property Tax:
Empirical Test Based on the Time Series Data from Chongqing

陈建伟[**]

摘　要：房产税是否具有抑制房价过快上涨的经济效应，是自上海、重庆试点房产税改革以来，市场、学界颇为关注的热点。因选取的检验样本、检验方法等的不同，现有研究对此莫衷一是、分歧鲜明。本文依托重庆市房地产市场时间序列数据，运用计量经济学分析工具实证检验住宅房产税开征的经济效应，结果显示重庆市房产税试点改革并未实现抑制房价上涨的政策目标，反而助推了房价的抬升。在影响房价的诸因素中，相比房地产企业建造成本和居民收入，金融系统信贷规模、结婚购房需求和房产税对房价变动影响更为显著。

关键词：房价　房产税　时间序列　实证检验

---

　　* 本文系中国政法大学博士研究生创新实践项目"房地产市场政府规制影响评估分析"、北京市产学研项目"法和经济学产学研联合研究生培养基地建设"（项目号：4081/081424）阶段性研究成果，并得到国家留学基金资助。
　　** 陈建伟，中国政法大学法和经济学研究中心法与经济专业 2014 级博士研究生（100088）。

引 言

房产税（property tax）[1] 是否具有抑制房价过快上涨的经济调控效应，是学界争论不休的一个议题。2011 年 1 月 28 日，上海、重庆两市开始房产税改革试点，对居民住宅用房区别性地开征房产税，以应对房价快速上涨、房价收入比畸高的问题。[2] 沪渝两市的试点改革成效如何，直接关系到房产税改革经验是否应向全国推广，关系到是否有必要对调控房市的政策工具进行调整，因此引发学界和社会高度关注。

本文的结构安排如下：第一部分系统梳理国内外学者关于房产税与房价影响关系的研究成果，第二部分根据影响因素提出房价决定理论模型，第三部分依托重庆市房地产市场时间序列数据，运用计量经济学分析工具实证检验住宅房产税开征的经济效应，分析经验检验的结果，第四部分提出相关政策建议。

一、文献回顾

国外学者对房产税与房价关系的讨论由来已久。最早关于房产税与房产价值影响关系的研究，是从研究地方政府公共服务这一论题中衍生出来的。蒂伯特（Tiebout）在与萨缪尔森（Samuelson）等学者商榷"公共产品"（public goods）的定性与供给问题时，曾提出一个著名的解释地方政府公共服务如何影响居民定居偏好的理论假说，这成为诱导房产税与房产价值关系问题讨论的关键索引。[3][4] 奥茨（Oates）为了佐证蒂伯特假说的解释力，选取新泽西州 53 个社区开展实证研究，确认了房产税与房产价值显著的负向影响关系。[5] 二

〔1〕 房产税在我国属于财产税、地方税。我国现行房产税法是 1986 年 10 月 1 日施行的《中华人民共和国房产税暂行条例》（2011 年修订）。该条例以列示免税特别条款的形式将我国房产税征收范围限定在城镇经营性房屋，故在 2011 年上海、重庆两市房产税试点改革以前，我国对"个人所有非营业用的房产"并未开征房产税。

〔2〕 根据上海市政府《上海市开展对部分个人住房征收房产税试点的暂行办法》的规定，上海对上海居民家庭第二套及以上住房、非上海居民家庭在上海新购住房普遍征收房产税；根据重庆市政府《重庆市个人住房房产税征收管理实施细则》的规定，重庆对个人独栋商品住宅、新购高档住房征收房产税。两市政策特点鲜明：上海仅对增量房征税，注重抑制房地产市场投机；重庆则侧重对高档住房征税，注重调节收入分配。

〔3〕 Charles M. Tiebout, "A Pure Theory of Local Expenditures", 64 *Journal of Political Economy* 416, 416 - 424 (1956).

〔4〕 Paul A. Samuelson, "The Pure Theory of Public Expenditure", 36 *The Review of Economics and Statistics* 387, 387 - 389 (1954).

〔5〕 Wallace E. Oates, "The Effects of Property Taxes and Local Public Spending on Property Values: An Empirical Study of Tax Capitalization and the Tiebout Hypothesis", 77 *Journal of Political Economy* 957, 968 (1969).

者的研究成果被学界称为蒂伯特—奥茨模型（Tiebout-Oates Model）。后续不断有研究成果对该模型进行扩展、修正，如埃德尔（Edel）等对奥茨处理资本化的方法进行了完善，并利用波士顿 1930—1970 年的数据也证实了房产税率对房价有持续的负向影响。[1]与此同时，批评的意见也纷至沓来，如波拉考斯基（Pollakowski）指出了奥茨有遗漏变量等问题、[2]汉密尔顿（Hamilton）强调奥茨的研究需要"财税天堂"（fiscal havens）这一潜在前提存在、[3]罗森（Rosen）等则指出奥茨不应选取"投入型"变量而应替换为"产出型"变量等等，[4]尽管他们均未否认房产税对房产价值的抑制效应。更为系统、全面的评述则来自米耶史考斯基（Mieszkowski）、佐德罗（Zodrow）等，他们在重新检视前人关于蒂伯特—奥茨模型的研究之后，依据他们对税收效应的分析将这些观点分为三类——"经典观点"（the classical view）、"受益观点"（the benefit view）和"新观点"（the new view）——并进行对比，指出房产税主要有"利润税"（profit tax effect）和"流转税"（excise tax effect）两大效应。[5][6]

当然，也有大量质疑房产税与房价负向影响关系的文献。戈贝尔（Göbel）就批评了蒂伯特限定的模型前提，认为其文忽视了房地产市场的特有属性、构建的是"非空间世界"（nonspatial world），他在修正拟合方法后利用 2002—2003 年美国 234 个社区数据回归发现，房产税的开征，对房产价值有显著的正向、间接影响。[7]张永（Ron Cheung）等则受到格莱泽（Glaeser）等关于房地产规制措施限制市场供给、助推房价上涨的论断启发，将其方法用于检验佛罗里达州房地产市场数据，发现施加于住房市场的税收确实有抬

〔1〕 Matthew Edel & Elliott Sclar, "Taxes, Spending, and Property Values: Supply Adjustment in a Tiebout-Oates Model", 82 *Journal of Political Economy* 941, 951 (1974).

〔2〕 Henry O. Pollakowski, "The Effects of Property Taxes and Local Public Spending on Property Values: A Comment and Further Results", 81 *Journal of Political Economy* 994, 998 (1973).

〔3〕 Bruce W. Hamilton, "The Effects of Property Taxes and Local Public Spending on Property Values: A Theoretical Comment", 84 *Journal of Political Economy* 647, 647 – 649 (1976).

〔4〕 Harvey S. Rosen & David J. Fullerton, "A Note on Local Tax Rates, Public Benefit Levels, and Property Values", 85 *Journal of Political Economy* 433, 433 (1977).

〔5〕 Peter Mieszkowski & George R. Zodrow, "Taxation and The Tiebout Model: The Differential Effects of Head Taxes, Taxes on Land Rents, and Property Taxes", 27 *Journal of Economic Literature* 1098, 1140 (1989).

〔6〕 George R. Zodrow, "The Property Tax as a Capital Tax: A Room with Three Views", 54 *National Tax Journal* 139, 140 – 141 (2001).

〔7〕 Jürgen Göbel, *Local Policy, Income, and Housing Prices*, MPRA Paper, No. 14053, pp. 13 – 14 (2009).

升房产销售价格的效应，佐证了格莱泽等人的观点。[1][2]还需要说明的一点是，房产税与房价的影响毕竟是双向的，近年来关注房价波动对房产税的逆向影响的研究也在显著增加，[3]但鉴于与本文主题不相关，此处不再赘述。

　　国内学者关于房产税是否具有抑制房价作用的争论也颇为激烈，法学学者和经济学学者均有涉足，但这一争论却呈现出一个明显而有趣的特点：以定性分析为主的研究多持质疑态度，尤其是对沪渝两市房产税试点改革的效果并不看好，认为"实施效果与预期目标有一定背离"、[4]"难以有效调控房价"、[5]"不能过高地看重或依赖"、[6]"调控房价职能并不突出"[7]等等；而以定量分析为主的研究则多持认同、支持的态度，代表性研究如：况伟大先后利用我国 1996—2006 年 30 个省份面板数据和 1996—2008 年 33 个大中城市面板数据进行实证检验，均发现开征房产税确实能够导致房价下降，并考察 1980—2009 年 23 个 OECD 国家住房市场的数据加以佐证，同样证实了房产税对房价的负向影响。[8][9][10]当然也有折衷观点，白重恩（Bai Chong-En）等的研究最为典型：借鉴并运用 HCW 评估方法，[11]他们对沪渝及相关对照省

〔1〕　Ron Cheung, Keith Ihlanfeldt & Thomas Mayock, "The Regulatory Tax and House Price Appreciation in Florida", 18 *Journal of Housing Economics* 34, 46 – 48 (2009).

〔2〕　Edward L. Glaeser, Joseph Gyourko & Raven Saks, "Why is Manhattan So Expensive? Regulation and the Rise in House Prices", 48 *Journal of Law and Economics* 331, 366 – 368 (2005).

〔3〕　See Byron F. Lutz, "The Connection between House Price Appreciation and Property Tax Revenues", 61 *National Tax Journal* 555, 555 – 572 (2008); Byron F. Lutz, Raven Molloy & Hui Shan, "The Housing Crisis and State and Local Government Tax Revenue: Five Channels", 41 *Regional Science and Urban Economics* 306, 306 – 319 (2011).

〔4〕　尹煜、巴曙松："房产税试点改革影响评析及建议"，载《苏州大学学报》2011 年第 5 期，第 81 页。

〔5〕　李升："房产税的功能定位"，载《税务研究》2012 年第 3 期，第 14 页。

〔6〕　张守文："关于房产税立法的三大基本问题"，载《税务研究》2012 年第 11 期，第 49 页。

〔7〕　谭荣华、温磊、葛静："从重庆、上海房产税改革试点看我国房地产税制改革"，载《税务研究》2013 年第 2 期，第 44 页。

〔8〕　况伟大："住房特性、物业税与房价"，载《经济研究》2009 年第 4 期，第 151 页。

〔9〕　况伟大："房地产税、市场结构与房价"，载《经济理论与经济管理》2012 年第 1 期，第 10 页。

〔10〕　况伟大、朱勇、刘江涛："房产税对房价的影响：来自 OECD 国家的证据"，载《财贸经济》2012 年第 5 期，第 121 页。

〔11〕　Cheng Hsiao, H. Steve Ching & Shui Ki Wan, "A Panel Data Approach for Program Evaluation: Measuring the Benefits of Political and Economic Integration of Hong Kong with Mainland China", 27 *Journal of Applied Econometrics* 705, 705 – 740 (2012).

市动态数据的实证检验中发现，上海房价受房产税试点改革影响下降 11%—15%，但重庆房价却因房产税试点改革上涨了 10%—12%，这种反差主要因为重庆受到 "区别性房产税"（discriminative property taxes）所产生的户型间溢出效应的影响。[1]

诚然，实证分析确能增强论证的力度，但遗憾的是，因受制于数据可得性等因素，国内现有研究中定性分析显著多于定量分析，定量分析中又基本以面板数据分析为主，鲜见时间序列数据分析。即便上述代表性研究也存在如下缺憾：因非营业用房产免征房产税，况伟大实际考察的是商业房地产税对商业房地产销售价格的影响，这种影响机制能否直观反映住宅房产税的效应是值得质疑的，企业与居民的消费弹性毕竟不同；白重恩等使用的样本数据截至 2012 年 3 月，对沪渝两市房地产试点效果考察区间仅为 14 个月，且文中使用对照组省市房价面板数据拟合、预测沪渝两市房产税开征后剔除房产税影响的房价走势，实证结果严重受制于期望值与真值的偏离程度，对照组省市选择不当或遗漏变量都将引起偏误，其文文末亦呼吁后续研究应立足于时间序列数据再度检验。故本文的出发点和立足点在于，直接采用住宅房产数据考量房产税的影响，并使用最新时间序列数据开展计量分析，完成对前人研究的更新、检验、补充和反馈。

二、实证模型

1. 理论关系与变量

考察房产税开征对住宅价格的影响，需要构建包括房产税变量在内的房价决定模型。学界关于房价影响因素的研究成果可谓繁芜，但主要有两类研究思路：一类衡量房产的自然属性（面积、房龄、位置、房间数量、配套设施、社区环境等）对房价的影响，这类分析被称为特征模型（Hedonic Model）研究；[2]另一类以房产的市场属性检验对房价的影响，这类研究主要关注对

---

〔1〕 ChongEn Bai, Qi Li & Min Ouyang, "Property taxes and home Price: A tale of Two Cities", 180 *Journal of Econometrics* 1, 13 (2014).

〔2〕 See D. M. Grether & Peter Mieszkowski, "Determinants of Real Estate Values", 1 *Journal of Urban Economics* 127, 127 – 145 (1974); Peter Linneman, "Some Empirical Results on the Nature of the Hedonic Price Functions for the Urban Housing Market", 8 *Journal of Urban Economics* 47, 47 – 68 (1980); Allen C. Goodman, "An Econometric Model of Housing Price, Permanent Income, Tenure Choice, and Housing Demand", 23 *Journal of Urban Economics* 327, 327 – 353 (1988); Haizhen Wen, Shenghua Jia & Xiaoyu Guo, "Hedonic Price Analysis of Urban Housing: An Empirical Research on Hangzhou, China", 6 *Journal of Zhejiang University* (*Science*) 907, 907 – 914 (2005).

房产供给和需求产生影响的市场因素。本文重在考察房产税变量对房价的影响效应，属于第二类研究范畴。

影响房价的市场供给因素主要是房地产开发成本，包括土地开发成本、土地使用成本、房屋建筑成本等。[1]影响房价的市场需求因素，则主要来源于人口数量、居民收入等方面。[2]另外，财税金融政策作为房地产市场规制的主要调控工具，则对供需双方均产生影响。[3]所以，在假定市场出清、供求均衡的条件下，笔者借鉴陈建东等的研究，[4]构建如下房价决定模型：

$$HP = f\ (Cost,\ Population,\ PCDI,\ Credit,\ PTax) \tag{1}$$

其中 HP 表示住宅商品房市场均衡价格，$Cost$ 代表房地产开发企业建造成本，$Population$ 代表城市人口，$PCDI$ 代表人均可支配收入，$Credit$ 和 $PTax$ 分布代表金融机构信贷规模和房产税，描述财税金融政策的影响。[5]

根据经济理论和经验，预期房地产开发企业建造成本、人口数量、居民

---

〔1〕 See Dennis R. Capozza, Patric H. Hendershott, Charlotte Mack et al., "Determinants of Real House Price Dynamics", *National Bureau of Economic Research*, No. w9262, p. 2 (2002); John M. Quigley & Larry A. Rosenthal, "The Effects of Land Use Regulation on the Price of Housing: What Do We Know? What Can We Learn?", 8 *Cityscape: A Journal of Policy Development and Research* 69, 69 – 70 (2005); 况伟大："住房特性、物业税与房价"，载《经济研究》2009 年第 4 期，第 153 页。

〔2〕 See Dennis R. Capozza, Patric H. Hendershott, Charlotte Mack et al., "Determinants of Real House Price Dynamics", *National Bureau of Economic Research*, No. w9262, p. 2 (2002); Patrick Bajari, Phoebe Chan, Dirk Krueger et al., "A Dynamic Model of Housing Demand: Estimation and Policy Implications", *National Bureau of Economic Research*, No. w15955, p. 10 (2010); 况伟大："住房特性、物业税与房价"，载《经济研究》2009 年第 4 期，第 156 页。

〔3〕 黄茂荣："不动产价格之狂飙及其管制（下）"，载《交大法学》2012 年第 2 期，第 116—117 页。

〔4〕 陈建东、程树磊、姚涛："住房供求、地方政府行为与房地产市场调控有效性研究"，载《经济理论与经济管理》2014 年第 9 期，第 75 页。

〔5〕 在选择描述财税金融政策的解释变量时，有的研究使用金融机构信贷量作为描述变量（参见梁云芳、高铁梅："中国房地产价格波动区域差异的实证分析"，载《经济研究》2007 年第 8 期，第 137 页；余华义："经济基本面还是房地产政策在影响中国的房价"，载《财贸经济》2010 年第 3 期，第 120 页）；有的研究使用货币供应量或利率等作为描述变量（参见梁云芳、高铁梅："我国商品住宅销售价格波动成因的实证分析"，载《管理世界》2006 年第 8 期，第 80 页；况伟大："住房特性、物业税与房价"，载《经济研究》2009 年第 4 期，第 156 页）；还有研究使用家庭储蓄存款余额作为替代变量（参见肖作平、尹林辉："我国个人住房消费影响因素研究：理论与证据"，载《经济研究》2014 年第 1 期，第 70 页），不同的设定适应不同研究的需要。考虑到我国房地产市场企业与消费者资金来源均很大程度上依赖金融机构信贷资金，故除房产税这一核心变量外，本文选用金融机构信贷规模作为控制变量。

收入、金融机构信贷规模对房价的影响均为正向，故 *Cost*、*Population*、*PCDI*、*Credit* 等变量的符号均为正。而房产税对房价的影响不确定，*PTax* 变量符号的正负将成为本文关注重点。

2. 模型设定与描述性统计

根据上文对房价决定模型的分析，同时为避免异方差性，笔者构建以下对数型回归模型：

$$Ln(HP)_t = \beta_0 + \beta_1 Ln(Cost)_t + \beta_2 Ln(Population)_t + \beta_3 Ln(PCDI)_t$$
$$+ \beta_4 Ln(Credit)_t + \beta_5 Ln(PTax)_t + \varepsilon_t \tag{2}$$

式中，$(PTax)_t = \begin{cases} e, & \text{当期已试点房产税改革} \\ 1, & \text{当期未试点房产税改革} \end{cases}$，$e$ 为自然对数底数，ε_t 为误差项。主要变量描述性统计特征见表 1。

表 1　变量描述性统计特征

变量	含义	平均值	中位数	最大值	最小值	标准差	样本容量
$Ln(HP)_t$	住宅商品房平均销售价格的对数	8.05	8.16	8.35	7.51	0.28	38
$Ln(Cost)_t$	房地产开发企业建造成本的对数	6.78	6.79	7.01	6.50	0.16	38
$Ln(Population)_t$	结婚登记数量的对数	11.94	12.02	12.63	10.74	0.51	38
$Ln(PCDI)_t$	城镇居民人均可支配收入的对数	9.10	9.18	9.89	8.12	0.49	38
$Ln(Credit)_t$	本外币贷款余额的对数	9.07	9.16	9.77	8.28	0.48	38
$Ln(PTax)_t$	是否试点房产税改革（虚拟）	0.47	0.00	1.00	0.00	0.51	38

三、实证检验

1. 变量与数据

鉴于当前启动房产税改革试点的城市仅为上海、重庆，而上海市住宅商品房相关价格数据不可得，故本文使用的是重庆市 2006 年至 2015 年上半年住宅商品房市场季度数据。[1]依据前文所构建的房价决定模型，笔者选取住宅商品房平均销售价格（住宅商品房销售额除以销售面积）作为被解释变量，选取的解释变量分别为：房地产开发企业建造成本（建筑业企业房屋建筑竣工价值除以竣工面积）、结婚登记（作为人口变量的替代变量）、[2]城镇居民人均可支配收入、金融机构本外币贷款余额，同时设定虚拟变量量化是否开征住宅房产税的状态。[3]其中，住宅商品房销售数据、本外币贷款余额均来自于重庆统计信息网，结婚登记数据来自于重庆市民政局官网，建筑业企业房屋建筑竣工数据、城镇居民人均可支配收入均来自于国家统计局官网。

最后本文以2006年为基年，经重庆市 CPI 将所有价值型名义变量转化为实际变量，CPI 数据来自于国家统计局官网。

2. 平稳性与协整检验

本文所用数据为时间序列数据，为避免伪回归，需对上述变量进行单位根检验。本文采用 ADF 方法对各变量平稳性进行检验，结果见表2。

表2　各变量 ADF 单位根检验

变　量	水　平		一　阶	
	检验类型 （c　t　n）	ADF 值	检验类型 （c　t　n）	ADF 值
$Ln(HP)_t$	（c　t　0）	-1.01 （0.93）	（0　0　0）	-5.24^{***} （0.00）

〔1〕　上海市统计局及住房主管部门（上海市住房和城乡建设管理委员会）仅公布商品房销售面积月度数据和商品房销售额、销售均价年度数据，笔者曾多次与两部门沟通，申请公开销售额或销售均价月度数据未果，故遗憾地仅使用重庆市住房市场数据开展实证研究。国内现有文献对房价数据一般有两种处理方法：一是使用各级统计局公布的房屋均价年度数据组成面板数据进行分析；二是改用国家发展与改革委员会、国家统计局发布的房屋销售价格指数（月度）替代房价变量。前者导致基于时间序列数据对房价进行实证分析的研究十分鲜见，后者则难以避免房价拟合回归的偏误。

〔2〕　使用结婚登记数据替代城市人口变量，是基于两方面的考虑：一是我国人口普查每十年开展一次，人口统计数据不能提供相应年份季度数据；二是中国住宅商品房价格不断攀升，同适龄结婚人口数量猛增有相当程度的关联，已有实证研究证实了中国婚恋市场的竞争加剧了房价上涨态势。参见 Shang-Jin Wei, Xiaobo Zhang & Yin Liu, "Status Competition and Housing Prices", *National Bureau of Economic Research*, No. w18000, p. 1 (2012).

〔3〕　虚拟变量的符号（+/-）将直观反映住宅房产税与房价的关系（正向或负向）。

续表

变 量	水 平		一 阶	
	检验类型 (c t n)	ADF 值	检验类型 (c t n)	ADF 值
$Ln (Cost)_t$	(c t 4)	-1.51 (0.80)	(0 0 3)	-2.01^{**} (0.04)
$Ln (Population)_t$	(c t 4)	0.05 (0.99)	(0 0 3)	-1.79^{*} (0.07)
$Ln (PCDI)_t$	(c t 4)	-1.67 (0.74)	(c 0 3)	-2.60^{*} (0.10)
$Ln (Credit)_t$	(c t 1)	-1.73 (0.72)	(c 0 0)	-3.75^{***} (0.01)
$Ln (PTax)_t$	(c 0 0)	-0.92 (0.77)	(0 0 0)	-5.92^{***} (0.00)

注：c、t 表示带有常数项和趋势项，n 表示滞后阶数，ADF 值括号内为 p 值，***、** 和 * 分别代表在 1%、5% 和 10% 显著性水平下平稳，即拒绝存在单位根的原假设。

表 2 结果显示，各变量的水平序列均不平稳，但其一阶差分序列在 10% 的显著性水平下都是平稳的。本文采用多变量 Johansen 检验方法，对变量间协整关系进行检验，结果见表 3。

表 3　各变量 Johansen 协整关系检验

迹检验			最大特征值检验		
协整向量个数	统计值	5% 临界值	协整向量个数	统计值	5% 临界值
0 个 *	175.00	95.75	0 个 *	67.98	40.08
最多 1 个 *	107.02	69.82	最多 1 个 *	50.00	33.88
最多 2 个 *	57.02	47.86	最多 2 个 *	40.65	27.58
最多 3 个	16.37	29.80	最多 3 个	10.24	21.13

注：* 代表在 5% 显著性水平下拒绝原假设。

从表 3 的检验结果来看，无论是迹检验统计值还是最大特征值检验统计值，均表明在 5% 显著性水平下各变量之间存在 3 个协整关系。因此，各变量间存在长期稳定的协整关系。

3. 实证检验与回归结果

笔者使用重庆市 2006 年至 2015 年上半年住宅商品房市场数据对上文的房价决定模型进行实证检验，结果见表 4。另外，尽管变量间确实存在长期稳定的协整关系，但鉴于截至目前序列时长有限、样本容量较小，为尽可能规避短期内拟合水平序列出现伪回归的风险，笔者依然使用变量一阶差分序列（平稳序列）同时进行回归，为水平序列回归提供佐证，增强论证力度。当然，房产税虚拟变量的回归系数 β_5 的符号是关注的重点。

表 4   房价决定模型回归分析

水平序列回归			一阶差分序列回归		
变 量	[1]	[2]	变 量	[3]	[4]
截距项	1. 57 (1. 19)	4. 26 (4. 67)	截距项	−0. 02 (−1. 95)	−0. 02 (−1. 92)
Ln（$Cost$）$_t$	0. 12 (0. 42)		dLn（$Cost$）$_t$	0. 30 (1. 12)	
Ln（$Population$）$_t$	0. 56 *** (4. 89)	0. 02 * (1. 98)	dLn（$Population$）$_t$	0. 17 ** (2. 27)	0. 02 ** (2. 29)
Ln（$PCDI$）$_t$	−0. 54 *** (−4. 41)		dLn（$PCDI$）$_t$	−0. 16 * (−1. 98)	
Ln（$Credit$）$_t$	0. 42 *** (4. 17)	0. 38 *** (3. 85)	dLn（$Credit$）$_t$	0. 92 *** (3. 56)	1. 01 *** (3. 91)
Ln（$PTax$）$_t$	0. 09 ** (2. 34)	0. 11 ** (2. 19)	dLn（$PTax$）$_t$	0. 14 *** (3. 18)	0. 14 *** (3. 03)
AR（1）	—	0. 81 *** (7. 29)		—	—
R^2	0. 96	0. 98	R^2	0. 50	0. 44
$\overline{R}^2$	0. 96	0. 97	$\overline{R}^2$	0. 42	0. 38
F 统计量	171. 04	318. 32	F 统计量	6. 17	8. 48
D. W	1. 23	1. 77	D. W	1. 81	1. 78

注：括号内为 t 统计值，*** 、** 和 * 分别代表在 1%、5% 和 10% 显著性水平下显著。

表 4 中，方程［1］是变量水平序列的回归结果，尽管可决系数和 F 统计量较高，但城镇居民人均可支配收入的回归系数符号不符合预期，显然变量间存在多重共线性，且房地产开发企业建造成本这一变量不显著、方程 D. W 检验结果不确定，故采用逐步回归法推导最优回归方程，并使用 AR（1）法估计广义最小二乘方程，得到方程［2］。

方程［2］显示，金融机构本外币贷款余额、住宅房产税的开征和结婚登记数量对房价影响显著，但房产税虚拟变量的符号为正且显著（在 5% 的显著性水平下），说明住宅房产税的开征并未对房价产生抑制效果，反而助推了房价上涨。[1]

方程［3］是变量一阶差分序列（平稳序列）的回归结果，同样采用逐步回归法获取最优回归方程［4］，结果依然证实房地产开发企业建造成本和城镇居民人均可支配收入对房价影响并不显著，住宅房产税的开征有显著地助推房价上涨的效应（在 1% 的显著性水平下）。

四、结论与政策建议

房产税是否具有抑制房价过快上涨的经济调控效应，尤其是沪渝两市的房产税试点改革经验能够向全国推广，是近年来学界关注度较高的话题。本文依托重庆市住宅商品房市场经验数据，对重庆市实施房产税试点改革的效果做了实证检验，得出如下结论：

第一，重庆市房产税试点并未实现政策预期目标，住宅房产税的开征助推了住宅商品房价格的上涨。显然，这与国内现有的多数实证研究结论出现分歧。白重恩等曾指出造成这一现象的可能原因是，重庆市房产税试点方案仅对个人独栋商品住宅、新购高档住房征收房产税，高档住房的购买需求被抑制，这种"区别性房产税"产生的"溢出效应"助推了普通商品房价格的上涨。[2]同时这也在一定程度上，印证了重庆房产税试点改革方案"重调节收入分配、轻抑制房价上涨"的观点。当然，任何研究都须经得起时间和市场的检验，在未来，针对房产税的经济效应，更长时间跨度、更多控制变量的实证研究依然值得期待。

---

〔1〕 因回归模型为对数形式，故方程回归系数均代表解释变量增长率每变动 1%，被解释变量增长率的相应变动。

〔2〕 ChongEn Bai, Qi Li & Min Ouyang, "Property Taxes and Home Price: A Tale of Two Cities", 180 *Journal of Econometrics* 1, 11 – 13 (2014).

　　第二，从市场供给端看，房地产开发企业的成本对房价影响并不显著；从市场需求端看，城镇居民收入对房价影响也不显著；反而是城市金融系统信贷规模和城市居民结婚数量影响更为显著。这一结果可以解读出大量市场信息：信贷资金规模之所以与房价波动息息相关，与房地产市场企业运营和消费者购房资金来源严重依赖银行借贷有较大关联；婚恋购房需求旺盛，结婚适龄人口数量的波动和婚恋群体购房意愿成为影响房价的重要因素；在理论和经验层面原本应当对房价有显著影响的开发成本、居民收入，之所以在样本范围内并不显著，与我国当下购房需求（生活改善需求或投资投机需求）过于旺盛、从而助推并维系了房价泡沫的生成有关。这些信息对房地产市场规制均有重要参考意义。

　　总之，综合本文及前人关于房产税经济效应实证研究的结果，可以发现，选取不同的检验样本、采用不同的检验方法对房产税的经济效应进行检验，会得出不同的结论。这既与各地的房产税征收方式不尽相同有较大关系，也与各地的住房结构、市场需求、政策预期目标等均有关联。因此，考察和评价房产税的经济效应不应一概而论，应具体情况具体分析，才能"对症下药"，保障房地产市场平稳健康发展。

人文社哲

地方治理网络中的权力依赖：
一个理论模型的引介

Power-Dependence in Local Governance Networks:
A Systematic Introduction of an Analysis Model

高　乐*

　　摘　要：权力依赖模型的主要功能是为地方治理网络脉络下合作议题的成败提供一种合理的解释机制。它以参与者的权力资源、行动策略、规则与认知系统四项要素为自变量，分析四者之间的交互作用及其对合作议题状态产生的影响。它基于新制度主义的假定，采用微观、结构主义的视角分析问题，能为我国的地方合作研究提供一种新思路，但这种使用需要注意解释效力的范围及宏观脉络的把握。

　　关键词：权力依赖　地方合作　罗茨　地方治理

　　面对各类复杂的跨域公共事务，如发展经济、流域治理、水资源利用、灾害应对、环境保护、公共安全维护等，地方合作——包括地方公私组织及公民等多主体间的合作，无疑是最优乃至唯一的解决方案。[1]西方学界

---

　　* 高乐，中国政法大学政治与公共管理学院公共行政专业 2014 级博士研究生（100088）。

〔1〕 OECD, *Local Partnerships for Better Governance* 14 – 15 （OECD 2001）.

对地方合作的研究始于区域经济学，学者们最初从产业分工角度研究区域经济合作，如李嘉图于 1817 年提出的"比较优势"理论[1]。传统政治学或行政学关于地方合作的研究从属于府际关系范畴，[2]如美国学者卡琳·克里斯坦森（Karen Christensen）所提出的"府际竞合光谱"理论[3]。20 世纪 80 年代以来，社会结构的变迁以及随之而来的政府改革运动浪潮大大地拓展了西方地方合作研究的视野，有关横向政府间以及公私部门间合作的研究大量出现。[4]此类研究有一个显著的共性，即追求一种网络形态的合作治理模式。自此，地方治理便成为研究地方合作的最主要路径之一。几乎同时，我国有关地方合作的研究也因应改革开放以来社会状况的改变方兴未艾，除了本土理论的创造，国外已有的研究成果也不断被引入。地方治理的研究路径也成为国内学术界的热门，孙柏英、俞可平、杨雪冬、赖海榕、沈荣华、柳建文等人在这个方面有不少论述。[5]此类研究很好地阐释了合作治理模式的关键要素、核心特征与独特价值。基于已有研究成果，需要进一步回答：一个合作治理的网络是如何搭建起来的？哪些因素是影响网络状态的关键变量？截至目前，无论是理论的规范演绎还是案例的实证研究，国内学界对此问题尚无系统性的讨论。本文在此想以地方合作议题为切入点，引介英国著名公共行政学者罗茨（R. A. W. Rhodes）在此领域的研究成果——权力依赖模型，以

[1]　李文星：《地方政府间跨区域经济合作研究》，四川大学 2004 年博士学位论文，第 3 页。

[2]　D. S. Wright, *Understanding Intergovernmental Relations*, 20（3rd ed., Pacific Grove, CA：Brooks/Cole Publishing Company 1988）.

[3]　K. S. Christensen, *Cities and Complexity：Making Intergovernmental Decisions* 32 – 43（SAGE 1999）

[4]　此类代表作品包括：R. Leach and J. Percy-Smith, *Local Governance In Britain*（Palgrave 2001）；Jon Pierre and B. Guy Peters, *Governance, Politics and the State*（Macmillan Press 2000）；R. A. W. Rhodes, *Understanding Governance：Policy Networks, Governance, Reflexivity and Accountability*（Open University Press 1997）；Gerry Stoker, *LocalGovernance in Western Europe*, 37 Theories and Implications（2007）；S. Goss, *Making Local Governance Work：Networks, Relationships and the Management of Change*（Palgrave 2001）；OECD, *Partnerships：the Key to Job Creation, Experience from OECD Countries*（OECD 1993）；OECD, *Ireland：Local Partnerships and Social Innovation*（OECD 1996）；OECD, *Urban Renaissance：Belfast's Lessons for Policy and Partnership*（OECD 2000）；OECD, *Local Partnerships for Better Governance*（OECD 2001）；[英]托尼·鲍法德、爱尔克·劳夫勒编：《公共管理与治理》，孙迎春译，国家行政学院出版社 2006 年版等。

[5]　主要代表作品包括俞可平主编：《治理与善治》，上海财经大学出版社 2000 年版；孙柏英：《当代地方治理：面向 21 世纪的挑战》，中国人民大学出版社 2004 年版；杨雪冬、赖海蓉主编：《地方的复兴：地方治理改革 30 年》，社会科学文献出版社 2009 年版；沈荣华编著：《中国地方政府学》，社会科学文献出版社 2006 年版；柳建文："中国地方合作的兴起及演化"，载《南开学报（哲学社会科学版）》2012 年第 2 期等。

期作出涓滴之劳。

一、权力依赖理论的提出

权力依赖（Power-Dependence）理论初创于罗茨对英国央地关系的分析。罗茨曾指出，由于二战后社会福利与公共支出的扩大，英国中央政府与地方政府间的互动远比以往紧密，且更为复杂：地方政府的公共服务职责不断扩大，而中央政府则伺机将其管辖领域扩展至纯地方事务，由此导致二者在诸多公共政策领域都需要依赖对方的资源。[1]

在随后的研究中，罗茨发现次中央级政府（Sub-Central Government）[2]之间同样存在这样的互动。由于公共服务的扩大与现代科学技术的发展，地方政府在功能服务形态上显现出分权化（Decentralization）与分部化（Fragmentation）的趋势。这包括两方面内涵：一方面，在政府内部，专业技术官僚所发挥的功能愈来愈大，专业主义盛行，各级政府的"行政、政策专家逐渐形成在决策过程中更具影响力的政策社群"[3]；另一方面，地方政府与公共和私人部门的功能责任模糊化，非政府组织与第三部门兴起，相互之间的合作关系愈发凸显，并围绕各类公共政策议题形成类型不一的政策网络。由此带来了次中央级政府的多元化。

各类差异化政治组织（Differentiated Polity）参与政治活动，对公共政策的制定产生不同的影响力，相互间建构出复杂的网络关系，此即"地方治理网络"，即"有关全国性政策或地方性事务的制定与执行中，其所涉及的主体已不再仅限于中央与地方政府两者之间单纯的互动关系，还涵盖了来自政府以外的公、私组织和志愿性团体，这些中央政府与地方政府机关与各公、私组织与团体彼此互动而形成的一种复杂的网络关系。在垂直面上，连结中央与地方间的互动关系；在水平面上，结合地方政府间及不同公共部门组织间

---

〔1〕 R. A. W. Rhodes, Control and Power in Central-Local Government Relations 71 – 77（Gower 1981）.

〔2〕 次中央级政府是由超越了传统西敏寺政治体制的地方治理网络系统内的差异化政治组织的统称，包括四大地区事务部门（Territorial Ministries）、中央派驻机构（Intermediate Institutions）、非部门公共机构（Non-Departmental Public Bodies, 包括公共企业、专家咨询机构等）、地方政府（Local Government）等。罗茨在界定此概念时强调政治组织间的互动，即"这样一个政治活动的竞技场，它既包括在首都的中央政治组织与次中央级政治组织之间的关系，也包括后者内部的互动"，它的范畴涵盖地方利益代表、府际关系（含央地关系与跨组织关系）等。R. A. W. Rhodes, Beyond Westminster and Whitehall: The Sub-Central Governments of Britain 88（Routledge 1988）.

〔3〕 R. A. W. Rhodes, Beyond Westminster and Whitehall: The Sub-Central Governments of Britain 60（Routledge 1988）.

的合作关系"[1]。

为分析在地方治理网络中，各类组织是如何互动并对政策议题的制定与执行产生影响，罗茨建构了一个系统的分析模型，此即罗茨模型（Rhodes Model），它包含政策网络与权力依赖两个不同层次的理论。政策网络理论处于中观分析层次，任何政策在其制定过程中，都至少有一个政策网络参与其中。所谓政策网络，是指"一群因资源依赖而相互连结的群聚或复合体"（A Cluster or Complex of Organizations)[2]，政策网络存在诸多类型[3]，它们的整合程度千差万别，进而对公共政策拥有强弱不一的推动力，这正是导致议题结果成败殊异的原因所在。进一步探究政策网络整合程度差异的缘由，则属于权力依赖理论的研究范畴，该理论认为，某一具体的政策网络整合程度的差异实质上就是权力依赖关系强度的差异。由此可见，权力依赖理论是分析地方治理网络运作的基础工具。

二、权力依赖模型的内涵

权力依赖理论关注部门层次（Sectoral Level）之间的互动，由于权力资源的核心作用，它也被称为资源依赖（Resource-Dependence）理论。它包含如下五项命题："第一，任何组织都有赖于其他组织提供的资源；第二，为达成组织的目标，组织之间必须交换资源；第三，尽管组织内部的决策制定受制于其他组织，优势联盟（Dominant Coalition）仍保有裁量权（Discretion），且该联盟的认知系统会影响到关于权力关系的诠释以及所需资源的认定；第四，优势联盟在博弈规则中会运用各种策略影响资源交换过程；第五，裁量权的大小是组织目标和相对权力潜能交互作用的产物，而相对权力潜能又是组织资源、博弈规则以及组织间交换过程的产物。"[4]

（一）权力依赖模型的因变量与自变量

权力依赖命题考察的结果是某一政策网络内，行动者之间的权力连结关

---

〔1〕 R. A. W. Rhodes, Understanding Governance: Policy Networks, Governance, Reflexivity and Accountability, 13 (Open University Press 1997).

〔2〕 David Marsh and R. A. W. Rhodes, Policy Networks in British Government 10–11 (Oxford University Press 1992).

〔3〕 依据成员及成员间资源分配的差异，罗茨共区分了五种不同类型的政策网络：政策社群（Policy Communities）、专业网络（Professional Networks）、府际网络（Intergovernmental Network）、生产者网络（Producer Network）、议题网络（Issue Network）。Ibid, 13–14.

〔4〕 Ibid, 10–11.

系的整合程度，此即该模型的因变量。另一方面，该命题包含了四项自变量：参与者的资源（Resources）、博弈规则（Rules of the Game）、策略（Strategies）与认知系统（Appreciative System）。

所谓资源，是指由现行政治系统赋予各参与者的权力资源，它主要包括五类：权威（Authority）、资金（Money）、正当性（Legitimacy）、信息（Information）与组织能力（Organization）。（见表1）每个公共部门都必须拥有某种或多种资源，才能在某一政策议题上具有影响力。所谓规则，是指公共部门进行资源交换所必须遵守的约束机制，它随宏观的政治环境而改变。譬如20世纪80年代，受撒切尔新自由主义改革的影响，当时英国公共部门的互动主要受管理主义支配，实用主义、财政紧缩、市场机制是其主要规则。[1]所谓策略，是指公共部门在既定规则之下用于实现自身利益最大化的博弈行为。罗茨基于英国府际关系的演进，概括出11项策略：官僚制（Bureaucratic）、合并（Incorporation）、咨询（Consultation）、谈判（Bargaining）、对抗（Confrontation）、联盟对抗（Penetration）、规避（Avoidance）、激励（Incentives）、劝说（Persuasion）、专业化联盟（Professionalization）、分解（Factorizing）（见表2）。当然，其他任何符合定义的行动均可作为一种策略。所谓认知系统，是指"用于描述'世界的状态'（State of the World）与'现实'（Reality）的一系列事实与价值判断的总和"[2]。它形成于政策网络内各组织的集体认知及联合意象，主导着政策网络的价值认同与道德伦理。譬如罗茨指出在英国，责任伦理（Responsibility Ethic）主导着民选官员团体（Topocratic Professions）的互动，而功能主义（Functionalism）主导着技术官僚组织（Technocratic Professions）的互动。

表1 资源定义一览表

资 源	定 义
权 威	法律或其他宪政手段赋予公共部门组织用于实现其功能或服务的强制性与自由裁量的权利（Right）。

〔1〕 R. A. W. Rhodes, *Beyond Westminster and Whitehall*: The Sub-Central Governments of Britain 91–92（Routledge 1988）.
〔2〕 Ibid, 93.

续表

资　源	定　义
资　金	公共部门或政治组织通过收税、服务收费、规费、借贷等手段获得的财政力量。
正当性	由选举或其他可接受手段直接或间接赋予公共部门进入公共决策制定系统的公共支持力度。
信　息	对信息的占有以及对信息收集与传播的控制。
组织能力	凭借所拥有的人力、土地、技术、基础材料与设备而获得的直接行动的能力。

资料来源：R. A. W. Rhodes, *Beyond Westminster and Whitehall*: *The Sub-Central Governments of Britain* 90 – 91 （Routledge 1988）.

表 2　各项策略具体内容一览表

策　略	内　容
官僚制	上级政府可通过命令式资源，尤其是法律，权威式地要求有隶属关系的公共部门执行政策（积极面向）或控制其行动（消极面向）。
合　并	将公共部门吸纳至某一决策制定程序，具体表现包括下级政府对上级政府的"侍从主义"（Clientelism）或利益团体与政府部门之间的身份认同与优先权共享。
咨　询	就某一决策向其他公共部门咨询意见，但并不一定要对意见作出修改。
谈　判	公共部门之间达成交换协议进而互换所需资源的行为。
对　抗	主要由下级政府使用，具体包括违反法律与拒绝停止某项非法政策；对法定政策执行缺位；接受一项被上级明确拒绝的政策等。
联盟对抗	与合并相对立的策略，下级政府寻求同盟以对抗上级政府的政策或意见，并削弱上级试图分而治之（Divide and Rule）的决心。
规　避	由于无法同意政策，公共部门部署自身资源实现自己的目的，而忽视或否决其他组织。
激　励	利用财政或其他诱因培育其他组织对政策的认可并促使其执行。
劝　说	通过游说、专业咨询意见、思想沟通等方式让行动者意识到某项政策可行且有收益，进而认可该政策。

续表

策　略	内　容
专业化联盟	适用于单一议题政策领域（但不必一定是单一政府行动），由专业标准、利益与价值观主导政治进程。
分　解	通过将政策细分到各公共部门独立分工执行而实现问题的简单化。

资料来源：R. A. W. Rhodes, *Beyond Westminster and Whitehall*: *The Sub-Central Governments of Britain* 92 - 93（Routledge 1988）. 笔者根据罗茨在著作中的论述进行整理，并略作修改。

（二）权力依赖模型的逻辑架构

要理解权力依赖模型的逻辑架构，亦即对上述四项自变量从何而来，如何变化及交互作用，进而如何最终影响一个政策网络的整合程度等问题的梳理，首先必须阐明罗茨模型的基本假定。

盖伊·彼得斯将罗茨模型归类为新制度主义流派，称其为"利益代表制度主义"[1]，这是因为罗茨模型坚守新制度主义的基本假定：政治制度对于形塑政治结果扮演着一个更为自主性的角色，政治组织既是政治制度的体现，同时也是政治行动者[2]。至于二者的权重，利益代表制度主义主张共同的价值和目标是确保网络稳固的"黏着剂"，而这种共识是持有不同权力资源的行动者间反复持续协商过程的产物。因此，利益代表制度主义视制度与行动者为同等重要的影响因素。

在罗茨模型中，制度即正式的政治系统，它限定了整个模型的研究视域。在宏观层面，该模型考察的是国家结构、行政体制与福利制度，这些都是地方治理网络形成的背景脉络。在中观层面，该模型考察的是政策制定与执行程序。到了微观层面，制度对于权力依赖关系的作用可从两方面考察：其一，制度创设并分配权力资源，因此决定了权力依赖关系的初始状况。一方面，一个合作议题的存在意味着相关的参与者有且只能拥有部分权力资源，这种分配状况根本取决于制度；另一方面，就其本质而言，参与者就是一种或多种权力资源的载体，没有资源的参与者即使加入合作议程，也不能对合作造成任何实质性影响。因此，参与者的变化事实上就是资源的变化：参与者能

---

〔1〕　See G. Peters, *Institutional Theory in Political Science*: *The "New Institutionalism"*（Continuum International Publishing Group 1999）.

〔2〕　J. G. March and J. Olsen, *The New Institutionalism*: *Organizational Factors in Political Life*, 78 American Political Science Review, 734, 749（Sep. 1984）.

加入合作议题，是因为它拥有某种或多种与议题相关的资源；而参与者之所以退出合作议题，也正是因为拥有的资源消失了。其二，制度还决定了规则这一自变量，进而约束与规范着资源交换的过程。

当然，参与者并不是完全受制度操控的"布偶"，每个参与者都有其利益需求与价值认知，这正是策略与认知系统两项变量的来源。对于任何一个跨部门政策，参与者对政策的收益预期正是参与者开展合作、相互交换资源的动力。为了使自身利益最大化，资源的交换过程必然是策略被制定与执行的过程，通过策略的使用，参与者甚至可以改变推动政策实现所需的资源，进而改变参与者的数量，排除或引入对自己不利或有利的参与者。认知系统则主导着政策网络的价值认同与道德伦理，并常为优势联盟用于当前权力关系的解释与资源的认定。再者，权力依赖关系的最终整合状况取决于各参与者能否通过资源交换达成共识。

聚焦地方合作议题，梳理上述分析，权力依赖模型中自变量之间的交互作用以及自变量与因变量之间的关系可在如此的逻辑架构展开：对于一个需要多方合力才能实现的议题，拥有部分权力资源的参与者需要与其他合作者达成共识，并形成推动议题实现的合力。各方通过资源交换互通有无，由于在此过程中各方均试图将其利益诉求最大化，行动策略便成为影响资源交换过程的重要变量。当它发挥着积极的作用时，参与者之间权力依赖关系的整合程度较高，进而形成较强的合力，促成合作的实现；反之，则导致其整合程度较低，使得各方参与者的资源未能集结在一起，难以形成推动议题实现的完整合力，导致合作停滞乃至失败。当然，策略必须在既定的规则内运作，其效果还受到认知系统的影响，当策略符合网络的认知系统便能发挥良好的作用，反之，则效果不彰。

三、权力依赖模型的价值与使用

权力依赖分析模型因其独特的分析视角而具有较高的学术价值，能为我国的地方合作研究提供一种新思路，但这种使用需要注意解释效力的范围及宏观脉络的把握。

（一）权力依赖模型的独特视角

第一，权力依赖模型属于微观视角，它以个案内的参与者为分析单元，从参与者所拥有的权力资源出发，审视参与者的资源交换行为及其结果。这种分析视角最大的优点在于能实现对个案的毫分缕析，并尽可能地还原案例的动态演进过程。与此同时，微观层次的分析还能为中观与宏观层次的分析提供必不可少的补充。譬如斯密斯（Martin Smith）在运用罗茨的政策网络理论分析英国农业政策时发现，一个由英国农业协会与农业—渔业食品部门组成的政策社群长期垄断该政策领域，而将消费群体与环保组织排除在外，使农业政策的制定倾向于表达农民利益。[1]那为什么能形成一个以农民为主的政策社群呢？权力依赖的分析能给出很好的答案。

第二，权力依赖模型属于结构主义视角。与阶段分析方法，即将合作达成或政策制定的过程划分成功能性的若干阶段这种思路截然不同，权力依赖模型采用的是"结构—结果"的分析逻辑，即寻求政策主体之间的交互作用与政策结果之间的因果关系，[2]它对于厘清各参与者在合作议程中所起到的作用大有裨益。在合作议题中，参与者状况往往与合作议题的结果有着紧密联系：参与者之间的整合程度越高，合作共识就越容易达成，而合作议题也越容易实现。结构的视角能为这一常识提供一种合理的解释机制。从该视角可以非常细致地观察到合作议题的参与者权力结构对合作的重要意义，尤其是在合作共识达成与合力形成方面的决定性作用。与此同时，这种分析视角还具有不可忽视的实践指导意义，由此可引申出一些关于促成地方合作的启示，譬如，制度供给与对参与者的激励均是合作达成的关键所在。

（二）权力依赖模型如何适用于我国的研究

权力依赖模型若能用于我国的地方合作研究，无疑大有裨益，而这种适用性可通过以下两方面得以证明：

第一，研究对象的适用性。虽然就中英两国的现实而言，英国的地方自治传统以及二战以来的差异化政治组织发展脉络与我国纵向府际关系发展状况迥异，但就横向地方合作而言，二者的基本互动模式相差不大。首先，两国地方合作中的最关键主体均是地方政府，而且，各地方政府均是作为独立个体以类博弈行为进行互动的，因此具有适用性。其次，改革开放以来，我国对集权程度较高的政治与行政制度不断进行改革和调整，导致政治领导方式与行政管理方式朝向多元化趋势发展。[3]纵向的府际互动模式也从单纯的

〔1〕 David Marsh and R. A. W. Rhodes, *Policy Networks in British Government* 27 – 50 （Oxford University Press 1992）.

〔2〕 朱亚鹏："公共政策研究的政策网络分析视角"，载《中山大学学报（社会科学版）》2008 年第 5 期，第 82 页。

〔3〕 杨龙："变革与调整：多元治理中的府际关系"，载《学术前沿》2012 年第 6 期，第 25 页。

等级服从变成服从与谈判并存,[1]对于这种类型的府际互动，权力依赖模型仍具有基本适用性。

第二，权力依赖模型的自变量具有广泛的适用性。尽管现实的制度形式多样、千差万别，但究其实质，任何一种正式制度所能赋予某一部门层次的正式组织的权力资源至多也就涵盖罗茨所定义的这些资源，无论是权力资源的操作性定义还是权力资源赋值的操作性定义都具有较为广泛的适用性。行动策略则由于"自身利益最大化"与"类博弈行为"这二者都是通则化的概念而具有广泛适用性。至于规则与认知系统，虽然在不同政治系统，其内涵（赋值）差异较大，但它们仍是每个网络都必不可少的要素，通过对宏观政治环境的考察可析出相应的规则；基于参与者本身的特质则可阐明认知系统的涵义。但这种使用需要注意以下两方面问题：

一方面，该模型仅适用于解释由正式制度与组织发挥关键作用的合作案例。该模型所界定的权力资源只是由正式制度赋予的结构性资源，而参与者也只是部门层次的公共组织，这意味着它无法对那些由非正式组织或非正式关系发挥关键作用的案例提供有效的解释。事实上，利兹（Leach）与斯密斯（Percy-Smith）曾试图将土地（Land）、人力（People）、社会资本（Social Capital）等要素也作为资源的赋值[2]，但这不仅加剧了自变量间逻辑关系模糊的状况，还与其基本假定相悖，反而使模型丧失了理论基础。

另一方面，需要结合我国宏观政治的发展脉络来分析问题。任何个案均根植于宏观环境的发展脉络，用于分析个案的微观层次理论模型也必须被置于一个较广的理论视域内，方可明确其外延并快速寻找到合理的解释机制。诚如权力依赖模型只有在地方治理网络内进行分析才有意义。将之用于我国的研究，则需要去认真探索我国宏观政治环境的发展，尤其是自改革开放以来组织间权力结构的变迁对国家治理体系与治理方式的变化。对此，诸多问题需要先予以探究，才能有效使用该模型分析案例。譬如，在我国，规则与认知系统是否存在如英国那样大的差距，他们的内涵应该如何去界定？新形势下，资源或行动策略是否会被赋予新的赋值，或者在我国的脉络下，二者的内涵是否会有英国那般丰富？基于这些问题的考量，对模型予以必要的调

---

〔1〕 郑永年、吴国光:《论中央——地方关系：中国制度转型中的一个轴心问题》，牛津大学出版社 1995 年版，第 29 页。

〔2〕 Leach, R., and Percy-Smith, J., *Local Governance In Britain* 130 – 154 (Palgrave 2001).

整也是可能的。

结　语

综上所述，权力依赖模型基于新制度主义的假定，采用微观和结构主义的视角，通过剖析合作议题参与者的权力资源、行动策略、规则与认知系统四项要素及其相互作用，为地方合作议题的成败提供了一种合理的解释机制。这一分析模型能为我国的地方合作研究提供一种新思路，但这种使用需要注意解释效力的范围及宏观脉络的把握。

康德道德哲学善与道德的联结点
——善良意志

Good Will: The Connection Point of Good and Moral in Kant's Moral Philosophy

杨泽浩 *

摘　要：作为德国古典主义哲学的典型代表，康德的道德哲学依然保持了他一贯的理性批判主义的哲学传统。康德以善良意志作为其道德哲学的出发点，由对善良意志的分析，逐步引出义务、责任、绝对命令等等重要的道德哲学概念，最终建立了他批判理性主义的道德哲学体系。因此，善良意志在康德道德哲学中有着非常重要的基础性的地位。对善良意志进行细致的分析与研究，有助于整体性地把握康德的道德哲学体系以及他哲学体系的逻辑脉络。本文将首先分析以往哲学对于善和道德之间的关系认识，并由此分析康德对于善和道德关系的认识的哥白尼式的革命以及善良意志的提出并具体分析康德善良意志所独有的性质；进而论述善良意志的实际表现方式义务概念以及善良意志的局限性以及它所面临的问题；最后对康德善良意志的意义与它在道德哲学中的地位以及局限性进行一个总体性的评价。

＊　杨泽浩，中国政法大学人文学院外国哲学专业 2014 级硕士研究生（100088）。

关键词：善与道德　善良意志　哥白尼式革命　义务　局限性

康德对道德哲学的思考起源于他关于善和道德之间关系的思考，在康德看来如果我们不搞清楚善和道德之间的关系，那么道德本身就会遭到破坏："因为只要缺失了正确评价道德的那种引线和至上的标准，道德自身总是会遭到各种各样的败坏。"[1]而在康德之前，在道德学说领域主要流行着两种类型的道德学说，一是道德感学说，二是人性善学说。这两种学说对康德都造成了很大的影响，康德批判地继承了上述两种学说，创造性地洞察出在道德哲学领域进行一场哥白尼革命的切入点，即我们应该如何重新认识善与道德的关系。而善与道德新的关系的联结点就是善良意志："要提出一个在善本身和道德法则之间产生一个'联系人'，使得这两个看似不必然相关的东西紧密地联系起来。康德用善的意志来充当这样一个'联系人'。"[2]那么康德善良意志的基本内涵与基本性质是什么？康德又是如何进行道德哲学领域的哥白尼式的革命，从而超越了以往的道德哲学的观点呢？

一、康德善良意志的内涵及其思想基础

（一）康德善良意志的基本内涵及性质

1. 善良意志的基本内涵

善良意志这个词区别于我们一般意义上的善意或者说人的善良的情感，虽然康德从来没有为善良意志做出过任何严格的定义，而只是在描述善良意志的性质，但是我们依然可以从概念上对于善良意志作出合理的分析。顾名思义，善良意志主要包含的就是两个方面，即善和意志。我认为善良意志作为一种康德道德哲学的基础性概念，它主要突出了两个特点。首先是善良意志的实践理性，其次就是善良意志的应然性。善良意志的实践理性是善良意志对于实践的实际的指导作用。我们理解善良意志不应该仅从理论的层面上把善良意志理论化与抽象化，而是要在实践的层面上来理解，但在这里实践绝不仅仅是指单纯的行动行为，而一定是要在理性指导下的实践活动才有意义。善良意志的应然性是指善良意志在实然层面上是没有办法去论证的，因为它本身就是一个最能体现理性的一个概念，因此它虽然可以影响到实然的

---

〔1〕　［德］康德：《道德形而上学奠基》，杨云飞译，邓晓芒校，人民出版社 2013 年版，第 5 页。

〔2〕　陈艳丽：《试析康德善的意志概念——基于〈道德形而上学原理〉研究》，上海社会科学院 2014 年硕士学位论文，第 14 页。

层面，但在讨论它的时候实然层面的条件或是结果都无法影响到善良意志，也就是不论实然层面发生什么，善良意志的存在都无可置疑。

康德的道德哲学没有率先定义善，但他并不否定有一个纯粹是理性层面上善的概念，因为实际上理性的道德法则与善之间需要一个沟通的媒介，才可以把二者统一起来，也才能由道德原则出发，把握善的概念。而这个桥梁就是善良意志。康德认为我们虽然没有定义善的概念，但是我们可以通过这个概念的直接表现来揣摩，这个直接的表现不一定是感性的，也可以是理性的。"只要人们所寻求的东西在没有这个定义的情况下还可以从该事物的一些直接确定无疑的标志推理出来，冒险进行一种如此棘手的工作就是不必要的。"[1]而康德找到的这个标志就是善良意志。善良意志一方面确定地包含了善的概念，因为它是理性层面，与感性相脱离的，这就保证了善的概念在善良意志中的纯粹性。但另外一个方面它又与意志相联系，意志作为按照理性行动的范畴，它本身与理性是直接相关的，而道德法则正是由理性所规定的，而意志正是要按照道德法则要求的去实践去行动。因此，善良意志在善和道德之间建立起了一座桥梁，并且有资格成为道德的基础。这也是康德的道德哲学的典型特点，即不是善作为道德的基础，而是善良意志作为道德的基础。就像康德自己对善良意志做的描述一般："在世界之中，一般地甚至在世界之外，唯一除了一个善良意志以外，根本不能设想任何东西有可能无限制地被视为善的。"[2]

2. 善良意志的基本性质

康德在论述善良意志时重点论述了其两个基本性质，即无条件性与至上性。

（1）善良意志的无条件性。善良意志不同于其他一般意义上包含善的经验性的事物，它是一种无条件的善。这种无条件性主要体现在三个方面：时间地点情境的无条件性；向反方向转化的不可能性；与实践结果的无因果性。

第一，时间地点情境的无条件性。康德在提出善良意志的概念之后，列举了很多感性上包含有善的事物，比方说人的才能，气质上的属性，到最后最普遍意义上的幸福等等。康德认为以上这些都是有条件的善，这些善的有

---

〔1〕 ［德］康德：《康德著作全集（第 2 卷）》，李秋零主编，中国人民大学出版社 2004 年版，第284 页。

〔2〕 ［德］康德：《道德形而上学奠基》，杨云飞译，邓晓芒校，人民出版社 2013 年版，第 11 页。

条件性体现在两个方面。首先是时间与空间的双重条件性。人的才能气质幸福都是要在特定的时间和空间才能够成立。比方说在某些时间上是善的，换了一个时间就不能称之为善的。比方说诚实这样一个气质，在面对敌人的时候，可能诚实就不能说是善的。这就是在空间和时间上的有条件性。其次是在根本的层面上，它们都必须以善良意志作为它们指向善的条件，如果它们并不是由于善良意志而指向了好的结果，那么它们就没有成为善的必须条件，因为如果不是以善良意志为其根本条件的话，那么我们不可避免的遇到伪善的问题。我们将无法评断什么是真正的善行或者什么是伪善。就像康德说的那样："善良意志看起来就甚至构成了配享幸福的必不可少的条件。"[1]相对于这些有条件的善，善良意志首先没有时间和空间上的限制，善良意志在任何时间和情境下都是指向善的。它直接受理性的指导，而理性是永恒不变的，因此善良意志没有时间和情境的限制。而善良意志本身就是它指向善的原因。它是一种自在的善，没有比它更为根本的善。

第二，向反方向转化的不可能性。善良意志中的善与理性直接相关，因此，它不可能向自己的反方向转化，变为恶。善良意志本身在其自身之中是有着内在的无条件的价值的。并且善良意志在这里成为了很多有相对的内在价值的属性的善的依据与限制。但是善良意志在这里除了它自身找不到能为它提供依据的善。"因为没有善良意志的诸原理，这些属性极有可能成为恶，……而且会使他在我们眼中……更加值得让人憎恶。"[2]只有善良意志这种善是不可能向反方向转化的，但其他的善如果脱离了或者说违背了善良意志，那么就会向相反的方向转化。但善良意志本身不可能脱离掉自己，因为善良意志是有自身的同一性的，它不会在自身内部产生矛盾。善良意志直接受理性的指导，因此只有其本身是不会向相反的方向转化的，是一种客观的绝对的善。

第三，与结果无关的无因果性。"善良意志并不是因为它产生了什么作用或完成了什么事情，也不是因为它适合于用来达到某个预定的目的而是善的，而只是因为它的意愿而是善的，即它自在地是善的。"[3]这里其实包含着两个层次。首先善良意志与客观的结果没有因果性。这种因果性经常出现在像好心

〔1〕 ［德］康德：《道德形而上学奠基》，杨云飞译，邓晓芒校，人民出版社 2013 年版，第 12 页。
〔2〕 ［德］康德：《道德形而上学奠基》，杨云飞译，邓晓芒校，人民出版社 2013 年版，第 12 页。
〔3〕 ［德］康德：《道德形而上学奠基》，杨云飞译，邓晓芒校，人民出版社 2013 年版，第 12 页。

办坏事或者是误打误撞这类的情形上，因为本身主体采取的行动一定是有一个具体的目标的，但支配他的如果是善良意志，那么不管他达到什么样的客观结果都不会影响影响善良意志的善。相反，如果他本身不是善良意志支配的话，即使达到了好的结果，那么它依然不是善良意志。其次善良意志与主观的动机没有因果性。如果说主体把善良意志作为一种达到目的的手段，那么它也就不是善良意志了。善良意志绝不是一种手段，它是一种目的，但它只以自身作为目的，也就是为了善良意志而善良意志，为了意志而意志。这两点共同构成了善良意志与结果的无因果性。善的意志犹如一颗宝石独自闪耀着光芒，它自身就具有无可比拟的道德价值，无需任何别的东西去增添其光辉。[1]以上的三个部分就是善良意志的无条件性，它没有任何外在的条件，换句话说它不用被置于一种关系的理念中去思考。我们经常在日常说相对于某种标准，某物是好的，这就是在自身与外物的关系对比中产生有条件的善，而善良意志仅仅针对其自身而言，没有与在意志之外的事物处于特定关系之中。

（2）善良意志的至上性。康德这样来论述善良意志是一种最高的善："这种意志虽然不可能是唯一的、完整的善，但它却必定是最高的善，并且是其他一切东西的条件，甚至是对幸福的所有要求的条件。"[2]康德善良意志的至上性主要体现在三个方面。首先是善良意志是其他有限的善的条件，其他有条件的善是必然要与善良意志产生某种关联的，这种关联可以是积极地，也可以是消极的，但是有限的善最终成为有限的善的依据是善良意志，善良意志也随时都有权利去改变有限的善的属性，而有条件的善却无法改变善良意志也没有办法规定善良意志，因此在这个层面上善的意志高于有限的善，是最高的善。其次，善良意志单纯的与理性相关，而不受到感性的影响，它是理性层面上的。"……即它自在地是善的，必须被评价为比任何仅仅只是有可能用它来实现某种有利于爱好的东西，甚至可以说有利于所有爱好总和的东西，都无可比拟的要高得多。"[3]因此在理性层面上善良意志为其他感性的善提供了所有的道德价值，没有了善良意志，其他感性层面的善也就没有了存在的价值与意义。最后，善良意志是不可溯源的。这种不可溯源性也是因为

---

〔1〕 陈艳丽：《试析康德善的意志概念——基于〈道德形而上学原理〉研究》，上海社会科学院 2014 年硕士学位论文，第 24 页。

〔2〕 ［德］康德：《道德形而上学奠基》，杨云飞译，邓晓芒校，人民出版社 2013 年版，第 16 页。

〔3〕 ［德］康德：《道德形而上学奠基》，杨云飞译，邓晓芒校，人民出版社 2013 年版，第 12—13 页。

善良意志来源于理性层面。善良意志是没有原因的，如果非要找出一个原因，那只能是理性本身。康德认为在感性的层面上，因果律是起着绝对作用的，形形色色的感性的善每一个都要有一个直接性的原因，如果永远停留在感性的层面上，那么最终善的链条就会永远延长下去，没有一个终点。在《纯粹理性批判》中康德这样来解决这个问题："理性提出这一要求是根据如下原理：如果受条件限制的东西被给定，那么一切条件的总和、因而绝对无条件的东西（唯有通过这一无条件的东西，受条件限制的东西才成为可能）也就被给定了。"[1]因此，感性必须上升到理性层面通过一个无限制的整体给予其最根本的依据。因此在这个层面上，善良意志是一种最高的善，以为没有一个比它更有根源性的善的存在，它自己就是自身存在的依据。

这里我有必要做一个补充说明，即最高的善——善良意志与至善之间的差别。善良意志具有至上性，但它并不等于是至善。康德那里的至善实际上不存在于此岸世界，而是存在于上帝的彼岸世界。上帝作为一个全知全能的存在，它自身是不存在道德的意义的，因为上帝是一个无限的理性存在者，它与理性没有相违背的可能，它本身就是一个无限的理性，因此上帝那里的至善实际上是一个完满的状态，但是这个至善实际上并没有什么道德意义。道德是针对有可能出现的违背理性的情况而言的，但在上帝那里这是不可能出现的情况。因此至善是没有任何道德意义的。有些学者认为康德在开篇说过在这个世界之外善良意志也是无限的，借此认为至善与善良意志是一个概念。我认为这种说法是不合理的。即使在彼岸世界，善良意志的状态是现实世界不可把握的，康德所说的善良意志在彼岸世界有存在的可能，但也只是一种可能，但是至善从定义上来说在彼岸世界是一定存在的。至于至善的上帝安不安排善良意志也在彼岸世界中，这不是可以说清楚的东西。因为如果至善可以代替善良意志，那么在此岸世界为什么还要存在善良意志呢？至善的上帝是我们有限的理性存在者把握不到的。上帝本身在康德哲学中也只是一个假设，它没有实际可被观察的能力，它是一个理论的至善存在。

（二）善良意志的思想基础及善与道德关系的哥白尼式的革命

1. 康德善良意志的思想基础

前文所述，康德善良意志内涵中主要包含两个特点。首先是善良意志的

---

[1] ［德］康德：《纯粹理性批判》，邓晓芒译，杨祖陶校，人民出版社 2004 年版，第 421 页。

实践理性，其次就是善良意志的应然性。我认为善良意志的这两个思想特性都是有其特定的思想来源的，道德感学说和人性善学说就是其主要的思想土壤。

道德感学说是 18 世纪中叶，英国道德学家主要的伦理学理论。他们各自的主张可能有些差异，但都认为存在大量的道德情感和事实。[1]所谓道德感就是指人拥有一种可以体会或者意识到善的能力，并产生一种情感。这种情感是道德原则的主要依据，而我们可以单纯地通过这种道德情感达到道德的要求。实际上道德情感学说强调的是一种直接性，强调的是人作为道德主体与道德客体即客观的道德事实之间建立一种必然的联系。要确定有道德事实，首先要确定的是善的概念，因为只有确立善的概念，才有所谓的道德事实。这里康德所批判的主要有两点。首先是对道德与情感单一关系的批判。在道德情感理论中，无论是意识到善还是体验到善，都还只是思维的层面，它并没有规定人们的行动的层面，如果只是意识到善就算达到道德，那么这种意识就是不可言明的，是一种没有明证性的意识。而康德用善良意志概念，就首先加入了意志的实践性，用来克服这种明证性与行动性的缺失。"唯有一个理性存在者才具有按照对规律法则的表象，即按照原则去行动的能力，或者说它具有意志。……所以意志就不是别的，只是实践理性。"[2]因此在康德看来，道德并不只是思维的层面，或者说根本就不是思维的层面，而是实践的问题。其次是对道德情感的主观性的批判。这里的主观性主要分为两个层面。第一个层面也是最根本的层面，是道德情感的最终判断依据即善的概念的主观性。也就是说我们不可能确定一个完全客观、放之四海而皆准的善的概念，让所有理性存在者都接受这个善的概念。换言之完全客观完满的善，是定义不出来的，我们能定义出来的，按照康德的说法就是一些善（有用）的东西。"包含着对于任何目的是善的东西作为意志的对象：这种善任何时候都将只是有用的东西，而它所对之有用的东西则必定总是外在于意志而处于感觉中的。"[3]第二个层面就是更为现实的层面是道德主体的主观性。对于一个客观的善的概念，这个客观性如何能给道德主体一个强制性的理解方式。就算是所有道德主体都认同了这样一个善的概念，但是它依然是个别的，而不具有

---

〔1〕 戴兆国：《明理与敬意——康德道德哲学研究》，中国社会科学出版社 2012 年版，第 6 页。

〔2〕 ［德］康德：《道德形而上学奠基》，杨云飞译，邓晓芒校，人民出版社 2013 年版，第 40 页。

〔3〕 ［德］康德：《纯粹理性批判》，邓晓芒译，杨祖陶校，人民出版社 2004 年版，第 70 页。

普遍性。对于一个具体的道德事实来说，善的概念即使一致，道德主体的选择依然是具有主观性的，因此，道德永远都不可能是客观必然的。康德的善良意志概念，体现的是意志按照理性来行动，这就赋予了道德客观必然的条件。"如果理性免不了要规定意志，则这样一种存在者的行动，作为客观必然的来认识，也是主观必然的。也就是说意志是一种只选择……，也就是善的东西的能力"[1]这样就赋予了善良意志的客观必然性与主观必然性。因此，我们可以说对道德情感学说的批判促成了善良意志的实践性和主客观上的双重必然性。

人性善学说主要是指 18 世纪法国启蒙主义著名哲学家卢梭的人性理论。卢梭的人性善理论某种程度上也是道德感学说的一种，不过它并不认为人类达到道德的依据在人类外部的善的概念以及各类的道德事实，而是在于原本就存在于人的本性之中的善性，这种善性表现为人人都有一种向善的意愿与能力。虽然康德对于卢梭这种把道德归结于属于人类感性范畴的善性持否定的态度，但是康德自己却从人性善的学说中意识到了人权以及人所特有的尊严。"是卢梭纠正了我。盲目的偏见消失了，我学会了尊重人性，而且假如我不是相信这种见解能够有助于所有其他人去确立人权的话，我便应该把自己看得比普通劳工还不如。"[2]康德从卢梭的哲学中看到了人的尊严，但是他同时也意识到这种人性的尊严并不是实然的，而只能是应然的。也就是说人应该这样有尊严地活着，人应该向善，但实际上却不一定是这个样子，但是即使达不到应然的状态，人们还是应该无限地向应然的状态去努力、去追求。善良意志在这里继承了这种应然性。善良意志所规定的并不是感性层面上实然的状态，而是一种在理性层面上应然的状态。善良意志本身虽然接受理性的规则，但是它的强制性（由于人作为有限的理性存在者）始终只能是在应然的领域，而不可能在实然的感性层面上。换句话说，在实然的感性层面，具有强制性的只能是道德自律。法律是不能评判道德问题的，法律也不能强制道德。康德不是在人的现实的经验生活中去寻找某种永恒性，而是在人之应是之中寻求它。[3]也就是说善良意志起作用的思维进路是来源于人性善的

---

〔1〕 ［德］康德：《道德形而上学奠基》，杨云飞译，邓晓芒校，人民出版社 2013 年版，第 40 页。

〔2〕 转引自［德］卡希尔：《卢梭 康德 歌德》，刘东译，生活·读书·新知三联书店 2002 年版，第 2 页。

〔3〕 陈艳丽：《试析康德善的意志概念——基于〈道德形而上学原理〉研究》，上海社会科学院 2014 年硕士学位论文，第 10 页。

学说。

2. 康德善良意志对于以往道德哲学的超越——道德哲学的哥白尼式的革命

自苏格拉底以来，道德哲学就被赋予了一种实然意义上的目的论的思考模式，也就是说道德哲学的指向是让人们获得一种好的或者说是善的那样一种生活，这个问题被总结为苏格拉底问题。以往的道德哲学为了解决这样一个问题，就必须要回答到底什么才是善的，搞清楚这个，道德哲学才有方向也才有意义："哲学家们普遍认为只有在认识了善的定义之后，我们才能谈论相关的道德法则、义务、责任等问题。"[1]也就是说在康德之前的道德哲学都是从善的定义出发，去探寻符合善的道德原则，用这种善的概念来规定道德法则。然而他们对于善的定义五花八门，这使得康德很不满意。康德在《道德形而上学奠基》中曾明确地指出这种由对于善的定义不同而造成的对道德原则的混乱的认识："他们就会见到，一会是人类自然本性的特殊规定（但有时也是关于某种一般的理性本性的理念），一会是完善性，一会是又是幸福，这里是道德情感，那里是对上帝的畏惧……"[2]传统的道德哲学之所以会陷入混乱，主要是两点原因：一是试图从善的定义出发去规定道德法则，但是对善的定义又都是在经验中总结出来的，并不是纯粹的善的概念；二是总是追求实然的道德法则来指导经验生活。康德对于道德哲学的哥白尼式的革命就是从这两点进行的。

首先康德认为不能从对善的定义出发去追寻道德原则，而是应该反过来，从道德原则出发去追求善的定义，要完成这样一个逻辑上的哥白尼式的革命。康德之所以认为不能够从对善的定义出发，是因为他认为善是不能够从经验的层面上定义的，在经验的层面上永远只是善的表象，而不能够归结出善的定义。纯粹的善的概念只能是善良意志，也就是把善与意志相连接，只有这样才能保证善良意志中的善的纯粹性，是与经验完全脱离的，在理性层面上的善。"如果这些原则能够独立于一切经验，完全先天的在纯粹理性概念中，……作为道德的形上学，而完全孤立起来，……"[3]而相对于善来说，

---

〔1〕　文贤庆："基于道德法则的善——康德在道德哲学中的革命"，载《社会科学》2011 年第 12 期，第 127 页。

〔2〕　[德] 康德：《道德形而上学奠基》，杨云飞译，邓晓芒校，人民出版社 2013 年版，第 36 页。

〔3〕　[德] 康德：《道德形而上学奠基》，杨云飞译，邓晓芒校，人民出版社 2013 年版，第 37 页。

道德法则直接受理性的规定，更具有确定性，是一个确定的起点。因此我们应该做的是从道德原则出发去理解善，理解理性层面上的善，善良意志。用一句话来总结他的道德哲学特点就是不是因为善而道德，而是因为道德而善。其次，康德认为道德法则的强制性并不来源于实然，而是来源于应然。因此道德无法从实然的经验层面来表现出来。康德举了很多的现实的例子，在这里不再赘述。但我有必要说明的是，这种应然性体现在两个方面。从积极的角度来说，道德与善即使在实然的经验中没有达成，他们也依然是存在的，而且丝毫不受影响："假如它对此做了最大的努力却仍然一无所获，只剩下这个善良意志：那么它毕竟会像一颗珠宝一样独自闪闪发光……，不论有效还是无结果，对于这个价值既不能增添什么也不能减少什么。"[1] 从消极的角度来说，即使是行善的主体也不能判断自己是否真正的是善良意志的体现："因为虽然有是有这种情况，我们通过最严厉的自省，也无法找到任何东西，……但由此我们根本不能有把握的断定，却是完全没有任何隐秘的自爱冲动……"[2] 所以说应然的善与道德法则与经验完全脱离。

康德正是在这个层面上完成了道德哲学的哥白尼式的革命，颠覆了以往传统道德哲学对于善与道德的关系的几乎是先入为主式的定义即首先确立善的概念，再以一种符合论的态度去审视道德行为与道德主体。康德创造性地做出了一个反向的论证并且找到了一个新的善与道德的连接点即善良意志。通过善良意志我们可以明确地寻找到道德的依据，并以道德来寻求善的定义。虽然康德并没有明确地给出善的定义，但他无疑为我们在道德哲学中指明了一条新的研究进路，这也是康德对于道德哲学领域以往的观点的突破与创新，而这个突破的切入点正是他整个道德哲学的基础型概念——善良意志。

二、康德对善良意志的理解路径及其理论局限

（一）康德对于善良意志的理解路径

在康德的道德哲学中善良意志作为首要概念是首先被提出的，要理解善良意志这个概念不能仅仅从善良意志本身出发。善良意志本身是跟理性直接相关的，但道德行为终究是人的行为，是有限的理性存在者的行为，因此要理解善良意志就必须要从理性与感性两个方面来理解。对于有限的理性存在者来说跟善良意志直接挂钩的就是义务概念，因为义务是从实际的层面来规

---

〔1〕〔德〕康德:《道德形而上学奠基》，杨云飞译，邓晓芒校，人民出版社 2013 年版，第 13 页。
〔2〕〔德〕康德:《道德形而上学奠基》，杨云飞译，邓晓芒校，人民出版社 2013 年版，第 32 页。

定道德的依据，善良意志则是从理性层面规定道德的依据。因此，通过对义务的理解，我们可以像照镜子一般来更加全面地理解善良意志。通过对善良意志义务层面的分析，康德最终为我们找到了一条更为实际的表达方式来表达善良意志与义务的这种关系，这就是法则与准则。法则是从理性的角度来论述道德，而准则则是从个别理性存在者的角度来论述道德，这表明了二者之间的关系，最终确立了善良意志在道德哲学中的基础性的地位。

1. 理解善良意志的途径——义务

鉴于善良意志单纯地受到理性的指导，那么有限的理性存在者要通过什么途径去理解善良意志这个概念呢？康德给我们的解决方式是要通过一个包含有善良意志概念的中介去更好地理解善良意志本身，这个中介性质的概念就是义务。义务在这里作为中介不是一种简单的连接作用，而是一种体现，一种直接的显现，对善良意志的显现，让善良意志的性质即无条件性和至上性可以通过义务对我们的要求显现出来。"为了阐明这个在评价我们行动的全部价值时总是居于首位并构成所有其他事物的条件的概念：那么我们愿意设想一下义务这个概念，这个概念包含了一个善良意志的概念，虽然处于某些主观的限制和障碍下，但这些限制和障碍毕竟远不能把它遮盖起来，反而通过对比使它更为凸显，并且更加光辉灿烂。"[1]

义务概念首先涉及的就是康德在道德哲学中的一个重要论断：即具有道德价值的行动不是合乎义务而是必须出于义务。康德的道德哲学有一种明显的动机论的色彩，一个行动具有道德价值是由于它仅仅出于对法则的敬重，而不是出于自身的爱好也就是康德所说的自爱。实际上康德在这里要说明的是一个行动对它是否具有道德价值的判断，最难的在于当这种行动明显的是合乎义务，但是它却又是出于一种自利的意图。这种自利不一定是实际的利益，只是代表着一种隐秘的意图，这种意图有时候是连行动者本身都没有意识到的。举一个简单的例子来说：不能杀人。单纯的"不能杀人"这四个字不代表任何的道德价值。只有在判断出不能杀人的意图才能判定。这里有两个判断：其一，我因为害怕杀人受到法律的惩罚，所以不能杀人；其二，我是因为我不想杀人，所以不能杀人。第一个判断是很明显的不具有道德价值的，它只是为了避祸而做出的行动；但是第二个判断就很容易被误解为一种

---

〔1〕 ［德］康德：《道德形而上学奠基》，杨云飞译，邓晓芒校，人民出版社 2013 年版，第 16—17 页。

有道德价值的行动，以为这是行动主体的一种道德性质的体现。但是实际上康德认为这两个判断都同样没有道德价值，因为第二种其实只是出于一种自我的爱好，我想这样做所以我这样做，这就是一种自利，我达到了自我的愉悦，因为我做了我想做的事情。康德认为只有单纯出于对法则的敬重，才是具有道德价值的。因此唯一有效的道德形式就是因为不能杀人，所以不能杀人。康德的这个思想遭到后世很多哲学家对他道德哲学的批判。他们批判的焦点就在于，康德的道德价值就在于不符合我的利好，换句话说我做的是越不是我爱好的，我就是越道德的。实际上我觉得康德并没有这个意思，他提出的这个命题实际上要从消极的意义上来理解。首先道德价值的判断必须严格而谨慎，稍有大意可能就会有伪善或者伪道德浑水摸鱼，因此我们必须要做出一切可能的假设去排除这种大意的可能性。其次我们更多要从否定的角度来理解，是否具有道德价值实际上和个人的意图并不是正反都通过的，有道德价值的一定不包含自爱，但不包含自爱的不一定就有道德价值。所以说我们要从消极的角度来理解，而对康德这个道德要求做一个更宽容的审视。

康德最后对于义务的命题做出了一个总结式的阐述："第三条原理，作为以上两个命题的结论，我将这样表述：义务是由敬重法则而来的行动的必然性。"[1]由此，对法则的敬重成为了一个我们更容易理解的概念。但是法则是一种具有普遍理性的客观的范畴，在康德哲学里具有个人主观性的应该被称为准则，"于是，一个出于义务的行动，应该完全摆脱爱好的影响，……从而对意志来说剩下来能够规定它的，客观上只有法则，主观上只有对这种实践法则的纯粹敬重，因而只有这样一条准则，……"[2]由此我们必须掌握如何从准则和法则的角度去理解义务。

2. 准则—法则

由上一部分分析，我们可以看到，康德的道德哲学其实也并不是完全否定个人的意愿，或者说主观性的东西，康德要做的其实是要把主观性的东西上升为客观普遍的东西。"因此，为了使我的意愿成为道德上善的我必须做什么。……你也能够愿意你的准则成为一条普遍法则吗？"[3]在这里我们首先要明确一下准则与法则的区别。人类作为理性的存在者并不是直接按照法则行

〔1〕 ［德］康德：《道德形而上学奠基》，杨云飞译，邓晓芒校，人民出版社 2013 年版，第 22 页。
〔2〕 ［德］康德：《道德形而上学奠基》，杨云飞译，邓晓芒校，人民出版社 2013 年版，第 22 页。
〔3〕 ［德］康德：《道德形而上学奠基》，杨云飞译，邓晓芒校，人民出版社 2013 年版，第 26 页。

动的，这也正是人与一般的动物类的存在者的显著区别。动物也是会按照自然的法则行动的，但是它们本身对于自己之所以那样做的原因没有任何概念，但是自己又必须按照法则去做，而且它们也不会有反思，体现的是一种自然的规律性。但是人作为有理性的存在者，是把自然的法则描绘成了我们人类自己的思维模式或者说理解方式，虽然人与人之间的具体描述会有分歧，但是无论如何，他们总是在描述这样一条法则，但是被描述过的法则，法则就已经不是纯粹的理性层面上的了，因此，康德把人们描述的这种法则称为法则的表象，而人类正是可以按照法则表象行动的理性存在者。人类有按照法则的表象行动的能力，但是他们也是有自己的准则的。准则是个别性与主观性的行动原则。准则的这种个别性并不是一般意义上的部分人的个别性，这种个别性不取决于个数，而是在于它始终只是个别的个体的选择，而不具有一种客观性。这种个别性在于被选择的偶然性，也就是说它并不必然被某个个体选择，因此而言，准则是有个别性的。

"善和恶的概念必定不是先于道德法则（从表面上看来，前者甚至似乎必定是构成后者的基础）被决定的，而只是（一如这里所发生的那样）后于道德法则并且通过道德法则被决定的。"[1]在这里个人的准则只有获得普遍性之后成为了普遍的法则，才能够真正达到道德上的善的要求。这是要把准则上升为法则的一个重要的原因。把准则上升为普遍法则的另一个重要原因在于义务这个概念具有一种强制性。这种强制性实际上就要求一种普遍性，因为如果没有普遍性，义务是一个主观任意的范畴，那么这种强制性就没有任何的依据了。"如果意志不是自在的完全合乎理性，那么被认为客观上必然的那些行动就是主观偶然的了，而按照客观法则对这样一个意志的规定就是强制。"[2]义务的这种强制性究其根源是在于康德对于人的定义，人虽然是一种理性存在者，但却是有限的理性存在者。这种人的理性的有限性，决定了人不可能先天地就完全按照道德法则的表象去行动，因为人的主观性与理性是存在着差别的。要扬弃这种差别，就需要把人自身的准则上升为客观普遍的法则。因此，义务的这种强制性也要求人把准则上升到法则。

我们可以看到，善良意志的表现方式是义务，而对义务的要求同时也体现着善良意志的基本属性。在对义务的论述中，实际上我们也可以看到善良

---

〔1〕 ［德］康德：《实践理性批判》，邓晓芒译，杨祖陶校，人民出版社 2003 年版，第 68 页。

〔2〕 ［德］康德：《道德形而上学奠基》，杨云飞译，邓晓芒校，人民出版社 2013 年版，第 40 页。

意志影子。无论是出于义务还是合乎义务，它强调的都是一种应然的状态，也就说道德并不强制你在实然的层面上一定要出于义务，但是在应然的层面上我们应该出于义务。道德的这种强制性更是一定要在应然的层面上才有可能成立。在实然的层面上我们不可以去强制所有人都一定要达到应然的状态，甚至在康德哲学中有些范畴本身就是我们不能完全理解的，然而我们还是要向这个方向去追求、去行动。尽管永远达不到，甚至有些时候达到了反而是不好的，但这种不断追求的过程才最为重要。

（二）善良意志理论的局限性

1. 善良意志的隐秘性

善良意志作为一个理性层面上的概念，使得道德始终是在应然的理性层面上的，虽然善良意志通过意志的实践性与实然的层面取得了联系，但是却给我们留下了一个巨大的问题：既然道德中要排除掉一切自爱的因素，而单纯地考虑动机的话，主观上的准则又要与客观的法则相一致，那么我们如何能够区分出自我的准则中有没有包含自利的因素呢？换句话说我们无法从第三人称的角度去对一个道德行为作出道德评价。道德对于道德主体之外的人似乎成为了一个神秘之物一般的东西。我们在作出评判的时候无论如何都不能确认自己作出的评价是正确的，因为一个人的动机永远在人的内部，而我们似乎又没有真正可以去了解一个人动机的途径，这样一个神秘的道德就出现了。虽然我们也可以认为在这里康德的道德哲学是一个第一人称的哲学，他哲学的目的是要指导人们在具体行动中采取道德的方式，教导的是实践中的个人，而不是在实践后的评价。从这个角度分析，这个问题可以得到一定程度上的解决，但是我们必须看到这个问题并没有被彻底地解决。原因如下：首先实践的主体在绝对严格的程度上，虽然可以受到善良意志的指导，但是在反思实践的过程中，人们通过反省也无法确认自己究竟是不是符合道德，自己的行为究竟有没有道德价值。我们是有限的理性存在者，所以我们就有可能混入自爱的因素而不被我们自身所察觉。其次，善良意志拥有一种普遍性，但是为什么道德评价却是不可能的呢？我们知道善良意志的确是一种普遍客观的，既然每一个理性存在者都可以明确地知道善良意志的存在，但是善良意志又不可能为他们提供一个普遍的评价标准或者评价方法，那么善良意志这种普遍性的实在性就会成为一个巨大的问题。善良意志的这种隐秘性将这种普遍性的实存性严重地削弱了。

善良意志的这种神秘性的局限性与康德整个的哲学体系是有着密切的关

系的。由于康德严格地区分物自体与表象，而对物自体又一直保持着它的这种神秘性，而善良意志由于直接的与感性分离的理性相关，就造成了善良意志本身不可避免的神秘性。虽然这种神秘性提供了一种纯粹性，使得道德被严格地做出了划界，但同时它也为道德蒙上了一层神秘的面纱，这种神秘性在康德道德哲学里是不可能被揭开的，除非完全脱离康德的哲学体系。

2. 善良意志的孤立性

善良意志的孤立性并不是说善良意志本身的孤立性，而是说善良意志的存在给人类的主体造成了一种孤立性。这种孤立性主要体现在两个方面。首先第一个方面是道德的孤立性。这种孤立性在于道德仅仅与理性相关的善良意志相关联，而与人类的情感毫无关系。康德道德哲学总给人以一种崇高，道德总是高高在上，而不是与人们处于一种平视的状态，而总是让人去仰视。其根源就在于康德的道德哲学它并没有把道德加入其他的因素去综合性地考虑。黑格尔对于康德道德哲学最大的改进就是在道德层面又加上了伦理的因素。的确，在现实生活中往往不存在单纯的道德问题，伦理与情感的因素往往影响我们的行为选择，我们的选择常常要面临情感的考验，比如说亲情爱情等等。康德设立了一个最高的善即善良意志，很明显就把人类的情感排除到道德问题之外了，这样善良意志或者义务在对实践的指导性上就会受到质疑，因为很多情况善良意志给我们的指导是排除感情因素而无法让人满意的。其次一个方面是人的孤立性。按照康德善良意志的理论，对道德的评价在最好的情况下也只能是由道德行为的主体对自己作出道德评价，这就割裂了道德行为主体与其他理性存在者的实际的联系。而如果没有主体间的交互性，人类永远不可能出现道德问题。在人类的原始社会本来是不存在道德问题的，因为那时个体还没有从整体中独立出来，只有当个体明确自己的独立性的时候，他们才会出现一些道德选择的问题。可以说道德问题本身就产生于人际交往的实践中。但是在康德哲学里，由于有一个客观的理性的善良意志的存在，这种交互性似乎就可以取消了。即使没有交互的人际间的实践，只要我的行动符合善良意志，那么就会拥有道德价值，而这个道德价值并不来源于他人，而仅仅来源于自身。道德更多地接近于一种修身养性，从而与他人的联系就被割断了。我们想象一下在荒岛上的鲁滨逊，对于他而言存在什么道德问题吗？很明显在荒岛上只有他一个理性存在者，他无法与他人产生任何的联系，他所有的行动无所谓道德，但是他依然可以按照善良意志去行动，因此，鲁滨逊还要每日对自己的道德行为负责，可是那个时候他没有任何的道德行为，他又对什么负责呢？所以说，康德的善良意志很有可能会为我们带来一个没有人际关系的社会，人人都沉浸在一种修身养性的个人道德体之中无法自拔，并且认为这就是最道德的行为，人类社会的联系基础就会被彻底地摧毁。

结　语

善良意志作为康德道德哲学的首要概念，在其道德哲学中有着非常重要的意义。它为我们提供了理解道德原则和善的新的路径的一个起点。由善良意志出发去寻求道德原则和善的定义，确立了一个新的道德和善的关系，同时也最终找到了道德的根据。"我们现在可以在我们开始出发的地方，即一个无条件的善良意志的概念这里结束了。"[1]康德由善良意志出发，追求到的应该具有的原则以及道德的最终依据，最终他回到了善良意志。善良意志作为无条件的善和至上的善为康德的道德提供了一个理性的依据。而善良意志的直接表现就是义务，康德由义务概念展开了他整个道德哲学的论述。尽管善良意志也有其摆脱不掉的局限性，但当我们审视善良意志的时候，我们首先看到的是康德完成了他的任务，他找到了他的道德哲学的根基与依据。

康德的善良意志概念在伦理学中颠覆了必须首先对善作出定义才能定义道德的传统原则。澄清了在他之前道德哲学领域混乱的对于善的不同定义所造成的争论与误区。而且更重要的是康德借道德来理解善，把善与理性存在者之间的距离拉近了，只有道德行为才是善，而只有有限的理性存在者才能做出道德的行为，这就高扬了人类作为道德主体的尊严。康德的道德哲学虽然有着神秘主义的色彩，但是它彰显了人作为理性存在者所特有的尊严，彰显了人的主体性，高扬了理性的传统。道德是决定人之为人最根本的体现。而善良意志是道德律最终的依据，最值得我们敬畏。

---

〔1〕 〔德〕康德：《道德形而上学奠基》，杨云飞译，邓晓芒校，人民出版社 2013 年版，第 75 页。

书　评

从神话到神话：塔玛纳哈对一般法理学的批判与重构

From Myth to Myth：The Critique and Reconstruction to the General Jurisprudence by Tamanaha

刘　敏 *

　　摘　要：为复兴一般法理学，美国法理学学者布赖恩·Z. 塔玛纳哈（Brian. Z. Tamanaha）在《一般法理学：以法律和社会的关系为视角》一书中对西方法学理论的陈旧观念进行了批判，并强调因袭主义和识别的重要性，提出社会——法律实证主义新进路，尝试构建一般法理学的基本框架。然而，塔玛纳哈虽然破除了镜像命题和社会秩序命题的神话，却走向了另外一个神话——其对一般法理学的重构，这一重构虽极具启发性，却并不可行。本文试图对塔玛纳哈书中的三部分主要内容进行分析和评价，探寻其理论存在的主要问题。

　　关键词：镜像命题　社会秩序命题　因袭主义　社会——法律实证主义　一般法理学

　　一般法理学不仅旨在分析不同法律制度的共同概念和要素，也强调各规范间的差异与关系，其具有超越法律

　　* 刘敏，中国政法大学比较法学研究院比较法学专业 2015 级硕士研究生（100088）。

制度和法律文化的视角。从边沁 (Jeremy Bentham) 到奥斯丁 (John Austin) 及哈特 (H. L. A. Hart)，以至现代的塔玛纳哈和威廉·退宁 (William Twining)，各学者为一般法理学的发展作出了努力。与此同时，一般法理学也因可行性差、不具实践意义以及无法做到道德中立等问题遭到批判和质疑。[1] 塔玛纳哈尝试回应这些批判，并在哈特法律理论的基础上重构一般法理学，在此过程中，他提出了许多令人耳目一新并发人深思的观点。本文不讨论一般法理学的可行性及意义等问题，而将着眼于塔玛纳哈关于一般法理学和法律核心概念的构建过程，着重分析其理论前提——对镜像命题和社会秩序命题的破除、理论进路——因袭主义和社会—法律实证主义的启发性和缺陷，以探其如何从一个法律的神话走向另一个神话。

一、对镜像命题和社会秩序命题的批判

自古希腊、古罗马法律理论起，西方法学世界出现了种类繁多、观点各异的法学流派，这些法学理论虽然各不相同，但在法律与社会的关系探讨中，基本都预设了同样一种观点，即"法律是社会的一面镜子，其主要功能是维持社会秩序"，并在此基础上形成了各式各样的对法律概念的界定和论述。这一观点简洁有力，似乎不证自明，但这种观点却无法解释西方社会自身的情形，若考虑到全球化、法律移植以及法律多元化等影响，其不足将更加明显。塔玛纳哈将这两者称为法律的神话，在对西方历史上主要的法学和社会学理论进行回顾后，他展开了对两个命题的大胆批判，以重述法律与社会的关系，为重构一般法理学奠基。

(一) 揭穿镜像命题

1. 理论层次

镜像命题 (Mirror Theories) 即法律是社会的一种反映，或者是社会生活的一面镜子。[2] 塔玛纳哈列举了一系列法学家的观点，称其为镜像命题的表现。但作者似乎夸大了其列举观点的"镜像"成分。首先我们应区分不同的"反映"，英文中的"connect"、"reflect"以及"mirror"都有反映的意味，但就法律和社会的关系而言，前两者显然是正确的，只有镜像般的映照夸大了

---

〔1〕 例如卢埃林认为法学中传统的定义方法和法的定义是"全然乏味的"东西，并建议抛弃传统的定义方法，参见张文显：《二十世纪西方方法哲学思潮研究》，法律出版社 2006 年版，第 115 页。此外，关于一般法理学的历史发展可参阅威廉·退宁所著《全球化与法律理论》第二章。

〔2〕 参见〔美〕布赖恩·Z. 塔玛纳哈：《一般法理学：以法律与社会的关系为视角》，郑海平译，中国政法大学出版社 2012 年版，第 2 页。

法律与社会的联系。正如人类学家摩尔（Sally Falk Moore）在研究乞力马扎罗山查加人的生活状态及当地法律对其影响后得出的结论，"社会自身安排经常比新实行的法律更加强大有效",[1]当地人适用的规则与法律的不同也足以表明法律与社会并非严丝合缝地对应。而从作者列举的观点中，并不能得出该观点采取"镜面映照"式的强反映立场。威廉·埃瓦尔德（William Ewald）将镜像命题区分为两种版本，强镜像理论（strong mirror theory）认为"法律就是 X"或"法律可以 X 的方式解释"或"基于对 X 的了解，可以估计对既成社会加以约束的法律规则"，弱镜像理论（weak mirror theory）则认为"法律和 X 密切相连"或"关于 X 的知识有助于理解法律",[2]塔玛纳哈反对的显然是镜像命题的强势版本（作者本身亦承认法律与社会间存在一定的联系），但如今这种强势版本是否还存在令人怀疑。威廉·退宁对塔玛纳哈就镜像问题的分析作出了评价：

> 相比塔玛纳哈对镜像理论进行反驳时的激烈论调，他所得出的结论却显得谨慎得多……他的贡献在于，找到了贯穿于几乎整个西方法律理论的线索，将这一线索与合法性相连，并对有关法律与社会关系的经验化术语提出疑问，但并未举出任何关于实在法和社会之间实际存在多密切的联系的实例。[3]

塔玛纳哈认为法律的镜像命题很大程度上建立在法律的起源和正当性的神话——法律进化论和社会契约论之上。塔玛纳哈认为二者均不符合实际，其作用只是为法律提供正当性依据：法律进化论并没有事实依据，且社会也并非孤立发展，必然受到外界的影响，"并不是每一种变化都可以被看作是一种'进步'……法律事实上并不是来源于主流的社会习俗，'进化论'并不能解释世界上现有的大多数法律制度的起源";[4]社会契约论的"自然状态"

---

〔1〕 Sally Falk Moore, "Law and Social Change: The Semi-autonomous Social field as an Appropriate Subject of Study", 7 *Law & Soc'y Rev.* 719, 723 (1972 - 1973).

〔2〕 William Ewald, "Comparative Jurisprudence（Ⅱ）: The Logic of Legal Transplants", 43 *Am. J. Comp. L.* 489, 493 - 494 (Fall1995).

〔3〕 William Twining, "A Post-Westphalian Conception of Law", 37 *Law & Socvy Rev.* 199, 211 (2003).

〔4〕 ［美］布赖恩·Z. 塔玛纳哈：《一般法理学：以法律与社会的关系为视角》，郑海平译，中国政法大学出版社 2012 年版，第 76 页。

同样缺乏事实依据，个人主义是不现实的，社会成员的"同意"也并非真的同意。但塔玛纳哈并非完全否认法律从习俗产生或者由社会共同体合意创立，而是认为这两者出现频率较低，并提出了法律起源的替代性解释——法律是强权者为维持统治和剥削大众而制定的规则。在他看来，这种替代性解释能够说明殖民地法律与由权威主义、极权主义及军事统治主导的国家的法律。然而这种替代性解释并不优于法律进化论和社会契约论。首先，塔玛纳哈同样未就此替代解释提供事实依据，不免陷入"臆测"的范围（其声称的直接充足的证据是殖民地及权威主义等国家的法律，并非法律的起源）。其次，"强权者制定的规则"与奥斯丁"法律是以威胁为后盾的命令"理论一样，无法回避哈特的批驳，作者显然也意识到了这一缺陷，但并未就此作出解释，而是对质疑者的理论进行了反驳。

2. 实践层次

塔玛纳哈认为职业法律人垄断法律知识使得实证法越来越多地代表法律专家们的利益和意见，从而使实证法在一定程度上脱离了其所在的社会环境。他具体阐述了此现象的三个方面：法律职业者控制法律机器的使用并为自己谋取利益；法律知识体系不断专业化，逐渐远离人们的通常理解；法律专家们可能受到来自其他社会的影响，使法律发展脱离自身运作的社会环境。

以上三方面并不足以反驳法律反映社会这一观点，法律本身何如与法律如何被理解与执行是两个不同的层次，不能用法律职业者的谋利可能和法律偏离大众期望否认法律与社会的关系。法律专业化的同时大众的法律素养也在提高，虽然不能期待人人成为法律专家，但也不至于远离人们的通常理解。而法律成为不同国家相互沟通的产物也不能说明其完全与自身社会脱离关系，法律专家们在吸收其他法律制度成果的同时必然要考虑自己所在国家的本土资源，这也是法律移植能否成功的关键所在。但塔玛纳哈适时澄清了自己的观点，即"并不是说法律根本不反映社会价值……不应该不假思索地认为法律就是社会的一面镜子"。[1] 由此也得以看出本书大胆批驳、谨慎立论的风格。

---

〔1〕 ［美］布赖恩·Z. 塔玛纳哈：《一般法理学：以法律与社会的关系为视角》，郑海平译，中国政法大学出版社 2012 年版，第 92—93 页。

（二）质疑社会秩序命题

与镜像命题密切相关的是社会秩序命题——法律与社会关系存在密切联系，其功能在于维持社会秩序。质疑社会秩序命题是本书的另一条主线，塔玛纳哈认为法律在维持社会秩序上的作用并没有传统法学理论设想的那样强大：法律经常做或者被用来做许多其他的事情；法律的许多具体表现形式在维持社会秩序方面只发挥着边缘的作用，甚至根本没有什么用；法律甚至可能危害社会秩序。为了削弱法律与秩序之间的联系，作者列举了六类社会秩序渊源，而强制以及强制的威胁被排至最后，被认为是对社会秩序贡献程度最小的一类。

社会秩序的维持可分为两类，即主动维持与被动维持。从强制力（公法）角度讲，作者列举的前五类渊源（未阐明的基质，共同的规范和角色，自利的工具性行为，爱、利他主义、同情、群体认同以及社会本能）属于主动维持社会秩序的范畴，而法律强制维持社会秩序的功能多被归入被动维持的范畴，如社会秩序被打破后通过实施制裁使其恢复。作者认为国家法发挥作用必须依赖其他社会秩序渊源，"只有在哪些已经在很大程度上存在秩序的地方，法律才可能存在"，[1]这一点无疑是正确的，因一个完全混乱的社会法律也难以得到实施。但作者"法律不是维持社会秩序所必需的"的观点有待商榷。虽然存在各类维持社会秩序的渊源，但如上文所说，这些渊源从积极方面影响人们的思维和行为模式，从而协调社会秩序，但一旦出现社会秩序被扰乱的情况（在此不考虑彻底暴乱）仍需强制及强制的威胁（国家法）的保障作用。即便是能够在内部产生规则、惯例等的半自治社会领域（Semiautonomous Social Field），同样易受其所处的世界所发出的规则、决议和其他力量的侵入，而且由于主权国家的法律在形式上是分等级的，因此从法律角度讲，现代政权内部不存在可以绝对自治的社会领域，[2]法律必然对社会秩序存在影响。

塔玛纳哈削弱法律的社会秩序命题，旨在为其搭建一般法理学框架打下因袭主义的地基，因其认为功能主义在识别法律的方法中不具有意义，而功能主义的典型代表即法律的功能在于维持社会秩序。但法律的功能绝不仅仅

---

〔1〕 ［美］布赖恩·Z. 塔玛纳哈：《一般法理学：以法律与社会的关系为视角》，郑海平译，中国政法大学出版社 2012 年版，第 274 页。

〔2〕 See Sally Falk Moore, "Law and Social Change: The Semi-autonomous Social field as an Appropriate Subject of Study", 7 *Law & Soc'y Rev.* 719, 720, 742 (1972–1973).

在于维持社会秩序,[1]作者在此显然限缩了功能的范围，且法律无助于甚至损害社会秩序的情况为例外情况，不可因之否认绝大多数情形。

此外，作者对法律移植、全球化和差距问题（法律理论和实践、法律规定与人们的行为）也进行了论述，将其作为反对镜像命题和社会秩序命题的依据。囿于文章结构，在此不予讨论，但无可置疑的是，作者的思考极具价值，法学理论应时刻关注社会变化并及时补正，以应对新趋势的挑战。

二、构建一般法理学的新进路

明确以往理论对法律与社会关系的疏误后，塔玛纳哈开始尝试重构一般法理学，而重新界定（reconceptualise）法律的概念则成为首先要解决的问题。界定法律的概念是法学理论中极具争议性和极为复杂的问题，各法学流派争论至今仍无定论。塔玛纳哈以哈特的法律理论作为起点，对其理论进行改造，提出了理解法律现象的新进路：社会—法律实证主义进路（socio-legal positivism），这一进路的特点则是采取因袭主义和标签理论来界定法律现象。

（一）重构法律实证主义

塔玛纳哈认为哈特的法律概念无法解释不同文化和历史阶段的法律现象，其描述也并不中立。为实现哈特寻找合理法律概念的目标，作者主张重构法律实证主义，即将法律实证主义与对法律的社会科学研究结合起来。

实证主义者往往将"有效性"作为法律体系存在的条件，认为法律制度必然要有效地维持秩序，协调人们的行为，并且成为社会中最主要的制度化的力量。而作者却反对将有效性（或"普遍的服从"）作为法律体系存在的前提条件。他提出了三个理由：

第一，此观点与现实不符，作者以密克罗尼西亚的雅浦为例，阐述了当地百姓对法律体系运作基本毫无所知的状况，以此论证即便一个地区绝大多数人并未服从法律的初级规则，该地区仍旧存在法律体系。

第二，有效性的要求存在概念上的难题，即难以确定法律在多大程度上有效才能符合有效性要求。

第三，有效性要求一个界限以明确法律体系是否存在，作者认为应放弃

---

〔1〕 随意翻开一本法理学著作即可看到关于法律功能的论述，如魏德士总结的创建调整功能、保持功能、裁判纠纷功能、满足功能、融合功能、创造与教育功能等等，参见 ［德］魏德士：《法理学》，丁晓春、吴越译，法律出版社 2005 年版，第 38—44 页。甚至有专门讨论法律价值的著作，参见卓泽渊：《法的价值论（第 2 版）》，法律出版社 2006 年版。

界限要求，仅描述实效的增加或者减少，这样更容易为人们接受。

作者的观点虽具有新意，但其论证存在问题。一方面，"服从"应如何界定？若将服从定义为不违反法律规定，则雅浦地区的人们仍旧在服从法律。其他社会规范是普遍存在的，不能因一个地区的群众以法律外的其他社会规范调整自己的生活而否认法律的有效性。即便在人们有意规避使用法律，如运用私力救济手段实现自身目的时，法律仍旧是有效的，甚至私力救济中也有"公力"因素[1]。另一方面，作者的第二个和第三个理由实际上是一致的，都是强调有效性的不确定性，但作者自己给出的法律的概念同样未能解决不确定性的问题，甚至加剧了概念上的模糊，这一点将在下文提到。

（二）以因袭主义取代本质主义和功能主义

塔玛纳哈指出，哈特的学说中存在因袭主义[2]（conventionalist）、本质主义（essentialist）和功能主义（functionalist）三条进路，这使得其法律概念存在一定的冲突。作者对哈特的学说进行了修正，很重要的一部分是强调以因袭主义取代本质主义和功能主义，可以说，塔玛纳哈的理论是哈特理论的精简强化版，他将哈特对法律所作的种种限定均抛在身后，以使其理论能够囊括众多类型的规则。

功能主义强调法律具有特定的功能，只有具备这些功能（最典型的即社会秩序命题），才能被纳入法律的范畴。但作者认为功能性需求不能构成法律的充分条件，其他社会规范也可以具备法律的功能，而一些已被视为法律的现象却因不符合功能要件而被排除在外，这将导致法律和其他社会规范的混淆，"如果从功能的角度来定义法律，往往要么过于宽泛，要么过于狭隘"。[3]根据作者的观点，本质主义同样存在问题。首先，他否定本质主义确立典型标本与核心含义的做法，认为"本质主义的这种'单型倾向'（monotypic bent）使得我们的思路走上了一条封闭的路线，不能换个角度来思考，以致忽略了一些依据因袭主义本来可以看到的现象"。[4]其次，作者认为本质

---

〔1〕 参见徐昕：《论私力救济》，中国政法大学出版社 2005 年版，第 298—303 页。

〔2〕 也有学者将其译为惯习主义，参见李俊增："论 Tamanaha 之非本质主义的法律观"，载《政治思潮与国家法学——吴庚教授七秩华诞祝寿论文集》，元照出版公司 2009 年版，第 177 页。

〔3〕 ［美］布赖恩·Z. 塔玛纳哈：《一般法理学：以法律与社会的关系为视角》，郑海平译，中国政法大学出版社 2012 年版，第 237 页。

〔4〕 ［美］布赖恩·Z. 塔玛纳哈：《一般法理学：以法律与社会的关系为视角》，郑海平译，中国政法大学出版社 2012 年版，第 186 页。

主义的"接受"概念[1]应被抛弃，因如果要求法律官员们必须接受次级规则，并将其作为自己的行为标准，将从概念上排除腐败的法律体系的存在。而一个官员们虽然遵守次级规则，却是以自身利益或担心违反规则的后果为出发点的法律体系是必然存在的。因此，"公民或者法律官员们是否事实上对初级规则或次级规则感受到某种道德上的义务，是一个经验性的问题，需要在具体的个案中去研究"，[2]而不应被纳入法律的定义之中。

塔玛纳哈主张以因袭主义取代功能主义和本质主义，"依据因袭主义进路，'法律'是什么，是由一个社会中的人们通过他们的习惯用法决定的，而不是由理论家预先设定的。换言之，法律就是人们在社会实践中辨别出来并且当作'法律'的任何现象"。[3]采取这种进路极易产生这样的状况：一些不具备共同点的现象都被归入法律的范畴。为解决此问题，塔玛纳哈采用"分析性区别"（analytical distinction）[4]的方法，即划分所谓"外行人"（第一系列）和"理论家"（第二系列）两种不同视角。因袭主义进路的亮点是采纳外行人（即被研究者）的视角，因理论家的视角无疑会落入其他法学理论对法律概念的定义。但外行人视角也成为因袭主义进路的一大短板，塔玛纳哈强调，研究不存在共同特征的现象为何被归为一处具有比较法上的意义，这一说法有强行为其寻找存在意义之嫌，普通群众观点的非专业性对法律的识别并无助益，比较法意义解决的也并非关键问题。此外，功能主义和本质主义对界定法律与其他社会规范果真毫无意义么？诚如作者所言，本质主义和功能主义的确存在缺陷，但完全弃之不用也达不到欲取得的效果。虽然塔玛纳哈的观点破除了对法律概念的固有思维和一切"理所当然"的观点，但将此二者完全排除会致使法律的门槛过低，大众也无法对法律产生直观的认识，这无疑不利于群众法律认同感的培养。

（三）以识别（标签）取代定义

对法律概念进行界定，给出"法律是……"的定义是所有法律理论家尝

---

〔1〕 参见［英］H. L. A. 哈特：《法律的概念》，许家馨、李冠宜译，法律出版社 2006 年版，第109—111 页。

〔2〕 ［美］布赖恩·Z. 塔玛纳哈：《一般法理学：以法律与社会的关系为视角》，郑海平译，中国政法大学出版社 2012 年版，第 190 页。

〔3〕 ［美］，布赖恩·Z. 塔玛纳哈："研究'法律多元'现象的新进路"，郑海平译，载《朝阳法律评论》2011 年第 2 期，第 260 页。

〔4〕 ［美］布赖恩·Z. 塔玛纳哈：《一般法理学：以法律与社会的关系为视角》，郑海平译，中国政法大学出版社 2012 年版，第 240 页。

试解决的问题，但塔玛纳哈从根本上否认了这一问题。他认为法律是一种文化建构，不具有本质，构建法律的概念是一项不可能完成的任务，从而主张用识别法律的方式代替界定法律的概念。"法律就是那些被我们贴上了'法律'这个标签的各种各样的、发挥着各种功能的现象。"[1]具体方法上，作者主张放弃用"法律是……"的方式对法律加以定义，应去掉"法律是"此类字眼，然后将剩余部分当作以功能为基础的分类。如此一来"定义"即变为"种类"，如"制度化的规范实施、制度化的纠纷解决、对行为预期的协调、政府的社会控制"[2]等等。作者将这种方法定义为识别法律的因袭主义进路，认为其能够使学者作出更为细致的区分（法律、规则体系和规范性调整机制），将法律规范和社会规范区分开来。

这种识别法律的因袭主义进路使判断法律存在与否的标准完全依赖于一个社会领域中的人们如何识别法律。但如若不对法律进行概念定义，如何判断人们在讨论什么？也即当我们谈论什么时，才是谈论法律？怎样确定什么现象被贴上了"法律"的标签？这些问题构成了"标签理论"的前问题，在判断哪些现象被贴上"法律"标签时，首先要明确法律的标签是什么，而这则需要借助法律的本质或功能，因此因袭主义进路无法单独发挥作用。究其根本，此种进路与其他法学理论定义法律的尝试并不见得有何区别。另外，将识别法律的权利赋予群众，极有可能导致法律范围的扩大，而当一个概念不明确时，这个概念也失去了存在的意义，人们可以将任意规则甚至规范贴上法律的标签。威廉·退宁亦认为，塔玛纳哈的给规则贴标签的法律识别方法（label test）并不可行。他总结了三种反对意见：其一，特殊的和随意的（关于法律的）用法被排除在外，因为被识别的现象须构成实际的社会实践；其二，哪些人以及多少人的观点应被考虑并不明确，导致这种方法可能形成更为严苛的判断条件，因为人们对于标签以及特定现象的应用可能无法达成一致；其三，存在语言与文化的差异，致使法律概念的翻译成为问题。[3]塔玛纳哈显然也意识到了这些不足，但并没

---

[1] [美] 布赖恩·Z. 塔玛纳哈：《一般法理学：以法律与社会的关系为视角》，郑海平译，中国政法大学出版社 2012 年版，第 238 页。

[2] [美] 布赖恩·Z. 塔玛纳哈：《一般法理学：以法律与社会的关系为视角》，郑海平译，中国政法大学出版社 2012 年版，第 237 页。

[3] See William Twining, "A Post-Westphalian Conception of Law", 37 *Law & Soc'y Rev.* 199, 225 (2003).

有给出令人信服的回应。例如，他对第二个问题的回应是"最低限度的要求是足够数量的人基于足够的信念将一种现象当作'法律'"，[1]而这样的回答显然不具有任何明晰的意义。

三、跨学科的普适性框架

塔玛纳哈构建的一般法理学主要关注法律与社会的关系，他采用跨学科的研究方法，研究对象囊括"社会理论、政治理论、社会学、人类学以及法律理论"，[2]为此，他试图在本书中构建一个具有普适性的一般法理学框架，上文提到的社会—法律实证主义、因袭主义、标签理论即这个框架的基本要素。而为了将社会学研究与法学相连，作者提出了"社会域"的概念，并将镜像命题和社会秩序命题的预设转换为关于程度的问题。

（一）社会域

一般法理学的研究领域是什么？如何确定研究的边界？定位概念（一般法理学的起点）的找寻是一般法理学首先要解决的问题。塔玛纳哈将此定位概念设定为社会域（social arena），即根据具体研究目的确定研究范围。社会域的界限确定是十分自由的，唯一的限制是要确保界限的明确和一致。以下范围都可被界定为社会域：民族国家、低于国家的行政区划、一个地方性的牧业社区、一个大城市中的血汗工厂、捕鲸行业……[3]作者认为，由于社会域的确定不包含任何实质的内容及预设，完全由研究者主观决定，使得此概念具有很大程度的灵活性，可以被适用于许多不同的层次和不同的情境。但灵活性的另一面是随意性，当研究范围可以任意确定时，此研究是否还属于一般法理学的范畴不禁令人疑惑，例如作者提到的商业社区、血汗工厂或者捕鲸行业，对于这些区域的研究已经不再符合"一般"法理学要求的一般性，而成为法学或者社会学的特定问题研究，不应被冠以"一般法理学定界工具"的名号。

塔玛纳哈眼中的社会是在某些方面具有共同性，并且与外界相对隔离的群体或社区，而这样的概念不再适应全球化对界限的打破所带来的冲击，因

---

〔1〕 ［美］布赖恩·Z. 塔玛纳哈：《一般法理学：以法律与社会的关系为视角》，郑海平译，中国政法大学出版社 2012 年版，第 205 页。

〔2〕 ［美］布赖恩·Z. 塔玛纳哈：《一般法理学：以法律与社会的关系为视角》，郑海平译，中国政法大学出版社 2012 年版，序言第 16 页。

〔3〕 ［美］布赖恩·Z. 塔玛纳哈：《一般法理学：以法律与社会的关系为视角》，郑海平译，中国政法大学出版社 2012 年版，第 254 页。

此他以一个更具伸缩性的概念取代原有的社会概念，但社会并非与外界相对隔离的群体或社区，而是"彼此具有相互关系的人类联合体的总和"，[1]甚至由领土性社会向全球性社会发展，[2]并非无法应对全球化的冲击。"对塔玛纳哈而言，社会领域系空的架构工具。可以根据任何特定研究所预定之标准，以任何方法来界定。"[3]这一特点有利有弊，其优势在于，社会域的自由设立便于研究者根据需要选择研究范围，并有利于范围内部与范围之间的研究，一个特定的历史文本和语义环境对研究现象是极具意义的，"界定法律和习惯的本质远不及将这些概念置于介于特定法律规定和历史文本中的特定关系中重要"。[4]而其缺陷则在于易使研究对象溢出法学范围，进入其他领域。此情况恰如法律多元研究的困境，在对法律多元的研究中，界定不同社会规范的范围是困难的，学者也对此感到困惑，"给这些非国家法下定义和划定界限显然是困难的，我们在何处不再讨论法律而仅仅是在描述社会生活？"[5]也许此理论的支持者会声称即便研究溢出法学领域也无伤大雅，因该理论本就跨域了学科界限，但我们需要注意的是，研究范围的宽泛化会导致研究对象的宽泛化，而这极有可能背离最初的研究目的。

（二）从预设到问题

本书用很大篇幅批判了传统法学理论对镜像命题和维持社会秩序命题的预设，但作者并不意图将这两种观念完全弃之不用，而是把它们转变为两个问题，即"在何种程度上法律是反映主流的习俗和道德的一面镜子？在何种程度上法律有助于维持社会秩序"，并认为可以（甚至应该）针对一个社会域中的所有种类的法律提出这两个问题。作者主张用五个等级（无、低、中、高、非常高）评价这两个问题，以此确定某一法律的反映程度和维持秩序程度。此即"两个核心的问题和标准"，"这些标准可以作为对一个社会域与另外一个社会域进行比较研究的基准。针对每一个社会域中的研究都可以提供

---

〔1〕　［奥］尤根·埃利希：《法律社会学基本原理》，叶名怡、袁震译，九州出版社 2007 年版，第 53 页。

〔2〕　参见［德］尼克拉斯·卢曼：《法社会学》，宾凯、赵春燕译，上海人民出版社 2013 年版，第 392 页。

〔3〕　李俊增："论 Tamanaha 之非本质主义的法律观"，载《政治思潮与国家法学——吴庚教授七秩华诞祝寿论文集》，元照出版公司 2009 年版，第 194 页注释 1。

〔4〕　Sally Engel Merry, "Legal Pluralism", 22 *Law & Soc'y Rev.* 869, 889 (1988).

〔5〕　Sally Engel Merry, "Legal Pluralism", 22 *Law & Soc'y Rev.* 869, 878 (1988).

关于那个社会的一些信息"。[1]

塔玛纳哈意欲表达的是通过对某一法律制度进行反映程度和维持秩序程度的评价，可以了解该法律与社会的关系，从而以此为基础进行涉及其他问题的深入研究。但作者似乎夸大了这种研究框架的能力和意义，他认为"正是因为这种研究框架可以用来搜集所有种类的社会域以及所有法律制度的信息，所以它才可以作为一般法理学的基础"。[2]诚然，研究法律制度时需要衡量该制度与社会的关系，但一般法理学不应局限于此，除法律与社会外，还有许多其他的重要面向。"一个健康的全球性一般法理学，应当能够对现代世界的法律现象给出一个全面的描述……需要对法律多元化现象的研究，既要从内部研究地方性法律体系和不同的文化与传统，又要超越他们。"[3]鉴于本书"以法律与社会的关系为视角"，不如将此作为法社会学的基础。此外，作者尝试探求的宏大问题域——解释世界各地的万花筒似的法律现象，能否仅仅依靠五个语焉不详的程度来解决令人质疑，而即便其如作者所言，能够"搜集所有种类的社会域以及所有法律制度的信息"，[4]我们也很难保证这些信息的精确性，毕竟该等级划分太过模糊。

四、因袭主义和社会—法律实证主义的问题

本书的主要内容即批判传统法学理论坚持的镜像命题和维持社会秩序命题，寻找构建法律概念的新进路和一般法理学的基本框架，作者从法律与社会关系的视角出发提出了一系列大胆甚至激进的观点，对传统法学理论进行了颠覆。但他在给我们提供新思路的同时，也使我们看到这套理论的不足之处，除某些论证上的不充分（上文已有所提及）外，主要有以下三点。

（一）概念的无意义

作者反对进行概念界定的方法，主张通过标准进行识别，但与此同时他也在进行概念上的界定，如"法律是人们在社会生活中创造的，法律是被我

---

〔1〕［美］布赖恩·Z. 塔玛纳哈：《一般法理学：法律与社会的关系为视角》，郑海平译，中国政法大学出版社 2012 年版，第 283 页。

〔2〕［美］布赖恩·Z. 塔玛纳哈：《一般法理学：法律与社会的关系为视角》，郑海平译，中国政法大学出版社 2012 年版，第 283 页。

〔3〕［英］威廉·退宁：《全球化与法律理论》，钱向阳译，中国大百科全书出版社 2009 年版，第 114 页。

〔4〕［美］布赖恩·Z. 塔玛纳哈：《一般法理学：法律与社会的关系为视角》，郑海平译，中国政法大学出版社 2012 年版，第 283 页。

们贴上了'法律'这个标签的任何现象";[1]"凡是被一个群体中的人们（包括法律官员自己）在生活实践中视为'法律'官员的人，都是'法律'官员";[2]"只要法律职业者（依据人们通常的理解）通过次级规则制定和修改法律体系，法律体系就是存在的"[3]等等，只不过他的界定方法与一般我们依靠的寻找概念特征不同。作者这种反对下定义的同时也在给各种概念进行界定的做法不免有些自我矛盾，虽然作者声称其采用的是识别法律的因袭主义进路，但这实则是一种辅助概念界定的方法。

此外，作者采用的种种标准太过主观，人们视为法律的是法律、视为法律官员的是官员，这种不具有标准的界定存在许多问题：在不同人对某一现象是否属于法律产生分歧的情况下，应考虑哪部分人的意见？在不同的语境下，如何确定人们讨论的是不是"法律"（采用此种识别方式首先要对什么是法律进行预设）？由谁决定人们将某一规范视为法律？由此观之，作者的这种识别方法带来了更大的不确定性，已经失去应有的价值。正如李俊峰对其法律概念的评价，"Tamanaha 依其分析的、描述的、实证的途径所提出之包罗所有各种不同法律现象的法律概念为一非本质主义的法律概念，是一没有内容的概念，从而根本不成其为概念"。[4]

（二）方法与目的的性质背离

如前文所述，塔玛纳哈将针对标签理论提出了一项分析性区别，将研究视角区分为"被研究的人们"（外行人）的视角与从事研究的理论家（专家）的视角。外行人视角是一项大众（folk）的概念，而塔玛纳哈希望他们做的工作——识别法律则是一项分析性（analytic）的工作，[5]此大众方法能否达成分析目的令人怀疑。

解释社会实践、研究法律现象、区分不同规范等各种一般法理学的任务

---

[1] ［美］布赖恩·Z. 塔玛纳哈：《一般法理学：以法律与社会的关系为视角》，郑海平译，中国政法大学出版社 2012 年版，第 186 页。

〔2〕 ［美］布赖恩·Z. 塔玛纳哈：《一般法理学：以法律与社会的关系为视角》，郑海平译，中国政法大学出版社 2012 年版，第 175 页。

〔3〕 ［美］布赖恩·Z. 塔玛纳哈：《一般法理学：以法律与社会的关系为视角》，郑海平译，中国政法大学出版社 2012 年版，第 182 页。

〔4〕 李俊增："论 Tamanaha 之非本质主义的法律观"，载《政治思潮与国家法学——吴庚教授七秩华诞祝寿论文集》，元照出版公司 2009 年版，第 199 页。

〔5〕 关于民众概念与分析概念（抑或客位与主位）的分析，可参阅 William Twining, "A Post-Westphalian Conception of Law", 37 *Law & Soc'y Rev.* 199, 299 – 230 (2003).

都需要内在视角和外在视角〔1〕的结合。"得出这样一幅图式就更为恰当，即从一种外部视角出发进行描述的法律多元主义与从内部视角出发的统一法律理论，互为补充。"〔2〕外在视角可以为没有相关概念或者思考方式完全不同的群众及文化提供解释性的概念，而内在视角则可以使研究者深入某一现象理解研究对象的行为模式和内在机理。但在塔玛纳哈的理论中，内在视角显然比外在视角重要，他认为第二层次的概念以第一层次为基础，这就实际上弱化了分析性的因素在此过程中的地位，〔3〕而这于识别法律的目标显然是不利的。

（三）模糊性和无边际性

社会—法律实证主义为我们提供了一种研究法律概念的新视角，无疑具有价值，塔玛纳哈将社会—法律实证主义的优势概括为：

> 它对于法律的预设很少，因为它用因袭的方式识别法律，并为此后的概念分析和经验性研究留下了很大的空间。它并不明确地界定法律是什么，而研究人们利用法律做什么。它为如何识别法律提供了一个框架，并且承认"法律"这个标签可能被贴上许多不同的现象；除此之外，它将其他一切都留给实际的社会实践。如果法律确实是人类社会的一种创造物，那么只有一种灵活的、开放的进路才能够将法律的诸多形式和表现都容纳其中。〔4〕

与此同时，作者也承认这种进路可能引发若干问题和反对意见，并对可能的反对意见作出了回答，但其回答不足以使人信服。如一个问题对其法律界定提出了质疑，即一种现象要成为法律，需要多少人的认可。作者的回应

---

〔1〕 此处的内在视角与外在视角即哈特提出的内在观点和外在观点，参见［英］H. L. A. 哈特：《法律的概念》，许家馨、李冠宜译，法律出版社2006年版，第84页。

〔2〕 ［德］克劳斯·贡特尔："全球化背景下的法律现代性方案"，泮伟江译，载《清华法学》2006年第3期，第24页。

〔3〕 有学者持不同意见，认为"Tamanaha之途径亦兼采行为主义，要求外在观点的使用，以探求行为模式，认其能够帮助说明相关社会行为者之了解"。李俊增："论Tamanaha之非本质主义的法律观"，载《政治思潮与国家法学——吴庚教授七秩华诞祝寿论文集》，元照出版公司2009年版，第195页。

〔4〕 ［美］布赖恩·Z. 塔玛纳哈：《一般法理学：以法律与社会的关系为视角》，郑海平译，中国政法大学出版社2012年版，第191—192页。

是，"足够数量的人基于足够的信念将一种现象当作'法律'；他们依此信念而行事，并且在特定的社会域中产生了一定影响。"[1]这个标准仍然是模糊的（在对实证主义坚持的有效性进行批驳时，作者也质疑其不确定性），作者声称该进路的目的是为法律设定下限，且社会实践能够确保被当作"法律"的现象具备一定程度的持续的社会存在。"足够数量的"、"一定影响"、"一定程度"等语汇都极具不确定性，甚至比实证主义者坚持的法律有效性更加模糊，这就使得其对法律进行识别的尝试丧失了意义，因我们无法根据此标准界定何者属于法律的范畴。

此种识别法律的自由化标准可能使很多社会规范都被纳入法律的范畴，造成一种无所不包的法律多元主义。作者认为实践中人们不会轻易将法律标签贴上一种现象，即便如此，也应对此加以研究和关注。"通常而言，我们在法理学研究中进行概念含义界定是为了更准确地描述一种事物与另外一种事物之间的区别与联系，以及更深入地探究事物的内部结构或变化过程……对法律概念含义的界定必须是清晰的和便于操作的，清晰表现在它能够最大限度地将其所指称的事物与其他事物区别开来，便于操作则表现在人们能够较为顺利地利用这一法律概念来探究其所指称的事物。"[2]如此看来，塔玛纳哈的标准已经失去了标准的意义，因其如此宽泛，门槛极低，以致无法排除非法律的内容。

结　语

塔玛纳哈重构的一般法理学框架是一个没有固定形态而取决于研究者（甚至被研究的大众）视角的自由化理论，其极强的灵活度在扩大其适用范围的同时也降低了整个理论的牢固性。作者虽然提出了识别法律的方法，却并无任何实质内容，缺乏概念内核支撑的理论看似能够适用于所有制度和情形，又因这种无所不包而失去了明确的研究对象。塔玛纳哈本人将不符合实际的理论称为神话，其理论架构也从破除镜像命题和社会秩序命题的神话开始，但其最终得出的以社会—法律实证主义和因袭主义为特点的一般法理学框架也不免走向一个可望而不可即的神话。

但我们决不可否认塔玛纳哈一般法理学理论的价值，正如退宁对《一般

---

[1]　[美]布赖恩·Z.塔玛纳哈：《一般法理学：以法律与社会的关系为视角》，郑海平译，中国政法大学出版社2012年版，第205页。

[2]　陈坤："重申法律解释的明晰性原则"，载《法商研究》2013年第1期，第86页。

法理学：以法律与社会的关系为视角》的评价："它除了拥有大量独特的视角、新鲜的解读以及富有挑衅性的批评之外，还对包含甚广的实证主义法学理论发展作出了许多卓越贡献，并以此作为对所谓全球化挑战的回应。"[1] 贯彻本书始终的精神可以用质疑一词概括，作者这样写道，"本书的一个目标，就是要用一种怀疑的眼光来检讨这些关于法律及其与社会之关系的观点。"[2] 对广为接受的理论进行挑战已属不易，在此基础上建构新理论则更具价值。从这一点上看，本书带给我们的不只是理论上的更新，更是治学方法的改变，而这也是本书的价值所在。

---

[1] William Twining, "A Post-Westphalian Conception of Law", 37 *Law & Soc'y Rev.* 199, 252 (2003).

[2] ［美］布赖恩·Z. 塔玛纳哈：《一般法理学：以法律与社会的关系为视角》，郑海平译，中国政法大学出版社 2012 年版，第 4 页。